# ENTREVISTAS COM ANTÓNIO LOBO ANTUNES
## 1979-2007

*Confissões do Trapeiro*

# ENTREVISTAS COM ANTÓNIO LOBO ANTUNES
## 1979-2007

*Confissões do Trapeiro*

*Edição*
Ana Paula Arnaut

ALMEDINA

ENTREVISTAS COM
ANTÓNIO LOBO ANTUNES
1979-2007
*Confissões do Trapeiro*

EDIÇÃO
Ana Paula Arnaut

EDITOR
EDIÇÕES ALMEDINA. SA
Av. Fernão Magalhães, n.º 584, 5.º Andar
3000-174 Coimbra
Tel.: 239 851 904
Fax: 239 851 901
www.almedina.net
editora@almedina.net

PRÉ-IMPRESSÃO | IMPRESSÃO | ACABAMENTO
G.C. – GRÁFICA DE COIMBRA, LDA.
Palheira – Assafarge
3001-453 Coimbra
producao@graficadecoimbra.pt

Junho, 2008

DEPÓSITO LEGAL
277079/08

Os dados e as opiniões inseridos na presente publicação
são da exclusiva responsabilidade do(s) seu(s) autor(es).

Toda a reprodução desta obra, por fotocópia ou outro qualquer
processo, sem prévia autorização escrita do Editor, é ilícita
e passível de procedimento judicial contra o infractor.

A Almedina e Ana Paula Arnaut procuraram obter autorização para publicação das entrevistas junto dos autores e/ou respectivos representantes.
Nos raros casos em que tal não foi possível, os editores estão disponíveis
para eventuais esclarecimentos.

---

*Biblioteca Nacional de Portugal – Catalogação na Publicação*

Entrevistas com António Lobo Antunes 1979-2007 :
confissões do trapeiro / ed. Ana Paula Arnaut
ISBN 978-972-40-3531-4

I – ARNAUT, Ana Paula, 1964-

CDU 821.134.3-31Antunes, António Lobo.09(047.53)

ÍNDICE

CARLOS REIS
Prefácio . . . . . . . . . . . . . . . . . . . . . . . . . . . . . . . . . . . . . . . . . . . . . . . . xiii

ANA PAULA ARNAUT
Introdução: *Dos trapos e do trapeiro* . . . . . . . . . . . . . . . . . . . . . . . xvii

AGRADECIMENTOS . . . . . . . . . . . . . . . . . . . . . . . . . . . . . . . . . . . . . . xxvii

1. RODRIGUES DA SILVA
*"António Lobo Antunes sobre a «Memória de Elefante».*
*Uma história de amor entre o desespero e a resignação"*
18 de Outubro, 1979 . . . . . . . . . . . . . . . . . . . . . . . . . . . . . . . . . . 1

2. RODRIGUES DA SILVA
*"António Lobo Antunes* («Memória de Elefante») *citando Blaise*
*Cendrars: «Todos os livros do mundo não valem uma noite de amor»"*
25 de Outubro, 1979 . . . . . . . . . . . . . . . . . . . . . . . . . . . . . . . . . 15

3. JOSÉ JORGE LETRIA
*"«Um escritor é sempre a voz do que está latente nas pessoas»"*
27 de Julho, 1980 . . . . . . . . . . . . . . . . . . . . . . . . . . . . . . . . . . . . . 29

4. MÁRIO VENTURA
*"António Lobo Antunes, analisando-nos:*
*'neuroses e psicoses temos todos'"*
30 de Agosto, 1981 . . . . . . . . . . . . . . . . . . . . . . . . . . . . . . . . . . . . 37

5. FERNANDO DACOSTA
*"António Lobo Antunes: «Muitos escritores têm-me um pó*
*desgraçado…»"*
5 de Janeiro, 1982 . . . . . . . . . . . . . . . . . . . . . . . . . . . . . . . . . . . 49

vi | ENTREVISTAS COM ANTÓNIO LOBO ANTUNES

6. CLARA FERREIRA ALVES,
"Lobo Antunes: «Fui bem comportado durante tempo de mais!»"
22 de Novembro, 1983 ............................... 57

7. A. BAPTISTA-BASTOS
"Lobo Antunes a Baptista-Bastos: 'Escrever não me dá prazer'"
19 de Novembro, 1985 .............................. 65

8. CLARA FERREIRA ALVES
"A vingança de Lobo Antunes"
12 de Abril, 1986 .................................. 77

9. INÊS PEDROSA
"António Lobo Antunes: «Tornei-me mais humilde...»"
14 de Abril, 1986 .................................. 93

10. MIGUEL SOUSA TAVARES
"António Lobo Antunes: «Bolas, isto é um país que se leva a sério!»"
31 de Março, 1988 ................................. 101

11. INÊS PEDROSA
"António Lobo Antunes: «Ninguém em Portugal escreve como eu»"
Primavera, 1988 ................................... 107

12. LUÍS ALMEIDA MARTINS
"António Lobo Antunes: 'As Naus é o meu melhor livro'"
5 de Abril, 1988 .................................. 117

13. JOSÉ JORGE LETRIA
"António Lobo Antunes, de paixão à prova"
27 de Novembro, 1990 .............................. 129

14. LUÍSA MACHADO
"Se Dom João II fosse vivo"
11 de Janeiro, 1991 ............................... 137

ÍNDICE | vii

**15.** ANA SOUSA DIAS
*"Um escritor reconciliado com a vida"*
18 de Outubro, 1992 . . . . . . . . . . . . . . . . . . . . . . . . . . . . .   147

**16.** LUÍS ALMEIDA MARTINS
*"António Lobo Antunes: «Quis escrever um romance policial»"*
27 de Outubro, 1992 . . . . . . . . . . . . . . . . . . . . . . . . . . . . .   157

**17.** ISABEL RISQUES
*"Lobo Antunes: 'O artista é um ladrão bom'"*
30 de Outubro, 1992 . . . . . . . . . . . . . . . . . . . . . . . . . . . . .   177

**18.** LUÍS COELHO
*"Da ordem natural às pequenas razões"*
7 de Novembro, 1992 . . . . . . . . . . . . . . . . . . . . . . . . . . . . . .   185

**19.** LUÍS MAIO
*"A companhia dos lobos"*
11 de Novembro, 1992 . . . . . . . . . . . . . . . . . . . . . . . . . . . .   193

**20.** MÁRIO SANTOS
*"António Lobo Antunes: 'Cada vez tenho mais medo de escrever'".*
24 de Setembro, 1993 . . . . . . . . . . . . . . . . . . . . . . . . . . . . .   199

**21.** TEREZA COELHO
*"Memória de um escritor romântico"*
4 de Abril, 1994 . . . . . . . . . . . . . . . . . . . . . . . . . . . . . . .   203

**22.** RODRIGUES DA SILVA
*"A confissão exuberante"*
*"Lídia Jorge e João de Melo[,] Agustina e Cardoso Pires"*
13 de Abril, 1994 . . . . . . . . . . . . . . . . . . . . . . . . . . . . . .   209

**23.** JOÃO BOTELHO DA SILVA
*"'Escrevo o que gostava de ler'"*
27 de Abril, 1994 . . . . . . . . . . . . . . . . . . . . . . . . . . . . . .   227

viii | ENTREVISTAS COM ANTÓNIO LOBO ANTUNES

24. RODRIGUES DA SILVA
*"A constância do esforço criativo"*
25 de Setembro, 1996 . . . . . . . . . . . . . . . . . . . . . . . . . . . . .   233

25. RODRIGUES DA SILVA
*"A salvação pela escrita"*
25 de Setembro, 1996 . . . . . . . . . . . . . . . . . . . . . . . . . . . . .   243

26. LUÍS ALMEIDA MARTINS
*"António Lobo Antunes: 'Não merecemos o Nobel'"*
26 de Setembro, 1996. . . . . . . . . . . . . . . . . . . . . . . . . . . . .   251

27. ANTÓNIO TAVARES TELES
*"«Acabou todo o romantismo que havia à volta do futebol»",*
*8 de Dezembro, 1996*
*"Relação Com o 'vil metal'"*
*"Rejeita o computador"*
*"Sobre o romance 'Cinco Noites, Cinco Dias', de Álvaro Cunhal"* . .   259

28. HELENE ZUBER
*"Da guerra não se faz ficção"*
*"Os políticos desiludiram-me"*
12 de Outubro, 1997 . . . . . . . . . . . . . . . . . . . . . . . . . . . . .   275

29. FRANCISCO JOSÉ VIEGAS
*"«Nunca li um livro meu»"*
Inverno, 1997 . . . . . . . . . . . . . . . . . . . . . . . . . . . . . . . . . .   281

30. RODRIGUES DA SILVA
*"Mais perto de Deus"*
6 de Outubro, 1999 . . . . . . . . . . . . . . . . . . . . . . . . . . . . . .   305

31. ALEXANDRA LUCAS COELHO
*"António Lobo Antunes, depois da publicação de 'exortação*
*aos crocodilos' – 'agora só aprendo comigo'"*
*"O próximo romance[:] deus é uma rapariga de 18 anos"*
*"Tomara eu ter talento para ser poeta"*
30 de Janeiro, 2000. . . . . . . . . . . . . . . . . . . . . . . . . . . . . .   325

**32.** CATARINA PIRES *e* ISABEL STILWELL
*"Exortação ao Lobo"*
20 de Fevereiro, 2000 . . . . . . . . . . . . . . . . . . . . . . . . . . . . . . 341

**33.** SARA BELO LUÍS
*"Que diz Lobo Antunes quando tudo arde?"*
18 de Outubro, 2001 . . . . . . . . . . . . . . . . . . . . . . . . . . . . . . 363

**34.** LUÍSA JEREMIAS
*"'O que interessa é chegar às emoções através das palavras'"*
7 de Novembro, 2001 . . . . . . . . . . . . . . . . . . . . . . . . . . . . . . 375

**35.** LUÍS OSÓRIO
*"A mão do escritor. A mão de António Lobo Antunes"*
8 de Dezembro, 2001 . . . . . . . . . . . . . . . . . . . . . . . . . . . . . . 381

**36.** ALEXANDRA LUCAS COELHO
*"'O romance é diferente depois de mim'"*
15 de Novembro, 2003 . . . . . . . . . . . . . . . . . . . . . . . . . . . . . . 397

**37.** MARIA AUGUSTA SILVA
*"«Quem lê é a classe média»"*
18 de Novembro, 2003 . . . . . . . . . . . . . . . . . . . . . . . . . . . . . . 413

**38.** SARA BELO LUÍS
*"Angola nunca saiu de dentro de mim'"*
27 de Novembro, 2003 . . . . . . . . . . . . . . . . . . . . . . . . . . . . . . 425

**39.** ADELINO GOMES
*"Um quarto de século depois de* Os Cus de Judas.
*Acho que já podia morrer'"*
9 de Novembro, 2004 . . . . . . . . . . . . . . . . . . . . . . . . . . . . . . 433

**40.** MARIA AUGUSTA SILVA
*"«Saber ler é tão difícil como saber escrever»"*
9 de Novembro, 2004 . . . . . . . . . . . . . . . . . . . . . . . . . . . . . . 451

x | ENTREVISTAS COM ANTÓNIO LOBO ANTUNES

41. ADELINO GOMES
*"Não sou eu que escrevo os livros. É a minha mão, autónoma"*
*Muro de Berlim e o 'ilimitado'*
13 de Novembro, 2004 .............................. 463

42. JOÃO PAULO COTRIM
*«Ainda não é isto que eu quero»*
4 de Dezembro, 2004 .............................. 473

43. ANA MARQUES GASTÃO
*"Caçador de infâncias"*
17 de Fevereiro, 2006 .............................. 485

44. SARA BELO LUÍS
*"'Tento pôr a vida em cada livro'"*
23 de Fevereiro, 2006 .............................. 497

45. ANABELA MOTA RIBEIRO
*"António Lobo Antunes: exortação à vida"*
Verão, 2006 ........................................ 503

46. RODRIGUES DA SILVA
*"Mais dois, três livros e pararei"*
25 de Outubro, 2006 .............................. 509

47. SARA BELO LUÍS
*"O mundo de António Lobo Antunes em 12 partes".*
26 de Outubro, 2006 .............................. 527

48. ALEXANDRA LUCAS COELHO
*"'Tenho a sensação de que ando a negociar com a morte'"*
29 de Outubro, 2006 .............................. 535

49. ANABELA MOTA RIBEIRO
*"«Isto parece um namoro, é impublicável»"*
Novembro, 2006 ................................... 551

## 50. RODRIGUES DA SILVA
*"O eremita no seu eremitério"*
26 de Setembro, 2007 . . . . . . . . . . . . . . . . . . . . . . . . . . . . . 561

## 51. SARA BELO LUÍS
*"'Estou aqui diante de vós, nu e desfigurado'"*
27 de Setembro, 2007 . . . . . . . . . . . . . . . . . . . . . . . . . . . . . 565

## 52. JOÃO CÉU E SILVA
*"'A morte é uma puta'"*
*"'Fui cobarde tempo de mais'"*
*"'Mourinho atrai mais que Camões'"*
30 de Setembro, 2007 . . . . . . . . . . . . . . . . . . . . . . . . . . . . . 577

## 53. JOÃO CÉU E SILVA
*"'Se for preciso deixarei de publicar em Portugal"*
29 de Dezembro, 2007 . . . . . . . . . . . . . . . . . . . . . . . . . . . . 589


Índice de Matérias . . . . . . . . . . . . . . . . . . . . . . . . . . . . . . . . . 591

# PREFÁCIO

Num texto enviado para a *Gazeta de Notícias* do Rio de Janeiro e postumamente recolhido no volume *Ecos de Paris,* Eça de Queirós desenvolve uma curiosa digressão acerca do termo e do conceito de *entrevista.* O vocábulo (melhor: o verbo) que então se ia impondo era um anglicismo de evidente mau gosto: "Este vocábulo *interviewar",* escreve Eça, "é horrendo, e tem uma fisionomia tão grosseira, e tão intrusivamente *yankee,* como o deselegante abuso que exprime." Em vez deste, o grande escritor prefere o termo que hoje trivialmente utilizamos e explica o seu sentido metafórico: "O verbo *entrevistar,* forjado com o nosso substantivo *entrevista,* seria mais tolerável, de um tom mais suave e polido. *Entrevista* de resto é um antigo termo português, um termo técnico de alfaiate, que significa aquele bocado de estofo muito vistoso, ordinariamente escarlate ou amarelo, que surdia por entre os abertos nos velhos gibões golpeados dos séculos XVI e XVII". E quase a terminar a digressão, Eça rende-se ao neologismo, sublinhando nele a feição de "um acto em que as opiniões tufam, rebentam para fora, por entre as fendas da natural reserva, em cores efusivas e berrantes."

No texto de Eça, aquela entrevista e o acto de entrevistar não se reportavam a um escritor, mas antes a um rei, Humberto de Itália. Se os escritores já tinham ganho a relativa notoriedade que o caso de Eça bem atesta (e, do mesmo modo, as suas influentes crónicas de imprensa), uma tal notoriedade situava-se ainda aquém da projecção pública e sobretudo do propósito de revelação do pensamento que a mencionada entrevista cultivava: o acto de "sondar e puxar para fora o pensamento íntimo do rei Humberto" privilegiava uma figura com a relevância política de um monarca; e o jornal que acolhia a entrevista (o parisiense *Figaro)* acrescentava um bem nítido destaque à revelação.

Não significa isto que declarações e confidências arrancadas a um escritor não pudessem ter interesse público e sobretudo significado doutrinário. Justamente no século XIX assistiu-se à publicação das *Conversações com Goethe* (1836-1848), por Johann Peter Eckermann, amigo, admirador e de certa forma confidente do genial autor do *Fausto*. Mas as ditas *conversações* (algo mais do que *conversas*) não só não podem ser confundidas com uma entrevista formal, tal como presentemente a entendemos, como a sua publicação ocorreu em livro, revestindo-se, também por isso, de uma menor visibilidade (como hoje diríamos), ao mesmo tempo que ganhavam peso e densidade "institucionais"; para além disso, algumas vezes elas foram publicadas com o título *Conversações de Goethe com Eckermann* e mesmo como *Conversações com Eckermann*, aparecendo Goethe em lugar autoral. Mas se aquelas *conversações* tivessem aparecido nas páginas de uma gazeta da época, talvez rapidamente elas tivessem mergulhado no esquecimento que a publicação na imprensa favorece, muitas vezes injustamente.

Prolongar a vida da entrevista (ou das entrevistas) num livro pode ser um acto de salvaguarda da memória do escritor e daquilo que ele significa para nós e para quem depois de nós virá: é esse, para já, um dos méritos deste livro de Ana Paula Arnaut, hoje em dia uma das mais competentes estudiosas da obra de António Lobo Antunes. O que desde logo encontramos nestas *Entrevistas com António Lobo Antunes* (moduladas com o saboroso e enigmático subtítulo *Confissões do Trapeiro,* que a leitura do livro esclarecerá) é a metódica recolha de um alargado conjunto de entrevistas dadas pelo grande escritor entre 1979 e 2007, ao longo das quase três décadas em que se foi afirmando, evoluindo e refinando a obra daquele que é hoje geralmente considerado um dos maiores romancistas da nossa literatura.

As entrevistas que neste volume podemos ler não são depoimentos fortuitos; são circunstanciadas e não raro alargadas indagações conduzidas por destacados jornalistas portugueses, em certos casos alguns daqueles que regular e atentamente têm acompanhado a produção literária de Lobo Antunes e o seu trajecto de escritor. Por exemplo: Luís Almeida Martins, Clara Ferreira Alves, Rodrigues da Silva, Sara Belo Luís, Adelino Gomes ou Maria Augusta Silva. A recolha das entrevistas vai além da compilação e aprofunda-se num verdadeiro trabalho de edição. E assim, o texto introdutório de Ana Paula Arnaut e o índice de matérias que encerra o volume apontam para caminhos exegéticos que estas entrevistas abrem e para dominantes semânticas que elas sugerem, sendo certo que as palavras do escritor não devem ser lidas como directrizes interpretativas, mas antes como desafios à descoberta de sentidos que dialogicamente (ou seja: em regime de interpelação) vão emergindo "por entre as fendas da natural reserva". Nas palavras do entrevistado encontramos, naturalmente, o *estilo* Lobo Antunes, traduzido no seu bem conhecido *tom discursivo*: provocatório, às vezes um tanto *blasé*, a espaços intolerante, muitas vezes nostálgico, memorial e um tanto amargo, em certos momentos deixando *entrever* uma sensibilidade, mesmo uma ternura que só podem surpreender quem não tiver convívio frequente com personagens, com situações e com emoções que atravessam a ficção do autor de *Memória de Elefante*.

Não se procure, por fim, nestas *Entrevistas com António Lobo Antunes*, uma chave-mestra para se *entrar* na sua obra, consabidamente uma obra complexa, narrativamente sinuosa e plurívoca, às vezes no limiar do hermetismo. Muito menos encontraremos aqui uma teoria do romance (ou das suas categorias fundamentais: personagem, tempo narrativo, acções diegéticas, etc.), configurada como cúpula doutrinária de uma obra ainda em devir. Em vez disso, descubra-se nestas entrevistas o estimulante desafio para um encontro com um escritor que vive a escrita literária com uma intensidade e com uma coerência que são também indício claro de uma autenticidade artística sem limite nem reservas.

*Carlos Reis*

# INTRODUÇÃO

## *Dos trapos e do trapeiro*

> "[]as entrevistas, [] são para mim a forma de interrogatório mais assustadora do mundo por me enfiarem um gravador na boca e me ordenarem que possua ideias e opiniões gerais, que são coisa que nunca tive [...]".
>
> "Os sonetos a Cristo", in *Livro de Crónicas*

Apesar dos receios expressos na epígrafe de que nos servimos para abrir este conjunto de entrevistas com António Lobo Antunes (receios que fariam pressupor uma extrema salvaguarda no desenovelar de vários tipos de afectos), a verdade é que, de um modo ou de outro, os textos apresentados se traduzem em lugar privilegiado de onde se pode observar e conhecer o outro lado da imagem do escritor a quem Rodrigues da Silva, muito simples e objectivamente (mas afectuosamente), classificou como "eremita" (26 de Setembro de 2007).

Assim, se, por um lado, se torna possível verificar que António Lobo Antunes deixa sempre por comentar aspectos mais directamente relacionados com a sua vida pessoal – num pudor que tantas vezes reconhece também a propósito de outras situações (ver entrevistas de 18 de Outubro de 1979, a Rodrigues da Silva; de 27 de Outubro de 1992, a Luís Almeida Martins ou as duas entrevistas a Rodrigues da Silva datadas de 25 de Setembro de 1996[1]) –, por outro lado,

---

[1] A questão do pudor, nas suas diversas vertentes, surge também reiteradamente nas entrevistas de 30 de Janeiro de 2000, a Alexandra Lucas Coelho; 20 de Fevereiro de 2000, a Catarina Pires e Isabel Stilwell; 18 de Novembro de 2003, a Maria Augusta

## xviii | ANA PAULA ARNAUT

constata-se que ele não deixa de exprimir veementes e nem sempre simpáticas opiniões sobre os mais variados aspectos do Portugal coevo: da política ao futebol, da literatura ao ser-se português, do leitor à crítica literária, da religião ao mau (ou ao bom) gosto, por exemplo.

O que além disso, e, muito provavelmente, acima de tudo, se torna perceptível pela leitura das entrevistas seleccionadas neste volume (cujo subtítulo pedimos emprestado a uma das suas crónicas[2]), e que, por opção nossa, surgem por ordem cronológica de publicação (e não por autor/entrevistador ou periódico, por exemplo), é parte de um percurso de vida (um caminho de aprendizagem/transformação) a vários títulos fascinante. Tal acontece porque a partir dele sabemos da forma como encara a escrita e o ofício de escritor e, a propósito, sobre o modo como se relaciona (tem vindo a relacionar) com outros artífices da mesma profissão; porque nos permite conhecer as suas obsessões, através da repetição dos mesmos tópicos e/ou dos mesmos comentários (e, justamente por isso, considerámos útil fazer uma transcrição integral dos textos[3]); porque, ainda, nos permite assistir ao que nos parece ser uma mais suave maneira de estar na vida – e na cena literária (Luís Almeida Martins, 27 de Outubro, 1992; Rodrigues da Silva, 13 de Abril, 1994; Anabela Mota Ribeiro, Verão, 2006).

É-nos permitido, portanto, avaliar a necessidade absoluta da Escrita na vida de um autor, um homem, a quem tantos já chamaram "vaidoso, arrogante, «enfant terrible», não sei quê" (Rodrigues da Silva, 13 de Abril, 1994); epítetos só justificáveis, muito provavelmente, porque, sem medo de ser penalizado ou prejudicado pela crítica,

---

Silva; 13 de Novembro de 2004, a Adelino Gomes; ou Novembro de 2006, a Anabela Mota Ribeiro. Neste caso, como em outros, apontamos apenas algumas das entrevistas onde é possível encontrar certificação do que afirmamos.

[2] "A confissão do trapeiro" – *Terceiro Livro de Crónicas*. *Ed. ne varietur*. Lisboa: Dom Quixote, 2005, p. 133.

[3] A pedido de alguns jornalistas, mantivemos também os parágrafos iniciais de introdução à(s) entrevista(s). As alterações feitas respeitam, essencialmente, à correcção de gralhas, aparecendo a nossa sugestão em parênteses rectos. Estes, quando utilizados nos documentos originais, foram substituídos por parênteses curvos. Tendo em vista uma (possível) uniformização dos textos, optámos por inserir a indicação original dos interlocutores também entre parênteses rectos (acrescentando-a quando inexistente e quando necessária). Cortámos ainda os subtítulos/destaques que, em algumas entrevistas, interrompiam a sequência do texto.

objectivamente tem dado conta do que quer da Literatura (da sua e a da alheia) e da vida. Deste modo, não escapam ao seu olhar crítico e irónico muitos consagrados nomes da cena literária nacional e internacional: se Fernando Pessoa, Agustina Bessa-Luís e Vergílio Ferreira não ficam incólumes (Inês Pedrosa, Primavera, 1988), Malraux e Sartre não têm melhor apreciação (Ana Sousa Dias, 18 de Outubro, 1992). A propósito de Agustina e de Vergílio Ferreira diz, por exemplo, estar "farto de Faulkners do Minho e de Sartres de Fontanelas, e ainda por cima maus". Quanto aos segundos, classifica-os, pura e simplesmente como "os piores romancistas franceses" (Baptista-Bastos, 19 de Novembro, 1985).

Em todo o caso, ressalve-se que o nome de Agustina será, em entrevistas posteriores, apontado como uma das referências da Literatura Portuguesa (José Jorge Letria, 27 de Novembro, 1990). Da mesma forma, se em 1979 (Rodrigues da Silva, 25 de Outubro) diz ver "a vida intelectual em Portugal" como "uma espécie de coutada fechada","um pequeno círculo de pessoas que se conhecem todas (...) que têm os seus bonzos, os seus ídolos, os seus demónios e toda uma pequena mitologia à portuguesa", anos depois não terá qualquer problema em publicamente verbalizar uma diferente opinião, o mesmo acontecendo em relação a outros assuntos e/ou a personalidades literárias, assumindo que "Isso eram palavras de quem estava de fora, ao mesmo tempo com o imenso orgulho do primeiro livro (só quem não passou por isso é que não pode sentir esse orgulho de se ver impresso e ir à noite, como eu ia, espiar nas montras das livrarias da Baixa o meu nome em letras impressas. Era, ao mesmo tempo, um deslumbramento, uma vergonha, uma aflição e uma vaidade" (Rodrigues da Silva, 13 de Abril, 1994).

Mas se, a propósito deste ou de outros nomes/matérias é possível encontrar um desvio em relação a juízos anteriormente formulados, o mesmo não podemos dizer no que toca, por exemplo, aos momentos em que se confessa poeta frustrado (Fernando Dacosta, 5 de Janeiro, 1982; Alexandra Lucas Coelho, 30 de Janeiro, 2006) ou em que aponta as linhas temáticas que (obsessivamente) percorrem – de uma ou de outra maneira – a sua produção literária.

Com efeito, corroborando a impressão, a certeza, colhida na leitura dos vários romances, salienta-se, logo na primeira entrevista, um dos temas que, pela sua recorrência e pela intensidade com que é tratado, mais chamará a nossa atenção: "a dificuldade de amar" e, em concomitância, o medo e o egoísmo "que existem em nós todos e que [...] nos impedem, no fundo, de amar verdadeiramente as pessoas de uma forma, sei lá, livre e alegre e com os tomates lá dentro" (Rodrigues da Silva, 18 de Outubro, 1979). Aliado a este, ou em íntima conexão com este, o tema, não propriamente da dificuldade de amar, mas da impossibilidade ou da incapacidade de amar, isto é, do desamor e da solidão (Baptista-Bastos, 19 de Novembro, 1985; Mário Ventura, 1981). De particular relevância, ainda (nas entrevistas como nos romances), a questão do fascismo ou o tema da guerra colonial – de África, em termos englobantes – e os seus inevitáveis desdobramentos, atinentes à violência (sexual e outra), ao racismo, à descolonização, ao regresso dos retornados (Rodrigues da Silva, 25 de Outubro, 1979; Luísa Machado, 11 de Janeiro, 1991).

Acresce ainda ao exposto que, em múltiplas ocasiões, estes diálogos- -conversas-entrevistas-perfis adquirem uma outra importantíssima mais-valia: para os cada vez mais numerosos investigadores da obra antuniana e também para esse leitor que, da leitura dos universos ficcionais ou semi-ficcionais apresentados, espera não apenas um prazer lúdico mas uma mais complexa e labiríntica fruição do acto de ler. Referimo-nos, por conseguinte, ao facto de, sem contudo enveredar por uma sistemática análise crítica da obra, António Lobo Antunes comentar pontos de vista relativos aos ciclos da sua produção literária (Rodrigues da Silva, 13 de Abril, 1994; Francisco José Viegas, Inverno, 1997) e/ou clarificar aspectos relacionados quer com a semântica interna do mundo (re)construído, quer com a arquitectura da própria narrativa, quer, também, com as motivações que o levaram a interessar-se por uma determinada história.

Assim sabemos do (quase sempre) enraizamento da acção e das suas personagens no real circundante, como confessa a Ana Sousa Dias (18 de Outubro, 1992), afirmando que "A casca são pessoas que eu conheço, como as casas, como as ruas, preciso de um cenário sólido que eu sinta como muito real. Depois visto-as por dentro e por fora conforme me apetece. Eu tenho de partir é de uma base real". Uma "base real" que, no entanto, acaba por pintar de cores inventadas por si, como é o caso do romance *Que Farei Quando Tudo Arde?*, "um livro tremendo" sobre um mundo de que "Nada sabia", "sobre o mundo da droga, da homossexualidade, dos travestis" (Luís Osório, 8 de Dezembro, 2001).

Assim fazemos ideia do processo de ressimplificação vocabular a que se vai obrigando, retirando, cada vez mais, a "gordura" dos livros isto é, os adjectivos, as metáforas, as piruetas técnicas, etc. (Tereza Coelho, 4 de Abril, 1994; Francisco José Viegas, Inverno, 1997), principalmente a partir dos romances que constituem o "ciclo/trilogia de Benfica" (Luís Almeida Martins, Isabel Risques – respectivamente, 27 e 30 de Outubro, 1992) – o que não pressupõe, necessariamente, uma diminuição da experimentação técnica (nomeadamente a polifonia e suas consequências na organização da estrutura da narrativa). Mas o que implica, é sem dúvida, uma tentativa de perseguir a utopia de uma escrita perfeita, ou, como ele próprio verbaliza, de criar um romance sempre melhor que o anterior, "Até se conseguir chegar a um livro onde o silêncio seja completo" (Rodrigues da Silva, 6 de Outubro, 1999) (Ana Sousa Dias, 18 de Outubro, 1992; Alexandra Lucas Coelho, 30 de Janeiro, 2000).

Assim conhecemos, ainda, em variados momentos, a origem ou os problemas tidos com a escolha de alguns dos títulos das suas obras (Sara Belo Luís, 18 de Outubro, 2001; Alexandra Lucas Coelho, 29 de Outubro, 2006).

Não se pense, ainda assim, que estas entrevistas passam sem causar algumas dificuldades, senão algumas angústias, ao leitor, e ao estudioso, da obra de António Lobo Antunes (porque, afinal, o discurso directo, pessoal, não pode ser completamente ignorado). O que sucede, então, numa certeza que decorre da nossa experiência pessoal, é que algumas das apreciações feitas pelo escritor levam (podem levar) ao repensar e ao problematizar de leituras--interpretações tidas como certas – ou, pelo menos, tidas como mais ou menos certas, tendo em conta a variada e desde sempre reconhecida complexidade e dificuldade do romance antuniano.

Referimo-nos, entre outros aspectos (e muito brevemente, tendo em conta os necessários limites desta Introdução) à diferença entre a forma como, regra geral, lemos tristeza, sordidez, mesquinhice, agonia, em universos que, para o autor, são pura e simplesmente divertidos (Inês Pedrosa, Primavera, 1988; Tereza Coelho, 4 de Abril, 1994); ou ao facto de, em confissão desconcertante – mas abrindo interessantíssimas potencialidades interpretativas dos romances, na medida em que parece criar um desvio do próprio conceito de polifonia, radicando-o numa mesma pessoa –, contrariar a ideia que são várias as vozes que falam (Maria Augusta Silva, 9 de Novembro, 2004; Adelino Gomes, 13 de Novembro, 2004). Isto que parece surgir como uma (contraditória e estranha) redução do plurivocal a um monovocal polifónico ganha, para nós, particular relevo no caso de *Não Entres Tão Depressa Noite Escura* (2000), romance a propósito do qual também afirma ser só uma voz a falar (Rodrigues da Silva, 6 de Outubro, 1999). Destacamos esta de outras obras a propósito das quais tece considerações semelhantes porque, de facto, num romance onde a protagonista, Maria Clara, por vários modos ostensivamente afirma controlar a história – nimbando-a de algumas fantasias, de constantes indefinições e de assumidas invenções –, faz todo o sentido que, num notável jogo de fronteiras indefinidas, ela invente também as vozes que julgávamos pertencerem a outras personagens.

Não por acaso, portanto, surge como consensual a ideia que a escrita de António Lobo Antunes prima pelo gosto em complicar canónicas noções como narrativa, tempo, espaço, personagens, etc.[4]. Uma complexidade que, num passado já distante, o levou a ser acusado de ter cometido sete (literários) pecados mortais. Contam-se, entre eles (numa paleta que abrange ainda a excessiva "acumulação de comparações", "as imagens", "o mau gosto", o "excesso a todos os níveis" e a "referência cinematográfica"), "a imperfeita interligação da acção e digressão" ou "[]a técnica da narração"[5], isto é, aspectos decorrentes da crescente proliferação de vozes nos universos antunianos e, por consequência, da instauração de diversos sentidos (aparentemente) desviados e desviantes.

---

[4] Em *Conversas com António Lobo Antunes* (María Luisa Blanco, edição da Dom Quixote, 2002, pp. 253-254), João Lobo Antunes (pai do escritor) sublinha a dificuldade da leitura: "Eu não consigo ler os livros do António, não tenho paciência. Anatole France dizia de Proust que «a vida é curta e Proust demasiado longo» (...). A vida é curta para ler o António. Eu já não tenho paciência. É complicado de ler. Gosto muito dos seus primeiros livros, têm coisas extraordinárias. Mas os mais recentes, não". Margarida Lobo Antunes (a mãe), por seu turno, destaca o carácter sombrio e disfemístico dos universos romanescos apresentados: "Eu leio os seus livros, mas não os desfruto porque é tudo muito triste, são tudo desgraças..." (*ibidem*, p. 254).
[5] Ver Clara Ferreira Alves, "Lobo Antunes e os sete pecados mortais", in *Expresso/ Revista*, 23 de Novembro, 1985, p. 58.

INTRODUÇÃO: DOS TRAPOS E DO TRAPEIRO | xxiii

Ora, apesar de, como acima dissemos, estas e outras entropias serem as grandes responsáveis pela ocorrência de linhas de ambiguidade – se não de indecidibilidade – interpretativa, cremos que estes são, justamente, os aspectos que mais fascínios criam ao leitor que vê a obra literária não apenas como um texto de prazer – "aquele que contenta, enche, dá euforia; aquele que vem da cultura, não rompe com ela, está ligado a uma prática **confortável** da leitura" –, mas, acima de tudo, como um texto de fruição – "aquele que coloca em situação de perda, aquele que desconforta (talvez até chegar a um certo aborrecimento), faz vacilar as bases históricas, culturais, psicológicas, do leitor, a consistência dos seus gostos, dos seus valores e das suas recordações, faz entrar em crise a sua relação com a linguagem"[6].

E neste jogo relacional/afectivo que, a vários níveis, se estabelece entre a obra e o leitor – neste jogo que cada vez mais se consubstancia em procura de sentidos, identificação de vozes, preenchimento de vazios, readaptação e reajustamento de expectativas literárias e de protocolos de leitura –, cumpre destacar a constante diluição de fronteiras entre o modo narrativo e o modo lírico. Com efeito, não passam despercebidos "troços de inegável qualidade lírica", numa expressão utilizada por Maria Alzira Seixo naquele que é, ainda hoje, o mais sistemático estudo da obra do autor[7]. Citamos, a título de exemplo, um breve excerto de *Não Entre Tão Depressa Noite Escura* (romance que curiosamente, ou não tão curiosamente quanto isso, ostenta a indicação genológica de Poema) e outro de *O Meu Nome É Legião* (2007):

> Deito-me neste divã e o que vejo são nuvens. Nem sempre brancas aliás, amarelas, castanhas, rosadas, por sorte, como agora em setembro, duas ou três escarlates, principio a contar as nuvens amarelas e as nuvens castanhas
> se as amarelas forem em maior número que as castanhas
> não reprovo este ano
> e a conversar comigo isto é a conversar sozinha porque não me responde

---

[6] Roland Barthes, *O Prazer do Texto*, 2ª ed. Trad. de Maria Margarida Barahona. Lisboa: Ed. 70, s./d., p.49 (destacado do autor).

[7] *Os romances de António Lobo Antunes*. Lisboa: Dom Quixote, 2002, p. 417.

duas amarelas e uma castanha, se os quarenta e cinco minutos acabassem neste momento não reprovava o ano

e creio que o que lhe digo se relaciona com as nuvens, assim lentas, sem contornos, mudando de forma e doendo-me por dentro tal como a minha mãe e o meu pai me doem por dentro, a minha irmã me dói por dentro, eu me doo por dentro e por me doer por dentro invento sem parar esperando que imagine que invento e desde que imagine que invento e não acredite em mim torno-me capaz de ser sincera consigo, é certo que de tempos a tempos, para o caso de me supor honesta, lhe ofereço uma nuvem amarela ou uma nuvem castanha e uma mão-cheia de pardais em lugar da verdade [...]. [p. 365]

a minha avó a animar as brasas com um pauzinho, não caminhava como nós, caminhava como se fizesse parte do chão ou fosse um prolongamento dele, um arbusto, um caule e uma calma no sangue inteiro que minha mãe não tinha, o fumo do cigarro dela não acabava nunca, um dia disse
    Não tenho força
aparafusou um lenço na cabeça, deitou-se e percebemos que partiu porque o fumo do cigarro interrompido, a minha mãe da porta
    É preciso arranjar uma tábua para a levar ao baldio
pusemos-lhe uma toalha em cima
(sobravam as sandálias)
a protegê-la das moscas e acabou-se, nem
Como te sentes?
    nem
Como vais?
    a garganta apertada, o meu pai apanhou o cigarro e ficou a palpar a manga vazia, a minha mãe guardou a toalha para quem se despedisse a seguir e mal o meu pai jogou fora a ponta nunca mais tive uma avó [...]. [pp. 217-218]

O que, em derradeira instância, parece ficar em aberto é a hipótese de contrariarmos a tantas vezes melancolicamente confessada incapacidade poética de António Lobo Antunes. Deixando de lado as *Letrinhas de Cantigas* (Luís Maio, 11 de Novembro, 1992) ou a colaboração poética em *Diálogos* (com Luís Tinoco), que apoda de "brincadeira" (Alexandra Lucas Coelho, 30 de Janeiro, 2000), a verdade é que nos parece que o seu destino de poeta, se não se cumpre na íntegra, cumpre-se, pelo menos parcialmente, de modo oblíquo, na forma como nos romances e nas crónicas (re)cria parcelas da realidade circundante.

Em aberto fica também a hipótese de a formação de médico--psiquiatra ter contribuído para o enriquecimento da sua profissão de escritor, até porque, se por vezes o nega (Mário Ventura, 1981), outras vezes confirma-o. Assim sucede quando, a Rodrigues da Silva (25 de Setembro, 1996), admite o seguinte: "O que os estrangeiros dizem que eu trago de novo para a literatura não é mais do que a adaptação à literatura de técnicas da psicoterapia: as pessoas iluminarem-se umas às outras e a concomitância do passado, do presente e do futuro". Por outras palavras, o leque de conhecimentos, de mecanismos teóricos e práticos adquiridos para dissecar, entender e tratar as várias espécies de perturbações mentais do ser humano parecem ter-lhe fornecido interessante matéria-prima para desenhar as características profundas dos homens, das mulheres e das situações que nos romances se apresentam; parecem ter-lhe servido para dar conta, como nenhum outro escritor, dos ressentimentos acomodados, do coxear por dentro do ser humano, da essência das pessoas e das coisas, isto é, do "fundo avesso da alma"[8].

Afinal, numa nota jocosa que talvez não desagrade ao escritor, diz-se que os esquizofrénicos constroem castelos no ar, que os psicóticos habitam nesses castelos... e que os psiquiatras, psicólogos, psicanalistas recebem a renda de todos esses castelos...

Quanto aos leitores, quanto a nós, acomodados, ressentidos ou não, tentaremos, na leitura dos livros como dos depoimentos que compõem este volume, não lê-los "no sentido em que usualmente se chama ler", mas antes "apanhá-los do mesmo modo que se apanha uma doença"[9]. A ver se o conseguimos[10]...

*Ana Paula Arnaut*

---

[8] "Receita para me lerem", in *Segundo Livro de Crónicas*. 2ª ed./1ª ed. *ne varietur*. Lisboa: Dom Quixote, 2007 [2002], p. 113.

[9] *Ibidem*.

[10] Ana Paula Arnaut, *António Lobo Antunes*, a sair com a chancela das Edições 70 (coordenação de Carlos Reis).

# AGRADECIMENTOS

*Um trabalho desta natureza requer, em primeiro lugar, um voto de reconhecimento especial ao Autor, por nos ter permitido fazer das suas entrevistas 'o que nós quiséssemos'. Em segundo lugar, cumpre agradecer a todos os jornalistas envolvidos, bem como à direcção dos jornais e revistas aqui mencionados e que, prontamente, autorizaram a publicação destes textos onde, em discurso directo, nos é permitido (re)construir a imagem do escritor António Lobo Antunes. Finalmente, ao Paulo de Medeiros, pelo desafio lançado e, agora, cumprido.*

## 1. RODRIGUES DA SILVA

# *"António Lobo Antunes sobre a «Memória de Elefante». Uma história de amor entre o desespero e a resignação"*

*Diário Popular*/Suplemento Letras-Artes
18 de Outubro, 1979, pp. I,VI-VII


«Este retrato-robot é também o meu, o nosso.

Todos os nossos traços estão ali. Mas os seus são mais pronunciados. Porque à sua maneira, brutal, inteira, de uma só peça, Pierre Goldman[1] era o mais puro de todos nós. Aquele que tinha perseguido até ao fim os seus demónios, até ao fim os seus fantasmas.»

Recolho estas palavras de um grande jornalista (Serge July, «Libération»), escritas em Setembro, horas depois de três balas

---

[1] Nota do entrevistador: Pierre Goldman, 35 anos, judeu, polaco francês, ex-P.C.F., «gauchista», ex-guerrilheiro na América do Sul, ex-ladrão, ex-condenado a prisão perpétua, libertado em 1976, num segundo julgamento, após seis anos e meio de cadeia, durante os quais se doutorou em Filosofia, ensinou espanhol e escreveu um livro («Souvenir[s] obscurs d'un juif polonais né en France»); jornalista («Libération»), colunista («Nouvel Observateur»), romancista no segundo livro («[L']Ordinaire mésaventure d'Archibald Rapo[po]rt»), companheiro de Sartre nos «Temps Modernes»), amigo dos negros, da liberdade, do Socialismo e da música das Antilhas, odiado pelos «flics» de dois continentes, assassinado em 20 de Setembro deste ano, em pleno Paris, por um comando anónimo que se reivindica da «Honra da Polícia», quase à mesma hora que a mulher, Camile, dava à luz o seu primeiro filho.
As restantes notas de rodapé são nossas, com excepção das que se referem à transcrição integral de entrevistas (Adelino Gomes, *Público*, 9 de Novembro, 2004 e Sara Belo Luís, *Visão*, 27 de Setembro, 2007).

assassinas terem ceifado, em Paris, os 35 anos de vida de um grande anti-herói/herói-tipo de um certo nosso tempo.

Recolho estas palavras porque sinto que, de certa maneira, elas se podem aplicar a este personagem/autor que, de um dia para o outro, saiu do «túnel oco» do anonimato para o coração de um colectivo indefinido a que chamarei de todos nós.

Graças a um livro e não à sua morte, ou talvez também a ela (quem sabe quantas mortes cabem na vida de um homem?). Graças a um livro. Cento e cinquenta páginas de uma «história de amor entre o desespero e a resignação», viagem ao fim da noite do egoísmo e do medo da solidão, percurso penoso da difícil aprendizagem de «viver e de ser homem».

Somos «todos nós» que, de algum modo, ali estamos também. Apenas onde em nós o traço é esbatido, ali é pronunciado; onde em nós existe o fluido, ali reside o rigor; onde em nós há o aceno, desenha-se ali totalmente o gesto. Onde nós, a salvo, nos pomos; ali, despudorada e corajosamente, alguém se expõe.

Mas porque, mesmo quando esbatidos, fluidos, com um quotidiano de acenos, é sempre de traço cheio, rigorosos, firmes e autênticos no gesto que nos ambicionamos, esta «Memória de Elefante» entrou inesperada e de repente[] na memória interior de «todos nós».

Por mim, não fugi à regra. Nem na carta com que também eu – como muitos, muitos outros – me ofereci ao encontro do personagem/autor desconhecido, para, perseguindo, num espaço real, aquela história, solidário dizer-lhe: «Não estás só.»

A entrevista veio depois. Antes fora o encontro, a comunicabilidade obtida à primeira vista, que o Daniel Sampaio e algumas amigas iriam encontrar como coisa já antiga e ancorada: a amizade adivinhada, a descoberta deste «baloiço pendurado num sorriso», cujo rosto, em grande plano, o Miranda Castela iria fixar e aqui se vê.

Numa destas tardes de chuva e vento, e algum sol também[,] demos por nós à conversa para os lados da Picheleira, numa casa grande, grande, excessivamente vazia e despida, excepto de retratos de família e da grande festa da Zezinha e da Joana. 8 e 5 anos intrigados com a mágica do gravador.

A conversa aí vai, quase tal e qual, o vocabulário mondado apenas – como diz o António – de «obscenidades pontiagudas», que a respeitabilidade da nossa Imprensa ainda não suporta.

## «UMA ALEGRIA MUITO GRANDE»

Falta, claro, o tom da voz, como soe dizer-se, do entrevistado. Entre o riso e o sorriso, entre o quase silêncio e o vocálico do entusiasmo – cabe ao leitor adivinhá-lo.

### «UMA ALEGRIA MUITO GRANDE»

[RS] Diz lá, o que é que sentiste quando viste o livro nas livrarias, o nome, aos 36 anos, pela primeira vez em público, a curiosidade de saber o que é que as pessoas pensavam. Enfim, uma primeira obra, fala-me de tudo isso.

[ALA] Eu hesitei muito tempo antes de publicar o livro, pelo meu trabalho e pelo perigo que havia de as pessoas que dependem de mim, de um ponto de vista profissional, clínico, terapêutico, poderem fazer uma identificação maciça do personagem com o autor. E também pelo preconceito que há de que o grupo analista, de que os psicanalistas devem estar escondidos, não devem mostrar nada de si, não se devem expor.

Isto corresponde, no fundo, a um percurso interior meu, a eu achar, cada vez mais, que mesmo e sobretudo os analistas devem, de facto, aparecerem e exporem as suas ideias, a darem a sua forma de estar no Mundo, em vez de lhes darem só interpretações e estarem escondidos atrás de uma ciência defensiva, ou de uma armadura desse tipo.

Por outro lado, há todo o problema da escrita, que são muitos anos de escrita, de hesitações, de dúvidas, de reescrever, muitos anos à procura de uma forma. Acontece que, pela primeira vez com este livro, eu senti que tinha encontrado uma maneira pessoal de dizer as coisas, portanto livre das influências e dos escritores que para mim me influenciaram durante muito tempo. Isso teve que ver com um processo de maturação interior, muito longo e penoso, porque tive uma adolescência demasiado longa, o que tem que ver primeiro com o meio burguês em que eu nasci, uma alta burguesia, ou uma média burguesia, onde, se era universitário, mas se era adolescente, e onde, portanto, a consciência de um determinado número de coisas nos chega muito tarde. (A mim chegou-me sobretudo com a guerra de África) e depois a procura de uma forma pessoal de dizer que me apareceu com o «Elefante», um livro começado a escrever há três anos e acabado há dois, e acerca do qual eu não fiz o mínimo esforço para publicação. Isto deveu-se a amigos meus, que gostaram do livro e que lutaram muito por ele e depois o livro apareceu publicado. E depois espantou-me o êxito do livro, eu não esperava, um livro desconhecido, um autor desconhecido, lançado no princípio de Agosto, numa altura em que ninguém compra livros e que tem sido realmente um êxito muito grande, com uma segunda edição a sair ainda este ano, sem emendas, a não ser as gralhas.

A sensação de ver o livro nas montras foi engraçada, houve uma altura em que andei a passear pela Baixa, para ver o livro nas montras.

[RS] Admitias que as pessoas gostassem desta «Memória» e que ela se vendesse, a ponto de se estar já a pensar na segunda edição, para breve?

[ALA] Eu tinha a sensação de que as pessoas iam gostar desta história, porque é uma história de amor, mas é sobretudo uma história de angústia, de angústia existencial. É uma história sobre a dificuldade de viver e sobre a dificuldade de amar e sobre a dificuldade de amar o outro, quando o outro é independente de nós e não é entendido como um prolongamento narcísico de nós próprios, portanto um outro independente. Amar como um adulto, amar uma mulher que não seja uma mãe, nem uma filha.

Isto prende-se com o problema da sociedade material que é a nossa e o problema da detenção do poder pela parte da mãe. Não sei se já reparaste que os pais aqui não têm autoridade, a autoridade real é da mãe («quando o teu pai logo à noite chegar a casa vais ver», «logo à noite vou dizer ao teu pai e o teu pai castiga-te»). Portanto, o pai é uma figura ausente, quem é uma figura presente é a mãe, não sei se tens essa sensação. A mãe é que detém de facto o poder. Daqui resulta, depois, que o homem português cresce e a mulher é entendida por ele de duas formas distintas, ou como pura, assexuada, ou, então, como uma prostituta. Daí o problema do marialvismo, que nunca foi estudado nestes termos, e que é extremamente curioso e de resto é comum às sociedades da bacia mediterrânica. Há a mulher com quem se é casado e com quem se vai para a cama, com quem não se fazem as outras coisas todas e depois há a prostituta com quem se vai ter prazer. As mulheres também assumem isto: «O meu marido serviu-se de mim.»

Isto prende-se um bocado com a merda da Literatura, porque, de facto, desde muito cedo a minha maior ambição foi sempre escrever.

Eu desde que me conheço escrevo. Aos oito anos já tinha uma extensa obra, romances. Lembro-me perfeitamente deles: eram escritos em linhas de contas que as nossas mães tinham, de papel quadriculado de capa preta. Lembro-me de um, que fiz tinha sete anos, chamava-se «Sou o signo de Capricórnio». Tinha, assim, uma série de livros e histórias e depois estreei-me aos 14 anos.

Aos 14 anos, mandei, pela primeira vez, uns poemas para o «Diário Popular», para uma coisa que era a antologia das revelações, do Branquinho da Fonseca, com um pseudónimo horroroso. Ele respondeu-me, disse-me que eu devia ser uma pessoa já de uma certa idade, pelas coisas que escrevia. Eu era um puto de calções mas fiquei muito alarmado com as coisas que ele me disse.

Era assim, eu escrevia muito e depois, a partir daí, fui publicando muito raramente em revistas ocasionais, muito raramente. Aos 20 anos, um livro de poemas muito pequenino, num grupo que havia em Coimbra e cujo nome não me recordo agora. Mas tive sempre a sensação sobretudo da importância de não ter pressa, o que era difícil, porque por um lado era o desejo de publicar e por outro a sensação de que ainda não estava maduro para isso. Até que, finalmente, apareceu o «Elefante», que foi o encontro de uma forma de dizer, que ainda... eu acho o livro cheio de defeitos (que eu penso que neste segundo livro, n['«Os ] Cus de Judas» já não aparecem tanto, mas que foi a primeira coisa de que não me envergonhei totalmente.

Depois houve toda essa parte do sucesso que tem sido muito agradável, as cartas. Para quem estava completamente fora do meio, não conhecia escritores, não se dava com escritores, nem com jornalistas, nem com críticos, nem com ninguém dessas pessoas (de resto essas pessoas não me têm escrito). Têm sido, sobretudo, as cartas de pessoas, um gajo sentir que está a conversar com as pessoas e elas ouvem e sentem o que a gente faz. Tem sido porreiro, tem sido extremamente agradável e consolador para mim, uma alegria muito grande.

«UM MUNDO DE FANTASMAS»

[RS] No «Dr[ô]le de jeu», o Roger Vailland tem uma frase que é esta: «O amor é o que acontece entre duas pessoas que se amam», no sentido em que praticam o amor. Este é o mote e tu dirás o que te apetecer.

**[ALA]** Estava a pensar naquele trovador provençal que morreu de amor por uma mulher que nunca viu, de que o Ezra Pound fala. Eu tenho um tipo de formação que me faz ver as coisas de uma forma um pouco diferente. Tenho uma formação científica[,] não tenho uma formação literária. Sou um médico, um psiquiatra, tenho uma formação analítica, portanto, a minha cultura literária, ou humanista, ou filosófica, é um bocado de autodidacta.

Eu estava a pensar na forma como se poderá entender o amor, à luz da minha formação. Da minha perspectiva, depende daquilo que o outro representa, se o outro é um prolongamento nosso, é uma parte nossa, como acontece muitas vezes, ou é uma idealização do eu de que falaria o Freud. No sentido psicanalítico poder-se-ia dizer que o amor corresponde ao eu ideal e, portanto, à procura de qualquer coisa de ideal que nós colocamos através de um mecanismo de identificação projectiva no outro.

Portanto, à luz de uma perspectiva científica, como é apesar de tudo a psicanalítica, o problema começa a pôr-se de uma forma um bocado diferente. Nesse sentido e na medida em que o objecto amado é sempre idealizado e nunca é um objectivo real, a gente, de facto, nunca se está a relacionar com pessoas reais, estamos sempre a relacionarmo-nos com pessoas ideias e com fantasmas. A gente vive, de facto, num mundo de fantasmas: os amigos são fantasmas que têm para nós determinada configuração, ou os pais, ou os filhos, etc.

Penso que, nesse sentido, a frase do Vaillant é uma tentativa de delimitar qualquer coisa que não pode ser vista talvez de uma forma tão estreita, porque o amor é uma coisa que tem que tem que ver de tal forma com todo um mundo de fantasmas, com todo um mundo irreal, com todo um mundo inventado que nós carregamos connosco desde a infância, que até poderá haver, eventualmente, amor sem objecto. O amor não será, assim, necessariamente, uma luta corpo a corpo, ou uma luta corporal, mas pode ter que ver realmente com outras coisas, uma idealização, um desejo de encontrar qualquer coisa de perdido, nosso, que é normalmente isso que se passa, no amor neurótico, ou mesmo não neurótico. Quer dizer, é a procura de encontrarmos qualquer coisa que a nós nos falta e que tentamos encontrar no outro e nesse caso tem muito mais que ver connosco do que com a outra pessoa. Normalmente, isso passa-se assim e também não vejo que seja mau que, de facto, se passe assim.

## «É TERRÍVEL UMA PESSOA SENTIR-SE O CENTRO DO MUNDO»

[RS] Na «Memória de Elefante» há uma mulher que atravessa todo o romance da primeira à última página de dentro. Acontece, porém, que essa mulher atravessa todo o romance[] sempre através do olhar e da memória interior do autor. Ela só fala, em discurso directo, uma vez e para dizer, curiosamente, o seguinte: «Não admito que comigo ou sem mim você desista, porque eu acredito em si e apostei em si a pés juntos.» Donde que mesmo esta frase em discurso directo[] é uma frase sobre o autor, e não sobre ela e o seu sentir na história.

[ALA] É evidente que no livro existe uma dimensão autobiográfica. Essa frase era dita pela mulher real que serviu de modelo para a mulher do livro e referia-se à escrita e às discussões que nós tínhamos acerca da escrita e ao constante estímulo que ela tentava dar-me para escrever.

No entanto, eu penso que haverá até talvez aí duas coisas. Por um lado, uma espécie de pudor que me leva a não pôr mais coisas dela, por achar que não tenho esse direito e também porque é uma mulher que já está desrealizada, uma mulher que já está interiorizada dentro da pessoa, como fazendo parte de um passado que lhe não pertence a ela nesta narrativa, mas que pertence sim à pessoa que está falando, como as outras personagens que por aqui passam, como as filhas, aqui, no livro. É um tempo da memória e, portanto, as coisas estão metidas dentro de nós próprias, interiorizadas, como fazendo parte de um património nosso, quase indissociáveis de nós e independentes de nós. Trata-se até de uma história de amor, mas eu penso que é sobretudo uma história de angústia.

Eu penso, sobretudo, que o sucesso do livro se deve ao facto dele tocar um problema que é um problema actual entre as pessoas. As pessoas antigamente adoeciam, sei lá, os malucos, porque tinham psicoses, esquizofrenias ou neuroses fóbicas. Actualmente os problemas são sempre de relação, da relação da pessoa consigo própria, da relação com os outros. A gente vê um livro de Psiquiatria, tudo aquilo parece velho, antiquado, já nada daquilo existe. O que existe, de facto, agora, é o problema da relação entre as pessoas. O que eu penso que este livro toca é a dificuldade da relação, a impossibilidade da relação, devido aos nossos núcleos narcísicos e à nossa dificuldade em partilhar. No fundo este homem perde esta mulher por ter receio de fazer partilhas com ela, de fazer trocas afectivas. É a história de um narcisista, que apesar de tudo existe um pouco em todos nós, e da solidão tremenda daí decorrente.

É terrível uma pessoa sentir-se o centro do Mundo, mesmo para si própria. Dá um alívio bestial – a gente vê isso nas análises – quando um gajo descobre que deixa de ser o centro do Mundo e que as outras pessoas são iguais a ela, que ela deixa de ser realmente o centro, o sol, a coisa mais importante. Para mim é sobretudo um livro sobre a angústia, sobre o sofrimento da solidão, para além de ser também, é evidente, uma história de amor, de amor entre o desespero e a resignação. Pelo menos é o que eu gostaria que fosse.

### «OU FOSTE TU QUE DEIXASTE DE OLHAR PARA TRÁS?»

[RS] Há a ideia de que o herói deste livro é, de algum modo, na infância, um mal-amado. Fala sobre isso.

[ALA] Eu tive muita sorte com a minha família. Lembro-me de um homem que foi um grande escritor, que publicou um único romance, aos 60 anos, um escritor cubano, chamado José Lezama Lima. Tem um romance de 600 páginas chamado «Paradiso», que se esgotou numa noite, na noite em que saiu (20 mil exemplares), em Cuba, já depois da Revolução. Ele era muito criticado, era considerado hermético, os amigos diziam-lhe que era muito perigoso e ele respondia «se a Revolução é poderosa, ela pode engolir tudo, mesmo o meu livro». O que se passou com a minha família é que ela, considerando o livro autobiográfico, poder-se-ia ter sentido ofendida por alguns remoques que ali se fazem. Isso não aconteceu e as pessoas aceitaram-no com imensa ternura, imenso afecto. Foi para mim uma surpresa extremamente agradável.

Sob esse aspecto, eu tive muita sorte com a família que tive. Eu era considerado uma espécie de «enfant terrible», que tenho vindo a ser considerado pela vida fora, dentro da família, fora da família, mesmo muitos colegas me apontam como exibicionista. Isto, aquilo ou aqueloutro. Eu estou-me perfeitamente nas tintas para a opinião deles, o que me interessa é a opinião dos meus amigos e das pessoas que eu prezo e que eu respeito. Quanto a ser mal amado, eu penso que o problema, na maior parte das vezes, é de facto nosso, ou somos nós que não nos deixamos amar, ou somos nós que não olhamos a[s] pessoas com olhos limpos e não sabemos ver ou detectar os sinais de amor que elas nos dão, por vezes quase inaparentes. O Abelaira diz isso num livro, quando um homem conta mais ou menos: «Percebi que a minha mulher tinha deixado de gostar de mim quando deixou de se despedir de mim à escada». E o outro responde: «Ou foste tu que deixaste de olhar para trás?». Muitas vezes o que se passa é que nós esquecemo-nos de olhar para trás e as pessoas que se queixam de ser mal amadas penso sempre que foram pessoas que se esqueceram de olhar para trás. Acho que o protagonista do meu livro fartou-se de se esquecer de olhar para trás. Se não ele não teria, provavelmente, perdido a mulher que tinha e não se tinha encontrado na situação em que ficou. Foi um homem que não soube olhar para trás e ver o sorriso de ternura, lá em cima, na escada.

### «AO PRINCÍPIO ERA A DEPRESSÃO»

**[RS]** Há uma frase no teu livro, uma frase aliás muito bonita, como outras, de resto, que é a seguinte: «Tinha força[:] tinha mulher, tinha filhos, o projecto de escrever[,] coisas concretas, bóias de me aguentar à superfície[.] [S]e a ansiedade me picava um nada, à noite, sabes como é, ia ao quarto das miúdas, [à]quela desordem de tralha infantil, via-as dormir, serenava[:] [s]entia-me escorado, [hã], escorado[] e a salvo[2].» Esta frase está ligada a uma outra, que eu não consigo agora encontrar no livro e que diz mais ou menos isto: o personagem principal deixa a porta aberta do quarto quando faz amor com a mulher para poder estar em comunicação com as filhas – aquilo que ele chama uma trança –, as filhas que dormem no quarto ao lado, também de porta aberta. Há uma sensação de grande felicidade e, ao mesmo tempo, a sensação de que o tipo quer parar a roda da História, como se soubesse que, deixando-a andar, aquilo fosse ir inevitavelmente terminar, mudar, e mudar naturalmente para pior.

Isto envolve muita coisa, mas gostaria de te pôr duas questões: a família, o que é isso? Nesta sociedade é uma estrutura destinada a

---

[2] Ver p. 51 da 1ª edição *ne varietur*. Lisboa: Dom Quixote, 2004 [1979]. A referência seguinte encontra-se na p. 63 da mesma edição.

lixar as pessoas ou as pessoas podem amar-se independentemente desta ou daquela estrutura? Depois, até que ponto te sentes um homem de uma certa geração, cujos problemas, cujas ansiedades, hesitações e dúvidas, como tu dizes – mais copo, menos copo, mais curso, menos curso –[,] são os problemas, as hesitações e as dúvidas de muitos outros homens deste nosso tempo, neste país?

**[ALA]** Eu nunca tinha reflectido sobre o livro, estou agora a reflectir contigo. O que me parece é que o livro é o discurso do medo, do medo da solidão, o discurso de uma criança abandonada, de um homem que tem receio do presente, que tem receio do futuro, e que, portanto, se refugia no passado como numa espécie de ilha, onde ele imagina ou fantasia que foi feliz para se defender do medo e da angústia do presente e da dificuldade de ser homem.

É um pouco, também, o tema do livro, [] a dificuldade de amar. É um pouco o discurso do medo e do egoísmo, que existem em nós todos e que [] nos impedem, no fundo, de amar verdadeiramente as pessoas de uma forma, sei lá, livre e alegre e com os tomates lá dentro, como tu dizias na tua carta.

Estava-me a lembrar ainda de uma outra coisa, em vez de se dizer «ao princípio era o verbo» devia dizer-se «ao princípio era a depressão». Realmente, toda a nossa vida é uma luta e uma fuga constante à depressão e ao receio da morte, não é? E aos mecanismo que nós arranjamos para nos defendermos disso. Se a gente esgravata um bocadinho em nós próprios ou nos outros, é aquilo que acaba por encontrar, o enorme receio da solidão, do abandono (que é aquilo que as pessoas suportam pior) e da morte.

O herói deste livro é um pouco como nós todos. Por dificuldade em encarar o sofrimento de frente – a solidão de frente – ele tenta arranjar toda uma série de subterfúgios, de mecanismo de fuga. Através de recordações, estar com outras mulheres, idas ao casino, comer nos «snack-bares», onde a solidão é menos aparente do que nas mesas (não há nada mais triste do que um homem comer sozinho a uma mesa de um restaurante), um tipo está amparado à esquerda e à direita por pessoas, e tem outras em frente, apesar de tudo sente-se em companhia.

## "ATÉ QUE PONTO NÃO SOMOS NÓS
## QUE NOS SENTIMOS INABITÁVEIS?»

**[RS]** A «Memória de Elefante» é também uma viagem pela cidade, uma cidade que o autor sente ir mudando a pouco e pouco e talvez ir perdendo em relação aos postos de referência da sua infância. Na página 127[3] há a seguinte frase: «O médico sentia uma imensa ternura pela Benfica da sua infância transformada em Póvoa de Santo Adrião por via da cupidez dos construtores, a ternura que se dedica a um amigo velho desfigurado por múltiplas cicatrizes e em cujo rosto se procuram em vão os traços cúmplices de outrora.» Há outras referências à cidade, a uma Lisboa que se vai tornando inabitável, aos «snack--bars» a que chamas man[j]edouras. A propósito disto lembro-me que o Baudelaire dizia que «le coeur d'une ville change plus vite que le coeur des mortels» («o coração de uma cidade muda mais depressa do que o coração dos mortais»), e do Prévert para quem, numa tradução literal, «os prédios modernos vão fornecer ruínas de merda». Aqui tens outro mote.

**[ALA]** Lisboa é a minha cidade e eu apercebi-me muito disso sempre que estive longe dela, sobretudo em África onde me lembrava sempre que o Cutileiro dizia num verso: «Se o D. José a cavalo se não iria atirar ao rio na minha ausência.» E depois noutras cidades, em Londres, por onde passei. Falaste há pouco das cidades que se tornam a pouco e pouco inabitáveis. Eu estava a pensar se isso não teria que ver com a infância e com os olhos com que a gente vê as coisas. Há uma outra frase de Baudelaire, em que ele fala de Lisboa e diz que as pessoas têm um tal ódio aos vegetais que arrancam as árvores todas, e que é uma cidade só de água e de pedra.

A principal referência que aparece na «Memória de Elefante», e [n'«Os] Cus de Judas», e que provavelmente aparecerá em todos os meus livros[,] é a Benfica, porque a Benfica da minha infância era especial.

A gente em Benfica dizia ir a Lisboa. Lembro-me da minha mãe dizer «vou a Lisboa às compras». Era, assim, uma espécie de ilha, onde toda a gente se conhecia e, como eu digo na «Memória de

---

[3]  P. 133 na 1ª edição *ne varietur*.

Elefante», as minhas avós cumprimentavam as vendedoras como se fossem castelãs.

Havia três ou quatro famílias, havia o senhor doutor que era o meu pai, havia os meninos que éramos nós e depois havia gente na maior parte dela muito pobre que ali vivia. Eu também conto no terceiro livro[,] no «Conhecimento do Inferno», que havia pessoas que iam passar o verão a Benfica ainda na minha infância. Lembro--me de duas senhoras velhas que só iam em Junho, Agosto e Setembro, porque o ar era muito forte, e depois em Outubro voltavam outra vez para Lisboa como se dizia.

Eu vivia ao pé das portas de Benfica e a sensação de ir a Lisboa era o Rossio com aquelas coisas de ferro – lembras-te – onde a gente queria pôr os pés e as nossas mães não nos deixavam, quando nos levavam pela mão. Era assim muita gente. Benfica era diferente, eram casas velhas, eram pequenas vivendas, era uma terra de pequenos comerciantes, era quase como uma espécie de aldeola, de vilória da periferia de Lisboa, Lisboa começava em S. Sebastião da Pedreira. E isto era muito sentido por nós que crescemos em Benfica e que lá passámos a infância e durante todo esse tempo.

Depois há o choque disso e é isso que eu tentei um pouco chamar a atenção. Entre o passado e o presente, é a dificuldade, a «décalage»[] enorme que a gente encontra entre o continuar a viver no espaço da infância e a dificuldade de viver no espaço actual.

Isto é muito patente, por exemplo, nos retornados, que eu vejo no Hospital Miguel Bombarda. Continuam a viver num espaço diferente do nosso e daí toda uma problemática que é extremamente difícil de apreender se a gente não tiver em conta a «décalage» entre o nosso passado e o nosso presente e a dificuldade que temos de conciliar. O tempo em África tem uma textura completamente diferente daqui e o tempo da infância também. Quando a gente diz que a cidade se torna inabitável, às vezes pergunto-me a mim próprio até que ponto é que não somos nós que nos sentimos inabitáveis, até que ponto nos não estaremos a identificar com a cidade. O que não quer dizer que a cidade não esteja a ficar muito feia, não haja prédios horrorosos e gaiolas horríveis e muita gente. Mas dá-me a sensação que tem muito [a] ver connosco e com a nossa indisponibilidade interior, com o desaparecimento de uma certa inocência e da capacidade de olhar as coisas com olhos virgens. Dá ideia que nós aprendemos demais. Está-

-me a lembrar do Alexandre Dumas que no «Diário» perguntava porque é que havia tantas crianças inteligentes e tantos adultos estúpidos, e concluía que era um problema de educação. Estava a pensar até que ponto é que isso continua, apesar de tudo, a passar, e tem a ver com o facto de termos perdido uma determinada inocência e uma capacidade de olhar as coisas com aquilo que a Irene Lisboa chamava os «olhos imprevidentes». Ficámos demasiado sábios, demasiado calculistas, em certo sentido, sobretudo demasiado cínicos. Mas como ainda não perdemos totalmente a inocência, daí vem uma «décalage» que traz um rasgamento interior e uma divisão interna que nos faz constantemente sofrer muito. É como se a gente estivesse, constantemente, a balouçar entre duas situações, com toda a dificuldade e toda a angústia que isso traz consigo.

## 2. RODRIGUES DA SILVA

## *"António Lobo Antunes («Memória de Elefante») citando Blaise Cendrars: «Todos os livros do mundo não valem uma noite de amor»"*

*Diário Popular*/Suplemento Letras-Artes
25 de Outubro, 1979, pp. V-VI, IX

Apresentamos hoje a segunda e última parte da entrevista com António Lobo Antunes, autor de «Memória de Elefante», cuja primeira parte publicámos na semana passada.

Em próximo Suplemento publicaremos um capítulo do romance inédito «[Os] Cus de Judas», do mesmo autor. O livro sairá, também na editora Vega, antes do Natal. Isto se cessarem os boicotes das tipografias à sua composição...

«UMA DESUMANIZAÇÃO DA RELAÇÃO»

**[RS]** Sabes, há uma coisa estranha no teu livro. Num tipo da tua geração, pelo menos da tua idade, seria normal que as associações de estudantes, o movimento associativo te tivessem marcado, eu pelo menos nasci nisso. Ora acontece que não no «Elefante» uma só [r]eferência às associações, às greves dos anos 60 e [a]s referências à Faculdade também não são por aí além. Explica lá isso à gente.

**[ALA]** A minha chegada ao conhecimento das coisas deu-se sobretudo em África. Até então, eu vivia praticamente protegido de tudo por uma estrutura familiar extremamente protectora e afectuosa, filho de um professor da Faculdade. Portanto, os movimentos associativos passaram-me um pouco ao lado. Quanto à Faculdade, passei sempre por ela como um estranho, como um estrangeiro. A Faculdade não me interessava, os professores não me interessavam, a forma como a relação médico-doente era feita não me interessava. Nunca mais me esquece que para fazer o toque re[c]tal, isto é para meter o dedo no rabo de um homem, para se ver se tinha hemorróidas, éramos dezasseis a meter o dedo, e ao oitavo o doente saiu da cama, tinha toda a razão, e recusou-se a que lhe metessem mais o dedo no rabo. No fundo, a gente até ao 25 de Abril levou a vida a meterem-nos o dedo no rabo e até certo ponto não sei se não nos continuam a fazer o mesmo sem a gente querer.

Não me interessava, de facto, e àquilo que não me interessa eu desligo. Depois havia todo o problema do pavor da morte nos médicos e que, a partir de certa altura, me começou a fascinar. Eu fui para Medicina por motivos familiares, porque tinha um pai que admirava muito, que era médico. Penso que foi sobretudo isso que me levou para Medicina, senão teria escolhido um curso de Letras. Era o problema da pessoa estar a estudar merdinhas, a célula, o tecidinho, a coisinha. A gente interessava-se pelo sintoma ou pela doença, mas a pessoa, o doente, não existiam. Havia uma desumanização da relação, e isso era uma sensação um pouco insólita. Penso que isso se devia à falta de uma dimensão humanística nos médicos e, por outro lado, à constrição e à contracção permanentes em que eu sentia os médicos perante o sofrimento e perante a morte. Isto, ou negando a morte, fazendo dela um assunto de brincadeira («morreu o doente, não sei quê, ontem»), falando num tom neutro, ou vivendo-a com excessivo interesse. Quer dizer, ou as pessoas se envolviam de mais ou criavam uma distância demasiada, que são as duas formas de se não envolverem. Não havia, portanto, uma troca, uma partilha. Penso que isso tem que ver com o medo da morte que têm os médicos. Os médicos não vão ao médico, os médicos têm medo de ir ao médico porque têm medo de morrer. Eu falo disso no terceiro romance que estou a tentar escrever – a escrever, um gajo agora já entrou nos carris – é o medo da morte que existe nos médicos, o esconjuro que representa a Medicina em relação ao medo da morte, a sensação primitiva e quase mágica – no sentido freudiano e em qualquer sentido da palavra que se queira

– de esconjurar a morte através do receio da morte alheia, de não morrermos salvando os outros. Muitas vezes, eu pensava que a Medicina era um acto egoísta, nalguns médicos. O que estava, no fundo, em causa, mesmo por detrás de uma generosidade aparente e que podia ser sentida como genuína, era realmente o receio da própria morte.

## «UM MUNDO DE COISAS PEQUENINAS E GARRIDAS»

**[RS]** Há várias citações no teu livro, não vou exaustivamente procurá-las mas a ideia que me dá é esta, que é uma ideia que eu também tenho a partir de uma análise de outras coisas, da História que é mais a minha formação. Diz-se que Portugal é o país dos brandos costumes. No teu livro, esboças a ideia de que isso é falso, que é um país que se tornou brando à força, por força de Salazar, de quem tu, citando uma doente, a certa altura, chamas um filho de dois cónegos. Eu penso que a História hoje nos demonstra que esta entidade colectiva – Portugal ou os portugueses – até aí 1930 e desde a Idade Média é extremamente violento, nalguns casos mesmo brutal, extremamente erótico, nada constrangido, muito espontâneo, e que foi, de facto, o fascismo que o tornou um povo beato ao nível dos costumes, um povo católico no pior sentido da palavra. O que é que pensas disto?

**[ALA]** Essa é de facto a minha ideia. Os brandos costumes, no fundo, mesmo quando eles se tornaram brandos, só foram brandos à superfície, durante esses 48 anos. E eu penso que isso é que é importante dizer-se. E a mim é-me fácil dizer isto como me é fácil falar de Literatura porque me estou borrifando para a opinião dos críticos encartados, dos escritores encartados, pelos quais não tenho, na maior parte dos casos, respeito nenhum. No fundo, o que se passou foi o Império da sacanice, da filhadaputice encapotado sob a aparência de brandos costumes. Mas não há nada mais cruel do que a Pide, ou do que os campos de concentração de Cabo Verde, ou aquilo que se passava nas antigas colónias, onde se faziam as piores atrocidades. Portanto, os brandos costumes eram apenas aparentes, não é? Como em todas as sociedades vitorianas. Eu penso que foi, sobretudo, isso que se passou, que era muito mais um fenómeno de superfície, muito mais uma aparência, porque de facto sob esse verniz, que me parece extremamente superficial, a violência continuava. Eu penso que sempre se tentou castrar este país. Daí que talvez que a maior parte dos escritores deste país são castrados – isto eu gostaria que ficasse na entrevista. Portanto, isso tem que ver, no meu ponto de vista, com todo um processo de luta social e de luta pelo Poder ao nível das classes dominantes. Convém às classes dominantes que os escritores sejam castrados, como a sociedade vitoriana tentou castrar o Dickens e até certo ponto conseguiu e tentou castrá-lo de uma forma extremamente subtil, que foi adoptando-o. Da mesma maneira que se tentou fazer cá com o Camilo, nomeando-o visconde de Correia Botelho, limando-lhe as arestas, e com o Garrett e até certo ponto com o Eça de Queirós. Portanto, eu penso que a brandura dos costumes foi sempre aparente, fazia parte de todo um sistema hipócrita em que era baseado.

Não sei, o termo fascismo a mim custa-me um bocado a empregar, eu acho que era mais um bonapartismo, o Melo Antunes costuma definir assim. Era um bonapartismo de sacris[tia][, os] escritores jovens a gente entende-os – ao passo que os nossos escritores não se percebe o que eles dizem.

Fala-se em masturbação intelectual, eu acho que nem é masturbação, são umas vagas festinhas na ponta do pirilau. Não tem sangue, não tem tripas, não tem aquilo a que o Rilke chamava sangue, olhar e gesto. É uma literatura sem sangue e sem olhar e sem gesto, é uma sei lá, pá, é uma merda que anda à roda.

E depois as pessoas queixam-se que em Portugal ninguém lê. É evidente que não lêem. Mas depois aparece um desconhecido como eu, com um livro desconhecido, sem nenhuma espécie de promoção, porque vem de uma pequena editora cheia de dificuldades e é justo que se diga uma palavra acerca da editora – uma editora de esquerda que tem lutado com imensa dificuldade e que apostou num livro destes – e o livro, sem nenhuma publicidade, sem ninguém falar nele, sem amigos nos meios literários, porque não os tenho, o livro começou-se a vender e os gajos vão fazer uma segunda edição agora e provavelmente farão uma terceira, se se continuar a vender, sei lá, não interessa, mas vende-se.

Portanto, eu compreendo que a «Memória de Elefante» se venda e também compreendo que os outros não se vendam, agora só não compreendo é a perplexidade dos escritores portugueses porque é que eles realmente não se vendem. Eu acho perfeitamente natural que eles não se vendam, não se vendem porque aquilo que eles escrevem não é para ser lido a não ser por pessoas que devem ter uma paciência infinita, por gajos que gostam de fazer palavras cruzadas na alma ou jogar gamão dentro da cabeça, mas não viver. Não tem nada que ver com a vida. Por exemplo, os livros de alguns tanto poderiam ter sido escritos há 200 anos, como daqui a 200 anos, é uma literatura intemporal, que não fala daquilo que a gente é, daquilo que a gente quer, porque só um gajo estando enraizado no tempo presente é que é que, de facto, poderá ter alguma possibilidade até de sobrevivência, se eles pensam na posteridade, não sei se pensam ou não, eu não acredito em eternidade nenhuma. E depois é evidente que não são lidos. Tudo isso se passa ao nível de uma pequena «cotterie», com todas as suas mesquinhices, um pequeno bordel.

### «UMA ESPÉCIE DE CARLOS GARDEL DA REVOLUÇÃO»

[RS] Há duas frases na «Memória»: uma é assim: «a certeza de que a revolução se faz no interior», a outra é «o partido propõem-me a substituição de uma fé por outra fé, a de uma mitologia por outra mitologia». O livro, que eu acho extremamente político, no sentido que dou à palavra, tem apenas mais duas ou três referências, que permitem localizá-lo depois do 25 de Abril: os prospectos do C.D.S. na caixa do correio, uma frase dos anarcas sobre o Tenreiro, uma referência a uma A.G.T. e pouco mais. Fala-me destes cinco anos últimos.

[ALA] Eu cheguei muito tarde a um certo conhecimento das coisas por diversos motivos. Primeiro pelo nascimento, depois porque a minha adolescência se prolongou durante muito tempo, depois porque levava uma vida muito fechada, desde os 13, 14 anos vivia para escrever e portanto passava todo o tempo fechado no quarto a escrever e praticamente não fazia mais nada. Durante todo o tempo da Faculdade se me pôs sempre o problema de desistir do curso e arranjar um outro emprego, fosse ele qual fosse, de maneira a poder escrever só. Eu não sei até que ponto isto nãos era a situação dos intelectuais portugueses, intelectuais no mau sentido da palavra e que uma amiga minha define como a vida das pessoas que se pensam como intelectuais, isto é, muita chatice e é pouca f... Só muito tarde percebi que, como diz o Nuno Bragança, «a grande coisa da vida é a vida». Estou a lembrar-me do Blaise Cendrars que recomendava à filha «todos os livros do Mundo não valem uma noite de amor». Eu cheguei muito tarde a este conhecimento e só depois de se ter este conhecimento, penso eu hoje, é que se pode começar realmente a escrever, a escrever coisas que digam coisa[s] às pessoas e que não sejam os pastelões ilegíveis que a gente normalmente encontra e que, pelo menos para mim, são ilegíveis.

A guerra de África foi para mim, como provavelmente para muitas pessoas da minha geração, sei lá, uma coisa extremamente importante. Foi quase como, quando a gente, em pequenos, vê na praia os pescadores virarem os polvos ao contrário, ou como quem vira uma meia. Foi, também, a partir de 73 e com o contacto que comecei a ter com as pessoas ligadas a determinados movimentos que eu comecei a chegar ao conhecimento de determinado número de coisas que até então para mim eram ameaçadoras, ou desconhecidas, e que me eram transmitidas como ameaçadoras para o meu estatuto.

Depois a aprendizagem penosa da vida, o regresso de África e o contacto com essas pessoas, tudo isso me permitiu uma tomada de consciência nas coisas completamente diferentes e uma grande viragem interior, que se produziu com muitas dúvidas, muitas hesitações, muitos sobressaltos, muitos regressos atrás, como eu digo n['«Os] Cus de Judas».

A primeira vez que eu pu[s] o «poster» do Guevara no quarto, tive a sensação de que o Guevara era uma espécie de Carlos Gardel da revolução. Passei de um desconhecimento das coisas para uma visão extremamente romântica, que, no fundo, era também defensiva, porque enquanto o Guevara fosse o Gardel da Revolução, a ideia que ele representaria (quem diz o Guevara diz outra pessoa qualquer) não seria tão efectiva e tão forte dentro de mim. Teria todas as vantagens do herói romântico, sem ter os inconvenientes do herói prático, que seria roubar os talheres de prata da família.

Estive ligado a pessoas do Movimento dos Capitães por laços de amizade e queria falar aqui no papel que o tenente-coronel Melo Antunes teve em todo este processo. Nós levávamos as noites, em África – ele era da minha Companhia –, a conversar até às três, quatro da manhã, todas as noites, na mata, no [a]rame farpado. Foi importante a experiência dele, a cultura dele, os ensinamentos dele. Tudo isso provocou em mim uma visão completamente diferente do Mundo que eu não tinha. Através dele, eu conheci livros que não conhecia, escri[tores] que não conhecia, enfim, uma série de coisas de que eu tinha passado ao lado.

Cheguei muito tarde a isto, como cheguei tarde à escrita publicada e como provavelmente terei chegado tarde a outras coisas. Talvez tenha sido bom assim, talvez isso me tenha permitido começar a publicar tarde, começar a chegar tarde a um determinado número de ideias e de ideais[,] talvez isto me tenha permitido vir para eles com uma certa maturidade (que eu sinto, por exemplo, que como escritor ainda não tenho). Portanto, não estou arrependido que as coisas tenham acontecido desta forma.

Tudo isso penso que n['«Os] Cus de Judas» está exposto de uma forma bastante mais clara[, tal] como no terceiro romance. Este último foca um pouco isto através dos hospitais psiquiátricos. Chama-se «Conhecimento do Inferno», a partir de um título de George El[]iot, uma romancista extremamente impor[tante], em que se dorme com o prior mas se comunga todos os dias na igreja. Era um pouco isto que se passava e também até certo ponto é um pouco isto o que se passa ao nível literário, quando as pessoas fazem contumélias umas às outras mas, provavelmente, nas conversas particulares, ou em privado, quando não há perigo, aproveitam para descascar, porque todas elas trazem a última verdade no bolso e todos são génios.

Tudo isso se passa num mundo de pequeninas invejas, um mundo que o Eça chamava de coisas pequeninas e garridas. O mundo de coisas pequeninas e garridas continua de facto a existir no meio intelectual português, como continua, de facto, a existir no meio social português, porque, no fundo, o mundo intelectual é apenas um seu reflexo, enfim, em microcosmos cristalizado. Não sei, a mim fazem-me lembrar os bichos empalhados do Museu de Londres.

Penso que a brandura dos costumes é um pouco ilusória[,] é apenas uma coisa de superfície, apenas uma fachada, quando de facto, por trás havia toda uma crueldade, sobretudo cínica e beata que é a forma mais terrível de crueldade. Aquilo a que o Freud chamaria a crueldade do pirilau no rabo, em que portanto, o pénis não é aparente. Escondeu-se o pénis, mas no entanto, ele continua a existir, ou metido no ânus, ou debaixo das batinas. É um pénis que serve para agredir e não serve para fazer amor. Isto passa-se muito, por exemplo, ao nível das tricas literárias ou sociais ou quaisquer outras, em que realmente o pénis raramente serve para fazer amor e muitas vezes serve para agredir. Dá ideia que as pessoas não sabem para que é que têm coisas entre as pernas. Dá ideia que confundem o «cassetête» dos polícias com instrumentos de fazer amor, não é...?

### «UMA COUTADA FECHADA»

[RS] Bom, acho que é altura de te perguntar o que é que pensas d[a] Literatura, desta que se faz aqui em Portugal. Mas, a propósito disto, queria-te dizer que no teu livro, em 150 páginas, há talvez centenas de referências culturais, nomes: de pintores, de escritores, do cinema, etc., às catadupas. Tenho a impressão que é também neste caso, um ajuste de contas contigo próprio. Não sei. O que é que pensas disto?

[ALA] Aparentemente poderá ser um novo-riquismo. É possível que haja, também, uma dimensão exibicionista, uma pessoa querer exibir num primeiro livro uma vasta cultura. Mas eu penso que é, sobretudo, aquilo que tu disseste: um ajuste de contas. A minha infância foi feita disso, quando eu estava doente o meu pai sentava-se à beira da cama e lia-nos, para aí com 10 anos, o Antero, o Gomes Leal, o Sá Carneiro. A minha primeira paixão foi pelo Sá Carneiro, com 12, 13 anos e não só isso mas toda uma carga de pintores e de músicos. Os pintores que ele amava, os músicos que ele amava e que nós éramos obrigados a ler, éramos obrigados a debitar, éramos obrigados a conhecer. Isto, ao princípio, era extremamente chato para mim, uma chumbada ter que ler durante as férias o Kipling, ou o Oscar Wilde para aí com 13 anos. Era uma chatice bestial, mas penso que, em grande parte, devo a esta persistência, a essa obstinada paciência muito daquilo que sou.

Mas as referências eram também uma forma de poder falar de pessoas em que, ordinariamente, se não fala e que eu não encontro (eu leio pouco daquilo que se escreve em Portugal) e que penso que era importante as pessoas conhecerem e que não me parecem tão difíceis como isso, cuja arte penso que é apreensível e não será tão hermética, tão difícil como aquilo que se quer fazer crer. A sensação que eu tenho, porque vejo de fora, a vida intelectual em Portugal é uma espécie de coutada fechada, é uma espécie de pequena família, cheia de ódios, ressentimentos e talvez também haja algum amor, um pequeno círculo de pessoas que se conhecem todas, que se lêem só umas às outras e que, como todas as famílias, se tendem a defender dos estranhos, que têm os seus bonzos, os seus ídolos, os seus demónios e toda uma pequena mitologia à portuguesa. Era pois uma tentativa de romper com esse universo fechado, que me parece ser o mundo cultural português e as suas eternas referências, sempre as mesmas. Tentar mostrar que havia mais alguma coisa, para além dos 20 ou 30 centímetros quadrados da vida intelectual portuguesa, que eu conheço mal, mas que me parece, assim vista de fora, como uma pequena família cheia de odiozinhos, e sem generosidade quase nenhuma.

## «SANGUE, OLHAR E GESTO»

[RS] Desculpa lá[] interromper-te, mas responde lá à Literatura, mesmo. O que pensas dos escritores portugueses, do que se escreve, em suma?

[ALA] Penso que os escritores de Portugal de agora, salvo algumas raras excepções, Nuno Bragança, e poucos mais, dois ou três, vivem como eu vivia a minha adolescência, numa espécie de burguesia, de família burguesa, intelectual, agarrados a quatro ou cinco ideias sobre as quais fazem um jogo de legos intelectual, louvando-se uns aos outros, odiando-se uns aos outros. Tentei, portanto, um pouco romper com isso e abrir novos espaços e eu não sei até que ponto isto será aceite.

As pessoas queixam-se que em Portugal não se lê, mas em Portugal o Nuno Bragança vende-se, o «Molero» vende-se, a «Memória de Elefante» está a vender-se. Apesar de todas as diferenças que haja, ou distâncias que se queiram pôr, ou grandezas relativas, estou-me nas tintas, para isso tudo. Não sei se as coisas que não vão directas às pessoas e correspondem a um discurso para a família e a um calão da família serão, de facto, entendidas pelas pessoas. Quando o Alexandre O'Neill diz para os críticos: «quem nos lê a nós são vocês e nós, quem vos lê a vocês somos nós e vocês» eu penso que em Portugal as pessoas, de facto, lêem, agora lêem se as coisas forem compreensíveis e não serem o calão familiar, como acontece jantar numa família e ouvir frases que os fazem rir a todos e nós ficamos de fora e não entendemos. Eu penso que na vida intelectual portuguesa – isto é um olhar visto de fora e pode ser errado – se passa um bocado isto e que, portanto, a pessoa comum, que está de fora – como eu, como tu, ou como até elas –, não apreende isto e depois os livros não lhe interessam. Passa-se depois este fenómeno fantástico de que o Gide falava em França que se passa em Portugal – «existem mais artistas do que obras de arte».

Portugal está cheio de artistas, a gente encontra-os a cada passo, enchem os bares, não sei quando é que eles escrevem, se calhar escrevem dentro da cabeça, e depois obras de arte não existem e, quer se queira quer não, nos últimos dez anos, tirando o Nuno Bragança, Dinis Machado e mais algum que eu não conheça, dois ou três, não apareceu mais ninguém em ficção realmente importante. As outras pessoas são incompreensíveis. Leio 30 páginas e ponho para o lado, enjoa-me como um bolo com muito açúcar. Não vai directo ao interior de mim, como vai por exemplo «A Noite e o Riso», ou como o «Molero» que eu acho um livro com defeitos, mas, apesar de tudo, consegue isso, vai direito à gente. O romance é para contar uma história. E a gente lê os jovens escritores americanos, ingleses, franceses, italianos, espanhóis, soviéticos de 30 anos, e eles são claros, a gente entende o que eles dizem – os gran[des] do século passado, que o Eça citava muito e que foi mestre de toda uma geração. Ela[1] escreveu um romance, «O Moinho à Beira do Floss», e há uma crítica na Quart[erly] Review, de 1860, em que diz que a senhora G. E. devia dar-nos exemplos saudáveis, dizer-nos como é que a vida devia ser e introduzir a virtude nas pessoas, em lugar de lhes dar «o conhecimento do inferno». Foi essa frase que eu aproveitei. É aquilo que eu gostaria de fazer, que o «Elefante» tenta fazer e que os outros fazem de uma forma mais clara, que é toda uma denúncia e todo o relato de um percurso e de um trajecto. Mas é muito difícil distinguir entre aquilo que é real e aquilo que não é real, até por vezes para mim próprio naquilo que escrevo, um pouco na linha dos homens que de facto me influenciaram muito: C[é]line, Proust, Kafka, Faulkner.

«LA FORMA INGEGNOSA E QUASI ELEGANTE
DEL TRADIMENTO[»]

[RS] Bom, já falaste de África. Ora, África, Angola mais concretamente, a guerra colonial, enfim, é uma outra dimensão do teu livro. Gostaria que falasses disso, a partir, por exemplo, desta frase

---

[1] George Eliot.

da «Memória»: «Entre a Angola que perdera e Lisboa que não reganhara, o médico sentia-se duplamente órfão.»

**[ALA]** Independentemente do valor que a nossa geração, literariamente, possa vir a ter ou não ter, eu penso que ela é uma geração diferente das outras, porque é uma geração marcada pela guerra colonial. De resto, o João de Melo desenvolve isso, quando chama à geração dos escritores entre os 30 e os 40 anos a geração da guerra colonial. Eu penso que essa experiência se tornou decisiva para nós sob vários aspectos. Primeiro porque provocou um corte na nossa vida, que deixou cicatrizes que, muitas delas, não sararam. Depois, porque permitiu à nossa geração e àqueles que ainda não tinham uma consciência aguda (como em grande parte era o meu caso) aperceber-se duma determinada problemática social e política. Finalmente, permitiu, como eu digo na «Memória», a aprendizagem da morte e do sofrimento, feita em moldes completamente diferentes.

A guerra era o absurdo. O absurdo absoluto. Era uma situação esquizofrenizante, uma guerra de fantasmas. A gente estava no arame farpado a lutar contra fantasmas que não existiam, em nome não se sabia de quê, não se sabia porquê, e a única coisa que se via à frente era um túnel de dias (eu tinha quatro calendários, todos os dias riscava um dia em cada um), era um túnel de dias que nunca mais iriam acabar.

Qualquer coisa que me lembra uma frase de Pasolini, a propósito das manobras florentinas, na Itália do tempo de Maquiavel. Chama-lhe ele «la forma ingegnosa e quasi elegante del tradimento» («a forma engenhosa e quase elegante da traição»). A guerra colonial era um pouco isso: uma forma engenhosa, mas nada elegante, de traição. No fundo, a frase de Pasolini, também, podia aplicar-se sem elegância nenhuma, aos 48 anos do fascismo.

No livro que vai sair ainda este ano, [«Os] Cus de Judas», eu tento explicar isso melhor. E abro aqui um parêntesis para dizer que não terá sido por acaso que [«Os] Cus de Judas» têm sido boicotados já por duas ou três tipografias. É que é um livro que fala na guerra colonial.

Penso que, apesar de tudo, se continua a tentar falar, como se a guerra não tivesse existido, como se o Tarrafal e a Pide e tudo isso, nada tivesse existido. Volta a haver as misses, volta a haver a direita, volta a haver tudo isso, de uma forma pujante e alegre, como se tudo, como se esses mortos, como se um milhão e 500 mil homens que passaram por África, como se os mutilados que andavam ali a coxear no Anexo Militar, na Rua Artilharia Um, como se nada disso tivesse existido.

Para além de toda a experiência livresca, ou existencial ou lisboeta que nós tivemos, tivemos uma experiência que é original, original e que é única, apesar de tudo, que é a experiência da nossa geração, a experiência da guerra e do sofrimento concreto e da morte concreta, que pode ser extremamente enriquecedor do ponto de vista humano e que em certo sentido, apesar do que lá se sofreu e do que eu lá sofri, para mim foi extremamente importante, permitiu-me aperceber de uma grande quantidade de coisas, das quais, provavelmente, eu teria continuado a passar ao lado, se não tivesse sido a guerra de África.

Depois, há o problema do regresso e da sensação de despaisado que as pessoas que voltam da guerra têm. A sensação de não pertencerem nem cá nem lá, de se terem perdido naquele lugar e de não terem ainda conquistado lugar nenhum.

Foi uma aprendizagem extremamente penosa, a do regresso e a sensação de ter de recomeçar tudo, de início. Era quase como ter que voltar a nascer, mas um voltar a nascer cheio de cicatrizes e cheio de feridas, extremamente doloroso, mas que eu penso que, agora, passados tantos anos, foi importante, quanto mais não seja para que a gente possa lutar para que uma merda dessas, uma situação dessas não volte a acontecer.

Mas o que eu queria sobretudo focar era o aspecto esquizofrénico da guerra de África, em que se passava tudo como num delírio. Em que havia o senhor, o perseguidor dos delírios que eram os senhores da guerra (como eu chamo n['«Os] Cus de Judas»), que estavam aqui em Lisboa, e que nos mandavam morrer e depois havia os que morriam de facto e que éramos nós, sem saber como, mortos pelo inimigo invisível, porque nós não os víamos, todo esse combate com sombras, combate com fantasmas. Era como se um gajo estivesse a lutar contra os espectros do pai do Hamlet durante 27 meses. Mas o problema é que era um espectro que matava de facto e matava de formas extremamente cruéis, através de meios extremamente sádicos. E, quando digo o espectro que matava, não me refiro aos movimentos de libertação, refiro-me concretamente à União Nacional, à A.N.P., essas merdas, aos Salazares, aos caetanos, às multinacionais, a todas essas entidades que não tinham uma existência concreta, que eram entidades vagas e sem nome, mas que, de facto, nos matavam realmente, provocaram em nós rupturas muitas vezes irreversíveis e que cicatrizes que não sararão mais. E é bom que não sarem e que a gente não esqueça embora, de facto, o País tenha esquecido que isso existiu.

## «SER TÃO IMPORTANTE COMO O PÃO»

**[RS]** Bom, em princípio, esta é capaz de ser a última pergunta. Diz lá, como é que te sentes em relação aos outros?

**[ALA]** Sinto-me muito perto das pessoas, porque não sinto muita diferença entre o combate delas e o meu. Agora, com a experiência que tenho e com a análise e isso tudo, com esta viagem através de mim próprio, sinto-me cada vez mais perto das pessoas e cada vez menos o centro.

Aquilo que eu gostaria era de poder falar, em palavras simples, às pessoas simples, como o Neruda queria. Simplesmente, há todo o problema da dificuldade da escrita e a minha escrita é toda muito carregada de metáforas, eu sinto-a realmente muito barroca. É-me muito difícil escrever doutra maneira, mas eu penso que, apesar de tudo, talvez seja possível chegar às pessoas através dessa maneira e gostaria muito que isso fosse possível.

Não me interessa estar a escrever para pessoas importantes, as pessoas que me procuram para se tratar comigo não são pessoas importantes, são pessoas que precisam de mim. Embora para mim escrever nunca tenha sido um acto de grande prazer, simplesmente quando não escrevo ando mais mal disposto, começo a ficar insuportável e depois é a tortura.

Mas é estar ao pé das pessoas e estar com elas. Lembro-me muitas vezes do Tchekov, Tchekov era um homem exemplar sob muitos aspectos, era um homem extremamente humilde que tirou um curso de Medicina, que viveu sempre com grandes dificuldades e que fez Medicina sempre toda a vida e que eu tentei homenagear na «Memória» porque acho que é um escritor muito esquecido. Ele dizia «escrever com talento é escrever com concisão» – isto é extremamente importante e os escritores portugueses (e não só) deviam pôr isto com grandes letras diante das mesas, se é que escrevem em mesas. E dizia outra coisa muito importante, que era «aos homens oferece-lhes homens, não te ofereças a ti mesmo». Penso muitas vezes não só na trajectória exemplar deste homem exemplar, que morreu com 41 anos, e na ideia que ele tinha da importância do acto literário, como este acto pode ser interveniente junto das pessoas e as pode ajudar. Não no sentido em que o Sartre falava da tia dele, que lhe dizia com ar melífluo: «Os nocturnos de Chopin ajudaram-me tanto na morte do teu tio.» Não era nesse sentido mas no sentido de ajudar as pessoas a entenderem-se e de nos ajudar também a nós a entendermo-nos um bocado melhor.

Isto é uma visão optimista e utópica, mas eu acho que não faz mal nenhum ser-se optimista e ser-se, se for necessário, um bocado utópico. Apesar de tudo, o Mundo é feito dos marginais, daquilo que dantes se chamava os marginais, isto é, os utópicos, aqueles que estão na franja, ou sejam os Jesuses ou os Marxs. Se S. Paulo fosse vivo agora, estava metido no hospital Miguel Bombarda, disso eu não tenho a mínima dúvida, não é? E se João XXIII não fosse Papa não andaria muito longe disso, ou era tido como um louco de aldeia, sei lá... Eu penso que a escrita pode ir directamente ter com as pessoas simples. (Neruda falava também disto), e falar-lhes... Ser tão importante para elas como o pão, como queria o Neruda. Há-de haver um dia em que isso há-de acontecer, com certeza. O Lenine previa isso e até agora ele não se tem enganado muito.

[RS] Bom, a fita está mesmo a acabar. Acabas tu, ou acabo eu? Acabo eu. Bom, olha, acho que uma boa maneira é confessar muito honestamente que, num certo sentido, gostaria que esta entrevista te tivesse sido feita pelo Luís Pacheco, que é um grande escritor português e, além disso, conhece muito bem os hospitais psiquiátricos, como alcoólico. Talvez se possa arranjar um frente a frente, quando sair o teu «Conhecimento do Inferno», em que vais falar sobretudo do Miguel Bombarda. Talvez ele te possa falar do Júlio de Matos.

## 3. JOSÉ JORGE LETRIA

## *"«Um escritor é sempre a voz do que está latente nas pessoas»"*

*O Diário*
27 de Julho, 1980, p. 21

Dois livros publicados com poucos meses de intervalo – "Memória de Elefante" e "Os C[u]s de Judas" – bastaram para transformar o nome de António Lobo Antunes numa referência obrigatória no quadro da ficção portuguesa dos últimos anos.

Jovem psiquiatra marcado pela experiência da guerra colonial, o autor prepara para Dezembro o lançamento de um novo romance intitulado "Conhecimento do Inferno", tentativa de desmontagem, através dos mecanismos da escrita de ficção, da actividade psiquiátrica numa sociedade capitalista.

Se por um lado se mostra satisfeito com a receptividade do público aos seus livros, por outro não deixa de contrapor aos ataques e reservas de certa crítica, argumentos de uma grande vivacidade e força polémica.

O diálogo que mantivemos durante cerca de três horas foi uma viagem pelos livros, pelas pessoas, por um mundo em transformação. Uma viagem construída com palavras claras e francas.

"Já escrevo há muitos anos["] – começa por nos dizer[.]["]Des[d]e os 12 ou 13 anos que me lembro de fazer histórias. Só quando escrevi "Memória de Elefante" me pareceu ter pela primeira vez uma maneira pessoal de dizer as coisas. Por isso fiz em relação a ele algum esforço de publicação. Quando o livro saiu, já "Os C[u]s de Judas" estavam prontos. As coisas que escrevi antes foram para o lixo. Sempre fiz

## 30 | JOSÉ JORGE LETRIA, 27 DE JULHO, 1980

autos de fé periódicos das coisas que escrevi. Até os rascunhos do novo livro que estou a escrever rasgo com frequência. Normalmente faço três versões de cada um dos meus romances. Não faço muitas emendas de pormenor. Normalmente elas são feitas no texto dactilografado, já no fim["].

### "UM LIVRO CUSTA OS OLHOS DA CARA"

Em Lobo Antunes é constante a reflexão sobre o acto de escrever, sobre o seu alcance e espaço social. Perguntamos-lhe de que modo encarou o súbito êxito dos seus livros. A esse respeito diz-nos:

"É agradável verificar a boa adesão do público. Um livro custa os olhos da cara. Para fazê-lo gasta-se muita paciência, muita esperança, saúde até, porque se dorme muito menos, porque se descansa muito menos, porque se consomem os tempos livres, os fins[-]de[-]semana. É agradável pensar que os livros vão ter novas edições. Mas, por outro lado, é desagradável pensar na reacção de certos escritores. Penso que o meio intelectual português é muito fechado e tem pouco a ver com o que se passa noutros países". E no mesmo tom acrescenta:

"Creio que depois da geração do Urbano Tavares Rodrigues, Augusto Abelaira, Agustina Bessa Luís, José Cardoso Pires, Vergílio Ferreira e Fernando Namora, entre outros, houve um longo hiato. Só depois começaram a surgir novas vozes. Os escritores daquela geração estão profundamente marcados pela experiência do fascismo, pelos condicionalismos então existentes. Por outro lado, as influências francesas levaram-nos a um determinado hermetismo. Quero sublinhar aqui a grande estima que tenho pelo Urbano Tavares Rodrigues, até pelo entusiasmo e generosidade que sabe manifestar em relação à obra alheia, qualidades que entre nós são muito raras".

Continuando a traçar um retrato pessoal do panorama da ficção portuguesa nas últimas décadas, o escritor afirma:

"Paralelamente surge o Luís Pacheco, precursor de uma nova literatura portuguesa, que embora tenha a idade dos outros se mant[é]m plenamente actual e moderno. Há textos do seu livro "Exercícios de Estilo", que são verdadeiras obras-primas da literatura portuguesa. É na esteira deste escritor que, segundo creio, surgem autores como Nuno Bragança, Dini[s] Machado, Fernando Assis Pacheco, que eu prefiro como poeta, e alguns outros. Um outro escritor que penso ser importante é o Almeida Faria que liga um pouco estas duas gerações e que, por isso, tem um certo papel de charneira".

António Lobo Antunes dá sem reservas a sua opinião sobre questões que sabe serem delicadas e geralmente não afloradas. E continua:

"Há duas coisas que certas pessoas não suportam: uma é o êxito alheio e outra a inovação, a mudança. Há, por um lado, uma reacção de agrado e de adesão do público e por outro lado uma reacção de desagrado que tem a ver com o ciúme, a inveja e a competição. As pessoas denigrem a obra de escritores novos e depois tendem a racionalizar os sentimentos que as levam a fazê-lo, chamando-nos coloquialistas com uma intenção pejorativa. Segundo eles haveria de um lado a sua literatura e do outro os contadores de histórias, a meio caminho entre a banda desenhada e o jornalismo comprido. Penso, no entanto, que os chamados coloquialistas trazem uma nova e mais eficaz maneira de dizer as coisas[,] de estar com as pessoas, de falar de Abril, do fascismo e da guerra colonial". E acrescenta:

"Um escritor, como um cantor ou um pintor é sempre a voz de qualquer coisa que está latente nas pessoas. A crítica de extrema--direita diz que pomos em causa os sagrados valores da nação. A inteligente diz que escrevemos mal. Mas, como dizia o Balzac, só os bons escritores se podem dar ao luxo de escrever mal. O que incomoda a direita é que a nossa escrita não é intemporal, é o facto de falar de coisas que a põem directamente em causa. Por isso continuo a receber cartas com ameaças e sei que houve várias tipografias que se recusaram a imprimir "Os C[u]s de Judas"".

A BUSCA DA EFICÁCIA

O autor de "Memória d[e] Elefante" diz sem rodeios o que sente ser essencial. E, ao ouvi-lo, torna-se claro que a literatura é para ele também um corajoso exercício de sinceridade.

"Há escritores["] – prossegue – ["]como a Agustina Bessa Luís, escritora de direita, que escreve muito bem, mas que tem uma escrita paralisada, sem sangue, sem tripas, que tanto pode ser deste século como do século passado. Há também escritores como o Vergílio Ferreira que tem sempre na testa a ruga de quem está a pensar imenso. Acho que, por vezes, era preciso haver mais "bac-stick" na alma. O que nós temos procurado é a eficácia da escrita, é a possibilidade de comover e de tocar o leitor em relação às questões fundamentais como o fascismo e a guerra de África. Estas novas vozes começaram a surgir em 1979, 1980, cinco anos depois da Revolução. Há escritores de outras gerações como o Urbano que têm tentado acompanhar esta renovação".

As cicatrizes da guerra são visíveis nos livros de Lobo [] Antunes. A guerra colonial é uma presença constante, obsessiva, um fantasma que é urgente destruir. Diz-nos:

"João de Melo, no prefácio a uma antologia que está a preparar sobre a guerra fala da geração da guerra colonial. Esta é uma geração que se tem manifestado mais ao nível da poesia do que da prosa. No entanto, existem já vários romances que afloram o problema da guerra. E esse problema não é só da guerra em si, dos mortos e dos feridos. É também o problema das nossas vidas ao voltar. No regresso não t[í]nhamos lugar, não pertencíamos a nada. Trazíamos connosco uma grande insegurança interior. Daí toda a onda de divórcios, de nevroses de guerra. Tudo devido ao facto de não se ter raízes em parte nenhuma". E acrescenta:

"Eu quis, no que já escrevi, dar o drama do regresso, esse terrível flutuar entre duas águas sem pertencer a nenhuma delas. Se se conseguir dar isto com suficiente força as gerações novas poderão ser tocadas para que isto não volte a acontecer. Penso que com o avanço progressivo da direita não haverá riscos de uma nova guerra de África, mas de outras situações verdadeiramente angustiantes".

O escritor continua a falar sobre a guerra, sobre as marcas sensíveis que ela deixou na sua memória e nos seus livros:

"Tinha que se escolher então entre fazer-se a guerra e o exílio num país de onde possivelmente não se ia voltar. Era uma guerra contra fantasmas, contra um inimigo que não se via. O inimigo de que a propaganda fascista falava eram velhos e crianças que não podiam fugir e que estavam num profundo estado de magreza porque as suas lavras eram envenenadas. É disso que os meus livros querem falar, do sofrimento, do regresso e da dificuldade de recomeçar. Este problema, em certa medida, continua a existir porque numa sociedade capitalista, mesmo sem guerra, não há lugar para os jovens". O escritor vai mais longe:

"Por tudo isto nos chamam coloquialistas. Porque acabamos por ser perigosos para as classes dominantes da escrita, para os bonzos

literários, porque pomos em causa os seus cânones. Às vezes apetece-
-me repetir as palavras de Eça que dizia que éramos um país traduzido
do francês em calão"[1].

## LITERATURA E PSIQUIATRIA

Se a guerra colonial está presente nos livros de Lobo Antunes, de
um estilo vigoroso e grande imaginação verbal, não o está menos a
experiência de psiquiatria. Esse é o tema seguinte do nosso diálogo:
"Neste país há uma grande necessidade de mitos, quanto mais não
seja para os destruir. Um dos mitos mais fortemente enraizados é o
do psiquiatra. É preciso mostrar que o psiquiatra não é uma figura
mítica, omnipotente e securizante. Na fantasia das pessoas é alguém
que as ouve e ajuda a viver um pouco melhor. Mas a realidade, essa,
é bem diversa. São normalmente pessoas frágeis que se formam em
psiquiatria para esconjurar a sua própria doença mental. Isso só não
é evidente porque ele se faz rodear de um certo ritual". E prossegue:
"O que é perigoso é que é ele que estabelece a linha branca que
separa o normal do não normal, a loucura da razão. Isto tem a ver
com uma sociedade capitalista onde ele é o guardião dos mecanismos
repressivos. Eu fui para Medicina um pouco por acaso, porque o meu
pai era médico. Pensei interromper a carreira porque estava farto de
cadáveres. Depois comecei a gostar do curso pelo contacto que ele
me proporcionou com pessoas que sofriam nas camas dos hospitais".
"A escrita["] – continua – ["]é sempre um acto de fuga à depressão.
Nunca encontrei ninguém com tanto medo da morte como os médicos.
A única vantagem que ser psiquiatra me trouxe foi ter-me posto em
contacto com duas ou três pessoas excepcionais e depois com o
sofrimento humano".
Lobo Antunes fala em seguida do problema da profissionalização
do escritor numa sociedade como a portuguesa, seis anos depois de
Abril:
"Não podemos esquecer que vivemos numa sociedade capitalista.
A exploração do escritor é uma coisa vergonhosa. O livreiro, que tem

---

[1] "Lisboa é uma cidade traduzida do francês em calão", in *A Correspondência de
Fradique Mendes*. Fixação do texto e notas de Helena Cidade Moura. Lisboa: Livros
do Brasil, S./d., p. 80.

só o trabalho de vender, ganha 30 por cento. O editor, entretanto, tem uma razoável margem de risco. Fica com 40 por cento dos quais tem que pagar ao escritor. Se a esquerda não ganha as eleições, se não formos para outra sociedade, só os escritores de grande tiragem sobreviverão. Aos outros acontecerá como aconteceu ao Camilo Castelo Branco que se suicidou ao saber que ia ficar cego". E acrescenta:

"Se os meus livros se continuarem a vender bem, tenciono libertar-me pelo menos de parte da minha actividade. Escrever é um trabalho que se faz por paixão, com muito sacrifício, com muitas olheiras. Se avançarmos para uma sociedade socialista, as coisas modificar-se-ão. Aí não terei de sacrificar horas de sono e o tempo que podia dar às minhas filhas".

### "CONHECIMENTO DO INFERNO"

O novo livro de António Lobo Antunes que em princípio estará concluído em Setembro chama-se "Conhecimento do Inferno" e deverá ser posto à venda em meados de Dezembro.

"O livro["] – revela o escritor – ["]é uma tentativa de desmontagem da vida e funcionamento dos hospitais psiquiátricos. De desmontagem da psiquiatria como gerador de distância e não de aproximação entre as pessoas. O conceito de louco tem muito de social. As famílias, por exemplo, têm sempre necessidade de ter um maluco. Quando em vez de um há dois, as coisas começam a tornar-se mais complicadas. Esta é uma sociedade de bodes expiatórios na qual o psiquiatra funciona um pouco como tratador de malucos, do mesmo modo que no jardim zoológico há o tratador que dá cenouras aos animais". E prossegue, levantando mais uma ponta do véu do que irá ser "Conhecimento do Inferno":

"Sob uma forma de ficção, a minha opinião sobre estas questões terá mais impacto. É um livro em dois tempos. Uma viagem do Algarve para Lisboa, com a qual fecharei a trilogia iniciada com "Memória de Elefante". E depois?

"Bem, depois, talvez um romance sobre o período imediatamente anterior ao 25 de Abril, ou uma peça de teatro. Entretanto, vou escrevendo todos os dias. Levo cerca de ano e meio a escrever um livro. Às vezes espanto-me pelo facto de as pessoas se surpreenderem quando digo que escrevo todos os dias. Penso que é tudo e cada vez mais uma questão de trabalho. Um trabalho diário, persistente. Espanto-me de ver os bares sempre cheios de artistas. Estou um pouco como o Gide que dizia que em França havia mais artistas que obras de arte". Mas ressalva:

"Isto também acontece porque as pessoas não sentem a sua arte compensada. Os armazéns das editoras são cada vez mais jazigos de família. A tendência dos editores é formar co[u]delarias, apostar em meia dúzia de nomes de êxito certo. A poesia, por sua vez, não se vende, embora seja talvez a melhor da Europa".

Falámos ainda da sua infância, do modo como ela está presente nos seus livros, da sua imaginação verbal, da sua visão de muitas outras coisas comuns a uma geração de pessoas que vivem Abril por dentro.

"Ainda tivemos uma formação lógico-discursiva["] – salienta – ["]e depois passámos para uma formação visual que deu origem a um pensamento muito mais sincrético. Daí que o Fellini e o seu cinema me tenham influenciado muito. A geração anterior à nossa foi marcada pela leitura de outros escritores. A nossa tem outro tipo de influência e talvez por isso esteja mais perto das pessoas".

## 4. MÁRIO VENTURA

# *"António Lobo Antunes, analisando-nos: 'neuroses e psicoses temos todos'"*

*Diário de* Notícias
30 de Agosto, 1981, pp. 7-8 [1]

A loucura de que todos fugimos e que nos persegue[] é o cenário da entrevista com António Lobo Antunes, médico psiquiatra, mais concretamente analista, escritor das horas vagas, que são nocturnas e diárias, autor de três livros escritos e publicados de jacto, ganhador de uma popularidade que, à partida, talvez não tenha muito que ver com a literatura. No Hospital Miguel Bombarda nos encontramos. Espero – e tenho tempo de reflectir no perigo de estultícia que pode espreitar uma conversa mais ou menos literária – à sombra do ambiente onde a razão perde todas as razões. No clima de difusa realidade em que vagueiam os seres que ali se isolam dos outros, constrói-se sem custo um espelho onde nos surpreendemos a nós próprios e descobre--se não ser assim tão grande a distância que nos separa deles.

Talvez por isso, a entrevista se transforma a breve trecho numa conversa com algumas – que são muitas – preocupações de análise, o que se pode perdoar ao entrevistado que dela faz a sua normal actividade, mas que não tem qualquer desculpa no caso do entrevistador. Daí que, de vez em quando, o entrevistado apareça a fazer perguntas, e o entrevistador a tentar – ainda que delicadamente – não responder.

---

[1]  Esta entrevista foi posteriormente publicada em Mário Ventura, *Conversas*. Lisboa: Dom Quixote, 1986, pp. 169-179 ("António Lobo Antunes"). São mínimas as diferenças entre as duas publicações, abstemo-nos, por isso, de as assinalar.

O que decorre, aliás, num clima de espontaneidade e franqueza, em que domina a preocupação de falar com verdade. O entendimento das palavras não é, hoje em dia, muito fácil. Que ele se consiga, ao acaso de uma conversa, sem formalismo ou falsas construções verbais, sem preocupações de literatice ou exageros pseudo-intelectuais, é um saldo positivo que se retira desta conversa. E que serve de exemplo para os que, em lugar de se revelarem nas palavras, nelas se ocultam.

**[MV]** O êxito literário convenceu-o de que é mais fácil ser escritor do que psiquiatra?

**[LA]** Nunca tinha pensado nesses termos... Para todos os efeitos, a psiquiatria vem depois. Eu comecei a escrever muito cedo...

**[MV]** Porquê?

**[LA]** Não sei... Em grande parte por razões familiares. O meu pai é médico e pertence a uma família de médicos. Não sei se sabe, mas a medicina tem um esquema nesse estilo, a quantidade de filhos de médicos nos cursos de Medicina é muito grande. O que eu queria era escrever. Mas como tinha que tirar um curso, porque precisava de ganhar a vida... E acabei por ir para a psiquiatria, com a ideia de que era assim uma coisas não científica, mais ou menos literária. Era a ideia que eu tinha na altura, claro.

**[MV]** Não foi comprovada?

**[LA]** Não, não foi comprovada.

**[MV]** Mas quando é que surgiu exactamente o fenómeno da escrita?

**[LA]** Em pequeno. Livros, houve uma série deles antes do primeiro ser publicado, e nem chegaram a ser vistos por ninguém. Escrevia-o e deitava-o fora. Mais tarde, de facto, achei que tinha encontrado uma maneira mais ou menos pessoal de ver as coisas, houve um conjunto de circunstâncias, e o livro apareceu.

**[MV]** Ou seja: o primeiro livro não foi rigorosamente o primeiro.

**[LA]** Exactamente. Havia um livro muito comprido que praticamente era o embrião de todos de todos os que foram publicados. Escrevi-o enquanto estive na guerra, e muito antes disso, para aí durante sete ou oito anos.

**[MV]** Não é muito difícil estabelecer uma distinção entre a profissão de médico e o trabalho de escritor? Não estarão constantemente a chocar ou a interpenetrar-se?

**[LA]** Eu penso que isso é só uma ideia que as pessoas têm. No fundo, escrever é um delírio, assim como algo que produzem os esquizofrénicos, e a que se dá uma determinada ordenação, uma sistematização. Não penso que a literatura se possa enriquecer pelo facto de conviver com a medicina ou a psiquiatria mais do que se pode enriquecer com o jornalismo ou o futebol, ou outra coisa parecida. Não vejo que isso aconteça. Até porque a gente funciona muito em compartimentos estanques. A esses níveis, a criação, penso que... aliás publiquei vários trabalhos sobre isso, em revistas, sobre o Ângelo de Lima, que esteve aqui internado 40 anos. Descobri vários inéditos dele e um manuscrito da célebre autobiografia. Está aqui, também.

**[MV]** Portanto, o mecanismo da criação...

**[LA]** O que é que nos leva a criar? Quais são as raízes da criação? No fundo, poder-se-ia dizer que o escritor, o artista, de uma maneira geral, é uma pessoa que tem o pré-consciente muito perto do consciente, para falar em linguagem freudiana. Se a gente aceitar esses pressupostos de consciente e pré-consciente, no caso do romance, tem de haver uma sistematização onde entraria já um componente de consciente muito grande.

## A NECESSIDADE DE CRIAR É A NECESSIDADE DE MUDANÇA

**[MV]** Pensa que a escrita pode revelar a existência de uma neurose, ou ser ela própria o resultado de uma neurose?

**[LA]** Neuroses e psicoses, temos todos. Quando a gente fala em esquizofrenia, temos todos. Somos todos psicóticos. O Freud chamou a atenção para isso, e actualmente está assente que não há ninguém que não seja neurótico e psicótico. Em todos nós existem esses núcleos. Agora, o problema terá talvez que ver com as motivações. Porque é que um tipo escreve? O que é que leva uma pessoa a escrever?

**[MV]** No seu caso já fez essa análise?

**[LA]** Bom, ahn... Não fiz assim muita (ri). O que se passa, não sei se consigo acontece isto, é que uma pessoa quando não escreve começa a andar mal disposta...

**[MV]** Doente?

**[LA]** Irritada. A mim é o que acontece. Por sua vez, o acto de escrever às vezes nem dá prazer, porque um tipo está ali à rasca, muitas vezes faz e refaz, faz e refaz, faz e refaz...

**[MV]** Um prazer doloroso?

**[LA]** Pois, é isso

**[MV]** Agora, como é que se dará essa relação entre a necessidade de escrever e a neurose que cada um transporta consigo?

**[LA]** Isso deve-se aos núcleos saudáveis que nós também temos, ao lado dos aspectos doentios. A necessidade de criar é a necessidade de mudança. E ao mesmo tempo a gente tem medo de mudar. Porque não há-de vir daí, do desejo de mudança, do desejo de fazer coisas novas, dum desejo de competição que a certos níveis é extremamente saudável? Porque não há-de vir daí?... Um dos escritores que mais li foi o Lewis Carroll. É um homem sobre o qual mais se escreveu, há mais de três mil coisas publicadas sobre ele, por psiquiatras, psicanalistas, linguistas, etc., para tentarem descobrir porque é que o homem escrevia.

**[MV]** E descobriram?

**[LA]** O Carroll tinha uma esquizofrenia. Mas é curioso, porque era uma esquizofrenia que ele esconjurava nos livros. A sua loucura limita--se a *Alice no País das Maravilhas* ou *Através do Espelho*. Depois, na vida dele, era um professor de Matemáticas extremamente chato e aborrecido, com outro nome. Quando lhe mandavam as cartas em nome de Lewis Carroll, ele, que se chamava Charles Dogson, devolvia as cartas, dizendo: «Este senhor não existe, não mora aqui». O gajo esconjurava a sua esquizofrenia através...

**[MV]** Da dupla personalidade...

**[LA]** Quase, sim. Haveria uma cisão... Por exemplo, quando a rainha Vitória lhe pediu um livro seu, ele mandou-lhe um livro sobre mate-máticas, em vez de mandar, por exemplo, a *Alice no País das Maravilhas*. Estranhíssimo.

**[MV]** Lendo os seus livros, fico com a impressão de que a literatura não o preocupa muito. A sua preocupação seria, mais, a de dizer, de jacto, as coisas que o preocupam ou atormentam, sem a preocupação sequer de fazer estilo. E provavelmente não será assim...

**[LA]** Pois.

**[MV]** Dá-me a impressão de que você usa um pouco a literatura como se fosse...

**[LA]** Uma catarse?

**[MV]** Isso. Como se fosse um pano de limpeza.

**[LA]** É giro você estar a dizer isso, porque realmente não é o que estava na minha cabeça. Por exemplo, estes três primeiros livros tinham um plano. O quarto livro, que está agora nas máquinas, é diferente, foi escrito sem plano, praticamente. Mas para os outros três havia um plano muito minucioso, muito pensado previamente. Às vezes escrevia os capítulos salteados, e havia uma grande preocupação com a escrita. Andei quase um ano com o primeiro capítulo [à]s voltas. Havia uma tentativa de procurar uma escrita que parecesse fácil sem o ser. Não sei se consigo acontece, mas a mim acontece-me muito andar que tempos à procura da puta da primeira frase. E às vezes dura semanas. Tem-se o livro todo na pinha, aquilo tudo escrito, mas a frase não aparece. E enquanto não aparece...

## EM PORTUGAL FAZ-SE LITERATURA ENGRAVATADA

**[MV]** Você está a revelar uma coisa que eu imaginava exactamente ao contrário. Ou seja que não tinha preocupação com o estilo, o como dizer as coisas. A preocupação era dizer.

**[LA]** Estou agora a lembrar-me de um homem com quem me escrevia, que era o Céline. Eu tinha 16 anos e escrevi ao Céline, e o gajo respondeu. Escrevia-me numas folhas de papel amarelo, muito grandes, com uma letra toda acavalada. E aquela prosa dele era extraordinariamente trabalhada. Depois, a gente vai ler e parece muito fácil. E não é, enfim, literatura no sentido português da palavra. Outro dia falava com um escritor brasileiro, e ele dizia-me: «Vocês continuam a fazer literatura de bacharéis». Aqui em Portugal faz-se literatura de bacharel, literatura engravatada.

**[MV]** Mas sem eficácia...

**[LA]** Veja, por exemplo, a eficácia dos escritores americanos. E se calhar nem escrevem tão bem como alguns escritores portugueses. Sabem contar uma história, não é? Sabem contar e fazer diálogos. A gente não sabe fazer diálogos. E o português é uma língua complicada... Também se dizia que iam aparecer obras-primas depois do 25 de Abril, e afinal não apareceu nada.

**[MV]** Seria fácil escrever obras-primas para meter na gaveta, à espera da liberdade que havia de vir?

**[LA]** Pois, talvez não.

**[MV]** Você consegue evitar, quando escreve, a experiência diariamente recolhida nos seus doentes? Ou não a evita?

**[LA]** Penso que isso nunca aparece. É uma parte tão pequena... Onde é que a gente vai buscar aquilo que faz? A gente não inventa nada.

**[MV]** Em todo o caso, o psiquiatra acaba por estar demasiado absorvido pelos problemas do doente. Ou não?

**[LA]** Não. Há aquilo a que o Freud chamava ouvir com a terceira orelha. Se o médico se envolve nos problemas das pessoas, fica sem a distância necessária para os ajudar. Fica-se de tal maneira envolvido que já não se pode fazer nada.

**[MV]** Mas não será fácil...

**[LA]** É mais fácil se a pessoa também faz uma análise pessoal, que normalmente demora muito tempo. Praticamente oito anos, não sei quantas horas por semana... E isso ajuda-nos um bocado a não nos envolvermos. Muitas vezes, quando a gente se envolve, é porque são problemas que têm que ver connosco.

**[MV]** Mas o desejo do doente não é o de que o médico se envolva no seu problema?

**[LA]** Se as pessoas sentem o médico envolvido fogem a sete pés. Começam a sentir uma fragilidade muito grande...

**[MV]** Ou seja, o contrário...

**[LA]** As pessoas querem sentir é afecto, uma capacidade de atenção, de escuta, etc...

**[MV]** O que não é mecânico...

**[LA]** Pois, exactamente, mas não um tipo estar enrolado na problemática do outro. Porque então seriam como dois náufragos que se estão a afundar, se é que a psiquiatria serve para alguma coisa.

**[MV]** Envolvido, é claro, na perspectiva de o salvar...

**[LA]** Salvar de quê? No fundo, a ambição tem que ser muito mais pequenina, tem de ser só tentar ajudar as pessoas a aceitarem, enfim, sem grande angústia, sem grande ansiedade, a contingência que a vida lhes oferece.

**[MV]** O Freud ainda é o patrão-mor dessas coisas, a avaliar pelas referências constantes que lhe faz.

**[LA]** A conversa também me tem puxado para isso. E nisto acontece um bocado como na religião católica: ainda não apareceu outro homem de génio depois de Jesus Cristo.

## A VIDA É SEMPRE UMA LUTA CONTRA A REPRESSÃO

**[MV]** Os seus livros são, é claro, profundamente autobiográficos?

**[LA]** No próximo, as pessoas quase não podem fazer a identificação. Nos três primeiros havia três temas que me interessava tratar. Era o tema da guerra de África, vivido por mim de uma maneira muito forte. Era o tema do hospital psiquiátrico como universo concentracionário, quer dizer, como exemplo de uma coisa mais vasta, servindo-me de uma realidade que eu conhecia bem mas que não estava na minha cabeça. O que estava na minha cabeça era a ideia de que o hospital psiquiátrico servisse de exemplo de uma realidade esquizofrenizante, no sentido de não haver espaço para uma quantidade maior de sentimentos e emoções, etc. O terceiro tema era, não o amor, mas a incapacidade de amar, a solidão. No fundo, eram estes três temas que me interessavam. A partir daqui, tinha a intenção de que em cada um desses livros houvesse um tema que fosse mais destacado, para ser como que um *leit motiv* que levasse as pessoas a situarem-se. A ideia de partida era esta, servindo-me de coisas que eu conhecia, como a guerra, onde estive vinte e sete meses, o hospital psiquiátrico e a não relação de amor. São estes três temas que me interessavam. A solidão, a incapacidade de amar, o receio de amar, o medo das coisas boas que a gente tem, era de coisas assim que eu queria falar.

**[MV]** O escritor precisa de estabilidade emocional?

**[LA]** Vamos a ver se consigo... (ri). Penso que sim, que seria bom, mas não é fácil. Quando a gente está a escrever está estabilizado, não é?

**[MV]** Mas escrever já implica condições propícias, condições óptimas. Precisa-se de estabilidade, vai-se procurar estabilidade à escrita, mas precisa-se de estabilidade para ir para a escrita.

**[LA]** Meu caro amigo, se a gente vai procurar a estabilidade na escrita é porque está a utilizar a escrita como uma compensação da problemática que é nossa, da nossa depressão. De resto, a nossa vida é sempre uma luta contra a depressão. Arranjar mecanismos adaptativos. Portanto, poderá funcionar assim. O período pior é antes de começar. Aqui há tempos, na Associação de Escritores, falei no problema do suicídio e como, até certo ponto, um livro é um suicídio. Quer dizer: é uma possibilidade de um gajo alcançar a sensação de imortalidade. Não se encontra nenhum suicida que não tenha a sensação de imortalidade, quer dizer, o suicídio é um assassínio de outra pessoa. Não sei se estou a tornar clara a minha ideia. Quer dizer, se eu matar as minhas coisas más, que tornam difícil a minha vida, vou passar a ter uma vida melhor. Portanto, há sempre uma ideia de vida eterna no suicida. É extremamente curioso. A sensação de imortalidade do suicida é muito curiosa.

[MV] E como é que esse fenómeno se pode transferir para a escrita?

[LA] Sai de nós, como um braço ou uma perna, um pedaço de nós que deixa de nos pertencer. Não sei se estou a ser muito claro...

[MV] É duvidoso.

[LA] Acho que a gente está a psiquiatrizar muito esta conversa.

[MV] Pois, esse é o perigo destas coisas. Em todo o caso, não me parece que o que você diz seja muito diferente do que se passa com a maioria dos escritores...

[LA] Não somos muito diferentes uns dos outros.

[MV] O mais interessante, para mim, é o ponto de vista de que as pessoas têm necessidade de matar qualquer coisa...

[LA] Ou fazer nascer qualquer coisa, também. É complexo, não é? Há sempre dessas coisas contraditórias. Ao mesmo tempo, há uma morte, mas há um nascimento também, e essa parte é que traz, talvez, a alegria de criar.

[MV] Como vê o nosso meio literário?

[LA] Entre nós há muitas rivalidades, muitas competições. É uma coisa tão dolorosa, tão esquisita... As pessoas trucidam-se, matam-se umas às outras. Por exemplo: aparece um gajo que quer traduzir um livro, como me apareceu agora um americano. Telefonei a um escritor e disse-lhe: «É pá, está cá este tipo, você quer...» «Que estranho tu falares nisto», respondeu-me. Aqui, quando aparece um tradutor, o costume é não se dizer a mais ninguém. Funciona-se assim em Portugal. Porque é que há isto? É porque o meio é pequeno e temos todos de ser o melhor do mundo e o gajo que tem mais traduções é o melhor. Depois, um tipo tem de andar armado em caixeiro-viajante dos próprios livros, como alguns que se conhecem. Está aqui, traduza-me, não sei quê, compre o meu livro...

[MV] Talvez seja o esforço individual para sair da mediocridade colectiva...

[LA] Mas sozinho, deixando lá ficar os outros todos... Não há camaradagem. Eu tinha uma ideia muito romântica dos artistas, dos escritores, que havia uma camaradagem bestial.

**[MV]** Eu creio que isso não existe em parte nenhuma. Não me parece que o mundo das letras seja muito propício a esse clima...

**[LA]** O que é trágico. É uma chatice.

**[MV]** Talvez que isso reflicta a solidão que existe na actividade criativa, ao fim e ao cabo.

**[LA]** Sabe qual é a consequência disso? É que depois a profissão de escritor torna-se muito difícil. Os gajos no Brasil estão a conseguir isso. É preciso lutar muito, é necessária uma união muito grande. Aqui é muito difícil, os editores são umas tarântulas... É a corrida à popularidade. Lembra-me muitas vezes o Sena, no prefácio à Antologia da Lírica Portuguesa, em que dizia que quando escolheu os poetas, e a cada um perguntava quem é que devia entrar na antologia, o que recebia eram propostas de exclusão.

**[MV]** Acha que o convívio com outros escritores é necessário?

**[LA]** O convívio é necessário. É aquilo de que falávamos há pouco. Penso que seria importante uma união dos escritores no sentido de uma tentativa de consciencialização, que até seria possível se os editores não fossem tão cúpidos. E agora até temos possibilidades, com um homem na presidência da Associação como o Urbano, que é uma pessoa generosa, capaz de admirar os outros, coisa que é tão difícil. É um tipo generoso, com uma sensibilidade e uma humanidade realmente espantosas. Cada vez gosto mais dele. Com esse homem como presidente da Associação, teríamos algumas possibilidades.

**[MV]** Talvez não esteja muito acompanhado pela classe.

**[LA]** Ele falou-me disso. Tinha planos para os escritores irem às fábricas, aqui e ali, falar, participar, mas tudo isso é capaz de ficar em águas de bacalhau, porque pouca gente colabora com ele.

**[MV]** Há muitas dificuldades, talvez porque os escritores que o são exclusivamente se contam pelos dedos de uma das mãos.

**[LA]** Mas era possível haver mais. Aliás, nem seria necessário muito dinheiro para viver.

**[MV]** Embora haja quem pense que é necessário manter outra profissão.

**[LA]** Eu penso que não. O meu ideal foi sempre escrever, apenas. E nós vemos, por exemplo, os escritores americanos: qualquer tipo de quarenta anos tem dez ou quinze livros publicados. Só escrevem. Os ingleses, os soviéticos, todos escrevem que se fartam. Quanto a nós, nem dá para nos compararmos aos outros.

**[MV]** Quais são as tuas horas de escrita?

**[LA]** Praticamente só à noite. Mas escrevo todos os dias. Acho que é muito importante. Nem que seja para deitar fora, a maior parte das vezes. É como um cirurgião: se um gajo não faz a mão, não consegue nada.

**[MV]** Daí pode vir um certo à-vontade na escrita, não?

**[LA]** Muitas vezes um gajo não aproveita nada, mas fica sempre qualquer coisa que depois se aproveita. Mas de facto penso que se houvesse uma união da classe poderiam surgir mais escritores.

**[MV]** Você teve uma infância normal?

**[LA]** Sim, penso que sim. Tive um pai a quem devo muito. Éramos seis irmãos, e não vivíamos com muitas facilidades materiais, mas nós adoecíamos, o pai sentava-se à beira da nossa cama e lia-nos livros: Flaubert, Oscar Wilde, Kipling, e outros. No verão íamos para a praia e ele ficava a trabalhar em Lisboa, mas no fim-de-semana obrigava-nos a fazer resumos dos livros que nos tinha dado para ler. Fazia isto com todos. Foi muito importante. Era capaz de estar horas a falar-nos de Tintoreto ou de Mozart, por exemplo. Eu tinha assim como que uma família miraculosa. Isto passava-se em Benfica, que na altura era fora de Lisboa. Minha mãe dizia, vou a Lisboa, amanhã vou a Lisboa fazer comprar, havia umas quintarolas, onde há agora aqueles prédios todos. Vivíamos ali nós e mais três ou quatro famílias. A minha família era gira. Um dos meus avós, pai da minha mãe, trocou o carro por um casal de perus. Era um tipo espantoso. Era surdo, metade pessoa, metade aparelho para ouvir. Era um centauro. O outro avô também era assim miraculoso. Tive uma infância gira nesse aspecto. Depois tive a vida normal do burguês de Lisboa, Liceu Camões, Faculdade...

**[MV]** E as experiências mais fortes? A guerra?

**[LA]** Talvez a guerra, talvez a infância. A infância foi muito importante. A guerra, sobretudo pela estranheza, porque era uma guerra contra um inimigo que não víamos. Nós não víamos os tipos e aparecíamos mortos. Tínhamos muitas baixas. Lembro-me de alguns amigos, como o Melo Antunes, que me abriu os olhos para muita coisa. Porque eu era muito egocêntrico, colocado à margem dos movimentos estudantis, das pró-associações, das lutas, enfim, do que havia nessa altura.

**[MV]** Que idade tem?

**[LA]** Tenho 38. Eu estava um bocado à margem de tudo isso, e foi sobretudo em África – a África teve para mim essa vantagem – que encontrei pessoas que me ajudaram. Sobretudo o Melo Antunes, que era oficial do Exército. Quando eu lhe perguntava porque é que ainda estava no Exército, respondia-me: «Porque a revolução se faz por dentro». Era um gajo duma coragem excepcional, talvez o homem mais corajoso que encontrei até hoje.

**[MV]** A ideia da morte perturba-o?

**[LA]** É óptimo estar-se vivo.

**[MV]** Em que está a pensar?

**[LA]** Estava a pensar que a gente tem sempre tantos planos na cabeça, tantas ideias, tantos livros para escrever, tantas coisas para fazer, que de facto não apetece morrer.

**[MV]** Que vê de melhor e pior nos Portugueses?

**[LA]** Grande problema. Você põe perguntas lixadas. E o que é que você diria? Não sei. Sei lá...

**[MV]** A obrigação de ter ideias sobre tudo, não é?

**[LA]** Não sei responder. O que é que você vê?...

**[MV]** Não sei. Teria de pensar nisso.

**[LA]** Esta geração nova é tão diferente, formada pelos *media*. Tem um pensar tão diferente do nosso. Não é lógico-discursiva como nós éramos. Falo dos que têm agora 15, 16 anos, que são completamente diferentes em relação ao nosso tempo. Os *media* formaram-nos ao contrário. No meu tempo faziam-se bigodes. A minha actividade no liceu era fazer bigodes aos reis. E aquela frase genial do Mat[t]oso: «O ferro é contemporâneo do homem das cavernas, como o provam à saciedade os restos encontrados nas ruínas das cidades antigas». O que é que isto pode dar?... O Alexandre Dumas tinha um diário muito giro, em que há um trecho em que o gajo dizia: «Porque é que há tantas crianças inteligentes e tantos adultos estúpidos?» E, então, aquilo era uma jaculatória ao rei em que se concluía que tudo residia num problema de educação. Como realmente o tipo de educação que a gente recebia, escolar, matando a criação. Eu tinha sempre más notas nas redacções. Os temas das redacções eram assim: «Quem o alheio veste na praça o despe», duas páginas. E um gajo tinha de ilustrar aquela merda. Era uma completa aniquilação… Como é que a gente sobrevive a isso, é que é esquisito. E continua.

**[MV]** Mas você pensa abandonar a medicina?

**[LA]** Sim, se se mantiverem as condições presentes, com as traduções e tudo isso.

**[MV]** Neste momento já poderia viver dos direitos autorais, pelo menos tão bem como da psiquiatria?

**[LA]** Não. Mas, enfim, recebo ao mês.

**[MV]** E pagam-lhe?

**[LA]** Pagam, mas não é pelos meus lindos olhos. A sensação que tenho é que se a gente deixa de vender, o mais provável é mandarem--nos às urtigas.

**[MV]** Há alguma coisa que lhe desagrada no nosso meio literário?

**[LA]** A existência dos *lobbies* culturais e dos detentores da cultura. Os livros escolares são sempre dos mesmos gajos. São meia-dúzia de bichos-caretas. Os gajos vendem, vendem, porque são livros recomendados no ensino. Se há coisa que me indigne, realmente, é a existência desses *lobbies* culturais, que se promovem a si próprios, que se vendem a si próprios. E que nem sequer fazem ideia do que deles se pensa, lá fora, como escritores.

## 5. FERNANDO DACOSTA

## "António Lobo Antunes: «Muitos escritores têm-me um pó desgraçado...»"

*Jornal de Letras, Artes & Ideias*
5 de Janeiro, 1982, pp. 4-5

Repete: «As pessoas têm reacções muito emocionais em relação aos meus livros. Ou aderem muito a eles ou têm-lhe uma grande raiva. Há muitos escritores que me têm um pó desgraçado!»

O diálogo entre nós é um fio de vidro onde a transparência põe, ao longo da tarde, reverberações crescentes de afectividade e infância.

Sentado no chão, entre almofadas e cigarros, e palavras macias, e vozes ao longe, António Lobo Antunes ri, ainda incrédulo, do êxito (literário, económico, social) que o envolve e, temporariamente, o apazigua.

Temporariamente.

«A coisa melhor dos livros foi os amigos que, através deles, arranjei. Arranjei amigos muito bons que de outra maneira não teria possibilidade. É agradável receber no Natal cartões de boas-festas de Vila Real, de terras assim, de província, de pessoas que não querem nada de nós a não ser dizer-nos que gostaram do que escrevemos. Arranjei amigos muito bons entre, por exemplo, os jornalistas, como o José Manuel Rodrigues da Silva, do **Diário Popular**, que é um homem de uma grande qualidade. Conheci outras pessoas, mas não quero dizer nomes porque posso esquecer alguns. Normalmente as pessoas têm medo de dizer que gostam de outras, quando o ouvem ficam retraídas, mas eu não tenho vergonha, é bom dizê-lo, é bom ouvi-lo dizer! Eu funciono muito em termos afectivos, ou gosto ou não gosto das pessoas. Por vezes não gosto e não tenho razões para isso, já tenho sido mesmo bastante injusto. Foi através dos livros que conheci outros escritores de quem fiquei muito amigo, o Santos Barros, que é um poeta muito bom, é açoriano, tem 34 anos e é um caso muito sério da nossa poesia, o Dinis Machado, o Urbano Tavares Rodrigues que foi sempre de uma grande generosidade comigo...»

UMA ESTRANHA NAU

A casa é grande, móveis antigos, confortos subtis, vistas sobre Lisboa e o Tejo ao fundo, muito, na distância do recolhimento. É domingo e é de tarde, as duas filhas palram defronte do **Passeio dos Alegres** enquanto o escritor, levantado fora de horas («estive a fazer redacções até às seis da manhã»), mastiga devagar almôndegas com arroz, na cozinha desarrumada, como o quarto de dormir, o seu, enorme, onde a cama lembra uma nau estranha e misteriosa, a boca de lençóis escancarada, as fotos, os papéis imóveis à volta como pássaros em vigia.

«Escrevo sempre deitado, pela noite fora, não gosto de escrever à mesa.» Não há secretária, nem biblioteca, nem «dossiers», nem arquivos, nem sequer muitos livros. Escreve em cadernos timbrados do hospital, cheios de letrinhas irrepreensivelmente ajustadas, quase sem brancos nem rasuras, como desenhos orientais. Lembram as folhas manuscritas da Agustina Bessa-Luís – a mesma precisão, a mesma economia nos espaços, a mesma segurança nas linhas.

Recorda: «Escrevia há muitos anos mas nunca tinha pensado em termos de publicação. Os meus amigos nem sequer sabiam que eu escrevia, nunca pensei em fazer uma carreira literária. Por razões várias mostrei **Os cus de Judas** a um amigo, um médico, o Daniel Sampaio, que não tinha nada a ver com o meio das letras. Só que ele interessou-se e tratou de tudo, levou o original ao editor, etc. De resto, continuo a ser um bocado assim, faço os livros, revejo as páginas dactilografadas e nunca mais olho para eles, Deus me livre! Quando muito folhei[o]-os depois de publicados, mas à pressa, como se não tivesse nada a ver com eles. A **Memória de elefante** foi o primeiro a sair. Era, no entanto, um livro em que ninguém acreditava, saiu nas férias, em Julho. Quando vim, em finais de Setembro, a primeira edição estava a esgotar-se. Achei estranho, o livro fora lançado por uma pequena editora, na altura muito pequena mesmo, sem publicidade. Foi tudo de facto muito surpreendente pela forma como aconteceu. Depois as edições começaram a sair umas atrás das outras. **Os cus de Judas**, apareceram seis meses depois. Se não fosse o Daniel nunca teria publicado nada, teria continuado a escrever como até então, nem sequer para as gavetas porque não tenho gavetas a não ser as da roupa. Rasgava o que ia fazendo, nem sei, afinal, porquê.»

### ESTÃO SEMPRE A CORTAR OS DEDOS

Recorda: «Fui para Medicina por acaso. Isso acontecia a uma grande percentagem de filhos de médicos. Preferia ter sido escritor, logo na adolescência, naquela idade em que se faz o quinto ano do liceu, em que se tem a curiosidade de escrever. Fazia poemas, pensava mesmo em ser só poeta, fiz muita poesia que não mostrei a ninguém. Agora já não faço versos. Acabei por ir para Medicina. Depois fui para psiquiatria pensando que era parecido com a literatura, e fiz análise, que me foi importante, me ajudou a compreender muita coisa. O mundo da clínica privada é uma selva, quase como a literatura... eu tive no entanto sorte porque conheci pessoas mais velhas que me ajudaram. Quando vim de África não tinha praticamente dinheiro para comer, ganhava dois contos no hospital, tinha uma filha, pagava de análise mais do que ganhava, ia fazer horas aos bancos dos arredores, ao Montijo onde havia muito que fazer porque os operários das salsicharias que lá existem estão sempre a cortar os dedos, fazia Medicina por aqui e por acolá de maneira a arranjar dinheiro para sobreviver. A pouco e pouco as coisas foram-se tornando mais fáceis. Agora com o dinheiro que me pagam pelo que escrevo já podia fazer uma opção, só que não posso acabar com as análises que tenho, assim, bruscamente, uma análise não é um tratamento, é uma relação. Cria-se uma grande ligação afectiva com as pessoas, não posso afastar-me enquanto elas precisarem de mim.»

## A GERAÇÃO DOS CUS DE JUDAS

Dias depois, no hospital, como dias antes num programa radiofónico, António Lobo Antunes, camisola azul, sorriso aberto, cumpriria com ironia o ritual das fotos, das entrevistas, dos «marketings» enfastiantes.

Escritor subitamente popular, tornou-se em poucos meses uma **raiz** para a geração (dos 30 aos 40 anos) que fez a guerra colonial, lutou contra o fascismo, comungou no PCP, deflagrou no 25 de Abril, fracassou no casamento, no trabalho, na ideologia, geração destruída nos **cus de Judas** que abre, agora, após o **conhecimento do inferno**, as mãos na procura asfixiada, pelos corpos, pelos copos, dos **pássaros** que não reteve.

A **memória** fraqueja. A cidade, na volta de África, é um cemitério de abandonos cada vez com menos referências e espaços de fé. Impotentes, cínicas, as personagens de Lobo Antunes saem dentro de nós para regressarem em exorcismos de apaziguamento imperscrutável.

As relações com ele, nele, são quase sempre de amor-ódio, dádiva--destruição. Raras vezes se disse, na verdade tão bem e tão mal, entre nós, como se diz deste escritor, para sempre ferido de adolescências e desprotecção.

«Não compreendo por quê, eu nem conheço muito bem o mundo dos escritores, tenho estado bastante à margem dele, não vou muito aos seus sítios, não vou muito à Associação. A minha vida é trabalhar, escrever, hospital, consultório, casa…»

## SINTO-ME MIÚDO, PEQUENINO…

António Lobo Antunes é de uma generosidade espontânea com aqueles de quem gosta, os amigos, os poetas, os loucos. Dos amigos confessa-nos a afeição; dos poetas diz-nos versos; dos loucos silencia-nos melancolias. ([À] entrada do Miguel Bombarda alguns apontam--no e sorriem, e dizem-lhe palavras toscas, e pedem-lhe cigarros, e seguem-no em ternura.)

Levanta-se da alcatifa.

Lê-nos, do livro de Santos Barros, «**S. Mateus, outros lugares e nomes**»:

«Minha tia Alexandrina bebia café / meia tigela de manhã e meia de tarde / o que dava mais d[um] litro. / Com esse rio de fogo correndo no seu corpo / punha ela dez filhos fora de casa / e lavava dez sobrados às senhoras da cidade. / E quando voltava para os Biscoitos na camioneta da carreira / deixava-me nos ouvidos a música das gargalhadas dadas / e nos olhos os demónios dos seus olhos / pretos, estrelas pequeninas fulgurantes...» [«]uma maravilha, não é? é bom haver gente nossa a escrever tão bem!».

Confidencia: «Nos meus livros falta, talvez, uma dimensão – que eu tenho – de prazer, de alegria, de gostar de viver, de estar com os amigos. Isso não aparece, dá-me ideia, nos meus livros, ou se aparece é sob uma forma de sarcasmo, de ironia. Embora digam isso, não me sinto agressivo, sinto-me é miúdo, em certas coisas sinto-me pequeno, pequenino, gostando de chatear os adultos, mas tenho funcionado sempre assim, sempre em termos tão afectivos!»

### TU NUNCA ESCREVESTE NADA TÃO BOM, RAPAZ

Revela: «Actualmente interesso-me menos pela actividade política, até por falta de tempo. Aliás, fui criado num meio onde essas coisas eram pouco faladas, praticamente elas apareceram em mim com o Melo Antunes, em Angola. Passei a acompanhar lá o que sucedia embora achasse estranho que os militares, que eu conhecia tão bem na sua rigidez, no seu espírito conser[v]ador, fizessem semelhante movimento. Assisti praticamente aos preparativos do 25 de Abril através do Melo Antunes. A gente sentia, afinal, o cansaço daqueles homens, oficiais com quatro comissões que tinham a idade que nós temos hoje mas que pareciam nossos pais, miseravelmente pagos... eu era médico e ganhava sete contos, os soldados ganhavam um conto de reis, um capitão, o Melo Antunes tinha então 39 anos e era capitão, ganhava 14 contos e comia o pão que o diabo amassava. Aquilo não podia durar muito, ninguém aguentava já, ninguém acreditava já naquela vida errante, no mato, sem alimentação... não era de estranhar que eu escrevesse sobre isso. Curiosamente, a **Memória de elefante** é que era o título do livro **Os cus de Judas**. **Os cus de Judas** foram arranjados depois, na altura da obra sair. A expressão quer dizer traidores, para os negros. O título original do romance **Memória de elefante** era a frase final da autobiografia de Ângelo de Lima, **Deixo de viver aqui, neste papel onde escrevo**, mas o editor disse que não era comercial, que era muito grande. Então fui buscar

## 54 | FERNANDO DACOSTA, 5 DE JANEIRO, 1982

o título ao segundo livro, que ficou sem nome até que me lembrei da expressão **cu de Judas**, que os meus amigos contrariaram bastante. Os meus amigos são muito impiedosos comigo, felizmente. É muito bom isso porque quando penso que estão a ser simpáticos é porque gostam de mim e não do que escrevo. Por exemplo, o José Manuel Rodrigues da Silva não gostou nada da **Explicação dos pássaros**, foi a única pessoa que o leu antes, e disse-me na tromba: «Este livro é uma merda, rasga-o, atira-o fora!» O Luiz Pacheco ficou, no entanto, muito entusiasmado com ele, eu dou muita importância à sua opinião, veio ter comigo e disse-me: «Tu nunca escreveste nada tão bom rapaz», ele trata-me sempre por rapaz. Quando os meus amigos não gostam do que faço isso dói-me bastante. A ideia dos pássaros surgiu-me de uma conversa com o José Fonseca e Costa. E o livro que estou a escrever agora vem de uma ideia do João de Melo: tentar contar a história dos últimos dez anos em Portugal através de um certo número de personagens. Comecei já a trabalhar nele. Antes de iniciar um livro faço sempre um plano que sigo rigorosamente, se não perdia-me, fica a navegar.»

### «O MAIS IMPORTANTE DEPOIS DE EÇA»

Recortes de jornais norte-americanos acabados de chegar dizem dos seus livros coisas perturbadoras que, divulgadas aqui, lhe trarão (mais) hostilidades, invejas, sarcasmos, mordeduras. Mas que é necessário reportar porque são reais, porque dizem respeito a um escritor português, porque entreabrem a possibilidade, por seu intermédio, da internacionalização do nosso moderno romance.

«António Lobo Antunes aparece com o romance (**Os cus de Judas**) mais importante dos últimos 20 anos», ele é mesmo «o mais importante romancista português depois de Eça de Queiroz», afirma o crítico Errol MacDonald, que situa o nosso escritor na «moderna tradição europeia» em que se «encontram as obras de Kafka e Camus».

Lobo Antunes vai ser editado pela Random House de Nova Iorque e suas associadas (que apenas publicaram, de estrangeiros, García Márquez, Borges, Jorge Amado e Cortázar), pela Penguin Book (em toda a Commonwealth), e pelas principais editoras do mercado de língua espanhola e francesa.

«Vou em breve aos Estados Unidos assistir ao lançamento dos meus livros. O primeiro vai ser **Os cus de Judas** e depois **Explicação dos pássaros**, que eles acharam o melhor dos quatro. No Brasil vão ser lançados todos ao mesmo tempo. Em França editarão primeiro **Os cus de Judas** e depois, e em simultâneo, os outros. Tudo isto começou porque uma professora da Faculdade de Letras ofereceu de presente de Natal **Os cus de Judas** ao escritor brasileiro Már[cio] de Souza, que o mostrou ao seu agente nos Estados Unidos, que é um homem que está lá a traduzir o Guimarães Rosa. Ficaram muito entusiasmados e a Random comprou depois o livro.»

Admite: «Talvez vá viver mesmo para a América do Norte e me dedique então lá inteiramente à literatura!»

## A ESCRITA É UM DELÍRIO ORGANIZADO

Que irá ficar disto tudo? O futuro é agora uma vertigem que o escritor enfrenta disciplinarmente, determinadamente, todas as noites, em madrugadas de naufrágio, na grande cama, no grande mistério que o escolheu, em criança, decifrador dos seus sinais.

Pensa: «Os campeões de pingue-pongue chineses treinam oito horas por dia... um escritor tem que escrever todos os dias para não perder a mão, como os cirurgiões. No estrangeiro há autores que chegam a publicar dois, três livros por ano. Enquanto for capaz continuarei a escrever, poderei é reduzir o ritmo de publicação. Escrevo quatro a cinco horas todas as noites... mas penso, penso no absurdo de escrever. De estar a escrever quando podia estar com os amigos, ir ao cinema, ir dançar que é uma coisa de que gosto... mas não, um tipo está ali, é um bocado esquizofrénico. O pior é a incomodidade que se sente quando não se está a escrever. Há sempre uma parte subterrânea nas obras de arte impossível de explicar. Como no amor. Esse mistério é, talvez seja, a própria essência do acto criador. A gente não sabe... não sabemos porque fazemos uma história desta e não daquela maneira. E espantamo-nos às vezes. De uma maneira geral pensa-se que os artistas, que os criadores têm o inconsciente mais perto do consciente que trabalha, que filtra aquilo que vem das profundezas. Só que isso é uma explicação que não explica nada. Quando criamos é como se provocássemos uma espécie de loucura, quando nos fechamos sozinhos para escrever é como se nos tornássemos doentes. A nossa superfície de contacto com a realidade diminui, ali estamos encarcerados numa espécie de ovo… só que tem de haver uma parte racional em nós que ordene a desordem provocada. A escrita é um delírio organizado.»

## 6. CLARA FERREIRA ALVES

## *"Lobo Antunes: «Fui bem comportado durante tempo de mais!»"*

*Jornal de Letras, Artes & Ideias*
22 de Novembro, 1983, pp. 3-4[1]

Tem 40 anos de idade e publicou em três anos quatro livros que foram outros tantos «best sellers». Neste Inverno de 83 surpreende-nos com as setecentas páginas do seu último romance, «Fado Alexandrino», um livro que «sofrerá», é certo, o feliz destino dos que o antecederam. Entre «Memória de Elefante» e «Fado Alexandrino» ergue-se um currículo de respeito: traduzido em onze países bem-amado pelos americanos, parceiro de nomes famosos da literatura contemporânea em várias antologias, António Lobo Antunes é um «caso muito sério» das letras portuguesas. Demonstra-o, também, esta sorridente entrevista, onde se lê, nas entrelinhas, uma despedida. Amargo, polémico, irreverente ou divertido? Cada um que julgue por si. «JL» gostou tanto do jogo que acabou por se esquecer da bola e perder os adjectivos. O escritor optou logo por meter tudo fora de jogo e o árbitro... é o leitor!

[JL] «Fado Alexandrino é um livro de cerca de setecentas páginas, o que quer dizer que é um livro enorme. Porquê tantas páginas e para contar o quê?

**[LOBO ANTUNES]** Se eu fosse capaz de explicar em cinco minutos tudo isso, não me tinha dado ao trabalho de escrever esta tralha

---

1  Este número do *JL* inclui ainda o artigo de Dinis Machado "Doze notas para 'Fado Alexandrino'" (p. 4).

toda. É um livro sobre os últimos dez anos em Portugal, antes, durante e depois da Revolução.

**[P]** Quanto demorou a escrevê-lo?

**[R]** Eu escrevo muito devagar. Talvez uns dois anos. No fundo, o livro é uma história, só uma, contada através de cinco personagens, cinco tipos. A ideia seria essa, contar estes últimos dez anos, começados com uma chegada de África. Vá lá, entre 72 e 82. O livro é também a minha despedida de Portugal, deve ser o último livro que publico aqui.

**[P]** Despedida?

**[R]** Sim, porque me vou embora. Para os Estados Unidos.

**[P]** Vai passar a viver nos Estados Unidos? O tempo todo?

**[R]** Em princípio, tenciono estar seis meses nos Estados Unidos e seis meses noutro país, que seria, também em princípio, o Brasil. Como agora vou passar a escrever, apenas escrever, sem mais nada, e com as múltiplas traduções dos meus livros, tenho a possibilidade de viver só da escrita, de fazer histórias. Como este é um país de «Joyces» eu vou para o país de Harold Robbins.

**[P]** Farto da medicina, farto de Portugal, dos portugueses, ou de certa crítica que nunca recebeu muito bem os seus livros? Porque afinal, público, leitores, você teve sempre...

**[R]** Do público não tenho a mínima razão de queixa. Quanto aos críticos, em Portugal a crítica é inexistente. Por exemplo, custava-me muito que o sr. Gaspar Simões dissesse bem de mim. Seria sinal de que eu estava a escrever coisas sinistras. A atitude da crítica portuguesa tem-me deixado perplexo, se a compararmos com a crítica que se faz noutros países. A crítica está pendurada na Universidade... Bom, deixemos isso, até porque os livros não são assim tão importantes...

**[P]** Mas o que é que o deixa perplexo?

**[R]** É curioso como a crítica muda as suas tonalidades à medida que as traduções em Portugal se vão multiplicando.

**[P]** Teríamos assim uma crítica condicionada por modas; do género, «é preciso dizer bem do livro em voga, do livro traduzido há pouco tempo»?

**[R]** Não sei se terá a ver com a moda. Aliás, também não sei bem como funciona o mundo literário em Portugal. Nele, tenho apenas dois ou três amigos e nada mais. Estive muito tempo no estrangeiro e não sei bem o que se passa aqui. Por exemplo, há bocado li o «JL» e fez-me confusão. Fiquei arrepiado. Estava a pensar no suplemento literário do «New York Times» e cheguei à conclusão de que aqui há um modo completamente diferente de entender o que deve ser uma história.

[P] E o que é um romance?

[R] O romance é para contar uma história e aqui, contar uma história, é quase um pecado.

[P] E uma vergonha?

[R] Deve ser, para esses escritores de que vocês dizem bem.

ARREPIA-ME O ACADEMISMO

[P] O que é que o arrepia mais? Que os romances não contem histórias ou que os jornais digam bem dos romances que não contam histórias?

[R] Arrepia-me o academismo. E, ao mesmo tempo, a vergonha desse academismo. Por exemplo, o John Le Carré mereceu-vos uma anotaçãozinha. Vocês falam é do Vergílio Ferreira... outro exemplo, na morte do John Cheever, quem é que falou do John Cheever?

[P] Parece-me que está a ser injusto. O John Le Carré era um artigo e não uma anotaçãozinha. Por outro lado, quantos leitores portugueses lêem John Cheever? Sabe bem que não tem havido[,] em Portugal, muitas traduções de escritores norte-americanos contemporâneos; as edições «paperback» nem todos podem lê-las. São escassas e é necessário um bom conhecimento da língua inglesa. Dois livros do John Irving, «Hotel New Hampshire» e «The World According to Garp», que chegaram a Portugal em «paperback», já não os encontro em parte nenhuma. Foram todos comprados – eram poucos – assim que se começou a falar do John Irving a propósito do filme do George Roy Hill sobre o «Garp». Nem todos podemos ir com frequência aos Estados Unidos...

[R] Talvez, talvez... Mas você acha que a crítica tem muito peso? Não tem. Os livros meus que saíram na Vega, venderam-se bem.

[P] Eu não disse nada sobre o peso da crítica. De qualquer modo, você é um autor que vende bem cá e lá fora. Inclusivamente, «Os Cus de Judas» foram, ao que julgo saber, «traduzidos» no Brasil. O título seria «Os Cafundós de Judas». Não é um pouco absurdo ser «traduzido» no Brasil?

[R] O livro estava pronto, a editora brasileira apenas me pediu se podia adaptar uma ou outra palavra, para melhor compreensão da história.

[P] E nos Estados Unidos, como é que lhe correm as coisas? Como é que têm sido as críticas aos seus livros?

[R] Não sei. Só conheço as que me mandam e essas têm sido porreiras. Houve uma muito boa, no «New York Times». Mas, voltando atrás, quando eu falo da crítica aqui, o que também me parece é que ela é feita, muitas vezes, em forma de ataque pessoal. Louvar ou denegrir um livro, não sei se é isso que interessa. Tenho muito poucas certezas. Dá-se uma importância excessiva ao livro.

[P] O que é importante, para o escritor Lobo Antunes?

[R] Estar vivo! Os escritores portugueses passam o tempo a falar de livros, os escritores americanos nunca falam de livros, falam de outras coisas. Ainda há pouco tempo, numa reunião em Nova Iorque, onde estavam vários escritores, o Norman Mailer passou o tempo a contar-me histórias incríveis, com imensa piada. Mas só em «off the record» eu lhes poderia contar.

[P] Qual é a sua ideia de romance, a norte-americana? Vêm daí as suas influências...

[R] Sim, fui muito educado na ideia norte-americana: contar uma história e contá-la com eficácia. E isso para mim é difícil. Sou uma pessoa que escreve com muita dificuldade.

[P] O seu ritmo de produção literária e as setecentas e tal páginas de «Fado Alexandrino» parecem indicar o contrário...

[R] Escrevo muito devagar. Gostava muito de escrever rapidamente, porque escrever devagar não significa que se escreva melhor ou pior. Não sei... Steinbeck, ou Hemingway, segundo os moldes clássicos, escreveriam pessimamente.

[P] Lê o que escreve?

[R] Nunca leio os meus livros, estou farto deles.

[P] Isso não o impede de continuar a escrever...

[R] É um fenómeno bestialmente giro. Escrever é uma mistura de «hara-kiri» com estilo de carta. A porra é que quando não escrevo

«FUI BEM COMPORTADO DURANTE TEMPO DE MAIS!» | 61

ando triste e rezingão, chateio os amigos. Desde puto, o que faço é escrever.

### NÃO SEI NADA DE FAMAS

[P] Gosta de ser um escritor famoso?

[R] Famoso? Não sei nada de famas.

[P] Escrever dá-lhe trabalho?

[R] Dá um trabalho do caraças! Despentear a prosa, de maneira a que aquilo seja feito como uma diarreia. O Radiguet, que morreu aos 19 anos, dizia que só lia livros maus, porque nos bons não percebia o mecanismo, a carpintaria do livro, a técnica, e era isso que ele queria num livro.

[P] O que é, para si, um livro mau?

[R] Pergunta encavacante! Bom, penso que é quando a pessoa esconde a incapacidade de fazer uma história atrás de elucubrações filosofantes. Se um escritor não agarra o leitor pelas tripas logo nas primeiras páginas, está feito ao bife. Céline é um desses, agarra-nos logo.

[P] Considera-se, num país onde raros escritores podem viver só da escrita e onde poucos são os traduzidos lá fora, um homem com sorte?

[R] É evidente que há um factor sorte. Quando recebi a carta do agente a propor-me a tradução e edição dos meus livros nos Estados Unidos, atirei a carta fora. Só à terceira é que acreditei. Isto de ter um agente é cá uma ideia... e tenho um agente que é agente de uns dez autores, o Cabrera Infante, o Arenas e outros. O europeu do grupo sou eu.

[P] Este último romance vai ser traduzido, se não o foi já...

[R] Sim, vai ser traduzido, tal como o foi «[] Explicação dos Pássaros». Aliás, os americanos queriam editar um livro meu de seis em seis meses, livro novo ou livro antigo, o que eu acho um bocado assustador.

[P] Ser editado pela «Random House» é assustador?

[R] A «Random House» é a maior editora do mundo. O gigantismo dos mecanismos de produção e de consumo de livros nos Estados Unidos é tal, que, a certa altura, as pessoas compram os livros mas não os lêem. Isso não interessa, comprar sem ler, mesmo que «Os

Cus de Judas» tenha sido considerado o livro mais importante dos últimos anos. Ainda há pouco tempo o Vargas Llosa me telefonou a pedir a capa de «Os Cus de Judas».

[P] Vargas Llosa é o autor que você foi acusado de plagiar em «[] Explicação dos Pássaros»...

[R] Divertida, essa história do plágio. Dali dizia que é preciso é que falem de nós, mesmo que fale bem.

[P] Você sentiu, quando lhe falaram no plágio, alguma espécie de paralelo entre «[] Explicação dos Pássaros» e «A Conversa na Catedral»?

[R] Não! Essa história de abrir paralelos é espantosa. Em França, acham-me parecido com tipos esquisitíssimos, que eu nunca li na vida. Até já me compararam com o Lermontov...

[P] Regressando a «Fado Alexandrino», não acha aquilo um bocado denso para o leitor português, que tem horror aos calhamaços?

[R] Agora sé tenho vontade de escrever livros densos, ao fim de trezentas páginas começo a achar cada vez mais piada.

[P] E a psiquiatria? Abandonada de vez?

[R] No fim do ano saio do Miguel Bombarda, e ainda tenho algumas pessoas em análise.

[P] O facto de ter feito análise tem alguma coisa a ver com o facto de não ter papas na língua e ser, às vezes, agressivo?

[R] Agressivo? Acho que sou extraordinariamente terno. Fui criado numa família muito «stiff neck», em que a ternura era bocado reprimida. Às vezes, gosto das pessoas e tenho dificuldade em o dizer ou mostrar. Não sei. Pensava que não era agressivo.

[P] Falemos de escritores portugueses. O que é que gosta e o que é que lê?

[R] Os portugueses andam um bocado fora do que gosto e leio. Mas acho que vou ler apaixonadamente o próximo romance do Vergílio Ferreira. Bom! Falando a sério, gosto do Saramago, do Cardoso Pires. Só gosto dos meus amigos. Gosto do Almeida Faria, da Luísa Costa Gomes, da Lídia Jorge...

[P] As traduções dos seus livros por esse mundo fora fizeram de si um escritor rico?

[R] Rico? Você diz cada coisa sinistra! Rico como? Como o Onassis? Dois iates, uma ilha na Grécia, dezoito mordomos...

[P] Você leva-se muito a sério?

[R] Eu não! Faço histórias mas levo-as suficientemente a sério para não me levar a sério. Há que fazer uma escolha entre sermos amadores ou profissionais, e nós somos um país de amadores.

[P] O que é, para si, a inspiração?

[R] Faz-me confusão. Nunca tive. Acho-a uma desculpa para não fazer nada.

### INTELIGENTE, PROFUNDO E PROLIXO

[P] Escreve como?

[R] Rodeado de rituais. Sou um bocado como os campeões chineses de ping-pong, treino não sei quantas horas por dia. Olhe, ponha-me inteligente, profundo e prolixo.

[P] Você tem fama de inteligente...

[R] Sou estúpido como um pneu, sou um débil mental esperto. Isso de eu ter fama disto e daquilo são tudo fantasias. As pessoas só me conhecem de ver o meu nome nas livrarias e mais nada. Qualquer dia começam a dizer que violo marçanos num vão de escada! Estou com o saco cheio desse tipo de falatórios, acho muito mais divertido fazer outras coisas. Viver. Acho até que estou a falar de mais. No fundo, tenho uma vida social extremamente reduzida.

[P] Porquê?

[R] É muitas vezes uma questão de escolha. Apetecia-me ir dançar, fazer outras coisas, mas fico a escrever.

[P] Você também não gosta muito de frequentar as capelas habituais. Como é que se sente quando tem de cumprir determinadas obrigações sociais relacionadas com a promoção de um livro seu?

[R] Vendido, mas que remédio...

[P] Em Portugal você parece, às vezes, funcionar como um estrangeiro. Sente-se um estrangeiro face a determinadas coisas portuguesas?

[R] Há algumas coisas que me divertem, mas acho isto uma chumbada. Não me sinto um estrangeiro, sinto-me um marciano. De resto, fui criado em Benfica, a minha família veio directamente de Belém do Pará para Benfica. Lembro-me de um avô que era centauro, metade avô – metade aparelho para ouvir. Quando ele morreu, até pensei que fosse enterrado num cemitério de automóveis! Era um tipo giro; uma vez trocou um carro por um casal de perus. Era uma família gira.

**[P]** Já não é?

**[R]** As pessoas têm a mania de morrer.

**[P]** Sentido de humor não lhe falta. É uma pessoa alegre? Os seus livros não são alegres.

**[R]** Aí devia ser solene, para ficar parecido com os escritores que admiro. Não sou normalmente uma pessoa alegre, mas pensava que o meu livro tivesse pilhas de graça.

## O SUBSTITUTO DA DEPRESSÃO

**[P]** Você é, obviamente, e por gosto, um irreverente. Porque é que os irreverentes têm esta tendência para se irem embora de Portugal?

**[R]** Estou aqui há quatro anos, não é muito? Eu gosto de Portugal, gosto das pessoas, este país é giro. Quanto à irreverência, acho que fui bem comportado durante tempo de mais; o liceu, o internato, a guerra. O que é que eu tenho mais a ganhar aqui? A vida das pessoas move-se por desafios constantes. Aqui há tempos estive a ler uma autobiografia do Graham Greene, em que ele dizia não compreender como é que as pessoas que não escreviam escapavam à melancolia. A escrita é um maravilhoso substituto da depressão.

**[P]** É um depressivo?

**[R]** Não, sou suposto não ser.

**[P]** «Fado Alexandrino» toca ainda, ao de leve, a guerra colonial. Quando é que se livra desses fantasmas?

**[R]** Este livro não tem nada a ver com a guerra colonial. E não voltarei a falar dela ou de hospitais psiquiátricos. À distância, tudo isso fica mais irreal. Não era capaz de fazer um livro sobre essa guerra estranha, inexistente, onde só se via morrer.

**[P]** O facto de se mudar para os Estados Unidos não transfigurará a sua escrita? Não modificará fatalmente a sua maneira de escrever?

**[R]** No sentido de eu perder as raízes, como diz uma tradutora minha? Espero que não. Parte deste romance foi escrito lá.

**[P]** E o próximo livro? Já está na cabeça?

**[R]** O próximo livro chamar-se-á «O Naufrágio das Caravelas» e tive a sorte de já o conseguir começar. Normalmente, estou um ano parado. Será a história de uma família, o seu declínio e apogeu. Uma história passada em torno da morte da avó. E é melhor começar já a falar do livro antes que mo roubem.

## 7. A. BAPTISTA-BASTOS

# *"Lobo Antunes a Baptista-Bastos: 'Escrever não me dá prazer'"*

*Jornal de Letras, Artes & Ideias*
19 de Novembro, 1985, pp. 3-5

Um novo livro de António Lobo Antunes é necessariamente notícia. Agora nome destacado das letras portuguesas, o autor de «Fado Alexandrino» surgiu há sete anos **do nada**, mas já com duas obras prontas na gaveta. De início marginal aos meios literários, consta que se terá integrado. Mas disso nos dará conta a entrevista que lhe fez Baptista--Bastos e que em seguida publicamos. Depois, revelamos em primeira mão um extracto (obviamente inédito) do romance «Auto dos Danados», a ser lançado no próximo sábado, às 15 horas na nova «Boutique de Livros Dom Quixote», ao Centro Comercial das Amoreiras.

Inventa-se tudo: os bairros, as mulheres, as bebidas, as viagens, o passado. O que não se inventa é o futuro. Cada autor, todo o autor, esforçado ou pelo contrário, procura a sua própria imortalidade. Quando se escreve arrisca-se muito mais do que a palavra: tenta-se avançar entre a obscuridade e a lucidez, que é uma espécie de morte procurada. No outro dia dei-me conta (estava a ler Ernst Junger) de que há redactores de livros que são, apenas, ventríloquos. Quer-se dizer: imitadores de má nota, copiadores zelosos, plagiadores infames. A voz do outro, que é sempre a voz do dono. Num redactor de livros há qualquer coisa de canalha: é um homem que não se completou. Um pedaço de asno que nem sequer consegue rir de si próprio. Camilo, o maior de todos nós, deu-nos disso uma lição exemplar.

Mas, agora que estou a batucar na máquina de escrever, ia por aí afora e nunca mais parava. Dizia eu, logo ao começo: inventa-se tudo. Isso mesmo. E foi assim que comecei a conversa com António Lobo Antunes. Devo dizer-lhes (e ele sabe-o bem) que tenho sido um crítico implacável dos romances deste romancista. Mas também lhes digo que neste homem de quarenta e poucos anos reside algo de obstinadamente criador. Aguentem-se nas canetas: um dia destes, este tipo é mesmo capaz de escrever um livro surpreendentemente belo. Oiçam a conversa a dois. Durou quatro horas e ficou registada a pulso.

**[BB]** Em escassos anos passaste do anonimato à celebridade. De que forma é que a celebridade te afectou?

**[ALA]** Penso que continuo a ser a mesma pessoa, com os mesmos amigos. Tive a sorte de arranjar mais amigos, e dos bons: foi o[] que os livros me trouxeram. A melhor coisa que os livros me deram, isso mesmo, foi os amigos. Sobretudo escritores, cujos nomes eram mitos e que passaram a ser pessoas reais e quentes. Falava-se muito do narcisismo do escritor. Só tenho encontrado amizade, generosidade e espírito de entreajuda nos camaradas de Letras, o que tem sido muito importante para mim.

**[BB]** Dizem: ah! o Lobo Antunes: um vaidosão! É assim, ou sentes- -te vítima da inveja e do despeito?

**[ALA]** Não me sinto vítima nem da inveja nem do despeito. Quanto à vaidade, julga-a tu mesmo...

**[BB]** Não estou aqui para julgar; estou aqui para tentar dar o teu retrato aproximado. A verdade é que, a certa altura, começaste a atacar, com extrema violência verbal, alguns considerados grandes escritores portugueses, como Agustina Bessa-Luís, V[e]rgílio Ferreira. Porquê essa fúria? Quiseste dar mais nas vistas?

**[ALA]** Na altura em que falava nisso tinha, continuo a ter, uma concepção de literatura que não é, propriamente, a d[]esses escritores. Actualmente, a minha posição é muito mais parecida, ou semelhante, com a do Truffaut, que fazia crítica nos «Cahiers du Cinema» e que, quando lhe perguntavam porque dizia sempre bem dos filmes, costumava dizer: «Só critico aquilo de que gosto».

**[BB]** Bom: mas qual é a tua concepção de literatura?

**[ALA]** Penso que foi, sobretudo, formada por razões familiares. A minha família tem pouco sangue português: sou meio-brasileiro, meio-alemão. Fui formado, sobretudo, pela leitura dos estrangeiros, norte-americanos em particular: Faulkner, Scott Fitzgerald, Thomas Wolf[e]. E como não tive formação literária (não andei na Faculdade de Letras, sim na de Medicina), presumo que tudo isso, aliado à própria experiência individual, deu-me uma visão pouco «literária» da própria literatura. Penso, cada vez mais, que um romance tem de contar uma boa história; boa e bem contada. Quanto à Agustina e ao V[e]rgílio Ferreira, estou farto de Faulkners do Minho e de Sartres de Fontanelas, e ainda por cima maus.

**[BB]** Vamos lá ver: consideras-te, mesmo, um grande escritor?

**[ALA]** Considero-me, pelo menos, um escritor que trabalha muito. É muito cedo para se fazer juízos de valor sobre pessoas ainda vivas e ainda a escrever. Tenho um longo caminho a percorrer; e vou percorrê-lo. Desejo evoluir mais e mais; e vou evoluir. Este «Auto dos Danados» é uma coisa (pelo menos acredito) completamente diferente do que publiquei até agora.

**[BB]** Também disseste: «Os escritores portugueses têm-me um grande pó.» Foi uma afirmação impetuosa, uma leviandade, ou é mesmo assim?

**[ALA]** Bom: isso referia-se, especificamente, a alguns escritores portugueses que têm da literatura uma noção quase escatológica. Pensam em francês, escrevem em francês com sotaque, a estrutura dos seus romances é francesa, e fazem romances como os piores romancistas franceses, como Sartre e Malraux, por exemplo, os quais, em França, estão completamente desacreditados.

**[BB]** Depois, declaraste que ias viver para os Estados Unidos; que este país não te merecia. Porque não foste para os Estados Unidos? O país, agora, já te merece?

**[ALA]** Na última vez que estive fora, na Finlândia, dei por mim a ter enormes saudades de Portugal. O primeiro ameaço desta «doença» foi na RDA. E eu, cuja família vem do Brasil, descobri-me, de repente, tão lisboeta, que me custa, agora, estar muito tempo fora de Lisboa.

**[BB]** Mas não foste para os Estados Unidos só por causa da saudade?

**[ALA]** Fundamentalmente, a ideia ligava-se ao facto de o meu agente literário ser americano, e de Nova Iorque funcionar como uma espécie de placa-rotativa de expansão da cultura: teatro, cinema, literatura, pintura, por aí fora... Queria viver mais perto dessas coisas; mas descobri que, provavelmente, viveria mais perto delas continuando em Lisboa.

**[BB]** Apoias a APU, estás ao lado dos comunistas, já foste candidato pela APU... Trajectória acelerada, não?

**[ALA]** Não. As coisas são o que são. Fui candidato da APU à Assembleia da República, às autárquicas, e, actualmente, apoio a engenheira Maria de Lourdes Pintasilgo, na sua candidatura à Presidência da República. Há certas pessoas que não entendem ou fingem não entender certas coisas...

**[BB]** Por exemplo?

**[ALA]** Olha: penso que tudo isto se deve, por um lado, a uma convicção íntima e sincera dos valores que a APU e a engenheira Maria de Lourdes Pintasilgo (embora diferentes) defendem. Por outro lado, terá possivelmente que ver com o sentimento de culpabilidade de sempre ter vivido uma vida fácil e agradável, sob o ponto de vista financeiro. Enfim: o sentimento de culpabilidade ou o reflexo de má consciência do menino burguês. Acordei para esses valores (os da liberdade, da democracia, da cultura e do progresso) em África, na guerra colonial, como, aliás, muitos homens da geração a que pertenço. O meu caso, porém, foi especial: eu estava com o Melo Antunes na mesma companhia, e a ele devo toda a minha aprendizagem de carácter social, político. Foi um conhecimento extremamente frutuoso... De resto, foi o homem mais corajoso que eu vi debaixo de fogo... Com aquele aspecto...

**[BB]** Eu acho-o um chato; um chato velho. Ora bem: acreditas na sociedade sem classes?

**[ALA]** Tenho esperanças. Talvez seja uma utopia. Talvez nem as minhas filhas a vejam. Mas tenho esperanças...

**[BB]** E liberdade; que é, para ti, a liberdade?

**[ALA]** Neste momento, liberdade é viver sem amarras interiores nem exteriores. E eu penso que nós, portugueses, ou, pelo menos, a maioria dos portugueses, já não concebe a vida de outra forma. Andamos, ainda, a gatinhar no tapete da liberdade; mas, qualquer dia, começamos a andar com uma destas forças!... Liberdade é, por exemplo, o facto de as minhas filhas me porem permanentemente em questão. Talvez seja, também, o deixarmos vir ao de cima o adolescente que vive oculto em nós, continuando, embora, adultos. Talvez...

**[BB]** Dizes: «Quando viajo levo sempre comigo o tricô.» É tricô, a literatura que fazes?

**[ALA]** Quando falava em tricô era uma referência a Ramalho Ortigão: ele falava no Caldas Aulete que visitava os amigos levando consigo o tricô (o Dicionário que escrevia). Sentimo-nos mais próximos do que estamos a escrever se sentirmos o calor que os originais possuem. Para sentirmos esse calor, é levá-los sempre connosco. Isto em sentido figurado, é bom de ver. Tenho a sensação de que o público não tem a noção de que um livro nos custa os olhos da cara. Apanham a obra feita e não têm a noção do trabalho que aquilo levou. Passam por cima de uma frase, de um parágrafo que nos levou dias a apurar, e não dão por isso. Isto é quase um ofício de trevas...

**[BB]** Seis romances em sete anos!... Isso é que é produção, hein?...

**[ALA]** Os primeiros romances saíram muito em cima uns dos outros, porque eu comecei a publicar relativamente tarde livros que já estavam escritos. O meu sonho era conseguir fazer uma história de dois em dois anos; mas não seis e conseguirei...

**[BB]** Hemingway dizia: «Quero estar no ringue, mas sempre como campeão.» O Hemingway foi um campeão; és um campeão?, adoptas o mesmo conceito de a literatura ser uma espécie de batalha pela conquista da «camisola amarela»?

**[ALA]** O Hemingway é um escritor que muito respeito. Ele tinha grandes problemas de afirmação pessoal, a todos os níveis e não só ao nível literário. Prefiro aquela frase que o Almada cita, a propósito do Matisse: «Eu trabalho o melhor que posso durante todo o dia, e se não faço melhor é porque não capaz de fazer melhor.» É cedo de mais para se saber quem são os campeões. Mas será assim tão importante ser-se um campeão? Fazer-se um trabalho diferente uns dos outros é, já em si, extremamente importante. Posso preferir este ou aquele, é o meu gosto pessoal, mas sei lá se é melhor! Hemingway é melhor do que o Faulkner, e vice-versa? Será? Não sei!

**[BB]** Sexo, violência, perplexidade ante os desvios da História, desamor. Eis, entre outros temas, o que me salta da leitura dos teus livros. Que espécie de necessidade (ou tendência) é essa?

**[ALA]** Nunca tinha pensado muito nisso. Mas, quando estavas a fazer a pergunta, lembrei-me do Fellini, o cineasta que mais me espanta, com as suas obsessões. O ser humano não é assim tão vário; tão vário como se pretende. Nota que os livros são sempre os mesmos, infelizmente. Pintores, cineastas, músicos, escritores, poetas tratam sempre os mesmos assuntos, tentam analisar, sempre, as mesmas obsessões. Já te disse; repito-o: tenho a presunção de que este «Auto dos Danados» é diferente... Sei lá! Julgo!...

(Cigarros atrás de cigarros. O olhar fixo, as frases fluem. Mas António Lobo Antunes está nitidamente acautelado, como todo o homem, como todo o autor, que se decidiu por uma procura da própria afirmação solitária. A voz é lenta; direi: cuidadosa. Mas revela um homem que recusa abandonar a luta, por muito desigual que o combate lhe suja. Uma réstia de timidez. Uma reticência apenas. Talvez que tudo isso seja, tão-só, um obscuro sentimento de vulnerabilidade. Talvez. Mas este homem, sobre quem tenho ouvido dizer o pior e o melhor possível, assegura-me, com a sua conversa aberta, que certas opiniões são tecidas pela ignorância, e que a sua aparente vulnerabilidade é uma espécie de contrato que fez para se encontrar a si mesmo. «Escrev[o] sobre coisas que conheço; conheço-me mal, como quase todos nós; e é só através da escrita que me aproximo de mim próprio, do meu próprio conhecimento.» Diz isto e procura a minha aquiescência, a minha concordância. «Destruir é construir», preceito caro a Bakunine. Destruir para se afirmar, destruir para realizar, destruir para nascer. Aplico o conceito e estas ideias revoltas ao caso Lobo Antunes. Porque António Lobo Antunes, queiramos ou não, é um caso literário; um caso que a sociologia da literatura terá de investigar; que já investiga, lá fora. Cigarros atrás de cigarros. Depois, emerge da sua conversa a tónica da amizade. Já lá vamos. Agora, por enquanto, parágrafo na prosa recolhida.)

[BB] Também disseste que a linha do Ferreira de Castro era a linha que tu querias seguir. Que raio de linha é essa?

[ALA] Disse isso?...

[BB] Disseste, disseste... Na rádio, eu ouvi.

[ALA] Tenho dito tanta coisa... Não me lembro dessa. Do Ferreira de Castro li «A Selva», por motivos particulares, que se prendem ao facto de ele falar várias vezes na minha família, a família dos seringais, da borracha. Penso que, quando afirmei isso, tinha a ver com privilegiar a acção, embora a narrativa, o trabalho literário propriamente dito do Ferreira de Castro me não fascine. Mas era um pouco a reacção contra o mau experimentalismo que se praticava na prosa, que se pratica ainda, e que é completamente vazio em relação ao humano. O homem é o meu objectivo primeiro. Se, actualmente, a literatura portuguesa foi considerada, na Feira de Francoforte, a mais poderosa da Europa, penso que isso se deve à junção muito hábil desses dois planos: a história e o trabalho da palavra. Isso começa a suscitar o interesse, extremamente vivo, dos editores estrangeiros.

**[BB]** Quem escreve, procura sempre o afecto confiado de alguém. Procuras o afecto confiado de quem, ou de quê?

**[ALA]** Não podemos piscar o olho ao público. Se o fizermos estamos lixados. Não obstante, escrevemos para ser lidos. Ninguém, nem mesmo os que escreveram diários em cifra, escreve para não ser lido. Eu escrevo procurando o afecto do leitor, dos escritores, mas sem nunca lhes abrir as pernas. Não me castro em concessões.

**[BB]** Vejamos: és psiquiatra. Podes analisar-te? Avanço: és um carenciado do afecto? Um ciclotímico?

**[ALA]** Cada vez sou menos psiquiatra. Isto tem a ver com o facto de, é pá!, de uma opção um pouco perigosa (perigosa em termos financeiros) em relação à literatura. Os psiquiatras ganham muito dinheiro… Tive a sorte, que começa agora a ser partilhada por outros camaradas, de os meus livros darem dinheiro, sobretudo em Portugal, onde já há leitores para autores portugueses. Existe um grande apetite pela literatura portuguesa. Isso permite-me a opção de deixar a Medicina, ganhando embora menos dinheiro. Mas olhando para dentro de mim, admito que existem numerosas carências de afecto. De contrário, não escreveria. Um escritor é, por natureza, um carenciado de afecto. Quanto à ciclotimia, penso que existe em mim uma tendência hereditária para.

**[BB]** «Escrevo para me desfazer», disse Artaud. Escreves para quê?

**[ALA]** Escrever é uma actividade que me não dá muito prazer. Escrevo com dificuldade, sou muito lento, o que parece paradoxal em relação ao número de livros que já publiquei. Mas, se não escrevo, é como se me vestisse sem tomar banho. Um grande desconforto interior. As minhas filhas costumam dizer: «O pai, quando está a escrever, é um chato; mas, quando não escreve, ainda é pior: fica a um canto, a pensar, a fumar, e não nos liga nenhuma. Entre duas chatices, escolhemos a menor: escreva!»

**[BB]** O que escreves, e com as tiragens que obt[é]ns, não te dá para viver?

**[ALA]** Na editora em que estou agora, a Dom Quixote, tenho uma mensalidade. Essa mensalidade permite-me viver. Mas, em Portugal, começo a perguntar-me: «Quantas centenas de contos são necessárias para se viver decentemente?»

**[BB]** Quanto recebes por mês?

**[ALA]** Noventa contos, a partir do próximo mês de Janeiro.

**[BB]** Literatura de «best-seller»... Hum-hum...

**[ALA]** Penso que, em Portugal, o livro que era bom era o livro que se não vendia, em alguns meios. Agora, pensa-se que aquilo que é bom é o que se vende. Lembro-me, agora, do Torga, que, num «Diário», diz: «Apostar no futuro é o jogo de quem se resignou a perder o presente.»

**[BB]** Então como explicas que grandes escritores como Irene Lisboa, Raul Brandão, Carlos de Oliveira, Herberto H[e]lder, José Rodrigues Miguéis, Cesariny, Luíz Pacheco, por exemplo, tivessem sido «best-sellers»?

**[ALA]** É extremamente aleatório fazer-se afirmações desse tipo. Há grandes escritores que sempre venderam pouco. Faulkner sempre vendeu pouco; Hemingway, muito; Joyce sempre vendeu pouco; Graham Greene, muito. Todos eles são grandes escritores. É um fenómeno que tem escapado aos sociólogos e aos psicólogos da literatura. Parece-me que a explicação de Carl Jung, segundo a qual um livro se vende muito bem quando vai ao encontro do inconsciente colectivo, é insuficiente.

**[BB]** Então um livro vende-se muito, porquê?

**[ALA]** Às vezes, penso: isso não terá a ver com o carisma do autor?

**[BB]** Então pensas que és um autor carismático?

**[ALA]** Acho que o meu primeiro livro é um livro muito juvenil. Porque é que o livro vendeu e vende tanto, não entendo. Hoje, estou de acordo com algumas críticas que, em público e de viva voz, então me fizeste... Quanto ao carismático, sei lá!... À medida que envelhecemos, tenho cada vez mais dificuldade em ter opiniões definitivas.

**[BB]** Há quem duvide que tenhas sido traduzido e editado pela Random House, que é, realmente, a maior editora do Mundo...

**[ALA]** Acho divertido! Fui editado pela Random House; agora, vou ser editado por uma empresa americana ainda melhor! O «Fado Alexandrino» e a «Explicação dos Pássaros» saem para o ano, em tradução de Gregory Rabassa. Mas talvez a editora de que mais me orgulho seja a Chatto & Windus, de Inglaterra. Penso, porém, que tudo isto é um fenómeno que está ou virá a acontecer com uma série de outros escritores portugueses. O interesse dos estrangeiros pela nossa prosa é cada vez maior, cada vez maior, cada vez maior. E seria estúpido considerar estas coisas como um êxito pessoal, individual. Isto é o resultado de um fenómeno global e importantíssimo. Parafraseio José Saramago, quando ele disse, no Brasil, que os próximos dez anos serão a década da prosa portuguesa.

**[BB]** Bom: apareceste como um «out[]sider» da literatura portuguesa, o que era simpático à brava; partiste pratos, mas, depois, integraste--te no sistema e...

**[ALA]** Que entendes por integrado no sistema?

**[BB]** Estás numa grande casa editora, és traduzido por grandes empresas editoriais da Europa e da América, vais à Rádio, à Televisão, dás entrevistas...

**[ALA]** Estava a pensar que o nosso grande sonho é o de sermos uma espécie de marginais integrados...

**[BB]** A política interessa-te como participante, ou diverte-te como observador?

**[ALA]** Nós, como escritores, somos muito egoístas; há uma faceta muito egoísta em nós. Era aquilo a que o Camus chamava «o egoísmo necessário ao criador». O que me leva a pensar que, muitas vezes, estamos numa posição simultânea: de participantes e de observadores. Colocamos sempre a nossa obra acima e antes de tudo. Mas a nossa obra, quando é honesta e procura ser séria, já é participante, e também observa.

**[BB]** Então, és um escritor honesto? Serves alguma coisa ou alguém?

**[ALA]** Quando escrevo não se me põem problemas dessa natureza. O que pretendo, quando escrevo um livro, é libertar-me dele o melhor possível. Ficar livre daquela gravidez. Todos os considerandos são **a posteriori**, e não me parecem muito importantes... Não sei, é terminar o legos, o jogo...

**[BB]** Que é, para ti, a amizade, tu, que tanto nela falas?

**[ALA]** Compreendi o valor da amizade, em momentos especiais, quando o Céline me escreveu, quando o Jorge Amado me escreveu, ambos com uma grande estima e uma grande amizade. Isso fez-me pensar que havia pensar mais generosas e melhores do que eu. Ser amigo é a única forma de se estar com os outros.

**[BB]** Sofres de depressões?

**[ALA]** Pouco. Agora, pouco. Felizmente. De contrário, não era capaz de escrever.

**[BB]** Bebes?

**[ALA]** Depende das alturas e da companhia. Sou incapaz de beber sozinho. Bebo vodka, sobretudo.

**[BB]** Solidão, que é?

**[ALA]** Uma escova de dentes numa casa de banho.

**[BB]** A tua experiência como psiquiatra serviu-te para o teu trabalho de escritor?

**[ALA]** Não. Não me serviu para nada. Serviu-me para conhecer os psiquiatras e para ter medo deles. Uns caça-níqueis do caraças...

**[BB]** Fizeste análise?

**[ALA]** Fiz. Estive metido oito anos nessa brincadeira.

**[BB]** E serviu-te para alguma coisa?

**[ALA]** Pelo menos aliviava-me os bolsos. Se não me aliviava a depressão...

**[BB]** «Explicação dos Pássaros» é, dos teus livros, aquele de que mais gosto. No entanto, houve quem escrevesse que o romance era um plágio de «Conversa na Catedral», de Vargas Llosa.

**[ALA]** Nunca fiz comentários a críticas malévolas ou maledicentes. Quanto a essa do plágio é uma infâmia e uma filha-da-putice.

**[BB]** Que te diz o nome de Eduardo Prado Coelho?

**[ALA]** É um homem que eu conheço há muitos anos, com cujas opiniões, às vezes, estou em desacordo, mas em quem reconheço enormes qualidades de inteligência e de subtileza. Penso, também, que ele daria um excelente crítico literário, agora que já está mais aberto, menos francês...

**[BB]** Insuportável, desorientado, arrogante – eis alguns dos adjectivos que te colam à pele. És mesmo isso tudo?

**[ALA]** Ah! Ah! Ah! Insuportável sou, certamente, como toda a gente ao acordar. Desorientado, sem dúvida, porque não trago bússola. Arrogante, ah!, sim, quando me mordem nas canelas...

**[BB]** Um dia, falaste no Norman Mailer como se ele fosse teu vizinho do lado: tu cá, tu lá, com ele. Queres falar disso?

**[ALA]** Actualmente vivo numa casa sem vizinhos... Estava a pensar que antes o Mailer como vizinho do que o Freitas do Amaral. Mas conheci o Mailer, em Nova Iorque, quando do lançamento d['«Os]

Cus de Judas». Nem é meu vizinho do lado, nem é assim um escritor que eu aprecie muito.

**[BB]** Bom: que lês e quem lês?

**[ALA]** Normalmente, e repetidamente, os escritores de quem gosto, claro. «O Som e a Fúria»[1], do Faulkner, e a «Viagem ao Fim da Noite», do Céline, livros que, seguramente, li mais de vinte vezes. Aprendo sempre com eles. Graham Greene, Updike, Truman Capote; de uma maneira geral, os grandes americanos do Sul. Sul-americanos: Ernesto Sábato, sobretudo. Portugueses: gostaria de chamar a atenção para João de Melo, que tem estado a fazer uma obra de mérito e que me parece muito pouco divulgada. Poetas: João Miguel Fernandes Jorge e Fernando Assis Pacheco, cuja obra gostaria de ver mais divulgada. Assis Pacheco é um homem extremamente modesto e que tem propagandeado, isso sim, a obra dos outros, numa atitude muito generosa. É um grande poeta a redescobrir, ou a descobrir, não achas?

**[BB]** Também acho que o Assis é um poeta exemplar. Às vezes, é um bocado assacanado; direi melhor: precipitado: escreve, quase todas as semanas, senão todas, sobre uma caterva de livros, e isso é mau. Mas é um poeta exemplar, já lho disse e, creio, já lho escrevi.

**[ALA]** É assim... A gente tem tanta gente a quem gostar, não é? Olha-me para o Italo Svevo, o Proust, o G[ü]nt[]er Grass, o Beckett, Fernão Lopes, Camilo, Fernão Mendes Pinto, Eça...

**[BB]** Não petisco lá muito o Eça, essa é que é essa... Olha: pensa que, daqui a cinquenta anos, ainda há quem leia António Lobo Antunes?

**[ALA]** Daqui a cinquenta anos, tenho a boca cheia de terra. Ser--me-á completamente indiferente que me leiam ou não. Talvez até tem há uma estátua equestre, a cavalo no editor, e uma viúva para inaugurar a estátua. O meu tempo, ó Bastos, é agora, porra!

**[BB]** O marxismo entusiasma-te?

**[ALA]** O jovem Marx continua a entusiasmar-me, a interessar-me. De resto, creio que estamos à beira de uma nova era e de uma nova concepção de ideologia.

---

[1] Livro para o qual escreve, em 1994 (1ª edição na Dom Quixote), uma nota introdutória. Escreve também o Prefácio para o livro de Joseph Mitchell, *O segredo de Joe Gould*. Tradução de José Lima. Lisboa: Dom Quixote, 2001.

**[BB]** A velhice incomoda-te?

**[ALA]** Não me apetecia acabar num parque a apanhar beatas, com uma pantufa no pé, um sapato no outro e a mastigar a gengiva...

**[BB]** A morte apavora-te?

**[ALA]** Não. Até agora, pelo menos. Quando fazia muita Medicina, vi morrer muita gente. E a morte é muito mais tranquila do que os meus fantasmas me diziam.

**[BB]** Que te diz este nome: Portugal?

**[ALA]** Para um homem como eu, meio-brasileiro, meio-alemão, é o país onde quase não venho e onde sempre estou.

## 8. CLARA FERREIRA ALVES

# "A vingança de Lobo Antunes"

*Expresso*/Revista
12 de Abril, 1986, pp. 31-33[1]

«Auto dos Danados» acaba de receber o prémio da APE. E «quando se ganha é uma alegria», mesmo que considere que em Portugal não existe crítica literária». Lobo Antunes consagrado continua polémico.

**EXPRESSO:** Há três anos, quando publicou o **Fado Alexandrino**, parecia-me um escritor desiludido, para quem Portugal era pequeno e o estrangeiro um exílio decente. Ia-se embora para os Estados Unidos ou para o Brasil, e estava farto disto tudo e de toda a gente. Hoje, estou a entrevistar o galardoado com o Prémio da APE. O que é que mudou, entretanto? Você ficou cá... outros hábitos, outra energia, outra atitude?

**LOBO ANTUNES:** Nada mudou, penso. O estrangeiro está cada vez mais próximo, depende é das condições e talvez ofereça condições melhores.

**[EXP]** Vai fazer um discurso bem comportado no dia da entrega oficial do Prémio?

**[LA]** Acho que me tenho portado bem... não sei, talvez não a certos níveis, não tenho sacrificado aos deuses habituais, aos bonzos.

**[EXP]** Já que falamos de bonzos, houve uma altura em que se ouvia falar de Lobo Antunes e a Kultura puxava logo as pistolas. Hoje,

---

[1] Nas pp. 33-34 Tereza Coelho comenta a atribuição de Prémios: "Prémios para quê e para quem?".

## 78 | CLARA FERREIRA ALVES, 12 DE ABRIL, 1986

você tem muitos amigos no «establishment» literário e até lhe deram um prémio. Será que a crítica, académica ou não, já não o persegue tanto?

**[LA]** Penso que não existe em Portugal crítica literária. Havia três homens, o Óscar Lopes, o Jacinto do Prado Coelho e o Eduardo Lourenço. Um morreu, e os outros deixaram de fazer crítica literária. Depois, há jornalistas que fazem recensões, que escrevem sobre livros...

JORNALISTAS CULTURAIS OU CULTURALISTAS?

**[EXP]** Os tão falados jornalistas culturais...

**[LA]** Não sei se são culturais se culturalistas...

**[EXP]** Não sei se fazem «body-building»...

**[LA]** Para mim é muito mais importante uma crítica no «New York Times» ou no «Libération».

**[EXP]** Uma recensão no «NYT» ou no «Libé» pode ser, e é quase sempre, feita nos mesmos termos em que eu faço uma crítica a um livro seu no EXP./Revista. A única diferença é que nem eu nem você escrevemos em Nova Iorque ou em Paris. Talvez fosse mais «chique» mas estamos em Portugal, você é português, escreve em língua portuguesa, para os portugueses lerem. Essa atitude é snobismo ou é gula?

**[LA]** Gula o quê? Não percebo.

**[EXP]** Gula! Raros escritores portugueses chegam às páginas do «NYT», tal como nenhum escritor português, creio, além de si, foi publicado na «Granta»...

**[LA]** Aonde?

**[EXP]** Na «Granta». Não sabe o que é? É considerada uma das melhores revistas literárias do mundo...

**[LA]** Ah, sim, sei! Isso foi uma antologia que eles fizeram com Kundera, a Nadine Gordimer, o Peter Weiss...

**[EXP]** Nessas coisas você não tem de que se queixar. É por isso que se dá ares de se estar nas tintas para o que os outros escrevem sobre si? Porque é que dá entrevistas?

**[LA]** Na primeira que dei na minha vida, ao Zé Manel Rodrigues da Silva, disse-lhe que estava mesmo nas tintas para todas as opiniões sobre mim excepto às dos meus amigos. É verdade. Quem é que hoje lê críticas? Quem é que vai ao cinema por causa de uma crítica? É muito mais importante a opinião das pessoas que eu respeito, do Zé Cardoso Pires, dos escritores que vivem estas coisas por dentro. O Zé Cardoso Pires, a respeito deste livro de que você não gostou – e tem o direito de não gostar – disse-me que era o meu melhor livro, e ele costuma ler os meus livros várias vezes para depois discutir comigo. Isso é importantíssimo.

[EXP] Por serem escritores?

[LA] Sim, embora sejam entre si tão diferentes. São bois que andam a marrar contra a parede, atrás das palavras.

### «O ESCRITOR É UM NEURÓTICO»

[EXP] Nos seus livros, naquilo que diz, no que se lê nas entrelinhas, percebe-se que você é um escritor que precisa, desesperadamente, de ser amado pelos outros. Um escritor precisa de ser amado?

[LA] É evidente que sim! O escritor é um neurótico, e escrever é provavelmente a única forma que tem de exprimir os seus afectos, e de neles ser retribuído. É complexo, porque é misturado com uma grande dose de narcisismo.

[EXP] «O escritor é de um extremo egocentrismo, tem o ego dilatado»...

[LA] O quê? O ego?

[EXP] A frase não é minha, é de um escritor que você gosta: John Cheever.

[LA] Coitado, esse morreu bêbado!

[EXP] Grande parte da boa literatura norte-americana foi escrita por gente que morreu bêbada. É mau?

[LA] Sim, é verdade... o Faulkner... eu não sei o que é isso do ego dilatado, é um termo psicanalítico. O facto de gostar do Cheever não quer dizer que goste de tudo o que ele diz.

[EXP] Não estou a pedir-lhe que goste mas que comente.

[LA] Não sei o que é um ego dilatado, sei o que é um fígado dilatado. Quanto ao egocentrismo, quando uma pessoa acaba por ter tão pouco tempo para estar com os amigos, para escrever as suas histórias, isso acaba por nos fechar, por nos tornar tímidos, introvertidos e por vezes até com dificuldade de relação.

## «QUANDO SE GANHA É UMA ALEGRIA»

**[EXP]** Regresso a uma pergunta que ficou sem resposta. Vai fazer um discurso bem comportado quando receber o Prémio?

**[LA]** Você depois vê.

**[EXP]** Qual é a sua relação com o Prémio?

**[LA]** Insólita. Se a gente não ganha fica chateado e eu fiquei de facto muito chateado quando não ganhei com o **Fado Alexandrino**. Quando se ganha, é uma alegria...

**[EXP]** O que é que lhe dá mais jeito? O prestígio ou os mil contos?

**[LA]** O prestígio para que é que dá jeito? Ser conhecido nos restaurantes?

**[EXP]** Você é?

**[LA]** Ainda não sou o Marco Paulo.

**[EXP]** Você tem dado sempre a entender que a sua escrita resulta de um acto penoso, trabalhado, de sofrimento. O romance sai-lhe das mãos, é publicado, é criticado, e depois é pesado numa balança por um grupo de pessoas. O livro sujeita-se a andar em bolandas, votos para cá, votos para lá, 4 a 2, 3 a 0, como no futebol. Como é que um escritor sofre estas votações? A intriga de bastidores?

**[LA]** Em relação ao Prémio, ainda não sei como é que as coisas se passaram, ainda não vi as declarações de voto... mas os livros são feitos para umas pessoas gostarem e outras não. Lembro-me de uma carta do Marx ao Proudhon em que o tipo dizia que o drama é que as ideias dele se tinham muitas vezes confundido com os seus sentimentos. Isto tem a ver com todos nós, estamos ainda muito quentes, muito próximos, para podermos dizer fulano tal é bom, é mau... É arriscado fazer esse tipo de afirmações, de análise objectiva.

**[EXP]** Arriscado dizer este livro é mau, ou dizer este romancista é mau?

**[LA]** As duas coisas são arriscadas. E depois, em Portugal, ganhou-se a mania de dizer o melhor dos últimos três anos, o melhor de todos, o dos últimos cem anos, o melhor do ano... Quando se está muito próximo é impossível ajuizar. Há a moda, os gostos.

**[EXP]** E os seus gostos? Lê os mesmos autores que lia quando era muito novo?

**[LA]** Continuo a ler os mesmos. O Faulkner, o Céline, os americanos sobretudo. Fitzgerald... o livro que li mais vezes foi **O Som e a Fúria**.

## A CONSTRUÇÃO DA PERSONAGEM

**[EXP]** Já que falamos de Fitzgerald... dá-me a sensação de que você tem tanto cuidado a construir um livro seu como a construir a personagem do escritor António Lobo Antunes. E esta personagem é construída como se ser escritor ainda fosse uma profissão romântica. É verdade?

**[LA]** E é uma profissão romântica.

**[EXP]** E o escritor é um herói romântico?

**[LA]** Talvez um esquizofrénico romântico. Já viu o que é uma pessoa estar fechada numa sala a escrever coisas que as pessoas depois lêem na cama cinco minutos antes de adormecer?

**[EXP]** Não respondeu à pergunta que vinha de trás.

**[LA]** Eu não construí nada, acho que sou assim.

**[EXP]** Mas tem uma pose...

**[LA]** O que é uma pose?

**[EXP]** Exemplificando: ao longo dos anos, desde o sucesso de **Memória de Elefante**, você tem-se contradito várias vezes. Contradiz-se em muito, até na sua escrita isso se reflecte. Na acumulação dessas contradições, que para outros seria desastrosa, você conseguiu fazer uma administração sábia e favorável a uma personagem que se expõe. As contradições acabam por fazer sentido, no «puzzle» que você é, encaixam... Basta ler as suas entrevistas, as vezes que você já mudou de opinião!

**[LA]** Penso que nas entrevistas os entrevistadores tendem mais a representarem-se a eles próprios do que ao outro. Aquilo que você chama a personagem construída sobre o escritor que sou, penso que foi mais dado pelo exterior. Se falar com os meus amigos eles dizem-lhe coisas completamente diferentes.

**[EXP]** Se não tivesse ganho o Prémio da APE como é que se teria sentido?

**[LA]** Na mesma.

**[EXP]** Não se sentiria, antes, como um condenado a quem dão a última refeição?

**[LA]** A gente tem sempre a esperança de que os próximos livros sejam melhores. Dá-se uma importância excessiva a este Prémio! Há quem deixe de dormir.

**[EXP]** Você não?

## CLARA FERREIRA ALVES, 12 DE ABRIL, 1986

**[LA]** Não! Não ganhei com **Fado Alexandrino**! Aliás, a sua opinião era contra mim, você achava que os melhores eram a Agustina e o Vergílio Ferreira, lembra-se? Não me interessa falar disso, mas não ganhei e continuei a escrever, o tempo joga a meu favor.

### «OS CRÍTICOS CÁ SÃO UNS AMADORES»

**[EXP]** O seu estilo evoluiu, você maneja melhor os instrumentos, agora. Julgo que **Auto dos Danados**, que você acha que é o seu melhor livro, podia ser de facto o seu melhor livro! Mas não é, porque o autor entra pelo narrador dentro e sendo **Auto dos Danados** um romance a várias vozes, o que exige uma técnica dificílima, é aí que você se espalha. Ao entrar por todos aqueles narradores dentro, o António Lobo Antunes repassa a personagem para o narrador, e não controla a sua divagação, em prejuízo da acção. O autor perturba a narração.

**[LA]** Penso que não. Foi um livro muito policiado, mas é inevitável que o autor não passe...

**[EXP]** As suas personagens, como é que aparecem? Como é que as constrói?

**[LA]** Está a perguntar como trabalho? Faço um plano detalhado com os capítulos todos, as personagens todas. Uma espécie de mapa do que vai acontecendo nos diversos capítulos.

**[EXP]** O livro começa por uma ideia, uma frase, um título?

**[LA]** Depende. A primeira frase é sempre a mais difícil. Às vezes demora muito tempo. Este livro demorou-me um ano dentro da tola, a **Explicação dos Pássaros** veio-me de repente.

**[EXP]** Já experimentou reler-se, ver o que escreveu atrás?

**[LA]** Nunca, sequer, revi provas dos meus livros, nisso sou um autor cómodo. Depois de acabar os livros não os quero voltar a ver ou a ler.

**[EXP]** Mas se alguém em quem você confiasse, ou então os editores portugueses fizessem o que fazem os americanos ingleses, o «editing», e lhe mandassem[,] por exemplo, o **Fado Alexandrino**, para trás a dizer que tinha cem páginas a mais, o que faria?

**[LA]** A questão é académica, mas o Zé Cardoso Pires, que leu três vezes o **Fado Alexandrino**, disse que nas mãos dele ficaria com menos 50 páginas. Mas a gente depois já não está em estado de emendar, está noutra onda. Aliás, isto tem a ver com aquela frase do Jorge de Sena que respeito, mas não admiro particularmente como escritor. A frase era de um prefácio, em que ele pedia aos críticos que distinguissem as razões porque não gostavam dele das razões porque não gostavam de um livro dele. Até que ponto essas coisas não se misturam?

[EXP] A crítica literária em Portugal tem dois vícios: as ternas cumplicidades ou o nacional-porreirismo, e a falta de coragem. Já vi muito boa gente que escreve sobe livros dizer alto, e em particular, que tal romance é péssimo e escrever que ele é assim assim ou que é bom. Há especialistas nessas habilidades, têm medo dos autores. E sobretudo dos que têm mau feitio; ou então não se querem incompatibilizar. Não acha isto mais grave do que escrever a verdade, mesmo que ela lhe doa a si, como escritor?

[LA] Não tenho essa experiência, não escrevo em jornais e não conheço toda a gente que escreve em jornais. Mas admito que isso é uma mentalidade portuguesa, que lá fora não existe. E os críticos cá são uns amadores.

[EXP] Então a única crítica é a académica? Ou só os americanos é que sabem fazer críticas?

[LA] Ah! Ah! Bom, amadores são, forçosamente... bem, eu nunca respondi a nehuma crítica e tenho sido crucificado de várias maneiras.

[EXP] Não reage?

[LA] Não.

[EXP] Em público não, mas em privado...

[LA] É raro! Eu quase nunca leio as críticas, o seu jornal eu não compro, não leio praticamente jornais a não ser «A Bola».

[EXP] E o «New York Times»...

[LA] Não me faça mais pedante do que eu sou!

[EXP] É quanto?

[LA] Como você.

[EXP] Pode ser uma boa resposta mas não quer dizer nada.

[LA] Eu não quero dizer nada, provavelmente temos todos uma dose de snobismo, de pedant[e]ria, e pensamos que somos todos detentores da verdade.

## AS FUNÇÕES DELETÉRIAS DOS PRÉMIOS

**[EXP]** Acha que o júri da APE, na sua decisão, é detentor da verdade?

**[LA]** Não faço a menor ideia.

**[EXP]** Leu algum dos outros romances mais falados do concurso?

**[LA]** Li o do António (Alçada Baptista). Os outros são escritores que não me interessam. E depois todos os prémios têm funções deletérias, criam invejas, inimizades...

**[EXP]** Já as sentiu? Você fala do seu grupo de amigos como de um conjunto tão sólido que não acredito que o Prémio da APE o ataque... ou não?

**[LA]** Acho que os meus amigos ficaram mais satisfeitos do que eu. o Zé, o Urbano, o João de Melo ficaram tão contentes. De qualquer modo, o Prémio significa para mim uma espécie de viragem, sempre pensei que ele era dado por idades.

**[EXP]** E que não era dado a tipos com a mania de se portarem como um «enfant terrible»...

**[LA]** É a sua opinião, nunca fui «enfant terrible»!

**[EXP]** Outra contradição! Foi imenso, e não sou só eu quem pensa isso.

**[LA]** Então junte-se com os seus amigos e faça um coro!

**[EXP]** Nunca lhe falei nos meus amigos e não cantamos em coro – e muito menos sobre si, as suas qualidades ou defeitos! Há opiniões comuns.

**[LA]** Com a música da Mocidade Portuguesa talvez não lhes ficasse mal!

**[EXP]** Estamos a falar de livros e de escritores, parece-me, e quanto a isso tenho por hábito ler sozinh[a] e não em grupo. Também não vou em análises de grupo. Voltando ao Prémio, que tal a palavra consagração?

**[LA]** Não faço parte do Patriarcado, e consagração tem uma conotação religiosa que me desagrada muito.

**[EXP]** O que é isso das idades? Quer dizer: já despacharam a Agustina, o Saramago, o Vergílio, os mais velhos...

**[LA]** O Vergílio – o seu querido – não!

**[EXP]** Falei em escritores que estiveram na última fase do concurso, não nos que ganharam. O Saramago não ganhou. Será que você

"A VINGANÇA DE LOBO ANTUNES" | 85

pensa que vão começar a dar prémios aos da sua geração, porque dantes só davam aos outros?

[LA] A minha geração é a da guerra, da abertura, da mudança, passámos por muitas experiências diferentes.

[EXP] Se não fosse a guerra teria sido escritor?

[LA] Não sei, não sei... eu fazia redacções desde criança, naqueles cadernos pretos das mães fazerem as contas, lembra-se? Rapinava-os à minha mãe para escrever neles. Inventava histórias com jogadores de boxe, ou corredores de automóveis, coisas assim...

[EXP] Heróis?

[LA] Sim, claro, nessa altura!

O ESCRITOR E AS RAÍZES

[EXP] Qual o primeiro livro que leu e nunca mais esqueceu?

[LA] Aos doze ou treze anos, os **Contos** de Oscar Wilde impressionaram-me muito. O **Happy Prince**. E poesia, sobretudo poesia, nessa altura. O meu pai gostava muito de poesia e tínhamos muitas coisas. Éramos seis irmãos, apanhávamos papeiras por atacado, e o meu pai sentava-me na cama e lia-nos coisas de que ele gosta. Camilo, Pessanha, o Antero, alemães...

[EXP] Você é médico, psiquiatra. Continua a exercer.

[LA] Cada vez sou menos isso. Penso que se for para Berlim acabou de vez.

[EXP] Vai para Berlim?

[LA] Vou, tenho um convite muito bom para ir escrever. E de qualquer forma vou pedir a reforma do hospital, porque com os anos da tropa, os concursos, cheguei relativamente depressa a uma posição na hierarquia...

[EXP] Quem, ou o quê, o convidou a ir para Berlim escrever?

[LA] Todos os anos há um concurso assim para compositores, escritores e não sei quê, não sei bem se são uma espécie de bolsas, agora é que vou informar-me quando for lá. São dois anos, prorrogáveis.

[EXP] Já da última vez que falámos você ia para o Brasil, ou os Estados Unidos, estava de partida para qualquer lado.

[LA] Repito-me, sou muito repetitivo. E aqui não tenho muitas raízes.

# 86 | CLARA FERREIRA ALVES, 12 DE ABRIL, 1986

**[EXP]** Como é que não tem raízes se os seus romances são profundamente enraizados na realidade portuguesa?

**[LA]** É como dizia o Churchil[1], ele afirmava que era 50 por cento americano e 100 por cento inglês. A minha família vem do Brasil e a que não vem, vem da Alemanha. Embora eu goste muito de Lisboa. Esta última vez, na Alemanha Oriental, tive umas saudades loucas de Lisboa.

**[EXP]** Está sempre a falar dos amigos, etc. Já se imaginou a viver em Berlim, que é uma cidade fria, em todos os sentidos...?

**[LA]** Isso não vai ser fácil, mas viver em Portugal é fácil? Às vezes parece-me tudo a Póvoa de Santo Adrião, sabe?

## «O BAIRRO ALTO ESTÁ CHEIO DE ARTISTAS»

**[EXP]** Você faz-me lembrar a anedota do barbeiro que todos os dias punha um letreiro na montra a dizer: «Amanhã, barba e cabelo de graça». E as pessoas iam lá, mas era sempre amanhã... Nunca chegava a ser. Você, mesmo a falar, parece que está parado, em cima do cais, a olhar para longe, à espera de partir ou de que chegue qualquer coisa. E aquele livro de que me falou e que se ia chamar **O Regresso das Caravelas**?

**[LA]** Será o próximo. Tenho andado a rasgar o resto do que escrevo. É um livro sobre retornados e eu não sou propriamente um retornado.

**[EXP]** Você não é propriamente um psiquiatra, não é propriamente um português, não é propriamente um retornado. É propriamente o quê? Um escritor?

**[LA]** Um escritor? O que é um escritor? o Hokusai aos 80 anos disse: «Se Deus me tivesse dado mais cinco anos de vida tinha-me tornado um escritor». Gostava de usar uma frase do Gide em que ele considerava que em França há mais artistas do que obras de arte e isto aqui é assim... o Bairro Alto está cheio de artistas, os bares estão cheios de artistas, os restaurantes também. Montes de artistas, somos bestiais, mas não há obras de arte, de facto.

**[EXP]** Já está a escrever outro romance, e havia aquele que teria como título **Chamam o sr. Buñel ao Telefone**. O que é que lhe aconteceu? Como é que gera tantos romances na sua cabeça ao mesmo tempo?

**[LA]** A gestação é lenta, uma pessoa pega numa história e depois está uma data de dias a ver se é capaz de escrever.

**[EXP]** Como é que se sente, durante esse tempo?

**[LA]** Ando à procura, escrevo, rasgo.

**[EXP]** Escreve todos os dias? Como, com que rituais? À noite ou de manhã?

**[LA]** Escrevo quase todos os dias, quando posso, à noite. faço uma primeira versão, que escrevo em blocos, na cama, sentado no chão. Sempre à noite porque não acho fascinante levantar-me cedo. Fico até às tantas.

**[EXP]** Diga-me um poeta português de que goste, dos actuais.

**[LA]** Há um homem que morreu há pouco tempo e que está injustamente esquecido e que acho um grande poeta, o Santos Barros. Gostava muito dele, como poeta e como pessoa. Posso admirar as pessoas mas é raro ter respeito por elas, por ele tinha. E há um outro homem que merecia ter a obra divulgada, como poeta, que é o Fernando Assis Pacheco. E, outro insuficientemente conhecido e de que gosto muito, o João Miguel Fernandes Jorge.

## A CRÍTICA E A AFECTIVIDADE

**[EXP]** Quando lê um romance de um amigo seu, do Cardoso Pires, ou da Lídia Jorge, consegue fazer a destrinça entre a opinião afectiva e a técnica?

**[LA]** É afectiva, como a sua. Quando você escreveu sobre este livro, era extremamente afectiva[2]. É isso que torna a crítica, aqui, o contrário do que o Borges dizia. Afirmava mais ou menos que se não tem nada que declarar se o livro é bom ou mau, mas tem que se tentar, tentar... bom, é a opinião dele, que é diferente de mim e até nem é escritor que aprecie muito. Deve-se desmontar o mecanismo do livro e torná--lo mais compreensível para o leitor, em vez de emitir juízos de valor.

**[EXP]** Toda a crítica é afectiva, é outra coisa. E está-se sempre a fazer juízos de valor, não tem nada a ver uma coisa com a outra. Falou em desmontagem. O que pensa de Barthes, por exemplo?

---

[2] Clara Ferreira Alves, "Lobo Antunes e os sete pecados mortais", in *Expresso/Revista*, 23 de Novembro, 1985, p. 58. Ver, a propósito, Introdução, p. xxii.

**[LA]** O mesmo que o Ionesco: a linguística leva ao crime.

**[EXP]** E quem mata quem?

**[LA]** Matam-se todos uns aos outros, devoram-se. Quanto à afectividade, bom, eu sei muito bem que você não gosta do que eu escrevo, e gosta do que o Vergílio escreve. Leu a dedicatória do livro que lhe mandei? Dizia que você era definitiva e completamente peremptória.

**[EXP]** Eu não gosto de tudo o que o Vergílio Ferreira escreveu e não detesto tudo o que você escreveu. Há coisas suas de que gosto, coisas dentro de livros. Frases, até, de que gosto muito. Quanto a ser definitiva e peremptória, você também é. Basta ouvi-lo falar dos seus amigos!

**[LA]** Mas aí sou eu a sê-lo! (risos). E você tem direito a sê-lo, quando for mais crescida vai sê-lo menos...

**[EXP]** Você também, quando crescer. Da última vez que falámos, de há três anos até hoje, você fartou-se de crescer. Tem muito mais cautelas, já não diz tantas «boutades», já não diz mal dos outros como dizia. Aliás, era bastante divertido.

**[LA]** Eu não estou mais cauteloso, mas há coisas de que já não vale a pena falar. Nessa altura perdi muito tempo a combatê-las. Batalha vã. Por exemplo, vocês, jornalistas literários, têm um gosto completamente «kitsch», eu acho.

**[EXP]** Exemplifique...

**[LA]** Sei lá, determinados escritores.

**[EXP]** Kundera?

**[LA]** Sim, por exemplo[.] Não me entusiasma, é romance cor-de--rosa. Como aquele outro de que você gosta, o Heller, também não me entusiasma...

**[EXP]** Só leu o **Catch-22**. Mas é estranho, porque pensei que o seu sentido de humor encaixaria no do Heller. Mas, onde é que está hoje o seu sentido de humor? **Auto dos Danados** está cheio de ódio...

OS RICOS E OS POBRES

**[LA]** Por quem?

**[EXP]** Você é que sabe. Os burgueses, por exemplo, hoje já ninguém fala em burgueses.

**[LA]** Nem eu. Burguês em que sentido, flaubertiano?

**[EXP]** No sentido em que você emprega a palavra em **Explicação dos Pássaros**. Hoje você fala em ricos e pobres...

**[LA]** Esses existem, de facto. Mais pobres que ricos...

**[EXP]** Alguém disse uma vez que nos romances da Agustina não havia amor. Em **Auto dos Danados** não há nem sequer ternura, uma personagem cativante. Qual a sua relação com as suas personagens? Parece-me que é a mesma que elas estabelecem entre si: ódio.

**[LA]** Não sei se nos romances da Agustina não há amor, mas ela demonstrou um grande amor pelo dr. Freitas do Amaral, é a prova de que a senhora tem amor. No meu livro, não sei, penso que gosto daquele tipo que é uma espécie de toiro de cobrição da família toda. E daquele miúdo que tem uma relação com uma mulher muito mais velha do que ele...

**[EXP]** É o único onde há um afloramento de ternura. Onde é que foi buscar aquela gente, donde é que a inventou?

**[LA]** Do seu nariz, da minha boca, os olhos dele (aponta o fotógrafo, Luís Ramos). São bocados apanhados aqui e acolá, como toda a gente faz. A gente não inventa nada.

**[EXP]** Eu não sei como é que toda a gente faz, quero saber como você faz! Diga-me!

**[LA]** Você, à força de falar com génios, deve saber como é que fazem (risos). Tenho uma atitude humilde, a gente faz uma espécie de «patchwork», de bocadinhos de pessoas. Ali o que é real é Monsaraz, é a festa.

**[EXP]** A palavra génio existe, não está proibida a aplicações. Porque não utilizá-la, como a todas as outras?

**[LA]** Se calhar somos todos génios. No outro dia estava a falar com um doente que me disse: «Oh, sr. dr., estive a falar com um médico que tinha uma voz de sabonete embrulhado em papel furta-cores». Isto não é uma frase de génio? E tenho mais um outro que me disse: «Sabe, o mundo começou a ser feito por detrás...»

**[EXP]** Um doente disse-lhe isso? Você rouba frases aos seus doentes para os seus livros?

**[LA]** Não sei. Tenho bastante dificuldade em utilizar a palavra em alguém. É como a palavra escritor, tem tanto peso! Não sei o que é um escritor...

## PROFISSÃO: ESTAR VIVO

**[EXP]** Daqui a pouco só sabe que nada sabe, como o Sócrates. Vamos ter que arranjar cicuta. Qual é a sua profissão?

**[LA]** Estar vivo!

**[EXP]** Já ninguém diz essas coisas, dizia-se nos anos 60.

**[LA]** Se se dizia nos anos 60 estou tão «kitsch» como vocês, estamos perfeitamente na mesma onda...

**[EXP]** Estamos? Eu não sou dos anos 60. O que é o «kitsch»?

**[LA]** É o bar Procópio em Literatura, aquele bar das Amoreiras, cheio de anjinhos...

**[EXP]** Anos 60. Sente-se parte de uma geração? Uma vez disse que não participara nas lutas associativas de 61, porque não lhe tinham cheirado a Chanel.

**[LA]** Passei a vida universitária a jogar xadrez. Senti-me parte de uma geração em África, na guerra. Parte de um grupo. Até aí estava isolado. O Maio de 68 passou por mim como água por um pato. Pergunto-me se não seria mais uma adesão romântica, intelectual, do que real... e depois tive uma família muito tribal, que pesou muito na minha educação. Vivia numa quinta, em Benfica.

**[EXP]** Educação católica tradicional?

**[LA]** Fui menino de coro. Fiz tudo, até deixar de ir à missa. Fui educado num ambiente concentracionário, fechado. Que se repetia em África, mas em África havia a solidariedade da morte.

**[EXP]** Conte-me um episódio de criança...

**[LA]** Escrevia e no alto da página punha **Obras Completas de António Lobo Antunes** e depois inventava títulos. E escrevia poemas ao Cristo, porque os vendia à minha avó que me dava umas massas. Sonetos, que eram a minha especialidade. Era magnífico no soneto.

**[EXP]** Infância feliz, livros autobiográficos, invenção a partir da **Explicação dos Pássaros**. **Auto dos Danados** está cheio de ódio. Inventado?

## «NÃO SEI O QUE É O ÓDIO»

**[LA]** Não sei o que é o ódio. Ou gosto das pessoas ou não existem para mim, não quero saber. Não sou capaz de odiar. Fala do ódio do **Auto**, bem, o meu sonho foi sempre escrever um livro como o

Hitchcock fazia nos filmes. Quero que as pessoas saíssem deles de gatas. O próximo não vai ser tão insuportável, no ambiente. Estes parecem filhos do Faulkner...

[EXP] O próximo. Preocupa-o envelhecer como escritor?

[LA] Tenho mais dez anos à minha frente.

[EXP] Escreve à mão?

[LA] Sim, à mão, é artesanal como um bordado. É como se estivesse a bordar, como o rei Gustavo Adolfo da Suécia, no seu castelo.

## 9. INÊS PEDROSA

## *"António Lobo Antunes: «Tornei-me mais humilde...»"*

*Jornal de Letras, Artes & Ideias*
14 de Abril, 1986, pp. 2-3[1]

O Grande Prémio de Romance e Novela da APE-1985 foi atribuído a António Lobo Antunes, pelo seu romance «Auto dos Danados»: o «JL» entrevista o escritor e publica as declarações de voto dos membros do júri, depoimentos de José Cardoso Pires e Nelson de Matos[2].

[...]

António Lobo Antunes, alfacinha de Benfica, escritor, 43 anos de idade. Recém-consagrado: ao seu «Auto dos Danados», editado pela D[om] Quixote, foi atribuído o Grande Prémio d[a] Associação portuguesa de Escritores. Entre outras coisas, mil vezes mil escudos.

Dizem que ele é malcriado, irreverente, vaidoso. O «vaidoso», sobretudo, deixa-o a matutar. Tanto que quando chega (com uma hora de atraso e o coração destroçado) ao almoço com a Zé, pergunta--lhe logo: **«Achas que eu sou vaidoso?»** A Zé é uma das três filhas, nada de confusões. Ele também se ri muito das saias continuamente esvoaçantes que lhe pintam à volta. A Zé tem uns olhos para lá do

---

[1] Na p. 3 encontramos, ainda, uma "Biobibliografia" do escritor. Esta entrevista, bem como a publicada na *Ler*/Revista do Círculo de Leitores, Primavera, 1988, foi posteriormente incluída no livro *Anos luz* (Lisboa: Dom Quixote, 2004, pp. 44-59) ("António Lobo Antunes, a obsessão por escrito").

[2] Ver pp. 4-5.

verde, absolutos de mágoa ou de alegria, e repete, do alto dos seus catorze anos, que o pai é um ingénuo.

Dizem que ele é exibicionista, brincalhão; ele diz que se calhar, para esconder a timidez. «**Elas acham-me um parvo**»; elas são a Zé, a Joana e a Isabel, e ele diz isto com o ar de quem se sente muitas vezes parvo. Faz «nha nha nha nha», como os miúdos muito pequenos, quando se sente gozado.

Dizem muitas coisas dele, e mais dirão, agora que lhe foi atribuído o Grande Prémio da Associação Portuguesa de Escritores. Digo-lhe que «Auto dos Danados», o livro dos mil contos, é justamente o livro dele de que não gostei. Acrescento até que «O Único Animal Que?» é que. E ele continua a conversar comigo com a mais confidente das doçuras.

**«Acho que se não tivesse ganho ficava chateado. Mas ganhando, uma pessoa fica mais ou menos na mesma. Não se tem a alegria, o prazer que se esperava. Acho que os meus amigos ficaram mais contentes do que eu. E olha que isto não é uma atitude snob.»** José Cardoso Pires já ganhou os três mil escudos da aposta. **«O Zé acha que este é o melhor dos meus livros, ao nível da técnica de construção da narrativa.»** Jorge Amado apostou a longo: «daqui a dez ou quinze anos você ganha o Nobel.»

AQUILO QUE O EUSÉBIO TINHA

O Zé, a Lídia, o Dinis, aparecem muitas vezes em sílabas quentes. É para eles, e apara outras pessoas que são antes de tudo pessoas, que vale a pena escrever. Escreve-se para que as pessoas olhem para nós? **«Para que gostem de nós. A escrita tem a ver com a nossa tremenda necessidade de afecto.»**

Sabia, é claro, que demandar o amor, no país em que Pedro, o Cru, reinou, era declarar a guerra. Não coube a António Lobo Antunes a honra desta descoberta, nem lhe caberá certamente o mérito de destruir a última fortaleza desta ilha de pequenas maledicências. **«Repara na maldade das críticas. Uma pessoa pode gostar ou não gostar de um livro, mas aqui arrasa-se tudo com uma facilidade, e tantas vezes por questões pessoais… É curioso, no estrangeiro não é assim.»** E de estrangeiro percebe ele, editado e vendido nos Estados Unidos, Canadá, França, Reino Unido, Espanha, Brasil, Itália, Alemanha

Federal, Dinamarca. Cita uma carta de Jorge de Sena («Digam aí a esses tipos que ainda é viva a ratazana»), cita uma carta que Jorge Amado lhe escreveu («Eu não sou crítico porque não tenho gosto, nem vocação, nem pretensão»).

**«Um livro merece-me sempre respeito pelo trabalho, mesmo que sem talento.»** O que é isso de talento?, ataco. **«Sei lá, é aquilo que o Eusébio tinha para jogar futebol, é ter nascido para aquilo, a gente sentir que não é capaz de fazer mais nada e que a nossa vida não tem sentido sem as histórias. É um sentido tão antigo em mim, se calhar nos outros também...»** Mas tu demoraste a assumir frontalmente isso, não foi? **«Achei que só com a 'Memória de Elefante' é que tinha encontrado uma maneira mais ou menos pessoal de dizer as coisas; andava à procura, escrevi vários romances que iam sendo deitados fora...»** Atirados fora, mesmo? **«Sim, rasgados.»** Rasgados? É preciso coragem, apesar de tudo. **«Não, não é preciso coragem nenhuma. É um acto narcísico, porque a gente tem a sensação que nos desfigura o perfil ficar com aquilo.»**

**«Depois de começar a publicar, oferecia os manuscritos àqueles a quem os livros eram dedicados. E depois descobri que as universidades americanas compram os manuscritos, caríssimos e, portanto, a partir aí do quarto livro, comecei a guardá-los.»** E já os vendeste? **«Não, mas vão ser vendidos. Aquilo não tem valor nenhum, são várias versões, riscos e palavras e coisas assim.»** Se não tivesse havido o tal amigo que te pegou no primeiro romance inteiro e o levou ao seu amigo editor, tomarias tu essa iniciativa? **«Não. Continuava a escrever histórias e a atirá-las fora ou a esquecer-me delas em vários sítios...»** Isso é contraditório com o que dizias acerca do talento. Porque foste para médico? **«Porque sou de uma família de médicos»** Mas porque é que continuaste, porque é que durante tanto tempo exerceste psiquiatria? [...] **«Sei lá, a gente tem sempre tantas dúvidas... Num dia acha-se o melhor do mundo, no dia seguinte acha-se uma porcaria...»**

BICHO DO MATO

O meu conselheiro-mor costuma recordar-me que é imperceptível a distância do êxito ao fracasso. Quando o «Auto dos Danados» saiu,

96 | INÊS PEDROSA,14 DE ABRIL, 1986

Clara Ferreira Alves apontou-lhe, no 'Expresso', sete pecados mortais[3]. **«Podiam ter sido dois, ou, mais provavelmente, vinte. A Clara arranjou uma fórmula e depois tentou encaixar o livro lá dentro. Mas o que é defeito para uma pessoa pode ser qualidade para outra. Continuo a fazer o que tenho a fazer da mesma maneira, já tenho levado tanta porrada! Mas parece-me que o meu próximo livro vai ser muito mais expurgado de imagens e de excesso.»**

Até porque seria difícil exceder mais. Todas as almas do «Auto dos Danados» são abissalmente vis, e vilmente simétricas. Um dos personagens, às tantas, sintetiza «(...) o velho que dorme com a tua mãe enquanto o filho, rodeado de penas, mudas agulhas e constrói estações, a tua mãe que dorme com o marido da irmã do teu pai, o qual marido, por seu turno, dorme com as mulheres todas da família, mesmo a anormal, mesmo a doente a quem fez uma filha de quem há cinco anos ou seis teve um filho, (...)» e a síntese é parcialíssima porque o exclui a ele, que também dorme tumultuosamente e à mãe dele, que dorme mais ainda, e exclui o tempo em que toda esta gente não dorme mas ladra, mija, berra, bate. Admiro-lhe a presença de espírito, não sei como conseguiu ele levar até ao fim do livro (e com fôlego, e tripas, e algum cor-de-rosa pelos céus) tamanha galeria de monstros.

**«Queria escrever a história da degenerescência de uma família e pensei que só o podia fazer com aquela crueldade. Lembrava-me do teatro de robertos, na praia. Mas eu não li o livro, só o escrevi, e tenho provavelmente uma visão mais deturpada do que a tua. Penso que com o correr do tempo me tenho vindo a tornar progressivamente mais humilde em relação ao que faço. E assustado, também. Este livro foi muito pensado, foi o que me levou mais tempo a escrever. Acabei por decidir que não havia outra forma de contar esta história; provavelmente enganei-me, como tanta vez me acontece.»**

Espanto. Este é o mesmo Lobo Antunes que em finais de 1983 dizia por estas páginas: **«O melhor liv[r]o do ano é o meu.»** Agora não sabe, deixou de ser importante saber, até porque não leu a maior parte dos livros dos outros. Como se a vulnerabilidade e a candura de que os seus livros se vão despojando o começassem a ferir man-

---

[3]  Ver entrevista 8., nota 2, e Introdução p. xxii.

samente. «**Mas a perda da candura é sobretudo do leitor, que se vai habituando à 'música' do escritor, que de início o apanhava desprevenido**», argumenta, tentando encaixar pedaços da couraça desmantelada. É que apesar de tudo, há o Francisco, eterna sentinela dos comboios eléctricos do pai, como a Lídia das bonecas de porcelana, onde quer que se encontre. O Francisco que aparece lá para as páginas cento e setenta[4], a escrever «meu amor» acendendo o isqueiro.

### UM ANÚNCIO POMPOSO

António Lobo Antunes escreve deitado, devagar. Desta vez riscou muito, tentava mudar a sua «petite musique». De repente pensou de que forma se sentiria traído se o Simenon lhe aparecesse armado em soalheiro («**Eu gosto [do] Simenon**»), e deixou de tentar mudar. «Dá-se demasiada importância aos livros, não achas?», comenta alguém, entrevistado ou entrevistadora. Em todo o caso, a entrevistadora aproveita para disparar: mas tu também atribuis. Queixas-te tanto, «estou para aqui a escrever redacções quando podia estar a dançar, que é uma coisa de que gosto». «**Talvez isso seja uma coqueterie da minha parte. Quando a gente não está a escrever começa a ficar mal connosco. E depois, isto tomou uma velocidade, umas proporções com que eu não contava. De repente aparecem teses, ensaios sobre nós, e um tipo descobre que é muito mais inteligente do que o que pensava. Se bem que a atitude básica continue a ser aquela que tinha aos doze, treze anos, quando anunciei pomposamente à família 'quero ser escritor'. Isso causou uma enorme perturbação. É bom ter um Gauguin, desde que não seja na família.**»

Uma família sem danos. O pai e mãe, ainda hoje apaixonados um pelo outro, seis rapazes. António, o mais velho, o escritor, vê-os pouco. «**Tenho cada vez menos tempo, e sou muito bicho do mato, não sou sociável. Acho que estou a ficar como o meu pai, misógino e fechado.**» O pai dava-lhes a ler, quase no biberon, Oscar Wilde, Flaubert. E depois Antero, Camilo Pessanha, Manuel Bandeira **«que expurgava das partes que achava menos próprias para a nossa idade. E não era só literatura: música, pintura, tudo. Lembro-me de andar aos oito anos em Florença a parar meia hora ao pé de cada estátua.**»

---

[4]   P. 174, p. 140, na 1ª ed. *ne varietur*. Lisboa: Dom Quixote, 2005 [1985].

## EM ETERNA INOCÊNCIA

Uma educação estrangeirada e católica que ainda hoje o manda agradecer o dom, diariamente, em trabalho esforçado. «**A geração a que pertenço trabalha muito. Quando falo em geração não estou propriamente a referir-me à idade. Santos Barros, que morreu muito novo, ensinou-me que a poesia é trabalhada. 'Fazer versos dói', escrevia ele. É um homem que tem sido esquecido, e faz muita falta. Pensámos até criar uma Fundação Santos Barros, um prémio de poesia, qualquer coisa. Era um homem terno e humilde. Um dia escreveu-me num livro seu: 'De um pássaro que se exprime para um pássaro que alto voa.' Ofereci esse livro ao Fernando Dacosta, que queria conhecer melhor a poesia dele.**» Lobo Antunes conta que tem pena de não ser poeta. Fala de Pedro Tamen, João Miguel Fernandes Jorge; insiste, como se fosse preciso insistir, que eu escreva que o Fernando Assis Pacheco devia editar-se a sério. «**Tem poemas tão bonitos, o estupor!**»

Poetas bons, temos pois. E prosadores, oito, dez nomes, não mais. «**Claro que em Portugal toda a gente escreve, mas, com qualidade, são sempre poucos. As pessoas fazem da literatura uma grande confusão, ou então são obscuras para esconder o vazio. E isto entre gente muito[]nova; eu fiz agora parte de um júri do 'Diário de Notícias' e senti isso. É que também não há críticos literários a sério. Apesar de tudo, penso que o meu prémio é importante porque marca o reconhecimento de uma nova geração na literatura, aquela a que o João de Melo (que poderia ser, e de alguma forma tem sido, o melhor crítico dessa geração) chama 'a geração da guerra colonial' – o que inclui homens e mulheres, claro.**»

Não tens medo que um dia se te esgotem as histórias, te abandone a música? «**Temos sempre medo de ficar impotentes. Mas estou a tentar começar outra. Vou ainda na fase do escreve-rasga. Será uma história muito diferente desta, sobre os retornados, o regresso a Portugal. Vai chamar-se 'O Regresso das Caravelas'.**»[5] Que foi uma das coisas que o «Auto dos Danados» esteve para se chamar.

---

[5] Título que não pode ser utilizado em virtude de já estar registado por Vitorio Kali.

«Pois[.] Mas preferi deixar o título para este tema, que é mais ambicioso. Bom, nós achamos sempre que o próximo livro é mais ambicioso...»

Maturidade, o que é? «É viver em eterna inocência, como Manuel da Fonseca, que é um anjo. Quando lhe dou uma palmada nas costas tenho sempre a sensação de que lhe vou partir uma asa. É isso a maturidade: esse estado de perpétua adolescência integrado numa personalidade adulta. Há quem seja assim e o esconda: o Zé Cardoso Pires, por exemplo. Mas quando ele nos põe a mão no ombro sente-se que é uma mão que está ali, calor, ternura. Há pessoas assim, incapazes de ter inveja, ou ciúme.»

Quanto aos mil contos, Lobo Antunes ainda não sabe. Para já, a Zé pergunta: «Pai, já que estive aqui à espera tanto tempo posso pedir mais uma tarte de amêndoa?», e ele paga.

## 10. MIGUEL SOUSA TAVARES

# "António Lobo Antunes:
# «Bolas, isto é um país que se leva a sério!»"

*Semanário*
31 de Março, 1988, pp. 20-21[1]

Com «Memória de Elefante», António Lobo Antunes entrou a matar na literatura portuguesa. Trazia consigo toda a memória de uma geração que crescera sob o Estado Novo, fizera a guerra, divorciara-se, fora, paradoxalmente, ultrapassada pelo 25 de Abril. Nove anos depois, o seu último livro, «As Naus», prossegue essa história sempre inacabada – a história dos regressos.

**[SEMANÁRIO]** – De 1979 até hoje, você escreveu sete livros. Em nove anos escreveu mais livros do que a Marguerite Yourcenar em toda a vida. Significa isso que, para si, escrever é fácil

**[ANTÓNIO LOBO ANTUNES]** – Escrever é sempre difícil. O que isso significa, sobretudo, é que trabalho muito. Mas, provavelmente, não escreverei muitos mais livros. A distância entre os livros cada vez é maior, a dificuldade cada vez é maior, o medo cada vez é maior.

**[S]** O medo, em que sentido?

**[ALA]** O medo de escrever um livro mau, que é muito grande.

**[S]** E este livro, considera-o como: bom, mau, o melhor?

**[ALA]** Pessoalmente, considero-o o melhor, mas, provavelmente, depois de acabar o próximo, depois de todo o trabalho que eles dão, pensarei o mesmo.

---

1 Na p. 14 da Revista *Mais*/Semanário, Francisco José Viegas escreve sobre "O regresso das caravelas e da tristeza".

**[S]** Este livro tem que ver com os anteriores, há algum fio condutor entre eles ou esse é obra isolada?

**[ALA]** Há um certo número de referências imutáveis, tanto do ponto de vista literário, como do ponto de vista das vivências. No entanto, eu penso que houve uma inflexão desde o «Fado Alexandrino»: passar a preocupar-me menos com as personagens e mais com o País. Para mim as personagens nunca foram muito importantes. Sempre me interessou mais os cheiros, as cores, o ambiente, os cenários. Eu nunca fui capaz de inventar casas, por exemplo. As casas são sempre reais, existem. Assim, o país passou a ser o personagem principal dos meus livros.

**[S]** Qual é a ideia-base de «As Naus» – a história da descolonização, um romance sobre os retornados, sobre o fim do ciclo do Império?

**[ALA]** Se a questão tem de ser posta nesses termos, eu penso que será mais o fim do Império, embora a ideia inicial fosse a história dos retornados.

**[S]** A forma como você conta essa história leva a interrogarmos se não se tratará de um ajuste de contas com a versão dos descobrimentos e da colonização que o Estado Novo nos vendeu?

**[ALA]** Acho que há uma parte pindérica em nós, portugueses. Basta ver a forma como os espanhóis comemoram a viagem do Cristóvão Colombo e a forma melancólica e triste como nós comemorávamos a viagem do Bartolomeu Dias, com uma caravela a motor, que não navegava à bolina, a desembarcarem mascarados, etc.

**[S]** E pôr o Fernão Mendes Pinto a fazer de proxeneta, o Camões a fazer de bêbedo, o Vasco da Gama de batoteiro ao jogo, como você faz neste livro, não será também uma forma pindérica de homenagear os navegadores?

**[ALA]** Acho que não. Acho que é dar o outro lado, o lado humano deles, por exemplo, o lado profundamente humano que tem toda a poesia do Camões, ao contrário da do Fernando Pessoa. A poesia dele tem um lado carnal, de sangue, de vinho.

**[S]** E o Vasco da Gama, que você põe a fazer fortuna ao jogo, era um batoteiro?

**[ALA]** A Índia já estava descoberta nessa altura. E passou-se um pouco isso com os nossos navegadores, com o Salvador Correia de Sá, por exemplo, que andou a arrastar o rabo pelas salas de espera do Palácio à espera que o Rei o recebesse e, quando o Rei o recebeu, ele disse-lhe simplesmente que se queria ir embora porque não havia neste País espaço para morrer. E o Camões acabou, de facto, a escrever cartas para as pessoas que não sabiam escrever. Nós nunca tratámos bem os homens importantes que tivemos.

[S] Bom, é duvidoso que você os trate, também. A mim o que me choca, não é uma aparente falta de respeito pelos heróis, que você manifesta. O que me choca é a completa falta de entusiasmo, de admiração, enquanto escritor, em relação à obra deles. Será possível que você não se sinta tocado por isso?

[ALA] Por isso, o quê?

[S] Sei lá... O Forte do Príncipe da Beira na Amazónia, as igrejas de Goa, a passagem do cabo da Boa-Esperança...

[ALA] É claro que sim... mas, olhe, você faz-me lembrar o editor de Thomas Wo[]lf[e], cujos livros são profundamente autobiográficos, e então o editor dizia-lhe «você trata aqui as pessoas tão mal – o seu pai, a sua mãe, a sua família!», e ele respondia com um ar espantado: «mas isso são grandes pessoas para mim!» Bolas, isto é um País que se leva a sério!

[S] E você não o leva a sério?

[ALA] Claro que levo, mas não desta maneira «gingada de rabona», como dizia o Eça.

[S] Bom, mas há em todos os seus livros, neste particularmente, uma atracção por tudo o que é sórdido e decadente: as casas são sempre feias, os personagens são mesquinhos, as paisagens são sujas, decadentes... porquê?

[ALA] Porque é que a gente não há-de... Só me tinham dito isso uma vez, foi um jornalista francês que me perguntou «Lisboa não é uma cidade cheia de sol?», e eu disse que sim e ele perguntou: «então porquê que nos seus livros está sempre a chover?»

Bom, mas eu não acho que essa observação seja pertinente. Não imaginava que se pudesse achar este livro triste e deprimente, acho que ele não poderia ter sido escrito de outra maneira.

[S] Você disse há pouco, por exemplo, que não inventa casas, descreve as que conhece. Mas você só conhece casas feias, só conhece o lado feio das coisas, ou só esse é que o inspira?

[ALA] Esta história é a história do fim de um Império... eu não podia pôr as pessoas a viver no Palácio de Queluz!

**[S]** Mas nem toda a gente que regressou das colónias veio para viver em casas feias, para ser proxeneta ou vigarista...

**[ALA]** A mim o que me interessava era a miséria que veio associada a isso, não me interessava os que vieram ricos, que foram morar para casas com piscinas, court de ténis, etc. De resto, o Afonso de Albuquerque, por exemplo, acabava bem instalado, embora como sabemos ele não tenha acabado bem, tenha morrido à vista de Goa. Mas não havia outra maneira de contar esta história, de falar desta gente.

**[S]** Os seus retornados são gente completamente deslocada. Será que com isso, você não está a dar razão ao que então se dizia, que África era dos portugueses, porque era lá a terra deles?

**[ALA]** Não, porque os portugueses nunca estiveram em África, estiveram sempre em Portugal, levaram Portugal para África e voltaram com esse Portugal interior, mítico.

**[S]** Todos os colonos fizeram isso, em todo o lado.

**[ALA]** Possivelmente, assim foi, de facto. Mas eu penso que nós somos um povo especial. Só um povo como o nosso é que aguentava sofrer aquilo que nós sofremos. Não falo só da nossa história mais recente, mas falo de toda a nossa história, das condições terríveis em que eram feitas as viagens dos descobrimentos, por exemplo, só nós é que éramos capazes disso. Talvez falte neste livro – e aí você tenha razão – a parte de idealismo, de heroísmo, uma sensação de missão, do «navegar é preciso, viver não é preciso», mas isto é a história de um regresso, em que as pessoas ficam completamente deslocadas, como o Camões, que fica no cais de Santa Apolónia porque não tem para onde ir.

**[S]** Essa sensação de estar sentado em Santa Apolónia sem ter para onde ir é também a sua, perante a vida e o País?

**[ALA]** Muitas vezes sinto vontade de me ir embora mas penso que não tenho o direito de ir e não sei se conseguiria escrever longe daqui. Há coisas extremamente fortes – as pessoas de quem eu gosto, as minhas filhas. Mesmo que, eventualmente[,] conseguisse viver sem essas pessoas, penso que não conseguiria viver sem a língua portuguesa, sem ouvir falar português. A minha escrita está muito enraizada aqui, nestas gentes, neste país. Longe daqui, acho que Portugal se tornaria um País mítico, como aqueles que fugiram durante as ditaduras

"ANTÓNIO LOBO ANTUNES: «BOLAS, ISTO É UM PAÍS QUE SE LEVA A SÉRIO!»" | 105

e que, quando voltaram, tinham na cabeça um país irreal, cuja realidade era a da Casa de Portugal em Paris.

[S] E qual é, para si, o Portugal real, hoje?

[ALA] Eu sinto-me muito bem com o País, com as pessoas, com o sol, com a luz de Alcântara às seis da tarde.

Percebo muito bem que os emigrantes só pensem em regressar, mesmo que seja para fazer casas de azulejo: há um charme lento neste país que é irresistível. Depois, obviamente que, a nível político, me sinto muito desiludido com o que se está a passar, actualmente.

[S] Obviamente desiludido, porquê?

[ALA] Quando eu estava na guerra, o meu Comandante de Companhia, que era o Melo Antunes, ensinou-me que a solução não estava em fugir mas em fazer a Revolução por dentro. As poucas coisas de política que eu sei devo-o a ele.

[S] Mas que Revolução é essa? Você é revolucionário?

[ALA] Bem, na altura, a Revolução que queríamos era diferente, tratava-se de conquistar uma coisa que ninguém conhecia, que era a democracia.

[S] E agora que temos a democracia, de que é que se queixa?

[ALA] Queixo-me da ausência de democracia, da autocracia, do autoritarismo do partido que está no Governo. Queixo-me da arrogância da falta de diálogo.

[S] Então, as suas queixas são circunstanciais, não são de fundo: duram o tempo de uma legislatura. Não é o regime que você contesta?

[ALA] Eu sou um anarquista moderado...

[S] O que é um anarquista moderado? É um anarquista aburguesado?

[ALA] É uma espécie de Orson Well[e]s suíço.

[S] Isso é uma impossibilidade!

[ALA] Claro que sim, por isso é que nós temos tantas contradições, por isso é que todos sonhamos ser marginais integrados.

[S] Essa sua abordagem da política parece-me muito diletante, assim uma espécie de snobismo de ser do contra e de ser esquerda.

[ALA] Bem, eu não sou exactamente como o espanhol do «hay Gobierno? Si hay, soy contra!». Eu votei sempre no PS, depois de uma fase inicial da APU, que está completamente ultrapassada. E não creio que essa coisa de esquerda e de direita faça hoje muito sentido.

**[S]** O Freitas do Amaral dizia o mesmo nas Presidenciais...

**[ALA]** Isso... isso é um murro no estômago!. Enfim, você sabe o que eu quero dizer! A minha abordagem da política é mais, digamos, idealista e romântica do que propriamente diletante.

**[S]** Finalmente, o que é que é importante para si, na vida?

**[ALA]** A única coisa realmente importante é a amizade.

## 11. INÊS PEDROSA

# *"António Lobo Antunes: «Ninguém em Portugal escreve como eu»"*

*Ler*/Revista do Círculo de Leitores, n.º 2
Primavera, 1988, pp. 70-73[1]

Com publicação prevista para Abril (coedição Dom Quixote/Círculo de Leitores), *O Regresso das Caravelas*[2], novo romance de António Lobo Antunes, promete criar agitação. Aqui está o autor: polémico, difícil, excessivo. E até melancólico.

Imagine que os retornados voltavam nas naus que sobraram aos naufrágios, e que os caixotes que se acumulavam em Alcântara tinham escritos nomes destes: Luís de Camões, Vasco da Gama, Pedro Álvares Cabral, Diogo Cão, Francisco Xavier, Manuel de Sepúlveda. Imagine que Dom Sebastião foi esfaqueado num bairro de Marrocos por roubar um saquinho de liamba a Oscar Wilde. Tome o primeiro eléctrico da manhã de Lisboa, e veja os operários que vieram dos subúrbios a rendilhar o Mosteiro. As caravelas regressaram e D. Manuel foi preso por conduzir na marginal Lisboa-Cascais com documentos em letra gótica. As tágides entornam-se pela noite dos bares, em vestidos de lamé. António Lobo Antunes parece-me inquieto, distraído e tímido. Cansado de fazer de *bad boy*. De divertir, escandalizar e embirrar. Tem quarenta e cinco anos, é famoso e lido no estrangeiro. Ri-se e

---

[1]  Ver entrevista 9., nota 1.
[2]  Ver entrevista 9., nota 5.

pede ao fotógrafo que o apanhe pelo lado melhor. Ele sabe que tem um lado melhor. Cortou muito nos adjectivos, está agora mais perto do desamparo inicial, do pecado original. Cansado dos teatros da vida eterna, gira em torno da sua estátua, estranha-a, como se temesse que ela lhe roubasse a luz, o espontâneo calor do tempo.

[P] Nos seus primeiros romances (de *Memória de Elefante* a *Explicação dos Pássaros*) escrevia sobre pessoas, transformava as pessoas em personagens. A partir do *Fado Alexandrino*, parece tender a fazer o contrário: as personagens é que se tornam pessoas, o que lhe interessa é apanhar a voz de um tempo, o sentido da História. Concorda?

[R] Talvez. Afinal, os primeiros livros que as pessoas escrevem são sempre autobiográficos, ajustes de contas com o que a gente tem para trás, para depois poder começar realmente a escrever... Talvez isso aconteça desde o *Fado Alexandrino*, sim...

[P] Quer isso dizer que considera menos importantes os livros que escreveu antes do *Fado Alexandrino*?

[R] Não sei o que é que é mais ou menos importante. Mas a partir do *Fado Alexandrino* a agulha mudou, comecei a tentar falar de outras coisas...

[P] A tentar?

[R] Tentar, sim. Não podemos senão tentar.

[P] Portanto, a partir do *Fado Alexandrino* tem as contas com o passado todas ajustadas...

[R] Acho que sim. É que é quase inevitável que se comece pela autobiografia... Depois a gente começa a tentar libertar-se... Ao princípio, eu tinha aquela ideia de fazer uma trilogia sobre a guerra, sobre os hospitais psiquiátricos, coisas que tinham muito a ver directamente comigo. Isso já não tem nada a ver com o que me interessa agora.

[P] O que é que passou a interessar-lhe?

[R] Não sei explicar-lhe, não é nada de muito consciente... No fundo, o que me interessa é aquilo que sempre me interessou: escrever livros bons, encontrar uma maneira pessoal de escrever livros bons. Contar a história da tribo, fazer com que os personagens fossem mais emblemáticos... Ao mesmo tempo, neste livro há qualquer coisa de onírico – mas não tem nada a ver com o realismo mágico, de que eu não gosto. Penso eu que não tem nada a ver.

[P] Mas neste livro faz ao contrário: tira a aura mítica aos personagens

"ANTÓNIO LOBO ANTUNES: «NINGUÉM EM PORTUGAL ESCREVE COMO EU»" | 109

que eram emblemáticos. Cervantes é um vendedor de cautelas, S. Francisco Xavier é um chulo...

[R] Pois, os personagens passam a ser emblemáticos de outra maneira, não é? Este foi o livro que me levou mais tempo a escrever – três anos. Nas primeiras versões, era só uma história de retornados, com nomes normais; só para a terceira ou quarta versão é que me apareceu a ideia de aproveitar os navegadores e pô-los nos dias de hoje, para tentar dar uma multiplicidade de sentidos à história. Andei muito tempo à procura desta história, depois de acabar o outro livro.

[P] À procura do tema?

[R] Sim, à procura da maneira de contar esta história.

[P] Mas qual era a história que queria contar?

[R] Era a história dos retornados – portanto, a primeira história era menos ambiciosa. Era só a história da volta a Portugal (que horror, isto assim dito parece conversa de ciclismo). (Risos.) Mas depois é que me começou a surgir a ideia de que podia fazer a segunda parte d['] *Os Lusíadas*: enquanto *Os Lusíadas* é um crescendo, eu faria o decrescendo. O livro até estava dividido nas partes d' *Os Lusíadas*: *Proposição, Invocação, Dedicatória* e *Narração*. Bom, depois a determinada altura isto foi tudo subvertido. Também porque este foi o primeiro livro que escrevi sem um plano muito definido, muito minucioso...

[P] Costuma ter um plano exacto, do princípio ao fim?

[R] Sim, um plano prévio, muito minucioso.

[P] E quando vai escrever, as coisas encaixam todas no plano?

[R] Que remédio têm elas! (Risos.) Enfim, encaixam cada vez menos. Mas quando são livros muito compridos, a gente tem que ter um mapa para não se esquecer quem é pai de quem, e por aí fora... Depois houve capítulos inteiros que desapareceram do livro. Num deles, por exemplo, a filha do Nuno Álvares vai ao otorrino por causa das trombetas castelhanas, que o pai estava sempre a ouvir. Esse desapareceu, desapareceram outros...

[P] E porque é que foram desaparecendo?

[R] (Grande silêncio.) Porque... Sei lá. Porque eu achei que ficava melhor assim. É que um livro com tantas páginas acabava por se tornar cansativo para o leitor. Mas essa foi uma razão secundária; antes de mais, o livro começou a tornar-se cansativo para mim. Deu--me a sensação que estava a andar à volta, sempre à volta... E depois, a gente começa a sentir que está a chegar ao fim, é uma sensação esquisita... Mas fiquei sempre com muitas dúvidas sobre se aquele seria mesmo o fim, e daí ter dado o livro a ler...

[P] A amigos seus?

[R] Sim. Levei o livro para Paris para o dar a ler ao meu agente.

[P] Mas já nesta última versão curta?

[R] Não, não, na penúltima versão ainda. Depois deram-se as provas, e escrevi muito nas provas. Fui muito emendado. Sobretudo, cortado. Adjectivos, adjectivos, adjectivos...

[P] Sim, cortou muitos adjectivos, mas ficaram coisas muito suas. Por exemplo, frases de intenso lirismo, declarações de amor que não vêm a propósito, e que introduz no meio de uma descrição que era até aí na terceira pessoa. Logo ao princípio, num capítulo sobre o Camões, tem esta: «A tonalidade das ondas contra a pedra mudara, agora transparente e doce como o som dos teus olhos.»

[R] Ah, isso são recados. Aliás houve frases dessas que foram suprimidas, e era suposto que essas coisas fossem escritas pelo Camões. Como o livro todo.

[P] Porque é que desistiu de pôr Camões como narrador? Achou que ele não tinha legitimidade para escrever a antiepopeia?

[R] Claro que tem, bolas. O Camões gostava de amar, gostava de comer... Ao contrário do Fernando Pessoa, que era um chato. Gostava das coisas boas da vida.

[P] Mas, curiosamente, aqui, o Camões é dos que ama e come menos...

[R] Coitado, também eu não quis gastá-lo! (Risos.) Eu gosto muito do Camões. Do Camões, do Bernardim, do Bocage... O Bocage tinha o sentido da vida. E ao mesmo tempo era tão pouco intelectual, no sentido português da palavra...

[P] Já não gosta, por exemplo, do Padre António Vieira...

[R] No livro?

[P] Sim. Diz que os sermões dele são sermões de ébrio...

[R] Então, o homem estava bêbado, que culpa é que eu tenho que ele vá para a discoteca bêbado?

[P] Mas porque é que o pôs na discoteca, bêbado?

[R] Sei lá, não fiz racionalizações desse tipo... O homem era assim... Não havia outra maneira de dizer as coisas, não sei explicar isto...

[P] Porque é que o regresso destas caravelas é tão triste, porque é que Lisboa é uma cidade tão desolada?

"ANTÓNIO LOBO ANTUNES: «NINGUÉM EM PORTUGAL ESCREVE COMO EU»" | 111

[R] Acha que o livro é triste?

[P] É. Não me diga que não sabia...

[R] Palavra de honra. Pensava que era um livro divertido.

[P] É divertido. Mas divertido não é o antónimo de triste.

[R] Olha, e eu pensava que era um livro divertido e alegre. E maluco. Mas por acaso, quando reli, achei que aquelas histórias não eram tão doidas como isso...

[P] É divertido para quem lê. Mas nota-se que quem escreveu estava triste, ou quase desesperado...

[R] A minha visão do mundo é pessimista.

[P] Acaba-se com a sensação de que os laços entre as pessoas não valem nada, de que as viagens não valeram nada...

[R] Acha? Mas aquela mulher gosta muito daquele homem...

[P] Qual, a do Diogo Cão?

[R] Pois. Não gosta? Ele não lhe liga nenhuma, mas ela gosta imenso dele.

[P] E depois há aquele casal de velhos sem nome. Manteve aquele casal anónimo da versão inicial?

[R] São todos da versão inicial. Mas esses dois, achei melhor mantê--los simplesmente assim.

[P] Se os personagens já eram os mesmos, quando só queria contar a história dos retornados, como é que depois lhes distribuiu os nomes?

[R] Não sei. É uma coisa interna, tinha que ser assim. Não sei explicar.

[P] Não havia nenhuma intencionalidade quando, por exemplo, juntou o Camões no porão do navio, com o caixão do pai dele, e com o Vasco da Gama reformado da sueca e com o Cervantes vendedor de cautelas? Ou quando fez o Pedro Álvares Cabral sair do país na furgoneta da loja de televisões, com os ciganos Lorca e Buñuel e com os matadores de Inês de Castro?

[R] Como é que hei-de dizer? Não podia ser de outra maneira. Nada disto tem que ver com os processos racionais... É muito engraçado; eu era incapaz de emendar um livro porque é como se eles me tivessem sido ditados, está a ver? Não sei explicar isto, mas é quase como uma visão. Parece a Santa Teresa de Ávila... (Risos.) Mas é como se os livros me tivessem sido dados. E depois cria-se uma espécie de respeito supersticioso em relação àquilo, como se eu não tivesse o direito de mudar nada... Não sei, pelo menos dentro de mim é um processo muito estranho. E depois, é escrito sempre com muito angústia... Cada vez mais aflito... Mas não posso fazer outra coisa. Isso é outra sensação muito engraçada, a da inevitabilidade de ter que se fazer isto... Eu não gosto nada do Fernando Pessoa, acho-o um chato. Acho-o um chato, é um gajo que, como dizia a Maria Velho da Costa noutro dia... Aliás o Fernando Pessoa é um heterónimo do João Gaspar Simões, na minha opinião.

[P] Era isso o que dizia a Maria Velho da Costa?

[R] Não, isso digo eu.

[P] E o que é que ela dizia?

[R] Ela dizia que isto é um país de idiotas, em que as pessoas pensam que a tristeza é uma forma de inteligência, quando não é nada, é uma forma de estupidez! Portanto, o Pessoa é um gajo do caraças... Era isto que ela dizia... Olha, essa gosta de mim.

[P] Mas há uma tristeza constante naquilo que escreve...

[R] Tristeza, ou desespero, ou desesperança, não sei bem... Não quero falar mais disso. É feliz?

[P] Eu é que estou aqui para fazer perguntas. É feliz?

[R] Lembro-me dos domingos à tarde, quando era miúdo. Ia com o meu tio ao cinema, e perguntava-me: quando é que eu fui feliz? Lembro-me tão bem disso. Tão bem. Os domingos à tarde eram uma tristeza, uma angústia... Não era bem tristeza, era um aperto. Não sei explicar isto. Por exemplo: se uma pessoa escreve, fica melhor. Agora, nos intervalos dos livros, começa a ser uma aflição...

[P] E quando ainda não escrevia?

[R] Lembro-me de mim sempre a escrever.

[P] Sim, mas quando não publicava?

[R] Escrevia na mesma. Nem pensava em publicar. Era uma espécie de... O Dinis Machado chamava-lhe «catarse». Uma pessoa assim fica mais equilibrada. No fundo, a nossa vida é a forma que a gente arranja de fugir à depressão. Mas esta conversa está a ficar melancólica que se farta...

[P] Você é que é melancólico.

[R] Acha? Não sei... Se fizer bons livros...

[P] O que é que são bons livros?

R. Um bom livro... *Guerra e Paz, Som e Fúria, La Chartreuse*... (Risos.).

[P] Mas para si, o mais importante da vida é escrever bons livros?

[R] Mas o que é que é o mais importante? O importante é a pessoa estar bem com ela própria.

**[P]** E quando escreve, está?

**[R]** Não, estou à rasca. (Risos.) Num dia uma pessoa pensa que é péssima, noutro dia pensa que é a melhor do mundo. Não sei, sinceramente... (grande silêncio). Acho que ninguém em Portugal escreve como eu.

**[P]** Ninguém escreve tão bem como António Lobo Antunes?

**[R]** Não sei o que é escrever bem. Por esses cânones do escrever bem que ensinam no liceu, o Faulkner escrevia mal.

**[P]** Então o que é que quer dizer quando diz que ninguém escreve como António Lobo Antunes?

**[R]** Quero dizer só isso. Inteiramente e em todos os sentidos. Um dos grandes equívocos de Portugal é a literatura portuguesa. Isso não existe. Há poetas. E se nós conseguirmos juntar cinco romancistas, já é muito.

**[P]** Então, para si, qual é o país que tem agora uma literatura?

**[R]** A República Federal da Alemanha, por exemplo. Nós não temos uma literatura muito grande. Temos é muita gente a publicar porcarias.

**[P]** Sente-se então sozinho?

**[R]** Penso que estamos todos sozinhos.

**[P]** Há uns tempos, achava que havia uma nova geração na literatura portuguesa. E citava nomes: era você próprio, Cardoso Pires, Lídia Jorge, João de Melo, Dinis Machado e Mário de Carvalho.

**[R]** Era uma geração, sim. Mas hoje em dia penso mais que ela não existe. Existem algumas pessoas com talento... Na minha opinião, mas também, quem sou eu para julgar os outros?... E não me interessa pessoalizar. Há as pessoas com talento, e há as pessoas de quem eu gosto, e há as pessoas que eu admiro por isto ou por aquilo... E depois a gente tem muita tendência, como dizia o Marx, para confundir os nossos sentimentos com as nossas ideias... Pelo menos eu... Mas eu não queria fulanizar. Nem sequer falar de mim. As pessoas têm o direito de pensar o que quiserem.

**[P]** Voltemos então ao livro: disse que queria fazer a segunda parte d['] *Os Lusíadas*, o decrescendo. Acha que estamos agora numa maré baixa da História?

**[R]** Não, não estamos nada. Estamos muito bem. Temos um governo óptimo, não há greves. Temos grandes ministros. Noutro dia ouvi um ministro chamado Álvaro Barreto, a dizer na televisão esta frase espantosa: «Provavelmente ou, pelo menos, de certeza», a propósito de qualquer coisa. Ora um governo que tem uma pessoa que diz uma coisa destas é um governo genial. Acho isto uma frase espantosa, de génio! Não podemos pedir mais – provavelmente ou, pelo menos, de certeza. Somos felizes. Os jornalistas são muito bem pagos. Os escritores são lindamente pagos. De que é que a gente se pode queixar?

[P] É por isso que continua cá?

[R] Em Portugal? Pois. Quando quero vou a Paris de *Rolls-Royce*. Ou no meu jacto particular. Pronto. Estamos num ponto alto. Aderimos à CEE. Está toda a gente contente: a CGTP, a UGT. Temos uma ministra da Saúde que conseguiu que os médicos todos, da ponta direita à ponta esquerda, a amassem. Isto é uma coisa raríssima! Estamos todos na maior: a união do PS, o Adriano Moreira à frente do CDS, a maneira magistral como o PCP está a resolver os seus problemas internos… O que é que a gente pode pedir mais? Isto é um país de génios!

[P] Agora é Freitas do Amaral, não é Adriano Moreira quem está à frente do CDS…

[R] Agora é Freitas do Amaral, pois, também é óptimo. Tudo é óptimo. E depois, como tudo é bem pago, tudo funciona bem: os hospitais funcionam maravilhosamente, os jornais são maravilhosos, os actores de teatro são lindamente pagos…Não percebo como é que ainda há pessoas que têm a lata de se queixar. Os problemas estão todos resolvidos em Portugal, graças a Deus. E à Nossa Senhora de Fátima, claro.

[P] Mas neste seu livro nunca fala desses aspectos exaltantes da governação de Portugal. Aliás, nunca se percebe bem em que tempo de acção se está, porque o rei D. Manuel tem dificuldade em fazer crer na sua coroa de folha e nas suas esmeraldas de plástico…

[R] É evidente que era impossível que isso se passasse no reinado de D. Cavaco I, não é? Mas é uma espécie de apanhado do que se passa agora. Enfim, passa-se em vários tempos misturados. O que não é certamente é um romance histórico. Nem sequer um daqueles romances que parecem históricos mas que afinal tratam de assuntos prementes, como se usa agora. Portanto, posso garantir-lhe que cobriu vários governos amplamente democráticos.

[P] Mas nunca se fixa expressamente em qualquer época. Refere apenas que houve uma revolução no reyno…

**[R]** Pois, porque isto é tão bom que é intemporal. Atingiu a graça de intemporalidade! (Risos.) Ouça lá, isto é uma chochadeira, não vá meter lá na revista esta brincadeira toda!

**[P]** Então fale a sério. Porque é que tem tanta dificuldade em falar a sério?

**[R]** Porque são coisas pessoais. As minhas preocupações são tão individuais! Sou uma pessoa sem importância colectiva. As coisas que me preocupam ou que me apaixonam não têm importância, a não ser sob o ponto de vista da curiosidade mórbida. Aquilo de a gente portuguesmente, quando há um desastre[,] nos juntarmos todos para ver como é que é, na esperança de sangue, mortos...Só me interessa que as pessoas se interessem pelos livros.

**[P]** Mas quando, aos quinze anos, escreveu ao Céline, não lhe interessava saber o que ele pensava?

**[R]** Não, escrevi-lhe só para lhe pedir uma fotografia.

## 12. LUÍS ALMEIDA MARTINS

# "António Lobo Antunes:
# 'As Naus *é o meu melhor livro*'"

*Jornal de Letras, Artes & Ideias*
5 de Abril, 1988, pp. 8-11

Escritor português de grande projecção internacional, vai ter a partir de quinta-feira mais um título seu nos escaparates. Como os anteriores com a chancela da Dom Quixote. Desse romance[,] concebido também para longas navegações nos sete mares[,] diz-nos[:]

Se não escrevesse o que haveria de fazer? Olha-se para ele e acaba-se sempre por lhe dar razão.: apresenta-se aos outros de braços cruzados, mas não na pose escultórica do grande navegador à vista da terra ignota, antes estreitando o próprio tronco num amplexo que denuncia apegos uterinos. Insiste numa timidez que, para quem o não conheça, poderá representar uma surpresa, e se alguém lhe perguntar se é para a vencer em pequenas batalhas que se comporta amiúde de forma irreverente manifesta um grande espanto. «**Isso foi uma ideia que se criou... Não sou nada irreverente!**» Tem, isso sem dúvida, um profundo sentido de humor, que tanto manifesta no trato como nos livros. Nos seis, quase sete, romances publicados de António Lobo Antunes, 45 anos, escritor e (ainda) psiquiatra.

Esta antiepopeia de «As Naus», por exemplo, o que é senão um livro sublimemente trágico cheio de situações de humor? A partir de quinta-feira poderão lê-lo por inteiro e hoje adianta-se já aqui o capítulo inicial. Para ele, autor, é «**o melhor livro**» que escreveu, e fala dele amorosamente – como, aliás, de quase tudo, mesmo das coisas que se adivinha detestar. É: se fosse mesmo obrigatório escolher uma palavra que definisse António Lobo Antunes (género «ou dizes ou morres», estão a ver?) essa palavra, ainda antes de «talento» ou «génio», seria – «ternura». Como assim?, perguntarão admirados os que apenas o tenham lido apressadamente e dele retenham a imagem distorcida veiculada aqui e ali pelos **media**. Como?: reconhecendo a sua ausência de preconceitos, a sua procura incansável mas espontânea do tantas vezes **missing link** da fraternidade, lendo-lhe sem grande esforço nos olhos frontais, ainda que tímidos.

### DEPOIS DO CANTO X

Mas voltemos a «As Naus», cuja primeira edição vai tirar assim de repente 50 mil exemplares e que tem já tradução vendida para vários países. Já vimos que é uma antiepopeia, o que não subentende embirração para com a epopeia propriamente dita, mas antes **«uma tentativa de dar, sob forma onírica, o retrato deste país, em que o passado e o presente se misturam»**. É assim: partindo do tema dos retornados, desse regresso em massa a Portugal que quase fez adornar, há uns anos, esta nau de pedra e areia, Lobo Antunes conta a sequência lógica do Canto X de «Os Lusíadas», ou seja, o necessário **decrescendo** que, desglorificando, nos reconcilia e aproxima dos vultos que povoam a nossa memória escolar. Camões, Diogo Cão, Vasco da Gama, Francisco Xavier, Vieira, Pedro Álvares Cabral e muitos mais cruzam-se nas ruas desse modo nas ruas de Lixboa, a capital do reyno, com os seus habitantes naturais da década de 70 do século XX, produzindo [a]o todo uma sensação de sonho, **«a meio caminho entre o real e o fantástico, que é o que este país é e foi, pois nunca se saberia se aquilo que um dia aconteceu foi mesmo verdade se a gente não vi[]sse ali os Jerónimos e a Torre de Belém...»**. Para Lobo Antunes, «As Naus» representa também **«uma tentativa de romper com o que tenho feito, de arranjar outro ritmo»**. Escreveu, como é seu hábito, muitas versões do livro até chegar a esta, tanto quanto possível definitiva (**«Chega uma altura em que estamos fartos do assunto»**), sempre à mão, na cama como de costume, dedicando-se sobretudo, em cada nova **toillette**, a cortar os adjectivos da anterior. Não é certo, porém, que o tal **outro ritmo** tenha dado um ar da sua graça – nem fazia falta que assim fosse, pois isso poderia implicar que não estiv[é]ssemos

"ANTÓNIO LOBO ANTUNES: '*AS NAUS* É O MEU MELHOR LIVRO'" | 119

a ler António Lobo Antunes mas outra coisa diferente. Se querem vê--lo desiludido digam-lhe isto. Mas não tem razão nenhuma.

Como também não tem quando tenta, segundo diz, evitar, o «barroco», adjectivo que na obviamente acerada pena da crítica anda muito ligado à apreciação da sua obra. É que este romance de «As Naus» é forçosamente Barroco no bom sentido e com maiúscula, todo ele imerso numa atmosfera de **te-deum** e rodeado de adereços de talha, só faltando ali, e foi pena, que João Sebastião viesse apertar a mão a um homem chamado Luís, poeta de destino trágico.

A CHINA SEM SINDROMA

Lobo Antunes anda a dizer desde «Explicação dos Pássaros» (1981) que, para ele, se acabaram os romances autobiográficos. Defende que a autobiografia (mais ou menos romanceada ou disfarçada) é uma fase que qualquer escritor atravessa antes de começar verdadeiramente a escrever. O que é, em certo sentido, uma modéstia, embora ele afirme que nunca foi modesto, o que se torna patente, quer na ambiguidade desse ponto de vista, quer na forma desinibida como alude ao [ê]xito dos seus livros. «**Em França**», conta, «**estão a fazer leilões dos direitos deles; há três editoras interessadas: a Albin Michel, a Christian Bourgois e a Gallimard.[]**» Mas será imodéstia dar a conhecer o que é verdade? Digamos que António Lobo Antunes se revela incapaz de «dar entrevistas» ou de «fazer declarações» no sentido mais formal do termo: tudo o que ele faz é conversar, ontem, hoje, quase decerto amanhã, sempre, o que ele faz é conversar, com todos os **riscos** inerentes às conversas descomprometidas, as mais das vezes a traduzirem-se na prática das tais «irreverências» que lhe apontam, e que mais não são que as balizas naturais de uma forma de estar coloquial e, no fundo, algo ingénua, mas que, ouvindo-lhe as inflexões da voz, se reconhece facilmente não passar pela truculência.

Quanto às traduções, por que não lembrá-las? Os seus romances foram, até à data, vertidos para francês, (França e países francófonos), inglês (Grã-Bretanha, países da Commonwelth, EUA e Canadá como mercado autónomo), espanhol (Espanha e países latino-americanos), alemão (RFA e RDA), italiano, sueco, norueguês, dinamarquês, romeno e muito em breve, provavelmente, chinês. «**Só há pouco tempo os** países do Leste se começaram a interessar; achavam-me muito 'anarquista', não sei porquê...» Este **score** faz dele o escritor português contemporâneo de maior projecção internacional, só que «**os jornais não falam tanto de mim como de outros porque não me sei promover, não ando a telefonar a dar notícias...**»

A tal ternura como atitude permanente, de que atrás se falou, leva-o, porém, no meio da ferroada, a enaltecer escritores e amigos da mesma geração literária, à frente dos quais coloca Lídia Jorge, José Cardoso Pires, Maria Velho da Costa e João de Melo, com medo de esquecer de algum. «**O meu caso[»**], sublinha, «**não é isolado: há outros escritores, os portugueses estão a ser cada vez mais traduzidos.**» Manuel da Fonseca e o malogrado Alexandre O'Neill vêm também quase sempre à baila, em termos positivos, em qualquer conversa com Lobo Antunes. Por outro lado, não obstante afirmar claramente o desagrado que lhe inspiram, quer a obra, quer a forma de estar na vida, de alguns escritores, sustenta a existência de «**um real companheirismo[»**], de «**uma solidariedade por cima das rivalidades.**»

## O PÚBLICO E A CRÍTICA

Se existe uma literatura portuguesa contemporânea, não sabe bem; reconhece, isso sim, que «**há pessoas com talento a escrever**» e que «**o público responde à apetência para o trabalho das pessoas que escrevem.**» Essa resposta dos leitores pensa que fica a dever-se, em grande parte, à abertura política verificada com o 25 de Abril, «**que permitiu uma aproximação entre os leitores e os escritores**». Exemplificando: «**Dantes como era possível? O Urbano Tavares Rodrigues ia à Faculdade de Letras e apanhava uma carga de porrada da polícia... Agora é muito diferente, e viu-se isso no Dia do livro: as pessoas foram ao Forum para conversar de igual para igual, e com carinho, com os escritores. Acabaram as torres de marfim onde antigamente viviam os que escreviam.**» Sintetizando, nestas questões de apurar se há ou não por cá uma verdadeira literatura, adianta que «**sempre tivemos poetas, agora também temos romancistas**», isto muito embora admita que «**dos países que conheço, o nosso é aquele em que é mais fácil publicar um primeiro livro**».

O público é o grande trunfo de António Lobo Antunes. «**Aqui**», desabafa para quem o queira ouvir, «**tenho sucesso de público, lá fora tenho sucesso de crítica**». Gosta de acentuar que os seus livros têm sido, por via de regra, mal acolhidos pela crítica doméstica e que, sobretudo no princípio, foi «**muito atacado**». É de opinião que «**à crítica, tal como é entendida, e bem, em muitos países, não compete dizer se um livro é bom ou mau, mas sim ajudar a compreendê-lo**», do mesmo modo que «**é absurdo afirmar-se que um escritor é 'o melhor' da sua geração, ou da última década**», pois «**cada um segue o seu próprio caminho e não são aceitáveis valorações desse tipo**».

O EXOTISMO INEXISTENTE

Para o bom acolhimento no estrangeiro da sua obra e das de outros autores portugueses contemporâneos não encontra Lobo Antunes outra explicação que não seja «**o interesse pela própria qualidade da escrita**». «Exotismo» é elemento que não crê que seja lícito procurar-se na nossa literatura. «**Essa era, aliás, uma desvantagem que tínhamos em relação aos brasileiros; agora, à excepção do Jorge Amado e do João Ubaldo Ribeiro (que eu considero um grande escritor), as editoras estrangeiras recusam a literatura do Brasil: é que o exotismo camuflava uma real falta de talento**». Aliás, ao contrário do que parece ter-se transformado em ponto assente, ele acha que «**o nosso português daqui é muito mais bonito, muito mais plástico...**».

É natural que a transposição deste português **plástico** para outros idiomas levante sérios problemas aos tradutores, sobretudo no caso dos romances de António Lobo Antunes, tecidos num fio de prosa tão torrencial e envolvente. «**Talvez**», admite se lhe pusermos a questão, «**mas a única tradução má que tive até agora foi a primeira de 'Os Cus de Judas' em inglês**».

Uma segunda versão desse livro vai, de qualquer modo, ser brevemente lançada nos Estados Unidos, juntamente com edições de «Explicação dos Pássaros», «Fado Alexandrino» e [] «Auto dos Danados».

Recuando meia dúzia de anos no tempo, foi exactamente com «Os Cus de Judas» que principiou a carreira internacional de Lobo Antunes. Como? Muito simples. «**Tenho um agente americano que interessou**

**no livro a Random House. Vendeu-se bem. Entretanto, o Blomqvist, da Academia Nobel, escreveu um artigo encomiástico, e seguiu-se a edição francesa, e outras mais...».**

Esclareça-se que este efeito de bola de neve, se bem que entusiasmante, não o deixa nada tranquilo quanto ao futuro. Sente que tem necessidade de escrever sempre mais e mais, de corresponder à confiança do público, do agente, das editoras, sem desfalecer nem fazer concessões que o incomodem. Se a universalidade do tema de «Os Cus de Judas» (**uma** guerra em África) facilitou o arranque, nem por isso os assuntos mais localizados que deram corpo aos trabalhos posteriores deixaram, contudo, de ser bem aceites no estrangeiro. **«Mas entre dois livros sinto-me sempre mal: receio não ter ideias ou não conseguir concretizá-los...»**

## MUSIQUINHAS E DIÁLOGOS

Receios, ao que tudo indica, infundados, pois os pontos vão-se acumulando no cesto, às mãos deste escritor com ar de desportista. E depois, para facilitar, há aquilo que se costuma dizer de um escritor estar sempre a escrever o mesmo livro. Ou não será? Grande silêncio de Lobo Antunes quando alguém lhe dispara esta. Ainda o silêncio. E finalmente: **«Bom, o mesmo livro não é...».** Evidentemente. Mas ele explica: **«As opções é que são sempre as mesmas».** É um facto que cada construtor de universos se revela incapaz (ou nem sequer o tenta; para quê?) de conceber mais do que uma arquitectura cósmica. **«Quando se lê vai-se à procura da tal 'petite musique' de que falava o Céline»,** essa musiquinha que é a verdadeira assinatura de um livro. Conta a história da mulher de um escritor que, certa vez, ao chegar a Paris com o marido e ao ser-lhes mostrado, para alojamento do casal, um apartamento de hotel com determinadas características, se saiu com esta recusa peremptória: **«Não, não, eu não vou dormir no quarto do Maigret...».** Neste caso era a «petite musique» de Simenon a fazer soar as suas notazinhas agudas. Claro que o mesmo livro não é, mas são as mesmas opções. Cada reencontro com um escritor representa igualmente uma espécie de regresso a casa: sabe-se **a priori** o que se vai encontrar lá dentro. Nisto estamos de acordo, António Lobo Antunes, eu e todos vós. Nada mais natural que haver musicatas dessas que marquem mais do que outras um escritor enquanto leitor e que mais o influenciem quando confrontado com a célebre folha em branco. Faulkner está, para Lobo Antunes[,] acima de todos, como está para muitos mais, escritores ou simples leitores. «**Toda a corrente mágica latino-americana vem do Faulkner, arranca nele**». Pode falar-se longamente disso com Lobo Antunes, dessa magia literária descoberta pelo homenzinho de Oxford, Mississipi, em cuja casa-museu Lídia Jorge permaneceu um dia o tempo suficiente para compreender **o outro lado** de uma escrita, conforme já aqui se contou uma vez. «**Sobretudo para nós, portugueses, com a nossa sensibilidade abundante e palavrosa, o Faulkner é uma referência importante**». Mais do que as de outros grandes americanos? Mais. António Lobo Antunes: «**Eu, do Hemingway, por exemplo, não gosto por aí além; o que mais admiro nele é a capacidade de construir diálogos**». Esta construção, bem mais delicada do que pode parecer à primeira vista, é um dos calcanhares de Aquiles do autor de «As Naus», ou, melhor dizendo, uma dificuldade que ele contorna sem incorrer em pecado recorrendo a eles escassamente e, mesmo assim, fazendo apenas, como diz «**em sobreposição**». Sabem como é: falas referenciais, como que ecos, curtos refrões semeados na floresta da verve discursiva. «**Em Portugal**», pensa, «**poucos escritores sabem utilizar o diálogo convenientemente: o Eça conseguiu-o bastante bem, mesmo assim**». Porque a arte do diálogo, conforme sublinha, consiste em fugir tanto ao empolado teatral como à reprodução estrita das falas quotidianas, com[o] estas frases inacabadas que constantemente produzimos. «**A verdade é que ninguém se exprime como as personagens do Hemingway, mas a solução que ele encontrou é muito aceitável: achamo-la satisfatória, convence-nos e cativa-nos, e isso é uma arte**».

Outra música importante para os ouvidos de Lobo Antunes foi (é) a dos que ele designa por «grandes russos», quer dizer, Tolstoi, Gogol e Tchekov, o último sobretudo. Dostoievski nem por isso, «**é psicologia a mais**». Interessante que este escritor, sendo embora psiquiatra, evite as cargas psicológicas das personagens. «**O que me interessa não é tentar explicar porque é que fulano fez isto ou aquilo, mas antes criar atmosferas**». E vou dizer-vos muito depressa que ele também aprecia Scott Fitzgerald, Thomas Wolf[e], Proust e Céline (embora o último não tenha influenciado por aí além a sua escrita, ao contrário do anterior) porque esta questão da psiquiatria tem graça, e verão porquê.

## O DESFAZER DE UM MITO

Lobo Antunes tirou o curso de Medicina porque o pai era médico e havia uma certa tradição familiar nesse sentido. Mais tarde escolheu a especialidade de Psiquiatria por lhe parecer que era a que mais se aproximava dos seus verdadeiros interesses.

Entretanto, ia escrevendo, escrevendo, escrevendo. Se lhe perguntarmos agora, todavia, se os contactos directos com os casos humanos que encontrava pela frente nesse ofício ainda um pouco mágico de físico das almas assumiram verdadeira importância na sua vertente de escritor, ele dirá que não, que **«a psiquiatria não influencia a escrita»**, que **«é a mesma coisa que ser 'chauffeur' de táxi»**. Sublinha a tendência que existe para **«endeusar os médicos»** e que, de qualquer modo, considera equivalente à que também há para incensar os escritores e os jornalistas, **«tudo pessoas como outras quaisquer»**. Como entender, então, a tão desencantada «epopeia» dos médicos escritores? Para ele trata-se de um equívoco, e observa bem quando defende que **«isso tem a ver com a casta de onde vinham as pessoas que escreviam, e que eram normalmente licenciados em Direito ou em Medicina»**. Como é sabido, os cursos de Letras são de criação posterior e, de qualquer modo, a maioria dos escritores do século XIX eram, não médicos, mas licenciados em Direito; daí que Eça tenha dito acerca de Ramalho: «Tem talento, apesar de não ser nem bacharel...». Ironias no interior das Farpas, já que o próprio Eça teria a percepção de que não se aprende numa escola a ser escritor. Para Lobo Antunes, a cem anos de distância, o caso é ainda mais claro: **«Isso agora está tudo diluído, é um problema que nem existe; a maior parte dos escritores nem vem da Faculdade de Letras, e os que vêm (o caso da Lídia, por exemplo) são escritores 'apesar disso'...»**. Basta citar – e ele fá-lo – Eugénio de Andrade, Sophia de Mello Breyner ou Manuel da Fonseca. Conclui que **«agora é tudo muito mais fácil»** e põe, ao mesmo tempo, ponto final num mito duradoiro como tem sido o da «inclinação dos médicos para a escrita».

## EM BENFICA, UMA VEZ

Lobo Antunes, portanto, não escreve por ser médico, e muito menos por ser psiquiatra. A história é muito mais antiga. Sempre se lembra de si próprio a escrever, logo nessa Lisboa remansosa dos anos 40 e durante as longas permanências estivais em Nelas, Beira Alta, terra do avô materno, que duraram até à morte deste, em 1955, tinha António 13 anos, completados a fazer versos. Porque o que ele escrevia era, sobretudo, poemas. «**Muito maus**», esclarece desde já; e ainda hoje sente pena de que fossem assim maus e de que qualquer tentativa actual para repetir essa prática resultasse inevitavelmente falhada. «**Gosto muito de poesia; é qualquer coisa de irresistível...**» Olhando de repente não parece, vá lá saber-se porquê – mas é assim.

Ia, portanto, escrevendo esses «**versos possíveis**» e desejando tremendamente ter talento. Às tantas, não sabe já se na Praia das Maçãs, onde costumava também ir a banhos com a família (os pais e os cinco irmãos), desatou a escrever numa prosa torrencial e não parou de o fazer até o primeiro livro ser publicado, vinte e um anos depois dessa opção tomada aos dezasseis. Vivia ainda em Benfica, com os pais, nessa zona da cidade que era ainda um subúrbio cheio de sol e de quintas, onde as pessoas falavam de tomar o eléctrico para Lisboa. Entre as aulas na Faculdade de Medicina e os treinos e encontros de andebol (jogou algum tempo, de camisola encarnada) tentava contar histórias em diálogo solitário com pequenos blocos de folhas lisas, numa letrinha certa e arrumada. Chegou, assim, nessa sua fase neolítica de escrita, a ter romances completos, que hoje não existem a não ser vagamente na sua memória. «**Eu achava que não tinha encontrado ainda uma forma pessoal de contar as coisas**».

LITERATURA E «PALAVRÕES»

Quando terminou a «Memória de Elefante» e se confrontou com o manuscrito chegou finalmente à conclusão de que tinha achado essa forma. Já então fora arregimentado para a guerra colonial e andara por África a recolher experiências e material para «Os Cus de Judas», que concluiria praticamente em simultâneo.

Um dia decidiu-se. Com os blocos da «Memória» debaixo do braço procurou uma editora, que lhe recusou a publicação, alegando que o manuscrito tinha «muitos palavrões» – em suma, que era uma coisa ordinária». «**Eu penso**», diz Lobo Antunes, com o seu tom de português suave quase ingénuo, «**que em literatura não há palavrões...**». O seu amigo Daniel Sampaio também pensava que não: leu o original, gostou e chamou a si a tarefa de procurar uma casa editora de monóculo menos puritano que o aceitasse. É, pois, ele o grande responsável pela existência do escritor António Lobo Antunes, hoje lido da Escandinávia à Califórnia, com triangulação no meridiano de Bucareste.

«Memória de Elefante» e «Os Cus de Judas» foram dados à estampa no mesmo ano de 1979, com poucos meses de intervalo. O êxito foi imediato e fulgurante: estes títulos contam hoje, respectivamente, treze e catorze edições. O facto é que nesses ainda recentes idos de há nove anos António Lobo Antunes via, de súbito, a sua timidez vingada. **«Estou farto de dizer que se eu não me mexia mais antes de começar a publicar era por timidez e não por modéstia, que isso nunca tive»**. Pensa, até, que ninguém tem: **«Mesmo os que antigamente escreviam diários secretos em código tinham sempre o cuidado de deixar a chave da cifra, para que aquilo algum dia pudesse ser lido e apreciado»**. Sustenta ainda, com aquela firmeza hesitante que normalmente utiliza, que **«é impossível alguém escrever para a gaveta; quando se escreve é para se ser lido por alguém, e não nos ser concedida uma oportunidade é muito injusto»**.

MATÉRIAS-PRIMAS

O bom acolhimento dos dois romances de estreia foi extensivo aos que se lhes seguiram: «Conhecimento do Inferno» (1980) e «Explicação dos Pássaros» (1981, em nona edição), «Fado Alexandrino» (1983, com cinco edições) e «Auto dos Danados» (de 1985, vencedor do Grande Prémio da Associação Portuguesa se Escritores relativo a esse ano e já com onze edições meteóricas). «As Naus», claro, estão também fadadas para viagens de longo curso. Nos três primeiros romances, publicados muito próximos uns dos outros porque Lobo Antunes os tinha já em grande parte escritos na altura em que o seu nome começou a ser conhecido do público, é a sua própria vivência que constitui o essencial da matéria-prima, desde as recordações de infância aos desencantos da idade madura, passando pelo registo vigoroso da guerra colonial; depois, com a «Explicação dos Pássaros», foi a libertação para outros voos, em que a experiência própria não dá senão consistência a temáticas de carácter mais universal. A forma de narrar, a coloração dos ambientes, as opções, como ele diria – essas permanecem, contudo, as mesmas, pese embora a sua preocupação de atenuar o que frequentemente considera uma carga barroca excessiva. A verdade, porém, é que essa torrente imagética não é dos menos importantes atractivos da sua escrita, a par do humor aparentemente espontâneo mais ou menos escondido em cada linha das muitas, muitas, com que constrói a sua visão pessimista das coisas – barroca, digamos assim, pois queira-o ele ou não, é de um escritor barroco que se trata.

## AS PARTIDAS ADIADAS

Há duas coisas que António Lobo Antunes gosta de anunciar com a regularidade de um pêndulo: a primeira é que vai deixar de vez de exercer psiquiatria; a segunda que vai fazer as malas e abalar daqui para fora. No que ao abandono da prática clínica diz respeito, parece ter chegado já à conclusão de que é mais seguro não insistir demasiado na tecla («**Bom, o consultório já deixei, mas continuo a ter o Miguel Bombarda**»); quanto à partida para longes terras, substitui recentemente o cenário americano pelo da Alemanha Federal. E explica: «**É que tive um convite com condições excepcionais, davam-me casa e uma bolsa bastante boa...**». Mas... «**Mas o que acontece é que eu lá fora sinto uma saudade enorme da fala portuguesa; é certo que se vêem brasileiros por toda a parte, mas não é a mesma coisa – e eu sinto uma grande nostalgia.**» Este sistema de bolsas abrange, como se sabe, escritores de nomeada internacional que, na qualidade de **visiting writ[]ers** são convidados a permanecer temporadas junto da sede das entidades que as concedem (fundações ou universidades), para prestígio próprio dessas instituições. Mesmo que nunca chegue a partir, consola Lobo Antunes a ideia de que «**se os livros continuarem a vender bem posso ir viver teoricamente para onde me apetecer...**». O reverso da medalha, porém, aflige-o um pouco; é que «**não escrevendo, não se ganha, porque não há qualquer espécie de protecção ao escritor**». E, neste particular, o exemplo de Manuel da Fonseca é uma constante do seu discurso oral. Oiçam: «**É inacreditável o que se passa com um homem a quem todos nós devemos muito! Ele escreveu histórias como ninguém, e o Estado, atribuindo-lhe um subsídio de miséria, revela--se incapaz, ou desinteressado, de lhe dar a atenção que ele merece.**

Tem dado muito mais ao País do que tem recebido – e sempre calado, resignado, bem disposto. A nossa geração, em particular, deve-lhe muito.» Semelhante, conforme Lobo Antunes se encarrega de lembrar com frequência, era a situação de Alexandre O'Neill à data do seu desaparecimento, vai para dois anos.

### OS TRABALHOS E AS NOITES

Os recordes de vendas dos livros de Lobo Antunes impedem, no entanto, qualquer observador, de divisar sombras negras no seu futuro. Para mais, ele não se protege do sol com a diáfana coroa de louros, mas antes por meio de um continuado, praticamente incessante, investimento de trabalho: onde quer que o encontremos, está sempre a preparar um novo livro, morosamente, rigorosamente, estabelecendo numa primeira fase planos minuciosos e posteriormente escrevendo e reescrevendo, à mão, de preferência na cama, recostado em almofadas, com uma letra cuidada ainda que forçosamente provisória. Cada versão definitiva de um romance resulta de três ou quatro anteriores, de que o leitor nunca terá conhecimento, e de um empate de capital traduzido em árduo trabalho que apenas resulta perceptível no contacto com a obra dada à estampa. Assim sendo, o desabafo de que **escrever é uma chatice** pode parecer mais uma das «irreverências» que é usual atribuir-se a António Lobo Antunes – mas de mais não se trata, afinal, que da constatação de que o verdadeiro êxito literário é indissociável da qualidade da escrita. E esta, para além do talento e a ele correndo paralela, resulta sempre do labor mais aturado, mesmo quando, como para Lobo Antunes, «**é impossível viver sem escrever**».

Nem de outro modo poderiam passar-se as coisas, quando se trata, pensem alguns o que pensarem, de um dos grandes escritores portugueses deste século.

## 13. JOSÉ JORGE LETRIA

# *"António Lobo Antunes, de paixão à prova"*

*Jornal de Letras, Artes & Ideias*
27 de Novembro, 1990, pp. 7-8[1]

Nas coisas que diz, consegue, como poucos, misturar o tom manso do afecto com o gume afiado da ironia. Sabe que há quem goste muito dos seus livros e quem goste pouco, porque o seu modo de escrever e a imagem que de si próprio passou a dar aos outros não consentem neutralidade ou indiferença.

Uma década bastou para o tornar um dos nomes mais importantes da ficção portuguesa contemporânea, com vários Prémios ganhos no País e no estrangeiro.

Confessando-se poeta frustrado, revelou em primeira mão ao **JL**, nesta entrevista, que acaba de se estrear como autor de textos de canções num LP de música de inspiração africana em que intervém o cantor e compositor Vitorino[2].

Não ignora que o que diz é frequentemente incómodo para alguns e polémico para muitos outros. A experiência de médico psiquiatra, profissão que continua a exercer no Hospital Miguel Bombarda, talvez o tenha ajudado a conhecer bem as reacções que é capaz de desencadear.

---

[1] Nesta mesma edição, p. 9, é ainda possível encontrar dois artigos sobre o romance *Tratado das Paixões da Alma*: "Saber fintar o real" (José Cardoso Pires) e "O incorrigível" (Agustina Bessa-Luís). Esta entrevista foi posteriormente publicada em J. J. Letria, *Conversas com letras*. Lisboa: Editorial Escritor, 1994, pp. 37-42 ("António Lobo Antunes").

[2] Ver entrevista 19.

## 130 | JOSÉ JORGE LETRIA, 27 DE NOVEMBRO, 1990

Goste-se ou não da sua obra, é forçoso reconhecer que escreveu alguns dos melhores livros portugueses desta década. O que agora acaba de ser publicado, com um título belíssimo que remete para os grandes textos de filosofia, vai de novo confrontá-lo com o público e com a crítica. Assume-se como uma história de paixões e de almas, na qual se joga a força inteira dos sentimentos na sociedade portuguesa contemporânea.

Esteve para ter outros títulos antes daquele com que agora surge nos escaparates das livrarias.

Para António Lobo Antunes, que gosta de falar dos amigos que a literatura o ajudou a fazer e a consolidar, à publicação de cada livro segue-se um «tempo vazio» no qual podem ou não fermentar novas ideias e novos projectos de escrita. Uma coisa é certa: na sua cabeça, enquanto vai escrevendo, só cabe um livro de cada vez. A coabitação de projectos e de esboços é experiência que não conhece e que, do seu ponto de vista, é até um pouco estranha e difícil de explicar.

Mesmo quando parece apostar numa toada defensiva, dá-se a conhecer muito mais do que pode pensar-se, porque não sabe nem quer ocultar sentimentos, antipatias, preferências, afectos e alguns ressentimentos. Da soma de todas essas facetas pode resultar um retrato de corpo inteiro que os seus livros, por serem obras de ficção, não têm forçosamente de confirmar.

Entrevistá-lo é sempre uma experiência diferente. O pretexto para esta conversa foi a saída de um novo livro, mas falou-se sobretudo do homem e da sua relação com a escrita e com o mundo dos outros, dos que escrevem e dos que só lê[e]m.

**«Como todos os meus livros – revela – este teve vários títulos antes de se fixar no que agora tem. É um título cartesiano, que se liga a livros de Descartes e de Leibniz. É também, em parte, uma homenagem a eles. É um livro acerca da paixão e dos vários tipos de paixão. A história trata, na minha ideia, das várias formas de paixão de alma que existem; da paixão, do ódio, do afecto e da amizade. Os sentimentos nunca são quimicamente puros. São sempre muito contraditórios dentro de nós. Os sentimentos têm sido um tema central do nosso país».**

No princípio, António Lobo Antunes queria situar as personagens, os sentimentos e a acção no campo da extrema-esquerda em Portugal, **«mas depois a história foi-se desviando para a relação desses dois** homens e das pessoas que se cruzam na vida deles. É afinal a relação de dois homens entre eles, com o mundo e com os outros, tudo isto no Portugal de hoje».

O escritor tem consciência de que «vivemos numa época estranha em que as poeiras levam tempo a assentar» e quis que o seu livro também levasse esse facto em consideração.

Amigo de poetas e de prosadores, está em condições de afirmar que «a nossa geração está a falar muito de Portugal.»

## SEM RAZÕES DE QUEIXA

Neste mundo das letras tão pouco imune a fenómenos como a inveja, a intriga e o ressentimento acumulado, António Lobo Antunes, tem a preocupação de deixar claro o seguinte:

«Não tenho razões de queixa de nenhum escritor em Portugal. Tem sido uma relação exemplar. Há aspectos nessa relação que às vezes até me deixam bastante comovido. Todos estamos a fazer coisas diferentes e acho que essa diversidade é muito a nossa riqueza. Tenho recebido de outros escritores provas de amizade e de camaradagem verdadeiramente exemplares. Dou o exemplo da Olga Gonçalves que teve a elegância de me mandar uma crítica a um livro meu saída num jornal dos Estados Unidos. Neste meio acabamos por ter amigos bons. Os inimigos não prestam, porque acham, no fundo, que são maus escritores. Nunca senti inveja e competição da parte dos meus camaradas de escrita.»

Mesmo temendo cair em pecado de omissão fala de amigos escritores cujas obras admira e cujo exemplo não perde de vista: José Cardoso Pires, Agustina Bessa-Luís, João de Melo, João Miguel Fernandes Jorge, Lídia Jorge, Mário Cláudio, Pedro Tamen, Egito Gonçalves e Eugénio de Andrade. Aqui fica o registo dos nomes, tal como foram mencionados, no tom afectuoso da estima e da admiração.

«Acho que os escritores percebem muito melhor o que escrevemos que os críticos. Os escritores têm, afinal, a mesma humildade dos leitores comuns. Os críticos raramente entendem o nosso trabalho. O Jorge Amado, numa carta que me mandou sobre o «Fado Alexandrino» dizia, mais ou menos, que não tinha nem vocação nem pretensão de ser crítico, mas que distinguia o bom do ruim.»

Dito isto, Lobo Antunes não hesita em afirmar que «quem me

ajudou sempre foram os escritores; nunca os críticos». E vai mais longe, sempre com as palavras directas de quem não quer deixar pelo eufemismo aquilo que pensa.

«Aprendi sempre mais com escritores como o José Cardoso Pires ou a Maria Velho da Costa, do que com aqueles que têm escrito sobre os meus livros. Aprendi sempre mais com pessoas como o Pedro Tamen, que além de ser um grande poeta, de quem sei poemas de cor, é um homem de uma generosidade enorme e de uma grande importância cultural. Há também o caso de um poeta como Egito Gonçalves, de quem também sei poemas de cor, que tem realizado um trabalho excepcional com os poetas novos na "Limiar". E, contudo, são pessoas que não costumam ser reconhecidas por aquilo que valem.»

Com a preocupação de não omitir nomes nem obras, faz uma alusão a Alexandre O'Neill e a Manuel da Fonseca, dizendo sobre o segundo que «é uma das pessoas mais fascinantes que eu conheci e da qual pouco se fala». Depois, fica o lamento e a condenação:

«Nós, que somos um país tão pequeno, não nos podemos dar ao luxo de esquecer poetas como eles e dificilmente lhes poderemos agradecer tudo o que fizeram.»

Tem o cuidado de mencionar o trabalho de Pedro Tamen, com o Círculo de Poesia da extinta Moraes, que «até ajudou a divulgar poetas mortos como o Cristovam Pavia».

«Tenho muito orgulho em ter como amigos poetas assim[»] – enfatiza – [«]que, com alguns dos seus poemas, me têm ajudado a vencer algumas crises de amor.»

UM POETA FRUSTRADO

É conhecida a relação privilegiada que António Lobo Antunes tem com os poetas e com a poesia. Explica de onde lhe vem essa paixão:

«Sou um poeta frustrado. Comecei por escrever poesia. Estreei--me aos 14 anos no "Diário Popular" e por volta dos 20 foi muito penoso descobrir que não tinha talento para ser poeta e descobrir, ao mesmo tempo, que não podia viver sem a escrita. Foi assim que comecei a escrever ficção. Continuo hoje a ser um grande leitor de poesia e se tenho inveja de alguns poetas é porque gostava de escrever como eles. Nem é bem inveja, é só um desejo de escrever também assim.»

Em parêntesis da conversa ficam fragmentos de poemas belíssimos citados de cor. Pertencem todos a poetas que admira e que o têm acompanhado, com a voz secreta e cintilante da poesia, ao longo da vida.

E no diálogo estão sempre presentes as palavras «afecto» e «amizade», que suscitam ao escritor este comentário:

**«Temos medo de dizer de homem para homem "gosto de ti", com medo de que isso seja confundido com homos[s]exualidade.»**

Dos académicos, dos universitários, Lobo Antunes confessa gostar pouco, mas faz uma excepção:

**«Talvez a única pessoa universitária que eu admiro seja o Arnaldo Saraiva, que é também um poeta, e a quem Portugal deve a grande divulgação do Carlos Drummond de Andrade.»**

Apesar de falar insistentemente de amizade e de afecto e de ter a coragem de dar nomes às pessoas e às obras de que gosta, Lobo Antunes dá, por vezes, a ideia de que se sente mal-amado.

**«Em relação aos leitores e aos escritores não sou um mal-amado. Em relação aos críticos, sim. Acho que sou um bom alvo. É fácil dizer bem de outras pessoas. E é curioso que muitos dos que dizem mal dos meus livros tenham começado precisamente a escrever à Lobo Antunes. O Jorge de Sena fala muito bem disto: temos a mania de confundir as pessoas com os livros. Acho que marca pontos a meu favor o facto de as pessoas terem uma relação forte, por vezes violenta com os meus livros. Os estrangeiros, talvez por não estarem envolvidos nesta espécie de bidé em que estamos metidos, vêem-nos de outra maneira. Alguns escritores que são incensados aqui, não têm a mínima importância no estrangeiro. Depois, há as modas impostas por pessoas que dominam os jornais através de amizades ou de outras relações que desconheço.»**

DO BOM E DO MAU

O autor de «Memória de Elefante» tem a noção de que hoje, ainda «a quente» e sem a indispensável distanciação crítica que só o tempo é capaz de dar, **«é muito difícil distinguir o mau do bom».** Mais:

**«É muito difícil[»]** – afirma – **[«]dizer ao certo o que é que vai ficar. Todos acabamos com a boca cheia de terra e queremos deixar as coisas que nos perpetuem. Fiz uma filha antes de embarcar para**

a guerra em África, com a ideia de que me perpetuaria se morresse. Com os livros é um bocado a mesma coisa. O nosso desejo é sempre sermos lidos depois de mortos.»

Lobo Antunes aproveita, num tom que é, ao mesmo tempo, mordaz e lapidar, para dizer como costumamos reagir a estas coisas da posteridade.

«O sonho de todos os escritores portugueses é obterem o reconhecimento, é descerem a Avenida da Liberdade em carro aberto a acenar à multidão. Isso é infinitamente desculpável, porque sofremos muito quando escrevemos.» Cita a esse propósito uma frase de Graham Greene, que considera ser um grande escritor, a quem o Nobel, com plena justiça, já devia ter sido dado.

Em onze anos, António Lobo Antunes construiu uma obra vasta e complexa, polémica e em muitos aspectos inovadora, que continua a obter largo reconhecimento internacional.

«Estou há onze anos a publicar mas há muito mais tempo a escrever. Estes onze anos permitiram, de facto, a minha profissionalização. Para isso contribuíram as vendas em Portugal e no estrangeiro e um agente americano que trabalha comigo há anos e que conheci através do escritor brasileiro Márcio de Souza, que lhe deixou um exemplar de «Os Cus de Judas» em Nova Iorque. Era uma altura em que praticamente não havia portugueses contemporâneos traduzidos no estrangeiro, com excepção do Namora, nalgumas pequenas editoras. Tudo isto alterou a minha vida no sentido de passar a ganhar menos, porque ganharia muito mais como médico. O Jorge Amado dizia-me, há tempos, que conhecia muitos editores ricos, mas escritores não. Gastamos muito em impostos e pagamos tudo aquilo que o agente investe em nós. Depois tive a sorte de ter os tradutores que gostava de ter. Ter tradutores bons é muito importante. Quando o Blaise Cendrars traduziu «A Selva», de Ferreira de Castro, fez dele um grande livro. Tudo isto foi conquistado muito lentamente. E também houve a sorte, que é um factor que pesa nestas coisas.»

O POETA COMO CRÍTICO

Para Lobo Antunes os melhores críticos do trabalho dos escritores de ficção narrativa talvez sejam os poetas. Recorda que Alexandre

O'Neill afirmava que «**escrever é como escrever**», dizendo tudo à maneira de quem deixa quase nada dito. São assim os poetas e as suas sínteses.

«**Nunca tive tanto sucesso no estrangeiro como com a tradução de "As Naus"**[»] – refere [] [«]**que a esquerda atacou por achar que estava a meter-me com a descolonização e a direita por pensar que estava a denegrir os seus heróis. Nunca tive críticas tão hiperbólicas como as suscitadas por este livro no estrangeiro**».

Mantendo com Portugal uma típica e cíclica relação de amor-ódio, Lobo Antunes confessa não ter «**mais vontade de me ir embora**». E revela:

«**Tive recentemente um convite do governo alemão para me ir embora daqui, com casa e dinheiro, mesmo sem escrever. Mas nem perante essa hipótese fui capaz de partir. Se escrevo em Portugal, com palavras portuguesas, é aqui que tenho que estar.**»

E é aqui que surgem e se acumulam sempre novas experiências: as da escrita e as dos sentimentos.

«**Poeta frustrado que sou, andei agora a fazer letras de canções para um disco de música africana. É um disco com o Vitorino. São tudo textos meus.**»

Falando do que é o trabalho oficinal do escritor, refere a dificuldade que os prosadores em Portugal costumam ter quando constroem diálogos.

«**Neste século, entre os portugueses, quem melhor faz diálogos é o Cardoso Pires, sobretudo nos contos. Eu tentei arranjar uma espécie de monólogos sobrepostos. É uma dificuldade minha, a de fazer diálogos. Como sou um lírico, faço tudo carregado de autobiografia. Às vezes o que as pessoas acham que é bom tem a ver com estratagemas nossos. No fundo não é uma técnica, é uma defesa das nossas dificuldades.**»

Essas dificuldades são diariamente enfrentadas, num trabalho regular e sofrido a que o escritor não foge por o achar essencial, mesmo quando é doloroso e desgastante.

[«]**Todos os dias escrevo, mesmo agora que há o vazio provocado pela saída de um novo livro. Nunca percebi como é que há escritores capazes de terem vários livros ao mesmo tempo dentro da cabeça. Como não sou Balzac, só tenho aquele que estou a escrever. O que sinto, quando escrevo[,] é a distância entre as emoções e o que se** sente já a frio. Por isso, muitas vezes o resultado final do livro acaba por ser frustrante. Por vezes quando vamos visitar os livros que escrevemos, sentimos que há defeitos enormes.»

E as ideias para um novo livro como surgem?

«Começam a cristalizar-se pouco a pouco. Chega a ser angustiante. Às vezes há anos de intervalo. As minhas filhas dizem que sou um chato porque, quando escrevo, só escrevo, e quando não escrevo estou só a olhar para as paredes. Para um próximo livro já tive umas ideias mas, como é costume dizer-se, quando a esmola é grande o pobre desconfia. Isso das ideias é complicado. É como o cão que esconde um osso e anda depois a farejar para descobrir onde o deixou, a ver se o encontra, sem saber se chegará alguma vez a encontrá-lo. No fundo, o que eu gostava era de escrever poesia se tivesse talento para isso.»

## 14. LUÍSA MACHADO

# *"Se Dom João II fosse vivo"*

*O Independente*/Vida
11 de Janeiro, 1991, pp. III-IV

Da política só restam as ilusões. António Lobo Antunes não vai votar. Porque «Mário Soares está velho e diz generalidades; Basílio Horta tem o discurso mais coerente mas não gosto so sorriso dele; Carlos Carvalhas pertence a um delírio colectivo, Carlos Marques dá-me a sensação de um cruzamento de um manga de alpaca com um palhaço pobre». A monarquia seria o ideal.

Sete romances dedicou ao mistério das emoções que nunca se chegam a desvendar e, como no coração se escondem muitos segredos, António Lobo Antunes ainda hoje dá consultas de psiquiatria no Hospital Miguel Bombarda. Do sonho, da utopia e das outras paixões da alma falámos numa manhã de sol e aproveitámos o correr do tempo para lembrar a sua vida de menino, quando os dias se passavam nas quintas e quintarolas lá por Benfica.

Eram seis irmãos, a viver numa casa que até tinha um jardinzeco. E o pai, neurologista, a todos ensinou o gosto pela pintura, pela música, pelos livros. A Lobo Antunes, o filho nascido no Verão de 1942, legou a «mania» do futebol, até conseguiu que ele praticasse hóquei em patins. Do desporto só ficou a devoção pelo Benfica que, fanática, acaba por superar todas as derrotas e todos os desaires do clube. Ao futebol já não vai, mas relê os livros de antigamente com o sabor renovado de quem descobre tudo outra vez. Oscar Wilde, Faulkner, C[é]line, são eles os inspiradores da sua escrita, que mistura *o tom manso do afecto à mais afiada ironia.* Por isso, os seus romances são *best-sellers*, com mais de 72 edições nacionais, alguns deles premiados e muitos traduzidos em mais de 14 países. Mas a paixão secreta de Lobo Antunes nem é a prosa corrida: é a poesia, que nunca escreveu por falta de inspiração e talento. Sabe poemas de cor, que cita ao correr do acaso: Egito Gonçalves, Pedro Tamen, são dois dos «mestres» que o ajudaram a viver grandes momentos de amor e crise. Se não fosse a poesia, o serviço militar cumprido em Angola tinha sido um inferno dos piores. Assim, salvou-se a amizade que o liga a Melo Antunes e salvaram-se as recordações que, anos depois, acabariam nos livros que despertaram fantasmas quase esquecidos.

A propósito das eleições falámos da descolonização, dos candidatos e da campanha.

**[O INDEPENDENTE]** Vai abster-se nas eleições presidenciais?

**[LOBO ANTUNES]** Estas eleições põem problemas terríveis, porque se a esquerda é a utopia e o sonho, é muito difícil imaginá-la encarnada nos três candidatos da esquerda. O Carlos Marques é o contrário do sonho e da utopia. A sensação que me dá é a de um cruzamento, é como se fosse filho de um manga-de-alpaca e de um palhaço pobre, vestido num alfaiate de província. E, depois, tem um discurso sem inovação nenhuma, não é um discurso de contrapoder, é um discurso de conformação.

O Carlos Carvalhas é um homem (...), dá-me a ideia de que as pessoas que pertencem ao Partido Comunista Português pertencem a um delírio colectivo, a qualquer coisa que já não existe. Estão agarrados a ruínas, a escombros. É uma cristalização burocrática terrível e faz--me muita confusão que pessoas inteligentes possam pertencer ao PC e vivam amputadas de uma parte interior delas próprias. O Partido Comunista parece um pesadelo, um sonho mau. Houve uma altura em que andei muito na órbita do PC e do PS e tinha a sensação de que era uma combinação de sonho com a p[a]t[u]leia. Mas não era.

**[OI]** Mário Soares?

**[LA]** O outro candidato de esquerda, que não é de esquerda nem de direita, é o doutor Mário Soares. Acho que ele está muito velho e diz generalidades, lugares-comuns aterradores, de uma superficialidade tremenda. Fala tanto do passado, parece um avô a contar as histórias do que fazia quando era novo. Não tem o discurso do futuro, julgo eu. Fala sempre das mesmas coisas: democracia e outros termos completamente vagos, que não têm nada a ver com o concreto da nossa vida.

[OI] Basílio Horta?

[LA] Apesar de tudo, ainda tem o discurso mais coerente. Mas não gosto do sorriso dele. Pensava que não havia esquerda e direita, mas, de facto, a direita é o doutor Basílio Horta.

[OI] Sendo assim, o que é que nos resta?

[LA] A única solução é não votar. Não me sinto representado por nenhuma daquelas pessoas nem me revejo em nenhum deles. Tenho visto a campanha eleitoral e fico apavorado. Se são estas pessoas que me vão representar... D. João II deve estar a dar voltas no túmulo.

[OI] Então que papel resta à esquerda, à direita?

[LA] A esquerda devia fazer o discurso do contrapoder, deviam ter imaginação e criatividade, mas eles fazem o discurso do poder. É terrível as pessoas não terem um sonho político. Depois dos oficiais do MFA, a única pessoa que teve um sonho foi Sá Carneiro. Concorde--se ou não, a ideia que tenho é que eles foram as únicas pessoas com sonhos. Agora, resta o vazio.

O Cavaco Silva não é social-democrata nem liberal. Não é nada. É gestor de uma firma, com pequenas tricas, maldades e com agressividade, porque a militância dos *laranjas* é muito agressiva.

[OI] Se calhar, tudo isto acontece porque o País mudou, as pessoas acomodaram-se e ninguém se entrega, com paixão, à política. Já nem se fazem discursos inflamados, revolucionários.

[LA] É terrível viver num País onde, apesar de tudo, o melhor político ainda é o Mário Soares. Agora não me lembro de o ter visto a fazer discursos inflamados. Talvez, nessa altura, tivesse um bocadinho mais de vigor, mas ele já dizia as mesmas generalidades e as mesmas superficialidades. Aquela história do socialismo democrático, nunca percebi o que era, porque há uma contradição dos termos. É um erro epistemológico que não entendo e, se calhar, eles também não. Se quisessem explicar o que era, nem eram capazes.

[OI] Nos debates eles bem tentam explicar-se...

[LA] Os debates são uma miséria, e há o insulto, a falta de criatividade. Uma tristeza. Se assistirmos a um debate entre o Basílio e o Soares dá pena, faz dó assistir a dois homens a insultarem-se daquela maneira tão reles.

**[OI]** Mesmo assim, foi dos poucos momentos que abalaram o marasmo nacional.

**[LA]** Abalou pela surpresa, porque gostaríamos que as pessoas tivessem um bocadinho mais de dignidade. Penso que aquela baixeza seria impossível, por exemplo, com Sá Carneiro. Há uma frase do Eça, *estes bacharéis, estes...*, e, de facto, nós continuamos um País de bacharéis. As críticas que o Eça fazia continuam actuais. A nossa vida política é isto, como possivelmente será a nossa vida artística, intelectual, científica.

**[OI]** O momento político que vivemos será mais difícil para as pessoas de direita ou de esquerda?

**[LA]** Agora tudo é mais difícil. A doutrina de Balsemão – «um Porsche para cada português» –, retomada por Basílio Horta, as pessoas de direita não acreditam nela e julgo que as de esquerda não se revêem nos outros candidatos. O que é que elas nos poderão dar? Nada. Dão-nos palavras, mas as pessoas não comem palavras, querem é ter uma vida diferente. Os nossos candidatos são, de facto, pessoas intelectualmente muito fracas. Nem sequer estou a atacar ninguém, estou apenas a exprimir uma desilusão. Como pessoas, serão todos eles muito estimáveis, mas enquanto nossos representantes... Tivemos homens de tanta qualidade à frente deste País e agora estamos condenados a isto. Apesar de tudo, preferia o general Ramalho Eanes, porque me parece mais coerente, honesto e mais sério. Isto independentemente de eu concordar, ou não, com as suas ideias.

**[OI]** Mas ele foi Presidente da República numa altura muito especial. Hoje está tudo diferente. Estamos na CEE, às portas do mercado único.

**[LA]** Pois. Isso a mim faz-me muita confusão. Não sei até que ponto os europeus nos consideram europeus. Isto foi uma ideia do Mário Soares, isso de sermos europeus a toda a força. Tenho as minhas dúvidas. O que se passa, e o que me parece trágico, é que apareçam partidos copiados de França, Itália, Espanha e depois implantam-se aqui e são as pessoas que se têm de moldar aos partidos. Isso parece-me estranho. Compreendo mais as forças do tipo Fórum Cívico, que agrupam pessoas diferentes. O partido, no sentido clássico, já não faz muito sentido e nós nunca tivemos uma grande tradição partidária. O PPM, nisso, tem alguma razão ao defender o poder local, o municipalismo. Os partidos quase nem funcionam, são muitas vezes um mal menor. O centralismo partidário é terrível e nós, portugueses, acabámos por nos rever, ou rever mal, nos partidos que existem. Até votamos neles por falta de alternativa.

[OI] Foi por isso que recusou as filiações partidárias?

[LA] Foi mais por preguiça. Isto são racionalizações *a priori*, mas quando andei na órbita do PC e do PS tinha muito a ver com o complexo do menino-bem que, sentindo-se culpado, se desculpabiliza militando, fazendo parte de listas, trabalhando para certa organização. No meu caso foi isso, mas percebe-se muito depressa que mudar o mundo, mudar a vida, é muito difícil. Além disso, a máquina de um partido é uma estrutura que tritura as pessoas. Esmaga. Não tenho vocação para Jaime Gama ou para Duarte Lima. Que é que se pode mudar entrando para um partido? Nada.

[OI] Sentiu isso quando foi candidato independente pela APU?

[LA] O que me meteu mais confusão, quando fui candidato da APU, foi apertar a mão a Octávio Pato. Parecia uma mão de passarinho, muito pequenina, com uns ossinhos muito frágeis. Foi o que me fez mais impressão. Depois foi estar num palco do Pavilhão dos Desportos a ver pessoas a gritar, de punho estendido, as bocas abertas. Uma sensação terrível.

[OI] Como é que se meteu nessa candidatura?

[LA] Acho que foi por reconhecimento, porque, quando os meus primeiros livros começaram a aparecer, os comunistas foram muito simpáticos comigo. Isso fez-me sentir muito agradecido. Por outro lado, tinha a ver com a culpabilização que já referi. Mas, depois, aqueles comícios eram aflitivos, as bocas enormes, abertas, os punhos no ar. Fazia muita impressão, parecia aqueles quadros das santas, o martírio das santas.

[OI] Mas repetiu a experiência ao apoiar Lourdes Pintasilgo.

[LA] Gosto dessa senhora, tenho a certeza que, se eu lhe tirar a roupa, ela é bordada a missanga. É como as almofadas. Isso atrai-me. Mas a minha participação foi muito pequena, muito curta. Era mais a sensação, outra vez, de que poderia haver uma utopia. Com ela. E depois era uma mulher e eu considerava importante dar voz às mulheres que não são do tipo Teresa Horta. As verdadeiras mulheres não têm voz. Muitos homens portugueses ficariam mesmo assustados se uma mulher ganhasse a presidência. Maria de Lourdes Pintasilgo é uma mulher cheia de contradições, o que acho uma qualidade. É uma pessoa que seduz. Apoiar a sua candidatura foi um acto de simpatia.

[OI] Nestas eleições fará falta uma mulher?

[LA] As mulheres fazem falta em todo o lado. Se calhar, até nas equipas de futebol. Não entendo como é que as mulheres portuguesas aceitam passivamente o estatuto que têm. Não é fazer uma rebelião, ou esperar. Perguntaram à Joan Baez se era uma feminista e ela respondeu que não: era apenas uma mulher forte. Custa-me ver que ainda fazem protestos débeis e que ainda existem revistas femininas, o que é incompreensível e quase insultuoso para as mulheres. A gente diz que *«para filme português, não é mau»*…

[OI] Outro tema dos seus livros é a guerra colonial, a descolonização. Esse tem sido um dos temas quentes da campanha eleitoral.

[LA] Foi uma guerra de miúdos. À excepção dos chefes e generais, nós éramos uns miúdos. Os soldados podiam ir logo aos 18 anos. Eu era dos mais velhos e tinha 25. Por isso é difícil não ficar marcado. Além disso, o batalhão onde estava sofreu várias torturas, a nível de ataques, de feridos. Foi um tempo de isolamento, sempre em zonas de guerra.

Era clínico geral numa companhia comandada pelo capitão Melo Antunes. Como dizia uma ordem do Costa Gomes: «Os homens saem mais baratos que as camionetas.» Assim sendo, havia um médico em cada batalhão de combate. Estive nas «terras do fim do mundo», na região hoje dominada pela Jamba e, depois, fui para o Norte de Malanje. Um sítio de uma beleza extraordinária.

Nunca vi nada tão bonito como Angola. Lembro-me da baixa do Cassanje, com mais de 20 mil hectares de algodão. E os girassóis, a virar a cabeça à procura do sol. Lavras imensas… Tenho muitas saudades e tenho a sensação que os sítios de que eu gostava já nem existem, foram destruídos pela guerra. Mas fico medo de uma desilusão, que seja como aquelas visitas que fazemos às casas de infância, que nos parecem imensas e que, depois de adultos, parecem sempre pequenas.

[OI] Nunca mais voltou a Angola? Essas são as recordações dos quatro anos que lá viveu?

**[LA]** Gostava de lá voltar. Acredita que ainda sinto o cheiro da baía de Luanda? Os cheiros de África vivem tão intensos dentro de nós! E os insectos, as cores. Marca muito, por isso acho que nós somos pouco europeus, porque nos deixamos marcar, com toda a nitidez. Ainda me lembro do nome de tanta gente, da mata, dos nomes dos deuses africanos.

**[OI]** É por isso que os seus livros falam de África, da descolonização?

**[LA]** Nos livros escrevo sobre aquilo que se passa em Portugal. A descolonização é um dos momentos. Terrível. Às vezes falava com o Melo Antunes sobre isso e ele dizia que não podia ser de outra maneira, porque os soldados queriam regressar. Era um problema muito complexo e o Mário Soares não é culpado, mas, se formos a ver bem, será que ele teve alguma influência marcante nos últimos 15 anos? Ele diz que evitou que os comunistas tomassem o poder. Não foi, foi o Grupo dos Nove. Claro, ele tem contribuído, mas isso só não chega. Houve outra gente a contribuir a nível prático e teórico. Não quero ser injusto, posso estar enganado. Nem sequer estou a fazer afirmações. Tenho tão poucas convicções e nós temos uma certa tendência para transformar os nossos gostos em verdades universais...

**[OI]** Em 1974, Mário Soares defendia, com unhas e dentes, a entrega imediata das colónias. Não era só ele, havia muitos outros, como, por exemplo, []o Rosa Coutinho.

**[LA]** O que me espanta mais é não ter ficado ódio nos angolanos, guineenses, nos africanos. Ódio pela guerra, pela morte, pela descolonização feita da forma que o foi, ódio daqueles que ficaram sem nada. Ainda me espanto mais por nós não sermos um País assim tão brando. Não sinto raiva nas pessoas e até nós, quando voltávamos da guerra, tínhamos a nossa vida toda abalada. Era difícil recomeçar. Apesar de ser médico, nessa altura tive de acumular vários empregos para conseguir sobreviver. Depois comecei o internato de psiquiatria.

Faz-me muita impressão ver gente que ainda continua a viver num espaço e num tempo africanos, que não têm nada a ver com Lisboa. O tempo em África apanha o presente, o passado e o futuro. Aqui é tudo implacável, submetido ao relógio. Também houve pessoas que teimaram em viver num tempo e num espaço que morreu com o 25 de Abril.

**[OI]** A descolonização foi um dos poucos assuntos que animaram a campanha eleitoral. Logo a seguir à revolução era tudo tão passional! Agora parece tudo tão formal...

**[LA]** Logo a seguir ao 25 de Abril havia muito entusiasmo e muito medo. As pessoas tinham perdido as suas referências e sentiram-se perdidas. As figuras parentais, de repente, foram decapitadas, o que dá muita insegurança. Aliás, a maioria das pessoas inscreve-se nos partidos políticos por insegurança, por necessidade de se sentir amparada pelo seu «clube». E havia um entusiasmo vago, com muita gente que não sabia o que fazer ao País. Para certas pessoas bem treinadas, as do PC, por exemplo, tornava-se tudo mais fácil, porque eles queriam tomar o poder e lutavam. Na prática é sempre assim, aquilo que desejamos é o que nos mete mais medo e nos deixa mais aflitos. A seguir ao 25 de Abril foi isso, ter o mundo na palma da mão.

**[OI]** Uma das mágoas que sempre referiu foi «aquilo que o 25 de Abril podia ter sido e não foi».

**[LA]** Se fossem só pessoas, sem políticos, tinha sido melhor. Nesse tempo os capitães de Abril sonhavam com uma utopia tão bonita. Era uma espécie de comunidade de todos os países que falam português, uma comunidade a viver de trocas, materiais e afectivas. Eles seriam independentes, mas nada seria como é agora, com os cabo-verdianos confinados às obras e às noites no Lontra.

Os políticos nunca respeitaram o orgulho dos portugueses, dos africanos. Isso custou-me sempre muito a engolir. Desconfio, visceralmente, dos políticos e dos militares. O desejo de servir os outros será assim tão puro? Vejo a forma como lutam pelo poder, quase histérica. Nunca estão perto de nós, servimos para votar e, nos intervalos, com extrema arrogância, falam em nosso nome. É possível que esteja a ser injusto. São tão diferentes de mim que, se calhar, não os compreendo muito bem.

**[OI]** Acha que os políticos só querem o poder?

**[LA]** De uma forma ou de outra, com maior ou menor subtileza e sofisticação, todos queremos o poder. Por isso é injusto dizer que isso é só deles. As relações humanas envolvem sempre o poder, só que no caso deles é um poder mais cósmico, influencia outros mundos. Se calhar, nós queríamos era mandar no árbitro.

[OI] Como é que acha que os portugueses vão reagir às eleições?

[LA] Vai haver uma grande abstenção, penso eu. Mário Soares vai ganhar à primeira volta e tudo continuará como dantes, com o Cavaco Silva a governar. De vez em quando haverá pequenos escândalos que noutros países levariam à demissão, mas em Portugal é assim, uma palmadinha nas costas e assim viveremos por mais uns anos governados de Boliqueime.

[OI] O melhor é mudar de regime.

[LA] Para mim, a monarquia seria o ideal. Se o D. João II, D. Pedro V, estivessem vivos, porque com o nosso pretendente ao trono...

Ainda lhe falámos de Otelo, da amnistia e das FP-25, mas António Lobo Antunes pensou, pensou, e acabou por dizer que «não tinha opinião». A rematar a entrevista, pôs um ar de eterna inocência e terminou a conversa com a célebre teoria de que ele é apenas «mais um débil mental esperto».

## 15. ANA SOUSA DIAS

# *"Um escritor reconciliado com a vida"*

*Público*/Magazine
18 de Outubro, 1992, pp. 24-32

Escreve a uma mesa banal, numa casa quase vazia com vista sobre o Tejo. Alinha letras minúsculas em pequenos blocos, sempre os mesmos, com a mesma textura de papel. Escreve, emenda, corta, um labirinto de palavras onde só ele encontra o caminho. Copia tudo para folhas grandes, numa letra redonda e gorda de escola primária. Ninguém pode tocar nas canetas que usa, ninguém pode ler por cima do seu ombro. Um dia vê as provas dactilografadas, emenda de novo e o livro está pronto. Só volta a lê-lo se os tradutores pedem ajuda. "A Ordem Natural das Coisas" é o último livro de António Lobo Antunes, já está a ser traduzido para inglês, alemão e francês e chega às livrarias no fim desta semana. "É o meu melhor livro", diz ele, e quem já o leu diz o mesmo. Reconciliado com a vida, a descobrir-se capaz de mostrar ternura. Mas nada de enganos, que quando o sarcasmo vem é a doer.

[P] "A Ordem Natural das Coisas" é mesmo o seu melhor livro?

[R] Não tenho dúvidas em afirmar que é o melhor mas não sei se é aquele de que pessoalmente eu gosto mais. Talvez goste deles todos por razões diferentes, uns por razões mais afectivas, outros pelos próprios livros em si, outros provavelmente até pela forma como eles foram recebidos pelos leitores ou pelos críticos.

[P] O que é que é diferente neste livro?

[R] Penso que do ponto de vista formal, da linguagem, da escrita, da técnica literária, da maneira de fazer avançar a história, é melhor que os anteriores. Aqui há uns tempos li um estudo muito interessante de um professor brasileiro, na altura em que saíram "As Naus". Ele dividia aquilo que eu tinha escrito em duas fases. Uma primeira que chamava autobiográfica, [a] "Memória d[e] Elefante", "Os C[u]s de Judas" e [o] "Conhecimento do Inferno", depois uma segunda fase em que o personagem central dos livros seria o país, que apanharia [a] "Explicação dos Pássaros", [o] "Fado Alexandrino", [o] "Auto dos Danados" e "As Naus". Dizia que "As Naus" marcava o fim de um ciclo e que outro ciclo ia começar aí. Penso que ele tem razão, que esse ciclo começa de facto com "Tratado das Paixões da Alma", se prolonga com "A Ordem Natural das Coisas" e não sei se acabará com o próximo livro.

[P] Que ciclo é este de agora?

[R] Os três primeiros livros são muito narrativas na primeira pessoa, embora no terceiro já comece a aparecer a técnica polifónica, que se torna depois patente da "Explicação dos Pássaros" para a frente. Mas era sempre ao serviço de uma história mais ou menos linear. Agora é muito mais como se a história andasse não pelos factos exteriores mas pelos acontecimentos internos das pessoas. Penso que é o que tem marcado quer o "Tratado" quer o que sai agora, quer este que comecei a escrever há um mês.

[P] A história vai engordando, não vai avançando?

[R] É também uma forma de avançar. Eu continuo a achar a história, a intriga, uma coisa muito importante. No fundo, escrever é a maneira como se escreve. Tento dar as múltiplas faces de uma realidade de maneira a ir um pouco mais fundo nos sentimentos, nas emoções, no fundo em face dos grandes temas que acabam por ser sempre os mesmos ao longo dos livros todos: a solidão, a morte, necessariamente também a vida, depois o amor ou a ausência dele, e penso que cada vez mais a ternura. Nos últimos livros tenho tido menos vergonha de lidar com a ternura em relação às outras pessoas. N["A] Ordem Natural das Coisas" isso é mais patente do que no último livro, em que era sobretudo a relação entre dois homens, uma relação misturada de amor, de ódio, de inveja, de competição, de ternura, o que me custou bastante a escrever porque tinha muito que ver comigo. O problema é que, para nós sermos ternos na escrita, a escrever ou no trabalho seja ele qual for, também temos de ser capazes de ser ternos noutras situações da vida. Pessoalmente é-me menos difícil

## "UM ESCRITOR RECONCILIADO COM A VIDA" | 149

agora ser terno e mostrar ternura. Até agora, tem aparecido mais um lado irónico, céptico, sobretudo sarcástico em relação à vida e às pessoas.

[P] Essa é a grande mudança na sua escrita?

[R] Essa é uma das mudanças. Talvez eu esteja mais reconciliado com a vida, não digo mais acomodado, mas mais reconciliado. Basicamente, continuo a pensar o que sempre pensei, mas há batalhas que me parecem agora vãs. Quando comecei... nunca quis atacar pessoas, mas sobretudo aquilo que para mim deveria ser a literatura. E houve pessoas que se sentiram atingidas por isso. Na literatura portuguesa existem grandes equívocos, não só ao nível da literatura como ao nível dos críticos, das instâncias oficiais.

[P] Queria falar-lhe sobre "A Ordem Natural das Coisas" e relacioná--lo com aquilo que um doente do Hospital Miguel Bombarda nos disse há pouco, que o António Lobo Antunes é um grande repórter da vida. Neste livro lida muito bem com o que as pessoas sentem, como se sentem a elas próprias e aos outros. Acha que é mesmo um repórter da vida?

[R] Nunca pus a questão nesses termos...

[P] Mas gostou que ele lhe dissesse isso?

[R] Fiquei meio espantado, acho que uma pessoa pode ver os outros de várias maneiras e que todas as formas são verdadeiras e falsas ao mesmo tempo. No meu caso a necessidade de escrever vem de muito fundo e de muito longe e tem várias funções. Por um lado, tem a função de catarse de nós próprios, das nossas emoções, da nossa dificuldade de existir. Quando não sou capaz de escrever começo a deprimir-me e a sentir-me culpado.

[P] Culpado de quê?

[R] Culpado em relação a uma instância que eu não sei qual é, mas como se me sentisse em falta, como se tivesse um dom e estivesse a desperdiçá-lo. Pode parecer pretensioso mas é assim que eu sinto. Como se eu tivesse de trabalhar para cumprir. Cada romance é conquistado com muita dificuldade. Penso que há um lado de dádiva, uma coisa que vem de uma região desconhecida dentro de nós, [é] como se eu fosse um intermediário.

[P] Explique lá isso de se sentir em falta quando não escreve, de existir uma instância a que tem de prestar contas.

[R] É como estar a ser infiel, estar a trair qualquer coisa. Não ter o direito de ser preguiçoso. Às vezes não me apetece nada sentar-me e começar a escrever. Dantes só escrevia durante a noite, agora escrevo de manhã, à tarde, à noite, todos os dias, mesmo em viagem. Se estou por exemplo no estrangeiro obrigo-me a escrever todos os dias, pelo menos duas a três horas por dia. Como escrevo à mão, é fácil levar o tricot.

[P] Como é quando acaba um livro? Disse numa entrevista que era como um parto, que se sentia vazio. Mas acho que não é uma imagem muito adequada, uma mulher não fica vazia depois do parto, a vida transforma-se, é outra coisa mas não é um vazio.

[R] É uma imagem um bocado parva. Não é bem isso. O meu drama é que não consigo ter mais do que um livro na cabeça. Há pessoas que têm planos para dois[,] três livros ao mesmo tempo, isso nunca me aconteceu. Acaba-se um livro, durante a primeira semana ando bem e depois começo a andar à procura de um outro livro. Por vezes, pode demorar um ano ou mais a aparecer.

[P] Já lhe aconteceu estar um ano sem trabalhar?

[R] Não, eu vou escrevendo sempre mas rasgo, nem que seja fazer pastiches, escrever à maneira de, para melhorar a técnica. Não há talentos, há bois, pessoas que trabalham. É um bocado como os jogadores de ping-pong que têm de treinar não sei quantas horas por dia, de maneira que eu escrevo sempre.

[P] Se isso é verdade, um escritor ao longo da vida devia ir fazendo livros cada vez melhores.

[R] Vamo-nos tornando mais sábios ou menos inocentes. Há o risco de se perder uma certa inocência, uma certa frescura, mas eu não sei se somos nós que a perdemos ou se são os leitores que a perdem em relação a nós. Vão sempre à procura daquela "petite musique" de que o Céline falava. Aquilo de que gostamos num escritor é a maneira como ele escreve as coisas. E se já lemos três ou quatro livros de uma pessoa vamos à procura dessa atmosfera, o que por vezes nos enerva porque nos dá a impressão de que está sempre a escrever o mesmo livro.

[P] Mas é uma pessoa muito solitária?

[R] Como pessoa? Dou-me com muito poucas pessoas. Até porque este tipo de vida é um bocado incompatível com uma vida social. Preciso de dez, doze horas para escrever. Não vou ao cinema, a não ser com as minhas filhas, não vou a cocktails, não faço vida social. Mesmo os meus maiores amigos vejo-os muito pouco, duas, três vezes por ano.

[P] Estava a pensar em como se move no hospital, como é tratado com familiaridade pelos doentes, como desdramatiza a situação perguntando 'então maluco, estás melhor?'. Faz isso intencionalmente?

[R] Eu tenho muita dificuldade em considerar aquelas pessoas como malucas. Em cada família há um maluco e eu sempre fui o maluco da minha. No fundo o que é um maluco? É qualquer coisa de diferente, um marginal, uma pessoa que não produz imediatamente. Há muitas formas de a sociedade lidar com estes marginais. Ou é engoli-los, transformá-los em artistas, em profetas, em arautos de uma nova civilização, ou então vomitá-los em hospitais psiquiátricos. Numa altura em que a ideologia é uma ideologia de produção, quem não produz imediatamente é um marginal. Não se passa isto em África, por exemplo, onde os epilépticos, os esquizofrénicos são considerados portadores de uma verdade desconhecida, em contacto com os deuses. Ainda hoje há uma grande tolerância em relação àquilo que aqui se considera doença mental. Penso que vou lá para ficar mais equilibrado.

[P] Fala de tudo como se fosse para se tratar. Escreve para se tratar, vai ao hospital para se tratar...

[R] Sou uma pessoa profundamente psicótica e tenho profundas perturbações. Eu não concordo muito com o Freud mas há algumas coisas dele com que concordo. Ele dizia que no fundo a nossa vida era apenas uma luta contra a depressão, as formas que nós encontramos para lutar contra ela, não é para fugirmos dela. Penso que ele tem toda a razão. O que fazer com a minha depressão de modo a transformá--la num desespero fértil, para não a transformar numa bicicleta de ginásio que não sai do mesmo sítio? É neste sentido que digo que escrever é também uma forma de me sentir equilibrado.

[P] Aparecem nos seus livros pessoas que o António Lobo Antunes conhece. Não é incomodativo para elas aparecerem retratadas à sua maneira?

[R] A casca são pessoas que eu conheço, como as casas, como as ruas, preciso de um cenário sólido que eu sinta como muito real. Depois visto-as por dentro e por fora conforme me apetece. Eu tenho de partir é de uma base real. Os próximos livros vão certamente situar-se em zonas da cidade de Lisboa que conheço bem, ou de

## 152 | ANA SOUSA DIAS, 18 DE OUTUBRO, 1992

Lisboa antiga onde passei a minha infância. Saiu um trabalho muito curioso na Alemanha sobre os meus livros chamado "Geografia emocional de Lisboa", que é muito curioso desse ponto de vista.

[P] Gosta de Lisboa mas de facto vive metido em casa a trabalhar.

[R] Às vezes saio, passeio com as minhas filhas. E às vezes passeio sozinho. Houve uma altura da minha vida em que, quando estava deprimido, fazia um passeio muito divertido que era andar na Almirante Reis para baixo e para cima. De resto, a Almirante Reis aparece obsessivamente nos meus livros, talvez porque se assemelha a certas ruas da Benfica da minha infância, com os comércios, aquelas drogarias, aqueles cabeleireiros, aquelas lojinhas, quase como se fosse suburbano. Gosto muito em Lisboa daquelas zonas que são suburbanas mesmo que sejam no centro da cidade, como a Barão de Sabrosa, o Alto Pina, a Penha de França, bairros que até certo ponto têm uma semelhança com essa Benfica perdida, que não é a Benfica dos dormitórios. Eu vivia numa Benfica em que o meu pai era o senhor doutor e nós éramos os meninos e as pessoas se conheciam, e as minhas avós eram tratadas por meninas. Acho que digo isso num livro, ia à praça com elas e elas cumprimentavam as vendedoras com ar de castelãs.

[P] E tem saudades disso?

[R] Muitas saudades. Na altura não me achava muito feliz mas retrospectivamente acho que foi uma altura muito boa da minha vida. Tinha uma vida óptima, pessoas de que eu gostava muito[]. O gosto pelos livros, pela pintura, pela música, que existia na família[,] teve muita influência em mim.

[P] Também foi por influência da família que acabou por ir parar à Faculdade de Medicina?

[R] Se eu tivesse insistido em ir para Letras tinha sido uma catástrofe, porque ia ficar como ficam a maior parte das pessoas formadas em Letras, a escrever em francês com o sotaque da Beira ou do Algarve. É por isso que o Vergílio Ferreira é tão admirado, escreve em francês com sotaque da Beira. Aprenderam a escrever com escritores péssimos, como o Malraux, o Sartre – acho que não pode haver piores romancistas do que os franceses – e eu corria terrivelmente esse risco. Em lugar de ter aprendido como aprendi, com os grandes russos, Gogol, Tolstoi, Tchekov, os americanos do sul, o Faulkner, o Truman Capote, o Carson McCullers, o Hemingway menos, o Scott Fitzgerald que foi uma grande paixão minha, o Thomas Wolf[e]... O Thomas Wolf[e], que morreu com 39 anos de uma pneumonia, tem uma coisa que em parte responde a uma pergunta que me fez há bocado. O primeiro livro dele era muito autobiográfico sobre a família dele. E o editor disse-lhe: você trata as pessoas muito mal. Ele ficou muito espantado e respondeu: mas são pessoas tão grandes para mim, tão importantes para mim...

[P] Mas acha que trata mal as pessoas nos seus livros?

[R] Não acho, mas às vezes acusam-me disso. Uma crítica comum da estupidez nacional é que eu trato mal as mulheres nos livros. E por exemplo neste meu último livro "A Ordem Natural das Coisas", acho que as mulheres são tratadas com muita ternura. Tentei pôr o amor que normalmente tenho dificuldade em mostrar pelas pessoas, mesmo pelas que me estão mais próximas, como se lhes desse livros em vez de lhes dar festas ou beijos. As pessoas precisam mais de beijos do que de livros. Os livros a gente lê à noite antes de dormir. Com o livro na mão, nem se percebe onde é que o homem esteve aflito, onde é que hesitou, onde é que mudou. Aí à segunda ou terceira leitura, num livro muito bom começa-se a perceber. Um livro bom é como um ovo, a gente não vê as cordas, as roldanas. Nos livros maus a carpintaria está à mostra.

[P] É por isso que é capaz de ler o mesmo livro vinte vezes?

[R] Começo a gostar mais dele. Os grandes romances são aqueles que nós lemos duas[,] três vezes com o mesmo prazer, ou com um prazer renovado em que descobrimos sempre coisas novas. Se um romance resiste a uma segunda leitura... penso que o drama dos romances portugueses é que não resistem a uma segunda leitura.

[P] O que é que acontece à segunda leitura?

[R] Começamos a aperceber-nos com mais facilidade dos defeitos, dos erros, dos maus-gostos, das patetices. Eu gosto do mau gosto, mas se for grandioso. Não gosto do mau gosto de crochet.

[P] Como é que é o mau gosto grandioso?

[R] Por exemplo o mau gosto do Faulkner, do Gogol. Isso existe neles mas é nosso também. Agora o que existe neles é uma grandeza que já não é do leitor. Ao passo que num mau romance português existe um mau gosto que é de todos nós. Mas depois falta-lhe essa grandeza. Penso que em Portugal não existem actualmente mais do que três ou quatro pessoas...

[P] Quem?

**[R]** O Cardoso Pires, por exemplo...

**[P]** Não está a dizer isso porque é amigo dele?

**[R]** Não. Uma das razões por que sou amigo dele é porque admiro o trabalho dele. Não sou capaz de ser amigo de uma pessoa que não respeite. É isso que faz que tenha tão poucos amigos no meio literário.

**[P]** E na poesia?

**[R]** Temos melhores poetas do que prosadores. O Eça de Queirós dizia isso. Somos capazes de troçar ou de ser líricos mas não somos capazes de analisar. Eu disse isto em França e foi um escândalo, os portugueses que lá estavam sentiram-se muito escandalizados. Nós somos líricos, somos satíricos, mas temos grandes dificuldades em estruturar um romance. Em parte por preguiça, em parte por uma incapacidade natural, da mesma maneira que não temos filósofos, nem compositores, nem pintores. Penso que somos um país de poetas, mas tirando os poetas...

**[P]** Está a dizer isso por snobismo...

**[R]** Estou a ser muito sincero, diga-me lá o nome de um grande pintor.

**[P]** Posso dizer-lhe, eu gosto mesmo sem ser especialista.

**[R]** Não sei o que é isso de se[] perceber. Uma coisa que sempre me enervou foi a história da "mensagem". Uma obra de arte é sobretudo provocar uma emoção. Não me sinto emocionado com a pintura portuguesa, com a maior parte dela. No outro dia fui ao Centro de Arte Moderna com as miúdas e gostei. Mas não encontrei pintores como os norte-americanos ou os franceses actuais.

**[P]** Isso é porque não procura. Disse agora mesmo que foi ao Centro de Arte Moderna e gostou...

**[R]** Gostei mas não fiquei deslumbrado como fico com um Matisse ou com um Chagall. Por exemplo, agora há a mania do Camilo. Penso que é uma estupidez, o Eugénio de Andrade tem razão, aquele homem bebeu nas fraldas do Filinto Elísio. Agora quando se fala no Eça de Queirós, que a meu ver é o maior romancista do século passado, se o comparar com os grandes romancistas contemporâneos dele – Tchekov, que não chegou a escrever nenhum romance, Gogol, Tolstoi, Dostoievsky, Dickens, T[h]ackeray, Stendhal, Flaubert, por aí fora, é óbvio que Eça de Queirós é um romancista de segunda ordem.

**[P]** Está a dizer que é a medida portuguesa?

**[R]** Penso que não tem a grandeza destas pessoas[,] por exemplo,

Zola que está agora a ser reabilitado finalmente em França. Uma linha crescente que começa no Zola e que acaba no Céline.

[P] Volta constantemente aos seus autores. Quer dizer que não lê os actuais?

[R] Leio mas é difícil não me aborrecer.

[P] Não estou a falar só dos portugueses.

[R] Conheço alguns hispano-americanos de que gosto muito, não propriamente o Garc[í]a M[á]rquez que não me entusiasma. Gosto muito do Sábato, do Juan Rulfo, do Lezama Lima. Gosto muito do Cortázar, por exemplo. Mas homens como o Borges deixam-me completamente frio. É um escritor europeu, minimalista, não me toca nada, e os epígonos dele muito menos. Toca-me muito mais o Sábato, toda aquela desmesura dele.

[P] De que é que fala com os seus amigos escritores, por exemplo o Jorge Amado?

[R] Falamos de futebol. É muito engraçado porque ele fala muito dos amigos dele, o Neruda e o Picasso eram padrinhos de dois filhos dele. Fico sempre fascinado a ouvi-lo falar do Picasso, do tempo em que eles eram todos membros do partido comunista, como o Ilya Ehrenburg. Às vezes falamos de livros e curiosamente gostamos dos mesmos escritores. Mesmo com o Jorge Amado acabam por ser os mesmos escritores, embora sejamos muito diferentes como pessoas, como experiência de vida. Ele tem alguns livros muito bons e outros muito maus, é muito irregular mas tem três ou quatro livros excelentes. Depois é um homem com uma grande generosidade, é um homem sem inveja, que é uma coisa que não acontece aqui. É outra coisa curiosa, é que os escritores realmente bons que eu conheci são homens sem inveja e nada dogmáticos, nada preocupados em defenderem as posições deles. Não posso imaginar escritores mais diferentes de mim do que o Jorge Amado ou o Ernesto Sábato.

[P] Cada vez se sente menos médico?

[R] Nunca me senti muito médico. Os médicos que eu conheci em casa dos meus pais eram pessoas invulgares do ponto de vista intelectual. Quando eu andava na faculdade havia professores extraordinários que nos chamavam a atenção para a arte, para a cultura. O professor Cid dos Santos, que era filho do Reinaldo dos Santos, tinha um piano no consultório e tinha os quadros do filho, o Bartolomeu Cid, encostados às paredes, era um ambiente completamente diferente, às vezes dava aulas sobre coisas que tinha comprado na Feira da Ladra. Completamente fascinante. Era professor de Clínica Cirúrgica, a cadeira de cúpula da faculdade no que diz respeito à cirurgia. Mas havia outros professores de cirurgia cultíssimos, Abel de Morais, Celestino da Costa. Lembro-me de um professor de dermatologia dizer que não se podia ser bom médico se não se tivesse lido o Kafka e outros grandes escritores. Penso que provavelmente isso se terá perdido hoje na faculdade.

[P] Fala do passado sempre com muita nostalgia, como se fossem valores que se perderam, como se não houvesse outros valores, como se hoje existisse um vazio.

[R] O Ortega y Gasset dizia que a arte é a infância fermentada. De facto vivo no presente, com a idade que tenho agora, nas circunstâncias de agora, seria profundamente ridículo eu refugiar-me num passado que já não existe. No entanto, ele serve para eu dominar o presente. Penso que o Fernando Pessoa tem razão num ensaio curioso em que diz que nós, portugueses, temos duas caras, uma constantemente voltada para o passado e outra para o futuro. Não gosto do Fernando Pessoa nem do pensamento dele, nem sequer da poesia dele, acho que ele é o Tomás Ribeiro deste século, todos os séculos se tenta arranjar um poeta melhor do que o Camões. Acho que ele é um bom poeta mas não é um poeta extraordinário.

[P] E acha que há algum poeta extraordinário?

[R] Camões. Foi ele que inventou o português moderno. A sensualidade do português de Camões, a espantosa modernidade da poesia dele... Camões, Bocage, Bernardim... são poetas de que eu gosto muito. Custa-me conceber um poeta que nunca tenha feito amor. E às vezes quando leio certos prosadores portugueses, não têm esperma nenhum lá dentro, são tudo coisas que se passam dentro da cabeça. Pensam muito. E a literatura faz-se com palavras. É uma literatura que se pretende intelectual e eu não gosto dos intelectuais.

# 16. LUÍS ALMEIDA MARTINS,

## *"António Lobo Antunes:*
## *«Quis escrever um romance policial»"*

*Jornal de Letras, Artes & Ideias*
27 de Outubro, 1992, pp. 8-11

Provocador, excessivo, blasé, poseur, com uma pitada de loucura – diga-se dele o que se disser, em português ou noutra língua, que nem por isso António Lobo Antunes deixa de ser um dos nossos escritores mais traduzidos, com maior projecção internacional e, à partida, com fortes probabilidades de vir a ganhar o Nobel, ou não se chamasse o seu novo romance, a lançar amanhã, «A Ordem Natural das Coisas»…

António Lobo Antunes lança amanhã, quarta-feira, o seu novo romance, «A Ordem Natural das Coisas» (Publicações Dom Quixote). O nono, no ano em que perfaz 50 anos. Uma das vozes mais representativas da actual literatura portuguesa, Lobo Antunes é um dos nossos escritores mais traduzidos e, com José Saramago e José Cardoso Pires, um dos de maior projecção internacional, liderando as edições nos países anglo-saxónicos e nórdicos. A sua cotação na Suécia, por exemplo (onde a sua obra está editada na totalidade), coloca-o numa boa posição do *ranking* português para o Nobel.

Começou a publicar um tanto tardiamente, aos 37 anos. Nesse ano de 1979 foram dados à estampa os romances «Memória de Elefante» e «Os Cus de Judas», a que se seguiram [«Conhecimento do Inferno» (1980), «Explicação dos Pássaros» (1981)], «Fado Alexandrino» (1983), «Auto dos Danados» (1985), «As Naus» (1988), «Tratado das Paixões da Alma» (1990) e, agora, «A Ordem Natural das Coisas».

# 158 | LUÍS ALMEIDA MARTINS, 27 DE OUTUBRO, 1992

Lobo Antunes é um escritor controverso. Com uma formação médica e uma especialização em Psiquiatria, assume-se de algum modo como um *outsider* em relação aos circuitos «normais» de promoção das obras literárias. Inicialmente primava pela truculência, produzindo declarações públicas «bombásticas», características que tem vindo a refrear na proporção directa da obtenção do êxito e do reconhecimento.

Presentemente, trabalha no seu ofício de ficcionista de manhã à noite. Após dois divórcios, vive sozinho num pequeno apartamento da Avenida Afonso III, com vista para o mar da Palha, despojado de bens materiais e rodeado de poucos livros – sempre os mesmos, que relê até à exaustão: Faulkner, Gogol, Tolstoi, Truman Capote, Thomas Mann, Flaubert, Zola, Céline, Camões, poucos mais. Ficção portuguesa contemporânea, praticamente não lê, embora se compraza na descoberta de novos valores. Sai para almoçar e para jantar em breves pausas do seu labor programado. Fala muito nas filhas, com quem passa os fins-de-semana. Está mais sereno do que noutros tempos, assumindo o seu isolamento como uma bóia de salvação.

Quase todos os dias pousa a caneta para contactar telefonicamente com José Cardoso Pires. Depois retoma-a e volta a desenhar letras na sua caligrafia redonda.

«A Ordem Natural das Coisas» é, provavelmente, o seu melhor romance. Complexo, polifónico, põe em evidência as várias faces de uma realidade em forma de trama que se desenvolve mais para os lados do que para a frente. É, também, o romance de um romance.

**[JORNAL DE LETRAS]** O seu novo romance, «A Ordem Natural das Coisas», está agora a chegar às mão[]s do público. Parece-me mais próximo dos primeiros – intimista, cheio de reminiscências – do que os mais recentes. Estarei a ver bem?...

**[ANTÓNIO LOBO ANTUNES]** Sob este ponto de vista nunca tinha imaginado. Os primeiros são muito mais lineares. Este é um livro muito mais polifónico, com muitas vozes; portanto, tecnicamente estará muito longe dos outros. Penso que o livro pertence a um ciclo que acabará com o próximo (e que já abrangia o «Tratado das Paixões da Alma») e que quase se poderia chamar «Ciclo de Benfica», porque o cenário é sobretudo centrado na Benfica da minha infância.

**[JL]** Referia-me ao lastro de reminiscências, de recor[d]ações.

**[ALA]** Mas não [] [e]xiste nele nada de autobiográfico. Agora, é evidente que não invento nada. Os cenários das casas são reais, parte das personagens, depois de transformadas, são pessoas que eu conhecia. Mas não há nenhum romance que e[u] tenha escrito em que a coisa não se passe mais ou menos assim. Penso que este romance vem na linha dos outros todos, ao fim e ao cabo, apesar de haver três fases diferentes.

[JL] Que três fases?

[ALA] Os primeiros eram nitidamente autobiográficos. Na fase seguinte, a personagem é o País. A actual é o tal «Ciclo de Benfica».

[JL] Penso que este é o mais bem construído de todos.

[ALA] Eu também penso que sim, embora a partir do «Conhecimento do Inferno» tenha começado a ensaiar este tipo de técnica, que depois tenho vindo a tentar aperfeiçoar. Ao princípio não havia a substituição dos diálogos pelos monólogos sobrepostos, que tem que ver com a dificuldade que há de se fazer diálogo em português.

[JL] Evita o mais possível o diálogo.

[ALA] É, mas no «Tratado das Paixões da Alma» a acção é feita outra vez à base do diálogo. Neste último, há sempre o interlocutor subjacente – a personagem fala para alguém.

[JL] Nesse sentido, todo o livro é um diálogo.

[ALA] Ou dez diálogos. No fundo, é uma história quase policial. Toda ela é inventada por uma mulher que vive sozinha. Só no fim é que o leitor se apercebe disso. Eu nunca tinha experimentado fazer um livro desta forma.

[JL] É o romance de um romance? Um jogo sobre a escrita?

[ALA] Jogo, não. Trata-se de uma mulher que está a morrer no meio de uma grande solidão e que povoa a sua agonia destes fantasmas todos, que são as diversas personagens que ela adapta, transforma, muda, de maneira a conjurar a angústia da aproximação da morte (e o livro acaba com a morte dela). É a dissolução de um cérebro. No final, a morte é também entendida como uma espécie de nascimento: em vez de falar da agonia dela, evoca o nascimento da filha.

[JL] Quando falei de «romance de um romance» referia-me à dissecação do processo criativo, que neste caso era como que uma espécie de catarse para essa mulher.

[ALA] Também, embora quase todas aquelas histórias sejam reais. É evidente que há sempre um elemento transfigurador quando a gente está a trabalhar. Se não parto sempre de qualquer coisa que seja real[,] se não encontro verosimilhança, não sou capa[z] de escrever uma história. Não consigo tirar totalmente uma história da cabeça, sem casas que eu conheço, pessoas que eu conhe[]ço...

[JL] Tudo o que escreve tem muito a ver consigo. [I]sto é válido para qualquer escritor, mas no seu caso parece-me ainda mais patente.

[ALA] Às vezes são coisas inventadas a [pa]rtir do que se ouve, do que se [v]ê. Por vezes entretemo-nos a escrever uma história acerca de uma pessoa que acabámos de conhecer. Mas é verdade, sim, que isso se passa com todos os escritores. Não [d]eve haver grande diferença de funcionamento. Há, sim, é diferenças de qualidade quando o livro está acabado.

[JL] Gosta deste livro tal como ele ficou? Perguntando de outro modo: será o melhor dos que escreveu?

[ALA] Eu penso que é o melhor, mas não sei se é aquele de que eu gosto mais. As razões por que se gosta dos livros são muito variáveis. De uns gosta-se deles em si, de outros gosta-se por razões mais afectivas, de outros ainda pela forma como foram recebidos pelas pessoas. Embora de uma forma diferente, acaba-se por gostar de todos, senão não os publicávamos.

A GÉNESE DO ROMANCE

[JL] O Lobo Antunes escreve ininterruptamente...

[ALA] Sempre, sempre, ininterruptamente

[JL] Esse ritmo de trabalho corresponde decerto a uma necessidade interior. Mas vamos trocar isso por miúdos...

[ALA] Porque é que eu escrevo assim? Porque acho que é preciso trabalhar muito[.] Acabo um livro e só passados meses é que consigo começar a trabalhar noutro, mas normalmente ao fim de quinze dias recomeço a escrever, nem que seja para fazer *pastiches*[,] escrever «à maneira de...»

[JL] De quem?

[ALA] Dos escritores de quem eu gosto: Flaubert, Faulkner, etc. Eu penso que isso ajuda muito a fazer a m[]ão. Até aparecer o romance novo, até fazer o plano, penso que é importante continuar sempre a escrever.

[JL] Quando começa a escrever um romance novo já tem o plano completamente delineado?

[ALA] Já tenho o plano escrito.

**[JL]** Faz aquilo a que em guionismo se chama uma sinopse?

**[ALA]** Sim, mais ou menos sim. Para alguns, mais detalhada. Por exemplo, o «Fado Alexandrino» tinha um plano detalhadíssimo, até ao mínimo pormenor de cada capítulo. Mas, normalmente, um plano é uma folha assim grande e está lá tudo escrito. Às vezes mudo coisas. Estou a lembrar-me desse capítulo da morte da mulher: andei uma data de tempo à roda dele, a fazer versões, até que de repente descobri que tinha de ser escrito assim e foi o capítulo que escrevi mais depressa – para aí em meia hora. Mas é muito raro acontecer uma dádiva destas. Eu escrevo muito devagar, com muitas emendas. É tudo muito penosamente conquistado.

**[JL]** Sempre à mão?

**[ALA]** Sempre à mão. Depois dou a passar e volto ainda a emendar. Por exemplo, este livro inicialmente tinha mais do dobro do tamanho com que ficou. Acabam sempre por ficar muito mais pequenos. Com o «Fado Alexandrino» lembro-me que estava no último capítulo e atirei o livro fora para recomeçar tudo de novo. E era um livro com cerca de setecentas páginas. Deu-me um trabalhão enorme!

**[JL]** É muito exigente consigo próprio?

**[ALA]** Não é só uma questão de exigência. É que é preciso fazermos as vezes que forem precisas até ficarmos satisfeitos. Este livro, por exemplo, tem três capítulos que não me satisfazem: o livro está feito, mas continuo a não gostar deles. Comigo, o processo é muito lento. O meu ideal era conseguir publicar um livro por ano, mas é impossível, não consigo. Mesmo trabalhando dez, doze, catorze horas por dia, não consigo...

A ESCRITA COMO NECESSIDADE

**[JL]** Há uma coisa de que já falámos noutra entrevista publicada[1] mas que não fica mal aqui outra vez: porque é que só começou a publicar livros relativamente tarde, aos 37 anos?

**[ALA]** Tarde e por acaso. Comecei a publicar por acaso. Nunca me tinha passado antes pela ideia publicar um livro.

**[JL]** Mas ia escrevendo.

---

[1] Ver entrevista 12.

**[ALA]** Escrevia os romances e atirava-os para o lixo. Nessa alt[u]ra, em 78, um amigo meu, o Daniel Sampaio, encontrou um molho de papéis e perguntou: «O que é isto? – É uma coisa que eu escrevi». Ele leu e levou a uma editora – foi a Bertrand, na altura – que recusou. Depois o livro andou por aí em bolandas[.] Foi sempre ele que fez tudo. Acabou por sair na Vega. De tal forma que quando o livro saiu já o outro a seguir estava quase pronto. Foi uma espécie de bola de neve. Houve aquele sucesso muito grande do primeiro e os outros seguiram-se. O primeiro não tinha aquele título com que acabou por sair. «Memória de Elefante» era o tí[t]ulo do [s]egundo, que depois veio a chamar-se «Os Cus de Judas». Como acharam que o título era muito comprido e []não [e]ra comercial, o título do [s]egundo foi para o primeiro. Saíram com quatro ou cinco meses de intervalo. O livro saiu no Verão porque era de um autor desconhecido, com uma tiragem pequena, etc. Mas foi muito bem recebido e criou o tal efeito de bola de neve.

**[JL]** Antes de começar a publicar escreveria, portanto[,] por necessidade absoluta.

**[ALA]** Era. [D]eixei publicar a «Memória de Elefante» porque achei que era o primeiro livro onde eu tinha encontrado uma maneira pessoal, ou mais ou menos pessoal, de dizer as coisas. Até então nunca me interessou publicar. Estive sete ou oito anos a escrever livros e na maior parte foram destruídos. Periodicamente queimava ou rasgava tudo.

**[JL]** Então só começou a publicar quando sentiu que tinha encontrado a sua voz pessoal e tanto quanto possível definitiva.

**[ALA]** Sim, sem dúvida, embora ela tenha vindo a modificar-se, a enriquecer-se, no fundo. O primeiro livro é um livro cheio de ingenuidade, sempre com o controlo do tempo... Nessa altura eu defendia muito a situação da acção num espaço de tempo muito determinado e muito curto, o que me permitia uma maior facilidade de escrita. Agora começo a andar para a frente e para trás no tempo... A «Memória de Elefante» passa-se em vinte e quatro horas, «Os Cus de Judas» numa noite, [o] «Conhecimento do Inferno» era uma viagem do Algarve para Lisboa, [a] «Explicação dos Pássaros» eram quatro dias, o «Fado Alexandrino» era uma noite, o «Auto dos Danados» eram quatro dias... Bom, a partir de «As Naus» é que deixei de ter esse problema.

**[JL]** «As Naus», pelo seu carácter eminentemente simbólico e literalmente fantástico foge à tónica da sua obra.

**[ALA]** Eu penso como um brasileiro que escreveu sobre esse livro e que dizia que ele encerra a segunda fase, a que ele chamava «epopaica», ou coisa assim. Esse brasileiro interrogava-se: o que é que [s]e vai escrever a seguir a este livro? Mas era o fecho natural dessa fase que começa com a «Explicação dos Pássaros» e inclui o «Fado Alexandrino» e o «Auto dos Danados», encontrando a cúpula em «As Naus».

**[JL]** É a tal fase cujo protagonista é o próprio Portugal.

**[ALA]** É o País. Embora isso se passe com quase todos. E o «Tratado das Paixões da Alma» abre esta nova fase que continua com «A Ordem Natural das Coisas» e acabará com o próximo, de que só poderei dizer o tí[t]ulo depois de estar registado, para não voltar a acontecer uma surpresa desagradável.

**[JL]** Refere-se ao caso de «As Naus», cujo título anunciado era «O Regresso das Caravelas», título este que não pôde utilizar por já ter sido alegadamente registado por outra pessoa, concretamente Vitorio Kali. Agora que falamos disso: o livro do outro autor nunca chegou a aparecer...

**[ALA]** Nem se[i] se era um autor. Mas «As Naus» continua a ser traduzido nos outros países com o título «O Regresso das Caravelas», porque aí o *copyright* não funciona em relação ao título. O título é meu a partir do momento em que eles o publicaram. Meu ou da editora.

## PARENTESCOS LITERÁRIOS

**[JL]** O António Lobo Antunes é um dos escritores portugueses com maior projecção internacional. O primeiro ou segundo? À frente ou atrás do José Saramago, em termos de traduções em línguas estrangeiras?

**[ALA]** Mais que o Saramago, sem dúvida nenhuma.

**[JL]** Com mais edições?!...

**[ALA]** Mais edições e mais países. Eu duvido que algum outro escritor tenha a obra toda vendida para países como França, Inglaterra, Estados Unidos, Alemanha, e em editoras como Bourgois, como a Grove [e] por aí fora... E na Suécia. Quem é que tem a obra toda vendida para estes países todos? Penso que não há. Eu nunca fiz foi promoção. Eu acho um bocado provinciano uma obra ser traduzida num país qualquer e mandar logo a notícia e as críticas para os jornais.

[JL] O Lobo Antunes coloca-se um bocado à margem dos próprios meios jornalísticos. Vive um bocado isolado.

[ALA] Eu dou-me com pessoas e com poucos escritores. Até porque não há tempo quando se está a trabalhar, às vezes nem para os amigos. E não sei se existem muitos *mentideros*, ou muita má-língua, ou muita inveja, ou muito ciúme. Estou um bocado fora disso. O único escritor com quem eu me dou muito é com[] o José Cardoso Pires, falamos quase diariamente ao telefone. Depois há outras pessoas com quem me dou: também me dou com o João de Melo. Há outros escritores que eu admiro muito e que respeito, sobretudo poetas. Agora, mandar as críticas de lá de fora para os jornais, ou os prémios que se ganham no estrangeiro, é tudo tão português! Acho que é uma questão de pudor, também.

[JL] Admira e respeita sobretudo poetas. Porquê poetas?

[ALA] Em primeiro lugar, temos mais poetas do que prosadores. temos melhores poetas do que prosadores, também do meu ponto de vista. É fácil enumerar cinco ou seis excelentes poetas vivos e não é fácil enumerar cinco ou seis excelentes prosadores vivos.

[JL] Quer tentar enumerá-los.

[ALA] É sempre aborrecido, porque a gente corre o risco de se esquecer de alguém.

[JL] Já falou do Cardoso Pires. Admito que sinta que é um dos grandes prosadores vivos.

[ALA] Eu acho que é um grande escritor. É um homem que constrói admiravelmente uma hi[s]tória, com grande solidez. É um dos poucos portugueses que sabem fazer diálogo. Entre vivos e mortos. Em alguns contos dele os diálogos são admiráveis. «O Hóspede de Job» talvez seja o livro dele que eu prefiro: Não tem nada a mais nem a menos, nem uma vírgula; é perfeito, para mim; os diálogos são estupendos, também. Embora como [e]scritor seja um homem que está nos antípodas daquilo que eu sou. E talvez seja por isso que somos amigos. Eu acho que somos amigos também porque temos respeito um pelo outro, e sem respeito e admiração não pode haver amizade.

[JL] Estão nos antípodas em que sentido? Como escritores enquanto tal ou como atitudes perante a escrita?

## "ANTÓNIO LOBO ANTUNES: «QUIS ESCREVER UM ROMANCE POLICIAL»" | 165

[ALA] São os grandes americanos do Sul, os escritores de que eu gosto mais. O Cardoso Pires gosta mais do Hemingway, que a mim me deixa um bocado frio, eu prefiro o Faulkner. Mas há uma paixão que temos em comum, que é o Graham Greene. Gosto dos russos – o Gogol, o Tolstoi [–,] do Simenon que é um escritor em que tão pouca gente fala também; ele vem da linha do Rabelais, que depois acaba no Céline. É muito engraçado porque os pais do Céline são claramente o Rabelais e o Zola. De resto, o Zola foi dos poucos escritore[s] de quem o Céline falou em público. Ninguém nasce de geração espontânea... E há o Günt[]er Grass, por exemplo. Aprendi com ele a não ter medo das palavras.

[JL] Continua a ler, a reler, os livros de que gosta?

[ALA] Eu leio sempre os mesmos escritores. São os livros que eu tenho ali, que é a obra toda do Faulkner, o Scott Fitzgerald, Dickens, Shakespeare, Camões, e pouco mais. Truman Capote, salvo erro.

MÉTODO DO TRABALHO

[JL] Apesar de dedicar muitas horas diárias à escrita, vai encontrando tempo para ler metodicamente, ou apenas o faz pontualmente?

[ALA] Quando estou a escrever um romance não leio ficção, porque, necessariamente, a prosa entra na nossa. Leio poesia ou leio ensaio. Ou leio qualquer outra coisa. Por exemplo, agora estou a ler correspondência do Céline, que me foi dada por [um] amigo de quem eu gosto muito e não vejo há muito tempo, e que é uma das personagens de «Os Cus de Judas». Mas quando se está a escrever romance é melhor não ler os romances dos outros, porque a prosa entra. E então há escritores que têm uma prosa que se «pega»! Por exemplo, o Eça pega-se imenso.

[JL] Qual é agora o seu método de trabalho? Umas tantas horas por dia, sempre as mesmas, previamente estipuladas?

[ALA] Houve uma altura em que fazia umas tantas horas por dia, como o V[ic]tor Hugo, que começava às oito da manhã e escrevia por ali fora «A Lenda dos Séculos». Agora, não: normalmente saio para almoçar e para jantar e o resto do tempo trabalho. Isto, mais ou menos, cinco dias por semana. Ao fim-de-semana tenho as minhas filhas.

**[JL]** Abandonou definitivamente a clínica?

**[ALA]** Já não tenho consultório. Agora, o que faço é só escrever, porque o hospital não me tira muito tempo.

**[JL]** Vive, praticamente, da escrita.

**[ALA]** Claro que não se vive tão bem como sendo médico, mas dá para viver. Também não sou assim tão masoquista... E, depois, há os direitos do estrangeiro. As adaptações teatrais. Por exemplo, agora com a peça de teatro tirada de «Os Cus de Judas», que se estreia em Maio[,] em França. Por aí fora...

**[JL]** Nunca escreve crónicas para jornais.

**[ALA]** Tenho fugido a isso. Quando se está no ritmo do romance é difícil passar para o ritmo da crónica. Eu tenho uma grande admiração pelas pessoas que são grandes jornalistas e escrevem. Não sei muito bem como é que conseguem.

**[JL]** Há jornalistas que sejam simultaneamente grandes romancistas?

**[ALA]** Em Portugal, não sei. Mas o Hemingway era jornalista, o Faulkner era jornalista. E por aí fora, por aí fora... Em Portugal, não sei. Mas eu conheço mal a ficção portuguesa.

**[JL]** Não costuma lê-la?

**[ALA]** Leio só os livros das pessoas de quem eu gosto. Mas tenho sempre muito medo de que os livros não sejam bons, porque gosto muito delas. Bons do meu ponto de vista, é óbvio. É por isso, também, que eu nunca respondi a nenhuma crítica, por mais agradável que fosse.

**[JL]** Acha que os escritores deviam ser mais unidos, mais organizados como classe, ou não se importa com isso?

**[ALA]** Unirem-se para quê? Contra quê? E, primeiro, é preciso saber quem é que é escritor. Hoje a gente vê na televisão uma pessoa que escreveu uma coisa qualquer e aparece logo por baixo «fulano de tal, escritor». Acho que há uma distinção muito grande entre escritores e fazedores de livros. Há muito mais fazedores de livros do que escritores, do meu ponto de vista pessoal, que é perfeitamente discutível, como todos os pontos de vista. Também por isso é que nunca respondi a nenhuma crítica. O único crítico a quem eu até agora respondi foi ao Presidente da Academia Nobel, que escreveu o prefácio à tradução sueca de «Os Cus de Judas», e ao Jacques Lemontand, quando criticou o «Fado Alexandrino» no «Canard».

## "ANTÓNIO LOBO ANTUNES: «QUIS ESCREVER UM ROMANCE POLICIAL»" | 167

[JL] É verdade que a actividade de escritor é uma actividade solitária?

[ALA] Normalmente, as associações são sempre contra qualquer coisa. Agora contra quem? Contra os leitores? Contra os críticos? Contra as editoras? Contra os jornalistas?

### O NOBEL POSSÍVEL

[JL] Falou de uma carta que escreveu ao presidente da Academia Nobel. Já pensou receber o Prémio Nobel algum dia?

[ALA] De há dois anos para cá que todos falam nisso.

[JL] Vê isso como sendo qualquer coisa de provável?

[ALA] O meu agente sueco e o editor vêem. Não sei... Fatalmente, irão dar o Nobel a alguém de língua portuguesa. Sempre pensei que o Drummond o iria receber. Em Portugal, não sei... É difícil para a maioria dos escritores portugueses, porque a maior parte não estão traduzidos em sueco.

[JL] O Lobo Antunes está...

[ALA] Eu estou. Mas, por exemplo, o José Cardoso Pires não está traduzido em sueco. Estará o Saramago, que acho que tem dois livros em sueco. Pela crítica internacional (agora recentemente ao «Fado Alexandrino», ao «Auto dos Danados», à «Explicação dos Pássaros», a «As Naus», por aí fora, e sobretudo nos Estados Unidos) o Nobel não parece uma hipótese absurda. Os jornais falam todos nisso, desde o «Européen», aos franceses. Mas a gente não pode dramatizar muito isso, senão acabamos por ficar presos a essa coisas. E o Prémio Nobel é, em primeiro lugar, um prémio político, claramente. Mas também é idiota dizer isto, porque no fundo, secretamente, toda a gente o quer ganhar, mesmo que diga que não.

[JL] Por todas as razões apontadas, e que são do conhecimento geral, o António Lobo Antunes tem fortes probabilidades de vir a ganhar o Nobel.

[ALA] Então escreva isso. O que é facto é que as pessoas sabem isso, que a rádio o diz, mas os jornais nunca o escrevem. Já reparou como normalmente se referem a mim? É sempre como a qualquer coisa de marginal. Mesmo quando têm de reconhecer que eu existo lá fora, põem-me sempre atrás de alguém.

[JL] Em regra, peca-se por falta de realismo na apreciação das probabilidades. E fala-se quase sempre de Torga...

**[ALA]** É verdade.

**[JL]** O António Lobo Antunes pensa muito na posteridade?

**[ALA]** O Jorge de Sena dizia que não acreditava em eternidade nenhuma, mas sempre havia uns tempos mais compridos do que outros.

**[JL]** Há tempos muito mais compridos, se pensarmos no Homero ou os tragediógrafos gregos.

**[ALA]** Mas nessa altura já estamos com a boca cheia de terra. É que jogar no futuro não é para quem perdeu o presente. Se um tipo pensar: «Vou ser um escritor para daqui a cem anos» é porque o nosso presente não corre tão bem assim... Eu penso que o que nos interessa fundamentalmente é tocar as pessoas que vivem connosco. Provavelmente, poderá ser muito agradável a gente pensar que daqui a duzentos anos ainda nos lêem, mas isso depende de tantos factores!... Por exemplo, agora estou a tentar reler o Villon naquele francês arcaico. É lixado perceber assim! Ao passo em que nas edições em que o francês está actualizado ele continua a ser um poeta espantoso. Conseguir guardar aquela frescura por quinhentos anos! E na poesia é mais fácil do que na prosa, de qualquer modo.

**[JL]** A prosa é mais datada.

**[ALA]** Muito mais datada. Sobretudo, não há nenhum romance que resista ao ridículo, por maior que seja esse romance. Em todos eles se encontram coisas más e de mau gosto, mesmo nos grandes. Talvez a receita seja nunca reler o nosso trabalho, porque então os defeitos aparecem enormes e as qualidades pequenas e fica-se espantado com a recepção crítica das pessoas. Por exemplo, quando «As Naus» foi publicada na revista da Universidade de Nova Iorque eu fiquei todo contente, achei aquilo uma honra bestial, mas depois pus-me a reler e disse: «Bolas, isto está cheio de defeitos». Eu releio os livros com os tradutores, com as dúvidas dos tradutores. Às vezes olha-se para aquilo e pensa-se: «Que coisa tão boa que eu fiz!». Outras, pensa-se: «Que grande porcaria!» Mas eu penso, ao contrário do Carlos de Oliveira, do José Cardoso Pires, do Eugénio de Andrade, por aí fora, que mexiam muito nos textos, que não tenho esse direito. Não tenho porque o estado de espírito já é outro, depois porque havia nas primeiras edições uma frescura que se perde necessariamente, finalmente não sei até que ponto será leal para com o leitor mudar uma coisa que as pessoas já compraram. É evidente que não tenho

## "ANTÓNIO LOBO ANTUNES: «QUIS ESCREVER UM ROMANCE POLICIAL»" | 169

nada contra as pessoas que fazem isto. Eu seria incapaz de fazer, mas a vontade que me dava era pegar numa caneta e começar a riscar e a emendar. Mas, para isso, é melhor escrever outro livro. Isso tem muito que ver com a gente querer deixar um perfil mais perfeito para a eternidade, não é?

### A «GERAÇÃO» MAIS RECENTE

[JL] É um pensamento piedoso. Com segunda versão ou sem ela, a primeira está lá, e ambas serão objecto de comparação pelos estudiosos do futuro. Isto se alcançar a tal posteridade.

[ALA] Pois, com todos os defeitos que a obra possa ter. E já me tem acontecido gostar mais de primeiras versões de coisas do José Cardoso Pires ou de poemas do Eugénio de Andrade, que é um homem a quem eu pessoalmente devo uma grande estima e uma ternura que não posso esquecer. Tenho recebido algumas provas dessas – da Agustina, por exemplo, do Eugénio, do Egito Gonçalves, do José Cardoso Pires, do Namora, pessoas que foram para mim sempre de uma amizade, de uma ternura, de uma generosidade que eu não posso de maneira nenhuma esquecer e a quem estou muito grato. Isto falando só dos portugueses. E outra coisa curiosa é o entusiasmo crescente dos novos escritores. A quantidade de livros que aparecem «à António Lobo Antunes»! É muito curioso. E acho que algumas dessas pessoas novas são muito boas. Por exemplo, o José Riço Direitinho, que penso que será um grande escritor se continuar a trabalhar. Um homem de quem também gostei muito foi o Rodrigues Guedes de Carvalho. Gostei do livro dele. É um livro bem feito. O Daniel (Sampaio) chamou-me a atenção para o livro e eu fui lê-lo e gostei muito. É óptimo descobrirmos isto, porque eu penso que abaixo da nossa geração não há ninguém, é o vazio completo. Mas há esta gente que tem escrito coisas muito engraçadas e que eu penso que poderão vir a fazer alguma coisa se trabalharem. E há mais: alguns rapazes e raparigas do «DN Jovem» têm mesmo talento. Note--se que eu não conheço o Rodrigues Guedes de Carvalho, nunca o vi pessoalmente a não ser na televisão e fiquei espantado quando um homem com aquele aspecto físico escreveu um livro: par[e]ce um jogador de râguebi... O que não é defeito: o Scott Fitzgerald também parecia. Eu gostei do livro. Penso que será capaz de fazer muito melhor do que o que fez. Tenho muita esperança. É engraçado, porque a geração dos trinta anos é o vazio completo. Mas a culpa não é inteiramente deles: nós tivemos muita coisa...

[JL] Para o público, a «nova geração» ainda é a nossa, a que se situa entre os 40 e os 50 anos: Lobo Antunes, Lídia Jorge, João de Melo, etc. Os escritores surgidos depois do 25 de Abril...

[ALA] E ainda não somos velhos, caramba!... Mas tenho muita esperança nestes nomes. E é uma alegria descobrir novos valores: ler um poema do João Miguel Fernandes Jorge e ficar contente. Isto é apenas um conselho, claro.

[JL] Trabalhar «à Lobo Antunes». Quantas horas por dia?

[ALA] Muitas. Hoje escrevo menos porque estamos aqui a conversar. Mas escrevo durante o dia todo: de manhã, à tarde e à noite. Mas aproveita-se pouco; cerca de meia página é o que se aproveita. Agora estou a demorar uma média de dois anos a fazer um livro, mas se tivesse outra actividade me ocupasse, tipo consultório, acabava por escrever durante a noite até às quatro ou cinco da manhã e andava a matar-me estupidamente.

[JL] Era o que o Lobo Antunes fazia inicialmente...

[ALA] Era, mas tinha outra idade que já não tenho agora. Fazia coisas que já não faço agora. E quando se está a escrever não se pára de fumar. É terrível, é um amanhecer horroroso no dia seguinte. Felizmente, não bebo. Não sei o que é que se vai aproveitar desta entrevista. Está tudo tão coloquial!

NOVAMENTE O NOBEL

[JL] Assim mesmo é que tem graça. E até podemos voltar a conversar do Nobel: como se explica que o prémio nunca tenha sido concedido a nenhum autor de língua portuguesa?

[ALA] Bem, o Nobel depende muito de *lobbies*, também. E não é a pressão de um Presidente da República que faz que se ganhe prémios. Não estou a querer pessoalizar a questão. Por exemplo, o Graham Greene nunca teve o Nobel por ser considerado um homem demasiado à esquerda, o Borges nunca o ganhou por ser considerado um homem demasiado à direita (e eu não gosto do Borges e gosto do Graham Greene). Bom, tirando o Drummond, quem é que o merecia, na língua portuguesa, até há uns anos? Não sei. Tenho muitas dúvidas.

## "ANTÓNIO LOBO ANTUNES: «QUIS ESCREVER UM ROMANCE POLICIAL»" | 171

O Aquilino? O Aquilino foi candidato ao Prémio Nobel. Mas nessa altura também não havia traduções como há agora. Havia poucos escritores portugueses traduzidos.

**[JL]** Praticamente só o Ferreira de Castro.

**[ALA]** Sim. E o Namora. Mas eles publicavam em editoras muito pequeninas e na maior parte deles estão traduzidos em editoras que não têm grande poder. Actualmente, tirando o José Cardoso Pires, que está publicado em França, na Gallimard, quem está na editora mais forte sou eu, que estou no Bourgois, que é um homem com uma grande força, e não só em França. Eu tenho a sorte de ter editoras muito boas. Se conquistarmos o eixo Nova Iorque-Paris-Berlim, os outros países vêm por acréscimo. Publicar no Brasil não me interessa nada.

**[JL]** Normalmente isso é considerado importante.

**[ALA]** Porquê?! Eles não pagam! A distribuição funciona pessimamente... É tudo uma aldrabice pegada. Pode parecer uma visão muito mercenária, mas já fui explorado anos de mais.

**[JL]** Por quem?

**[ALA]** Tive um processo em tribunal por abuso de liberdade de imprensa quando chamei determinadas coisas a determinada editora e comprometi-me a não voltar a falar dessa editora.

**[JL]** É uma história conhecida. Foi o seu conflito com a Vega, onde publicou os primeiros livros[2].

**[ALA]** Se somos profissionais... Apesar de tudo, a mais-valia sobre os livros publicados no estrangeiro é uma coisa terrível. Os contratos no estrangeiro que eu tenho são, na maioria, de oito, dez, doze por cento. Depois, há sempre tanto livro a aparecer!... É preciso ter as primeiras páginas do «New York Times», a primeira página do «Washington Post» e por aí fora. Eu tenho-as e vendo no Greenwich mas não vendo no Downtown de Nova Iorque. Se fazemos um *flop* a editora não pega mais em nós. Eu tenho sorte de estar em editoras de autor, que publicam a minha obra toda. Por exemplo, a minha editora alemã tem o Calvino, o Kundera, o Botto Strauss, o Canetti...

---

[2] A propósito, e a título de exemplo, vejam-se os artigos "Lobo Antunes muda de editora e reedita livros", in *A Capital*, 3 de Fevereiro, 1983, p. 23 e "António Lobo Antunes: primeiro editor leva-o a tribunal", in *O Jornal*, 4 de Abril, 1983, p. 20.

## 172 | LUÍS ALMEIDA MARTINS, 27 DE OUTUBRO, 1992

[JL] O Lobo Antunes vive inteiramente para a escrita?

[ALA] Sobretudo, mas não só... Há outras coisas de que eu também gosto. É bom quando conseguimos fazer aquilo de que gostamos. Embora escrever não tenh[]a só que ver com o gosto, mas também com uma necessidade mais profunda. Eu escrevo desde que me conheço, e o publicar nunca foi em mim um frenesim. Provavelmente, se não fosse a intervenção do Daniel (Sampaio) continuava a escrever romances sem os publicar. Nunca me passou pela cabeça levar um manuscrito a uma editora. Simplesmente, depois há um mecanismo que nos apanha e que, ao mesmo tempo, é bom e mau. E eu tenho medo. Este último livro, por exemplo, o Bourgois comprou-o sem o ler sequer. Imaginemos que o vou desiludir!... Estabelece-se uma relação de cumplicidade e de amizade com o editor, como tenho com o agente, que foi por acaso que me apareceu na vida; era um homem que eu conhecia de nome e que era (e é) agente do Jorge Amado, do S[áb]ato e do Reynaldo Arenas, que era um grande amigo meu. E um dia, em 80, recebi uma carta desse homem a dizer que queria ser meu agente. Eu julguei que era uma piada, não respondi e ele voltou a escrever. Então soube que tinha sido o Márcio Souza, que agora é o director do Instituto do Livro do Brasil, que tinha recebido «Os Cus de Judas» de presente e o tinha deixado em Nova Iorque, ao Tom Colch. E foi assim. Ao princípio ele lutou muito, mas depois as coi[s]as inverteram-se e agora estão à espera. Mas depois começa a ser estranho, quando se assinam contratos em esloveno e em turco...

### DESAPEGO A OBJECTOS

[JL] Pergunto se a escrita é o que mais o motiva na vida, sobretudo porque olho em volta e vejo uma casa espartana, praticamente sem móveis. Dir-se-ia que apenas a escrita povoa este espaço.

[ALA] Eu nunca me senti bem rodeado de muitas coisas. Tenho as fotografias das minhas filhas e pouco mais. Objectos, não tenho. E nunca senti necessidade. Tive, eu e os meus irmãos, uma educação muito austera. A parte material não é importante para mim. Tem a ver com a minha maneira de ser, e não com a escrita. Gosto de casas com pouco móveis. Gosto de ter dinheiro, de vestir boa roupa, isso gosto. Agora, penso que não preciso de muito dinheiro para viver. Mas é óptimo tê-lo. Para dar às filhas, por exemplo. O que provoca uma certa culpabilidade, porque quando a gente não é capaz de dar ternura dá coisas em vez dela. É muito mais fácil... Dá menos ansiedade do que ser verdadeiramente terno para as pessoas.

[JL] Vivendo assim, isolado, escrevendo de manhã à noite, onde é que vai buscar a matéria para os seus livros? Sobretudo à parte reminiscente?

[ALA] Também não vivo assim tão isolado. Mas até posso ir buscar as coisas a pessoas que só tenha visto uma vez, e com quem nunca tenha falado. Como aquele trovador francês que morreu de amor por uma mulher que nunca viu. Estou a lembrar-me daquele crítico suíço que diz que eu sou uma espécie de mata-borrão. Da Faculdade para o escritor absorvi tudo. No fundo, é-se um bocado ladrão, ladrão de emoções, ladrão de pessoas. Um escritor é um bocado um gatuno. Mas também há a parte *voyeuriste*. Muitas vezes, para se arranjar o cenário é preciso ir lá, passear. No «Auto dos Danados» há uma parte que se passa em Évora, na «Explicação dos Pássaros», uma parte em Aveiro. Então, eu ia aos sítios, chegava a fazer plantas, etc. Penso que os outros escritores fazem mais ou menos a mesma coisa, mas nunca falei disso com eles, quando se fala com outros escritores há uma espécie de pudor.

[JL] Quando faz o plano de um novo romance, o que é que privilegia mais? A trama em si? As situações? As personagens?

[ALA] É tudo um pouco indissociável. Penso que o que se tenta sobretudo é inventar um novo português, inventar uma nova linguagem. Ter uma voz pessoal, é isso, ter uma forma nova de contar as coisas.

[JL] Mas também há a história.

[ALA] Um romance é sobretudo intriga.

[JL] O plano inclui, portanto, essa intriga?

[ALA] Sim, embora neste último a trama cresça mais para os lados do que para a frente.

[JL] Começou pelo fim? Pela «explicação» de tudo aquilo, pela tal senhora que, no romance, «inventou» o próprio romance?

[ALA] Não. Comecei pela primeira parte. Inicialmente o ex-pide que faz a investigação alternava em todos os planos com todas as personagens. Só depois é que me apercebi de que aquilo assim não estava certo.

[JL] Então, inicialmente, era a história de uma investigação.

[ALA] Não, a ideia não era essa. Eu tinha vagamente o desejo de fazer um romance policial. A questão era: como fazer um romance policial? O pide não era o detective da história. Eu não sabia ainda quem era. Só no fim do plano é que me apercebi de que era aquela senhora, que é tirada de uma pessoa real cuja morte me doeu muito. Talvez para conjurar o sofrimento que me trouxe a morte dela, tentei tornar o desespero dela fértil.

[JL] Gosta de literatura policial?

[ALA] Conheço pouco. O Chandler, que considero um grande escritor, o Dashiel Hammett, o Simenon, obviamente. Mas penso que, quando eles são de facto assim tão grandes escritores, reduzi-los a «escritores policiais» é uma injustiça. Esses rótulos («fulano é o escritor da guerra colonial») são sempre destinados a apoucar as pessoas. Uma coisa que os anos me ensinaram foi a ter mais respeito pelo trabalho dos outros. Ao princípio eu espadeirava contra tudo e contra todos. Isso não tinha nada de pessoal. O que eu fazia era tentar explicar o que eu achava que devia ser um romance. Até me aperceber de que era completamente vão, pronto. Nós somos um país formado pelos franceses – o Malraux, o Sartre, que são escritores de que eu não gosto –, as pessoas escrevem em francês com um sotaque da Beira, de Trás-os-Montes, do Algarve ou de Lisboa, e escrevia-se como se não tivesse havido Proust, como se não tivesse havido Faulkner, como se não tivesse havido Joyce, como se não tivesse havido Virginia Woolf. Continuava-se a escrever romances à Balzac, penso, havia muito pouca novidade no romance português, eu acho. Claro que cada pessoa pensa que vai inovar imenso, mas se a pessoa não achasse que escrevia as melhores coisas do mundo não as publicava. Mas penso que muitas vezes não temos muito sentido crítico nem humildade em relação ao nosso trabalho; a primeira coisa que o sucesso me trouxe foi a humildade, julgo eu. Sou agora muito mais humilde do que era e não é pose. Já não sou capaz daquela arrogância. Embora saiba cada vez melhor o que é que quero, julgo que cada vez me é mais claro que não sou o detentor da verdade. Poderei sê-lo de parte da minha verdade, e é tudo.

## O LUGAR DA MEDICINA

[JL] Porque é que o Lobo Antunes, sendo desde muito jovem uma pessoa voltada para as Letras, tirou um curso de Medicina?

[ALA] Talvez por influência do meu pai, que foi uma pessoa muito marcante para os filhos. Hoje sinto-me muito feliz por não ter tirado um curso de Letras. O ter tirado um curso técnico foi muito importante para eu criar método. Julgo também que a vida hospitalar foi bastante enriquecedora para mim. Penso que teria escrito de qualquer maneira, mas o contacto com o sofrimento deu-me...

[JL] É verdade que há uma tradição de médicos escritores. Haverá alguma relação entre as duas actividades, ou é coincidência?

[ALA] Há uns muito maus, mas há escritores médicos esplêndidos. O Rabelais era médico, o Céline, o William Carlos William, o Somerset Maugham, tantos...

[JL] Em Portugal também: o Namora, o Júlio Dinis...

[ALA] ... o Torga...

[JL] O Torga também.

[ALA] Até há uma Sociedade de Escritores Médicos. Mas havia uma grande tradição humanista dos médicos quando eu estava na [F]aculdade. Havia professores da Faculdade de Medicina que eram admiráveis homens de cultura. lembro-me de um professor que dizia que quem não lia o Kafka não podia ser bom médico. Eu penso que isso se terá perdido um bocado, que actualmente não acontece tanto. E muitos médicos que eu conheci na minha infância eram homens extraordinariamente cultos. Penso que foi bom para mim não ter tirado um curso de Letras, porque se o tivesse feito talvez tivesse ficado a gostar menos dos livros. Assim, eles funcionavam um bocado como a minha alegria e a minha liberdade. Não era obrigado a estudá-los de uma forma académica. Dedicava-me a eles por amor, em lugar de ser por obrigação.

[JL] De qualquer modo, depois acabou por se especializar em Psiquiatria, que é talvez a parte da Medicina mais próxima da Literatura.

[ALA] Era preciso tirar uma especialidade, e eu pensei que era aquela que estava mais perto do Dostoievski, o que é perfeitamente um engano. Depois, havia algumas pessoas na especialidade que me eram completamente fascinantes, casos do dr. João dos Santos ou do prof. Barahona Fernandes. Eles acabaram por ter, sem o saberem, um grande peso na minha escolha. Além de que, na altura, a Psiquiatria era menos competitiva do que a Cirurgia ou a Pediatria, por exemplo, e portanto dava-me a ideia de que me proporcionaria mais tempo para escrever. Mas acho que foi sobretudo por preguiça que entrei para Psiquiatria. Não me estava a ver ser médico a vida toda e a passar tardes inteiras no consultório depois de ter passado as manhãs no hospital. Embora eu goste muito da medicina e tenha uma certa nostalgia dela. Gosto do cheiro dos hospitais, do ambiente dos hospitais. Disso eu tenho saudades. Disso eu tenho saudades...

## 17. ISABEL RISQUES

# *"Lobo Antunes: 'O artista é um ladrão bom'"*

*O Jornal*/Cultura & Espectáculos
30 de Outubro, 1992, pp. 34-35

O romance de um romance. O ponto final no ajuste de contas com o passado. A dimensão da ternura é, agora, o eco de todas as emoções.

«A Ordem Natural das Coisas», assim se chama o nono e novo romance de António Lobo Antunes. Planificação audaciosa, estilo depurado, o autor descreve-nos, num trapézio agitado de emoções, a pluralidade, a um tempo harmonioso e triste, de todas as razões emudecidas. Pela primeira vez, o todo é possível: a representação do desejo e da agonia, o amor, o nascimento e a morte, o delírio dos visionários, a intriga, o humor e, sobretu[d]o, ternura. Este é, sem dúvida, o melhor romance de António Lobo Antunes, um escritor bem amado pelos suecos e pelos norte-americanos e, cada vez mais, ao alcance do Nobel.

**[O JORNAL]** «A Ordem Natural das Coisas» é o segundo livro de uma trilogia que marca um novo ciclo na sua obra. Que diferenças (técnica, temática) separam estes dois livros dos anteriores?

**[ANTÓNIO LOBO ANTUNES]** Até agora houve, basicamente, três fases: uma, autobiográfica, que abrange os três primeiros livros, uma segunda, em que a personagem central deixa de ser o narrador para ser o País (uma fase de epopeias e anti-epopeias que abrange [a] «Explicação dos Pássaros», «Fado Alexandrino», [o] «Auto dos Danados» e «As Naus») e agora, uma terceira fase que poderá ser chamada, provisoriamente, o ciclo de Benfica, porque é ali que a acção se desenrola, não em Benfica actual, mas em Benfica da minha infância, das quintas, dos pequenos pátios e travessas, ciclo que começou com «Tratado das Paixões da Alma», que se prolonga neste livro e que eu gostaria de terminar no próximo. O problema é o que escrever depois (se for capaz de o escrever, sinto que o livro não está bem...). É minha intenção fazer uma ruptura clara a partir do fim do próximo livro.

[OJ] Mas este ciclo não passa só por Benfica. As personagens estão mais humanizadas. Parece-me que, pela primeira vez, dá à ternura uma dimensão que até aqui estava reservada ao feio e ao grotesco. Por outro lado, a acção avança através do diálogo, a história é contada a várias vozes...

[ALA] Há uma mudança nos temas, como é evidente. São livros mais experimentais do ponto de vista técnico, onde a polifonia é levada quase até às últimas consequências. Há uma tentativa de dar a simultaneidade dos sentimentos através de pontos de vista sobre o mesmo assunto. Mas eu penso que isto tudo ficará esgotado depois do próximo livro. Terei que encontrar uma nova forma para poder continuar a escrever (se é que viverei o tempo suficiente para isso!). Quanto às personagens, nos outros livros talvez exista uma dimensão de crueldade (mais do que falta de ternura) que se tem vindo a diluir. Talvez eu esteja menos interessado em falar da crueldade que também existe nas pessoas, como se a partir de determinada altura aquelas personagens magoadas, desiludidas, feridas dos primeiros livros (de que a segunda fase é o reflexo, muito sarcástico, com uma visão quase burlesca da realidade) tivessem deixado de me preocupar. Julgo ter feito um ajuste de contas com certas desilusões, falei delas o suficiente para as ter exorcizado.

A VIRTUDE GERA O VÍCIO

[OJ] Mas há, ainda, a morte e a loucura, dois temas que parecem obcecá-lo desde sempre. Porquê?

[ALA] A loucura é qualquer coisa que existe em todos nós, é mais um receio que uma realidade. No fundo, o que é enlouquecer? É sair de uma determinada norma, não é? É preciso muita coragem para se ser realmente louco. Seja como for, não creio que a morte e a loucura sejam os temas fundamentais nos meus livros, mas sim o amor ou a ausência dele. A morte, é verdade, está sempre presente, mas não é concebível a vida sem a morte, como não é concebível a tristeza sem a alegria. Os sentimentos sentem-se em função dos contrários deles, eu penso é que há uma certa espécie de saúde mental que me repugna, porque, por exemplo, aquilo a que as pessoas comummente chamam virtudes (como a respeitabilidade) é, no fundo, o que gera uma série de vícios. A respeitabilidade é uma situação tenebrosa, implica acomodamento, egoísmo e, por vezes, jogadas menos sérias. Da mesma maneira que para se ser rico não se pode ser, provavelmente, inteiramente honesto, como para se ser feliz não se pode... quando falo em honestidade não falo em roubar mas sim em fidelidade em relação a nós próprios.

[OJ] É sempre fiel a si próprio?

[ALA] Sim, os livros que eu escrevo estão cheios de contradições que respondem às minhas contradições e às contradições que existem em todos nós, às forças contrárias que constantemente nos empurram em direcção a p[ó]los opostos...

[OJ] Será mesmo assim? Não está a ter uma visão um pouco pessimista da vida e das pessoas?

[ALA] Não, pelo contrário! É verdade que não pode haver alegria sem tristeza, prazer sem dor. É só quando dói um dente que avaliamos o prazer de nos sentirmos bem, não é? Se a gente não compreende essa antinomia, acaba por haver uma cristalização burocrática das emoções e dos sentimentos.

[OJ] Fala em situações extremadas, como se a inquietação fosse o motor de todas as coisas...

[ALA] E é. Eu penso que aquilo que faz com que nós continuemos vivos e capazes de criar é isso mesmo, uma inquietação constante. Sem ela não pode haver criação, quem não põe, sempre, tudo em causa, arrisca-se a ter uma vida interior de três assoalhadas, num bairro económico, ou seja, uma vida interior no sentido balzaquiano ou flaubertiano da palavra.

[OJ] Neste livro, algumas das personagens são reais, existiram ou ainda existem, naquelas casas, vizinhas da sua. As saudades de Benfica, tal como era, são de facto, as suas saudades. Ou seja, «A Ordem Natural das Coisas» é um livro marcadamente autobiográfico. Concorda?

[ALA] Posso aceitar isso mas, de uma forma ou de outra, também nos outros livros as pessoas são, mais ou menos, reais. No fundo, um escritor é um bocado um ladrão, um gatuno de sentimentos, de emoções, de rostos, de situações. Um livro é sempre feito de pequenos roubos com a vantagem de não sermos condenados, a não ser que as coisas sejam demasiado óbvias e deixemos pistas aos leitores que serviram de modelo ou que, ou que, por acaso, ali se encontrem retratados. Há personagens nos meus livros que parecem decalcadas da realidade mas, como sou eu quem tem de escrever sobre elas, tenho que lhes dar sentimentos que, necessariamente, são mais meus que delas. Claro que é uma dádiva pouco generosa porque é um estar a dar para roubar mais. Mas não sou só eu, penso que um artista (artista é uma palavra muito desvalorizada em Portugal, toda a gente é artista...) no sentido nobre da palavra, é um ladrão bom, na medida em que rouba com eficácia.

[OJ] Daí os excessos, o absurdo, o ex-pide que se torna professor de hipnotismo e consegue ensinar os alunos a voar, de turbante, por cima dos telhados. A prosa é hilariante, mas a que se deve essa sua apetência pelo fantástico?

[ALA] Acha absurdo? Acha que de facto as pessoas não podem voar por cima dos telhados? (risos) É frequente, nas conversas do hospital, e fora delas, as pessoas contarem-me sonhos e que se sentem voar. Quando a gente vê, por exemplo, os quadros de Chagal[1], onde há noivos a voar e relógios com asas, a mim não me parece absurdo, nem sequer surrealista. Tem uma função simbólica, como é evidente.

[OJ] E qual é ela?

[ALA] Isso não me compete a mim dizer, mas sim às pessoas que me lêem. Um livro tem de ser suficientemente poroso para o leitor poder escrever o seu próprio livro dentro dele. É nesse sentido que um livro muito compacto é, forçosamente, um livro mau. De resto, não há só o professor de hipnotismo, há a história do mineiro reformado que vive numa zona feia e triste de Lisboa, em Alcântara, e acredita voar debaixo da terra...

[OJ] São histórias diferentes, a do mineiro é patética, não faz rir, e é pelo sonho que voa, ou pelo delírio provocado pela velhice ou pelo excesso de álcool...

[ALA] Mas tem sempre a ver com o sonho ou com o desejo de evasão de uma vida miserável. São pessoas que sofrem, que vêm de um meio pobre, e o sonho é a melhor forma de preencher o vazio e escapar à depressão.

[OJ] Então é essa a função simbólica?

[ALA] Se quiser.

## ESTRUTURAR O DELÍRIO

**[OJ]** Falou das consultas no hospital Miguel Bombarda. Há muitos anos que, como médico psiquiatra, convive com o delírio e com o sofrimento dos outros. Essa experiência é ainda dominante na arquitectura de alguma das suas personagens?

**[ALA]** Não sei se tem muito a ver com isso. No fundo, escrever é, também, estruturar um delírio. O problema é que as pessoas que sofrem daquilo a que, normalmente, se chama doenças mentais, não são capazes de o fazer. Os grandes criadores, Fellini, Camilo Castelo Branco, e por aí fora, estruturam os seus próprios delírios. O Antero, quando destruía poemas, dizia que até no delírio é necessário ordem, também Horácio o dizia na sua «Arte Poética». Ou seja, o que é que se entende por delírio? É a pessoa ser capaz de abrir o coração de uma tal forma que deixe escapar o mais fundo de si mesmo mas que, ao mesmo tempo, seja suficientemente lúcida em relação a isso para o poder estruturar. Para criar é preciso sensibilidade, por um lado, e os meios de expressão, por outro. E é terrível quando só se tem sensibilidade! É claro que eu não sou tão rico que tenha um delírio só para mim. Todos nós, homens e mulheres, não somos, de facto, tão diferentes, senão aquilo que escrevemos ou pintamos não teria nenhum impacto nos outros. Afinal, o que nos faz aderir a um livro é pensar "É mesmo isto que eu sinto e não era capaz de exprimir", não é?

**[OJ]** Na quinta parte deste livro («A Representação Alucinatória do Desejo), dedica três capítulos ao pensamento de uma mulher na agonia da morte. Pensou no leitor enquanto os escrevia?

**[ALA]** Não. Quando escrevo penso apenas em exorcizar certas emoções, descrevê-las vivê-las. O leitor é um acto secundário, penso nele nos últimos acabamentos do livro, quando sinto que isto ou aquilo não está inteligível. Aliás, o capítulo em que a personagem morre foi escrito várias vezes, mas a última versão saiu em cinco minutos, foi o capítulo mais rápido que escrevi até hoje.

**[OJ]** Esta é, de resto, a personagem principal do livro, embora só apareça quase no final. É ela quem, na sua agonia, se vai entretendo a construir as outras figuras do romance. Já tinha na cabeça este desfecho quando começou a escrever o livro?

**[ALA]** Eu sempre tive o sonho de escrever um romance policial. A este livro, dei-lhe essa dimensão, a chave está no fim, de repente o leitor percebe quem é o assassino. Neste caso não há assassino mas a personagem que escreve todo o livro e que só é descoberta no fim. É muito curioso mas, de facto, este desfecho não me era claro ao princípio, só muito mais tarde é que entendi o final dele. Talvez as dificuldades que eu esteja a sentir agora com este romance, que comecei há pouco mais de um mês, tenham que ver com isso. Não é ainda claro o caminho para onde estou a ir, não tenho a história na mão, o que me dá uma ansiedade muito grande.

## UM LIVRO AMBICIOSO

**[OJ]** A sociedade urbana da média burguesia é uma constante em quase todos os seus livros. Porquê?

**[ALA]** Talvez seja um meio onde me movo mais à vontade. Tive a sorte, pela vida que tenho tido, de conhecer várias franjas da sociedade lisboeta. Por outro lado, a Beira Alta é outro tema muito recorrente. Foi ali que, até aos meus treze anos, eu e os meus irmãos passámos um mês por ano até à morte do meu avô, um homem que eu amei muito. Da casa de Nelas, lembro-me até dos cheiros, da cor do ar, da Serra da Estrela ao longe. Revisitei-a no último ano da faculdade e fiquei espantado ao ver como a casa tinha diminuído com o tempo. É assim, também, com o Benfica da minha infância a perpetuar-se no presente.

**[OJ]** Como foi a sua infância?

**[ALA]** Aquilo, sobretudo, que eu recordo, são episódios agradáveis. Retrospectivamente, mesmo os momentos mais tristes o tempo adoça. Provavelmente, não saberíamos viver se o tempo não apagasse más recordações. Tive uma família grande e penso que, à sua maneira, as pessoas gostavam de mim. Muitas vezes não era como eu desejaria, mas era a maneira possível delas se exprimirem. Mas isso é um problema nosso, tem muito mais que ver com a capacidade de amor, de dádiva e de ternura dos outros. Nós somos terrivelmente insaciáveis, não somos? Exigimos, constantemente, provas de afecto, de ternura, o que nos leva, por vezes, a atitudes injustas, porque estamos tão preocupados em receber que temos dificuldade em compreender os outros. Às vezes, dá-me a sensação de que nós só damos para receber depois, que nenhum dos nossos actos é quimicamente puro. É evidente que existe, também, uma generosidade genuína em nós, mas existe sempre, e isto é extremamente humano (e ainda bem!), uma enorme

vontade de receber. Uns mais, outros menos, terá que ver com a nossa necessidade de afecto e até com a nossa capacidade de auto-
-estima.

[OJ] A propósito de sentimentos: «A Ordem natural das Coisas» é um tratado de emoções que vão agarrando o leitor à medida em que são vividas (e não explicadas) pelas personagens. É o seu livro mais ambicioso?

[ALA] É, de facto, um livro extremamente ambicioso e também aquele que eu considero ser o melhor. É um pouco como diz: o livro total. Acho que, pela primeira vez, eu terei conseguido aquilo que ando a perseguir há tantos anos. E ao contrário dos outros, é necessário lê-lo de uma ponta à outra para o entender, porque são os últimos capítulos que iluminam, de repente, todo o romance.

[OJ] O que pensa da literatura que se faz em Portugal?

[ALA] Penso que se faz boa poesia e que há três ou quatro prosadores. Mas a minha opinião não é muito importante a esse respeito. O que eu acho é que existem grandes equívocos, ao nível da literatura portuguesa que o tempo, mais tarde ou mais cedo, se encarregará de desfazer. Para já, é tudo baseado em equívocos, em capelinhas, em pequenas jogadas, há tendência para misturar o apreço ou o desamor que temos por um livro com o apreço ou o desamor que temos pelo seu autor. Mas, provavelmente, esse é o destino de toda a literatura.

## 18. LUÍS COELHO

# *"Da ordem natural às pequenas razões"*

*Expresso*/Revista
7 de Novembro, 1992, pp. 99-100

Está mais calmo, dizem. Estabilizou a sua vida. Acaba de publicar um romance com estrutura policial.

No fim, descobre-se que alguém inventou tudo. Não é invulgar em ficção, nem sequer numa obra cuja realidade é mais real que outras: a de António Lobo Antunes.

E aquela vez em que uma namorada lhe telefonou e ele atendeu dizendo «Aqui é da agência funerária Antunes...», conseguindo, ao que parece, lançá-la em confusão? E aquela outra vez, quando ele pediu licença a um visitante e começou a urinar no lavatório? E aquela outra, já agora, em que a conversa com um dos seus doentes (António Lobo Antunes é psiquiatra) chegou a um ponto em que já não se percebia quem era ali o maluco? De resto, é ele próprio que o afirma: sou maluco. Ou, em alternativa:

**– O que é escrever? No fundo é estruturar o delírio, e tem graça porque quando se trata um delírio o que aparece sempre é uma depressão subjacente. O delírio desaparece e aparece uma depressão suicidária intensa. O delírio é uma forma de fuga à depressão. Por exemplo, numa psicose paranóica, quando se trata a parte do delírio e aparece a depressão, o delírio é sempre uma coisa secundária que aparece como forma de compensação. Como por exemplo aqueles tipos que voam. Isso para mim não é irreal.**

Maluco, em suma. É ele que alega: todas as famílias têm de ter um maluco. Talvez. Da sua família pouco sabemos, mas lá que ouvimos pessoas dizer sobre ele «O Lobo Antunes? Esse gajo é chanfrado», isso ouvimos. Também, ouve-se tanta coisa. O facto é que ele não é maluco. Ou então é-o como toda a gente. Mais ou menos. Histórias como as acima referidas podem ser falsas ou imprecisas nos pormenores, mas têm piada. E espalham-se. Porque Lobo Antunes é uma pessoa que dá nas vistas. Que diz coisas nem sempre agradáveis para os seus colegas escritores. E sobretudo que escreve livros.

Até agora publicou nove. Arrancou com o célebre **Memória de Elefante**, em 1979. Esse livro e mais dois correspondem, grosso modo, à sua primeira fase, explorando a fundo algumas obsessões: a guerra colonial, o hospital psiquiátrico, as mulheres. Depois, na fase seguinte, o protagonista deixa de ser o narrador e passa a ser o país; foi Lobo Antunes que o disse. Por último, há a fase actual, cujo segundo livro, acabado de sair, se chama **A Ordem Natural das Coisas**.

Os quatro livros da segunda fase terão sido os que mais críticas negativas receberam. O escritor parece ainda não se ter conformado com o tratamento dado a **As Naus**, por exemplo. Mas o **Tratado das Paixões da Alma**, o penúltimo livro, não foi melhor recebido. No fundo, ele não diferia assim tanto dos anteriores. Embora a história fosse outra – envolvia amizade e terrorismo –, os temas de sempre – entre os quais um certo sentido de sordidez – estavam lá. De modo inquietante e essencial.

**– Um amigo meu, o Daniel Sampaio, talvez o melhor psiquiatra português, costuma dizer que só os psicóticos são criadores. Você fala com um neurótico e são tipos que não são nada, que são chatos, repetitivos. Os psicóticos são espantosos, dizem frases espantosas, estou-me a lembrar de uma que era «aquele homem tem uma voz de sabonete embrulhado em papel furtacores». Isto é uma frase do caraças. Mas a tese dos psiquiatras clássicos é que, com a loucura, há uma tendência para a repetição dos temas. Por exemplo o caso do Nietzsche, do próprio Van Gogh.**

Com ou sem repetição, o romance agora publicado marca uma evolução. Antes de mais, a nível crítico. Ao contrário do que era hábito, a reacção imediata não foi negativa. Vários jornais fizeram entrevistas a Lobo Antunes, e o tom não indicava que tivessem desgostado. Críticas propriamente ditas não houve ainda (ou quase não houve), mas a exiguidade da nossa imprensa literária pode explicar, em parte, tal facto. De qualquer modo, um romancista como José Cardoso Pires não hesita em considerar **A Ordem Natural**... como o melhor romance de Lobo Antunes. Mesmo sendo os dois escritores amigos pessoais, é uma opinião de peso, que outras pessoas têm perfilhado, incluindo o autor, para quem a literatura não pode ser mera repetição de fórmulas:

**– Se alguma qualidade eu tenho é a de correr riscos. Este é um livro um pouco arriscado.**

Aqui, como já acontecia no **Tratado das Paixões da Alma**, um conteúdo realista, por vezes até demais, alterna com um título mais ou menos filosófico. Mas enquanto no **Tratado** se aludia ao nome de uma obra filosófica concreta e, por essa via, ao grande filósofo que a escreveu, em **A Ordem Natural das Coisas** a citação refere-se a uma daquelas frases resignadas que nos suavizam o quotidiano. «Deixa estar, é a ordem natural das coisas». Uma ideia que serve muito. Serve, por exemplo, para que aceitemos a morte e as inúmeras degradações que a precedem.

No livro, há um homem de meia-idade que sustenta uma rapariga de dezoito anos que o despreza. Há um «democrata» que é torturado na PIDE. Há um pide ao serviço de um misterioso escritor. Há uma mulher que morre de cancro. Há uma infinidade de outros personagens, maiores ou menores. Entre estes, há alguns (ex: o taxista) cuja única função parece ser justificar certas cenas de pura comédia. O livro é composto por cinco partes, em cada uma das quais alternam duas vozes, capítulo a capítulo. Ao todo, são dez vozes diferentes, e a ligação entre elas nem sempre é clara. Mas sente-se um grande esforço de economia.

**– Eu já tinha começado a cortar muito no Tratado, mas a construção deste livro é completamente diferente. Não sei se as pessoas vão entender a estrutura. Porque é uma estrutura muito ambiciosa. Não sei, mas penso que a maior parte vai fazer uma leitura por cima. Numa coisa estou de acordo com o Borges, a função do crítico não é dizer «isto é bestial», mas ajudar a pessoa a ler a porcaria do livro. Acho que poderá haver uma leitura por cima, mas o livro é muito complicado.**

– A polifonia e a alternância de épocas tornam difícil apanhar alguns fios da história.

**– Isso ainda tem que ver com o plano inicial, porque aquele gajo da PIDE, inicialmente eu tinha pensado que ele alternasse em todos os capítulos e depois comecei a perceber que estava esgotado. E como queria que o livro crescesse de determinada forma tive que fazer mudanças. Andei ali à volta uma série de tempo.**

Se a construção é trabalhada, também o são, e muito, as metáforas e as comparações. Elas foram, aliás, um dos aspectos pelos quais o romancista Lobo Antunes se distinguiu desde o início. Mas será que, perdido o ímpeto original, se justifica uma tal abundância delas? Introduzidas de maneiras várias – desde o **semelhante a** (uns ombros e um nariz «semelhantes a corolas mortas na almofada», por exemplo) e o **como** (o mesmo corpo surgindo «como as poltronas de Agosto numa casa abandonada») ao **de** (uma mulher «a vestir-se em movimentos de crisálida»). Os três exemplos são todos da mesma página, a 37[1], que está longe de ser atípica nesse respeito.

Algumas das comparações resultam mal, mas, desta vez, não é por aí que Lobo Antunes faz jus à sua reputação de sordidez. Merecida ou imerecida, essa reputação encontra em **A Ordem Natural** menos alimento do que se esperaria. Há, por certo, umas quantas cenas, por exemplo, aquelas com o chulo negro e o pide e a prostituta. Mas, no conjunto, o livro é bastante moderado. Não que o escritor considere imoderados os anteriores.

**– É qualquer coisa que tem que ver com a minha formação, sabe? As pessoas acham insólito porque a minha formação é anglo--saxónica. E as pessoas aqui lêem os franceses[:] o Malraux e o Sartre, mas nunca leram Nabokov. Nunca leram os escritores que, de facto, foram importantes para a minha formação. Ainda hoje, a maior parte dos nossos escritores escrevem à francesa. Ora os grandes escritores são de facto os anglo-saxónicos, do meu ponto de vista, pelo menos.**

Mera questão de afinidades electivas, portanto.

---

1   P. 35 na 1ª ed. *ne varietur* (Lisboa: Dom Quixote, 2008 [1992]).

– Um dos motivos porque eu falo com o Zé (Cardoso Pires) é porque gostamos dos mesmos escritores, embora depois o meu trabalho e o dele sejam completamente diferentes. Mas temos uma formação em comum. A sensação que eu tenho é que há uma série de equívocos. Há pessoas que ficam muito espantadas comigo. Acham esquisito. «Aquele gajo é uma espécie de americano», ou o caneco. Há tempos, uma crítica dizia que os romances não se escrevem assim.

– Isso é uma crítica de faculdade.

– Exacto.

Vê-se que Lobo Antunes tem gozo em criticar os críticos, os escritores, o meio literário, o país. Tem-lo feito com frequência, e não custa puxá-lo para aí. Mas desta vez há, tal como no livro, um esforço de economia. Ele estará cansado de fazer justiça pela sua própria boca, de se incompatibilizar, da solidão. Em lugar de voltar a dizer o que tantas vezes disse sobre boa parte dos nossos escritores mais respeitáveis, ele prefere falar dos escritores de que gosta, entre os quais os poetas. E contrap[o]r Eça a Camilo.

– Mas porque é que é sempre esta coisa Benfica-Sporting, Bucha--Estica, etc[.]? Eu acho realmente o Eça de Queiroz um grande escritor, e um tipo dizer isto é quase um crime aqui. Sabe porquê? Porque os tipos não têm compreensão que dê para perceberem a linha do gajo. Porque ele é um aristocrata. As pessoas não podem perceber determinadas frases, não entendem a riqueza daquilo. Se calhar gostam mais do Alves Redol.

– Acha que os padrões literários são baixos em Portugal?

– Acho que sim. Já viu a quantidade de grandes escritores que há cá? Somos todos bestiais.

– Porque é que você não faz crítica? Na Inglaterra, que é um país que você aponta como modelo, os autores fazem crítica nos jornais.

– Mas este país é muito pequenino para isso. Provavelmente diriam logo «Este gajo, hem! A desancar os colegas».

Ainda a vontade de não se incompatibilizar. Vendo bem, que sentido faz arranjar inimigos com a escrita? Já basta que esta seja um trabalho solitário e criador de solidão. É curioso que Lobo Antunes, como tantos romancistas, tenha começado a escrever com intenções de comunicação afectiva.

**– Quando era miúdo, queria que as pessoas compreendessem aquilo que eu achava que não era compreendido. Acho que havia uma dimensão de apelo às pessoas. Eu sou o mais velho de muitos irmãos. A minha mãe estava sempre à espera de bebé. Lembro-me da fúria que senti com o nascimento do meu irmão Pedro.**

Mais tarde, já escritor, essa afectividade apelante transformou-se em gosto de escandalizar, de agredir verbalmente, de fazer tábua rasa.

**– Isso era quando eu pensava que gritando me ouviam.**

Embora ele não o admita inteiramente, os seus livros vivem numa certa nostalgia do tempo e do sítio em que ele nasceu: a Benfica das quintas, hoje urbano-depressiva, mas onde ainda existe, invisível atrás de um muro, a casa de Lobo Antunes. Foi lá que ele cresceu, num ambiente protegido, longe da guerra colonial, que fez como médico, e dos dois casamentos e respectivos divórcios. O melhor de tudo isso, e que restou, são as três filhas, com quem ele não vive, mas a quem fala com indisfarçável ternura, quase à maneira de namorado. (Nada de insinuações Woody Allenescas, por favor).

Consta que os divórcios o deixaram numa situação anárquica em vários planos: sentimental, habitacional, financeira até. Talvez isso corresponda à fase mais rebelde da sua personalidade. Actualmente, ele parece ter estabilizado. Tem uma casa quase despida de móveis e outros bens, mas com vista para o rio. Produz livros a um ritmo compatível com a confiança que lhe manifesta Nelson de Matos, da Dom Quixote, ao pagar-lhe um ordenado. Não é, aliás, um mau negócio, pois Lobo Antunes vende bem, em Portugal como no estrangeiro. Escreve muitas horas, e amigos quase não tem. O seu grande amigo será Cardoso Pires, com quem fala diariamente ao telefone durante longos períodos e a quem aprecia muito como escritor

**– No Cardoso Pires gosto da capacidade de construir uma história, da honestidade. Acima de tudo, ele é um escritor honesto. É um gajo que não encontrou uma receita, e isso eu admiro muito. A maior parte dos nossos escritores encontra uma receita e repete-se mesmo quando aquilo já não dá.**

Além da eficácia construtiva, as histórias de ambos têm frequentemente em comum uma percepção, ou apreensão, muito nítida do real. Uma insistência numa **verdade não-abstracta**, a verdade orgânica, dir-se-ia, como matéria-prima.

**– Não consigo conceber uma história onde as personagens não tenham carne. E se eu partir de uma carne já real para mim, torna-se muito mais fácil.**

O nome correcto para isso poderá ser bom-senso. É aliás de um bom-senso algo céptico, para não dizer cínico, que revelam várias afirmações de Lobo Antunes sobre arte, a literária ou outras:

**– Quando se pergunta porque é que determinado retrato de Picasso está a verde, às vezes é porque o encarnado se tinha acabado. Não vale a pena ir mais longe. É como em literatura. Porque é que havemos de estar a inventar parábolas, a pretender que somos inteligentes? Inteligentes são os leitores.**

Os cenários e as personagens de Lobo Antunes têm uma âncora demasiado fiel à memória, e também a um tipo de pesadelo citadino, pequeno-burguês, que em **A Ordem Natural** chega a ser cruel. Ele gosta de trabalhar com situações concentracionárias, uma casa pequena onde as pessoas estejam obrigadas ao contacto.

**– Aprendi que é muito mais fácil trabalhar em situações limite.**

– A família e três assoalhadas é uma situação limite.

**– Exacto.**

– E a morte? Porquê esse fascínio…

**– A gente não pode compreender os sentimentos sem o contrário deles. Quando o Van Gogh estava a morrer, uma freira perguntou-lhe o que representava aquele quadro do campo de trigo com os corvos. Ele disse que era a morte. A freira disse «Não me parece uma morte triste» e ele disse «Não é triste, passa-se à clara luz do dia». Vi isto num filme de Vincent Minelli e nunca mais me saiu da cabeça. O filme fez-me entrar em depressão.**

– Precisa da morte para viver?

**– Os meus mortos, as pessoas de quem gostei muito e que morreram, estão muito vivas ainda. Lembro-me delas com muita vida.**

– Aquela mulher que morre no fim de **A Ordem Natural**, existiu mesmo?

– **Sim, é uma personagem tirada do real.** Era uma pessoa de quem eu gostava muito e que era como se fosse minha mãe. Morreu de cancro, uma morte horrorosa que ela suportou com uma dignidade enorme. Para mim, o ter acompanhado a agonia dela foi uma coisa muito difícil. Espero que ela esteja tratada com ternura porque foi uma mulher que amei muito.

– Penso que está.

– **Tive medo que não houvesse uma dimensão de amor, que não se percebesse muito bem. Reli esses capítulos e eu, que nunca me comovo, fiquei profundamente comovido a ler aquilo.**

– ...

– **Foi a primeira vez que me aconteceu. Só me comovi depois, quando li. Não enquanto escrevia.**

## 19. LUÍS MAIO

# *"A companhia dos lobos"*

*Público*/Pop Rock
11 de Novembro, 1992, pp. VI-VII[1]

É o disco de dois lobos solitários. Histórias de noitadas e paixões desencontradas, onde a poesia se cruza com o sarcasmo e um certo marialvismo fatalista. Com tangos, fados, boleros e salsa, sempre carregados de lirismo. É o resultado do encontro do escritor Lobo Antunes com o cantor e compositor Vitorino. Um fruto já histórico de uma insinuante cumplicidade.

"Fazemos alguma noite por aí, em locais de acordo com a nossa forma de conviver. Andamos à procura de espaços não muito barulhentos e onde haja alguma melodia." Vitorino diz assim a relação velha de muitos anos com Lobo Antunes. O escritor, por sua vez, explica como dessa cumplicidade descolou um projecto comum: "A minha intenção era só uma: ajudá-lo a dar uma imagem diferente. Continuam a pegar muito no 'Menina estás à janela', a vê-lo uma espécie de cantor popular, meio folclórico. E eu acho que ele é mais do que isso – o Vitorino é músico mais rico."

Lobo Antunes tinha um nome em mente: "A minha ideia era um pouco o Brel. Embora ele não tenha a raiva e a força que tem o Brel, o Vitorino é muito lírico. Mas eu dizia: 'É preciso mais tomates aqui

---

[1] Breve entrevista com Vitorino na p. VII, onde o músico faculta informações complementares sobre a parceria estabelecida com António Lobo Antunes: "Do sarcasmo à ternura". Na p. VIII, Luís Maio, em "O romance da lua", comenta o resultado do projecto.

dentro.'" De modo que Lobo Antunes reconhece que a "ideia original" é sua. "(Mas) o disco é dele. A minha primeira ideia era que não estivesse lá o meu nome." Vitorino esclarece-nos sobre essa humildade do escritor: "Ele gosta muito deste outro lado da escrita que é a poesia, embora neste caso não se assuma como poeta." Lobo Antunes confirma: "Estas letras sozinhas não valem um peido. São coisas para serem cantadas."

Os textos, em qualquer caso, vieram primeiro e o escritor começou por fazer letras para músicas africanas, coladeras e funanás, até que o acompanhamento musical definitivo ganhou a forma de tangos, boleros e valsas. Lobo Antunes propôs a Vitorino 19 letras, duas das quais escrevera na juventude, tendo as restantes sido compostas durante três semanas, no ano passado. "A ideia era fazer um álbum duplo, mas a editora dele achou que era muito. Eu não sei se isto será comercial", observa o escritor.

A editora EMI-VC, por um lado, apaixonou-se pelo projecto – a ponto do seu administrador David Ferreira aparecer na ficha técnica acreditado como co-produtor –, por outro, tomou as suas precauções. Assim, o disco não é duplo e dos 19 textos iniciais só 11 vieram a ser gravados, embora o álbum integre 13 faixas. É justamente por uma questão de prevenção comercial que reaparece "Marcha de Alcântara", como explica Vitorino: "Fui buscar o 'Alcântara' porque a editora me aconselhou. Eles consideram que a marcha não foi suficientemente destacada no disco anterior."

Para além disso, o álbum inclui duas versões de "Ana", texto de Lobo Antunes, que Vitorino apresenta primeiro de modo mais sóbrio, para depois retomar o tema ao encerrar o disco, numa interpretação que classifica de mais mediterrânica. A explicação para este facto prende-se com o seu método de trabalho: "Este disco foi quase gravado ao vivo. Nos outros, normalmente, fazem-se os arranjos musicais, gravam-se e depois, muito calmamente, registam-se as vozes. Mas aqui de cada vez que tocava a orquestra, eu cantava também."

Não obstante Lobo Antunes se queixar de falta de tempo para prosseguir a actividade de letrista, Vitorino insiste em que "Eu que me comovo por tudo e por nada" traz já o embrião de uma nova colaboração com o escritor. "Temos o projecto de fazer uma ópera pop e já começámos. Neste álbum há já um tema de transição – eu gosto de experimentar. É sobre uma figura estranhíssima, que era o

D. António, prior do Crato. Era um lisboeta clássico, meio aristocrático meio vadio, filho ilegítimo de um príncipe e de uma judia. E era uma personagem contrapoder, porque estava contra o F[i]lipe II de Espanha que, aliás, era tio dele. Nós vamos fazendo e há já vestígios disso numa canção que se chama "Se eu não te amar mais", que podia ser o D. António a despedir-se de uma mulher bonita, porque ele era mulherengo, apesar de ter feito votos de castidade para herdar o cargo de prior do pai."

## PRIMEIRAS IMPRESSÕES

Depois de uma hora de conversa com Lobo Antunes, em que este exprimiu fortes dúvidas sobre o impacte comercial do trabalho, surgiu Vitorino com uma cópia da gravação. Foi a primeira vez que o escritor ouviu o disco a que emprestou as palavras. Nesta situação única, à medida que cada faixa ia sendo tocada, Lobo Antunes e Vitorino comentaram os frutos da sua primeira colaboração.

## "BOLERO DO CORONEL SENSÍVEL QUE FEZ AMOR EM MONSANTO"

Lobo Antunes – O coronel é o tipo que se comove por tudo e por nada, mas ao mesmo tempo vai para [a] cama com uma adolescente. No fundo, este tipo idealiza as emoções, muito à portuguesa. O mais importante aqui é o lado sórdido que às vezes a ternura e a saudade fingem tomar quando não existem realmente.

Vitorino – Não é a primeira vez que abordo o assunto e no álbum "Sul" tenho uma canção que se chama "Meninas". Mas é diferente, porque são umas meninas que conheci há muitos anos no Ritz Clube e tenho ainda hoje uma grande admiração por elas. Musicalmente insistimos aqui no bolero, mas que é só sugerido na parte final.

## "ANA I"

[LA] É uma homenagem ao Jorge de Sena. Isto é um país de poetas que não lê os poetas. Mas a música pode ser um veículo para conhecer um poeta difícil como o Sena. Inicialmente este tema foi concebido para ser um fado de Coimbra, mas fica melhor assim como o Vitorino a transformou.

[V] Isto tem ambientes que eu já tinha começado a explorar na "Leitaria Garrett" e esta melodia podia ser perfeitamente integrada aí.

## "TODOS OS HOMENS SÃO MARICAS QUANDO ESTÃO COM GRIPE"

[V] A intenção foi fazer uma espécie de ópera bufa e evocarmos o barroco português.

[LA] Houve aqui uma intenção de fazer métricas diferentes. Para ser um desafio para a pessoa que compõe a música e também para tentar variar o disco. Parece que há aqui um desfasamento entre a letra e a música, embora eu perceba a intenção do Vitorino em fazer assim.

## "BRANCO"

[LA] Esta letra tinha sido escrita aos 17 anos e musicada por um irmão meu de forma completamente diferente. Foi escrito em lembrança de uma pessoa da minha família que se tinha suicidado.

[V] É dos arranjos mais conseguidos do disco. É talvez das canções mais difíceis de cantar, porque vive muito do texto. Suponho que isto é muito próximo do que os franceses faziam nos anos 40/50. É talvez influência do Jacques Brel, da Juliette Greco, mesmo do Serge Reggiani.

## "AOS MARIDOS"

[LA] Isto é uma coisa escrita aos 15 anos. O texto é um bocado tortuoso, porque passa por diversos planos. Traduz um pouco as fantasias de um miúdo que não sabe bem como as coisas se passam.

[V] Disse ao arranjador para envolver a canção com salsa e funcionou muito bem. Mas a salsa é sugerida, os ritmos estão subjacentes, são muito contidos. Tudo o que é percussão está muito para trás. É para fazer bater o pé por sugestão, o que é muito mais difícil.

## "CANÇÃO PARA A MINHA FILHA ISABEL ADORMECER QUANDO TIVER MEDO DO ESCURO"

[LA] Tinha-me separado meses antes, tinha deixado uma filha, e tem a ver com essa saudade. A saudade de deixar filhas pequenas que a gente depois não vê crescer. É um bocado um exorcismo, "dorme minha filha, que eu não me vou embora", quando de facto já me tinha ido embora. Há aqui uma grande dor e um grande amor, e a forma de interpretar do Vitorino é muito feliz nesse sentido.

[V] É uma vivência que eu não tive. Mas o texto sugere uma emoção muito forte. É difícil classificar os textos de zero a vinte, mas este é daqueles que mais me provocaram emoções. É uma "lullaby" para adultos, não sei se uma criança gostará de a ouvir.

### "TANGO DO MARIDO INFIEL NUMA PENSÃO DO BEATO"

[LA] Isto corresponde a uma vivência que é comum a nós dois. A mudança de mulher e, por outro lado, a nostalgia da mulher ideal. É, no fundo, a relação sem paixão e o desesperado apelo de um tipo ser compreendido por uma mulher.

[V] O tango pode ser isto e por isso o usei nesta letra. O tango tem um colo muito grande para nós nos deitarmos.

### "FADO DA PROSTITUTA DA RUA DE ST.º ANTÓNIO DA GLÓRIA"

[LA] É para dar a noção do mundo lírico e ao mesmo tempo feito de coisas pequeninas das prostitutas. Por exemplo, o acordeão do ceguinho. Há 25 anos, em certos cabarés do Bairro Alto, como o Lua Nova, eram os ceguinhos que acompanhavam, elas ficavam a fazer tricô até ao fim da televisão. Depois punham-no em sacos de plástico e começavam a dançar, com os ceguinhos a tocar. É uma experiência que eu tive aos 18/20 anos.

[V] Curiosamente, eu frequentava o Lua Nova ao mesmo tempo que ele, e não o conhecia ainda. Passava tardes e muitas noites lá, com uma caixinha de aguarelas, a pintá-las. Era uma prostituição mais terna, mais humanizada.

### "RUA DO QUELHAS"

[LA] É muito uma tentativa de retratar uma mulher (Florbela Espanca). Uma tentativa de ver as coisas pelos olhos de uma mulher alentejana, onde tudo se passa com um tempo diferente de Lisboa. Também tem a ver com muitos elementos pessoais, como a doença de uma pessoa que era muito querida a essa mulher.

[V] Faz lembrar um pouco as canções do princípio do século, canções para tenor.

### "VALSA DAS VIÚVAS DA PASTELARIA BENARD"

[V] Este arranjo está cheio de imagens. A mim apetece-me dançar uma valsa. Mas é uma valsa pobre, não uma valsa prussiana. É uma valsa que poderia ser dançada num salão do princípio do século em Portugal.

[LA] A letra é um bocado complicada. Tem uma série de sentimentos contraditórios que vão da derrisão até à auto-piedade.

### "E SE EU NÃO TE AMAR MAIS"

[V] Pensamos que este tema poderia ser integrado num projecto ainda pouco estruturado. É uma sugestão de ambientes para uma opereta.

[LA] É o único em verso branco com estrofes que vão de duas sílabas até 11 ou 12 e sempre me pareceu que não poderia ser musicada. É uma canção de amor e há qualquer coisa de comum nestas canções: uma procura do amor que ao mesmo tempo nunca é encontrado.

## 20. MÁRIO SANTOS

### *"António Lobo Antunes:*
### *'Cada vez tenho mais medo de escrever'"*

*Público*/Leituras
24 de Setembro, 1993, p. 8

[MS] Quando é que sai o seu próximo romance?

[ALA] No fim de 1994. Chama-se "A Morte de Carlos Gardel" e fecha um ciclo. A parte de escrita propriamente dita está acabada, estou na fase de corte e costura: ficará reduzido a menos de metade do material inicial. O título é simbólico. Da morte de mitos, de ideias e de aspirações românticas que desapareceram na minha geração: o mito do casamento, o mito do amor entendido de uma certa maneira, o mito dos ideais de esquerda... Mitos que herdámos já sob a forma de escombros. É dividido em cinco partes, cada uma tem o nome de um tango do Gardel. Penso que terá uma textura que o torna mais legível, até porque recorro a soluções que não tinha utilizado até agora, de maneira que o leitor não se perca tanto como em alguns livros anteriores... O problema vai ser depois deste livro: tenho uma vaga ideia na cabeça, que ainda é muito informe mas que marcará uma ruptura radical com o que tenho feito até agora. Em termos da estrutura e da própria escrita. Tanto quanto é possível fazer isso, porque perde-se muito tempo a tentar encontrar uma maneira pessoal de dizer as coisas e depois é muito difícil fugir disso...

[MS] Já anuncia essa ruptura desde a publicação de "A Ordem Natural das Coisas", o que pressupõe uma forte deliberação...

[ALA] Não é bem uma deliberação consciente, porque há uma grande parte do nosso trabalho que tem raízes em zonas que não conhecemos... É mais o sentimento de que aquilo que me interessava dizer desta

## 200 | MÁRIO SANTOS, 24 DE SETEMBRO, 1993

maneira fica dito. Cada vez mais me dá muito trabalho fazer um livro. Sobretudo na parte final, é muito aborrecido porque há muito material, onde às vezes se gastaram meses, que se atira fora. Sempre fui lento a escrever, mas nos primeiros livros fazia muito poucas emendas, não atirava fora coisas que depois não posso recuperar, como me tem acontecido sobretudo a partir de "As Naus".

[MS] Quando começa a escrever tem sempre um título e um plano prévios?

[ALA] Gostaria que os títulos aparecessem antes dos livros, mas em geral isso não acontece. Mas só começo a escrever depois do plano feito. No início era mais inseguro e cheguei a fazer planos muito detalhados... Durante algum tempo, que pode durar meses, trabalho apenas no plano, que agora é bastante mais vago, muitas vezes é só uma folha de papel. E que depois é alterado: os esboços do plano de "A Morte de Carlos Gardel" eram completamente diferentes daquilo em que o livro se tornou. Para começar, escrevo duas versões de cada capítulo. Em geral pela ordem que terão no final, excepto no caso de "Conhecimento do Inferno", em que a primeira coisa que escrevi foi o último capítulo. O que custa mais é o princípio. E é engraçado porque agora é sempre o início de cada capítulo que é muito complicado.

[MS] Concluída a primeira versão, reescreve muito?

[ALA] Nunca acrescento e não só corto cenas inteiras, como adjectivos, imagens, metáforas... Há capítulos que posso reescrever 15 ou 20 vezes, outros três ou quatro. É engraçado porque tenho reparado que aqueles capítulos onde sou mais lento são aqueles que depois têm mais emendas... Trabalho, em média, 12 a 14 horas por dia, incluindo sábados e domingos, e se o dia correr bem faço uma página ou uma página e meia. Isto dito assim parece um tormento tremendo, mas se não acredito nas pessoas que escrevem sem angústia também não acredito nas que dizem que escrever é um sacrifício horroroso... Mas gostava de ser um escritor mais rápido...

[MS] No início era mais inseguro, agora tem mais trabalho. Porquê?

[ALA] Talvez porque com o tempo nos tornamos mais exigentes. Há outros problemas que fazem com que cada vez tenha mais medo de escrever. A última vez que estive na Feira de Frankfurt tinham sido publicados, nos seis meses anteriores, 80 mil romances. Se eu fizer um livro mau, os meus riscos são bastante grandes porque consegui uma posição, no estrangeiro, que nunca pensei conseguir, que duvido que alguém tenha conseguido neste país e que não quero de maneira nenhuma perder: muitas vezes, antes de escrever os livros eles já foram comprados pelos editores estrangeiros. Portanto, quando parto para um livro vou cheio de medo que ele seja mau.

**[MS]** É mais disciplinado hoje?

**[ALA]** O que acontece é que agora tenho mais tempo. Vou ao hospital trabalhar só para não me sentir maluco, porque escrever é uma coisa muito solitária e às vezes é preciso ver outras pessoas... Como escrevo à mão – e não tenciono utilizar computador – escrevo todos os dias, mesmo no estrangeiro. Depois há uma espécie de instinto, a determinada altura começamos a perguntar quando é que o livro está acabado e há qualquer coisa que nos diz que ele está pronto. Porque há sempre coisas que se podem tirar. É por isso que nunca li nenhum dos meus livros publicados, nem vejo provas. Para não me arrepender...

**[MS]** Apetece-lhe escrever todos os dias ou é uma questão de treino?

**[ALA]** As duas coisas. É como um cirurgião, que tem de fazer a mão, ou um futebolista. É importante, mesmo que seja para deitar fora. Há outra função: no fundo, a nossa vida é sempre uma luta contra a depressão e, em relação a mim, escrever é uma forma de fuga ou de equilíbrio... Por outro lado, há a sensação de qualquer coisa que nos foi dada e que temos obrigação de dar às outras pessoas: quando não trabalho sinto-me culpado. Há ainda a sensação do tempo, ou seja, ter na cabeça projectos para 200 anos e saber que não vamos viver 200 anos...

**[MS]** É afectado por circunstâncias externas, como o clima ou o local em que está?

**[ALA]** Não escrevo diante de pessoas, a não ser que estejam afectivamente próximas de mim. Mas desde que esteja sozinho, e em silêncio de preferência, não sou muito exigente. Muitas vezes ligo a televisão, sem som, para me fazer companhia. Escrevo em qualquer sítio e a qualquer hora, desde que tenha privacidade. Nem o clima nem os estados afectivos – mesmo quando são penosos para mim – afectam a minha capacidade de trabalho. Antigamente, quando o Benfica perdia, ficava furioso e era tramado conseguir trabalhar, mas agora já nem o Benfica me afecta...

## 21. TEREZA COELHO

# *"Memória de um escritor romântico"*

*Público*/Cultura
4 de Abril, 1994, pp. 26-27

O romance foi publicado na semana passada. Segundo o autor, acaba um ciclo, "o ciclo de Benfica". Memórias de casamentos falhados, de separações, de vidas com tragédias minimais (e que se repetem). São as obsessões de um escritor que cita Lowry para repetir que "não se pode viver sem amar".

António Lobo Antunes publicou o seu décimo romance. É o melhor de todos: "A Morte de Carlos Gardel". Foi escrito, como os outros, em blocos pequenos, numa pequena letra minúscula, a mesma das cábulas que ele fazia quando andava no liceu. "Escrever não me dá prazer, dá-me uma imensa ansiedade, mas não escrever é pior."

Não houve lançamento do livro: "Que se defenda sozinho. Não tenho nada que ajudar. Com a 'Memória de Elefante' foi o que aconteceu, e tornou-se um estranho e injusto sucesso, em relação aos outros que escrevi depois. Na editora disse que mandassem os livros sem eu ir lá assiná-los. Já não tenho paciência."

Em "A Morte de Carlos Gardel", retoma as relações falhadas, as pequenas misérias, as separações. "As obsessões são sempre as mesmas." A forma é diferente. (Quase) sem adjectivos, comparações, imagens. A construção é bastante mais complexa que nos livros anteriores: "Só dou as chaves todas na última parte. As pontas soltas são agarradas no fim." Carlos Gardel: "Um arquétipo. Em 'Os Cus de Judas' ou na 'Memória de Elefante', o narrador diz que pôs o Che Guevara na parede porque ele era uma espécie de Carlos Gardel da revolução. Um símbolo."

"A Morte de Carlos Gardel": um romance violento sobre as vidas das pessoas que se apaixonam, uma violência doce, "kitsch" e romântica como num tango. A crueldade como uma forma de empatia por pessoas que são mesquinhas, irremediavelmente, um dia acordam e dizem "a vida é só isto", depois conformam-se, como se ficassem a ver a paisagem da margem sul e a repetir baixinho que a vida não presta.

**[PÚBLICO]** Dedica "A Morte de Carlos Gardel" ao seu editor francês, Christian Bourgois. É um bom editor?

**[LOBO ANTUNES]** Gosto muito dele. Como homem e como editor. Lê os livros, decide sozinho os que publica. Apaixona-se pelos livros e defende-os até ao fim. Falou de mim em toda a parte. Em Setembro vai publicar "A Ordem Natural das Coisas". Gosto tanto dele que deixei que publicasse a "Memória de Elefante" e [o «]Conhecimento do Inferno», que são livros mauzinhos.

**[P]** Isso é novo. Diz sempre que os seus livros são óptimos.

**[R]** Se uma pessoa não estivesse convencida que tinha feito o melhor do mundo não o publicava... Nunca os releio. Este por acaso reli depois de publicado. Estive a almoçar com o Zé (José Cardoso Pires), e ele achou que literariamente é o melhor, mas que a construção é muito complexa. Retomei os temas da "Memória de Elefante". Fechei um ciclo. Interessava-me retomar a "Memória de Elefante" com tudo o que fiquei a saber da vida depois.

**[P]** Os temas são os mesmos, mas na "Memória de Elefante" tínhamos uma classe média que era mais ou menos o mesmo grupo social dos livros do Nuno Bragança. Aqui predomina a pequena burguesia suburbana.

**[R]** Há várias classes misturadas...

**[P]** Sim, mas em "A Morte de Carlos Gardel" predomina essa pequena burguesia suburbana, fala de pessoas que têm palhaços de louça numas casas na Cruz de Pau.

**[R]** Isso é uma transformação de pessoas que existem. Eu não sei "inventar", preciso de um motor de arranque. As ruas têm de ser reais, as casas também. Dá-me mais segurança assim, ter pontos de referência permite-me ir muito mais longe. Por exemplo, a frase que uma personagem diz, "pior que um marido só um ex-marido", é verdade. A rapariga que chegava a casa e tinha o ex-marido de manhã à porta com o pequeno[-]almoço também é real. Misturo isso com a minha vida.

## O FIM DE UM CICLO

[P] Fecha o ciclo de uma maneira desgraçada. As vidas destas personagens são aglomerados de pequenas misérias.

[R] Eu acho que o livro, ao contrário dos outros, tem humor.

[P] As frases como a da página 370, "o casamento no fundo é isso, duas pessoas sem alma para cozinhar e nada para dizer partilhando peúgas em detergente e frangos de churrasco", pomos em "humorísticos ou em "o que ficou a saber da vida"?

[R] Isso é comum. As pessoas ao domingo compram batatas Pala--Pala na cervejaria. Jantam frangos de churrasco.

[P] Onde é que está o sentido de humor do livro?

[R] Acha que não tem?

[P] As personagens vivem pequenas tragédias suburbanas. Não é divertido. Nem trágico, porque nada daquilo tem realmente tamanho de tragédia. É bastante cruel.

[R] São tragédias miniatura. As tragédias nunca são muito grandes, não é? Não pensei nisso a escrever. Acho que é o retrato da maneira como as pessoas em geral vivem. As pessoas vivem na Cruz de Pau, é normal, e depois há outras pessoas que dizem "que horror, a Cruz de Pau". Eu gosto da Cruz de Pau. E de Corroios, e de todos aqueles sítios. Como gosto de Benfica, cresci lá, era a minha zona suburbana. As pessoas de Benfica diziam "vou a Lisboa"… Gosto de subúrbios. As pessoas suburbanas têm uma pureza que eu perdi.

[P] "Pureza", por exemplo, nestas mulheres no livro, que moram na Amadora e vão num Morris a cair de podre a uma boîte da Avenida de Roma olhar para uns homens que não lhes ligam nenhuma? Ou nas que chegam aos bares e dão um beijinho ao empregado? Não é "puro", é patético.

[R] Você está farta de ver isso, mulheres que chegam aos bares e dão um beijinho ao empregado. Como vê pessoas de fato de treino a passear nas Amoreiras. Somos assim: pequeninos e feios. E eu gosto. Não vivia em Nova Iorque nem em Paris. Você parece o editor do Thomas Wolf[][e], que leu o primeiro livro dele e disse-lhe: você trata tão mal a sua família? Ele pensava que tinha feito uma coisa cheia de simpatia e ternura. Este livro é um livro terno, uma grande parte do que aqui está é a minha experiência como pai, marido falhado, etc. Tem ternura, tem culpabilidade e remorso ao mesmo tempo. Essa

## 206 | TEREZA COELHO, 4 DE ABRIL, 1994

boîte de que fala é verdade, existe e é assim, só mudei o nome. Vão manicures, escriturárias... O sítio é fascinante. O livro é muito pouco inventado...

[P] Fascinante porque não faz parte do lote, não é? Se tivesse de viver assim achava graça?

[R] Você era capaz de viver com um homem que dissesse "há-des", e "moço", e "moça"? Não era. E eu era muito menos capaz de viver com uma mulher que fosse economista e dissesse "optimizar" e usasse marcas por fora da roupa. Preferia uma que coleccionasse palhaços de louça com dourados e dissesse "há-des". As pessoas agora ou são uma coisa ou são outra. O resto é muito pouco. Não estou a ser cruel no livro, estou a dizer como é. Cruel implica maldade. E veja lá se fala noutra coisa, que as pessoas lêem isto, acham deprimente e depois não lêem o livro.

[P] São os seus temas. O mais recorrente é relações amorosas falhadas. Se falham todas, porque é que escreve sempre sobre isso?

[R] Escrevo sobre a maneira como nos perdemos por pequenas coisas, ainda por cima nunca são grandes coisas. As relações não são necessariamente falhadas, nós é que as falhamos. E depois os outros têm inveja do amor. Se você se apaixona os seus amigos começam logo: "Tem cuidado, isto não é nada contra ele, eu só te digo isto por amizade, e oxalá sejam felizes", etc[.], depois um cortejo de coisas. Não são nada solidários connosco quando somos felizes. As pessoas têm imensa inveja da felicidade dos outros, não me venha dizer que eu é que sou horroroso: é assim que as pessoas vivem.

[P] O que é a felicidade Neste livro?

[R] Você é feliz?

[P] ?

[R] Nós somos felizes só por instantes. Temos medo de viver um grande amor. Estamos muito mais habituados a sofrer do que a ser felizes.

[P] Porque é que parte do princípio que ser feliz é estar apaixonado por alguém?

[R] Porque senão as pessoas são infelizes. Lembre-se da frase do Malcolm Lowry, "não se pode viver sem amar". Acredito sinceramente nisso. E é possível. Se conseguirmos não ser quotidianos, e manter um clima de sedução – estou a ser muito romântico – é possível.

O Faulkner dizia que o amor não acaba, nós é que deixamos de o merecer. Dito assim parece a "TV Guia", mas eu acredito.

[P] Porque é que tem de ser eterno? Todas as pessoas são amáveis, desde que seja pouco tempo.

[R] Pois, uma "Alegria Breve", como dizia o outro, não é? E o que é que fica a conhecer? Uma marca diferente de shampoo? Nós temos medo do que queremos. Vivemos todos em Corroios, não temos palhaços de louça nas prateleiras, temos dentro da cabeça.

"UM LIVRO SECO"

[P] Além de uma construção mais complexa no livro, há uma contenção muito maior: nos adjectivos, nas comparações, nas metáforas. Está de acordo?

[R] Não tem "gordura". É um livro seco. Quanto ao tipo de construção, a minha ideia era que as pessoas se iluminassem umas às outras, que se cruzassem, que os vários pontos de vista mostrassem aspectos diferentes nas personagens enquanto outras personagens falavam nelas. Acha que ao princípio não se percebe?

[P] Está preocupado com isso?

[R] As pessoas lêem antes de adormecer, não é? Um bocadinho à noite. Eu tenho a sensação de que cada vez escrevo livros mais difíceis. Uma coisa que eu descobri com este é que a solução está no texto que escrevemos, basta "desbastar" a prosa e está lá. Quanto à estrutura, os meus livros agora são tecnicamente mais complicados, mais ambiciosos, digamos. O problema é sempre o mesmo, como é que se diminui a "décalage" entre a emoção sentida e aquilo que fica escrito no papel? Comecei a perceber que a única maneira era alterar a estrutura. Para mim a inovação é secundária. O Joyce eu admiro, mas fica frio. O Faulkner admiro efectivamente, sinto que tudo aquilo que ele faz é para tentar aproximar a emoção daquilo que escreve.

[P] Faulkner uma vez disse que tanto se lhe dava se as pessoas achavam que era preciso ler os livros dele duas vezes para se perceber, e que se não percebiam que os lessem as vezes que fossem precisas. Porque é que está apreensivo a pensar que as pessoas podem não perceber o livro?

[R] Ele dava muito esse tipo de respostas. Não é tão irrelevante como isso, traduz-se em poucas vendas… Ele nunca teve dinheiro na vida. Depois ganhou o Nobel e a partir de então tornou-se um génio reconhecido. Antes foi crucificado.

[P] Alguma vez se sentiu crucificado?

[R] Não. Mas há má-fé. Houve uma crítica de "A Ordem Natural das Coisas", escrita por uma pessoa que não percebeu o livro. Falava em imagens surrealistas. Lá fora são hiperbólicos, gostam de tudo o que eu faço.

[P] Mantém uma distância? Qual é o seu pior livro?

[R] Só devia ter publicado a partir de [A «]Explicação dos Pássaros». A «Memória de Elefante» é um livro mau, está cheio de ingenuidades, tem o "charme" dos seus defeitos, mas não é um bom livro.

[P] Tem as qualidades e os defeitos dos primeiros livros...

[R] Sim, mas depois quem perde a frescura não é o escritor, somos nós que a perdemos em relação ao escritor. Antes da «Memória de Elefante» escrevi muitos livros, tive foi o bom senso de os deixar na gaveta. É um livro de principiante. O primeiro de que não me envergonho é a «Explicação dos Pássaros». Foi o meu livro mais rápido, seis meses: nunca mais me aconteceu. O «Fado Alexandrino» estava no último capítulo e voltei ao princípio. Cada vez escrevo mais devagar. Neste, o que foi publicado é um terço do que eu escrevi. Imagens, metáforas, adjectivos, advérbios, saiu tudo. Eu acho que já não preciso disso. Eu sei o que quero escrever a seguir, algo que tem a ver com as novas religiões, não sei é como é que vou escrever. Não posso ir mais longe neste tipo de construção. Entreguei "A Morte de Carlos Gardel" em Dezembro e ainda não consegui começar a escrever.

## 22. RODRIGUES DA SILVA

# *"A confissão exuberante"*

*Jornal de Letras, Artes & Ideias,*
13 de Abril, 1994, pp. 16-19

("Lídia Jorge e João de Melo[,] Agustina e Cardoso Pires", p. 18)

Quinze anos depois da estreia literária, António Lobo Antunes acaba de publicar o seu décimo romance, «A Morte de Carlos Gardel» (Publicações Dom Quixote). Um livro magnífico e comovente que, como o autor dirá ao «JL», é «A 'Memória de Elefante' escrita por mim agora.» O fim de um ciclo, pois, que abrange toda a obra do escritor, ouvido aqui também na perspectiva do livro que há-de vir. Título já há («Os Encomendadores de Anjos»), plano idem, como se anuncia em primeira mão. Não é, porém, o mais importante desta entrevista. O mais importante é, decerto, a revelação de um homem que, aos 50 anos de idade, surge, subitamente, mais humilde do que nunca, um escritor que, no auge da consagração, ousa afirmar: «Os livros não me chegam!»

Não há preâmbulos a fazer, excepto referir que «A Morte de Carlos Gardel», outra vez, «uma história de amor entre o desespero e a resignação», encerra um ciclo iniciado em «Memória de Elefante» e encerra-o em plenitude. No primeiro livro havia um só olhar e era o da personagem principal (o próprio autor autobiografado). Agora o autor dissolve-se nas personagens todas e os olhares multiplicam-se, numa espécie de para cada uma sua verdade. A humildade do homem que esta entrevista vai, daqui a nada, revelar, coincide com a humildade do escritor que, ao décimo livro, se mostra plenamente capaz de reconstituir a unidade dos contrários. Quanto à entrevista vale por si, por aquilo que António Lobo Antunes irá dizer, pelo retrato dele que daí se poderá extrair. Um retrato porventura menos desfocado do que é costume. A preocupação foi mesmo essa, levando-o a falar tanto da vida como da literatura, coisas para o escritor «inextri[]cáveis». Quinze anos depois da primeira entrevista de todas quantas até hoje o romancista concedeu, para entrevistador e entrevistado este foi também um reencontro. Assim.

**[JORNAL DE LETRAS]** António: a nossa primeira (e até agora única) entrevista fizemo-la em 1979, quando ainda ninguém sabia quem tu eras, salvo que acabaras de publicar um primeiro romance («Memória de Elefante») que eu lera de um jacto no Monte Carlo. Agora já não há Monte Carlo, já se foi o «Diário Popular» e tu já não tens 35 anos de idade, nem o ar de puto a quem sobrava tudo, a começar pelo talento e a acabar num ar entre o reguila e o ensimesmado. Agora já dobraste os 50 anos, és um dos escritores portugueses mais conhecidos no mundo, já ganhaste o Nobel de cá e, às vezes, fala-se de ti para o Nobel propriamente dito. Não me digas da obra, diz-me da vida. Entre os 35 e os 50 anos, entre o primeiro livro e o décimo, entre o psiquiatra que escrevia umas coisas e o escritor que passa pelo hospital, entre o anonimato e a consagração, como é que a tua vida mudou?

**[ANTÓNIO LOBO ANTUNES]** Foi tudo muito depressa, tudo muito inesperado. É a ti que compete julgar, não a mim, mas em todo o caso penso que ainda conservo a mesma inocência e a mesma virgindade do olhar dessa altura. Pelo menos espero que assim seja. Agora é evidente que a minha vida mudou desde a última vez que falámos. Não sei se nós os dois amadurecemos. Se calhar envelhecemos só nuns sítios e apodrecemos noutros. Mas os livros também são uma engrenagem. Quando nos conhecemos eu ainda não tinha sido apanhado por ela. Fui-o a seguir a «Os Cus de Judas», quando, de repente, recebi uma carta da América, do agente do S[á]bato e do Drummond, dizendo-me que queria ser meu agente, e eu pensei que era uma brincadeira. Não respondi, ele voltou a escrever e eu achei «por que não, é chique ter um agente». Logo a seguir começaram as traduções, primeiro nos Estados Unidos, depois noutros países... Olha, o Mário Saa dizia que «cada um tem a idade com que nasceu». E eu, sob esse aspecto, penso que não mudei muito. Nalgumas coisas mudei, mas ao longo destes quinze anos houve sobretudo estes dez livros, os amigos que os livros me trouxeram e a oportunidade de conhecer pessoas excepcionais. Como o homem a quem este livro é dedicado, o meu editor francês. (E um grande editor é talvez mais difícil de encontrar ainda que um grande escritor.) Houve, sobretudo, todos esses encontros maravilhosos e continua a haver uma grande surpresa por isto tudo estar a acontecer. É uma alegria misturada com espanto, um orgulho misturado com medo.

## AS ÚNICAS MULHERES DE QUEM NUNCA NOS CANSAMOS

[JL] Os teus primeiros romances eram autobiográficos. Agora já não são, mas, neste em particular, sente-se que tu andas por ali, já não como personagem mas qual encenador sobretudo preocupado com a direcção de actores. Concordas?

[ALA] Não estou de acordo contigo, Zé Manel. Agora são muito mais conscientemente autobiográficos. Agora consigo fazer muito mais «harakiri» do que ao princípio e de uma forma muito mais profunda. Neste livro, e nos anteriores, talvez eu não me ponha como António Lobo Antunes, mas acho que as pessoas sentem que eu estou lá.

[JL] Mas é isso justamente o que eu dizia.

[ALA] A minha concepção de literatura passa muito por aí. Se eu, enquanto leitor, não sinto o prazer de ver um homem ali, uma presença viva, com carne e sangue e esperma e merda, se não sinto o corpo dele lá e a vida dele lá, não consigo aderir afectivamente. Joyce admiro-o, mas deixa-me frio, Faulkner admiro-o mas não me deixa frio porque sinto nele o trabalho da renovação da escrita para a tentar aproximar da emoção. A maior complexidade (aparente) dos meus livros tem a ver com o tentar exprimir cada vez mais profundamente o que sinto e o que sou através das personagens. Tu conheces-me e percebes como eu sou profundamente eu nesta gente toda.

[JL] Há quinze anos dizias que dava um «alívio bestial» um tipo sentir que deixou de ser o centro do mundo. Mas isso era o psiquiatra a falar, porque o escritor e o António eram algo narcísicos e sentiam--se um tanto o centro do mundo. E agora, como vamos disso?

**[ALA]** Victor Hugo, um homem que tenho vindo a admirar com o tempo, escreveu num dos seus cadernos: «Sou um homem que pensa noutra coisa.» Eu senti aquela frase como minha... Existe, obviamente, uma dose de narcisismo em todos nós (sem narcisismo a gente não pode viver), mas sinto-me agora mais sozinho e, ao mesmo tempo... Não sei explicar-me muito bem. Sinto que os livros não me chegam! Preciso de mais qualquer coisa que não sei muito bem o que é. Quando nós nos encontrámos, eu pensava que a vida se justificava através dos livros e de os escrever. Hoje penso que não, mas acho que continuo à procura disso que me falta e que eu não sei o que é, e não saber o que é continua a trazer-me sofrimento. Aquilo que aconteceu ultrapassou todos os sonhos de glória que eu tinha aos 18 anos. Então, tu percebes que não era isso que estavas à procura, que era outra coisa qualquer por trás disso ou para além disso.

**[JL]** O Chaplin, quando um dia viu o seu nome escrito em todas as paredes da América, interrogou-se sobre o que iria ser a vida dele: aos 20 e poucos anos já lhe acontecera tudo aquilo com que sonhara.

**[ALA]** Mas a felicidade não passa por nada disso, pelo sucesso, pela celebridade, pela fama. Passa por uma paz interior que eu ainda não encontrei, Zé Manel. Olha, quando aceitei fazer as crónicas para o «Público» (porque me pagavam e porque eu precisava desse dinheiro, como continuo a precisar), foi o Vicente Jorge Silva quem me convidou. Eu não o conhecia e embirrava com ele. É outro dos meus defeitos: julgamentos aprioristicos. Depois de conhecer o Vicente passei a gostar dele. Bom, sobre as crónicas, embora sejam prosa alimentar, as pessoas escrevem-me porque lêem aquilo! É tão comovente. Tu sentes que elas andam à procura do mesmo que tu andas e que, no fundo, é um encontro de duas inquietações, de duas aflições. O sucesso incrível dessas crónicas espanta-me muito, porque não há um grande cuidado literário, não há um grande apuro. É muito chato, perdes um dia a pensar «agora, que é que eu vou escrever?». E, depois, sentes as outras pessoas... Também tenho recebido cartas a insultarem-me. Uma de um padre, outra de um senhor de Alverca a dizer-me «Que é que você tem contra Alverca? Você que cresceu num subúrbio...» O que é verdade. E gosto dos subúrbios...

**[JL]** Mas não de Corroios, conforme se lê neste livro...

**[ALA]** Mas há uma certa ternura. Eu acho que estou mais no lugar do homem que vive em Corr[o]ios do que no da mulher *snob*. Identifico-

-me muito mais com ele, é-me muito mais simpático. Eu continuo a achar que a gente não inventa nada. A gente rouba. Narcisismo? Sem dúvida, mas tenho a pretensão de pensar que continuo humilde.

[JL] Eu diria: bastante mais humilde do que quando eu te conheci. Mas, olha, tu definiste a «Memória de Elefante» como «uma história de amor entre o desespero e resignação», uma definição que se poderia aplicar, *ipsis verbis*, a este último.

[ALA] Sob esse aspecto não mudei muito. O S[á]bato, que é um homem que tenho o privilégio de conhecer e de ser amigo, um grande escritor, diz que não há escritores sem obsessões, que os temas são sempre os mesmos.

[JL] A primeira pessoa a quem ouvi isso foi ao Abelaira.

[ALA] Por muito que penses que estás a fazer um livro diferente, estás novamente a voltar às tuas obsessões. Sempre, sempre, sempre. Eu, mesmo como leitor, acabo por voltar sempre aos mesmos livros. Leio cada vez menos autores diferentes e cada vez mais os mesmos livros. Aos 50 anos já leste[] muitos, muitos, muitos livros e acabas por voltar aos que gostas, relendo-os, relendo-os. E descobres neles sempre coisas novas, como se os estivesses lendo pela primeira vez. As grandes obras de arte devem ser as únicas mulheres de quem nunca nos cansamos.

[JL] Acontece também com os filmes.

[ALA] Exactamente. Estou a lembrar-me, por exemplo, de «Sonata de Outono», do Bergman. Quando o vi pela primeira vez, há muitos anos, pareceu-me um filme chato, e agora comoveu-me até às lágrimas. É engraçado como de certas coisas nós somos capazes de gostar muito anos depois e de outras já não gostamos. Há livros que eu nunca mais reli com medo de perder o encantamento. E há outros que a gente só os descobre ao relê-los. Porque, da primeira vez não estávamos provavelmente preparados para a riqueza daquilo. Ou porque não tínhamos ainda vivido o suficiente para poder gostar. O Bergman, agora, foi uma surpresa para mim. O cineasta que mais me espantava era o Fellini. Ao revê-lo, continua a espantar-me, mas de uma forma diferente, enquanto que com o Bergman foi essa surpresa. Talvez porque eu tivesse de passar por uma série de sofrimentos… A minha vida pessoal, em termos interiores, não tem sido fácil.

[JL] Nunca foi.

[ALA] Nunca foi, mas muito mais difícil tem sido. Até financeiramente, porque deixei de ter consultório. Quando a gente se conheceu eu vivia bem: era médico, tinha o consultório cheio de doentes, era um bocadinho o psiquiatra da moda,.ganhava muito dinheiro. Com os livros, isso acabou. Claro que não sou pobrezinho de pedir nem ando a contar tostões, mas não vivo com a facilidade material com que vivia. E depois esta inquietação toda custa muito mais aos 50 anos do que aos 35. É mais dolorosa, é mais difícil, porque tu sentes que já não vais encontrar a paz. Daqui a nada tens 60 e depois 70 e depois vem a carreta da Voz do Operário e leva-te. As angústias são as mesmas da juventude, sem a esperança ainda de uma estrada. A minha mãe costuma dizer que à frente dela não vê uma estrela, vê um muro. E qualquer dia é isso que a gente vai ver: um muro. E vamos continuar ainda com a mesma inquietação e a mesma angústia, Zé Manel.

[JL] Estás melhor, agora.

[ALA] Por fora?

[JL] Por dentro.

[ALA] Por fora, estou mais velho. Mas isso de estar melhor veio de fora, porque já não tenho necessidade de afirmação. Tu lembras-te que eu, para me afirmar, deitava tudo abaixo, convencido que pelos outros serem maus eu era melhor, o que era uma coisa completamente imbecil, uma fantasia infantil. Outra coisa boa é que te descobres agora no meio das pessoas, sem estares por cima nem por abaixo. Estás ao lado delas, entre elas. E outra coisa que os anos te trazem é a descoberta de pessoas melhores do que tu. Mas nisso não te tira a solidão.

AFECTIVAMENTE, COM A PEQUENA BURGUESIA

[JL] Tal como o teu primeiro livro, acho que este é, de outro modo, também um discurso do medo e da solidão, um discurso sobre a dificuldade de amar. Certo?

[ALA] Os livros que escrevi agrupam-se em três ciclos. Um primeiro, de aprendizagem, com «Memória de Elefante», «Os Cus de Judas» e «Conhecimento do Inferno»; um segundo, das epopeias, com «Explicação dos Pássaros», «Fado Alexandrino», «Auto dos Danados» e «As Naus», em que o país é o personagem principal; e agora o terceiro, «Tratado das Paixões da Alma», «A Ordem Natural das Coisas» e «A Morte de Carlos Gardel», uma mistura dos dois ciclos anteriores, e a que eu chamaria a Trilogia de Benfica. De certa maneira, o fim desta trilogia engrena na «Memória de Elefante», pelo que o ciclo está fechado. Neste livro, vestidas de outra maneira, surgem as mesmas personagens da «Memória de Elefante». As filhas transformam-se em filho, o homem deixa de ser médico para passar a ser cineasta, mas no fundo «A Morte de Carlos Gardel» retoma e amplia os temas da «Memória de Elefante». Com menos gordura, menos banha e sem a necessidade do palavrão, da metáfora constante...

[JL] ... [d]as citações.

[ALA] Sim, e dos adjectivos, dos advérbios de modo. Isto tu vais aprendendo a catar. E vais aprendendo que, despido das lantejoulas todas de palhaço rico, aparece o palhaço pobre por detrás, e é com o palhaço pobre que eu, enquanto leitor, me identifico. Não com o palhaço rico. Quando era pequeno e ia ao circo, com quem sentia proximidade e entendimento interior era com o palhaço pobre, nunca com o palhaço rico. Nos primeiros livros é muito o cara branca que aparece, quando eu acho que sou muito mais palhaço pobre. Como os escritores de quem gosto.

[JL] Baudelaire e a célebre frase: «Le coeur d'une ville change plus vite que le coeur des mortels.» Cito-a porque este teu romance continua, como outros anteriores, a ser uma errância por Lisboa, mas uma errância de quem se reconhece mal na sua cidade. O coração dela mudou mais depressa do que o teu, nascido numa Benfica ainda fora de portas e habitante hoje de um apartamento na Avenida Afonso III?

[ALA] Eu não nasci em Benfica, nasci na Maternidade Abraão Bensaúde, que havia ali no Rego. Mas cresci, de facto, em Benfica e vivi em Benfica até aos 30 e tal anos. Não tanto neste livro, mas mais no anterior, tu encontras duas Benficas: a de outrora e a de agora. Mas, novamente neste, a casa que aparece é a casa dos meus pais, onde eu vivi. Em todos os livros ela aparece. É evidente que a minha Benfica se foi ampliando. Tenho escrito grandes bocados dos meus livros fora de Lisboa: em Nova Iorque, em Berlim, na tua Paris, mas não me vejo a viver noutra cidade. Para mim ser-me-ia impossível viver fora de Lisboa. Falta-me a língua, falta-me este meu povo, feio, pequenino, com mau gosto, malcriado, não sei quê, mas do qual tenho umas saudades loucas quando estou no meio de gente limpa.

**[JL]** Saudades dos anhucas, como chamas neste livro já não sei a quem.

**[ALA]** O anhuca era uma maneira como em Benfica (e de modo geral nos bairros periféricos) se insultavam outras pessoas: «Ah!, grande anhuca...» Uma das coisas que desespera um bocado os tradutores é a mistura do calão lisboeta com linguagem erudita e às vezes com português arcaico. Isso põe muitos problemas de tradução em países onde as classes sociais não estão marcadas. E nos meus livros há muito uma contradição, que, no fundo, é a minha contradição fundamental: entre a pequena burguesia, e uma burguesia aristocratizante, e a indecisão de saber [a] qual das duas pertenço. Afectivamente, pertenço à pequena burguesia com todos os seus defeitos. É com quem me identifico mais. No hospital, dou-me melhor com as pessoas que têm trabalhos humildes do que com os médicos. Não por um snobismo ao contrário. Tem a ver com a minha infância, passada numa Benfica de há 40 anos, um bairro de gente pobre. Aprende-se muito com essas pessoas. Penso que quando acerto mais é quando são elas a falarem por mim ou a falarem comigo. Isto não aparecia tanto na «Memória de Elefante», tem vindo a aparecer muito mais ao longo dos outros livros, quando resolvi dentro de mim a culpabilidade do meu nascimento burguês que me levou a adesões, como ter sido candidato pela APU. Tinha a ver com a culpabilidade do menino burguês que sentia que fora durante a ditadura por se refugiar no xadr[ez] e na escrita para não ter uma intervenção cívica activa. Houve muita cobardia da minha parte. O medo físico só o perdi em África, na guerra. África foi muito importante para mim. Por isso e sobretudo pelo encontro maravilhoso com o Melo Antunes. Não só com o que aprendi dele politicamente mas pelo que aprendi de coragem. Física e moral. Aprendi muito com esse homem. Para mim é um privilégio ser amigo dele e ele ser meu amigo.

**[JL]** Há quinze anos eras muito crítico em relação aos escritores portugueses contemporâneos. Dizias também que o meio intelectual português era feito de «coisas pequeninas e garridas» e à vida cultural chamava-la de «uma coutada fechada». E hoje: a coutada abriu-se ou és tu que já estás lá dentro?

**[ALA]** Isso eram palavras de quem estava de fora, ao mesmo tempo com o imenso orgulho do primeiro livro (só quem não passou por isso é que não pode sentir esse orgulho de se ver impresso e ir à noite, como eu ia, espiar nas montras das livrarias da Baixa o meu nome em letras impressas. Era, ao mesmo tempo, um deslumbramento, uma vergonha, uma aflição e uma vaidade). Na realidade, eu sempre conheci mal a literatura portuguesa. Nessa altura, então, conhecia-a profundamente mal. Houve pessoas que eu depois conheci pessoalmente e de quem me tornei amigo, como o Alexandre O'Neill. O João de Melo já era meu amigo, mas desconhecia José Cardoso Pires. E tinha uma ideia vaga do que queria fazer, mas sabia sobretudo aquilo em que não me queria tornar e aquilo que não queria escrever. Portanto, a vida literária vista de fora parecia-me uma coutada. Ainda estudante de liceu, ia espiar um grupo de escritores que se juntavam numa cervejaria chamada Coral, ali ao Jardim Zoológico. E sentava-me numa mesa, a comer tremoços e a olhar para os escritores que lá estavam e que só conhecia de nome...

[JL] Quem eram?

[ALA] O Namora, o David Mourão-Ferreira, a Natália Correia, um homem chamado Armando Ventura, que escrevia contos e fazia crítica literária no «Diário Popular». Eu via-os assim e aquilo parecia-me uma coutada fechada, porque eles não me convidavam para me sentar à mesa, e eu achava natural que eles me chamassem, estilo «olha, senta-te aqui, ó génio». Como me deixavam sempre na outra mesa ao lado, isto provocava em mim um despeito enorme. E depois entrei nisto tudo de fora: não tinha tirado um curso de Letras, tinha tirado um curso técnico, e nunca tinha pensado a sério em publicar (sabes bem como é que as coisas começaram, através do Daniel Sampaio). E estava muito magoado pelas recusas das editoras em me publicarem.

[JL] Levaste «tampa» de quantas?

[ALA] Agora não me recordo. Sei que levei «tampa» da Bertrand. Tive mais editoras que diziam: «um romance não é isto» ou «isto é pornográfico, isto é obsceno, isto não é prosa, não é ficção». E pensava: «bolas, não me publicam a mim e publicam os outros todos, então os outros todos são uma merda e eu é que sou o bom», o que era um pensamento extremamente adolescente mas muito compreensível num tipo que tem três livros já feitos e ninguém quer o primeiro, logo ninguém quer os outros a seguir. Isto era muito o pensamento do ciúme infantil que, de certa maneira, se prolonga pela vida fora. Isto para ser completamente sincero. E na vida literária isto também existe e de uma maneira muito intensa, com todas as suas competições e invejas. Agora o que também existe são pessoas de alta qualidade, e disso eu não me apercebia porque estava na atitude arrogante do desprezado.

## UM MENINO COM MEDO A ASSOBIAR NO ESCURO

[JL] Quando publicaste o primeiro livro disseste que «independentemente do valor que a nossa geração, literariamente, possa vir a ter ou a não ter, eu penso que ela é uma geração diferente das outras, porque é uma geração marcada pela guerra colonial». Até que ponto a marca da guerra colonial se desvaneceu com o tempo?

[ALA] Ninguém fala da guerra. Houve uma coisa que me chocou imenso, Zé Manel. Foi quando, há uns tempos, vi debaterem na televisão se havia napalm ou não. Isto a mim surpreendeu-me terrivelmente. Onde eu estava havia napalm. Os ataques eram feitos com napalm. Digo isto porque é a verdade, e acho de uma extrema hipocrisia as pessoas dizerem que não havia napalm, quando se vivia quotidianamente com ele. Adiante... Quanto ao regresso de África, imagina (tu também lá andaste) um rapaz como eu que tinha chegado da guerra em 73, encontrado uma filha com um ano e tal que não conhecia, e que em 76 se separa e se divorcia ainda no rescaldo disso. E tudo, ao voltar, com imensas dificuldades financeiras. O dinheiro chegava-me até meio do mês. Para poder viver, andava, por aqui e por acolá, a fazer bancos de 24 horas, a 600$00, pagando os transportes. Foi um recomeço de vida muito difícil. E isso levou-me a pensar: «como eu sofri tanto, tenho direito a ter uma geração e a ser qualquer coisa de diferente». E levei muito tempo a entender que a guerra colonial tinha sido sofrida aqui também, sobretudo pelas mulheres (todas as pessoas que terão agora entre 40 e 60 anos sofreram a guerra). Mas na altura pensava que não, até porque este era um país ao qual eu não pertencia, ou de que sempre me alheara muito, completamente fechado nos meus versos e nos meus jogos de xadrez. Daí pensar que o que eu tinha passado na guerra, com todo aquele horror e todo aquele sofrimento, era uma experiência única. Bom, hoje penso que, literariamente, em Portugal já não há grupos. Cada pessoa está a trabalhar isolada. Tenho é descoberto uma nova geração com 20 e tal, 30 anos, onde há pessoas com muito talento: Rodrigo Guedes de Carvalho, José Riço Direitinho, Alexandre Andrade, um homem com 21 anos, ainda não publicado, que me mandou um manuscrito com muita qualidade; um grupo do «DN Jovem» com pessoas de muito talento também. Tudo gente que vai fazer coisas muito boas, não tenho dúvidas acerca disso. O problema é que podes fazer grandes poemas aos 20 anos, agora grandes romances é muito raro. É preciso teres vivido primeiro, e não podes exigir a um rapaz ou a uma rapariga de 20 anos que façam um grande romance.

[JL] Na escrita, o teu barroquismo oscila entre uma estrutura narrativa extremamente complexa e uma espécie de discurso derramado. Isto tem um bocado a ver contigo, um tipo entre o «enfant terrible» e aqueloutro que se fecha meses em casa a trabalhar a palavra como um artífice...

[ALA] Ó Zé, aos 50 anos, com os poucos cabelos que me restam, quase todos brancos, já não tenho idade para ser «enfant terrible». Eu acho que nunca o fui. Acho que era mais um menino com medo a assobiar no escuro. Tentaram fazer de mim aquilo que não era ou que mostrava por timidez. Continuo a ser um menino que assobia no escuro. Não só nos livros, na vida também. Sei muito bem o que quero, mas todos os passos são dados num corredor às escuras com uma enorme saudade de não ter a minha mãe no andar debaixo a dizer «estou aqui, estou aqui» e eu «oh mãe, vá falando enquanto eu atravesso o corredor». O drama quando se chega aos 50 anos, é que já não temos nenhuma voz lá em baixo de nenhuma mãe a dizer-nos que podemos continuar a atravessar o corredor. A partir de certa altura, passas a viver sem rede, o que tornas as coisas muito mais difíceis. E pior: exigem que tu sejas rede dos outros. Os teus filhos exigem-te isso, por mais crescidos que sejam. Mesmo em adultos exigem-te isso. Por isso, acho que compreendo muito melhor os meus pais agora, e como eles foram importantes e decisivos para mim. À medida que vou ganhando idade, aprendi a amá-los e a respeitá--los e a perceber como eu exigia deles não só o que eles me davam mas também o que eles não me podiam dar. Muitas vezes a frustração do amor tem a ver com o facto de tu exigires aquilo que a pessoa não te pode dar porque está na mesma procura que tu, e tu queres que ela te dê aquilo que ela quer para ela. E então as relações explodem e acabam. Não é o psiquiatra que está a falar, é apenas um homem nu. Se as minhas relações falharam foi sempre por culpa minha. Tenho tido a sorte de encontrar mulheres e homens excepcionais e, humanamente, tenho falhado mais aos meus amigos do que eles me têm falhado a mim. Isto parece um exercício de humildade. Mas nem é ou não é só. Exprime um enorme reconhecimento pelo amor que me têm. Quando Keats dizia no primeiro verso do «Endymion»: «Uma coisa bela é uma alegria para sempre», eu pensava que ele se estava a referir aos livros e às obras de arte, mas a arte a que o gajo se referia era a vida. Quando consegues perceber que a vida não está aqui e a arte acolá, mas que as duas coisas estão juntas, então tu podes tornar--te um escritor. Só então. Por isso é que acho que só comecei a tornar-me um escritor a partir da «Explicação dos Pássaros». Mas isto parece mais uma confissão do que uma entrevista...

[JL] Uma confissão exuberante.

[ALA] Mas esta espécie de confissão exuberante é o que eu escrevo: mistura de humildade e de orgulho, de modéstia e de vaidade. Desta tensão as pessoas só têm apanhado uma parte, o que faz com que me chamem vaidoso, arrogante, «enfant terrible», não sei quê, sem verem o outro lado. E eu não me acho muito diferente dos livros, acho-me muito parecido. Ocorreu-me, de repente, aquilo que o O'Neill dizia: «O teu orgulho insuportavelmente humilde». Os bons escritores que tenho conhecido são assim e, quando encontras pessoas assim, aderes aos defeitos delas porque perceber que elas têm as qualidades dos defeitos, do mesmo modo que um carro tem os travões da potência do motor. E então consegues ultrapassar aquilo que pensas que são defeitos e muitas vezes encontras um homem maravilhoso.

### PRÓXIMO ROMANCE: «OS ENCOMENDADORES DE ANJOS»

[JL] Se calhar não te lembras, mas nossa primeira entrevista, em 1979, já falavas no Carlos Gardel que viria a aparecer no título deste romance. Disseste então: «Quando pus o poster do Guevara no quarto, tive a sensação de que o Guevara era uma espécie de Carlos Gardel da revolução.»

[ALA] Falando com o editor, citei-lhe essa frase, e disse-lhe que haveria de a retomar. [«A] Morte de Carlos Gardel» é a morte de muita coisa. Não vale a pena explicar. É óbvio: a morte de uma geração, dos seus sentimentos, das suas emoções. Nesse sentido é que continua as mesmas obsessões, os mesmos temas...

[JL] ... [d]a «Memória».

[ALA] Não só da «Memória». De tudo aquilo que tenho feito até hoje. Não foram os livros que se tornaram mais complicados e menos lineares. Foi a sede, a febre, a tensão de tentar exprimir a vida, e para a exprimir tens de dar os seus contrários. No «Conhecimento do Inferno» já começa a haver isso, embora seja um livro falhado. Para dizer tudo isto não basta a fórmula da «Memória de Elefante», que tem defeitos sedutores sem ser um bom livro. Não o devia ter publicado. Quando o meu pai o leu disse: «Isto é um livro de um principiante». Eu fiquei todo ofendido, e ele tinha toda a razão.

[JL] Ninguém começa por sénior, nem o Eusébio.

[ALA] Pois, mas eu poderia ter esperado e ter começado por «Explicação dos Pássaros». Por outro lado, estar ali o objecto publicado leva a que aprendas muito mais. Nunca quis que «Memória de Elefante» fosse publicado no estrangeiro, e do «Conhecimento do Inferno» saiu apenas uma parte. Mas agora o Bourgois quer publicar todos em França e eu vou deixar. Lá e nos outros países. O Vitorino Nemésio dizia que a gente só quer deixar o perfil mais ou menos apurado e definitivo. E, de facto, se a obra tiver alguma importância, talvez não faça mal nenhum publicar os primeiros livros. Talvez os leitores possam sentir-se enternecidos.

[JL] Lembras-te quando andavas a pensar em rever a «Memória de Elefante» e eu te disse que não?

[ALA] Não era honesto, reconheço. O livro ficaria muito melhor mas perderia todo o viço, todo o encanto. O teu estado de alma já não é o mesmo, já aprendeste muito mais. Seria impossível reescrever uma «Memória de Elefante» ou emendá-la sequer, porque tinha de a refundir toda. O livro está cheio de asneiras, de exageros. E, no entanto, vai sair a 16ª edição e saiu agora a 17ª de «Os Cus de Judas». É espantoso o que aqueles livros venderam.

[JL] Quantos exemplares já vendeste da tua obra toda?

[ALA] Muitos. Muitas centenas de milhares, só em Portugal.

[JL] E no estrangeiro?

[ALA] No estrangeiro precisas de três, quatro, cinco livros para começares a afirmar-te. Eu precisei de ir para o Bourgois e ter quatro, cinco livros para ter o lugar que hoje tenho em França. Precisei de estar na Secker & Warburg em Inglaterra, na Grove nos Estados Unidos... Este ano tem sido uma coisa fabulosa. Agora, em dois meses, vou três vezes a França, depois vou para a Alemanha, depois sou convidado para a Feira do Livro de Gotemburgo, na Suécia. O que não é mau porque trabalho sempre. Como faço sempre o *tricot* naqueles blocos que sempre me conheceste.

[JL] Continuas a escrever à mão?

[ALA] Escreverei sempre à mão. Vou escrever todos os dias. O problema é começar. «A Morte de Carlos Gardel» fecha o ciclo todo, digamos que é «Memória de Elefante» de mim agora, a «Memória de Elefante» escrita por uma pessoa que viveu mais quinze anos de uma forma por vezes muito agradável, por vezes muito dolorosa; alguém a quem nasceu mais uma filha, que é sempre muito importante; alguém que conheceu outras pessoas, que andou a viajar, uma coisa que eu não tinha feito. O ciclo está fechado.

[JL] E agora?

[ALA] Tenho uma ideia para um livro em que queria falar de duas coisas – e digo-o em primeira mão para ti. Por um lado, quero falar da chamada Nave dos Loucos, um hospital psiquiátrico cheio de doentes mentais que havia em Angola. E então formaram uma coisa incrível, a chamada Nave dos Loucos. Puseram os doentes mentais todos num barco com tipos da Polícia Militar de bata, a fingirem de enfermeiros, e embarcaram-nos para Portugal. Queria dar essa viagem e, ao mesmo tempo, estas novas religiões. Um livro dessas duas coisas, em que o papa de uma religião dessas seria um dos tipos que vinha nessa Nave dos Loucos. No fundo, um retrato de Portugal destes últimos vinte ou trinta anos. Já sei que o livro tem três partes com dez capítulos cada. Sei que a primeira parte se chama «Qualquer Palhaço Que Voe Como Pássaro Desconhecido», que é a resposta que o Lezama Lima deu quando lhe pediram uma definição de barroco. A segunda parte chama-se «A Malícia dos Objectos Inanimados», o título de um conto de um autor de mistério inglês. A terceira parte é a definição que, em «As Elegias de Duíno", o Rilke dá dos anjos: «Pássaros Quase Mortais da Alma».

[JL] E o livro chama-se?

[ALA] Vou chamar-lhe «Os Encomendadores de Anjos» (o meu editor não gosta, acha a palavra «encomendadores» muito comprida). A minha ideia era fazer isto, mas ando desde Novembro sem conseguir começar. Ando a trabalhar no plano. Se bem te lembras, andei um ano e meio com o primeiro capítulo da «Memória de Elefante» e hoje olho para aquilo e digo «mas como é que perdi um ano e meio com uma porcaria destas?». Agora estou mais lento a escrever. Levo um ano e meio a escrever um livro, a dez horas por dia, sábados e domingos, com uma noite de saída por semana como os magalas. Quando o Céline me respondeu a uma carta que lhe escrevi (tinha eu 16 anos), ele disse-me «se tu queres ser escritor, meu filho, não podes ir ao cinema muitas vezes, não podes não sei quê, não podes não sei quê». Isto é verdade e não é. Porque se tu não vives não tens depois material para trabalhar. Mas para o que ele me estava a chamar a atenção era para o trabalho que era necessário, uma coisa que levei tempo a entender. Essa necessidade de trabalhar as palavras, na altura da «Memória de Elefante» eu não a tinha. Aquilo eram jactos. Se tivesse um bocadinho de maturidade podia ter feito daquilo um bom livro. A gente acaba por ficar um pouco como o Hokusai, que aos 80 anos, pouco antes de morrer, dizia: «Se Deus me tem dado mais cinco anos de vida tinha-me tornado um escritor»[.] Repara nesta confissão: há nela um imenso orgulho e uma imensa humildade. Nesse sentido para quê chamarem-me «enfant terrible». São todos. A Agustina continua a ser um «enfant terrible».

[JL] Absolutamente.

[ALA] O José Cardoso Pires continua a sê-lo. Provavelmente a Vieira da Silva foi-o até morrer. O Picasso também. E o Orson Welles. Não chamaria a isso uma inocência sábia, porque a inocência nunca é sábia, mas se conseguirmos integrar a nossa ingenuidade na nossa «soi disant» maturidade, então talvez a gente consiga fazer coisas boas. A mim, neste momento, aquilo que me preocupa mais é a minha vida. Os livros vêm depois. Quando era miúdo dizia: «Dava a minha tesão para escrever um grande livro». O tanas é que eu dava, porque se tu não tiveres tesão não consegues fazer os livros. Mas tu, aos 15/18 anos, estás disposto a dar tudo para fazeres os livros, sem perceber que não podes dar nada para os fazer.

[JL] Tens é que te dar nos livros.

[ALA] É isso. Sabes que estou com a sensação que estamos a continuar a entrevista de há quinze anos. Tal como este livro volta ao primeiro, a entrevista é o prolongamento da outra. Parece que o tempo não passou e que, durante estas duas horas, foram nascendo livros do chão.

**[JL]** Temos andado muito às voltas com o tempo. Por isso me lembrei do filme do Wenders, «Ao Correr do tempo», e da frase de uma das personagens: «Eu sou a minha história»...

**[ALA]** E é verdade. As pessoas que não me conhecem sabem da minha história só através dos livros, que, necessariamente, são um reflexo do que tenho vivido. Houve um tempo em que pensava que os livros eram mais do que o escritor. E são-no, mas não o são também. E o sentir que não são, e que eu sou mais do que os livros, às vezes custa-me, porque penso na imagem que podem fazer de mim através deles ou através da figura em que me transformei. Quando nós nos conhecemos eu era conhecido da minha família. De repente, fiquei com uma família enorme e com imensos primos que não conheço. Quando lês um livro de uma pessoa que conheces, o livro fica diferente. Quando leste vários livros de um escritor que não conheces e depois conhece-lo, sejas ou não amigo dele, o livro fica diferente. É verdade que os livros têm de viver sozinhos, independentes de nós, mas, bolas, eu gostava de ter conhecido o Mozart para além da música dele me comover até às lágrimas. A gente não sente nem com o coração nem com a cabeça, a gente sente com a espinha, com aqueles arrepios. Isto é possível com uma poesia, com uma sinfonia, um quadro. Com um romance é difícil, porque um romance tem de ter, necessariamente, baixas e altas. Para o leitor poder respirar. A tua respiração emocional é diferente da de qualquer outra pessoa, nomeadamente da do escritor que escreveu o livro, e tu não aguentas estar sempre em cima, nem podes estar a ter orgasmos de 300 páginas. Acho que não estou a responder à tua pergunta...

**[JL]** Isso é o que tu pensas.

**[ALA]** Tu lá sabes.

### Lídia Jorge e João de Melo[,] Agustina e Cardoso Pires

**[JL]** Quanto às pessoas, já nessa altura dizias que aquilo que o romance te trouxera de mais importante eram elas. Ora as pessoas, desde então, devem ter-se multiplicado por mil...

**[ALA]** Eu não conhecia os escritores. Para mim era um mundo que desejava conhecer e acerca do qual tinha uma ideia muito romântica.

Acabei por conhecer muitos e, para falar só de portugueses, alguns de uma qualidade humana excepcional. E para alguns, no entanto, fui extremamente injusto. No outro dia li um livro de um brasileiro, que só agora me chegou à mão, em que eu falava da Lídia Jorge e do João de Melo. Não me lembro de ter dito aquilo, mas como não sou cobarde nem mentiroso, diga-se que se isso lá está é porque eu o disse e se o disse fui terrivelmente injusto. Cometi muitos erros, embora haja gente (não estou a falar só de escritores, mas de pessoas em geral) de quem disse mal e não tenho nada a criticar-me por isso. Mas tive a felicidade de ficar muito amigo do José Cardoso Pires, que é um homem de uma grande qualidade humana, para além de ser um escritor que admiro. Depois, houve outros encontros maravilhosos: Pedro Tamen, Eugénio de Andrade, para mim de uma generosidade e de uma delicadeza sem limites, Egito Gonçalves, Mário Cláudio, Eduardo Lourenço. A gente corre sempre o risco de esquecer nomes. E não estou a falar das pessoas que podem ter mais ou menos qualidade literária, estou a falar delas enquanto pessoas. Como a Agustina Bessa-Luís, a Maria Velho da Costa, que conhecia já de antes dos livros e que é uma mulher de quem gosto muito, por quem tenho muita admiração, muito respeito e muito amor – tratamo-nos como irmãos, tratamo-nos por manos. Tudo gente em quem aprendi a admirar a qualidade humana.

[JL] Esse encontro com a Agustina acho-o fascinante, porque, à partida, não seriam dois seres literários dados a encontrarem-se.

[ALA] Tu tinhas-me falado…

[JL] Claro. Dizia-te: «Olha a Agustina», mas tu eras muito reticente, e agora vocês dão-se bem.

[ALA] Muito bem.

[JL] Escrevem-se?

[ALA] Ela tem-me escrito. De cada vez que lhe mando um livro ela manda-me cartas muito bonitas. Uma frase de uma delas foi aproveitada para a cinta de «A Ordem Natural das Coisas». Mas sobre o Cardoso Pires ainda anteontem o ouvi na rádio a falar de mim com uma enorme lucidez. Há uma coisa que estas pessoas têm: uma sinceridade extrema e isso para mim tem sido muito importante, muito estimulante. Quando não gostam dizem que não gostam e porquê; quando gostam dizem que sim e porquê. Lá fora tem acontecido outros encontros óptimos. Com suecos, alemães, franceses e, sobretudo, com o meu editor francês. Tenho também uma relação muito boa com o meu editor português de quem me tornei amigo, de quem tenho admirado muito o escrúpulo e a honestidade, que já me tinham sido transmitidos pelo José Cardoso Pires, que fora publicado por ele na Moraes, e pela Maria Velho da Costa. Claro que quando a gente diz bem de uma pessoa, os outros pensam que a gente está a dizer mal deles. Mas eu tenho sempre dito que a melhor entrevista que houve comigo foi a que tu fizeste e acho que a qualidade não vinha de mim, vinha de ti: o amor, a ternura, a inteligência dos sentidos. Um pouco o que o Paul Fort recomendava: «Laisse penser tes sens». Talvez seja este um dos segredos de viver e, portanto, de escrever que é um epifenómeno de viver. Isso aprendi ao longo do tempo. Como estas duas coisas estavam misturadas e como tu, em cada livro, tens que pôr tudo o que sabes da vida e tudo o que sabes de escrever, porque são coisas inextricáveis e não as podes separar. Como também compreendi com «A Morte de Carlos Gardel» que o texto tem em si próprio a solução. Tu estás à procura de uma solução técnica porque a distância entre a emoção e o que fica escrito é enorme, e o teu trabalho é todo para a encurtar. E muitas vezes a solução técnica está dentro do próprio livro. Se tu desbastares a palavra, está lá a solução. Descobri isto muito, muito tarde. (p. 18).

## 23. JOÃO BOTELHO DA SILVA

# "*Escrevo o que gostava de ler*"

*Diário de Notícias*/Artes
27 de Abril, 1994, pp. 30-31

Para dar voz às emoções, nada como calar a escrita. Ascetismo de um autor que procura chegar cada vez mais fundo e defende a virtude do trabalho.

Ao décimo livro em 15 anos de prosa publicada, António Lobo Antunes chegou ao osso. Os que esbarraram (ou vogaram) no seu alegado exibicionismo verbal descobrirão, em *A Morte de Carlos Gardel*, uma escrita que surge seca e directa. Neste volume de 400 páginas, condensando uma redacção exaustiva de ano e meio num fôlego único de leitura, a narrativa distribui-se por um complexo organograma de vozes e a emoção é tratada a céu aberto, sem diluição alguma. Os temas «são sempre os mesmos»: o amor que se tem para dar mas se não dá, a gente que desaparece sempre cedo de mais e a terna impureza dos sentimentos, porque a vida permanece um ambíguo húmus de opostos. Não por acaso, o autor aponta este trabalho, concluído em Novembro, como extremamente penoso e cansativo. Lobo Antunes está ainda a ganhar coragem para outra. Até por saber que o aguarda uma viragem profunda.

[DIÁRIO DE NOTÍCIAS] Considera este livro o seu mais complexo e o mais literariamente depurado. O ascetismo na escrita possibilitou outras áreas de elaboração?

[LOBO ANTUNES] Não sei quem costumava dizer que a arte não avança, mas move-se. De livro para livro você vai tendo mais ferramentas para exprimir o que quer dizer. Não sei como serão os meus futuros livros, mas terei de mudar muita coisa porque não consigo ir mais longe na secura. O livro está reduzido ao osso, nos adjectivos, advérbios, metáforas, imagens, talvez porque a intensidade dos sentimentos seja muito grande. O livro gira à volta da morte de um rapaz, com sentimentos muito intensos de morte e amor não correspondido. Há pessoas que estão cheias de amor e não têm forma de o transmitir. A cada novo livro a forma de abordagem começa a ser um pouco diferente, você começa a querer ir mais fundo na exploração dos seus sentimentos.

[DN] Houve a intenção de descentrar a narrativa, em fazer jogar todos os depoimentos que formam o livro, para assim ter acesso mais directo às emoções?

[LA] Em parte, mas a minha ideia era também dar a extrema complexidade e riqueza de cada pessoa. A verdade não é só uma; para mim você é de uma maneira, para outro é de outra. No livro é como se as pessoas se reflectissem umas às outras, de maneira a percebermos que ninguém é completamente bom ou completamente mau, repelente, ou sedutor. O livro foi muito pensado. O que é que eu tenho de pôr neste livro para atingir uma certa intensidade dramática? Parece um filme em que o autor se distribui pelas personagens, enquanto na *Memória de Elefante, Cus de Judas,* por aí fora, é um homem a falar na primeira pessoa, são livros obviamente autobiográficos. Este também, porque me meti nas várias pessoas, embora também sejam autónomas e baseadas em pessoas reais.

[DN] Foi um livro planificado com muito rigor?

[LA] A planificação era rigorosa, mas depois há pessoas que começam a interessar. Há personagens que escapam ao seu plano e adquirem vida autónoma e exigem mais presença. A única alternativa é ir atrás da personagem e deixá-la falar – nas primeiras versões, porque depois faz-se um trabalho de limpeza. De resto, os meus livros têm ficado muito reduzidos. D[*'As*] *Naus* o que foi publicado é um décimo do projecto inicial. Este tem 25 capítulos; tinha 30, e os que saíram foram muito cortados. Deve estar reduzido a um terço da primeira versão.

[DN] Quase todo o livro é passado em subúrbios de Lisboa. Os ingleses, por exemplo, não tem pejo em usar esses cenários. Os escritores portugueses ainda recuam perante essa falta de *glamour*?

**[LA]** Eu como cresci nos subúrbios, gosto deles, sabe? O cenário do livro é Benfica, que ainda é um subúrbio. Os outros sítios, a Afonso III – é o prédio onde eu moro e a minha casa, embora a minha casa não seja assim. Acaba por ser um subúrbio, porque é para lá de Santa Apolónia, ao pé do cemitério judeu. Era mais fácil pôr essas pessoas a viver aí do que escrever sobre pessoas da alta burguesia a viver no Príncipe Real ou no Estoril ou na Lapa, porque essas são pessoas mundanas e não são particularmente interessantes. Têm uma grande hipertrofia da percepção, vivem para apanhar as pequenas coisas da vida dos outros e sabem muito menos do que estes professores de liceu, e o homem que trabalha em publicidade e a mulher que é desenhadora e o miúdo que se droga. Queria pessoas reais, com sangue, com vida. As pessoas da *Olá Semanário* não me parecem reais, talvez porque estou de fora. Posso estar enganado. Tenho cada vez mais dificuldade em emitir juízos de valor…

**[DN]** Baseia as suas personagens em pessoas que conhece. Acontece elas reconhecerem-se nos livros?

**[LA]** Como leitor, o que eu gosto é de ler e dizer, bolas, é exactamente isto que eu sinto e não era capaz de exprimir. Quando um livro me ensina a explicitar emoções que eu sinto, esse é um livro bom. Há pessoas que fazem em Portugal qualquer coisas que é meio romance, meio ensaio, e a mim, como leitor, isso deixa-me frio. Ora eu invento muito pouco nos meus livros, acho que sou uma pessoa com pouca imaginação; o que me interessa são pessoas que tenham uma espessura de vida. Interessa-me pouco o romance filosofante, esses livros imóveis onde as personagens são todas cérebro e não têm vida, nem sangue, nem esperma. No fundo a gente escreve os romances que gostava de ler, o que é paradoxal, porque como você os escreveu não os lê, não tem o prazer da leitura. Não costumo reler os livros, mas este reli, e tocou-me. Há sempre uma distância entre a emoção e aquilo que se consegue realizar. Mas acho que era mais ou menos aquilo que eu queria dizer.

**[DN]** Certos capítulos parecem anexos ao livro: o do avô de Álvaro leva um tratamento de simultaneidade de narrativas.

**[LA]** Esse capítulo era para eliminar mas acabou por ficar. Também há um capítulo com uma mulher que fala do ex-marido. Esse tem duas funções: primeiro é para o leitor respirar, porque o livro estava a tornar-se demasiado angustiante, e depois para eu próprio respirar, porque era um bocado tramado trabalhar os sentimentos assim. Essa mulher é de outro meio social e é muito fútil, fala das coisas de uma maneira superficial, esse discurso do «pior que um marido só um ex-marido» era para dar o contraponto, a superficialidade e o sofrimento nessa superficialidade. Quer esse quer o capítulo do velho exprimem os mesmos sentimentos dos outros. Queria falar das relações entre as pessoas, os pais, os filhos. Este acaba por ser um livro sobre a vida, sobre amor, sobre a morte, sobre como não há sentimentos puros, nem na amizade nem no amor, e o amor vem sempre misturado com outras coisas, o ódio e a inveja e a gente quase quer mal à outra pessoa por gostar dela. No fundo são sempre os mesmos temas, só muda a maneira como a gente os trata.

[DN] A parte final, em que surge um imitador de Carlos Gardel com a sua *partenaire*, está de algum modo ligada a *Ginger e Fred* e ao seu gosto por Fellini?

[LA] Gosto muito de Fellini, mas não me veio à ideia isso. Esse homem existia, quando eu tinha 17, 18 anos e o Ritz Clube tinha umas variedades com umas pessoas assim, uns ceguinhos ao piano e ao acordeão. Você assistia àquilo e saía com uma depressão que não lhe digo nada – o homem estava de facto convencido de que era um grande artista. Aquele Carlos Gardel decrépito é a chave do livro. Tinha pensado de início que o livro acabaria com o rapaz a falar na altura em que morre, mas o livro tinha de continuar, de modo a agarrar todos os fios que ficaram pendurados e atá-los num molho.

[DN] Tem outro livro planeado, mas ainda não se resolveu a começá-lo.

[LA] Eu acabei este livro em Novembro; as minhas interrupções são curtas, mas já estamos em Abril e ainda não consegui começar a fazer outro. De facto o plano está feito, o problema é começar. E este livro secou-me muito, estou muito cansado. A ideia de estar ano e meio agarrado a um livro... é preciso um bocado de balança. É um trabalho que você faz oito, dez, doze, treze horas por dia, todos os dias da semana. A sensação é de que há outras coisas que eu gostava de fazer, não fazer nada, por exemplo, olhar para o tecto, estar com os amigos, gosto de ouvir os outros... há uma certa preguiça, também, e medo. Eu sou lento a escrever, não posso fazer um livro em dois meses – o que também não é defeito, o Stendhal ditou [A] *Cartuxa de*

*Parma* em 52 dias. Preciso de muito tempo; faço meia página, uma página por dia.

**[DN]** Quando pensa «estou aqui a escrever, quando podia ir fazer outras coisas», vê uma separação entre o estar a escrever e o estar a viver?

**[LA]** Essas coisas são um bocado inseparáveis. Se você não vive não tem meterial para escrever. E escrever ainda é fundamentalmente uma questão de trabalho, trabalho, trabalho. O escritor bom é aquele que trabalha as coisas o suficiente. Porque as primeiras versões são sempre más, vêm à primeira vez; é uma questão de trabalhar sobre aquilo. Muitas vezes encontra-se o essencial reduzindo, suprimindo coisas. Tira-se a areia e a terra e acaba por estar lá o diamante. Por exemplo, o Mário Vargas Llosa escreve, escreve, escreve uma massa informe, um enorme rascunho, e depois daí vai tirar o livro.

**[DN]** Pode-se dizer que o próprio livro é um diamante dentro de todas as coisas que o autor viveu?

**[LA]** Exactamente.

**[DN]** Porque os tempo mortos ficam condensados.

**[LA]** O José Cardoso Pires disse que este livro parece um diamante, com as várias facetas, em vez de uma face só.

**[DN]** Muitas vezes descreveu a sua escrita como uma catarse terapêutica. Imagina um dia não ter necessidade espiritual de escrever? Não há um momento a partir do qual a terapia é dispensada?

**[LA]** Eu não sinto prazer em escrever – sinto prazer, sim, na leitura. Mas se não escrever sinto-me pior, não sei, começo a ficar impaciente. O Graham Greene dizia, não compreendo as pessoas que não escrevem e estão sujeitas ao absurdo da vida, e se eu não escrevesse provavelmente suicidar-me-ia. Até certo ponto percebo o que ele quer dizer. A escrita tem uma função de homeostase interior, você enquanto escreve está a exorcizar muita coisa e a desculpabilizar-se de muita coisa. Falando por mim, essa função existe: «Vejam que eu afinal até gosto de vocês, não sou tão mau como isso.» E por vezes é a única forma de amor possível: «Gosto tanto de ti que te vou pôr no meu livro.» Já me disseram que eu trato mal as pessoas nos meus livros, mas nos meus livros só ponho pessoas de quem gosto, ou não era capaz de escrever sobre elas. Não há ninguém que eu odeie, acho que dá muito trabalho odiar. Há é pessoas que me são indiferentes.

**[DN]** Você mantém uma perspectiva profissionalizante da escrita: os ingleses e os americanos escrevem imenso, publicam imenso, e os portugueses não.

**[LA]** Era ideal uma pessoa que escreve um livro fazer só isso. Mas o mercado português é dominado por quatro ou cinco pessoas – embora seja mais fácil publicar um primeiro livro em Portugal do que em qualquer país que eu conheça. As pessoas acabam por escrever nas horas vagas. Eu fazia isso ao princípio, chegava a casa às dez da noite e escrevia noite dentro, mas é impossível, você está a dar cabo da saúde, e um livro é uma coisa muito egoísta, exige muita atenção da sua parte. Acaba por estar pouco disponível para outras coisas. Se eu fosse editor livreiro ou jornalista, não sei se era capaz de ir para casa escrever romances. Deve ser mais fácil para um fiscal das finanças ou um veterinário.

**[DN]** Nem sequer para a leitura há disponibilidade?

**[LA]** A leitura é um acto solitário e da maneira como as pessoas vivem agora, em duas assoalhadas, é a televisão aberta e o filho de quatro anos a puxar pela manga e a mulher que chama, e um livro pode ser um objecto muito agressivo, não se consegue privacidade. Não basta ter vontade... ler é um luxo. Não devia ser, mas é.

**[DN]** Está a viver unicamente da escrita?

**[LA]** Dantes tinha consultório, passava lá sete ou oito horas por dia, agora não tenho. Continuo a vir aqui (a entrevista foi feita no Hospital Miguel Bombarda), mas a função pública ganha muito mal e tenho de pagar pensão a três filhas. Eu vivo do que escrevo, o que aqui ganho é para as miúdas. As percentagens não são grande coisa. Há prémios que são valiosos, mas até agora não tive dinheiro para comprar uma casa. Se eu fosse advogado ganhava com certeza muito mais. Não se enriquece mas também você não tem patrões. Só faz aquilo que quer. E eu detesto obedecer... tive problemas na tropa por causa disso... claro que se não escrever também não como.

## 24. RODRIGUES DA SILVA

# *"A constância do esforço criativo"*

*Jornal de Letras, Artes & Ideias*
25 de Setembro, 1996, pp. 13-15

«O Manual dos Inquisidores», o novo romance de António Lobo Antunes, vai sair ainda este mês, simultaneamente em Portugal (Dom Quixote) e (traduzido) em vários países estrangeiros. Quase a coincidir (por acaso?) com a revelação do Prémio Nobel da Literatura 96 no início do próximo mês. Do novo romance de Lobo Antunes se pré--publica nesta edição um largo excerto e se faz uma breve recensão[1]. Tudo acompanhado de uma entrevista ao autor. E de um perfil que dele traçamos. O objectivo era que a entrevista dissesse do escritor e o perfil do homem. Um objectivo não conseguido em pleno, porque escritor e homem, neste caso, se confundem. A tal ponto que, não raro, entrevista e perfil se remetem mutuamente, num difícil separar das águas. De qualquer modo, sempre se poderá dizer que, se na entrevista, o escritor se confirma mais peremptório, no perfil o homem se revela menos seguro. Não admira: Lobo Antunes assume-se aqui como alguém cheio de contradições. Das quais procura tirar partido. Para a escrita. Essa escrita, através da qual diz ter encontrado a salvação aquele que, aos 54 anos, se confessa profundamente religioso. Mesmo se, homem de esquerda pelo coração, não sabe se acredita em Deus.

Não foi. Sei que não foi, mas quase parecia de propósito. Sentamo--nos à mesa de mármore (de tampo partido) e ele desata a ler-me a

---

[1] Rodrigues da Silva, "Do outro lado do céu...", p. 17.

crónica que daí a umas horas irá entregar no jornal. É sobre ele próprio e fixo apenas aquela frase que o define melhor que tudo o resto, qual auto-retrato: «Escondi a timidez sob a provocação e a piedade sob sarcasmos agressivos.»[2]

A crónica é para o «Público» (já terá sido, entretanto, publicada), o seu autor António Lobo Antunes. Venho ao que venho e ele sabe: algo entre a entrevista e o perfil, algo entre o dar-lhe a voz a ele e o falar eu a partir do que ele me deixará perscrutar de si. «Dois textos?» – pergunta. «Não sei, até podem ser três. Depois se vê» – respondo – «Já fizemos duas entrevistas e tão grandes... Agora apetece-me qualquer coisa de diferente.»

Aceita e logo quer saber, como se fosse isso (e é), aparentemente, o que mais o preocupa: «Gostaste do livro?» Que sim – digo-lhe, e é verdade. Terei sido pouco convincente. Ele insiste. «Gostaste mesmo?» Desta vez vou sossegá-lo. Gostei mesmo do livro, ainda não posto à venda (li as suas mais de 400 páginas num fim-de-semana, em provas facultadas pela Dom Quixote). Chama-se «O Manual dos Inquisidores», é o décimo primeiro romance de Lobo Antunes e não sei se é o seu melhor, nem tal me interessa. O que sei, e é isso que interessará, porventura, [a] quem agora me lê, é que se trata, indiscutivelmente, de um excelente romance.

Mas o romance é apenas o pretexto deste texto. Deste texto que desejaria desse a ver não tanto o escritor mas o homem, não o Lobo Antunes, mas o António. Desejaria..., não sei se o irei conseguir.

«Existir é para mim uma segunda profissão» – dirá ele nestas páginas. É uma *boutade*, mas não tão *boutade* como isso. O homem vestiu, de facto, de tal modo, a tempo (quase) inteiro, o hábito de escritor que hoje (quase) nada do que ele diga passa ao lado do ofício da escrita. Assim, sempre, obsessivamente, quando fala. Fale do que falar.

E até este espaço, onde ora estamos, frente a frente, é pela escrita determinado. É uma casa, é, mas há quem diga que é «a cela de um monge». A única mesa a que nos podemos sentar é esta, pequena, a tal de tampo partido. Dois ou três maples, que já conheceram melhores

---

[2] "Eu que sempre escondi a timidez sob a provocação e a piedade sob sarcasmos agressivos (...)" – "A Barriga", *Livro de Crónicas*. 6ª ed./1ª ed. *ne varietur.* Lisboa: Dom Quixote, 2006 [1998], p. 367.

"A CONSTÂNCIA DO ESFORÇO CRIATIVO" | 235

dias, circundam-na e ao televisor, ali para um canto, no chão. As paredes só não estão nuas porque, coladas a esmo, há nelas... uns tantos cromos de jogadores do Benfica! Lá para dentro fica o quarto de dormir. Mais a cozinha e a casa de banho, minúsculas ambas. Os livros guarda-os Lobo Antunes em casa alheia.

«Aqui só há o essencial» – explica ele. E o essencial, para quem escreve (como sempre escreveu) à mão, resume-se a caneta e papel. Isto e... «Esta linda vista para o Tejo que se vê da varanda» – acrescenta, como se a vista para o exterior fosse (e talvez seja) o luxo único deste 3º andar, algures na Avenida D. Afonso III, habitado por alguém interiorizado sobre si próprio. Na tal «cela de monge». Ou na oficina do escritor, onde, catorze horas por dia, ele trabalha as palavras. Nelas, «através da escrita» – confessará aqui –, «encontrei a salvação».

EM LOUVOR DOS PAIS

«Somos seis irmãos, todos homens invulgares, o que se deve à educação que os meus pais deram aos filhos» – assim abre António o seu rol de memórias de infância.

Da infância, porém, não dirá do que toda a gente sabe – da casa, do pai jogador de hóquei em patins, de uma Benfica bem diferente da de hoje. Dirá dos irmãos (João, neurocirurgião; Pedro, arquitecto; Miguel, actual administrador do CCB; Nuno, neuropediatra; e Manuel, diplomata) e para dizer que os ama, mas de um amor não expresso em gestos. Nem em confissões («não faço ideia em que partido vota nenhum deles, salvo talvez o João, salvo talvez o Pedro»). Dirá de si, para dizer que é mais velho (54 anos acabados de fazer). Dirá dos pais (vivos ambos) e dos avós, e para fazer notar: «Os meus pais eram muito novos quando me tiveram. Os meus avós eram todos muito novos também, podiam ser meus pais. Na infância nunca soube o que era a morte. Não havia velhice.»

Havia aquilo que ele classificará de «um imenso amor». E uma «imensa austeridade também»: «Os meus pais não eram ricos, mas deram-me a mim e aos meus irmãos coisas que não era comum os outros pais darem aos filhos.»

Coisas que se não quantificam, mas que António recorda e de que dá exemplos paradigmáticos. Ora a frase inesquecível da mãe Margarida («há três aristocracias: a do sangue, a do dinheiro e da inteligência.

Só a última vale a pena. Mas a inteligência não é tudo, porque há ainda o carácter e a bondade»). Ora os poemas (de Pessoa, Sá-Carneiro, Manuel Bandeira) que o pai (João, hoje catedrático jubilado de Medicina) lia na borda da cama quando os filhos estavam doentes, ou páginas inteiras de Flaubert, nas férias, nos areais da Praia das Maçãs.

Uma herança, pois, feita «do gosto pelo saber e do amor pelas coisas belas» e de uma ética de «honestidade e coragem» que os pais, por sua vez, terão herdado dos pais deles. E é toda uma plêiade de «gente de origem modesta que subiu na vida pelo trabalho». Assim – garante – há sucessivas gerações: do trisavô feito visconde por D. Luiz e dos dois bisavôs generais (um deles, o General Machado, daria o nome a uma vila de Angola), ao mais amado dos avôs, um capitão monárquico que entrou (em 19) na revolta de Monsanto, teve que fugir depois para Tânger e aos 70 anos ainda dava a mão à mulher, perguntando-lhe em francês: «M'aimes-tu?»

Com este avô («um homem viril e terno – fazia-me festas e beijava--me no meio da rua, eu tinha muita vergonha, temia que pensassem que eu era maricas») iria o jovem António pela primeira vez a Itália. Em princípio para a comunhão em Pádua («ele era muito devoto de Santo António»), no final para um périplo que incluiria Florença... e uma dissertação de meia hora em frente de cada monumento.

Uma seca para o puto, mas uma lição, também. Não a óbvia. A que ele extrai agora: «A arte aprende-se. Como a música. E a literatura.»

DO PUDOR DAS EMOÇÕES

Quando Lobo Antunes diz que a arte (como a música e a literatura), se aprende, quer ele dizer que nada se consegue sem trabalho, sem labor. Um trabalho e um lavor que ele não teve lá muito, como estudante. Quer no Liceu Camões, onde seria colega de turma do actual ministro das Finanças Sousa Franco («um tipo profundamente honesto e muito inteligente»), quer, depois, na Faculdade de Medicina de Lisboa.

«Nunca fui um aluno aplicado» – explica – «Em Medicina levei mesmo três anos para fazer o 1º ano. Queria era ler, escrever e jogar xadrez. Só a infinita paciência dos meus pais permitiu que eu acabasse o curso, o tal curso de que a minha mãe dizia que era uma enxada.»

"A CONSTÂNCIA DO ESFORÇO CRIATIVO" | 237

Este «estudante pouco aplicado» não seria tocado pela greve de 62. «Passou-me totalmente ao lado. Até por cobardia física» – assume. Para imediatamente assumir o seu contrário: a coragem ou «esse medo de não ter medo» que Lobo Antunes só terá adquirido na guerra (71-73), em Angola. «Fui até louvado como herói entre aspas, o que me ajudou a entrar como psiquiatra para o Miguel Bombarda.»

Antes, já regressado à vida civil, passou pelo Serviço de Psiquiatria do Hospital de Santa Maria, mas uma inconveniência para com o superior hierárquico («você quando cruza as pernas, parece que não tem nada no meio delas») fá-lo de lá sair.

Ainda bem – conclui – porque o Hospital Miguel Bombarda era dirigido por Eduardo Luís Cortesão e este – com João dos Santos – irá ser uma referência profissional para o psiquiatra Lobo Antunes. Ou quase ex-psiquiatra porque desde 86 que ele «não faz» consultório, mantendo-se tão só no Hospital. O que não o impede de confessar: «Quanto menos faço mais gosto da Medicina.» Talvez porque da psiquiatria trouxe ele algo para a literatura. Como explica. Longamente: «O que os estrangeiros dizem que eu trago de novo para a literatura não é mais do que a adaptação à literatura de técnicas da psicoterapia: as pessoas iluminarem-se umas às outras e a concomitância do passado, do presente e do futuro. 'A escrita é um delírio controlado' – já lá dizia Antero e, antes dele, de outra maneira, Horácio: 'Uma bela desordem, precedida de furor poético, eis uma ode'».

Belo fim para um capítulo. Mas não quero ser tão prosaico assim. Prefiro descer à terra. Ou fazer Lobo Antunes regressar a 76 para, ainda sobre Medicina, dizer algo mais que lhe ficou para a vida: a margem sul (para onde – revele-se – o escritor pensa mudar-se). Margem sul que ele conhece desde há 20 anos quando por lá, nos hospitais regionais, fazia bancos («fiquei a gostar daquelas terras todas»).

Na altura talvez gostasse menos. Porque, no final dos bancos, era obrigado a regressar de manhã, sem dormir, a Lisboa, para estar a horas no Miguel Bombarda. «Precisava desse dinheiro – 600 escudos por cada banco – para comer. Já tinha duas filhas» – diz.

Essas duas filhas têm hoje 25 e 22 anos. São as do primeiro casamento. Do segundo casamento de Lobo Antunes há uma outra filha, hoje com 13.

E nada mais se dirá aqui nem das filhas, nem das mães delas. Tão pouco de quaisquer outras mulheres da vida dele. É ele quem mo

238 | RODRIGUES DA SILVA, 25 DE SETEMBRO, 1996

pede, recusando-se, de resto, a falar deste aspecto da sua vida privada: «Seria como devassar uma intimidade que não me diz só a mim respeito.» Assim, peremptório, numa evocação-invocação, mais uma vez, dos pais. Ou desse seu «imenso pudor das emoções» que deles terá aprendido na infância e que, citando O'Neill, considera «um orgulho de uma insuportável humildade».

PRÉMIOS: DO NOBEL AO APE

Esse «imenso pudor das emoções» nem sempre tem sido apanágio de Lobo Antunes – faço-lho notar. Ele concorda. Até certo ponto: «Sou o mais incontinente verbal de toda a minha família, é certo, mas no fundo da alma sou um homem de silêncios. E só falo até onde o meu pudor me permite.» Pego-lhe na palavra e pergunto-lhe da razão dos conflitos como oficiais do mesmo ofício – escritores, quero dizer. Lobo Antunes contradiz-me: «Não há conflitos nenhuns. Há escritores de quem gosto. E há os outros que me são indiferentes.»

Insisto na tecla dos conflitos, agora com a Imprensa. Ele não resiste, desta vez: «Que queres tu que eu pense quando, no ano passado, leio num jornal que o meu nome para o Nobel é apoiado pelo *lobby* editorial sueco? O filho da mãe que escreveu isto, em título, ou é estúpido, ou ignorante ou está de má-fé. Como é óbvio não há *lobby* editorial sueco nenhum. Nem sueco nem português. Cada editora puxa pelos seus autores e não se une às outras quando está em jogo um prémio, muito menos o Nobel.»

Do Nobel passa para a valorização de um prémio francês que este ano ganhou (o France Culture), evoca dois membros do júri (Alain Weinstein e Maurice Nadeau), elogia o facto de entre os jurados estarem livreiros («em dinheiro o prémio é igual a zero, mas assim há ganhos indirectos através das vendas») e desvaloriza os prémios portugueses. Exemplificando com o da Associação Portuguesa de Escritores (APE): «Todos os medíocres o ganharam com livros de qualidade inferior. Até eu o ganhei, mas tive a sorte de nessa altura ele ainda ser dado com dignidade.»

Peço-lhe que dê exemplos desses «escritores medíocres» que terão ganho o APE com «livros de qualidade inferior», mas Lobo Antunes corta-se (é o termo): «Não funalizo, para não voltar às polémicas

"A CONSTÂNCIA DO ESFORÇO CRIATIVO" | 239

antigas.» E conclui: «Sempre me arrependi de falar, nunca de ficar calado.»

Após uma destas, hesito se lhe devo falar no Nobel. Mas arrisco. À primeira, penso que Lobo Antunes se vai fechar em copas: «Chegada esta altura a pressão começa a ser insuportável. E depois, quando for do anúncio, em início de Outubro, para não me chatearem, não quero cá estar. Vou para França e para a Su[í]ça.»

Não é para onde ele vai que eu quero saber, mas se pensa este ano ganhar o Nobel. Ele não se descose. Ou não completamente: «Ficarei triste se não o ganhar, até porque se não o ganhar muita gente ficará triste, mas não trabalho para o Nobel. E nem sei bem se vale a pena viver para isso.»

É meia resposta, a partir da qual irei concluir que Lobo Antunes adoraria ganhar o Prémio Nobel (o que, vendo bem, é normal) e que tem esperanças que este ano (... ou num outro ano qualquer) tal aconteça. Mas isto – explicitamente – ele jamais mo dirá.

Dirá outra coisa... que (conhecendo Lobo Antunes) vai dar ao mesmo: «Todos os grandes escritores tiveram o Nobel. Alguns escritores de segunda também o tiveram, é verdade, mas os grandes tiveram--no todos.» «E Pessoa? E Kafka? E Jorge Luis Borges»?» – pergunto--lhe. Os dois primeiros não poderiam ter tido – justifica ele –, «eram inéditos». De Borges, Lobo Antunes não gosta. Como de resto não gosta «lá muito» nem de Pessoa, nem de Kafka.

Com este não gostar de Pessoa, Kafka e Borges quase me irrito. Deve, aliás, ter sido por isso que, um tanto à queima-roupa, em contra-ataque, pergunto a Lobo Antunes: «António, tu não achas que tens um ego tão grande que até parece que sofres de falta de confiança?» Surpreende-se, como se essa do ego fosse impensável, e responde-me assim: «Sou uma pessoa que tem a felicidade de ter amigos melhores do que eu. Posso-me medir pelos meus amigos. Nenhum deles era capaz de ser amigo de um medíocre.»

E cita Melo Antunes, Daniel Sampaio, José Cardoso Pires e Nelson de Matos. Como estamos numa de parada-resposta, pergunto-lhe se não tem mais amigos e se, entre eles, não há uma só mulher. Resposta imediata: «Sou amigo da Maria velho da Costa, que define os intelectuais como 'muita conversa e pouca foda'. E sou ami[c]íssimo da minha tradutora sueca, da minha tradutora alemã e...» Não preenche as reticências e acaba lamentando-se: «Sou fugidio às amizades. Não estou muito para os meus amigos. Mas sou-lhes leal. Leal porque a infidelidade no amor eu compreendo-a. Na amizade não. Porque é mais importante ser leal do que ser fiel.»

Pergunto-lhe por uma amizade antiga. Diz Lobo Antunes que acabou. «Porquê?!» – interrogo-o. Ele responde: «Perguntou-me se eu não achava que ele era um grande escritor. Eu disse-lhe que não e ele deixou de me falar.»

Diz isto e elogia a «severidade do juízo» de Antero de Quental («durante muito tempo, em casa dos meus pais, o único retrato que havia na sala era o de Antero«). E, com Antero e o seu «socialismo utópico que é cada vez menos utópico» abrir-se-á outro capítulo. O da política.

### A POLÍTICA, DEUS E O HOMEM

Abre-se o capítulo da política e Lobo Antunes mostra-se aqui bem menos à defesa. Tão pouco à defesa que da política haverá de chegar a Deus. Ou ao sentido religioso da vida. Já lá iremos porque, antes, haverá ele de dizer que «se tivesse feito o 25 de Abril estava triste e, aí sim, magoado». E explica: «Substituiu-se a aristocracia dinheiro por outra que tem piores modos à mesa. Continua a haver pobres, ausência de ideologia e as pessoas a prosseguirem uma estratégia de poder pessoal. E para mim isto é que é ser burguês. Os partidos partidarizaram tudo. Resta a liberdade, sim. Mas, ao nível da intervenção política, a miserável intervenção que te resta é a de poderes votar de quatro em quatro anos.»

Lobo Antunes (nas legislativas) não vota. Ou, como ele diz, «não tenho lá ido.»

Argumenta: «Sou de esquerda e, partindo do princípio que o PS é de esquerda (o secretário-geral tem o coração na esquerda, sim, mas o PS tem lá pessoas que poderiam estar no PSD), eu gostaria de votar PC ou PS. Ou PSR, que até me é simpático. Mas não consigo votar nem PS nem PC e votar no PSR não interessa.»

Lembro-lhe que já foi candidato a deputado da APU, ele diz que sim senhor, e explica: «Fui por uma questão de reconhecimento. Os comunistas receberam-me bem quando cheguei aos livros. E eu senti-me grato por isso. Mas também nessa altura as coisas eram diferentes. Hoje voltaria a apoiar o PC... se ele mudasse.» Mudasse o PC para quê, Lobo Antunes não diz. Mas vai dizer algo que andará lá perto. Assim: «A esquerda é respeito pelos outros, ausência de líderes, participação democrática, o nosso comunalismo tradicional que até ressurgiu, espontâneo, logo a seguir ao 25 de Abril e de que os partidos se aproveitaram, em vez de o aproveitarem. A esquerda é reformulação da vida, o permitir-se às pessoas uma margem para sonhar – conheci uma senhora que dizia: 'Não vou dormir, vou ver sonhos'. Isto e ausência de maniqueísmo: há pessoas admiráveis na esquerda e na direita. Que a direita pense que na esquerda ninguém se aproveita ainda compreendo, faz parte dela pensar assim; agora que a esquerda pense o mesmo da direita, para mim é absurdo. Mas, pronto, os partidos tornaram-se estruturas verticais e não há nada a fazer. Deixam os artistas escrever, claro, mas que é que isso interessa?»

A interrogação deixa implícito o não ao recente encontro de Guterres com escritores. Lobo Antunes foi convidado («podem dizer mal de mim, mas já não me podem ignorar») e faltou («não tenho nada contra Guterres, mas, desde o 25 de Abril, não sei o que é que o Estado tem feito pela cultura. Não é graças ao Estado que os escritores portugueses são conhecidos no estrangeiro»).

Encolhe os ombros, como se cansado de uma longa tirada, e remata assim, em jeito de parábola sobre o 25 de Abril, 22 anos depois: «Quando o Pai Natal é substituído pelos sacos de plástico, o destino dos sacos de plástico é no outro dia irem para o caixote do lixo.»

Lobo Antunes, um homem magoado? Que não – assevera ele: «Sou um homem mais de indignações do que de mágoas. Um homem de fúrias. A tristeza em mim é substituída pelo desespero. Porque o desespero é mais fértil e a tristeza não permite trabalhar. E tu não podes deixar que ela se transforme numa bicicleta de ginásio que não te faz sair do mesmo sítio e acaba por dar cabo de ti.»

Um homem de contradições este António que tenho à minha frente? «Sem dúvida» – concorda ele. E abre o jogo: «Sou orgulhoso e humilde, vaidoso e modesto, anarquista e conservador, inseguro e seguro, corajoso e cobarde, generoso e egoísta». E, de imediato, acrescenta: «Mas destas contradições tento tirar partido.»

Pensava eu que ia ser o fim. Não o será, porque, após[] um silêncio de segundos, Lobo Antunes concluirá: «E não posso dizer que não acredito em Deus. No sentido em que sinto que alguma coisa me foi dado e eu tenho que trabalhar para justificar essa dádiva. Se não trabalho estou em falta e sinto-me desonesto. Se quiseres, mesmo sem saber se acredito em Deus, sou um homem profundamente religioso. Como tu.»

Tu cá, tu lá, ouso perguntar-lhe – não ao escritor mas ao homem: «António: gostas de ti?» «Gosto e não gosto» – responde-me. Para, muito sério, responder-me outra vez, como quem a si próprio respondesse: «Respeito a constância do meu esforço.»

## 25. RODRIGUES DA SILVA

# *"A salvação pela escrita"*

*Jornal de Letras, Artes & Ideias*
25 de Setembro, 1996, pp. 16-17

Foi pela pergunta-resposta que tudo começou. Pela entrevista, portanto. Era para ser só sobre o livro, «O Manual dos Inquisidores». Acabou por ser sobre algo mais, porque, às tantas, a escrita se entrelaçou na vida. O que, a bem dizer, só abona em favor de um autor que, chegado relativamente tarde à publicação (aos 36 anos), irá dizer que não concebe a vida sem a escrita.

**[JORNAL DE LETRAS]** Depois de uma «morte» («A Morte de Carlos Gardel»), um «manual dos inquisidores»...

**[ANTÓNIO LOBO ANTUNES]** Eu comecei com um ciclo de três livros, passei para um de quatro, voltei a fazer um de três (que foi a minha maneira de corrigir os três primeiros livros) e este agora é o primeiro de um novo ciclo de quatro mais voltado sobre o meu país. Queria que fossem livros sobre o poder. Este é o primeiro. O segundo, em que estou a trabalhar, é passado em África. Não tem nada a ver com Guerra Colonial. É África antes da Guerra Colonial e depois da independência. Sobre a maneira como os colonos brancos viam as relações consigo próprios e com os negros, com os angolanos. Mais dois livros ainda e já me contentava. Já podia morrer...

**[JL]** Porquê «O Manual dos Inquisidores»?

**[ALA]** O título não é original, é de um livro francês do século XIV. Pareceu-me ser o título mais adequado. Mas estou em desvantagem: eu só escrevi o livro, não o li. Nunca leio nenhum. Para não me arrepender. Mas, sabes?, pôr aquele mundo em pé colocou-me muitos problemas, foi muito complicado. De qualquer modo, acho que chega uma altura em que a energia criadora se alia ao conhecimento técnico das palavras. E penso que este livro é já de maturidade absoluta. Embora, pessoalmente, gosto muito de «A Ordem Natural das Coisas». Foi a única história de amor que escrevi até hoje.

[JL] O quê?!

[ALA] História de amor feliz.

[JL] Porque é que só agora dedicas um livro a Melo Antunes, a quem na dedicatória chamas de «meu capitão desde há vinte e cinco anos»?

[ALA] Não o dedico só ao Melo Antunes. Também à minha tradutora sueca. Eu e o Melo Antunes vivemos coisas juntos que eu não vivi com mais ninguém, numa extrema intimidade de que tenho pudor em falar. Dediquei-lhe só este porque me pareceu que era o primeiro livro adequado para ele. São coisas de que nós falámos muito. Não exactamente assim como está no livro. O que estou a tentar escrever seria bom para lhe dedicar também. É um homem por quem tenho uma grande amizade. Um homem que me dizia em plena guerra: «Cada vez mais me convenço de que isto é um erro formidável.» É um homem de uma extrema coragem. Talvez o homem mais corajoso que eu vi debaixo de fogo.

[JL] Estiveste muitas vezes debaixo de fogo?

[ALA] Então não estive. Era o alferes médico da companhia dele. Estávamos metidos numa ilha de arame farpado, num sítio chamado Ninda. Ele era capitão e estava ali de castigo por ter sido candidato d[a] Oposição Democrática nas eleições de 69. A nossa amizade ficou muito intensa desde então. A minha filha Joana nasceu em 73, em Dezembro, e o primeiro presente que teve foi-lhe dado por ele. Depois eu acompanhei o Movimento dos Capitães, o 25 de Abril, as convulsões a seguir, etc. Foi um período muito exaltante. Ainda em Santa Margarida, antes de embarcarmos, eu dizia «Vou-me embora daqui», e o Melo Antunes respondia: «A revolução faz-se por dentro.» E eu lembrava-me daquela frase do Redol: «A aventura é ficar.» O Redol é um homem por quem eu tenho muito respeito, um homem de uma profunda honestidade, de uma profunda rectidão e que tem sido tratado com desprezo pelos literatos e pelos intelectuais. As pessoas dizem que ele é um mau escritor... que escreveu um bom livro. Não me parece isso possível. Um mau poeta pode fazer um bom poema.

## "A SALVAÇÃO PELA ESCRITA" | 245

Mas um mau escritor não pode ter a mão feliz durante 400 páginas, a escrever meses e meses.

QUATRO OU CINCO ESCRITORES

[JL] Este «Manual» está muito marcado pela escrita das tuas crónicas para o «Público».

[ALA] Não, não. A do «Público» é que está profundamente marcado pela minha escrita.

[JL] Oh, António: as duas escritas são escritas tuas. O que eu quero dizer é que há páginas deste livro que poderiam ser perfeitamente autonomizadas e, muitas delas, darem crónicas do «Público».

[ALA] Houve coisas deste livro que eu aproveitei para crónicas do «Público», é evidente. Por exemplo aquela parte dos pobrezinhos. O problema das crónicas do «Público» é que são coisas para entreter aos domingos. Têm que ser coisas leves.

[JL] Leves, as tuas crónicas?

[ALA] Sim, para um público imediato, que compra o jornal aos domingos. Completamente diferente do público dos livros.

[JL] Acho que subestimas as tuas crónicas. Nem aparecem na tua bibliografia indicada neste último livro.

[ALA] Fui eu que disse para não pôr. Este livro… podem-me fazer montes de críticas, mas não criticar a honestidade do meu trabalho. Podem pôr em questão o meu talento, o que acho estúpido, o que não podem… O problema é que se tu és bom escritor tens que ensinar o teu público a ler. Eu, desde 79, que ando a ensinar os meus críticos portugueses a ler. E eles não querem aprender. Por ignorância, por má-fé ou por qualquer outro motivo, não querem. Os estrangeiros não precisei de os ensinar a nada. Quando, em Portugal, os escritores dizem mal dos críticos e os críticos dos escritores, do meu ponto de vista, existe um equívoco fundamental: é que em Portugal os escritores não sabem escrever e os críticos não sabem ler. E isso é dramático. A nossa literatura – mesmo que os escritores fiquem magoados com isto – é muito medíocre. A nossa literatura de ficção é medíocre! Isto é uma verdade! Podemos compará-la com a irlandesa, com a norte--americana, com a alemã. Ficamos sempre a perder. Temos quatro ou cinco escritores que eu admiro. O resto é de segunda ordem.

**[JL]** Quais são esse[s] quatro ou cinco?

**[ALA]** Maria Velho da Costa... José Cardoso Pires... Antonio Tabucchi... Mário Cláudio... Pedro Tamen... Com a Agustina tenho uma relação cordial, embora não partilhe dos pontos de vista dela sobre a escrita. Não há muitos. Ficcionistas não há muitos.

**[JL]** E poetas?

**[ALA]** Já citei o Tamen. Sabes que leio poesia e antes de passar para a prosa, aos 18 anos, até a escrevi. Era fresca... sem talento nenhum.

**[JL]** Herberto, não te diz nada?

**[ALA]** Não o conheco pessoalmente.

**[JL]** Não me lixes...

**[ALA]** Toda a gente fala sempre do Herberto, da Sophia e do Eugénio (de Andrade). Mas, olha, na ficção há novos com muito talento. O Rodrigo Guedes de Carvalho custa-me que não escreva mais. Ou que não publique. Ele não tem o direito de não escrever. Foi um rapaz com quem, na altura, me identifiquei muito. E há o José Riço Direitinho. E um novo que vai aparecer chamado Alexandre Andrade. E, na poesia, há uma rapariga, de 23 anos, chamada Margarida. Margarida não sei quê. Não me lembro do apelido, mas ela, quando ler isto, sabe que é a ela que me refiro. Tem imenso talento. Depois há pessoas que acertam, atiram o barro à parede e volta e meia acertam. Sabes?, à força de viver de livros e para livros e de fazer disto a minha vida, o meu alimento e a minha razão de ser, já não tenho opiniões provocadoras ou desafiadoras, mas começo a ter algumas certezas. Porque eu leio muito e leio tudo. E gosto de ler livros maus. Porque aprende-se muito com livros maus. Um livro bom tens que o ler duas ou três vezes para o entender – como é que o autor hesitou, como é que resolveu os problemas técnicos, por aí fora. E somos um país em que se escreve muito pouco: quantos romances é que vão sair agora? Trinta e tal, quarenta. É muito pouco. Países com muito menos habitantes do que nós, como a Suécia, a Noruega, mesmo a Holanda e a Bélgica, produzem muito mais ficção do que nós. Porquê? Porque a ficção é sobretudo trabalho. O Flaubert dizia: «A inspiração é sentar--me todos os dias à mesa para escrever.» Até porque a imaginação, por si, só começa a funcionar quando tu começas a juntar as palavras. Em abstracto não tens hipóteses.

A SALVAÇÃO NAS PALAVRAS

[JL] Este livro demorou-te quanto tempo?

[ALA] Um ano e tal, catorze horas por dia, sábados e domingos. Mesmo para o estrangeiro levo o «tricot». É uma vida muito solitária. Quem é que eu vejo? Só escritores, críticos e acabo por ficar aqui fechado. A minha vida social está muito restringida. Vejo muito pouco os meus amigos, tirando o Cardoso Pires. O Ernesto Melo Antunes vejo-o duas ou três por ano. O Daniel Sampaio nem isso.

[JL] Neste livro não se salva ninguém.

[ALA] Salvação em que aspecto? Teológico?

[JL] Qual teológico…

[ALA] Este livro é visto sempre pelas pessoas que estão todas de um lado só – julgo eu.

[JL] Não, não.

[ALA] Sim, aparecem alguns pobres, mas inquinados pelos pontos de vista dos patrões. O próprio 25 de Abril é visto do ponto de vista dos pobres.

[JL] Vai tudo a eito. Até os animais.

[ALA] Tem piada. Eu acho o livro profundamente alegre. Talvez um dos livros com mais humor que eu tenha escrito.

[JL] Humor… negro.

[ALA] Não sei qual é a cor dele. Mas acho-o com humor. No final o antigo ministro está cheio de esperança.

[JL] Ensandecida.

[ALA] Eu quis escrever… Eu não quis nada. A gente quer é libertar--se de determinadas obsessões. Mas queria que o livro comovesse e fizesse rir e te sentisse perto da vida. Sobretudo tentando aperfeiçoar a forma das pessoas se iluminarem uma às outras e de nós percebermos como elas são infinitamente contraditórias. Por exemplo: a personagem do velho é capaz de ternura e de coisas de uma extrema crueldade e violência. Uma das coisas que me impressionou nele e quase me comoveu foi o profundo amor dele pela mulher desaparecida.

[JL] Que o abandonou.

[ALA] Sim, que o traiu. E a tentativa dele a recuperar através de outras mulheres.

[JL] Tu tens humor, é inegável. Mesmo no meio da escrita mais terrível basta-te uma palavra para ser impossível um leitor não desatar a rir sozinho. À parte isso, acho que anda por aí uma imensa mágoa no cenário de fundo da tua escrita. Olha: em 79, o narrador do teu primeiro romance pergunta-se, às tantas: «Onde é que eu me fodi?» E a mim apetece-me perguntar-te agora: «Onde é que o António Lobo Antunes se fodeu para ter um olhar destes tão magoado?»

**[ALA]** Não acho o livro magoado. Posso achá-lo violento e cruel, terno, mas magoado não. Houve alturas em que senti que a coisa me saía como «A Cavalgada das Valquírias», no «Apocalipse Now».

**[JL]** Não digo que o livro seja magoado. Digo que revela que tu é estás magoado.

**[ALA]** Não acho o livro magoado, nem que me tenha ferido. Eu encontrei a salvação nas palavras e através da escrita. Quando no ano passado começaram a aborrecer os meus pais por causa do (Prémio) Nobel, o que a minha mãe disse foi que, desde que se lembra de mim, é de mim a escrever. Comecei a escrever muito cedo. Com 10 anos já tinha uma extensa lista de obras completas. Por isso encontrei muito cedo o modo de combater a solidão. Ou a depressão. Porque, de facto, quando um tipo trabalha nada disso existe.

**[JL]** Mas como um tipo não trabalha sempre...

**[ALA]** Pois. Na minha vida tive alguns momentos difíceis (como toda a gente). E o que me vinha sempre à cabeça nesses momentos e me ajudava a suportá-los era pensar «como é que eu posso usar isto no meu trabalho?». Havia sempre um homem a sofrer (ou contente) e outro, cá de fora, que observava o primeiro e pensava: «Como é que eu posso aproveitar isso para a minha escrita?» Zé: eu posso conceber a minha vida sem tudo – sem as minhas filhas e as outras pessoas de quem gosto – mas não sem escrever.

**[JL]** Por isso é que dizes: «Existir para mim é a segunda profissão.» Logo, a primeira é...

**[ALA]** Isso é uma *boutade*.

**[JL]** Óbvio, mas...

**[ALA]** Mas existe nela alguma coisa de verdade. Quando em 79 nós dois nos conhecemos era assim. Embora nunca tivesse tido pressa em publicar. O primeiro livro sai quando eu tenho 36 anos. Publicar para mim não é vital. Mas sempre escrevi. O romance que escrevi antes de «Memória de Elefante» demorei sete anos a escrevê-lo e atirei-o fora. E tu sabes muito bem que o facto de ter começado a publicar foi um acidente.

[JL] Chamado Daniel Sampaio.

[ALA] Nunca me tinha passado pela cabeça publicar livros e fazer uma carreira. Mas foi bom, porque, mesmo que não o leia, com o livro impresso aprende-se muito. Com a «Memória de Elefante» dei-me conta que só tinha mão para uma oitava e tinha que alargar a mão. Quando mostrei o livro ao meu pai, cheio de orgulho, a resposta dele foi: «Isto é um livro de principiante.» E é. Por isso nunca o deixei traduzir, excepto para romeno que é uma língua que não percebo. Para o ano vai sair em França nas Obras Completas. A gente não pode repetir, mas talvez eu devesse ter começado a partir da «Explicação dos Pássaros», embora, do ponto de vista estético, eu tenha vindo a gostar mais do meu trabalho. Tenho trabalhado tanto que julgo que os livros têm reflectido cada vez mais um melhor conhecimento do modo de mexer nas palavras. E tenho também vivido mais. E vou envelhecendo... Ou amadurecendo... Ou apodre-cendo...

## 26. LUÍS ALMEIDA MARTINS,

# "António Lobo Antunes: 'Não merecemos o Nobel'"

*Visão*
26 de Setembro, 1996, pp. 88-91

No dia da saída de um novo romance, o escritor português com mais trunfos para vir a ser galardoado com o prémio máximo da literatura, põe-se a nu a ele próprio e à prosa que por cá se faz. De Júlio Verne a Emílio Salgari, da incompetência da crítica à hipertrofia do ego de alguns escritores, de Artur Garcia a Ana Malhoa – é todo um universo que cabe na memória de elefante daquele que é geralmente considerado o enfant terrible das letras nacionais.

«Ando a pensar em deixar de publicar em Portugal e só o fazer noutros países; não sei que necessidade tenho de publicar aqui», disse à VISÃO António Lobo Antunes, que tem vindo a recusar sistematicamente entrevistas a órgãos de comunicação social portugueses.

Aos 54 anos, o escritor – de quem a partir de hoje, quinta-feira, começa a ser distribuído pelas livrarias o 11º romance, *O Manual dos Inquisidores*, com a chancela das Publicações Dom Quixote – continua a ser tão bombástico nas afirmações e polémico na postura como em 1980, ao lançar aquela *Memória de Elefante* que o catapultaria imediatamente para o êxito e o transformaria a breve prazo num dos escritores portugueses mais traduzidos no estrangeiro – e, com José Saramago e José Cardoso Pires, um dos de maior projecção internacional. *O Manual...* é a última pedra de um edifício que arrancou com *Memória de Elefante* e prosseguiu com *Os Cus de Judas, Conhecimento do Inferno, Explicação dos Pássaros, Fado Alexandrino, Auto dos Danados, As Naus, Tratado das Paixões da Alma, A Ordem Natural das Coisas* e *A Morte de Carlos Gardel* – títulos bem conhecidos de quem acompanha de perto a literatura portuguesa do pós-25 de Abril.

Médico psiquiatra por formação académica, Lobo Antunes falou à VISÃO no seu escritório, uma pequena casa de duas assoalhadas cheias de sol junto ao Cemitério do Alto de S. João. Ali desenha os seus livros numa letra microscópica, em folhas de bloco do Hospital Miguel Bombarda, a cujo quadro pertence, recusando-se militantemente a aderir ao computador, ou sequer à máquina de escrever. Por mobiliário, apenas uma pequena mesa de tampo de mármore partido («que comprei na Moviflor»), dois ou três sofás de napa sem braços, um par de cadeiras, uma cama, um guarda-fato, um cabide de pé e um televisor empoeirado sobre a alcatifa. Da varanda fechada avista--se o Mar da Palha e a Outra Banda, com o casario do Seixal no horizonte. Uma das paredes da salinha onde trabalha está decorada com minúsculas fotografias e cromos de jogadores de futebol, sobretudo do Benfica e da década de 60. «É a minha paixão», confessa.

**[VISÃO]** Então como é isso de só publicar lá fora? Seria caso inédito em todo o mundo.

**[ANTÓNIO LOBO ANTUNES]** É como digo. Quando acabei o *Manual...*, mandei logo um exemplar para o meu agente, outro para o editor francês, outro para o editor alemão, outro para o editor sueco. Antes de o livro sair em Portugal, já o tinha vendido. Repito: não sei que necessidade tenho de publicar aqui.

**[V]** Porque é que sente isso?

**[ALA]** Porque o meu nome não aparece em parte nenhuma, porque eu recuso tudo: entrevistas, convites. Às vezes pergunto-me porque o faço. Julgo que, por um lado, é porque tenho tido lá fora uma aceitação que não encontro cá; depois, porque me parece existirem muitos equívocos ao nível da literatura neste país.

**[V]** A que género de equívocos se refere?

**[ALA]** Faz-me imensa confusão a polémica críticos *versus* escritores. Para mim o problema é muito simples: a maior parte dos escritores não sabem escrever e a maioria dos críticos não sabe ler. E também há muita ignorância e má-fé de parte a parte. A sensação que tenho é de que ando há que tempos a ensinar os meus críticos a ler e eles não há meio de aprenderem.

**[V]** E isso acontecerá apenas em Portugal?

**[ALA]** Não. Foi exactamente o que aconteceu ao Faulkner nos Estados Unidos. Em 1949, quando lhe foi atribuído o Nobel, a maior parte dos livros dele estavam esgotados e nem sequer eram reeditados no seu próprio país. É uma coisa completamente dramática para um escritor. Mas se se lerem biografias – e eu, quando estou a escrever, leio biografias dos escritores de que gosto: Hemingway, Scott Fitzgerald, Faulkner, por aí fora – vê-se a forma vesga como muitas vezes eles foram recebidos no país de origem, com críticos a desancá-los sistematicamente de cada vez que saía um livro. E esses críticos não eram pessoas estúpidas.

## A DOENÇA INFANTIL DA CRÍTICA

**[V]** Então qual é o problema?

**[ALA]** O problema é que tudo isto é muito pequeno, e frequentemente confunde-se uma pessoa de quem eventualmente não se gosta com a obra que ela produz. Mas encontramos esses equívocos em toda a parte. O Proust viu *À la Recherche du Temps Perdu* recusado pelo Gide em primeira mão, o Céline o *Voyage au Bout de la Nuit* ser recusado pela Gallimard. É muito mais difícil aceitar as pessoas que escrevem na nossa língua do que as que nos vêm do estrangeiro. Há muitos escritores estrangeiros que adquirem aqui em Portugal uma expressão que não têm nos respectivos países. E vice-versa.

**[V]** Pensa que o seu valor não é reconhecido em Portugal?

**[ALA]** Não digo isso. Não é nem deixa de ser. Não existe é uma crítica: faz-se mais recensões de livros do que verdadeiras tentativas de os entender, e aquilo que me parece importante é compreender em vez de julgar. Eu hesitaria muito em dizer Fulano de tal é bom, Sicrano não é. Poderia dizer gosto ou não gosto.

**[V]** Porque é que a crítica julga?

**[ALA]** Porque, frequentemente, as pessoas que fazem as recensões de livros são muito jovens e com uma imensa necessidade de afirmação. Se alguém desanca um tipo mais conhecido ou mais velho, evidencia-se. É infantilidade.

**[V]** Mesmo assim, reconhecerá que existem casos de êxito unânime.

**[ALA]** Sim, o do Namora nos anos 50, o do Ferreira de Castro ainda antes... Mas são escritores que já ninguém lê, e provavelmente o mesmo acontecerá a alguns que agora são muito lidos. Eles eram muito traduzidos no seu tempo, mas a verdade é que se tratava de pequenas editoras. Não entendo, por outro lado, o esquecimento a que estão votados autores como o Carlos de Oliveira ou romances como *A Casa Grande de Romarigães*, do Aquilino.

### 'NÃO MERECEMOS O NOBEL'

[V] Quase todos os anos, por esta altura, o seu nome vem à baila como o de um dos mais fortes candidatos à conquista do Prémio Nobel da Literatura.

[ALA] Nunca se sabe o que pode acontecer, não faço a menor ideia. De qualquer modo, vou-me embora no princípio do mês que vem. Tenho o livro a sair em França e depois sigo para a Suécia com o meu especial amigo Antonio Tabucchi, que é um escritor que leva a sua generosidade ao ponto de traduzir outro escritor, como fez com os meus *Cus de Judas*. Só encontro isto nos escritores de talento.

[V] Aqui em Portugal não existem escritores com essa generosidade?

[ALA] Não sei, não os conheço intimamente. O que conheço melhor é o José Cardoso Pires, um homem de uma grande honestidade e que tem essa grandeza. Ele é amigo de muita gente, mas, em relação a escritores, diz que só consegue ser amigo daqueles que admira. E a Maria Velho da Costa também tem essa grandeza. E o Pedro T[a]men que, além de ser um excelente poeta, é um homem que igualmente muito prezo.

[V] Sem sua opinião, por que nunca foi atribuído um Nobel à literatura de língua portuguesa?

[ALA] Porque não o merecemos. O único escritor de língua portuguesa deste século a quem eu o daria era ao brasileiro Carlos Drummond de Andrade. Há que ter a noção do nosso tamanho. Se não temos grandes políticos, grandes futebolistas, grandes pintores, grandes compositores, então porque é que havíamos de ter grandes escritores? Dizem que os temos... É possível, não sei quanto é que medem. Sejamos suficientemente modestos para reconhecer que não se trata de uma perseguição dos estrangeiros em relação a nós.

[V] No entanto, tem-se criado um certo drama à volta disso.

[ALA] Até me lembro de ter ouvido alguém dizer que «não é por um japonês qualquer ter ganho o Nobel que a literatura portuguesa ficará não sei quê...» Ora, isso é injusto. Tomáramos nós ter aquele japonês! Em Portugal costuma usar-se o argumento: o Kafka nunca ganhou, o Pessoa também não. Era impossível eles terem ganho, porque não tinham nada publicado em vida, mas de uma maneira geral todos os grandes escritores do nosso tempo receberam o Prémio: o Mann, o Yeats, o Hemingway, o Faulkner, praticamente todos, à excepção do Joyce. E é muito difícil dar um prémio a pessoas vivas. Fiz uma vez parte de um júri e jurei para nunca mais: se já é difícil escolher entre 10 ou 15 romances, o que dizer de 500 ou mil escritores?

O CAVALO DE MARCO PAULO

[V] Os escritores sofrem de narcisismo?

[ALA] A gente fala do narcisismo dos escritores, mas os cantores e os compositores de música ligeira, ao referirem-se uns aos outros, são autênticos «assassinos». A propósito de música ligeira: não gosto de um conjunto que anda para aí que canta umas coisas que me dão um sono do caneco – os Madredeus; mas gosto imenso de ouvir o Emanuel ou de olhar para a Ágata. No outro dia fui à Feira Popular com a minha miúda mais nova, que tem 13 anos, e estava o Artur Garcia a cantar. Fiquei ali encantado, e ela indignada a puxar-me, «ó pai». Eu adorei ver o Artur Garcia cantar coisas espanholas, era eu e umas senhoras de idade que lá estavam.

[V] Normalmente, ninguém tem coragem para fazer publicamente afirmações dessas.

[ALA] A gente nega muito a existência desta vertente em nós, talvez porque queira deixar um perfil para a eternidade. Eu cá gosto muito do meu lado de sopeira, que aprecia estas coisas assim: ler os jornais desportivos (sou completamente acrítico e cego em relação ao futebol) ou ouvir alguém apresentar «a categorizada Ana Malhoa», quando ninguém diz «e agora o categorizado Vergílio Ferreira». Do mesmo modo que acho a Tina Turner uma mulher linda, sensual. Isto tem que ver com uma certa virgindade do olhar. Também gosto muito de romances maus: mandam-me muitos livros, alguns péssimos, e eu leio tudo. Não gosto é de livros pedantes. Bom, e não me dão prazer os programas da SIC, género *Não se Esqueça da Escova de Dentes*, acho-os de uma estupidez completa, mas já as passagens de modelos considero uma coisa lindíssima. Saber como vive o Marco Paulo apaixona-me, o cavalo de Marco Paulo, saber que o Marco Paulo rezou muito durante a doença... Até porque quando se está a trabalhar tem de ser sério, e um livro custa-nos os olhos da cara. Então, tudo aquilo é óptimo.

**[V]** Esses gostos reflectem-se em determinadas minúcias patentes nos seus livros.

**[ALA]** Sim, há nos meus livros um fascínio muito grande pelas casas das porteiras, pelos naperons, pelos bibelots em cima da televisão, pelo horror ao vácuo que leva aquelas pessoas a preencherem todas as superfícies planas. Adoro isso. Em casa dos meus pais não havia nada desse género, era uma casa muito austera, só com prateleiras de livros, poucos móveis. Já o Thomas Mann dizia qualquer do tipo de «o que faz de mim um artista é o amor pelo banal». E o Balzac: «Se uma pessoa quer ser romancista, tem de remexer em toda a vida social, porque o romance é a história privada das nações».

VEM AÍ A ÁFRICA

**[V]** Quando acabou de escrever o *Manual dos Inquisidores?*

**[ALA]** Há mais de um ano. É a primeira vez, desde que os meus livros começaram a ser publicados (porque eu ao princípio escrevia e não publicava, fazia autos-de-fé de vez em quando), que deixo um livro tanto tempo fechado.

**[V]** Então, porque o fez agora?

**[ALA]** Queria que ele saísse noutros países antes de sair aqui. Costumo fazer uma pausa de seis meses a um ano entre a escrita de dois livros, e essa pausa já foi feita. Não sou capaz de escrever um livro novo logo depois de ter acabado o anterior. Não sou como a Iris Murdoch, que acabava um romance, dava uma volta pelo jardim, tomava uma chávena de chá e começava outro. O problema é que se acabamos um romance e começamos outro passados quinze dias, estamos a fazer como que um prolongamento do anterior.

**[V]** E já está a escrever o seguinte?

**[ALA]** Já. O que me interessava agora era fazer um ciclo de quatro romances sobre o poder, de que *O Manual...* seria o primeiro. Já estou a trabalhar no segundo, que não sei quando ficará pronto. Se as coisas correrem bem, talvez a primeira versão fique despachada lá para o fim de Outubro.

**[V]** De que se trata?

**[ALA]** A minha ideia era fazer um livro passado em Angola, sem nada que ver com a guerra colonial, sobre as relações dos colonos com os negros nos anos 30, 40 e 50, e depois da independência. Para mim, é um livro muito difícil de escrever. Tive de me documentar, de usar algumas das coisas que conhecia, de inventar outras, etc.

**[V]** Regressando a *O Manual dos Inquisidores*: em poucas palavras, o que pretende dizer nas 400 e tal páginas do livro?

**[ALA]** N'*O Manual*…, como nos meus últimos livros, procurei escrever uma história em que as personagens se iluminassem uma às outras, sublinhar as contradições tremendas das pessoas, o quanto elas são difíceis de julgar. Pareceu-me que era importante dar um retrato daquilo a que se chama direita visto pela própria direita. Não há ali uma única personagem revolucionária, mesmo os pobres são conservadores. Lembro-me de um chauffeur particular que, a seguir ao 25 de Abril, me dizia que votava no CDS, porque, se acabassem os patrões, ele perdia o emprego. É essa gente, poderosos e pobres, que pretendo retratar. Por outro lado, não pude deixar que os maus fossem completamente maus, e por isso também lhes dei o lado humano.

**[V]** Temos de ser tolerantes, é isso?

**[ALA]** É, acho que temos de ser tolerantes. Eu tenho amigos de direita, e há pessoas de esquerda que são detestáveis. Nós, no fundo, somos todos tão parecidos uns com os outros, meu Deus! E depois há aquelas confusões, género, Fulano é um e[s]critor de esquerda. Eu não sei o que é ser um escritor de esquerda, como não sei o que é a escrita feminina. Acho que há escrita boa e escrita má. O Céline era um homem de direita. Os romances dele são de direita? Acho que não, que são só bons romances. Há um artigo importantíssimo do Trotsky em que ele salienta a importância de *Voyage au Bout de la Nuit*. O mesmo se passa com o Drieu La Rochelle ou com a música do Richard Strauss. Corremos o risco de maniqueísmo, o que é tremendo. A minha ideia n'*O Manual*… foi mostrar que aquelas pessoas não eram inteiramente más nem inteiramente boas.

## JÚLIO VERNE E SALGARI

**[V]** Nenhum escritor (nenhum homem) escapa a influências. Quais foram, ou são, as suas?

**[ALA]** Agora tenho andado a ler muito Hemingway. Ele passou pela minha adolescência sem eu me aperceber de que era tão importante e de que podia aprender muito com ele. Há determinadas soluções técnicas que o tipo encontra com facilidade e que são aparentemente fáceis. Só muito tarde, infelizmente, é que vim a aprender que a primeira versão tem dentro dela as soluções do texto; se tentarmos escrever aquilo de outra maneira, acabamos por voltar à primeira, porque está lá tudo. Já me aconteceu ir à rua, ao contentor do lixo, buscar coisas que tinha escrito antes.

**[V]** Voltando às influências...

**[ALA]** Houve-as também do cinema norte-americano e italiano, assim como dos andamentos da música. Quanto a escritores, aqueles que eu lembro mais são os que me encantavam na adolescência: Júlio Verne e Emílio Salgari. Foi por eles que eu comecei a escrever. Depois, seguiu-se a procura desesperada e impaciente de uma maneira pessoal de dizer as coisas, porque para escrever livros é preciso negar todos os outros escritores, evitar o «está-me a soar a», ou, o que é ainda mais grave, o «isto está-me a soar a mim próprio», que é quando a gente se começa a repetir. Como dizia há tempos o Antonio Tabucchi a propósito de um escritor muito consagrado que ele zurziu, «com a idade há dois perigos para quem escreve, que são a hipertrofia do eu e a hipertrofia da próstata, e a hipertrofia do eu é muito mais mortal».

**[V]** Referia-se a Vergílio Ferreira?

**[ALA]** Não, não era ao Vergílio Ferreira.

**[V]** Costuma ler policiais?

**[ALA]** Pouco, mas aprecio muito o Chandler e o Hammett. Do ponto de vista técnico aprende-se bastante com os escritores policiais: reter a informação constantemente. É isso que eles fazem, retêm o nome do criminoso, e em qualquer romance é preciso não dizer logo tudo. Quando a gente começa a escrever, quer dizer logo tudo, sem nos apercebermos de que um romance é sobretudo a forma como as pessoas lê[e]m o que a gente não diz.

## 27. ANTÓNIO TAVARES TELES

# *"«Acabou todo o romantismo que havia à volta do futebol»"*

*Record*
8 de Dezembro, 1996, pp. 7-10

("Relação com o 'vil metal'", p. 8
"Rejeita o computador", p. 9
"Sobre o romance 'Cinco Noites, Cinco Dias, de Álvaro Cunhal", p. 10)

Com grande sucesso em Portugal mas sobretudo no estrangeiro, ultimamente dado até como nobelizável, eis um grande escritor que labuta como um operário. Porque não acredita no destino, mas no trabalho.

Visita a um escritor poderia ser o título desta entrevista.

A um escritor de sucesso, de resto. E não só nacional: António Lobo Antunes tem tido até mais sucesso internacionalmente do que aqui. Santos da casa... O que não quer dizer que, em Portugal, ele não seja um escritor de "top", numa linha onde, à partida, só poderão estar, com ele, Cardoso Pires, Saramago, Agustina. Mas tem sido no estrangeiro, através de múltiplas traduções e de edições em grandes casas editoras, que ele conseguiu o prestígio que faz com que venha sendo indicado como possível vencedor do Nobel.

É, no entanto, um homem de gostos simples e disciplinada e persistente labuta. Quase se diria um operário da escrita, não fora o imenso talento que põe no que faz. Mas a sua roupa é modesta, o seu carro é modesto, o restaurante onde costuma comer é modesto; e a vaidade, se a tem, está muito lá no fundo, num sítio que não se vê. No mais, é um homem de conversa doce, serena, amistosa, quase fraterna, que dá prazer ouvir; e com quem dá também prazer falar, porque tem uma outra excelente e rara qualidade, sabe ouvir. O que, hoje em dia, é um primor que já quase não se encontra em mercado nenhum.

Mas esta entrevista foi feita para ouvir, não para falar dele.

Vamos a isso.

– A maior parte dos leitores de **Record** não leu com certeza o seu último livro, "O Manual dos Inquisidores". De que trata esse livro?

– Havia aquela bailarina a quem perguntaram o que é que o bailado queria dizer e ela respondeu: então, se eu conseguisse responder a isso, dava-me ao trabalho de dançar?... Não, a minha ideia era fazer quatro histórias sobre o poder, as relações dentro do poder e, sobretudo, o poder visto pela direita reaccionária. Estou, aliás, já a escrever agora um outro livro dessa série, sobre os colonos de África. Colonos de Angola, que eu conheci bem.

– Qual é a sua relação com a política?

– Eu acho que acordei para muitas coisas muito tarde, sobretudo com a guerra em África. Até então, não tinha consciência, tinha tido uma vida muito protegida.

– Filho de uma gente abastada, com dinheiro...

– Sim, sim. Mas passei aquele tempo todo em África...

– Na guerra, pois...

– Sim, na guerra, e tive a sorte de conhecer o então capitão Melo Antunes. Que sempre me disse que a revolução se faz por dentro. Regressámos aqui em 73 e acompanhei o Movimento dos Capitães muito de perto. Era a altura dos grandes sonhos: o sonho da democracia, por exemplo. Lembro-me que achava que tudo o que ele, Melo Antunes, me dizia, me parecia utópico. Mas eram tão bonitas as ideias de que falávamos em África! As noites, lá, eram tremendas, porque em quase todas elas éramos atacados. Então, ficávamos a conversar até à altura desses ataques, e era uma confusão e uma angústia tremendas, como disse. Depois, começavam a cair os morteiros, e agente acalmava. E era um alívio do caraças!

– Disse-me há pouco que acordou muito tarde para as coisas...

– É verdade. Olhe, por exemplo, as greves universitárias passaram-

-me ao lado. Por desinteresse, por cobardia física. Passaram-me ao lado!

– Não é chato estar a dizer isso?

– Não: é a verdade. Tinha medo físico! Acho que só aprendi a não ter medo físico em África. Antes, tinha medo. Para além de ter desinteresse.

– Que é que fazia, enquanto estudante?

– Que é que eu fazia? Jogava futebol, jogava xadrez, lia e escrevia...

– O que era politicamente nessa altura?

– Nada! Nem sequer tinha consciência disso. Não sei o que sou hoje, mas sei que, nessa altura, nem me preocupava com isso. Estava era preocupado com os livros, a leitura, a escrita... A política era-me completamente indiferente.

– Já era uma grande preocupação, a escrita, nessa altura?

– Eu creio que a escrita começou quando eu tive uma tuberculose pulmonar, com 5 anos. Estava na cama e comecei a escrever. A minha mãe tinha-me ensinado a ler e a escrever. Aliás, como o fez com todos os meus irmãos.

– Nunca teve a tentação de se pôr do lado do poder?

– Nunca do lado de poder nenhum. Mesmo militância, a única vez que tive alguma, foi nos anos 80, em que estive ao lado da APU, e aí com muita convicção e muito entusiasmo. Em relação ao poder, não, talvez por formação, por herança do meu pai, anarquista como o outro que andava de país em país a perguntar: "Hay gobierno? Entonces soy contra..."

– Era de esquerda, o pai?

– Não sei. Mas, como lhe disse, era contra qualquer poder instituído. Era contra o Salazar, claro. Contra o 25 de Abril é que não foi nunca. Até porque conheceu o Melo Antunes e gostava muito dele. Porque a verdade é que o Melo Antunes é humanamente de uma grande riqueza, e de uma grande coragem. É um homem admirável!

– A escrita é uma luta contra o poder?

– Não sei. Tal como não sei o que me levou a começar a escrever. O que sei é que a minha mãe conta que, desde que se lembra de mim, é sempre a escrever. É uma necessidade qualquer porque, ainda hoje, escrever não me dá prazer. O problema é que não escrever me faz sentir horrivelmente mal. Dá-me uma terrível sensação de desconforto e de culpabilidade.

## 262 | ANTÓNIO TAVARES TELES, 8 DE DEZEMBRO, 1996

– Porque é que continua a ser médico?

– Agora, sou muito pouco. Já não tenho consultório, não tenho nada disso. E vou ao hospital só [quando] tenho mesmo de o fazer, embora goste muito de lá ir.

– A literatura paga o suficiente para ter abandonado o consultório? Tem ganho muito dinheiro com os livros?

– Em toda a parte é difícil a vida de um escritor. Mas, em 85, decidi viver só do que escrevia, porque não era possível conciliar a escrita com uma vida de consultório desde as 2 da tarde às 11 da noite, tendo de estar às 9 no hospital – quer dizer, escrevia só durante a noite. Aí, nos primeiros tempos, foi difícil, evidentemente. Agora, com as traduções dos meus livros, etc., etc., tem-se tornado possível viver disso. Mas não dá para ser rico nem pouco mais ou menos. E é óbvio que se eu mantivesse o consultório ganharia muito mais. Você já viu quantos escritores vivem da escrita? Para aí três: o José Cardoso Pires, o Saramago e eu. Veja, por exemplo, o Redol, como viveu sempre...

– Exactamente...

– Um tipo que nunca se vendeu ao poder! E que é tão maltratado pelas pessoas que até me choca. Ainda noutro dia li uma coisa do Baptista-Bastos a dizer que o Redol era um mau escritor com um bom livro! Eu acho isto de uma tremenda injustiça. Porque é talvez possível que um mau poeta faça um bom poema. Mas ter a mão feliz ao longo de 400 páginas é impossível. O Bastos, não me interessa nem falar dele. Mas chocou-me o que ele disse.

– Conheceu o Redol?

– Não. Só o vi uma vez, era eu finalista de Medicina, estava ele internado, a morrer, em Santa Maria. Na cama. E lembro-me de ter ficado muito, muito triste, de o ver a morrer. Mas, daquilo que me contam dele figuras que o conheceram muito bem, que tiveram o privilégio de o conhecer e gostaram dele, o que posso concluir é que era um homem de uma imensa honestidade e de uma imensa coragem. E não é possível, repito, um escritor mau ter a mão feliz durante 400 páginas. Deve ter sido um homem admirável, porque tinha amigos de uma tão grande fidelidade que só um homem admirável pode ter. O José Cardoso Pires, que não é dado a comoções, disse-me que a única vez que chorou convulsivamente foi quando, estava em Londres, soube da morte do Redol.

– Voltemos no entanto a si: li noutro dia que disse que tem de entregar ao seu editor um novo livro até à próxima Primavera. Como é que é: já escreve com prazos marcados? Já trabalha por obrigação profissional, quer lhe apeteça escrever quer não?

– Sim. Mas digo-lhe: por um lado é muito bom, porque me obriga a trabalhar. Por outro lado, o que acontece cada vez mais é que os editores já venderam os livros que eu ainda não escrevi. Alguns editores compram-nos dois, três livros adiantados. E depois não perdoam com os prazos, não é como em Portugal.

– Quer dizer que já faz parte da "écurie" desses editores...

– É evidente. Sobretudo quando eles apostam muito num escritor, fazem isso: vendem adiantado. E o escritor tem de cumprir.

– Acha que tem mais sucesso lá fora do que aqui em Portugal?

– Sucesso de público, é variável: é mais ou menos a mesma coisa. De crítica, durante muitos anos, sim, tive mais sucesso no estrangeiro do que cá. Fartei-me de dizer, agora: com este livro tenho de fazer a unanimidade em Portugal. E, de facto, tem sido assim, já reparou? É muito engraçado... Não sei se isso terá a ver com o facto de ter sucesso de crítica lá fora, mas isto funciona muito por modas. Há 15 anos, era a Agustina, depois o Vergílio, depois o Saramago...

– O que é que vende um escritor como você? Em Portugal, é claro...

– Este livro vai fazer agora 23 mil. O que é pouco. É muito para agora, mas, no princípio dos anos 80, vendiam-se muito mais livros. A "Balada", por exemplo, vendeu mais de 100 mil exemplares num instante.

– Está a falar da "[]Balada da Praia dos Cães", do José Cardoso Pires...

– Sim, sim. "Os Cus de Judas" deve ter vendido de 200 a 300 mil. Hoje, as pessoas compram muito menos livros. Por isso 23 mil, hoje em dia, é muito bom. Não sei é se todas as pessoas que compram o livro o lêem.

– E já está no Círculo dos Leitores...

– Sim, mas o Círculo paga muito pouco. Cinco por cento. Dos quais, metade vai para o editor.

– Bom, mas apesar desse sucesso todo, o Nobel nunca chegou... E eu pergunto: algum dia acreditou verdadeiramente que podia ganhar o Nobel?

– Ao princípio, eu não sabia nada como aquilo funcionava. Agora, sei um pouco mais. É difícil!

– Mas acreditou ou acredita?

– Sinceramente, não sei. A gente costuma dizer que Portugal devia ter um Nobel. Porque nunca teve. Mas a China também nunca teve, a língua húngara também não. Há muitas línguas que nunca tiveram. E depois ninguém sabe quais são os critérios. Teoricamente, 50 anos após a atribuição de um Nobel, qualquer que ele seja, é possível ver as actas do júri. Mas essa licença nunca foi dada. Nunca, nunca.

– Acha que há algum escritor português com possibilidade de ganhar o prémio?

– É difícil, porque os nossos escritores estão muito pouco traduzidos. São muito pouco conhecidos. As traduções da nossa poesia, por exemplo, para além de poucas, ainda por cima são geralmente muito más. É muito difícil traduzir o nosso lirismo. Pensei que o Drummond de Andrade poderia ter uma grande repercussão internacional, porque a meu ver é um grande poeta. Mas veja, por exemplo, estes dois versos de um poema admirável dele: "Tenho apenas duas mãos/e o sentimento do mundo". Que é que isto dá em francês? "Je n'ai que deux mains/et le sentiment du monde…" Reduz todo o significado, perde-se tudo. É muito difícil ! E nós temos, do meu ponto de vista, excelentes poetas.

– Vamos a alguns escritores portugueses, contemporâneos, embora já mortos: Aquilino?

– Conheço mal. O que conheço melhor é "A Casa Grande de Romarigães", que me parece um excelente romance. Depois, conheço "O Malhadinhas", e pouco mais.

– Ferreira de Castro?

– Conheço muito mal. Li-o com os meus 15 anos e já nessa altura já não me agradava muito, mas provavelmente o defeito é meu.

– Vergílio Ferreira?

– Não é um escritor de que eu goste, sempre o disse, nunca o ocultei.

– Namora?

– Também não é um escritor de que eu goste. Conheci-o bem, tivemos uma relação até cordial, mas sempre me pareceu um homem que nunca fez nada por ninguém. Nem para ajudar nem para desajudar.

Olhe, gosto muito do Carlos de Oliveira. E gosto do Redol. Gosto, embora seja consciente de muitos dos defeitos dele.

– E dos vivos? O Cardoso Pires, por exemplo?

– Sou um bocadinho suspeito, porque ele talvez seja o meu melhor amigo, mas eu penso que ele é um romancista de grande categoria e penaliza-me muito que não esteja traduzido como merece nem seja tratado neste País como devia ser. Mas tentando ser objectivo, julgo que será o romancista mais importante da geração dele, que é a da Agustina, do Saramago, etc., etc.

– Saramago?

– Não gosto. Gostei do "Memorial do Convento".

– Agustina?

– Algumas coisas. De vez em quando, acerta.

– Poetas? [] Noutro dia falou com alguma indiferença, pareceu-me, de Herberto H[e]lder...

– Não, eu até gosto dele, tenho admiração pela sua obra. Mas custa-me que certas pessoas, pelo facto de a sua enormíssima modéstia pessoal, sejam sempre esquecidas, como é caso do Pedro Tamen, por exemplo. Que me parece um poeta notável.

– O Herberto também é de uma reserva enorme...

– Pois é. Mas, quando em Portugal se fala de grandes poetas, fala--se imediatamente, e quase só, no nome dele. E isso é injusto para com os outros, que também são grandes poetas.

– O Torga diz-lhe alguma coisa?

– Quando eu era adolescente, adorava. Lembro-me de ter lido os "Novos Contos da Montanha" em casa dos meus avós e ter ficado inteiramente fascinado.

– Se algum desses escritores de que falámos ganhasse o Nobel ficava contente, triste, furioso, despeitado?...

– Não sei, sinceramente não sei. Mas é muito raro ficar furioso, zangar-me. Não tenho tempo para isso. Nem tempo para estar triste. E não há nada mais aleatório do que um prémio: como já ganhei alguns, estou à vontade para falar.

– Mas não ficaria despeitado se o Saramago, por exemplo, fosse Nobel?

– Julgo que não, embora me esteja a lembrar de um escritor irlandês que disse que o problema de ganhar o Nobel era ficar depois com o ódio de todos os escritores do seu país... Eu, como nunca passei por essa experiência, não sei. Em todo o caso, o facto de se ter falado tanto no meu nome, para mim foi bom, porque fez subir os contratos e multiplicar as traduções. Nesse aspecto, foi agradável.

– Mudemos de assunto: qual é o seu clube?

– Obviamente, o Benfica.

– Obviamente, porquê?

– Porque nasci em Benfica, porque toda a minha família, quer a do meu pai, quer a da minha mãe, são de Benfica, tudo é do Benfica. Só um irmão meu é que é do Sporting.

– Quando o FC Porto ou o Sporting ganham a um clube estrangeiro, numa Taça Europeia, numa liga dos Campeões, como fica[:] contente, triste, furioso, despeitado?

– Fico furioso. Mas eu penso que toda a gente fica, e que somos hipócritas quando dizemos que, contra equipas estrangeiras, queremos que os nossos clubes rivais daqui ganhem.

– Valha a sinceridade! Por outro lado, li há pouco tempo numa entrevista sua que o futebol é uma coisa que lhe está a ser cada vez mais indiferente. Porquê?

– Olhe, antigamente havia foguetório, quando o Benfica ganhava, as tabernas e os cafés enchiam-se, Benfica, que na altura era uma aldeiazinha, ficava em festa. Ora, eu entendo que todo o romantismo que havia à volta do futebol, acabou. E eu tinha uma ideia muito romântica do futebol! Entrei para sócio do Benfica desde o dia em que nasci, recebi o emblema de prata, mas dei o emblema e saí de sócio, há já algum tempo. A sensação que eu tenho é que tudo mudou. A paixão desapareceu.

– É um nostálgico...

– Não. Tudo isto tem é a ver com a minha infância. Sei lá, quando olho para a Benfica de agora, vejo-a e vejo a outra, as pessoas de quem eu gostava e que desapareceram, etc., etc. Tal como ainda continuo a ver Nelas, onde passei grande parte da minha infância, e o Porto, com os olhos com que os via há trinta ou quarenta anos. De resto, o Porto é uma cidade de que eu gosto muito. E Viana. Mas julgo que nós somos todos assim. Os nossos filhos, por exemplo, vemo-los crescer, mas continuamos a vê-los também como eram quando eram pequenos.

– Tem pena de os ver crescer?

– Não, não tenho, mas tenho saudades de quando eles não eram assim.

– Tem três filhas, uma de 25, outra de 23 e outra de 13. Das mais velhas, alguma já e casada?

– Não.

– Vai ter um apertozinho no coração, quando alguma delas se casar?

– De forma alguma: gostava de ser avô! Já é avô?

– Não, não sou.

– É que eu não sei qual será a sensação de ter um filho que não é feito pela gente...

– Mas voltemos ao futebol por um instante: o António Lobo Antunes critica o futebol mas, curiosamente, aceita mal as críticas que literalmente lhe fazem a si. E digo isto porque, há dias, pude ler esta sua frase, numa entrevista que deu: "Eu, desde 79 que ando a ensinar os meus críticos portugueses a ler. E eles não querem aprender. Por ignorância, por má-fé ou por qualquer outro motivo, não querem." Isto também não é um bocado de má-fé da sua parte? Ou despeito?

– Não, julgo que não. Qualquer escritor tem de ensinar os seus críticos a ler. Quando se é um escritor autêntico, traz-se sempre qualquer coisa de novo. Portanto, nós temos de ensinar o nosso público a ler. É evidente. Julgo que isto é elementar. Qualquer escritor dirá a mesma coisa.

– E quando os críticos criticam, é sempre má-fé?

– É, as críticas são feitas de má-fé, absolutamente de má-fé. E nem sequer estou a falar do meu caso pessoal. Lembro-me de uma crítica que foi feita a um livro do Mário Cláudio, que é um escritor que eu respeito e admiro, uma crítica de uma extrema má-fé. E só me apetece dizer a esses críticos aquilo que uma vez me disse um escritor norte--americano: não é por os outros serem maus que nós somos melhores...

– Não há gente que saiba falar sobre livros, em Portugal? Há, sim senhor.

– Por exemplo?

– Por exemplo? Olhe, o José Cardoso Pires poderia ser um excelente crítico. Até gente de que eu não gosto, como o Eduardo Prado Coelho. Poderia fazer excelente crítica, sim senhor, mesmo não estando eu de acordo com a maior parte dos gostos dele.

– Óscar Lopes?

– Penso que o Óscar Lopes é um homem de grande nível, não estando eu de acordo com muitas das coisas que ele diz e escreve. Mas penso que é um homem notável. É difícil encontrar um Óscar Lopes em todas as gerações.

– São três e meia da tarde. Vamos concluir esta entrevista e presumo que em seguida vai para casa, trabalhar, não é assim?

– Não, antes, (ri) ainda vou comprar o **Record**, para saber o que aconteceu ao Hélder (esta entrevista foi feita no dia em que o Benfica vendeu o Hélder ao Corunha). E se calhar já vou tarde, porque o vosso jornal esgota, aqui no quiosque.

– Ainda bem! Mas, diga-me uma coisa: afinal, não é tão indiferente como isso ao futebol...

– É evidente que não! É uma maçada, mas não (ri). Porque a ligação ao futebol é, de facto, uma coisa irracional. Tenho um grande amigo, a quem devo muito, que é o Miguel Sousa Tavares, que é um homem generoso, bondoso, afectuoso e inteligente, com quem não consigo falar de futebol. Não consigo! Porque ele fica completamente cego. O que, aliás, é natural. É muito engraçada, esta paixão!

– Então, no seu caso, é como se tivesse posto na rua, de sua casa, uma mulher, mas continuasse apaixonado por ela... É isso?

– Não é bem pôr na rua, porque a gente acaba por não pôr na rua: ficamos sempre afectivamente ligados! Tão ligados, que a caneca onde eu tenho as canetas tem o emblema do Benfica... E, como lhe disse, o que tenho na parede são fotografias de jogadores: Nené, Germano, João Pinto... Estou a lembrar-me de uma frase que dizia há uns anos o Cardoso Pires: "Eu não sou do Benfica, sou do Nené"...

– Como é o seu dia?

– É sempre igual: começo a escrever às duas da tarde, quando posso, às dez da manhã, mas nem sempre é possível, e trabalho até às duas, três da manhã, com uma pausa para almoçar e outra para jantar.

– Almoça sozinho, janta sozinho?

– Quando posso: gosto de comer sozinho.

– É um homem de muitos amigos?

– Não, não tenho muitos. E, mesmo com os meus amigos, não os vejo muito. As pessoas com que eu me dou mais são o José Cardoso Pires, o Melo Antunes e o Daniel Sampaio, mas vejo-os pouco. Só que tenho sorte, pois todos os três são pessoas notáveis.

"«ACABOU TODO O ROMANTISMO QUE HAVIA À VOLTA DO FUTEBOL»" | 269

– E a sua mulher também deve ser notável, para lhe aturar essa vida quase de monge…

– É, para uma mulher é complicado.

– A relação com as filhas?

– Actualmente, julgo que é boa. Mas eu nunca pergunto nada, não lhes faço perguntas pessoais. Como a mim nunca me fizeram. O meu pai só me dizia: nunca faças nada de que te possas arrepender. E o facto de haver esta liberdade obrigava-nos, naturalmente, a um maior auto-controlo e auto-responsabilização.

– Disse, ainda, nessa mesma entrevista, creio, ou então noutra qualquer: "Somos seis irmãos, todos homens invulgares, o que se deve à educação que os meus pais deram aos filhos…"

– Ainda agora há muito pouco senti isso mesmo. Foi diagnosticado um cancro ao meu pai e ele chamou-me, dei-lhe um beijo e disse-me: olha filho, tenho um cancro. Mas tive uma vida óptima e não tenho medo de morrer.

– Ele tem que idade?

– 81 anos. E esse jantar, em que alguns dos meus irmãos apareceram, foi um dos jantares mais alegres que nós já tivemos. Entretanto, aliás, o meu pai foi operado e, contrariamente aos exames, não tinha cancro. E eu aí, senti o quanto ele e a minha mãe tinham sido importantes para nós. Na austeridade, no rigor, na afectividade. Tudo isso muito importante para os filhos. Sobretudo pelo exemplo. O meu pai nunca dizia: Isso é mal feito. Dizia: é estúpido. E isso era extremamente importante para os miúdos que nós éramos.

– Os irmãos dão-se bem?

– Muito bem.

– Mas o António disse, e eu repito a sua frase: "Somos seis irmãos, todos homens invulgares". Pergunto-lhe: é um homem invulgar?

– Acho que, cada um no seu campo, os meus irmãos são, de facto, todos homens invulgares. Agora, eu sou um bocado a ovelha ronhosa da família.

– No entanto, é a vedeta…

– Não, não sou, felizmente não sou.

– Para o exterior, é.

– Não, o meu irmão João é tanto ou mais conhecido do que eu. Eu até acho que os portugueses se dividem em duas categorias: os que o João operou e os que o João não operou. Quantas vezes telefonam para mim a perguntar se é do consultório dele... Tive ocasião de o ver trabalhar – ele também, tal como eu, não é um homem muito expansivo – mas a sua ternura para com os doentes tocou-me muito.

– António Lobo Antunes, acredita no destino? Acredita que o menino que você foi e que começou a escrever com cinco anos, estava destinado a ser escritor?

– Acredito sobretudo no trabalho. E nunca me contento com aquilo que vem de bandeja. Aliás, e voltando a falar do Redol, se alguma crítica eu lhe posso fazer, é a seguinte: eu gostava que ele tivesse trabalhado mais, reescrito mais os seus livros.

– Em Deus, acredita?

– Perguntaram isso ao Hemingway e a resposta dele foi: [À]s vezes, à noite... Não sei, é um enigma. Digo como o Hemingway: às vezes, à noite... É complicado. Porque o zero, o nada, não existe na Física nem na Biologia. Tem de ler o livro do meu irmão, que saiu agora, e que tem um capítulo sobre a alma vista por um neurocirurgião[1]. Repito: não sei. Sinto que existe uma religiosidade em mim, mas no sentido em que o Antero falava de religiosidade, não no sentido do Deus da doutrina, do Deus dos católicos ou dos protestantes. Existe uma religiosidade qualquer, só que eu não sei muito bem defini-la. Não tenho respostas. Mas ainda agora li o livro de Álvaro Cunhal sobre a arte e notei que há ali também qualquer coisa de religioso[2]. Religioso neste sentido, é claro. Lato senso.

– Tem medo da velhice?

– Não, tenho medo de perder a capacidade de criar, de inventar. Disso, tenho medo. E tenho medo de começar a repetir-me. Tenho medo que me aconteça aquilo de que o Jorge Amado me falava uma vez. Disse-me: Tenho inveja de ti, que és capaz de escrever catorze horas e eu não consigo escrever mais de quatro, porque me canso. Isto é muito triste, sabe?

– E tem medo da morte?

– Julgo que não. Não sei. Nos hospitais vi morrer muita gente, e nunca vi ninguém morrer angustiado. Nunca, nunca, nunca, nunca.

---

[1] Ver João Lobo Antunes, *Um modo de ser*. Lisboa: Gradiva ("Sobre a alma", pp. 91-94).
[2] Álvaro Cunhal, *A Arte, o artista e a sociedade*. Lisboa: Caminho, 1996.

Há sempre uma serenidade qualquer no fim. Às vezes, nos momentos de sofrimento ou de angústia, falo muito com o meu avô.

– E do amor, tem medo?

– Nós temos a sorte de ser homens, porque as mulheres têm muito mais capacidade de amar do que nós.

– E da paixão, não tem medo? Não tem medo de, um dia destes, se apaixonar aí por uma miúda qualquer?

– Acredito nos entusiasmos, mas...

– Nunca lhe aconteceu uma paixão daquelas de caixão à cova?

– Tive, aos doze anos, uma paixão assim pela Ann Baxter, nos "Dez Mandamentos"... Durante dois ou três anos. De uma fidelidade canina! E, de cada vez que ela beijava o actor, eu ficava furioso.

– Não tolera infidelidades...

– No amor, a gente ainda tolera. Na amizade é que não.

– Já tolerou alguma infidelidade, no amor?

– Já, já.

– E isso não é terrível?

– É. Mas, na amizade, eu não toleraria. Acho que não conseguia aguentar. Nem eu nem ninguém, creio. Olhe, de repente, lembrei-me de uma anedota que me contaram há dias: um português está numa ilha deserta com a Cindy Crawford. Durante a primeira semana, tudo óptimo. Mas no fim dessa semana, ele obrigou-a a vestir-se de homem e a ir passear para o fundo da ilha. Ela, sem perceber, lá se vestiu de homem e foi, como ele lhe pediu, para o fundo da ilha. E ele foi então a correr, todo excitado, e disse-lhe: Eh pá, sabes quem ando a comer? A Cindy Crawford... É um pouco a maneira como muitos homens encaram o amor.

– Qual é o tema do seu próximo livro?

– É sobre Angola, a Angola colonial, antes de 61, e depois da independência, até agora. Não a Angola da guerra, portanto. É a Angola que eu conheci. Conhece Angola? É curioso, sempre pensei acabar lá os meus dias. Interessava-me falar sobre isso. Vamos lá ver se eu consigo. Mas é sobretudo a escrita que me interessa, cada vez mais. Estou sempre a lembrar-me do Alexandre O'Neill, que me dizia: Escrever é como escrever.

– António Lobo Antunes, agora, mesmo para terminar: está satisfeito consigo?

– Não, ainda queria escrever mais alguma coisa. Sabe, conheço escritores que corrigem os livros. Eu escrevo livros para corrigir os anteriores. E ainda tenho muito para corrigir.

### Relação com o "vil metal"

«Gasto pouco dinheiro. Tenho gostos simples»

– Qual é a sua relação com o dinheiro?
– Bom, não tenho assim tanto! Não tenho dinheiro a prazo, sequer, portanto não tenho muito dinheiro. E a minha relação com ele esteve sempre limitada a essa realidade de ele não ser muito.
– Mas é poupado, equilibrado, esbanjador?...
– Eu gasto pouco dinheiro, porque tenho gostos muito simples. Tenho o mesmo automóvel há muito tempo., não gasto muito dinheiro em roupa, em restaurantes... E, como lhe disse, também não podia ser esbanjador, porque não tenho muito para esbanjar. Agora, a minha relação com o dinheiro não é simples: é complicada, de facto. Talvez porque nunca tenha tido uma quantidade de dinheiro suficiente para que ela deixe de o ser. (p. 8).

### Rejeita o computador

«Escrever à mão é fundamental»

– É um escritor disciplinado?
– Sou, muito.
– Sei que tem uma casa só para escrever...
– Sim. Não é possível escrever um livro com gente ao lado. Aliás, é um apartamento muito pequenino: quarto, sala, casa de banho e kitchenete. Uma mesa, duas cadeiras, um sofá, uma cama. Não tem mais nada.
– Alguns quadros...
– Alguns. Mas a pintura que eu tenho foi-me oferecida, porque eu não tenho dinheiro para a comprar. Só que aqui, na sala onde escrevo, não tenho nenhum quadro. Só tenho cromos de jogadores do Benfica na parede.

– Escreve no computador?
– Não, à mão.
– Não me diga que também não tem dinheiro para comprar, pelo menos, uma máquina de escrever...
– Gosto de desenhar as letras. Escrever à mão, para mim, é mesmo importante. (p. 9).

## Sobre o romance "Cinco Noites, Cinco Dias", de Álvaro Cunhal

«Não merecia tão má crítica»

– António Lobo Antunes, leu o último romance de Álvaro Cunhal, "Cinco Noites, Cinco Dias"?
– Sou um grande admirador dele.
– Gostou do livro?
– Acho que não merecia ter sido desancado como foi. Se me pergunta se é um grande romance, isso já seria outra conversa. Mas repito, acho que não merecia a crítica que teve.
– Tem algum ideal político à espera de ser concretizado?
– Eu? Gostava de ser do Partido Comunista, se o Partido Comunista fosse diferente. Isto é, se não houvesse uma estrutura tão vertical, nem houvesse uma tão grande dificuldade de comunicação horizontal.
– Quer dizer que acredita no ideal comunista...
– Acredito no ideal socialista. E penso que, se estivermos de boa fé, todos acreditamos.
– Acredita que é possível mudar alguma coisa no homem?
– É difícil. Mas lembro-me sempre de Blondin, que dizia: Não tenho fé, mas tenho muita esperança. (p. 10).

## 28. HELENE ZUBER

# *"Da guerra não se faz ficção"*

*Diário de Notícias*
12 de Outubro, 1997, pp. 4-5[1]

("Os políticos desiludiram-me", p. 5)

Sempre escreveu sobre traumas, efeito da sua experiência profissional como psiquiatra. Nesta entrevista a uma revista alemã que o «Diário de Notícias» publica em exclusivo para Portugal, António Lobo Antunes fala do acontecimento que mais marcas deixou nos portugueses, a guerra colonial. E diz que os políticos o têm desiludido, com excepção de Willy Brandt.

[HZ] Qual é o tema do seu novo romance? Vai continuar a falar do passado português, tal como aconteceu com os anteriores?

[ALA] Gosto de trabalhar em ciclos. *O Manual dos Inquisidores* é o primeiro de uma tetralogia sobre o Poder.

[HZ] A personagem principal do *Manual* é um ministro do tempo da ditadura de Salazar que não conseguiu superar o trauma da revolução de 1974 nem sequer a perda da sua influência.

[ALA] O romance que acabo de publicar tinha inicialmente um título irónico: *Heróis do Mar, Nobre Povo, Nação Valente e Imortal, Levantai Hoje de Novo o Esplendor de Portugal*. Acabou por ficar só *O Esplendor de Portugal*. Fala dos colonos brancos em África, das suas complexas

---

[1] Esta entrevista é um exclusivo *DN/Der Spiegel*. Inclui-se na primeira página da entrevista um breve perfil de António Lobo Antunes: "A cara da notícia".

relações com os negros e das suas ainda mais complexas relações com os brancos de Lisboa. Após a independência das colónias, regressam à metrópole e continuam a viver aqui como se estivessem em África. No fundo, essas são pessoas que não têm pátria.

**[HZ]** As guerras coloniais ainda são o trauma de Portugal? Vai continuar a escrever romances sobre África?

**[ALA]** A guerra é uma experiência tão terrível que poderá servir para fazer documentários, reportagens ou ensaios, talvez. Mas nunca pode servir para ficção. Eu, pelo menos, não me sinto capaz de mascarar de romance esse horror. A guerra é uma crueldade, uma barbaridade, uma injustiça.

**[HZ]** Ainda se sente atormentado pelas recordações da guerra? Não tinha ainda trinta anos, mal concluíra o estágio de medicina, e foi enviado para Angola.

**[ALA]** Para a guerra nunca somos demasiado velhos. Mas penso que as recordações da guerra não têm mais peso que outras da minha infância. Não tenho pesadelos. Porém, onde termina a memória e começa a imaginação? A nossa capacidade de imaginar coincide com as nossas memórias. Sem memória não há fantasia. Quem perde a memória também não é capaz de criar fantasia. A fantasia é a forma de expressarmos a vida e as experiências.

**[HZ]** Como é que os portugueses encaram, hoje, o passado – recalcam a guerra colonial e as sombras negras da ditadura?

**[ALA]** Exactamente como os Alemães. Querem é esquecer a censura, a polícia política, os campos de concentração. Este recalcamento, este desejo de encontrar desculpas, é um fenómeno generalizado. Porém os portugueses ainda se recordam da ditadura, e mesmo os mais novos têm sempre pais, tios ou familiares que viveram a ditadura. Por isso, nos próximos 20 anos o extremismo radical de direita não será possível em Portugal. Em Portugal, os Le Pens ou neonazis não são possíveis.

**[HZ]** Será um mito afirmar que os senhores coloniais portugueses tratavam melhor os negros que os dos outros países?

**[ALA]** A população de Portugal é uma mistura de raças. Desde o século XV que vivem negros em Portugal. No Sul a influência árabe ainda é visível, no Norte são os Celtas. Vieram os judeus e os latino--americanos. Com os descobrimentos e o caminho marítimo para a Índia, o país abriu-se ao mundo.

**[HZ]** O seu país será hoje a ponte entre a Europa e a África?

**[ALA]** Uma mistura de raças nunca poderá sobrepor-se à cultura do dólar. Após a Revolução dos Cravos, quando em Portugal ainda se estava a viver um clima quase de guerra civil, o Presidente americano acalmou o mundo dizendo que nunca permitiria em Portugal um regime comunista. O embaixador norte-americano em Lisboa – Carlucci – acabara de regressar do Chile onde o presidente Allende foi derrubado. Os americanos teriam feito o mesmo aqui, se fosse preciso.

**[HZ]** Nos bairros de lata dos arredores de Lisboa os negros que vieram das antigas colónias vivem em condições miseráveis. Muitos não têm quaisquer documentos. Sentem-se os novos escravos dos portugueses, queixando-se do racismo escondido.

**[ALA]** O racismo só nasce quando há pobreza. Muitas dessas pessoas vivem mal aqui, é verdade. Ganham muito pouco, trabalham oito horas por dia, gastam mais quatro por dia em transportes públicos a transbordar, as suas casas são pequenas. À noite vão pendurar-se no televisor até adormecer. Nem têm tempo para o sexo.

**[HZ]** Desde que Portugal, há onze anos, aderiu à Comunidade Económica Europeia, o País modificou-se muito. Deixou de ser parente pobre da Europa Ocidental. Não acredita nesta mudança?

**[ALA]** Antes da adesão à CEE, o Governo não fez nenhum referendo. Se o fizesse, sem sombra de dúvida teria perdido. Nos primeiros anos foi tudo maravilhoso: o dinheiro de Bruxelas corria a jorros. Na ditadura, quem queria deslocar-se ao estrangeiro tinha de fazer um requerimento à Polícia e apresentar uma caução bancária. Hoje os portugueses viajam pela Europa sem passaporte. Mas duvido que se sintam europeus. Você pensa na União Europeia? Eu, não. Só colocamos questões metafísicas quando temos a barriga cheia. Ora, em Portugal, muitas pessoas ainda não podem satisfazer as necessidades básicas elementares. Continuamos a ser um país pobre.

**[HZ]** O Governo português orgulha-se de Portugal ter boas perspectivas para, logo no início, aderir à moeda única.

**[ALA]** Quem manda na Europa é o Bundesbank. Para mim, isso nem é bom nem é mau. Se não fosse ele, seria outro país forte, mas nunca Portugal.

**[HZ]** N['O] *Manual dos Inquisidores* afirma que o passado nunca acaba, continua sempre a actuar.

**[ALA]** Nesse ponto estou com Santo Agostinho, que dizia: «O passado já não existe, o futuro ainda não existe, só temos o presente.» Um movimento lento, vagaroso e elástico. Os africanos também pensam assim.

## 278 | HELENE ZUBER, 12 DE OUTUBRO, 1997

[HZ] Neste seu último romance, passa a pente fino todas as classes sociais. Cada uma delas tem o seu porta-voz.

[ALA] Quando damos vida a muitas vozes, elas reflectem-se como num espelho e evidenciam as suas contradições.

[HZ] Os «relatórios» e os «comentários» das suas personagens sugerem confissões feitas a um padre católico ou a um psicanalista. A sua experiência de psiquiatra no Hospital Miguel Bombarda ajudou--o a penetrar nas profundezas da alma humana?

[ALA] Quando exercia a medicina, preocupava-me tanto com os sintomas que quase nunca tinha tempo para criar a relação médico--doente. O que me ajudou foi o curso de ciências naturais que tirei. O meu pai aconselhou-me a tirar esse curso por ele obrigar à disciplina mental.

[HZ] Os seus livros abordam a morte, o sofrimento, a incapacidade de homens e mulheres se entenderem entre si.

[ALA] O nosso sonho é sempre sermos entendidos sem termos de falar. Queremos que o outro nos entenda sem dizermos uma palavra. Este jogo entre duas pessoas existe sempre, e quando conseguimos traduzir esta tensão para a literatura então estamos perto dos homens.

[HZ] No *Manual*, o ministro de Salazar fala repetidas vezes sobre as mulheres com as quais teve relações sexuais: «Faço tudo o que elas quiserem, mas nunca tiro o chapéu, para que se saiba quem manda.»

[ALA] Na realidade esse velho existiu, usava chapéu, andava sempre rodeado de mulheres jovens oriundas de classes sociais mais baixas, e repetia essa frase. Este tipo de pessoa procura sempre mulheres humildes para que nunca contestem a sua autoridade.

[HZ] No *Manual*, as mulheres ou são escravizadas ou objectos de luxo. Mulheres que fazem a sua normal carreira profissional são ridicularizadas. Você não se interessa pelas portuguesas modernas?

[ALA] No final do livro há um capítulo onde se mostra que o homem não é totalmente mau. O ministro de Salazar apaixona-se por uma presa política que se atira da janela abaixo e morre. Porém, este romance pretende mostrar mulheres snobes. Mas eu não inventei nada, absolutamente nada. Apenas me limitei a recuperar personagens da camada social onde nasci. O romance é um retrato dessa camada social superior: esses homens, essas mulheres ocas.

[HZ] É, então, um ajuste de contas com a classe social onde nasceu?

[ALA] Porque é que irmãos meus e eu lutámos em partidos de esquerda e fomos presos? Também havia aí uma má consciência, um sentimento de culpa. Nesse meio onde vivemos havia pouco espaço para sentimentalidades. Só interessava o dinheiro. Para a classe social superior, a Revolução dos Cravos foi uma infelicidade terrível. O avô da minha mãe era um conceituado banqueiro. E a família Espírito Santo, antes da revolução, possuía um banco. E com o instinto certeiro para fazer dinheiro conseguiram adquirir sete bancos, na Suíça, nos EUA, no Brasil e em França. Além disso, receberam o banco que fora nacionalizado. No *Manual*, o banqueiro reflecte as características dessa família.

[HZ] Embora você critique duramente o seu país, o *Manual* liderou muito tempo a lista de *best-sellers* de Portugal.

[ALA] Durante a ditadura os escritores não podiam escrever livremente. Corriam o risco de ser presos e de os seus livros serem confiscados. Os poucos romances escritos nessa altura passam-se na Grécia antiga ou num espaço imaginário. Por isso, o público, após a revolução, queria ver as obras-primas que deveriam estar nas gavetas. Mas as gavetas estavam vazias. Os escritores habituaram-se a fugir à censura. Quando em 1979 apareceu o meu primeiro livro, surgiu uma linguagem nova, e a acção passa-se antes e depois da Revolução dos Cravos.

[HZ] Uma coincidência feliz...

[ALA] Num país onde só 0,3 por cento das pessoas têm mais de 30 livros é muito difícil vender 50 mil exemplares. Mas actualmente é chique ter em casa um livro meu, embora eu tenha sido duramente atacado.

[HZ] Já se zangou com a crítica e chegou a ameaçar não publicar mais em Portugal.

[ALA] No meu país o prestígio vem sempre do exterior. Agora é muito difícil ignorarem-me, pois sou o primeiro português a receber em França o prémio do melhor livro estrangeiro. Os meus romances já estão traduzidos em cinquenta línguas. De todos os críticos literários aprecio mais os alemães: são honestos e procuram perceber o romance. E penso que actualmente na Alemanha os críticos literários são melhor que os romancistas.

OS POLÍTICOS DESILUDIRAM-ME

[HZ] Como foram os seus primeiros contactos com a literatura mundial?

**[ALA]** Comecei pelos livros clássicos. Pelos portugueses, americanos e alemães. Era basicamente os que havia lá em casa. Mas como a minha avó paterna era alemã, o meu pai, quando nós éramos todos crianças, lia-nos Goethe. Por isso fiquei sempre um admirador desse génio.

**[HZ]** Teve outros ídolos quando começou a escrever?

**[ALA]** A música influenciou-me muito: Bach, Beethoven e Mahler. Mas também aprendi muito com o cinema.

Pertenço à primeira geração definida pelo sociólogo canadiano Marshall McLuhan como a geração pós-Gutenberg. Fomos formados não só por livros mas também pela televisão, pela rádio, pela imprensa e pelo telefone.

O pensamento deixou de ser lógico ou dedutivo, passou a ser sincrético. Assim como os *slogans*. Desde essa altura, para continuar a escrever, teremos de, primeiro, esquecer todos os livros que lemos.

Porém posso dizer que, quando eu próprio comecei a escrever, imitei muitos autores.

**[HZ]** Não gostava de ir viver para o estrangeiro?

**[ALA]** Já vivi em Nova Iorque, em Paris e em Berlim. Na Alemanha irritou-me o facto de as cidades às dez horas da noite estarem mortas. Gosto de ir às discotecas e de dançar. Mas acho que o lugar onde vivo não é o mais importante, embora às vezes tenha suadades do mar. O problema é a língua do sítio onde estou, porque a língua é que é a minha ferramenta. Na casa da minha família havia brasileiros, italianos e alemães. O meu avô, patriarca da família, unia todas essas pessoas e nunca houve nacionalismos.

**[HZ]** Participa activamente na política? Os políticos pedem-lhe conselhos?

**[ALA]** Com excepção de Willy Brandt, os políticos desiludiram-me muito. Os políticos só têm um único projecto – conquistar o Poder. E, para tal, recorrem à utopia de dizer que é para bem das pessoas.

O drama de Portugal é não ter tradições democráticas. Os partidos foram criados segundo modelos estrangeiros.

E os deputados não se sentem responsáveis perante os eleitores, apenas são fiéis ao partido que os colocou nas listas eleitorais.

E os portugueses ligam pouco aos programas dos partidos. Habituaram-se a desconfiar das palavras pátria, honra e glória, porque a tirania também as usava. (p. 5).

## 29. FRANCISCO JOSÉ VIEGAS

# *"«Nunca li um livro meu»"*

*Ler*/Revista do Círculo de Leitores, n° 37
Inverno, 1997, pp. 30-43

**[FJV]** Com *O Manual dos Inquisidores* regressa a Portugal, volta a eleger Portugal como um tema de romance... Claro que há uma família que se transforma em personagem fundamental, quase saga, mas parece-me que este livro é parte de um projecto mais vasto, uma tetralogia sobre um tema que já quase não está na moda: Portugal.

**[ALA]** Sim, mas esse livro já está pronto há dois anos, e, entretanto, estou neste momento a acabar um novo. Bom, já está mesmo acabado e inclui-se nessa série de quatro livros sobre o poder e sobre o exercício do poder em Portugal. Portanto, *O Manual dos Inquisidores* seria o primeiro. Há este, novo, que já está pronto, e, quanto aos outros dois, vamos a ver...

**[FJV]** Como é que lhe apareceu a ideia central do *Manual*?

**[ALA]** Um livro começa sempre por um clique e neste, no *Manual*, foi muito curioso, porque teve a ver com uma frase. Aliás, antes disso, tenho que dizer que devo um pouco este livro ao João (n.d.r.: João Lobo Antunes, irmão do escritor, neurocirurgião, autor de *Um Modo de Ser* e Prémio Pessoa 1996) porque, há uns três ou quatro anos, contou-me uma história de um senhor, um grande solteirão, ou viúvo, já não sei, que dizia, em relação às mulheres: «eu faço tudo o que elas querem, mas nunca tiro o chapéu da cabeça». Aquilo ficou--me cá dentro. Essa frase foi a primeira coisa que eu tive do livro, é uma frase espantosa. É engraçado porque, normalmente, começo por um plano do livro, com personagens, cenários e tal, mas aqui o

## 282 | FRANCISCO JOSÉ VIEGAS, INVERNO, 1997

clique, esse tal clique que é necessário a todo o livro, foi a frase. Creio que era um proprietário de uma empresa de vinhos, uma marca de vinhos muito conhecida. O livro, propriamente dito, começou com a personagem do ministro, só depois aparecendo os outros personagens da família. Quando comecei a escrever já tinha, como de costume, as várias partes e as vozes principais, mas esse personagem era fascinante. Tal como é fascinante entrar nesse universo das grandes famílias, conhecer as suas histórias...

[FJV] Você opta por um narrador invisível, escritor, que aparece munido de um gravador para recolher depoimentos dos personagens. Isso facilitou-lhe as coisas?

[ALA] É uma técnica que tenho vindo a tentar aperfeiçoar, porque eu estava descontente com os primeiros livros e pensei que uma técnica mais polifónica me permitiria que os personagens se reflectissem melhor na própria história. Eles é que contam, num livro. E o método usado permite ir mais fundo no que diz respeito à caracterização das pessoas. E até ao nível da própria escrita, que é fundamental...

[FJV] Por que é que diz que os outros livros, os primeiros, são livros de aprendiz?

[ALA] O *Memória de Elefante* é, claramente, um livro de aprendiz, *Os Cus de Judas* é um livro binário, com aquele jogo entre mulher--guerra... E, depois, *Conhecimento do Inferno*, que é provavelmente o mais fraco deles todos, é onde começam a aparecer, ainda que timidamente, todos os processos que eu depois comecei a tentar desenvolver melhor nos livros a seguir. Mas, se eu voltasse atrás, teria começado a publicar com *Explicação dos Pássaros*.

[FJV] É como se estivesse a renegar livros seus...

[ALA] Eu poderia ter esperado mais um pouco, sabe? Aliás, esperei até aos trinta e seis anos para publicar um livro. Nunca tinha publicado e também podia ter continuado a viver sem publicar. Publicar não era fundamental, escrever é que sempre escrevi, mas, se calhar, deveria ter continuado a esperar e fazer como fazia até ao *Memória de Elefante*, que era escrever livros e deitá-los fora.

[FJV] Quantos é que deitou fora?

[ALA] Muitos, imensos. Comecei a escrever com treze anos. Na adolescência já tinha uma vasta 'obra completa', mas depois chegava ao quintal dos meus pais, ao lugar onde havia uma figueira, e queimava aquilo tudo, porque tinha a consciência de não ter encontrado uma voz, em primeiro lugar, uma maneira de escrever, um modo de contar, e depois havia sempre uma grande distância entre a emoção sentida e o pobre resultado que ficava escrito, tão mau como quando, em muito miúdo, comecei por fazer poesia de muito má qualidade. A distância era muito, muito grande, e o meu problema era como encurtar essa distância...

**[FJV]** Era uma família de gente precoce: o seu irmão João tinha um programa de televisão aos quinze anos; você, aos treze anos, escrevia romances...

**[ALA]** Nós somos seis rapazes e tivemos a sorte de os meus pais serem extremamente estimulantes, no sentido de nos fazerem interessar por tudo, desde cálculo integral até literatura. Havia uma enorme curiosidade intelectual da parte do meu pai, sobretudo, mas também da minha mãe. A minha mãe é das raras mulheres que eu conheço que lia Proust. Lembro-me de, aos catorze anos, o meu pai me dar a ler a *Voyage au Bout de La Nuit*. Falávamos muito de livros, de arte, de coisas assim. Talvez por na família haver uma grande contenção e uma grande austeridade, ainda hoje falo com o meu pai mais de literatura do que dos nossos sentimentos pessoais... Sou capaz de falar de emoções e sentimentos com os meus amigos, mas, com os meus irmãos, embora goste muito deles, e com os meus pais, há um enorme pudor, não sei se estão bem afectivamente, em que partido é que eles votam. Bom, posso presumir, mas não sei com rigor... Portanto, a nossa relação fazia-se através de livros, das ciências, da física... Sobretudo com o João, porque vivíamos dois a dois, em cada quarto, e o João era o meu companheiro. Íamos descobrindo as coisas ao mesmo tempo, mas, sem dúvida, foram os nossos pais que nos incitaram mais nessa descoberta.

**[FJV]** E a escolha da medicina foi também por razões familiares?

**[ALA]** Na verdade, nunca quis ser médico. Mas eu era o mais velho e, naquela altura, quando se chegava ao quinto ano, tínhamos de escolher entre ciências e letras. Ora, eu tinha treze anos – o meu pai perguntou-me o que é que eu queria fazer, eu disse que queria ser escritor e, portanto, queria ir, naturalmente, para a Faculdade de Letras. Ele tomou isso a sério, nem sequer fez troça, que era o que eu teria feito se uma filha minha me dissesse que queria ir para pintura ou escultura, ou coisa parecida. Mas lembro-me de o meu pai me dizer, na altura, que, se eu queria ser escritor, o melhor seria tirar um curso técnico, que isso me daria uma preparação melhor. Eu penso que ele estava preocupado com a ideia de eu ter de ser professor de liceu e que tivesse uma vida mais ou menos difícil e triste, e achava que a medicina poderia ser uma via melhor para mim, além de que ele tinha alguns amigos médicos que eram pessoas de grande qualidade, como o Miller Guerra, um homem cham[a]do Furillo de Andrade, que ainda é vivo, e é o único português que tem uma doença com o nome dele. Às vezes telefonava às sete da manhã, o meu pai atravessava a casa, desesperado, a avisar: «é o Furillo!, é o Furillo!» Eu penso que essas pessoas também tiveram influência. Olhe, a biblioteca do professor Miller Guerra era enorme, colossal, tinha muitos livros, e eu ia almoçar a casa dele (era amigo de um dos filhos dele) e ficava a olhar para aquilo com ar guloso. Os médicos que eu conhecia interessavam-se todos pela literatura, pela pintura, pela música. Não eram, nem tinham nada a ver com os engenheiros da medicina que a gente vê hoje em dia, os rapazes e as raparigas que acabam o curso agora, e, portanto, embora não gostasse do curso, lá fui matricular-me em medicina. E, de facto, não gostei nada do curso até ao fim. Não estudava nada, estive três anos no primeiro ano. Entrei para a Faculdade com dezasseis anos, dediquei esse ano a escrever, nem fiz exame nenhum. No segundo ano, fui a exame sem saber literalmente nada, o que foi muito aborrecido porque o professor escreveu uma carta ao meu pai a dizer que «o seu filho veio aqui, não sabia nada, tive que o reprovar», e o meu pai apareceu-me com a carta, com um ar muito triste... A partir daí, pronto, não reprovei mais. Também, rapidamente, descobri que não era difícil passar na faculdade. E tive a sorte de haver alguns mestres excepcionais, o professor Cid dos Santos, pai do pintor Reynaldo dos Santos, que era um homem de uma qualidade excepcional e tocava piano no consultório, ou outros, como Celestino da Costa, Juvenal Esteves. Eram homens como eu penso que já não existem. Lembro-me dos professores de psiquiatria, como o Barahona Fernandes, que tinha uma enorme biblioteca, impressionante – ele era casado com a filha do maestro Viana da Mota e tinha não só a sua enorme biblioteca, mas também a biblioteca de Viana da Mota. E foi assim que acabei de tirar o curso de medicina... No meio de livros...

[FJV] Você estava fascinado pelo mundo dos médicos, mais do que pelo mundo da medicina...

**[ALA]** Por esses médicos que, de facto, eram figuras excepcionais. Julgo que não existem hoje pessoas dessa craveira intelectual e moral...

**[FJV]** Como é você como médico? Quais são os seus tiques?

**[ALA]** Eu já não sou médico, atenção...No início, o que me chocava mais era o poder médico, quer dizer, uma pessoa vai ao hospital e tanto podia levar uma pastilha como ficar ali para ser operado... O poder médico assustava-me muito. Uma pessoa tanto pode levar uma consulta, como uma palmada nas costas, como um electrochoque, e as pessoas entregam-se muito confiadamente nas mãos de um médico. Lembro-me de estar no internato geral, e aparecia uma pessoa com uma dor na barriga em Sta. Maria. Operava-se o apêndice para fazer *curriculum*, mas, muitas vezes, era uma cólica ovárica ou outra coisa qualquer... Portanto, essa sensação de poder, para mim, era muito amedrontante, era um poder discricionário, indiscutível e indiscutido. Depois, percebi que a gente só diagnostica aquilo que conhece, por muita intuição que tenha. Hipócrates tinha uma frase muito bonita acerca da medicina: a arte é longa, a vida é breve, a experiência é enganadora, e o juízo difícil. Isto aplica-se a qualquer arte, está claro. Para ser um médico honesto, tinha de saber medicina, não era justo uma pessoa morrer por um erro de diagnóstico. Quando já estava no internato de psiquiatria do hospital Miguel Bombarda, apareceu um rapaz de trinta e dois anos com um delírio megalómano a quem eu fiz um diagnóstico de psicose paranóica, mas, de facto, ele tinha uma sífilis, aquilo era um delírio megalómano típico da sífilis. Bom, ele morre, é levado para o Instituto de Medicina Legal com o diagnóstico de psicose paranóica e, na autópsia, descobre-se que é sífilis. O director do hospital, na altura, mandou-me chamar e disse: «Este doente morreu por sua causa, você fez o diagnóstico mal feito, era uma coisa que se podia curar com penicilina...» Este foi o episódio mais dramático que eu tive. Quando fui para África, ainda que contasse com pouca experiência cirúrgica, tinha de fazer amputações, tinha que fazer essas coisas tramadas que há a fazer em tempo de guerra... Então, levava o tratado de cirurgia, o furriel enfermeiro, que não podia ver sangue, ia-me lendo aquilo tudo, os procedimentos, e eu ia operando. Felizmente nunca nos morreu ninguém assim. Portanto, a minha relação com a medicina era essa. Melhor, servia, em primeiro lugar, para ganhar dinheiro, porque, entretanto, tinha uma filha, depois tive duas filhas, e trabalhava muito. Depois, quando voltei de África,

286 | FRANCISCO JOSÉ VIEGAS, INVERNO, 1997

fazia 'bancos' em vários sítios porque ganhava muito pouco dinheiro como interno e, depois, chegava a casa e continuava a escrever. Mas, mesmo em Angola, mesmo debaixo de fogo, mesmo nos abrigos, eu continuava a escrever sempre. Por um lado, funcionava como antidepressivo e, por outro, tinha a sorte de estar com o Ernesto Melo Antunes, que era o meu capitão. Recebíamos imensos livros, líamos muitos livros. O relacionamento com o Melo Antunes foi decisivo para mim e é uma amizade que ainda hoje dura...

[FJV] E a quem dedica este livro. Mas ainda não respondeu...

[ALA] Em relação à medicina? Olhe, tem a ver com o interesse de cada um. Veja o caso do João: a medicina é o interesse principal da vida dele, tal como a arquitectura é do Pedro, como ser jurista é o interesse principal do Miguel, como ser diplomata é do Manuel, a neurologia pediátrica do Nuno... O meu foi sempre a literatura, a medicina era uma espécie de segunda profissão, era o que me dava dinheiro... Quando aparece o *Memória de Elefante* é que já deixou de ser tanto, porque o livro vendeu muito e estive para abandonar o trabalho no hospital. Só que, entretanto, houve uns problemas com o editor, fomos para tribunal, houve dinheiro que não pagou, etc.

[FJV] Qual é o seu balanço desses primeiros anos de escritor?

[ALA] É muito estranho. O Daniel Sampaio andou com o livro por todos os editores, e foi recusado em todo o lado. Até que eu fui de férias com as miúdas e, quando regressei, estava o livro nas montras das livrarias. Isto foi em 1979, o livro já tinha feito duas ou três edições durante o Verão... Foi tudo muito estranho e muito rápido. No lançamento do livro, nas instalações da editora, que era ali na Rua Jorge Ferreira de Vasconcelos, estavam dez pessoas, mas ninguém ligado à escrita. Estavam alguns amigos meus, amigos do editor e uns copos de vinho branco, uma coisa de pequena aldeia. Lembro--me de ter chegado, depois das férias, e de ver o meu nome nas montras...

[FJV] Qual foi a sua reacção?

[ALA] Um misto de vergonha e contentamento. Logo a seguir, saiu *Os Cus de Judas* e, depois, foi esta bola de neve... Em 1980, recebi uma carta de um agente e não respondi. Pensei que era uma piada e não respondi, pronto. Depois começaram as traduções, por aí fora, e é ainda o mesmo agente. Foi como lhe disse, tudo muito rápido. Na altura das recusas do *Memória de Elefante*, já estava pronto *Os Cus de*

*Judas* e já estava a escrever o terceiro. As editoras são muito cruéis para as pessoas que começam, porque nem sequer respondiam, e eu não tive coragem para insistir. Não conhecia nenhum escritor, nem nunca tive a coragem de mandar o romance a alguém só para saber a opinião, tal como agora acontece em relação a mim. Recebo muitos originais, tenho a cómoda cheia... Mas eu não tinha coragem. E, felizmente, só comecei a conhecer escritores depois de os livros saírem. Nessa altura não conhecia ninguém do mundo literário, e lembro-me de que ia, ainda adolescente, espreitar os génios para os lados do Chiado: o Aquilino, o Ferreira de Castro... Havia uma cervejaria ao lado do Jardim Zoológico, chamada Coral, onde comiam a Natália Correia, o David Mourão-Ferreira, o Namora... Havia uma tertúlia na Sá da Costa, outra na Bertrand, e eu ia lá e fingia que comprava livros, mas a intenção era só a de olhar para eles... Lembro--me de ver o Namora, quando descia a Baixa, e da admiração que sentia por ele. Aos quinze anos, a gente gosta de livros muito maus. Ainda hoje gosto de livros maus, mas houve uma altura em que gostava muito mais...

[FJV] De que livros maus gostava?

[ALA] Lia tudo, como continuo a ler tudo... É aborrecido pessoalizar, mas você sabe, são aqueles romances que a gente lia aos quinze ou dezasseis anos e que agora... Se chegar à feira do livro e vir os livros do Namora, que era um escritor com imenso sucesso nos anos cinquenta, a cem escudos ou pouco mais e ninguém lhes pegar, é um bocado chocante... Mas, na altura, para mim, o *Domingo à Tarde,* que descobri com o João, ou os *Retalhos da Vida de um Médico* eram coisas de primeira linha. Achava esses livros uma maravilha, contra a opinião do meu pai, que achava aquilo tudo muito mau. E, como contrapartida, dava-me a ler os escritores favoritos dele, os grandes russos, alguns bons franceses, os ingleses, por aí fora...

[FJV] O seu pai exerceu uma função determinante na sua formação, inclusive até na literária...

[ALA] Isso acontece com todos nós, sobretudo através do exemplo. Não tanto através de ordens, conselhos ou opiniões, mas sobretudo através do exemplo. Ele é, realmente, um homem de uma grande visão, de superior inteligência, de grande sensibilidade...

[FJV] Você disse, uma vez, que o seu pai não tinha gostado do *Memória de Elefante...*

**[ALA]** Na altura mostrei-lhe o livro, e ele disse: «É um livro de principiante». E tinha toda a razão. Depois, estranhamente, gostou de *Os Cus de Judas*. Quando voltámos a falar do assunto, vi que tinha gostado do *Fado Alexandrino* que, aliás, tinha nascido de um desafio lançado pelo meu pai. Ele dizia que eu só seria um escritor quando escrevesse um romance de peso, com muitas páginas, a sério... Escrevi parte desse romance em Nova Iorque, onde estava com o João, no intervalo do basquetebol, que é um espectáculo deslumbrante. À noite, íamos ver os jogos e, durante o dia, ficava em casa a escrever. Ele tinha uma casa muito agradável, com uns esquilos no jardim e uma varanda onde tomávamos chá. Havia também uma criada espanhola... O João ia para o hospital, e eu ficava a trabalhar nesse livro. Nessa altura, já tinham saído algumas traduções e a primeira do *Fado* foi na Random House nos EUA, justamente. Depressa me apercebi de que, conquistando o eixo Nova Iorque-Berlim, por exemplo, o trabalho de divulgação no estrangeiro fica muito facilitado. Não calculava que a crítica alemã tivesse tanta importância na Europa, muito mais do que a francesa... A crítica alemã é decisiva, não só nos países do Leste europeu, como para os países nórdicos...

**[FJV]** Houve, nessa matéria, alguma estratégia deliberada da sua parte?

**[ALA]** Nunca tive. Da minha parte, não. Se alguém teve, foi o agente. Mas também, de início, ele andava com os livros pelas editoras, e ninguém os queria... Depois, em 1981, salvo erro, saiu uma edição norte-americana, depois saiu uma francesa, e depois foi um pouco uma bola de neve... E tive a sorte de *As Naus* ter sido publicado na revista da Universidade de Nova Iorque, o que foi muito importante para mim, mas, de facto, parece-me, com as conversas que vou tendo com os editores, que a Alemanha é o país-chave da Europa... E os jornais alemães têm óptimos suplementos literários, excelentes, bem feitos, as críticas são bem feitas... Não é como as pessoas que escrevem sobre livros em Portugal... Isto é muito pequeno e há muita inveja, há má-fé e há cobiça, tenho visto classificar livros que me parecem bons no fundo do poço e tenho visto pôr nas nuvens livros que não me parecem grande coisa...

**[FJV]** Dê um exemplo...

**[ALA]** É sempre maçador dar exemplos... Da mesma forma que o Namora era considerado um génio nos anos cinquenta, têm aparecido outras pessoas depois... Reparou que, em todos os séculos, havia um escritor melhor do que o Camões? Olhe, o Tomás Ribeiro no século XIX, o desembargador Gabriel Ferreira de Castro no século XVIII... Todos considerados melhores do que ele! Mas acabaram por passar, e o Camões fica! É como o Pessoa, que me parece, apesar de tudo, melhor que o Tomás Ribeiro!

[FJV] Você disse logo em 1992, numa entrevista, que lhe 'deram pancada nos livros' e que os seus romances nunca tiveram grande recepção em Portugal senão depois de terem começado as traduções no estrangeiro. Acha que, em Portugal, não reconhecem a sua importância como romancista? Ou acha que a opinião da crítica é sempre marcada por invejas?

[ALA] Ao princípio, ficava magoado. Agora, não. Agora, às vezes, quando as críticas são elogiosas em Portugal, dá-me a sensação que os defeitos encontrados não são esses e que as qualidades apontadas também não são essas. É que, muitas vezes, a gente acha qualidades defeitos disfarçados... Já reparou? Defeitos mais ou menos maquilhados... depois, a gente promove-os a qualidades quando não sabe da coisa literária. O Picasso dizia que a pintura se aprende como o chinês. Conheço uma rapariga que acabou o curso de jornalismo e foi para crítica de artes plásticas nessas revistas de senhoras... É impossível! Não sabem! Muitas vezes há até pessoas com uma intuição extraordinária ou só muito inteligentes, mas é muito difícil ser um bom crítico antes dos trinta e tal anos, como é difícil escrever um bom romance antes dessa idade. É preciso ter vivido primeiro, do meu ponto de vista, e, muitas vezes, põem-se meninos e meninas de vinte anos a escrever críticas. E há outros que também escrevem romances. É muito raro aparecerem bons romances antes dos trinta anos, muito raro. Um tipo só pode fazer uma coisa de jeito depois de ter passado pelas coisas. Se não viveu, os livros até podem estar 'tecnologicamente' correctos, mas não há ali mais nada. A experiência de vida cada vez mais me parece fundamental...

[FJV] E quais são as experiências de vida mais marcantes para si?

[ALA] Tudo. Lembro-me da tuberculose que tive quando era pequenino. Eu estava deitado na cama, e as pessoas estavam em pé, à minha volta. Era muito estranho, mas isso marcou-me. Antes tive uma meningite, mas dessa não me lembro. Também tive a sorte de ter uma infância muito boa, passada em Benfica que, na altura, era um microcosmos das várias classes sociais, tudo aquilo misturado, larguinhos, pracinhas. Agora nada disso existe... Mas lembro-me de ir buscar o leite todos os dias. Leite fresco, a sério... Havia um investimento na cultura e no desporto, e nós, lá em casa, chegámos a jogar no Benfica. Isto foi há muito tempo, eu tinha quinze anos, e o João a caminho – foi um dirigente do Benfica a casa do meu pai oferecer-nos, na altura, quinhentos escudos, ou lá o que era, para nós nos transferirmos para o Benfica. Imagine que, já nesta altura, e naquela modalidade sem importância nenhuma, se pagava dinheiro para os miúdos jogarem. Eu lembro-me de, um dia, nos balneários, estar a ver fotografias das várias equipas e de haver uma em que estava o meu pai com uma camisa verde por baixo da camisa do Benfica. Perguntei-lhe: «Porquê a camisa verde debaixo da outra?» E ele disse: «Sei lá quem é que lavava as camisolas!» Lembro-me perfeitamente desta frase.

[FJV] Qual era a sua modalidade no Benfica?

[ALA] Hóquei em patins. Começámos a patinar muito cedo, porque íamos para o Jardim Zoológico onde estava aquele senhor preto todos os domingos, havia aquelas meninas todas vestidas de branco, pareciam anjos, davam piruetas debaixo daquelas árvores...

[FJV] Como é que aparece a literatura no meio disso tudo?

[ALA] De uma forma muito engraçada, porque eu chegava dos treinos e ia ler e escrever. Em parte às escondidas, para não pensarem que eu não estava a estudar. Ainda hoje tenho esse hábito, por exemplo, que é o de esconder o que estou a fazer... Ainda escrevo, como nessa altura, em blocos pequeninos. Ora, quando ouvia passos no corredor, mudava a ordem das coisas que eu tinha à minha frente, livros de estudo e essa trapalhada toda, e punha o bloquinho em baixo, para os meus pais pensarem que eu estava a estudar. Entretanto, como eu perdi esses anos todos na faculdade, o João, que era mais novo, apanhou-me facilmente... Ele foi sempre brilhante e sublinhava o que é que eu tinha de estudar para os exames. E eu só estudava aquilo. Foi uma experiência boa, porque havia uma outra personagem fundamental para nós que era o meu avô, pai do meu pai, um militar. Era um homem duma coragem lendária, um homem que andava à porrada com a Filarmónica de Benfica inteira. Teve dois desgostos na vida, nesses tempos: um deles era que o neto mais velho, eu, não fosse nem monárquico nem muito católico. O outro teve-o quando soube que eu escrevia, que escrevia umas coisas por aí, em caderninhos. Chamou-me, inquietadíssimo, a perguntar: «Ó filho, tu és maricas?» Para um oficial de cavalaria, escrever era sinónimo de mariquice... A angústia dele era ver o neto maricas! Jurei-lhe que não era maricas e aproveitei para lhe fanar um maço de Português Suave, que eram umas caixas de cartão que ele tinha sempre na gaveta, e ia fumar com o filho do caseiro para o jardim da quinta em Benfica... A chumbada com o meu avô era aos sábados de manhã quando tínhamos que ir montar a cavalo para Cavalaria 7... Eu detestava os cavalos. Era um frete o cavalo. O João e os outros meus irmãos, acho que gostavam, mas, para mim, era um tormento. Ainda por cima, eu tinha os rins habituados ao hóquei em patins, andava curvado pelo ringue. Portanto, era terrivelmente difícil montar a cavalo no picadeiro da Ajuda. Para mim, aqueles sábados eram tormentosos, mas ele era um avô espantoso, pegava em nós todos, levava-nos ao Jardim Zoológico, ao Coliseu... Era um homem espantoso, morreu quando eu tinha dezoito anos, e todos os dias me lembro dele. Falava de coisas que para mim eram estranhas e fascinantes, encantadoras, porque ele era filho de 'brasileiros', de família do Brasil, e as histórias que ele contava falavam de um universo que provocava imenso a imaginação de um miúdo que se alimentava de Sandokans, de Júlio Verne, de que ainda hoje continuo a gostar muito... Havia em casa dos meus avós um livro do Júlio Verne, de capa encarnada, dura, muito antigo, com gravuras fascinantes... Lembro-me até de alguns diálogos... É um belíssimo escritor e estimulava a escrever. O Júlio Verne e mais o *Mundo de Aventuras,* mais o *Cavaleiro Andante,* mais os escritores que a gente ia descobrindo. Como eu era um tipo introvertido e fechado, acabava por brincar sozinho, e, aqui há uns tempos, a minha mãe dizia que se lembra de mim sempre a escrever, sempre a escrever. A ideia que eu tenho do final da minha infância e da minha adolescência passa-se entre ler, escrever e jogar hóquei e futebol...

[FJV] Não tinha amigos?

[ALA] Tinha muito poucos amigos. Nunca tive muitos amigos, de resto. E, amigos íntimos, quem tenho eu? O Ernesto Melo Antunes, o Zé Cardoso Pires, o Daniel Sampaio, não tenho mais... Há, é claro, pessoas que eu estimo, de quem eu sou amigo, mas não com esse lado de intimidade. Mas há pessoas notáveis como o Pedro Tamen, que eu acho um poeta de grande categoria, do meu ponto de vista. E outras pessoas assim, como o Mário Cláudio, com quem eu tenho uma relação muito agradável, muito boa, e que tem sido sempre muito generoso para mim...

[FJV] Como é que você se dá com o meio literário português?

[ALA] Não há muito tempo. Dantes, as pessoas encontravam-se nos cafés, nos bares, mas agora não há tempo para nada disso. Bom, por mim nunca fiz vida de café... Mas também tenho os dias por minha conta...

[FJV] O Mário de Carvalho dizia, um dia destes, que não tinha muita paciência para o lado social do meio literário, para ir aos lançamentos... Sei que você também não tem muito, mas isso pode ser confundido, muitas vezes, com uma certa arrogância em relação ao meio literário, com um certo sentimento de superioridade...

[ALA] Para mim, os lançamentos e as inaugurações de exposições são sítios pouco agradáveis, cheios de conflitos... E, depois, não tenho muito a dizer às pessoas, nem muito para ouvir. Cada vez mais, essas pessoas cansam-me. Ao fim de uma ou duas horas, fico cansado e apetece-me estar sozinho. Aquilo que dizem não me interessa muito, e aquilo que eu lhes digo, provavelmente, também não lhes interessa muito a eles...

[FJV] Por que é que você se cansa das pessoas?

[ALA] É uma coisa que anda a acontecer cada vez mais. Mas também outras... Ando a gostar cada vez mais de sopa, comecei a gostar de sopa. É muito curioso, porque o nosso universo vai ganhando outra dimensão, vai-se estreitando... Olhe, o prazer que o futebol me dava já não me dá, já não me interesso pelo Benfica, até aos trinta e tal anos ia todos os domingos aos estádios, mas agora já não vou...

[FJV] Isso é porque o Benfica anda a perder...

[ALA] Não, isto aconteceu-me quando o Benfica ainda ganhava jogos e conquistava campeonatos. Mas, mesmo ir ao cinema, começo a pensar que é uma maçada, começo a pensar que tenho de arrumar o carro, de voltar para casa... A minha vida é simples porque, quando não estou a escrever, tenho muito tempo. Por exemplo, a partir do mês que vem, não vou ser capaz de trabalhar antes do Verão e, portanto, vou ter quatro ou cinco meses sem fazer literalmente nada. Vou aproveitar para ler mais ainda, isso é uma coisa que aumenta cada vez mais em mim, o prazer de ler. Cada vez mais, até livros maus. Outro dia, li um livro da Jackie Collins[1] e adorei! Tinha uma

---

[1] Joan Collins na entrevista 31., p. 328.

descrição fabulosa de um *felatio*, uma descrição extremamente bem feita, logo a abrir o livro. É um tipo de descrição muito difícil de fazer... Lembra-se da descrição da primeira relação sexual dos dois velhos no *Amor em Tempos de Cólera*, a delicadeza com que ele descreve aquilo?...

[FJV] E muito difícil escrever sobre sexo... Pode cair-se facilmente no piroso.

[ALA] Pois pode, e é o mais tentador. Escrever sobre sexo é muito difícil, de facto. Nunca fui capaz de escrever uma cena de sexo... O Orson Welles dizia que havia duas coisas que não se podiam filmar: um acto sexual e uma pessoa a rezar. Mas essa cena de sexo entre os dois velhos, escrita pelo García Márquez, é muito boa, muito bem feita. Eu não sou um grande fã do García Márquez, mas devo reconhecer que é um grande escritor, mas não sou grande fã. Prefiro outros sul--americanos, como o Juan Rulfo, mas acho esse romance do García Márquez um romance notável, um grande livro em qualquer parte do mundo...

[FJV] Você falou do Juan Rulfo, mas o *Pedro Páramo* não tem nada a ver com a sua maneira de escrever...

[ALA] Pois não, mas gosto, escreve de uma forma tocante. É um homem muito amargurado, como o Ernesto Sábato, outro escritor admirável. Escreveu três romances, era professor de física atómica... Olhe, tenho uma fotografia muito gira com ele em Paris. Temos o mesmo agente... É um homem muito alto, calado, secreto...

[FJV] Quais são os romances que recorda com mais emoção?

[ALA] Em primeiro lugar os do Salgari, com aquelas aventuras todas. Depois, os do Júlio Verne. Aos treze ou catorze anos, tive a descoberta dos franceses, com aquela gente, Sartre, Camus, Malraux, que rapidamente me desinteressaram, porque rapidamente descobri os ingleses e os norte-americanos. Graham Greene foi uma grande descoberta para mim. É um escritor que eu ainda hoje admiro. Gosto de ler os livros dele, mas não gostaria de os ter escrito. Mais tarde, foi a descoberta do Simenon, que continuo a achar um grande escritor, homem de três ou quatro frases, espantoso com aqueles ambientes e o modo de descrever os personagens. Depois, ainda, foi a grande descoberta dos russos, com o Tolstoi, o Tchekov... Sobretudo estes dois, e até o Dostoievski, mas muito, muito menos. O Dostoievski era um bocado aborrecido. Mas o Gorki é que me enerva. Aqueles livros davam uma grande vontade de chorar, livros chuvosos, cheios de chuva e de lama, uma coisa horrorosa. Finalmente, a descoberta dos ingleses e dos norte-americanos do século passado, que, para mim, foi decisiva na minha formação.

[FJV] É curioso isso que você diz: gostar do Tolstoi e não gostar do Dostoievski, porque Milan Kundera diz que há duas linhas fundamentais na história do romance: uma que vem de Tolstoi e outra de Dostoievski. Uma ligada ao romance-problema e outra, se quiser, a de Tolstoi, ligada ao 'romance de história'.

[ALA] Eu não defendo nem ataco, mas comecei por ler o Tolstoi na adolescência. *Ana Karenine* e depois o *Guerra e Paz*, que são dois livros fabulosos.... Todas as pessoas são felizes da mesma maneira, mas as pessoas infelizes, meu Deus, é dramático... *A Morte de Ivan Ilitch* é uma obra-prima, parece-me a mim. E o *Moby Dick*, do Melville, ou as histórias de Stephen Crane...

[FJV] *A Insígnia Rubra da Coragem*...

[ALA] Espantoso. Aquele sofrimento da guerra...

[FJV] Disse, há uns anos, que uma das razões por que preferia viver em Portugal é porque queria mostrar como é que se fazia um romance. Ainda continua a tentar? Ou gostava mesmo era de viver no estrangeiro?

[ALA] Uma vez fui para a Alemanha com um convite da cidade de Berlim, em 1984 ou 1986, já não me recordo, e era tremendo, ninguém falava a minha língua, não havia Portugueses. Também estive em Paris a escrever metade de um livro, estive em Nova Iorque muito tempo, já lhe contei... Mas foi sempre muito difícil estar longe de Portugal, deixar de ouvir a minha língua. A língua, sobretudo... Eu gosto desta terra. Nós somos feios, pequenos, estúpidos, mas eu gosto disto. Quando estava mais tempo longe, chegava ao aeroporto e via polícias e tinha vontade de beijar os polícias. Palavra de honra! Mas, em momentos de desespero, apetecia-me era ser angolano. Estive lá durante a guerra, e era o país mais bonito que eu conheci. Angola. Era uma terra de uma ternura, de uma beleza! Tudo era novo, tudo flutua, a terra dava arroz, girassol, algodão duas vezes por ano, e uma paisagem daquelas... As noites são enormes, e o que era estranho para mim era o céu, que é completamente diferente do nosso. Não se vêem as Ursas, vê-se o Cruzeiro do Sul... Não tenho saudades de nenhum lugar, mas de África tenho muitas saudades. Há uns tempos, convidaram-me para ir a África, mas as cidades de que eu gostava já não existem, foram destruídas pela guerra civil... Olhe, Malanje. Não me importava de viver em Malanje, na Malanje que eu conheci...

**[FJV]** O seu novo livro fala de África...

**[ALA]** É todo sobre África, a volta de Malanje. Há lá um sítio chamado Baixa do Cassanje em que a gente via vinte hectares de algodão e de girassol, era muito engraçado ver aquelas flores a abrirem os olhos, enormes, voltadas para o sol...

**[FJV]** Vão acusá-lo de neocolonialismo...

**[ALA]** E eu nas tintas. Mas não sei. A verdade é que não me preocupa muito. Este livro é todo sobre os colonos de África, um livro sobre a vida em África até 1961. Depois salta de 1961 para 1975, sem falar da guerra colonial...

**[FJV]** Qual é a história do livro?

**[ALA]** É sobre uma mãe, que está em Angola, e três filhos que ela pôs no barco para cá em finais dos anos setenta. É um livro com trinta capítulos e três partes... Eu penso que tenho vindo a aprender a escrever e acho que o livro marca um passo muito grande em relação a este (*O Manual dos Inquisidores*). São só quatro pessoas. Penso que, ao nível da escrita, está muito mais maduro, sério, bem construído. Como tenho estado a trabalhar nele nos últimos dias, acho que marca um passo em frente. Bom, este foi tão bem recebido pela crítica, que não sei que adjectivos vão usar para o próximo! Já reparou que, com este livro, se fez a unanimidade em Portugal?

**[FJV]** Não a unanimidade...

**[ALA]** Está bem, *O Independente* diz sempre mal, isso não é relevante[1]...

**[FJV]** De que forma é que vê a relação dos Portugueses com África? É da África ainda portuguesa que você fala neste livro... Como é que vê, hoje, a memória dos Portugueses de África?

**[ALA]** A situação dos colonos, que nos achávamos – e eram – reaccionários, era muito complexa, porque eles tinham a sensação de ser os pretos dos brancos daqui...

**[FJV]** Brancos de segunda?

---

[1] Ver, por exemplo, *O Independente*/Vida, 18 de Outubro, 1996, p. 8.

**[ALA]** Ou isso. Trabalharam aquelas terras com muita dedicação. Devia ser terrível andarem a lavrar a terra com bois e os homens de colete com um calor insuportável, as mulheres com lenço na cabeça, xaile... Não estou a falar ao nível das pessoas muito ricas, mas ao nível do colono pobre. E há coisas espantosas, como o túmulo do Zé do Telhado. É um túmulo espantoso. Depois, falo de personagens que se distinguiram vindos do nada, como um que era soldado da Guarda Republicana e que ficou podre de rico com alguns negócios... É disso tudo que eu falo, da compra dos Bailundos cá de baixo, da maneira como os chefes colaboravam com o negócio, dos cubos de gelo pelo rabo acima para aqueles que não queriam trabalhar, dos enforcamentos que ainda vi. Era muito brutal tudo aquilo, muito estranho para um portuguesinho qualquer da Metrópole. Lembro--me de umas eleições de misses lá no Ferroviário local. Pois, nesse mesmo dia, assassinaram a *miss* eleita, a tiro... Era um faroeste cruel. Antes da primeira revolta, houve uma chacina na baixa do Cassanje, mataram mais de mil trabalhadores. O livro anda à volta destes pormenores, mas é evidente que isto é só o enredo de base. O Picasso diria que a intriga é o prego onde eu tenho os meus quadros, e o que me interessa é ao nível da escrita.

**[FJV]** Só?

**[ALA]** Bom, tem que ter uma história, mas isso a gente aprende nos americanos. Os romances 'paralisados', à francesa, é que não...

**[FJV]** Você fala dos americanos, sobretudo dos 'seus americanos', como se eles tivessem inventado a arte do romance. Mas você tem algumas histórias muito boas, e não são só os americanos que sabem contar histórias... Antes dos seus americanos já havia muita gente a escrever como você diz. Desde o princípio do mundo...

**[ALA]** Pois, talvez. Mas, voltando à conversa, as inovações técnicas do Faulkner existem para servirem a narrativa que ele está a contar, enquanto que, muitas vezes, as inovações técnicas do Joyce são piruetas apenas... Do género: «Eu sou o Joyce, vejam como é que o Joyce brinca com as frases, vejam esta construção, vejam como ele sabe fazê-las bem...» Eu sou um grande admirador do Joyce, um leitor e releitor do *Ulisses*, e até das diferentes edições, por causa dos prefácios, mas há uma pirotecnia técnica que não está, muitas vezes, a servir a história. Isso prende-se com aquela noção do Tolstoi, que falava da arte do romance em termos de eficácia. Ele dizia que um bom romancista era um romancista eficaz, aquele que não se sacrifica à pirueta, à metáfora... O seu objectivo é a eficácia da narrativa.

**[FJV]** Mas você tem diminuído aquelas metáforas que usava a princípio...

**[ALA]** É aí que reside grande parte dos erros dos meus primeiros livros – eu tinha muito o desejo de mostrar como era capaz de fazer imagens bonitas, bom... que eu achava bonitas, ou metáforas ou não sei quê. Todo o livro é que tem de ser a metáfora...

**[FJV]** E este novo livro é a metáfora de quê?

**[ALA]** De uma parte da nossa identidade. Os outros livros também tenho tentado que sejam, sobretudo a partir do *Tratado das Paixões da Alma*... Acho que os primeiros livros que escrevi são fraquinhos, os outros a seguir são promessas agradáveis, mas acho que, a partir do *Tratado*, os livros estão bem.

**[FJV]** Sim, mas há referências permanentes...

**[ALA]** As minhas opções é que são sempre as mesmas: a vida, a morte, a ausência de amor, a incomunicabilidade. Sob esse aspecto, tenho sido fiel. Mas todos vivemos com as mesmas obsessões. Por exemplo, antes de vir para esta entrevista estive a ler os seus livros de poemas, que tenho ali, e é curioso que, depois de passar para os seus romances, que também tenho, as suas opções também são sempre as mesmas. São sempre quatro ou cinco: a água, a luz, o céu, os lugares e o perigo das paixões são coisas que aparecem com uma frequência imensa...

**[FJV]** Mas há outro aspecto para além das obsessões. Por exemplo, quando você fala de amor... Nunca há uma relação nova que se inicia, há sempre fins de relação, restos...

**[ALA]** Lembro-me do que o Columbano dizia: «não tenho fé, mas tenho muita esperança». Eu acho que também tenho pudor em mostrar isso, talvez por educação, por temperamento, mas, curiosamente, a crítica espanhola e alemã acham os livros optimistas e divertidos.

**[FJV]** Por que é que não há nunca esses 'começos' de amor?

**[ALA]** Isso tem, talvez, que ver com a minha relação com a morte e com a incompreensão que eu tenho perante o sofrimento. Quando eu era interno de pediatria, estavam na minha enfermaria muitos miúdos com doenças terminais. Não era bonito de se ver. Eu não me esqueço de ver miúdos e miúdas de quatro anos a chamarem aos gritos por uma injecção de morfina... Isto era comovente até às lágrimas,

298 | FRANCISCO JOSÉ VIEGAS, INVERNO, 1997

e era desesperante a sensação de impotência perante o sofrimento de pessoas que nunca tinham feito mal a ninguém. Era desesperante estar diante dessa injustiça. Lembro-me de uma miúda que tinha uma leucemia com treze anos e que se levantou e foi ao gabinete de enfermagem e, quando fui ver, ela estava a chorar porque tinha uma leucemia... Só conheci a morte muito tarde... Sou o filho mais velho de dois filhos mais velhos, os meus avós não tinham cinquenta anos quando eu nasci, não havia mortos, não havia nada, e, de repente, dou de caras com a morte nos hospitais. Em primeiro lugar, foi muito bom porque poucas coisas têm realmente importância quando se fala no sucesso. Talvez por isso esteja sempre presente em mim o fantasma da morte. E os fantasmas de tudo, do amor, da nossa própria morte. Acho injusto que o Bach, que é reconhecido só no século passado, praticamente não tenha podido usufruir nada do seu êxito! Acho que o Namora deve ter morrido feliz, era um escritor de sucesso. Depois, acho injusto, até ao nível da literatura, que certos escritores tenham sido esquecidos, como o Redol, tenho uma grande admiração pelo Redol, não me atrevo a dizer que um livro dele é mau, porque há ali trabalho de operário. Tenho uma grande admiração pelo Redol porque era um escritor a sério e acho que é um bom exemplo para nós todos que andamos a mexer nas palavras. Acho injusto o esquecimento em redor do Carlos de Oliveira... Quem é que lê, hoje, Carlos de Oliveira? A mim choca-me isto. Por isso é bom descobrir vozes novas, como eu agora descobri o António Franco Alexandre, um poeta extraordinário. Escrevi para o *Público* sobre ele, que eu não sei quem é, não conheço, não sei o que faz, mas parece-me um escritor de grande qualidade.

[FJV] Você parece o doutor Cunhal a fugir às perguntas...

[ALA] Gosto do Álvaro Cunhal, não acho que ele fuja as perguntas... Aí está outro homem que eu admiro...

[FJV] Você esteve próximo do PCP...

[ALA] Sabe?, eu gostava de ser do PC, mas, para mim, é impossível. Se a estrutura do Partido não fosse tão vertical... gostava de ser militante, sim... Há um lado eclesiástico do PC que me repugna um bocado... A forte hierarquia, a ausência de debate aberto e alargado, isso assusta-me um bocado. Eu li uma vez uma entrevista do Mário de Carvalho em que ele explica por que é que é comunista, e pareceu-me muito romântico... A ideia que tenho dele é que me parece um homem extremamente bom, tem uma margem na política para o sonho, que eu não tenho. Quase todos os homens políticos foram uma profunda desilusão para mim, pelo menos aqueles que eu conheci pessoalmente...

[FJV] Você é um homem permanentemente amargurado, magoado, sempre em sofrimento, parece que não tem momentos de alegria...

[ALA] Então não tenho?! Eu acho que o facto de ser hipercrítico me impede de grandes demonstrações de afecto. Mas, de facto, não sou expansivo. O meu amigo Daniel Sampaio diz que eu tenho a depressão do sucesso: o sucesso nunca me deu alegria, os editores mandam livros meus acabados de sair, e eu nem os abro. Também, nunca li um livro meu, porque me dá logo vontade de começar a corrigi-lo e a emendá-lo, como até acontece muitas vezes com os livros dos outros. Dá vontade de me atirar a eles, mas não é por maldade. No fundo, a nossa opinião é sempre muito parcial, e temos tendência para repudiar tudo o resto... E depois confundimos paixões com ideias. É muito raro a gente apreciar um livro de um escritor de quem não gosta de dizer: «Eu não gosto, mas é bom!» E acontece: eu não gostava do Vergílio Ferreira, achava-o um tipo, enfim, um tipo de que eu não podia gostar, um bocadinho para o estupor. No entanto... Ele tem livros mesmo bons, bons a sério. Isto é verdade, e tenho que reconhecer. Há escritores de quem não gosto, e tenho que reconhecer que são bons. E é-nos muito difícil isto, a nós todos. Eu gosto do Camões porquê? Porque é da minha família. Fernando Pessoa não é, por exemplo. Gosto da sensibilidade do Camões, continuo a achar que ele inventou o português tal qual a gente o fala ou sente. Por exemplo, o José Cardoso Pires adora a *Peregrinação*. Eu gosto, mas... acho aquilo, enfim... Agora quanto à amargura... Eu não tenho grandes depressões, mas tenho momentos de zanga, de desespero, cada vez mais. O difícil vai ser, agora, passar estes próximos quatro ou cinco meses sem escrever, porque aquelas coisinhas que eu faço para o *Público* são puramente alimentares... Qualquer jornal que me pagasse, eu fazia também...

[FJV] Como é que você encontra os temas para as crónicas?

[ALA] Isso é um sarilho. Veja esta última que escrevi... Aqui há uns tempos foi-me proposto fazer crítica literária. Não me acho capaz de a fazer, mas apeteceu-me falar daquele livro que me tinha tocado, os poemas desse António Franco Alexandre. Eu começo sempre por

300 | FRANCISCO JOSÉ VIEGAS, INVERNO, 1997

dizer que me interesso pouco pela história da literatura portuguesa e que os escritores portugueses me surpreendem, geralmente, pela negativa. O Júlio Verne tinha um sistema engraçado... O gabinete dele era uma grande confusão, tudo cheio de papéis, de cadernos, de estampas de livros... Então, quando acabava uma página, punha-a debaixo do rabo para não a perder. Os escritores portugueses deviam fazer isso para não se perderem a si próprios... Há escritores que encontram uma fórmula que fez sucesso e que optam sempre por aquele tipo de escrita. Parecem uma fábrica de pastéis de nata! Mas a nossa relação com os livros é curiosa, por-que acabamos sempre por ir comprar um grande livro, um Simenon ou parecido, à procura de uma certa atmosfera que, ao mesmo tempo, nos irrita... Até os escritores que nós admiramos, sobretudo esses, nos irritam. Irrita--nos aquilo que a gente vai procurar, é muito engraçado, temos uma relação muito ambivalente em relação aos escritores de que gostamos... Então, vamos à procura de uma coisa e queremos que eles fizessem outra?! E depois dizemos «perdeu frescura», ou fomos nós que perdemos frescura? Como é que trabalham os nossos olhos em relação a eles? É muito complicado, até porque, quando a gente anda a trabalhar com livros, são capazes de aparecer sentimentos próximos, muito próximos da inveja, do ciúme, inevitavelmente. E é muito complicado lidar com o sucesso, muitas vezes...

[FJV] Como é que você lida com o seu sucesso?

[ALA] Acho que cada pessoa tem o direito a pensar a sua realidade, durante algum tempo, como se fosse a única no mundo. Às vezes, há pessoas que vão à televisão, ao seu programa, e que fazem umas figuras... De resto, tenho reparado que os escritores com mais talento são os mais modestos. Das pessoas que lá tem levado e que eu tenho gostado de ouvir, as que têm mais talento são as mais modestas e as mais abertas. Às vezes tem a ver, só, com a honestidade. Há aí um homem, o Vasco Graça Moura, que não gosta de mim nem eu gosto dele como pessoa, mas parece-me um tipo honesto. Eu acho que ele parece um homem honesto, bom poeta, bom escritor, e a tradução que ele fez do Dante, e que lhe dá o prémio, é muito boa... Quer dizer, a tradução pareceu-me excelente, do meu ponto de vista... Traduzir poesia é muito difícil, é tramado. Olhe, o Cavafy traduzido pelo Sena é uma merda... Ele não era lá muito bom tradutor: traduziu as *Palmeiras Bravas*, do Faulkner, e *O Velho e o Mar*, do Hemingway, de uma maneira... Não percebeu nada. E depois faz aquele romance que é um pastelão e que a malta gosta de ler, *Sinais de Fogo.* Mas, também, a malta também gosta de ler o *Mau Tempo no Canal,* que parece uma sopa de pedra! E nós temos excelentes romances, *Casa Grande de Romarigães,* que é uma delícia de romance, *Finisterra, Barranco de Cegos, O Delfim,* por exemplo, etc. Mas há mais, como o *Casas Pardas...* Não somos assim tão pobres quanto isso... *O Que Diz Molero,* quer queiramos quer não, é um livro muito engraçado, abriu muitas portas. É um livro muito engraçado...

[FJV] Continua a escrever, dias inteiros?

[ALA] Catorze ou quinze horas por dia, sábados e domingos, sempre ou quase sempre. Todo o tempo me faz falta, até as horas das refeições, porque, neste momento da minha vida, o trabalho é-me cada vez mais importante e me leva a corrigir, a corrigir, a corrigir... Aquilo que acaba por ser publicado é aí um quinto da primeira versão.

[FJV] Faz muitas versões de cada livro?

[ALA] Faço duas à mão, primeiro, e depois aí umas três, quatro ou mesmo cinco já em dactilografia, mas sempre a cortar. Havia escritores que acrescentavam: Camilo, Proust... Eu tiro, tiro, tiro...

[FJV] O que é que gostava que acontecesse a este novo livro?

[ALA] Que fosse feliz, claro. Que fosse o melhor. Aquele homem, o Cabrera Infante, o autor de *Três Tristes Tigres,* o Cabrera diz que a gente escreve não para ser lido, mas para ser escrito... Não sei... Para mim, agora, a opinião fundamental é a do meu agente, que me diz sempre na cara aquilo que pensa e que é o primeiro leitor. O livro não vai sair cá em Portugal logo, até porque eu acho que não há público para ler um romance por ano em Portugal. Tenho de mandar o livro para o agente e para os editores estrangeiros com quem já tenho o contacto feito, e, depois, aqui em Portugal se verá... Até porque este livro ([O] *Manual dos Inquisidores*) continua a vender bem e, portanto, vou deixá-lo viver...

[FJV] Só vai publicá-lo no Natal?

[ALA] Sim. *O Manual dos Inquisidores* esteve um ano e tal à espera de ser publicado aqui. Saiu primeiro em França, as outras editoras atrasaram-se com a tradução, vamos ver o que vai acontecer... Primeiro, é preciso eu estar satisfeito, e eu já estou satisfeito com ele, mas nunca me importei que não gostassem dos meus livros, desde que o façam com boa-fé. Nunca respondi a nenhuma crítica porque há

302 | FRANCISCO JOSÉ VIEGAS, INVERNO, 1997

pessoas que não gostam de um livro, escrevem isso mesmo e o fazem de boa-fé... Isso não me importa. Agora, quando as coisas são feitas com burrice e com má-fé, isso choca-me. A única vez que falei sobre um livro foi na primeira crónica do *Público*, sobre um livro do Mário Cláudio, que é uma pessoa que eu estimo e que respeito e que foi completamente crucificado por uma crítica ao *Tocata para Dois Clarins*, e eu achei tremendamente injusto. Foi crucificado por toda a parte... No *Expresso*, no *Independente*, até no *Diário de Notícias*, onde uma menina qualquer, uma patetinha, escreveu as maiores burrices sobre o livro, sem ter havido um esforço para entender o trabalho daquele homem... Eu acho que é um livro notável, do meu ponto de vista...

[FJV] Os escritores portugueses são mal tratados em Portugal?

[ALA] Não... Eu acho que não tem relevância uma crítica boa ou má dum senhor qualquer ou da menina não sei quantas... Acho que é mais relevante o Eduardo Prado Coelho escrever sobre o livro, mesmo que não goste. Porque tem outra inteligência, tem outra maturidade. Ou o Eduardo Lourenço, ou o Óscar Lopes, com quem eu muitas vezes estou em desacordo, mas não interessa. Tem um peso de honestidade e de seriedade, quer a gente queira ou não. Nisso, o Jorge de Sena tinha razão: quando a crítica é feita por um escritor, ele está a falar de qualquer coisa que conhece de dentro e, então, pode dizer coisas muito mais inteligentes. Por exemplo, o José Cardoso Pires seria um excelente crítico, se quisesse...

[FJV] Porque é que não há muitos escritores a fazer crítica em Portugal?

[ALA] No estrangeiro, há... Eu não me importava nada de fazer crítica, mas só a livros de que gostasse. Penso que é uma questão de preço; os escritores ganham tão pouco em Portugal que, se fossem bem pagos, faziam com certeza... Olhe, ninguém discute o Prémio Nobel da Física, mas toda a gente se acha capaz de discutir o Prémio Nobel da Literatura, como se a literatura fosse uma coisa simples e acessível...

[FJV] Mas romances toda a gente lê, pode ler, enquanto que a investigação em física ou biologia...

[ALA] Isso é verdade, mas vacinas toda a gente toma! Todos nós temos opiniões sobre pintura ou sobre música, ou não sei quê, e saber, de facto, de literatura é muito complicado. Eu ainda estou a aprender... Então, um livro bom, em que não se vêem as costuras, nem os parafusos, nem as porcas, a gente tem que ler duas e três vezes para ver onde é que o escritor hesitou, onde é que ele teve problemas... A gente vê um livro mau, por exemplo, de um homem de que eu gostava multo, como o David Mourão-Ferreira... *Um Amor Feliz,* do meu ponto de vista, é um mau romance. Quando lhe aparece uma dificuldade técnica, faz a pirueta de um poema... Bolas, quer dizer, isso é uma das razões por que eu acho aquilo um livro que não convence nada. De cada vez que aparece um problema, o narrador dá uma cambalhota, ou com uma imagem, ou com um poema, ou com uma carta. Isso, não... Olhe, por exemplo, o Fitzgerald, que eu acho um excelente romancista... Quando ele tem uma dificuldade técnica, torna-se muito mais precioso, desce ao pormenor do pormenor, fica uma filigrana... *O Grande Gatsby* é um romance quase perfeito, não é? A gente vê grandes romances, como, por exemplo, o *Debaixo do Vulcão,* que ninguém lê, não se fala nele... O Nuno Bragança, num outro plano, quando começa a ter problemas com *A Noite e o Riso,* lança-se numas piruetas de estilo... Porque se vê logo que ele estava com problemas na escrita do livro... Quando li a primeira vez, achei deslumbrante, foi uma descoberta! Depois, comecei a ler aquilo mais vezes e acho que, sem ele querer, acaba por ser responsável por muita merda que se fez depois, com uma série de indivíduos que desataram a escrever porcaria como se fossem modernos.

[FJV] Quando é que você sente que um livro seu está terminado?

[ALA] Exactamente da mesma maneira que o Freud dizia que uma análise estava acabada. Uma análise está acabada quando eu e o paciente estamos, ambos, contentes... A certa altura, o livro já não aceita mais trabalho, é nessa altura que eu sei que já está acabado. Já escrevi livros suficientes para sentir isso. Eu, uma vez, vivi numa casa que não gostava de mim, o que, de si, já era horrível, era uma casa que me empurrava para a rua constantemente... O romance também faz isso connosco. No *Manual* queria pôr um travesti, à força, como amante do velho ministro. Andei para aí atrás dos travestis e a falar com eles – é um mundo espantoso, de uma crueldade e uma dor infinitas – e, depois, queria meter o travesti e não conseguia! Acabou por entrar a tal Milá... Isso é muito curioso, porque o romance se transforma num organismo vivo, com regras próprias...

[FJV] É muito lento a escrever?

[ALA] Sou, o que não é virtude nenhuma. Mas eu trabalho todos os dias... Este país é que é muito preguiçoso. Eu acho que ele é preguiçoso, é um país que vai para os bares, para os cafés...

[FJV] Você não vai para os bares?

[ALA] Eu já não bebo, e os bares são coisas tristíssimas. Houve uma altura da minha vida em que eu andava muito com o Dinis Machado e com o Artur Semedo, era um grupo de pessoas engraçadas e divertidas. E eles bebiam, íamos para o Procópio, mas ao fim de uma hora estava farto, já conhecia as pessoas todas... Aliás, eram sempre as mesmas em todos os sítios... Mas eu sou uma pessoa fácil de viver porque não gasto muito dinheiro e também porque não me mexo muito...

[FJV] Por mim, gosto de estar em casa, faço tudo para não sair...

[ALA] Essa é a vantagem do meu trabalho, de se ser escritor...

[FJV] Como é que você passa as suas noites?

[ALA] Trabalho, leio, às vezes vejo televisão, mas pouco... Estou com os amigos muito raramente. Com o Daniel Sampaio, almoço uma vez por mês com dia marcado, é uma tradição... Com o Ernesto Melo Antunes, também... Vejo mais o Zé (Cardoso Pires), de facto. Mas eu gosto de poupar os meus amigos, e com a idade a gente vai vendo cada vez menos as pessoas. Vejo as miúdas uma vez por semana, e a gente descobre que elas são diferentes de nós, que não são nossas. É espantoso, as filhas prolongam coisas nossas. Uma das minhas filhas tem as mãos iguais às minhas. Mas são outras pessoas completamente diferentes, isso é uma descoberta maravilhosa, ver crescer os filhos...

[FJV] Não se sente sozinho?

[ALA] Não, não me sinto sozinho... Tenho uma vida afectiva agradável, não me sinto sozinho... Antes, sentia-me horrivelmente sozinho, mas, de há uns anos para cá, não tenho sentido nada disso... Estava a lembrar-me do poema de Carlos Drummond de Andrade acerca do envelhecimento, um poema feito aos quarenta anos. O começo é assombroso: talvez uma sensibilidade maior ao frio, desejo de voltar mais cedo para casa...

## 30. RODRIGUES DA SILVA

# "Mais perto de Deus"

*Jornal de Letras, Artes & Ideias*
6 de Outubro, 1999, pp. 5-8

*Exortação aos Crocodilos* sai dentro de dias na Dom Quixote. É o décimo romance de António Lobo Antunes, precisamente 20 anos depois da sua estreia literária (*Memória de Elefante*). E, em relação a esse primeiro livro, representa um salto prodigioso. Nesta entrevista exclusiva ao JL autor afirma, aliás, que é o seu melhor livro. Mas não só de literatura e do ofício de escritor fala nestas páginas. Também dele próprio, aos 57 anos, e até de Deus, de quem – confessa – cada vez se sente mais próximo.

Foi um tanto para o emocionante. Logo porque tive que ler *Exortação aos Crocodilos* de afogadilho, logo porque, entre gravar e escrever esta entrevista e o jornal entrar na máquina, mediaram menos de 24 horas, logo, enfim, porque António Lobo Antunes fez questão que ela se realizasse na mesma casa onde, há vinte anos, nos conhecemos. Para a sua primeira entrevista de sempre. Daí que, para desfazer o nó, desta vez, tenhamos começado assim.

**[JORNAL DE LETRAS]** Vamos a isto!

**[ANTÓNIO LOBO ANTUNES]** Leste o livro?

**[JL]** Li-o como ele não deve ser lido: a mata-cavalos, e são quase 400 páginas. Ao princípio, andei às aranhas. Depois achei a coisa empolgante. Mas tive tempo para reler a *Memória de Elefante (ME)* (1979) para comparar. O teu salto, em vinte anos e doze romances, é verdadeiramente prodigioso. Quer na escrita, quer na própria estrutura do romance.

# 306 | RODRIGUES DA SILVA, 6 DE OUTUBRO, 1999

**[ALA]** Não São bem vinte anos, serão para aí vinte e cinco, porque esse primeiro livro andou em bolandas, recusado pelas editoras. Eu, se fosse editor, teria aceite a *ME* não tanto pelo que era, mas por aquilo que prometia. Porque nele se sente uma força muito grande, apesar das ingenuidades de um primeiro livro. A minha ideia de literatura hoje é muito diferente. Vais aprendendo com o tempo e, pelo menos para mim, cada livro serve para corrigir o anterior. No fundo, o que tenho escrito, livro a livro, é uma *ME* sucessivamente corrigida.

**[JL]** Sim. Já lá está tudo em botão.

**[ALA]** Provavelmente passa-se o mesmo com toda a gente. Vais-te tornando mais sábio. Vais aprendendo através do trabalho com a escrita. E escrever é muito difícil. Quando comecei, achava muito fácil, encantador e fascinante. Até que a certa altura descobres que há uma diferença entre escrever bem e escrever mal. Então aí começa a coisa a complicar-se e a tua angústia a aumentar. E, quando mais tarde ainda, descobres que há uma diferença entre um bom livro e uma obra-prima, então é a angústia total. Mas, com o tempo, aprendes a ter humildade diante do livro, porque se pensas que com ele estás a fazer um travesseiro para pousares a cabeça quando morreres estás enganado: nunca estarás contente com o teu trabalho e provavelmente a tua grandeza será não chegar aonde querias chegar. Quando acabo um livro, em geral fico satisfeito o primeiro mês. Depois... É que há defeitos que escapam mesmo à boa crítica, porque muitas vezes aquilo que chama qualidades são apenas defeitos disfarçados. A minha estrada de Damasco foi há dez anos. Estava a ver na televisão (BBC) um ornitólogo inglês a falar sobre o canto das aves. E ele disse que tinha uma estrutura sinfónica. Para o provar, decompôs o canto (que é muito rápido), de modo a torná-lo muito mais lento. E depois comparou-o com a estrutura das sinfonias de Mozart, de Haëndel, demonstrando que a estrutura é exactamente a mesma. Eu estava a começar o *Tratado das Paixões da Alma* (1990) e por causa disto mudei o livro todo: percebi que o meu caminho era fazer do livro uma peça sinfónica e usar as personagens como se usam os instrumentos (violino, viola, fagote, oboé), utilizando-as como espelhos. É que o livro ideal seria aquele em que cada página fosse um espelho e tivesse não palavras mas um espelho onde o leitor se visse. O que é um livro bom? Cada vez mais penso que é aquele que cada leitor pensa que foi escrito só para ele, como se pensasse que os outros exemplares tinham palavras diferentes. Isto é: a tua intimidade com o livro é tal que tens a certeza interior que foi apenas escrito para ti. E emocionas-te até às lágrimas e aquela ficção torna-se uma realidade mais real do que a própria realidade. Creio que isso já acontecia na *ME*, porque as pessoas aderiram ao livro.

[JL] Lançado em Julho (custava 160 paus), esgotara em Setembro. Espantoso, até porque o autor era um desconhecido. Mas a força da *ME* é diferente da de hoje. Na altura, centrava-se numa personagem (tu, no fundo, mais a tua imensa dor de corno); agora tu desapareces e espalhas essa força por personagens que nada têm a ver contigo.

[ALA] Não acho que seja uma dor de corno, acho que é uma história de amor.

[JL] Mas qual é a dor de corno que não é uma história de amor?

[ALA] Talvez seja o mito do eterno retorno nos anos 70. A *ME* fala de uma ruptura que, quando o escrevi, ainda não (me) acontecera. Mas que (me) veio a acontecer mais tarde. Quanto à força de que falas... A literatura é uma coisa muito difícil. Espanta-me a leveza com que se fazem julgamentos sobre os escritores. Podemos dizer gosto/não gosto. Não temos o direito de dizer é bom/é mau. Mas perceber isto consegue-se com o ofício.

[JL] Ainda bem que dizes isso: na *ME* em quase todas as 149 páginas há montes de citações. Nas quase 400 da *Exortação aos Crocodilos* (*EC*) não há uma única. O livro continua a ser barroco, mas o barroquismo reside agora na arquitectura, porque a frase é despojada, de um rigor austero.

[ALA] As citações eram os instrumentos de que dispunha para dizer o que queria. Hoje penso que toda a arte tende para a música e a música tende para o silêncio. Até se conseguir chegar a um livro onde o silêncio seja completo. A tua própria vida vai-te ensinando sobre o teu ofício. Na *EC* o núcleo forte em torno do qual se formou foi este: eu não escrevia há meses, à espera que o livro viesse, e um dia, estando com um senhor galego da Dom Quixote, ele começou--me a falar da avó. A avó que, de vez em quando, chamava o miúdo que ele era e lhe dizia «anda cá, que te vou ensinar o segredo da Coca-Cola» e misturava gasosa, açúcar, café, e tinha uma trança comprida que penteava com aguardente. Isto ficou dentro de mim e foi em torno disto que o livro se organizou.

**[JL]** Sem fio narrativo.

**[ALA]** Nos meus livros não há fio narrativo. Porque o fio narrativo é para o romancista a mesma coisa que a picareta e a corda são para o alpinista. O meu problema é como levantar personagens e emoções sem esse fio narrativo e sem fazer prosa estática. Na *EC* havia duas hipóteses: ou contava a história através dos homens (o que seria fácil, eles viviam os acontecimentos do livro), ou através das mulheres. Qual seria a vantagem de a contar através das mulheres? Os homens que faziam as coisas que vêm no livro (e que o leitor há-de descobrir sozinho, não lhas vamos dizer) não contavam tudo às mulheres. Havia uma pequena parte que elas poderiam saber, e havia o que depois, a partir daí, imaginavam. Optei pela segunda hipótese, contando a história por detrás. Uma vez, no Hospital Miguel Bombarda, aproximou-se de mim um internado e disse-me: «Sabe? O Mundo começou a ser feito por detrás». Esta frase andou-me muito tempo na cabeça até que pensei: «Este homem tem razão: é assim que eu tenho que escrever, por detrás». No caso da *EC* pensei que se pusesse a falar as mulheres que estão por detrás dos acontecimentos poderia trabalhar a vários níveis, sem nunca usar o tal fio narrativo.

**[JL]** Daí que na *EC* aparentemente haja um tema (os bombistas, os fáscios todos), mas o tema não passa de um cenário.

**[ALA]** Exacto. Como dizia o Alexandre Dumas: «A intriga é o prego onde eu penduro os meus quadros».

## CRÓNICAS

**[JL]** E os teus quadros, neste caso, são retratos de mulheres vitimadas pelas circunstâncias e pela mediocridade dos homens com quem vivem. Um universo muito inspirado nalgumas crónicas que escreves para o *Público*. Digo isto até porque subestimaste sempre as tuas crónicas.

**[ALA]** Não subestimo. Dou-lhes o lugar que têm: uma coisa menor e lateral na minha vida. Já volto a elas. Antes quero dizer que n'*O Esplendor de Portugal* (1997) aconteceu-me uma coisa que nunca me tinha acontecido: apaixonei-me por uma personagem: pela Clarisse, a rapariga que preenche o terço final do livro. Não sei porque me apaixonei por ela, mas o amor é irracional. O facto de ter escrito aquela parte deu-me um prazer tão grande que não queria deixar morrer a personagem. A *EC* é também uma forma de a continuar através doutras mulheres. E foi também um desafio: saber se era ou não capaz de «ser» mulher. Ora, a partir da segunda ou terceira volta das personagens, parecia que elas estavam naturalmente dentro de mim. Nunca me senti tão mão e tão pouco cabeça. Isso acontece-me ao fim de duas ou três horas a escrever, quando começo a estar cansado e a censura se torna menos forte. Então as coisas fluem com uma relativa rapidez. O que permite depois trabalhar melhor sobre coisas que te surgem menos censuradas. No que diz respeito às crónicas nunca as deixei traduzir (há três anos saíram apenas três na Alemanha, ilustradas pelo Günter Grass, que faz aguarelas magníficas), porque sempre as considerei um lado menor do meu trabalho e sempre as considerei valorizadas pelos leitores preguiçosos.

[JL] Grato pelo elogio.

[ALA] Um romance exige trabalho, mas exige também que o leitor o saiba ler (um bom escritor é aquele que te ensina a lê-lo). Ora as crónicas são facilmente digeríveis, não exigem esse trabalho de co-piloto do livro. Comecei a escrever crónicas por necessidade alimentar.

[JL] Alimentar, António?

[ALA] Quando eu e o Cardoso Pires aceitámos aquilo (há sete ou oito anos) foi porque precisávamos do dinheiro. Fazia-as na mesa da cozinha. E depois queria-lhes mal porque me estavam a roubar tempo para aquilo que eu considero o meu verdade[i]ro trabalho. Escrevia-as numa hora, mas, depois, durante três ou quatro, não era capaz de repegar no romance. Daí me espantar que haja pessoas que possam escrever a sério e ter outros empregos.

[JL] É engraçado dizeres isso, porque uma vez (tinhas acabado de escrever o *CI* e andavas sem saber se devias ser apenas escritor ou se continuar também com a psiquiatria) [] disseste-me: «Se deixar de ser médico como é que eu vou arranjar assunto para os meus livros?». Ora foi quando deixaste de ver tanta gente que, curiosamente, o teu universo de escritor se enriqueceu. A inventiva, a capacidade de ficcionar foi aí que explodiu.

[ALA] Entre as várias coisas que eu devo ao Zé Cardoso Pires, devo-lhe essa. Ele dizia que eu não podia continuar a fazer as duas coisas. E eu optei muito a medo. Foi quando escrevia o *Auto dos Danados* (1985) que ganhou aquele prémio (Grande Prémio de Romance e Novela APE) a que na altura eu dava grande importância e agora não dou nenhuma, aquele prémio que todos os maus escritores ganham.

**[JL]** Deixa-te lá de bocas...

**[ALA]** Foi durante a escrita deste livro que fiz a opção, porque, do mesmo modo que vais ao espelho de manhã e vês a tua própria morte a trabalhar, com os livros precisas de muito tempo quieto sem fazer nada. Essa é uma parte muito importante do teu trabalho, uma evolução silenciosa que vai deixando amadurecer as personagens. Porque para mim os livros à partida são apenas uns fiozinhos ténues que flutuam e que a pouco e pouco se vão cristalizando em torno desse núcleo inicial de que te falei.

**[JL]** Continuas a escrever à mão, horas?

**[ALA]** Sempre à mão, doze, treze horas por dia. Tenho a sensação que estou metido num canil. Mas não é mérito nenhum: um operário trabalha mais do que eu. E se queres escrever livros bons tens que trabalhar muito. O Stendhal pôde ditar [*A*] *Cartuxa de Parma* em 54 dias, mas um milagre assim só me aconteceu com a *Explicação dos Pássaros* (1981), que escrevi em seis meses. Os outros deram-me imenso trabalho. Escrevo duas versões de cada capítulo e passo à frente até ao fim. Depois leio tudo e começo a trabalhar sobre isso. A primeira versão tem pouco a ver com o que é publicado, mas já contém as soluções todas. Naquel[e] magma está tudo. Como se fosse um[a] estátua num jardim antigo, envolta em folhas, entulho, lama. Que tens que ir limpando até aparecer a estátua que está debaixo. Daí tu notares – e é verdade – a cada vez maior depuração da minha escrita. Desaparecem os advérbios, os adjectivos. E as metáforas, já só uso as directas.

**[JL]** No capítulo 13 da *EC* a Mimi está com um cancro e vê-se no papel do cão doente, que irá ser abatido. É um capítulo fabuloso.

**[ALA]** Este livro tem uma coisa muito estranha: muito do que lá se passa veio a acontecer. Como aquele cancro.

**[JL]** Este ano 98-99 foi difícil para ti.

**[ALA]** Foi, mas não quero falar de mim.

**[JL]** Mas os teus leitores são tão leitores dos teus livros, como de ti.

**[ALA]** Não tenho dado entrevistas em Portugal, talvez por viver cá, porque não me importo de falar da minha vida pessoal no estrangeiro. Tenho cada vez mais horror à popularidade. E já me desapareceram os últimos vestígios daquela vaidade de quando me conheceste. Nem [] era vaidade, era um miúdo inseguro e aflito. Mas este último ano foi muito bom: se conseguires que o teu desespero seja fértil podes aprender com ele.

[JL] «Pega na tua mão e faz dela uma obra de arte» (Goethe, salvo erro). «Paixão» aqui no sentido também de calvário.

[ALA] Paixão quer dizer dor. Foi um ano de perdas irreparáveis, mas também me fez olhar a vida (e a morte) de outra forma).

[JL] Não queres falar dessas perdas?

[ALA] Não. Só a mim dizem respeito.

[JL] Então porque escreveste sobre algumas delas no *Público*?

[ALA] Das cinco falei de três. Sobre as outras não falei e não vou falar. Mas quatro dessas cinco perdas foram irrecuperáveis. E mudaram-me muito. Repara que a minha serenidade de agora é muito diferente da de há 20 anos.

[JL] Dizes que já não és vaidoso e que uma entrevista é um[] exercício de vaidade, mas estás a dar uma.

[ALA] Se a aceitei contigo é porque será (espero eu) a forma de dizer de uma vez por todas algumas coisas. Por isso é que prefiro usar o espaço do JL para a entrevista e não para a pré-publicação de um capítulo da *EC*.


PORTUGAL

[JL] Então diz-me lá: tens uma má relação com Portugal, mas os teus livros vendem-se bem, as críticas não lhes são desfavoráveis…

[ALA] Agora até há uma unanimidade à minha volta.

[JL] Ao longo dos anos, desculpa lá, nunca um romance teu deixou indiferente a crítica.

[ALA] Não me queixo da crítica.

[JL] Então queixas-te de quem?

[ALA] Vamos lá a ver se sou claro. Primeiro Portugal, depois os leitores, depois a crítica. As pessoas que dizem que eu tenho uma relação conflituosa com o meu país são as que lêem os meus livros. O que se passa é que o país que as pessoas encontram neles é um país ficcional, porque, se és escritor, tens que inventar um país. Ao meu, que inventei, chamo Portugal.

[JL] Não me lixes: o teu país ficcional até é bastante real.

[ALA] O Faulkner inventou um condado e um país com o qual depois as pessoas se começaram a identificar e a identificar como o

Sul. O meu Portugal com o qual as pessoas dizem que tenho uma relação ficcional é um equivalente ao Sul do Faulkner. Ou ao mar do Conrad.

[JL] Não faças batota: quando recusas integrar a delegação portuguesa a Frankfurt 97 e depois apareces lá por uma editora estrangeira, quando o primeiro-ministro convida não sei quantos escritores e tu fazes questão de não pores lá os pés, não é Portugal ficcional coisa nenhuma.

[ALA] O primeiro-ministro, seja qual for, não é o meu país. E há duas categorias que me repugnam: os pedófilos e os políticos. Eu aprendi a não gostar de políticos quando ouvi o sr. Mitterrand a comparar-se com De Gaulle, dizendo que teve o azar de lhe faltar uma guerra. Eu estive numa guerra, não vale a pena comentar mais. Quanto ao resto, sabes bem que toda a relação de amor é uma relação conflitual.

[JL] Claro. E tu gostas de Portugal.

[ALA] Com certeza. Quando estou no estrangeiro tenho imensas saudades dele. Toda a relação de amor é uma relação conflitual. Até te digo que quando num casal os dois pensam o mesmo, um deles não pensa. O próprio acto sexual tem uma componente de ternura, outra de violência.

[JL] Se isso é verdade, então tu amas profundamente alguns tipos que odeias.

[ALA] Não odeio ninguém. Não tenho tempo. Dizem-me é que há pessoas que falam mal de mim e não valem um caracol. Tenho a sorte de ter bons amigos e maus inimigos.

[JL] Dos quais (inimigos) falas mal.

[ALA] Há anos que não.

[JL] Essa agora: ao *El País*, há menos de um ano, falavas mal do José Saramago.

[ALA] Eu nunca falei mal de tal pessoa. Nem bem. Não quero tocar nesse assunto. Não me interessa falar de outros escritores ou de pessoas que se tomam por tal.

[JL] OK: passa à frente.

[ALA] Sobre Frankfurt: o comissário era o António Mega Ferreira, eu expliquei-lhe por carta as minhas razões e ele respondeu-me de uma forma bastante educada. Como ele não revelou as razões, seria deselegante eu divulgá-las. Tinha a ver com coisas precisas, não com o País. Em relação à crítica portuguesa, acho que é dramático não haver crítica em Portugal. Mas não há crítica porque também não há muitos escritores. Quem é que nós temos? Alguns bons poetas. Se quiseres procurar bons romancistas se calhar não encontras muitos. Aliás, se houver dez bons romancistas a escrever no mundo inteiro já não é nada mau.

[JL] Consideras-te um desses dez?

[ALA] Não me cabe responder. Voltando a Frankfurt, foi apenas pelo que te disse, mas também porque não gosto de grupos. Um grupo é uma consequência de fraquezas individuais. E não vejo em que é que uma embaixada de escritores ou de marceneiros enriquece ou empobrece um país. Da mesma maneira que um prémio literário (estou à vontade: já ganhei vários) não melhora a tua literatura.

«NÃO VOTO»

[JL] Bom, em teu abono devo revelar que, pouco tempo depois de teres recusado ir a Frankfurt por Portugal, te vi numa minúscula livraria da Amadora a falar com o público e a dar autógrafos.

A.LA. – A isso vou, porque gosto muito dos meus leitores. Sou-lhes grato, até porque aprendo com eles e porque me comove muito o entusiasmo das pessoas novas. Tem-me ajudado muito. Embora seja cada vez mais bicho do mato ainda vou todos os anos dar autógrafos à Feira do Livro. Faço-o com acanhamento, mas com prazer. E acho que é um dever para com as pessoas que me lêem. Em relação aos leitores tenho um sentimento de profunda gratidão. Mas a Imprensa portuguesa importa-me pouco.

[JL] Pois, mas tem sido ela o veículo onde saem as notícias e as críticas dos teus livros. Essa Imprensa portuguesa que te importa tão pouco é aquela que jamais silenciou um livro teu.

[ALA] Não me estou a queixar disso. O que me parece é que, como diria D. Francisco Manuel de Melo, é uma floresta de enganos. O que me parece é que em Portugal os profissionais que é suposto falarem de livros sabem muito pouco de literatura. De uma forma geral. Obviamente haverá excepções. Quando um livro é mau tem as vigas e os pregos à mostra. Quando é bom, tens que ler duas, três, quatro vezes para perceberes onde é que o escritor hesitou, como é que resolveu certo problema. O Tolstoi dizia que o bom escritor é o escritor eficaz, aquele que não sacrifica o seu livro à tentação de uma pirueta. Do Pus[h]kin diz-se (dizem os russos, eu não sei russo) que quando usa a palavras «carne» a gente sente o gosto na boca. Como a palavra «carne» é sempre a mesma, imagina o tremendo trabalho técnico de um escritor como este, que deve perder imenso com as traduções.

[JL] Lês as traduções dos teus?

[ALA] Nunca. Nem releio originais. Nem as primeiras provas. Para não me arrepender. Se revisito um livro, a tentação é reescrevê-lo. Prefiro escrever outro para corrigir o anterior.

[JL] Dizias que não gostavas de políticos, mas numa crónica elogiaste pelo menos um: o Jorge Sampaio. Antes de ser eleito.

[ALA] Quando digo que não gosto de políticos é uma «boutade». Há é um lado nos políticos que me desagrada. Haverá pessoas estimáveis, mas em geral desagradam-me. Se houvesse agora eleições presidenciais não votaria.

[JL] E vais votar no dia 10, nas legislativas?

[ALA] Não. Se fosse obrigatório, sabia em quem ia votar. Nenhum partido me agrada.

[JL] Mas isso deve acontecer a muita gente: não vota no melhor, vota no menos mau.

[ALA] Não vamos falar disso: esta é a última oportunidade que me dou de falar de livros.

[JL] Porquê? Vais morrer já? E não digas «nunca». Nem «sempre». Isto porque ainda há uns meses me dizias ao telefone que não publicavas mais em Portugal e aí está o teu livro prestes a sair.

[ALA] Pois, mas senti que tinha essa dívida para com os meus leitores. A minha vontade era não publicar mais livros em parte nenhuma. Escrevê-los, sim; publicá-los, não.


NOBEL

[JL] E, depois, como é que vivias? Precisas de escrever, mas também de te libertares do que escreveste pela publicação.

[ALA] Era capaz de escrever sem publicar e acho que não há grandes romances antes dos 30 nem depois dos 70 anos.

[JL] Não estou de acordo, mas já que dizes isso, para os 70 anos ainda te faltam treze.

**[ALA]** A partir de certa altura, começas a rapar o fundo ao tacho. E o pior é nunca saberes quando isso acontece.

**[JL]** Ontem li uma citação da Academia Sueca sobre ti. Não digo que seja inédito, mas deve ser raro a Academia, ao justificar a atribuição de um Nobel da Literatura (ao Günter Grass, neste caso), evoque o nome de, entre outros, escritores vivos que não receberam (ou ainda não receberam) o Nobel. Um és tu. Como interpretas isso?

**[ALA]** Não li a declaração.

**[JL]** Mas eu leio-te a parte que interessa: «É (Günter Grass) uma fonte de energia e um rochedo de indignação no debate oficial do seu país natal, mas para sumidades literárias (sic) de outros países do mundo, como Gabriel García Márquez, Rushdie, Gordimer, Lobo Antunes e Kensaburo Öe, é um predecessor admirado».

**[ALA]** Deve haver um erro de tradução.

**[JL]** Não fujas à pergunta, meu sacana: como interpretas o facto de, a propósito do Nobel, a Academia Sueca te citar como uma sumidade literária, a ti, a quem não deram o Nobel? Não achas que é uma desculpa por não to terem dado no ano passado e, se calhar, ires morrer sem to darem, porque, o mais provável, é, durante trinta anos, mais nenhum português, para além do Saramago, o ganhar.

**[ALA]** Não sei. Antes de começarem a falar dessas coisas a meu propósito, isso tinha muita importância para mim. Agora já não.

**[JL]** Ah não?! Mas, há cinco anos, quando te entrevistei e te perguntei o que sentias se tivesses o Nobel abriste os braços de alegria e o João Ribeiro fez a fotografia.

**[ALA]** Ainda era importante para mim.

**[JL]** E agora já não é?

**[ALA]** As pessoas por quem me daria alegria receber todas as honrarias do Mundo já morreram quase todas. Resta uma e não sei por quanto tempo, porque já tem bastante idade.

**[JL]** E tu não contas?

**[ALA]** Sim, mas tudo o que em aconteceu excedeu os sonhos que tinha aos quinze anos.

**[JL]** Mal seria. E aos 57 já não tens sonhos?

**[ALA]** O meu sonho é de uma cada vez maior serenidade.

## O PRÓXIMO LIVRO

[JL] Escreves para quê?

[ALA] Escrevo para quê...? Toda a vida escrevi. Sou capaz de imaginar a minha vida sem tudo o resto, mas não sem escrever. E agora que tenho que viver com a morte de pessoas de quem gostava muito não sou capaz de imaginar a minha vida sem escrever. E espero fazer livros melhores [do que os] que tenho feito. O romance que estou a escrever. Não tem título ainda. É diferente: não podia levar mais longe a técnica de várias vozes. Agora é só uma a falar.

[JL] Uma mulher, aposto.

[ALA] É uma rapariga virgem, de 18 anos, que nada sabe da vida. Nem da morte. Nem do amor. O desafio consiste em pôr toda a vida numa cabeça que ainda não viveu. Tecnicamente é muito complicado e vai-me levar muito tempo. Comecei-o no dia 13 de Janeiro, uma quarta-feira, às 3 da tarde. Vai ter 35 capítulos para depois cortar. É a Criação do Mundo vista por uma rapariga de 18 anos.

[JL] Do submundo de que em geral falas.

[ALA] É da classe média. Mas eu tenho tentado pôr nos meus livros todas as classes sociais. Há muita gente que diz que só falo da pequena burguesia suburbana, o que é injusto. O Balzac, no *Esplendor e Miséria das Corte[s]ãs*, diz que para se ser um verdadeiro romancista é preciso explorar todas as vias sociais. É o que tenho tentado. É óbvio haver uma maior identificação com a pequena burguesia suburbana, que somos quase todos.

[JL] Falaste no Balzac. Achas que a tua obra pode ser considerada uma «comédia humana»?

[ALA] Era esse o objectivo de todos os escritores do século XIX. O próprio Proust, depois, tentou-o. Todos os grandes escritores deste século o que fazem é um pouco isso. O projecto de Balzac, de uma ambição desmedida, é o projecto de qualquer escritor sério.

[JL] No século XIX dir-se-ia «de qualquer escritor honesto».

[ALA] Pois, é uma coisa que se vai perdendo hoje em dia: o sentido ético da literatura. Que o Cardoso Pires tinha, que o Eugénio de Andrade tem. Às vezes há maior curiosidade sobre as pessoas que interesse genuíno sobre [a] sua obra e o seu trabalho.

## DINHEIRO

[JL] É verdade. Mas foste tu que te transformaste numa personagem. Pelas afirmações polémicas, sobretudo.

[ALA] Sim, mas agora o que me interessa é falar do trabalho, da obra, da literatura. Sou como sou, nem é uma escolha. Nem me escondo. Nem bebo álcool. Sou capaz de beber uma cerveja, um copo de vinho branco, mas nunca apanhei uma bebedeira. Nem nunca tomei drogas. Sou um tipo espartano, sempre vivi com muito pouco. O dinheiro incomoda-me.

[JL] Incomoda-te, mas se houve coisa em que sempre me falaste foi em dinheiro.

[ALA] Porque na altura não tinha.

[JL] Mas agora (de há muito) já tens.

[ALA] Passei alturas difíceis em que vivia com pouquíssimo dinheiro. Lembras-te como eu vivia quando nos conhecemos.

[JL] Tinhas um carro a cair de podre, mas, no resto, enfim...

[ALA] Não tinha dinheiro e preocupava-me. Não podia viajar. Agora posso, porque me convidam. Vou em breve à Alemanha, mas apenas a quatro cidades, três dias em cada: Colónia, Hamburgo, Frankfurt e Munique. Depois venho por Paris e Tolouse para dar autógrafos em livrarias. Disso gosto, como gosto de responder a todas as cartas que recebo. Porque quando tinha 15 anos escrevi ao Céline, ele respondeu-me e durante anos andei com o envelope na carteira onde ele tinha escrito o meu nome. Respondo a todas as cartas que recebo.

[JL] A mim não me respondeste a uma: sugeria-te que publicasses as crónicas em livro. Mas não tem importância: daí a um ano o livro saía e isso é que importa. A propósito: porque é que neste livro de crónicas (*Crónicas*, 1995) (o maior, não o primeiro que foi englobado no segundo) não explicas a sua génese[?] Um leitor daqui a 30 anos não faz a menor ideia que aquele livro é uma selecção de crónicas publicadas em jornal.

[ALA] Não pensei nisso. Talvez a cinco anos haja outro.

[JL] Já se pode dizer que deixaste de escrever no *Público*?

[ALA] Sim. Assinei um contrato com a *Focus*. Escrevo duas vezes por mês. O ideal seria deixar de escrever, mas enquanto necessitar continuo. Tenho agora obrigações financeiras que não tinha há algum tempo.

## DEUS

[JL] E a psiquiatria?

[ALA] Nunca quis ser médico. Gostei depois. E gosto de hospitais. O que queria era escrever. Mas precisava de ganhar a vida. Quando casei fui viver para um quarto alugado, na R. Filipa de Vilhena. Mas não me queixo disso. Fui educado com muita austeridade. Os meus pais sempre foram pessoas muito despojadas e austeras. Estive a rever manuscritos de há trinta anos e acho que já lá está tudo, em génese, o que aparece agora, incluindo na *EC* que penso (penso não, afirmo) ser o meu melhor livro. Mas tinha que mudar. A tentação de seguir sempre a mesma fórmula é muito grande. Não estou a falar de ninguém, juro. Aliás, não tenho «bêtes noires».

[JL] Juras mesmo que não?

[ALA] Penso que não. Tenho pessoas que me perseguem: os meus mortos perseguem-me. Pensas que os esqueces, mas, com o envelhecimento, tudo volta. E tens remorsos de não teres dado àqueles amores tudo aquilo que eles mereciam, tens remorsos das palavras que não disseste. Na última crónica do *Público*, sobre a morte do Ernesto (Melo Antunes) falei do meu encontro (no funeral) com a eng.ª Maria de Lourdes Pintasilgo. É uma pessoa que admiro muito e que respeito, e eu não tenho a admiração fácil nem o respeito fácil. Mas comoveu-me muito a emoção dela, sobretudo porque era extremamente contida. A dignidade do sofrimento não só é comovente como te faz admirar as pessoas que são capazes dessa contenção e dessa dignidade.

[JL] A Marguerite Yourcenar dizia que, como nunca tinha sofrido na vida grande coisa, queria ter uma morte lenta para não morrer sem a experiência do sofrimento.

[ALA] Isso tem a ver com a aproximação a Deus. Ela era profundamente crente.

[JL] E tu?

[ALA] Eu tenho sentido essa aproximação ano após ano. Não no sentido de uma Igreja, mas de uma cada vez maior religiosidade. No sentido da carta de Antero[]: «Sendo eu naturalmente um espírito religioso». Mas isso é muito íntimo. E perfeitamente conciliável com o meu coração à esquerda.

[JL] Mas desde quando é que Deus é de direita?

**[ALA]** Nunca o disse. Mas é conciliável com isso e com a minha trsiteza pelo que a esquerda se transformou em Portugal.

**[JL]** Só em Portugal?

**[ALA]** É aqui que eu vivo. É tremendo para quem tem um sonho. Lembro-me dos meus engajamentos políticos. Tinham a ver com gratidão e com a minha adesão infantil a certas causas. Isso também tem a ver com muitas vezes ter embarcado em aventuras em relação às quais não era lúcido.

**[JL]** Aventuras e paixões não são comandadas pela lucidez. Não é a um psiquiatra que tenho que explicar isto.

**[ALA]** Pois, mas tens que aprender. E a escrever também. A fórmula do Horácio na *Arte Poética* («uma bela desordem precedida do furor artístico é o fundamento da obra») foi sempre para mim um farol. Mas tudo tem que ser estruturado. O teu material é tanto mais eficaz quanto mais o consegues dominar.

**[JL]** Há uma coisa que acho espantosa em ti: praticamente não sais de casa (vives no canil, todo o tempo a escrever) e mesmo assim tens uma capacidade realista, quase diria hiper-realista de descreveres situações.

**[ALA]** Quantos anos passou Proust num quarto? Quantos passou Beethoven noutro, onde despejava uma caçarola de água fria sobre as mãos quando as tinha cansadas? Não tenho vida mundana e relaciono-me com pouca gente. Mas, à medida que te vais abrindo, tornas-te mais poroso: as coisas parecem que vêm ter contigo e as personagens também. Há quem procure o sucesso indo aos sítios. Comigo, por sorte, as coisas vê[]m ter comigo: nunca fiz parte de nenhum lobby, nunca pedi nada a ninguém. A minha autopromoção, se é que a houve, foi mal feita.

**[JL]** Estilo menino mimado e mal criado.

**[ALA]** Que não sou. Apenas tentava afirmar a ideia que eu tinha de literatura.

**[JL]** Quando para ti o grande escritor português era o Nuno Bragança.

**[ALA]** Hoje não posso dizer o mesmo. Mas talvez esteja a ser injusto. Corro sempre esse[] risco. A louvar, ou a denegrir. Sinto que cada vez tenho menos tempo para escrever. Imponho sempre mais dois livros como meta. Mas não sei o que é que a vida me deixa. Na parte da família a que saio fisicamente, etc[.], os homens tinham o bom gosto de morrer aos 55 anos. A mim, aos 55 anos, mataram-me tudo à volta. Em vez de me matarem a mim.

## A GUERRA

[JL] O Mundo não acabou...

[ALA] Eu sei. Mas a amizade é uma coisa muito difícil: não tem ciúme nem inveja...

[JL] Não estou tão certo disso como tu.

[ALA] Um amigo é uma coisa muito lenta e muito rara de ganhar. Os meus grandes amigos são quatro. Eram... Agora são dois. Mas tenho pessoas de quem gosto muito. Várias. Com os que perdi, tinha relações quase quotidianas. Com o Ernesto passávamos tardes calados ou a jogar xadrez. No meio daquele desespero da guerra, às 5 da tarde, em plena mata, a gente a dormir em tendas, vestido de branco, o ordenança da messe de oficiais fazia-nos chá e torradas. E nós naquele horror. Agora fala-se muito de Timor. Eu assisti, participei e vi coisas equivalentes e ninguém fala nisso. Às vezes passa-me pela cabeça escrever um livro sobre a guerra de África, mas não é possível escrever um romance sobre isso. Aquilo não é ficcionável. Nunca o fiz. Usei apenas coisas laterais. Para mim não é possível e é pena porque vão desaparecer as pessoas que viveram isso e não existe um grande livro sobre a guerra (colonial). Há tempos estava a dar uma entrevista à televisão francesa e passaram um excerto do filme do Manoel de Oliveira, *Non ou a Vã Glória de Mandar*. Os soldados iam pela picada num Unimog a falar de patriotismo, numa paisagem que se via logo que não era África.

[JL] Era África, sim; no Senegal.

[ALA] Mas não tinha nada a ver com a África que eu conheci. Bom, quando acabou o excerto que puseram, perguntaram-me que é que achava. A minha única resposta foi: «Espanta-me como é que falam tanto». É que tu estás na mata e estás calado, não falas de patriotismo. Falas mas é o caraças: queres é viver, matar e não morrer. Pensei: este gajo está a brincar, isto não tem nada a ver com a guerra, a guerra a sério. Tu na guerra não pensas.

[JL] Também lá estive e não é como dizes: pensar, pensas; não exprimes é[] os teus pensamentos no hora a hora de não querer morrer.

[ALA] Sim, não havia tempo para falar disso. Eu no que pensava era em como chegar vivo ao dia seguinte.

[JL] Ou à hora seguinte...

[ALA] Claro: um gajo pensava era em não morrer e em sair dali o mais depressa possível. Estava com o Ernesto (um caso paradigmático do intelectual, no sentido nobre do termo) metido numa guerra absurda e lembro-me duma carta dele, quando estávamos em sítios diferentes, na qual dizia: «Cada vez mais isto me parece um erro formidável». Mas juntos não dizíamos nada disto. Pensávamos era na sobrevivência imediata. E como para sobreviver tinhas que matar, matava-se. Sem culpabilidade.

[JL] Tu mataste?

[ALA] ...

[JL] É uma pergunta.

[ALA] Eu sei que é uma pergunta... (pausa) Se não fosses tu a matar, eras tu o morto.

[JL] Matas ou morres. O tipo à tua frente pensa o mesmo e está tão armado como tu.

[ALA] Melhor. No Ninda, quando o Ernesto era capitão, tínhamos morteiros 60 eo MPLA tinha morteiros 120. Eles bombardeavam-nos o tempo que queriam e os nossos morteiros chegavam a meio caminho. O rio corre e há uma imensa planície de um lado e doutro, os tipos estão de um lado e tu não tens capacidade de fogo para os alcançares. Estiveste em Angola?

[JL] Não. Fiz a guerra em Moçambique. Não havia as tais planícies, havia capim com dois metros de altura, mas não sou eu que estou a ser entrevistado...

[ALA] Mas mesmo na guerra eu continuava a escrever.

[JL] Olha: eu não tenho o espaço todo que te queria dar para esta entrevista...

[ALA] *Domaggio*...

[JL] *Domaggio*, sim, mas se não tivesse que ter andado atrás de ti para esta entrevista teria mais espaço. Agora, com o jornal a entrar na impressora daqui a 24 horas...

[ALA] Eu também não sei se esta entrevista tem algum interesse. Mas, se tiver algum, preferia que desses mais espaço à entrevista e não publicasses excerto nenhum do livro.

[JL] Vou-me bater por isso.

**[ALA]** Para a entrevista ao Oliveira quanto espaço te deram?

**[JL]** Duas páginas.

**[ALA]** Não é muito para um gajo de 90 anos. Não dá para desenvolver nada.

**[JL]** Mas eu já lhe fiz várias entrevistas. Aliás, ele tem duas publicadas em livro e espero que tu também, um dia, as tenhas.

**[ALA]** Convidaram-me agora para isso. Em França e em Espanha. Achas que aceite?

**[JL]** Absolutamente. É o segundo conselho que te dou. O primeiro dei-o e tu seguiste-o e ainda bem: querias reescrever a *ME*, o que seria um disparate total. Antes de publicares deves reescrever mil vezes, agora depois... É como quereres pôr o filme a andar para trás e reviveres a vida outra vez.

**[ALA]** Tinhas razão: não era possível. Mas houve escritores que fizeram isso. O Carlos de Oliveira fazia. O Cardoso Pires revia muito. O Eugénio de Andrade mexe muito nos poemas.

**[JL]** Diz lá a última coisa para o JL. A última desta vez, porque ainda havemos de fazer outra, não vamos morrer assim tão cedo.

**[ALA]** Tenho cada vez menos vontade de falar. Os livros falam por si. Bom... Não creio que demore trinta anos, como dizes, a o Nobel ser dado a um escritor português, seja ele qual for. Não sei quem o vai ganhar, mas vai demorar bastante menos.

**[JL]** Queres acabar com o Nobel?

**[ALA]** Não. Pergunta mais.

**[JL]** Então lá vai: há vinte anos rias-te, agora em duas horas, não deste uma única gargalhada.

**[ALA]** Estou mais sorumbático, é?

**[JL]** Acho que sim. Mas escreves melhor[.]

**[ALA]** Não há uma relação entre uma coisa e outra.

**[JL]** Não sei. Se calhar há.

**[ALA]** Quando nos conhecemos nunca tinha dado uma entrevista na vida.

**[JL]** É a minha coroa de glória: fiz-te a primeira entrevista (11 e 18 de Outubro de 79, no *Diário Popular*) quando ninguém sabia quem tu eras.

**[ALA]** Mas para te responder é assim: o núcleo das coisas que me interessam diminuiu muito. E tenho pena. Sei lá: olha ainda penso no Benfica, mas há anos que não vou ao futebol. Com a idade o núcleo dos teus prazeres vai-se estreitando.

[JL] Sim, mas aprofundas.

[ALA] Espero que sim.

[JL] Não é preciso esperares: os teus livros têm hoje uma profundidade cem mil vezes maior que os primeiros.

[ALA] O ideal que eu gostaria de conseguir era combinar o ofício que ganhei com a frescura que gostaria de ter mantido. Mas muitas vezes não fomos que perdemos a frescura, foram os leitores que já leram vários livros nossos. E já não conseguem a maravilha de um primeiro encontro.

[JL] Continuas a querer reunir a profundidade do amor com a intensidade da paixão.

[ALA] Para usar essas palavras, acho que sim. Se fosse possível. Mas, como dizia o Goethe, a nossa grandeza é feita de não chegar.

[JL] Persegues a utopia, pá.

[ALA] Mas nunca se chegará...

[JL] Persegues a utopia ou não?

[ALA] Estou a escrever...

## 31. ALEXANDRA LUCAS COELHO

# *"António Lobo Antunes, depois da publicação de 'exortação aos crocodilos' – 'agora só aprendo comigo'"*

*Público*/Pública
30 de Janeiro, 2000, pp. 24-30

("O próximo romance[:] deus é uma rapariga de 18 anos", p. 29.
"Tomara eu ter talento para ser poeta", p. 31)

Eles põem bombas, elas falam. Eles são crocodilos, elas são Mimi, Fátima, Celina, Simone. Eles estão em Portugal logo a seguir ao 25 de Abril, elas estão antes, durante e depois. Eles são uma sombra, elas existem. Foi António Lobo Antunes que lhes soprou vida em "Exortação aos Crocodilos". É aí que estamos. Ele vai adiante, num rascunho ainda sem nome, de uma Clara "virgem de quase tudo". Para ver se o texto resiste, lê-o em voz alta, com voz de desenho animado. Mais adiante quer fazer uma "história de amor desgarrador", ressuscitar Ruth Bryden, em prosa. Tomara ele ser poeta.

Agora ele tem 57 anos. Agora passa as tardes num sexto andar das Olaias a escutar a voz de uma rapariga inventada. Agora ele chama--lhe Clara e dá-lhe o tempo que Deus teve. Agora ele risca e escreve, escreve e risca, com uma esferográfica, a que estiver à mão. Agora o telefone toca duas vezes e ele atende e é gentil. Agora os gatos saltam--lhe para os papéis e ele finge que os sacode e que não sabe o nome deles. Agora ele queria fazer livros como os livros escritos só para nós, como água, como música, como a música de Bach, uma máquina de comover. Agora ele está no rascunho deste, sem saber como lhe chamar, e atira-se para o próximo porque no próximo há-de haver uma história de amor desgarrador como a história daquela senhora que morreu e que se chamou Ruth Bryden e de quem ele nunca dirá que era um travesti. Agora ele é cavalheiro, quase um cavaleiro andante, ama poetas, ouve Dylan Thomas, comove-se com Eugénio e esquece-se que é insolente. Agora ele tem 18 anos e ainda não pensou que os poemas que escreve são uma merda. Agora ele tem 28 anos e está no Malange e aprende o que é o tempo e que os homens morrem e que quando morrem deixam tudo. Agora ele tem 57 anos e um agente na América e muitos direitos e nunca mais voltou a Angola e não fala do Nobel porque não é preciso porque ninguém escreve como ele.

**[ALC]** Disse ao "Le Monde" que "Exortação aos Crocodilos" era sobre um grupo de extrema-direita que também matou Sá Carneiro.

**[ALA]** As pessoas agarram-se a isso, que é a anedota e não me interessa nada.

**[ALC]** Qual é a sua convicção sobre a morte de Sá Carneiro?

**[ALA]** Parece-me claro que é um atentado, uma morte provocada. Como me parece claro que as pessoas não terão muita vontade de levar a investigação até ao fim. Embora o meu coração nunca estivesse nem com aquele partido nem com aquele homem, como não está com nenhum político, são criaturas odiosas, a maior parte das vezes. Gostam dos substantivos abstractos.

**[ALC]** Começou a pensar no livro a partir de uma história que lhe contaram, de uma galega que mergulhava a trança em aguardente.

**[ALA]** Sim. Tinha-a ouvido a um galego chamado Xesus Franco que um dia foi trabalhar na Dom Quixote. A avó dele chamava-o e dizia-lhe: vou-te ensinar o segredo da coca-cola. Então misturava gasosa com café com açúcar. Esta história ficou dentro de mim uns meses largos. A pouco e pouco o livro foi-se construindo à volta dela.

**[ALC]** Porque é que essa história lhe interessou?

**[ALA]** Todos os livros me começam assim. É como encontrar um botão na rua e andar à procura de um fato para o botão. Um pequeno episódio que se vai ampliando. A história, a intriga, é apenas o prego onde a gente pendura a prosa. O que me interessa é muito mais o trabalho com as palavras, com o texto...

Queria que as páginas fossem espelhos... pouco a pouco elas (as quatro protagonistas) foram aparecendo umas atrás das outras.

Eu tinha a ideia da história (dos atentados bombistas de extrema-
-direita) e havia duas opções: ou a contava pelo lado dos homens que
tinham vivido os acontecimentos, ou pelo lado das mulheres. Porque
estes homens contavam pouco às mulheres, havia o que elas
imaginavam, fantasiavam. Isso permitia-me trabalhar com muito mais
registos. Para além de me parecer que as mulheres são muito mais
ricas interiormente que os homens.

Depois punha-se o outro problema: como é que uma miúda vê a
primeira menstruação? Como é que uma mulher vive uma relação
sexual? O que é a solidão, o que é o amor, o que é no fundo ser
mulher? E há a sensação: eu não vou ser capaz, sei lá como é que
uma mulher se sente, como pensa... posso saber teoricamente como
é o orgasmo da mulher, mas não o interior de uma mulher. E a partir
de certa altura... se trabalharmos bastante a mão fica melhor que a
cabeça... a sensação era de estar a assistir àquelas mulheres, de aprender
sobre as mulheres com elas, de viver coisas que me eram estranhas.

**[ALC]** E de onde é que isso vinha?

**[ALA]** Sei lá... vinha para o papel... devagar como sempre. (pausa).
Isto parece um bocado pretensioso de dizer, mas outro dia o Eugénio
de Andrade, que percebe muito bem o fenómeno literário, dizia-me:
o que gosto neste livro é que não se passa nada e a gente fica agarrado.
Era isso que eu queria, que não se passasse nada. Neste não se passa
literalmente nada... ele dizia: as pessoas não falam, vivem, e a gente
fica a vê-las viver.

**[ALC]** O que é que sabia sobre o livro quando começou?

**[ALA]** Sabia pouco. Nos primeiros livros sabia quase tudo, na
"Memória de Elefante", n'["Os] Cus de Judas", no "Fado Alexandrino"
tinha um plano minucioso. Mais tarde o plano praticamente não
existe. Sei o número de capítulos, o nome das personagens principais,
nunca as vejo fisicamente, nunca... de resto há poucas descrições
físicas... como também não encontra em nenhum livro meu a descrição
de um acto sexual.

**[ALC]** Bem, neste livro há uma descrição terrível, a mãe e o pai da
Simone, quando se deitam a primeira vez na cama.

**[ALA]** Não me recordo.

**[ALC]** É, numa página, a concepção e o nascimento da Simone.

**[ALA]** Se houver sexo é de forma muito ilegível, aliás todo o livro é
ilegível, é todo contado por trás. Há muito poucas descrições de

actos sexuais bem feitas em literatura. Uma delas é da Joan Collins[1]...
toda a gente acha que é uma péssima escritora... num livro que
tenho ali: as duas primeiras páginas são assombrosas, é a descrição
de um "felatio". Nunca vi uma coisa tão bem descrita... é muito
difícil de fazer sem cair na vulgaridade e no mau gosto. Ou no
exibicionismo. E ela consegue... Há também uma descrição muito
boa no "Amor em Tempos de Cólera" (de Gabriel García Márquez),
quando os dois velhos vão para a cama, e o velho não consegue, e
aquilo é descrito com uma delicadeza e um pudor...

[ALC] Depois da história da avó e da coca-cola, como é que as
quatro mulheres lhe aparecem?

[ALA] O tempo é muito lento, passa-se tudo num tempo antes das
palavras. Visualmente é como filamentos de histórias que se aproximam,
que vão confluindo e a pouco e pouco formam o livro. E chega uma
altura em que se sente que se pode começar a escrever. Mas está-se
longe de ter os dados todos na mão... Os meus últimos livros têm
uma estrutura sinfónica, e as personagens são usadas como
instrumentos, porque penso que toda a arte tende para a música... a
linguagem aproxima-se muito mais da linguagem musical, e das
emoções, dos afectos.

[ALC] Daí os refrões que usa constantemente.

[ALA] Isso é outra técnica, para acelerar ou desacelerar a narrativa.
Há pequenas coisas técnicas que se podem ensinar. Por exemplo:
nunca deixar uma frase num ponto final para o dia seguinte, deixá-
-la a meio de uma palavra até, porque é muito mais fácil continuar.
O Hemingway, que cada vez aprecio mais, falava muito disto. No
Faulkner vêem-se as costuras todas, enquanto o Hemingway é
trabalhado por dentro, só vemos o resultado, temos de ler duas, três
vezes para saber como ele resolveu uma dificuldade. O Tolstoi dizia
que o bom escritor é o que não sacrifica a eficácia do relato à tentação
de uma pirueta verbal – "vejam a minha habilidade". Abdicar do
virtuosismo a favor da eficácia. Que o romance seja uma espécie de
máquina de comover, como se dizia que a música do Bach era,
implacável, que nos leva e agarra, queiramos ou não. Porque um
livro quando não tem charme não tem nada, não é? A questão é
estarmos a ler e não sentirmos o trabalho. Num livro bom, aquilo
parece água.

---

[1] Jackie Collins na entrevista 29., p. 292.

‘AGORA SÓ APRENDO COMIGO’ | 329

[ALC] Pode falar sobre cada uma das mulheres? Quem é a sua favorita?

[ALA] Aquela que eu gostaria de conhecer? A Celina. E a que me deu mais trabalho foi a Simone.

[ALC] São as duas melhores personagens.

[ALA] A Celina e a Fátima foram as que deram menos trabalho. Com a Simone foram páginas e páginas riscadas, capítulos inteiros deitados fora, muita ganga. A rapariga surda, com o cancro... aí foi um bocado profético, porque depois de ter acabado o livro começaram a acontecer coisas que lá estavam escritas... por exemplo, o José Cardoso Pires teve um ataque igual ao que está descrito, a mãe das minhas filhas teve um cancro exactamente igual, no mesmo sítio, ao da Mimi. Depois estive muito tempo sem escrever. O livro foi acabado no princípio de 98. Em Janeiro de 99 é que comecei o novo. Normalmente levo um ano e meio, dois, para cada livro, sempre ao mesmo ritmo, sábados, domingos, no estrangeiro.

[ALC] Anda com os papéis atrás?

[ALA] Com um bloco pequenino. As primeiras versões são num bloco. Às vezes faço fotocópias e deixo lá, para o acaso de acontecer alguma coisa.

[ALC] Nunca experimentou escrever num computador?

[ALA] Não. Gosto de desenhar as letras, do contacto físico com o papel, do tocar, do mexer, do ter uma relação animal com as coisas.

[ALC] Escreve com essas esferográficas...

[ALA] Escrevo com qualquer coisa em qualquer sítio, não tenho rituais.

[ALC] De onde é que vêm os pormenores? Como os elefantes com suspensórios no fundo do prato da sopa da Celina?

[ALA] Os elefantes vêm de quando eu era miúdo. Davam-me a sopa num prato azul que tinha uma rã no fundo a saltar ao eixo. Era um alívio bestial ver chegar a rã, o sinal de que aquilo estava a acabar. Da mesma maneira que a água sabia muito melhor quando era servida num copo com desenhos. São pormenores comuns a nós todos. O que é um livro bom? É um livro de que eu tenho a sensação de que foi escrito só para mim, de que os outros exemplares dizem outras coisas. Eu leio e digo: bolas, foi isto que me aconteceu e eu não me lembrava. Que me dá a alegria de um encontro comigo.

[ALC] A propósito do seu medo – como vou contar o que elas pensam –, não é muito comum um homem escrever assim.

**[ALA]** Só me vinha à cabeça o que a Virgínia Woolf disse ao (D.H.) Lawrence: o que é que ele sabia do orgasmo de uma mulher? Como é que eu, que ainda por cima cresci entre irmãos, que fui educado em liceus onde não havia raparigas, que tinha primas direitas todas mais novas, vou falar de raparigas? Só comecei a vê-las quando entrei para a faculdade, e a vê-las de longe, porque a minha timidez não me deixava aproximar. Comecei a namorar muito tarde, tive uma iniciação sexual muito tardia... cheguei tarde à vida. Passei a faculdade a ler, a escrever e a jogar xadrez[], tudo me passava ao lado. Acho que acordei na guerra. Até então tinha tido uma vida protegida, nunca tinha visto uma pessoa morta.

**[ALC]** Quando é que aprendeu alguma coisa sobre as mulheres?

**[ALA]** As raparigas eram um mistério...

**[ALC]** Agora já não são?

**[ALA]** De uma outra maneira. O facto de ter tido filhas ajuda a entender muita coisa, vê-las crescer.

**[ALC]** Mas nunca conseguimos saber muito sobre os outros, não é? Ou por se escrever consegue saber-se mais alguma coisa?

**[ALA]** Quando estou a escrever um livro a única coisa que penso é como me vou desembaraçar dele.

**[ALC]** Desembaraçar do quê? Do que tem para contar?

**[ALA]** Não. Do livro.

**[ALC]** Mas o livro é o quê, nesse momento?

**[ALA]** É escrever. Há bocado estava aí e fiquei parado numa palavra meia hora... É escrever de uma forma que me pareça bem. Acabado o livro, o primeiro mês é agradável porque penso que fiz uma obra--prima. E nunca mais volto a lê-lo, não vejo provas, nada, nada. Depois começo-me a aperceber dos erros e a querer escrever outro para o emendar. Mas às vezes demora meses. E começo a sentir-me culpado, a pensar: bolas, pagam-me para isto e não estou a fazer nada. E o agente telefona-me a dizer que já vendeu o próximo...

**[ALC]** Ainda continua a achar que "Exortação aos Crocodilos" é o melhor que fez?

**[ALA]** Que fiz até agora, não tenho dúvidas. É onde estou mais perto do silêncio, da vida, das pessoas, de uma simplicidade que nunca atingirei... Onde o que ficou realizado é mais próximo daquilo que esperava fazer. Quando acabei, lembro-me de ter telefonado ao Tom (o agente) a dizer: este é o meu melhor livro, não conheço nenhum romance tão bom, escrito em português ou em qualquer outra língua, é dos melhores livros que já se escreveu. Mas agora existe uma expectativa que me angustia. E se eu lhes dou um mau livro? Aqui em Portugal não tem grande importância...

[ALC] Mas está a pensar nisso?

[ALA] Penso, penso, tenho medo de dar um mau livro, de desiludir as pessoas que têm em mim uma fé que nunca tive. Como o Tom... ele ia com os meus livros às editoras e ninguém os queria. Eu dizia-lhe que não valia a pena ser meu agente e ele respondia (imita a pronúncia americana): você vai conquistar o mundo. Isto durou anos! Finalmente houve editoras que aceitaram, a crítica era muito boa, mas os livros não se vendiam. E pessoas que admiro como a minha tradutora sueca, Marianne Eyre – que é uma excelente poetisa, uma mulher tão encantadora, tem 67 anos e tem 20 anos... uma mulher espantosa, corajosa, modesta, doce, encantadora... –, tenho um medo horrível de as desiludir. Era o Ernesto (Melo Antunes), é a Marianne, são alguns editores que tenho, é o Tom... Não lhe acontece não querer desiludir as pessoas de quem gosta?

[ALC] É nesse medo que vivemos todos. Mas uma coisa seria dizer: eu ainda tenho este livro para fazer. Outra coisa é: eu não quero desiludir as pessoas que esperam um livro.

[ALA] Mas ninguém me impõe nada. Quando me telefonam, pergunta invariável: como é que está o livro? Resposta invariável: uma merda. E invariavelmente me dizem: se me diz que está uma merda, fico tranquilo. Bolas... porque sei que posso fazer coisas muito boas, que ninguém escreve como eu... não sou vaidoso, mas tenho esta certeza, para mim é tão evidente... sei que se trabalhar muito posso fazer melhor do que fiz.

[ALC] Aonde é que está a tentar chegar?

[ALA] Não tenho muitos sonhos, o que podia sonhar já me aconteceu, de bom e de mau. Estes dois últimos anos foram os piores da minha vida. Nunca pensei em ter tantas mortes, pessoas a quem eu queria tanto... o que relativiza muita coisa... Eu sei que quando morrer não levo anda comigo, fica tudo aqui.

[ALC] O que é que a morte de quem amamos nos ensina?

[ALA] Sinto uma falta terrível dessas pessoas, só no último ano foram cinco mortes. Quatro delas fazem-me muita falta. Fez-me ver na carne que há realmente tão pouca coisa importante. E o sucesso não é certamente uma delas. Mas fez-me pensar ainda mais: tenho que fazer livros bons. Talvez porque seja o melhor que lhes possa dar. Eu tinha uma péssima relação com a minha imagem, quando era novo, com a minha cara, com o meu corpo. Talvez essa imagem fizesse com que me fechasse para escrever. Na infância brincava sozinho... e somos muitos irmãos... nunca tive nenhuma conversa pessoal com nenhum irmão meu, nunca... com ninguém da minha família... com quem tinha conversas pessoais era com estes amigos que morreram e com dois ou três que me restam, que estão vivos.

Os meus irmãos não sabiam que eu escrevia, um deles, o Pedro, com quem me dava muito bem, sabia porque me via ir ao jardim queimar papéis. Levei a vida a queimar papéis... Agora com a morte da mãe delas (as filhas), encontrámos ali um romance que andei dez anos a escrever... montes de poemas de miúdo, planos de livros... porque ela guardava tudo... O Pedro às vezes ia à gaveta e roubava papéis.

Aos 11 anos anunciei aos meus pais que queria ser escritor. Foi um alarme bestial. De maneira que escrever era clandestino, eu escrevia nuns blocos em que ainda escrevo, com o livro de história ou de geografia, e quando ouvia barulho trocava a ordem para não me apanharem no delito horrível de escrever. Ainda hoje escrevo com um livro aberto ao lado, pode ser a lista telefónica, qualquer coisa. Como se continuasse a fazer algo de clandestino.

Eu queria ir para letras, claro, e o meu pai disse que era melhor um curso técnico. Nos primeiros três anos de faculdade nem ia aos exames, passava o tempo a escrever... depois pensei: bom, tenho que tirar uma especialidade. E queria cirurgia, achava aquilo bonito. Mas é um mundo muito competitivo, com muitos bancos no hospital e isso tirava-me o tempo para escrever. Então pus-me a pensar: qual é a especialidade que dá menos trabalho, com mais vagas, menos concorrentes. A minha escolha da psiquiatria foi ditada por isso.

**[ALC]** Fora dos livros, com quem é que aprende?

**[ALA]** Gosto de assistir às pessoas espantado. Com este aparelho de ouvir (aponta para a orelha direita), ouço coisas incríveis, mirabolantes. Muitas, aproveito. A gente fermenta aquilo e transforma. Depois há outra coisa: o facto de escrever protege-me do sofrimento. Há a pessoa que está a sofrer, e há o observador a pensar: como é que vou aproveitar isto. A partir do momento em que sou dois, o que sofre e o que tem esse lado de gatuno, diminui o sofrimento. Se a gente não deixar que a dor e o sofrimento sejam bicicletas de ginásio que a gente pedala, pedala, pedala, no mesmo sítio... se o tornarmos fértil...

[ALC] Quando está a conversar com as pessoas...

[ALA] É muito raro estar com pessoas, estou sempre com as mesmas.

[ALC] Seja. Com as pessoas que escolhe ou com as que lhe aparecem – espero que lhe apareçam pessoas ainda...

[ALA] Não me aparecem muitas. Não vou muito a bares, não bebo, nunca bebi.

[ALC] Não estou a falar de bares.

[ALA] Também não vou a jantares. O meu universo é limitado. Eu gosto das pessoas... o que tenho é pudor de o dizer. Mas as pessoas de quem gosto são muito poucas. Dos poucos amigos escritores que tinha, o mais íntimo era o Zé (Cardoso Pires), nunca falávamos de trabalho, era raríssimo, falávamos de futebol, sei lá, de tudo, mas tínhamos pudor em relação à literatura.

[ALC] Quem são os prosadores que lê com prazer?

[ALA] Sempre os mesmos e cada vez menos. Hawthorne, Jane Austen, Emily Brönte, algumas coisas do J[u]lio Cort[á]zar, Felisberto Hernandez, um escritor uruguaio, com uma obra muito pequena... O "Ulisses" do Joyce, por exemplo, interessa-me mas não me apaixona. Há pessoas que confundiam o requinte com bric-a-brac... aquilo tem proezas técnicas espantosas, é fascinante, mas não é um romance a que eu adira como adiro ao Proust, aí está um grande romancista, gosto muito de o reler.

[ALC] Quando foi a última vez que esteve em Angola?

[ALA] Nunca mais lá quis voltar. Cheguei a Portugal em 73, estive lá 27 meses. Malange, a cidade que conheci melhor, não existe... é o país mais bonito que conheci... se tivesse que escolher uma nacionalidade escolhia ser angolano.

[ALC] Nunca lhe passou pela cabeça voltar?

[ALA] Gostava de voltar, viver lá, morrer lá. Mas não é possível, com a guerra civil.

[ALC] É possível ir lá.

[ALA] É possível ir a Luanda. Mas Luanda está destruída.

[ALC] Não é só possível ir a Luanda.

[ALA] Pouco mais, segundo me disseram... tem que se ir de avião. Eu estava habituado no tempo da guerra, com minas e emboscadas, a andar por terra. A guerra é uma coisa atroz, eu participei activamente em coisas atrozes. Não quero voltar a ver a morte e o sofrimento, não quero reviver isso. O que vivi é de uma violência, de uma crueldade, de uma injustiça... gostaria de voltar para um país em paz e viver lá. Por causa do clima... porque as noites são imensas... os horizontes não acabam.

[ALC] O presente não lhe interessa?

[ALA] O presente é a única coisa que existe.

[ALC] O seu movimento é sempre para trás.

[ALA] Não. O que tento fazer é  misturar aquilo a que se chama passado, aquilo a que se chama presente e aquilo a que se chama futuro. Este livro (o que está a escrever) passa-se em 1999, mas ao mesmo tempo em 2009 e na infância dela. Isso eu aprendi em África: no sítio onde estava, nas terras do fim do mundo, que é um sítio quase deserto, sem vegetação, com areia, um frio horrível à noite... é o país daqueles que falam assim (faz estalinhos com a língua), o tempo para eles era um imenso presente elástico que continha tudo. Um enterro, por exemplo, só havia quando chegava a família toda, às vezes moravam a 200 quilómetros e vinham a pé! E então ali estava o morto sentado, à espera... Isso ajudou-me muito para os livros.

[ALC] Está sempre a dizer que nunca fez o livro sobre Angola.

[ALA] Não é possível porque a guerra era horrível. Pode-se fazer um documento, um ensaio, mas um romance não. Quero acabar este livro e depois fazer um romance de amor desgarrador. Agarrar naquela história daquela senhora, Ruth Bryden, e transformá-la numa história de amor. Lembro-me de ter lido numa viagem de avião, na revista do PÚBLICO, uma reportagem quando ela morreu. E fiquei fascinado, ficou-me na cabeça com uma intensidade enorme... é uma história de amor, como diria o Faulkner, instantâneo e absoluto, como acho que o amor só pode ser. Mas é muito arriscado, corre-se o risco do mau gosto, da lamechice... os livros que tenho escrito estão cheios de pudor... como escrever isto? Com muita delicadeza... pareceu-me um amor que merecia o maior respeito. Também gostaria de fazer um romance sobre o grupo do Multibanco, aquele que assaltava e matou a miúda. Mas o da Ruth Bryden não me sai da cabeça.

[ALC] Vai ficar a viver cá em Portugal?

[ALA] Não sei. É difícil escrever sem estar aqui. Por causa da língua.

E gosto do clima. E das pessoas do meu país. Porque somos feios, pequeninos, mas ao mesmo tempo... fiquei com uma grande admiração pelos rapazes que estavam comigo na tropa, nunca vi ninguém recusar--se a ir para o mato. Diziam: amanhã não sei se a gente se volta a ver porque sou eu que vou guiar o rebenta-minas. Eram miúdos! Agora vão para as docas, na altura estavam na guerra.

**[ALC]** Parece haver uma espécie de pacificação sua, recentemente...

**[ALA]** Não, não. A minha não ida a Frankfurt (em 1997), nunca pude explicá-la. Foi uma coisa infame que me fizeram. De tal maneira que escrevi uma carta ao António Mega Ferreira, na altura o comissário.

**[ALC]** Que coisa infame foi essa?

**[ALA]** Escrevi a carta. Como ele não a divulgou seria extremamente indelicado eu falar disso. A carta era para ele.

**[ALC]** Mas depois de Frankfurt houve um período grande em que disse uma série de coisas: que não voltaria a publicar livros em Portugal...

**[ALA]** Tenho falado muito pouco. E tinha pensado não publicar mais em Portugal, de facto.

**[ALC]** O que é que aconteceu?

**[ALA]** Não podia resistir ao apelo do Nelson (de Matos).

**[ALC]** E Paris, a ida ao Salão do Livro?

**[ALA]** Segundo o que me foi proposto, acabei por dizer que sim sem nenhuma vontade. Agora, resta saber o que vai acontecer até lá. Pessoalmente, não tenho nenhuma vontade de ir, nenhuma. São 40 escritores, perguntei porquê, responderam-me que era o número necessário. Quantos escritores suecos conhece? Ou finlandeses? Não há 40 escritores em parte alguma.

**[ALC]** O que é que lhe dá prazer?

**[ALA]** Dava-me muito prazer o futebol, agora já não, até porque o Benfica está muito mal (risos). Sofria horrores. Para ser honesto, ainda sofro. Dá-me prazer ler, muito, quase sensual... estar com os meus amigos, nunca muito tempo, ao fim de duas horas apetece-me estar sozinho... viajar... viajo mais do que quereria.

**[ALC]** Quando foi a última viagem que fez sem ser por causa dos livros?

**[ALA]** Just for the fun? Nova Iorque, talvez. Ao fim de três horas de avião apetece-me sair, abrir a porta. O que gosto mais nos aviões é a comida. Deviam abrir um restaurante.

[ALC] Quando acaba um livro dá-o a alguém para ler?

[ALA] Dou ao agente.

[ALC] Antes: a um amigo, a uma sua filha... as suas filhas lêem-no?

[ALA] Penso que não, porque é incómodo. Se eu fosse filho do Malcolm Lowry também não ia ler os livros dele. Quando a gente conhece a pessoa, os livros ficam diferentes. Normalmente os livros são muito mais interessantes que as pessoas que os escreveram. Graças a Deus não conheci o Camões. Mas o Cortazar, por exemplo, era um homem encantador, cheio de charme, daquelas pessoas que o nosso corpo começa a ir para elas, modesto, com um sorriso muito bonito, um homem tão homem que não tinha medo de ser mulher, um homem muito raro. Como o Ernesto Melo Antunes, o homem mais corajoso que vi debaixo de guerra.

## O próximo romance[:] deus é uma rapariga de 18 anos

[ALC] O registo de "Exortação aos Crocodilos", com as várias vozes, os refrões, vai tão ao limite que tem que ser o fim de qualquer coisa.

[ALA] Foi a última vez que fiz um livro com mais de uma pessoa a falar. É uma técnica que já domino, já não me interessa, julgo que não posso ir mais longe. Este (pega nos papéis do novo livro) é só uma pessoa a falar. Será o último deste ciclo e é completamente diferente. Está dividido nos dias da criação do mundo, no primeiro dias deus não sei quê, no segundo dia deus não sei que mais, por aí fora. Passa-se ao mesmo tempo quando ela tem 18 anos e mais tarde, quando ela já tem 28, está casada e tem um filho. As pessoas existem, depois não existem, voltam a existir. Tecnicamente põe problemas muito curiosos, interessava-me fazer para saber se era capaz. Porque é tão ambicioso! Supunhamos: o pai é péssimo, mas afinal não é o pai que é péssimo é a mãe, mas afinal não é a mãe nem o pai... E como dar credibilidade, uma espessura de carne às personagens que ela vai criando e destruindo...

[ALC] Como é que se escreve a dez anos de distância para a frente?

[ALA] Pois. (ri-se). Não sei como vai ficar a forma definitiva. Ela chama-se Clara. Precisava de um nome composto que desse variantes: Maria Clara, Clarinha... É uma pessoa de classe média, como todos nós, mora no Estoril. No primeiro dia o pai dela entra no hospital para ser operado e no sétimo dia o pai tem alta. O livro é o que ela vive nessa semana. Estou na fase de corrigir. O rascunho está pronto, agora falta tudo.

Ao mesmo tempo é um romance sobre o romance, tudo se passa dentro dela, atribui vidas às pessoas que vão mudando. E como tornar isto tudo comovente... Se este livro me comover está bem, se resistir às sessões que faço de lê-lo em voz alta, com uma voz de desenho animado (ri-se), fazendo troça das palavras. Porque se resiste a isso, o livro aguenta. Dá-se conta das repetições, do mau gosto. No fundo o que é que uma pessoa quer? É renovar a arte do romance, há mil maneiras de o fazer. A minha é deixar de usar o fio narrativo, a corda e a picareta de alpinista, e fazer personagens e situações sem fio narrativo, levar o desafio cada vez mais longe. Neste, é uma rapariga de 18 anos, virgem de quase tudo: como pôr nela o mundo inteiro? (p. 29).

### Tomara eu ter talento para ser poeta

[ALC] O ano passado publicou poemas num livro de pinturas[1].

[ALA] Ah, isso foi uma brincadeira. O José Luís Tinoco queria que eu escrevesse um texto para uns quadros dele. Fiz aquilo numa noite, não é poesia não é nada, são uns textinhos.

[ALC] Pois. Mas estão anunciados como poemas.

[ALA] Isso foi uma fúria que eu tive com ele. Ele disse-me: ah, desculpe, foi o editor, não fui eu... (encolhe os ombros). Eram uns textinhos escritos assim instantaneamente, um pouco como essas croniquetas de jornal...

[ALC] Nunca mais escreveu poemas?

[ALA] Não tenho talento. É preciso ter talento para ser poeta. Tomara eu.

---

[1] Ver José Luís Tinoco/António Lobo Antunes, *Diálogos*. Lisboa: Editorial Escritor, 1998 ("54 técnicas / mistas sobre papel executadas em 1990/92 por José Luís Tinoco comentadas por poemas de António Lobo Antunes", p. 7). Ver *Olhares. 1951-1998* S.l: s./n., 1999, para a colaboração com o fotógrafo Eduardo Gageiro ("Texto para o livro do fotógrafo Eduardo Gageiro" – também publicado no *Segundo Livro de Crónicas*).

**[ALC]** Mas escreve e queima ou não escreve?

**[ALA]** Não escrevo. Já me passou pela cabeça fazer como o Thomas Hardy que, com a idade que tenho agora, deixou de escrever romances e passou a escrever poesia até morrer.

**[ALC]** É mais difícil escrever poesia?

**[ALA]** Não sei se é mais difícil. Deve dar muito mais prazer. As minhas pobres tentativas poéticas davam-me muito mais prazer que o romance. Mas é preciso ter-se nascido para isso. O Eugénio é poeta, o Vasco Graça Moura é poeta... goste-se ou não do que eles escrevem... O António Franco Alexandre, o Pedro Tamen são poetas... um rapaz que descobri há pouco e que acho que tem talento a dar com um pau chamado José Tolentino Mendonça mandou-me um livro dele, e uma tradução do "Cântico dos Cânticos". Não o conheço pessoalmente mas penso que desta geração nova... é muito, muito bom. Acho que foi a última grande, agradável surpresa.

**[ALC]** Como é que se descobre que não se é poeta?

**[ALA]** (suspiro) Eu olhei para aquilo e pensei: que merda (risos). Pensei: não é este o meu caminho, não sei fazer. E como não imaginava a minha vida sem escrever, comecei a escrever prosa, o que nunca me tinha passa do pela cabeça... É muito fácil escrever até que a gente descobre, aí pelos 14, 15 anos, que há uma diferença entre escrever bem e escrever mal. E, depois, que há uma diferença ainda maior entre escrever bem e uma obra-prima. Aí a angústia é total.

**[ALC]** Quando é que deixou de escrever poemas?

**[ALA]** 18, 19 anos. Depois fiz umas letras para o Vitorino, para o Carlos do Carmo...

**[ALC]** Quem são os grandes poetas que temos?

**[ALA]** Não temos romancistas mas temos poetas.

**[ALC]** Não temos nenhum romancista?

**[ALA]** Temos poucos. Normalmente os prosadores novos que vou ler... aquilo é tudo tão mau... Há uma rapariga que me parece ter muito talento, Ana Teresa Pereira, há um rapaz de que vi o manuscrito, não sei se está publicado, Alexandre Andrade, que me parece muito bom, há uma rapariga, Margarida Vale de Gato que me parece ter muito talento... Mas de uma forma geral desiludo-me.

**[ALC]** A Agustina diz que temos vários prosadores e não temos um único poeta no século XX.

**[ALA]** Isso é uma das boutades dela.

**[ALC]** Quem são os poetas de que gosta?

**[ALA]** Tantos... O Pessoa está muito sobrevalorizado... o Alberto Caeiro acho muito fraco, algum Ricardo Reis, algum Álvaro de Campos eu gosto, a prosa acho miserável.

**[ALC]** [O "] Livro do Desassossego"?

**[ALA]** Acho uma porcaria. Vamos falar de poetas vivos: o Cesariny é um grande poeta, o Eugénio é um grande poeta...

**[ALC]** A Sophia, o Herberto?

(encolhe os ombros, franze a cara)

**[ALC]** Lê mais poesia ou mais prosa?

**[ALA]** Leio mais poesia, tenho mais prazer.

**[ALC]** Aprende-se mais a escrever com os poetas?

**[ALA]** Acho que sim.

**[ALC]** E com quem é que ainda aprende?

**[ALA]** Agora aprendo comigo, já não tenho nada a aprender de ninguém. (pausa) Não tome isto como vaidade, que não é.

**[ALC]** Não é possível.

**[ALA]** É. Não devo nada a ninguém, já. Enquanto escritor, só devo a mim próprio. (p. 31).

## 32. CATARINA PIRES E ISABEL STILWELL

# *"Exortação ao Lobo"*

*Notícias Magazine* (*Diário de Notícias*)
20 de Fevereiro, 2000, pp. 28-38

António Lobo Antunes é, no mínimo, desconcertante. A meio da entrevista[] tenho vontade de vir embora. Sinto-me como quando estava no exame de condução – sabia que tinha chumbado mas o examinador continuava a pedir-me que fizesse manobras e tentasse meter o carro em espaços impossíveis. E, no entanto, Lobo Antunes só fez sorrisos – um sorriso angelical que condiz com os seus olhos muito azuis e que se segue, quase como um tique, a uma frase que percebe ter-nos deixado nervosos.

Não grita, fala num tom suave e é educadíssimo – pede para repetirmos a pergunta duas ou três vezes, as suficientes para que fique bem evidente que estúpida e vazia é.

Afirma repetidamente que não faz juízos de valor, nem se acha acima dos outros, mas depois vai dizendo, a propósito de tudo e a respeito de nada, que só gosta de entrevistas quando elas são bem feitas e as perguntas inteligentes, que gosta de entrevistas quando os entrevistadores têm qualidade, até ao momento em que temos vontade de apresentar desculpas e sair. E aí, faz um outro dos seus sorrisos ternos e garante que não são insinuações, porque não é homem dessas coisas e, de resto, "só a conheço há meia hora".

Tento mais uma pergunta. "Falar de mim? Mas isso não me interessa", diz-me hoje, agora, porque quando marcou a entrevista, informado desse mesmo objectivo, não protestou.

E eu volto a sentir a mesma perplexidade que senti quando lhe perguntei qual era a memória mais antiga da mãe e ele me respondeu que isso era pessoal e não me dizia, ou se inclinou várias vezes sobre a secretária para me pedir (educadamente) que repetisse outra vez aquela pergunta absurda, estranha, inacreditável do "Tinha um urso de peluche?".

Culpo-me a mim própria. "Ele tem toda a razão, isto são perguntas que se façam a um grande escritor?", penso eu, intoxicada por aquela estratégia que à distância percebo não ser mais do que uma forma de confundir o inimigo.

E, de facto, o que é que interessam as mães, os pais e irmãos, os ursos de peluche e os comboios eléctricos, os psiquiatras e os amigos de infância, a relação com os doentes, as criadas e as tias, os livros lidos alto e os lares de terceira idade, as árvores de Benfica e os jardins onde habitavam os corvos e tudo aquilo com que Lobo Antunes transforma os seus livros em obras de arte, nos atrai, emociona, faz rir e prende página após página? Que importância têm e que interesse há em falar neles, quando podemos meditar sobre o fio da narrativa ou embrenharmo-nos em citações de escritores, grande escritores, que os bananas dos jornalistas não conhecem, nem querem discutir, porque – imagine-se – gastam o tempo todo a tentar perguntar coisas que os leitores da entrevista estariam mais interessados em saber.

E o mais extraordinário de tudo isto é que, durante umas horas, não percebemos a contradição, não damos pelo facto de Lobo Antunes ir falando repetidamente de si próprio – desde, evidentemente, que não seja directamente em resposta a uma pergunta feita, como a criança que só come a sopa quando a mãe olha para o lado. E o mais extraordinário, ainda, é que ficamos com vontade de rezar dois Padres--Nossos e três Avé-Marias por não estarmos à altura de o entrevistar, em lugar de pura e simplesmente batermos com a porta.

E, no entanto, quando deixamos o seu gabinete e percorremos os corredores do Hospital Miguel Bombarda, cruzando-nos com doentes de roupão e a arrastar os chinelos, a conversa parece que normaliza. Ou, pelo menos, a minha cabeça volta a funcionar normalmente – sim, porque não duvido que para o ex-psiquiatra nada disto seja mais que um "delírio persecutório!".

Vamos almoçar ao restaurante mais próximo. Falamos sobre snobeiras e beijos de um e dos dois lados, de espelhos de talha e da grandeza da alma, de telenovelas e de tipos de pessoas. E faço o "diagnóstico": Lobo Antunes é um "menino bem (formado)", inteligente, com sentido de humor e espírito crítico que soube libertar-se do casulo onde os "meninos bem" habitualmente vivem a vida toda, e percorrer o resto do mundo, torcendo aqui e ali instintivamente o nariz às mulheres que o tratam por filho e aos escritores que comparam carros parados em semáforos a cavalos impacientes, capaz de gostar para além das aparências, de se emocionar para além do que gostaria e com um génio extraordinário para juntar tudo isto e transformá-lo em personagens e palavras que o tornam num dos nossos melhores escritores. Tudo isto sem deixar de ser, basicamente, um menino "mimado", que com aquele sorriso e aqueles olhos azuis aprendeu todas as técnicas de deixar os outros desconcertados, infelizes e humilhados. Quando quer. Para no momento seguinte ter tanto charme e encanto, que temos medo de ter incorrido em juízos precipitados. E assim sucessivamente. (Texto de Isabel Stilwell)

Notícias Magazine **[NM]** – Detesta mesmo dar entrevistas?

António Lobo Antunes **[ALA]** – Não me parece muito importante. Acho que é sempre um exercício de vaidade.

**[NM]** Um exercício de vaidade?

**[ALA]** Acho que sim. E também um exercício de voyeurismo de quem a faz. É de parte a parte. O importante são os livros. Depois, a minha vida não tem importância nenhuma.

**[NM]** Mas acha que os entrevistadores querem é tirar uma fotografia consigo e dizer que o conheceram?

**[ALA]** Não, não acho nada disso. Há de tudo. Tenho tido a felicidade de encontrar pessoas que são muito boas e que sabem muito de literatura e outras que serão menos boas. É difícil haver em Portugal pessoas com a categoria intelectual, por exemplo, da Marisa Blanco [María Luisa Blanco], uma grande jornalista espanhola. O País é pequeno e nós somos poucos.

**[NM]** Mas gosta de dar entrevistas sobre os seus livros?

**[ALA]** Deve reparar que, normalmente, falo pouco dos livros.

**[NM]** Então, o que é que adianta ao entrevistador saber muito de literatura? Mesmo naquelas em que ele obviamente sabe, diz que não responde!

**[ALA]** Mas também falo pouco de mim! É que por vezes as perguntas... Como é que hei-de explicar isto?

**[NM]** São estúpidas?

**[ALA]** Não, estava a tentar encontrar uma maneira de dizer isto porque as emoções são muito anteriores às palavras e depois dizer isto em palavras é complicado. Tenho a sensação que me vou repetindo, percebe?

**[NM]** É o mesmo, não pode dizer coisas muito diferentes.

**[ALA]** Uma entrevista é boa se o entrevistador é bom. Lembro-me que as entrevistas do Fellini eram maravilhosas, mas ele tinha uma graça, um humor, uma facilidade verbal que eu não tenho.

**[NM]** Nas entrevistas aos jornais estrangeiros, as respostas parecem mais desenvolvidas que as que dá aos portugueses. Faz mais cerimónia, quer ter lá uma imagem diferente da que tem cá?

**[ALA]** Muitas vezes nas respostas estão coisas que não disse. Mas julgo que tem a ver... é curioso... com é que eu hei-de dizer? Nós aqui, em Portugal, quer conheçamos quer não as pessoas, temos uma imagem delas. E como normalmente a imagem é errada, as entrevistas também são erradas porque acabamos por querer que o entrevistado corresponda ao estereótipo que temos dele. Enquanto num país estrangeiro não têm nenhuma imagem pessoal, nenhuma fantasia, é uma pessoa que vêem pela primeira vez...

**[NM]** Não têm uma imagem pré-definida?

**[ALA]** Exacto. E nós ouvimos falar de uma pessoa e temos imediatamente uma ideia, inventamos coisas, supomos coisas, mesmo acerca da vida pessoal dela e isso necessariamente vai inquinar o trabalho, do ponto de vista jornalístico, percebe?

**[NM]** Eu própria tive sempre medo de pedir-lhe uma entrevista, porque a imagem que me davam de si era a de uma pessoa agressiva, até malcriada...

**[ALA]** Isso é uma coisa completamente absurda. Sempre achei (risos) isso tão absurdo. Eu não entendo, não sei de onde é que veio.

**[NM]** Tive uma colega, no *Diário de Notícias*, que regressou de uma entrevista consigo a dizer que a não tinha feito porque lhe disse que ela era feia e que, de certeza, morava nos Olivais.

**[ALA]** Não creio. É possível que tenha feito uma brincadeira qualquer que ela não tenha percebido. Mas acho pouco natural.

**[NM]** Mas em geral não é verdade que gosta de ter uma imagem de pessoa que não tem paciência?

**[ALA]** Não, não é verdade. Se conhece algum amigo meu, sabe que não é essa a imagem que têm de mim. A mim, parece-me muito estranho, porque de facto eu não sou assim.

**[NM]** Agora mesmo estava a dizer, irritado, que não atendia o telefone porque não tinha paciência para aturar a pessoa que lhe ligava, e para os seus amigos deve ter a disponibilidade toda do mundo.

**[ALA]** Eu não tenho paciência para os meus amigos, tenho amor por eles.

**[NM]** E esse amor cria uma relação que lhes permite ter uma imagem muito positiva de si?

**[ALA]** Não sei. Eu tenho muito poucos amigos. Muito poucos. Então agora, que morreram duas pessoas que eram tão importantes para mim.

**[NM]** E porque é que tem poucos amigos?

**[ALA]** Porque a amizade é como o amor. É uma coisa muito difícil. Para mim. E é muito engraçado porque as amizades que tenho foram amizades à primeira vista. Por exemplo, a primeira vez que vi o Daniel Sampaio, tinha vindo da guerra. Já o conhecia da Faculdade, ele interessava-se pelo movimento antifascista, associativo, eu jogava xadrez e escrevia e estava-me borrifando, tudo isso me passava ao lado. Fui colocado em Santa Maria e entrei no gabinete de enfermagem e estava um rapaz de olhos claros encostado à balança e foi assim. Ficámos amigos desde aí. E com os outros também. Foram todas amizades assim. Como é que hei-de dizer? A gente conhece-se e fica amigos de infância, não sei explicar... E depois a amizade tem coisas óptimas, é assexuada, não é exclusivista, não tem ciúme. E por outro lado, sentimos que são pessoas que estão ali quando precisamos delas. Por exemplo, com o Ernesto Melo Antunes. Ele já estava tão doente e eu tinha sido operado a uma porcaria qualquer na língua e ele telefonava a perguntar se eu já estava melhor. Feita destas atenções, deste amor. Mas acho que é uma coisa muito rara. Julgo que nós não podemos contar com mais do que quatro ou cinco pessoas na vida. Por exemplo, em relação aos meus irmãos. Nunca tive nenhuma conversa pessoal com nenhum deles, nem com os meus pais, nem nada disso. Existe muita cerimónia entre nós. Não são meus amigos, são meus irmãos.

**[NM]** E porque é que é assim?

**[ALA]** Por pudor. Porque éramos uma casa de muitos filhos e de pais austeros, onde ao jantar se falava de música ou poesia ou medicina ou outra coisa qualquer, não havia, nem há, conversas pessoais.

**[NM]** E sente falta dessas conversas pessoais?

**[ALA]** Não, porque nunca houve e não posso sentir falta do que nunca tive! Sinto falta das pessoas que morreram. Por exemplo, o telefone toca às 10 da manhã e penso "É o Zé" (Cardoso Pires), que era a hora a que ele telefonava, ou apetece-me ver o Ernesto (Melo Antunes) e não posso vê-lo.

**[NM]** Diz que escreve para si...

**[ALA]** Cada vez penso mais que escrevo contra a morte. Então depois destas últimas mortes, porque em face da morte a maior parte das coisas desaparece, a vaidade... Quando o Howard Hughes morreu, um jornalista perguntou ao advogado dele quanto é que ele tinha deixado e o advogado respondeu: "Deixou tudo". Eu julgo que escrevo fundamentalmente contra a morte.

**[NM]** Tem medo de morrer?

**[ALA]** Não sei, não sei responder...

**[NM]** Porquê? Porque o assusta pensar nisso?

**[ALA]** Passei muito tempo perto da morte. Quando era miúdo a morte não existia, porque era o filho mais velho de dois filhos mais velhos. Eram todos muito novos, os meus pais, os meus avós. Só aprendi a morte quando fui para a Faculdade, com 16 anos. Fui para medicina por acaso. Nunca pensei ser médico. Mas foi o primeiro contacto que tive com a morte. Depois nos hospitais, depois na guerra. A pouco e pouco, as pessoas de quem gostamos vão morrendo. No fundo, envelhecer é ver morrer as pessoas de quem gostamos e às quais, a maior parte das vezes, não tivemos sequer tempo de dizer, por pudor, que gostávamos delas. E o remorso que se sente depois por não o termos feito.

NÃO QUERO DESILUDIR AS PESSOAS

**[NM]** Mas porque é que acha que escreve contra a morte? Explique lá.

**[ALA]** Não sei, porque talvez seja a única coisa que posso dar às pessoas. Lembro-me que esses amigos que eu tinha (e os poucos que

"EXORTAÇÃO AO LOBO" | 347

ainda me sobram) viviam os livros, não enquanto eu os escrevia, mas depois, com muito mais entusiasmo que eu. E é a sensação constante de não ter o direito de os desiludir, escrevendo um livro que seja mau ou que os decepcione.

[NM] Nos seus livros e nas suas crónicas, com as devidas proporções, acho que é um pouco o Herman José da literatura. Eu explico: o que o Herman faz mesmo bem é apanhar os diferentes tipos de pessoas e acho que uma das suas qualidades – e não conheço muito da sua obra, nem sou especialista em literatura, nem em nada – é exactamente "apanhar" as pessoas.

[ALA] Eu, com todo o respeito que tenho pelo Herman José, acho essa comparação perfeitamente atroz. Por essa ordem de ideias, o Camões é o José Cid da literatura, por amor de Deus!

[NM] Não, era só uma provocação no sentido de que é capaz de descrever muito bem os diferentes tipos de pessoas.

[ALA] Mas isso não me preocupa nada. Não é isso que me interessa quando escrevo um livro. Não me interessa nada isso. Se as pessoas estão bem ou mal apanhadas. Nem entendo bem o que é que quer dizer...

[NM] Quando descreve, por exemplo n['O] Manual dos Inquisidores, a Sofia...

[ALA] Não me lembro da Sofia, quem é a Sofia?

[NM] A Sofia é a mulher do João.

[ALA] Não me lembro, esse livro já foi há muito tempo.

[NM] Então, pronto, é uma "menina bem" típica e acho que à medida que vamos lendo sobre ela identificamo-la imediatamente com um tipo de pessoa, que existe de facto. E essa capacidade de fazer personagens que existem mesmo[] é fascinante.

[ALA] Não sei. Sabe, uma vez estava em Nova Iorque com o meu agente, que é americano, e líamos o Hemingway. E eu dizia-lhe que as pessoas falam exactamente assim, que os diálogos dele eram assombrosos e o agente comentou: "Ai tu achas isso?". E começou a ler em voz alta e ficou perfeitamente evidente que ninguém fala assim.

[NM] Ninguém fala como os põe a falar nos seus livros?

[ALA] Não é isso que estou a dizer. É que tudo aquilo me parece tão verosímil quando lemos com os olhos, deixa de o ser quando lemos com a boca. Mas isso não me preocupa nada. A única coisa que me interessa é dar espessura humana às personagens. Caricaturas fazia o Eça de Queirós. Eu quero é que as personagens tenham uma espessura de carne. Embora sejam criaturas de papel, que seja possível senti-las respirar, viver, que nos comovam, como nos comovem as personagens de Tchekhov, percebe?

[NM] Mas quando anda pela rua, vai ao supermercado, olha para as pessoas, diverte-se a observá-las?

[ALA] Não.

[NM] Não? Então de onde é que elas surgem?

[ALA] Não, as pessoas não me divertem, não nesse sentido, estar a ver os tiques das pessoas, acho isso de uma arrogância miúda que não me interessa nada, para isso escreveria *light literature*, não me interessa nada também.

[NM] Mas de onde é que vêm as pessoas, se as não observa, como é que sabe como é que elas são? Senão, só era capaz de escrever sobre si.

[ALA] Eu nunca disse que sabia como elas eram.

[NM] Mas sabe, por isso é que as pessoas gostam de ler as coisas que escreve. Quando descreve uma cozinheira ou uma menina de Cascais.

[ALA] Eu nunca descrevi uma menina de Cascais.

[NM] Então não descreveu?

[ALA] Não, está a reduzir os livros a estereótipos. Não me interessa nada isso. Recuso qualquer explicação psicológica acerca das personagens.

[NM] Não estamos a pedir uma explicação psicológica das personagens. Parece-nos é que se diverte, não no sentido de troça, com a variedade de pessoas diferentes que existem.

[ALA] Primeiro não acho que as pessoas sejam muito diferentes, depois as pessoas espantam-me muito mais do que me divertem. Sinto muito mais espanto que divertimento. Senti imenso espanto com essa história do Herman José da literatura. Se falasse do Camões, com que actor é que o comparava?

[NM] Não comparava com ninguém. Porque há-de ser só o senhor a provocar os outros?

[ALA] Eu não costumo provocar. Eu não provoquei ninguém. Estava aqui tão quietinho.

## "NÃO SOU PSIQUIATRA"

**[NM]** Fale-me da sua mãe. Qual é a memória mais antiga que tem dela?

**[ALA]** Isso é muito pessoal. Não sei. Nós vivíamos numa casa muito grande. Lembro-me de nascer o meu irmão Pedro, com dois anos ou três, nós somos seis, todos uns atrás dos outros. Lembro-me da minha mãe muito nova, como me lembro de o meu pai fazer 30 anos.

**[NM]** Os seus avós eram muito importantes para si?

**[ALA]** A minha família era muito importante para mim, porque eram duas famílias muito diferentes. A família do meu pai e a família da minha mãe. Tinham uma qualidade que é muito rara. Eram pessoas bem formadas.

**[NM]** O que é que entende por bem formado?

**[ALA]** O mesmo que você.

**[NM]** É uma palavra muito típica de um certo meio social, não é?

**[ALA]** Não sei, nunca pensei nisso. Até porque nenhum dos meus amigos nasceu no meio social onde eu nasci, que foi um meio que rejeitei muito cedo. Mas ser bem formado, para mim é ter bom carácter, e isso para mim é muito importante. Já está a querer colar-me uma imagem e eu recuso isso.

**[NM]** Não estou a querer colar imagem nenhuma!

**[ALA]** Está, meninas de Cascais, o bem formado é uma expressão de um certo meio social...

**[NM]** Mas é, desculpe mas é. O bem formado significava que eram baptizados, que tinham valores cristãos, amavam o próximo como a si mesmos, eram honestos...

**[ALA]** Por amor de Deus, ninguém ama o próximo como a si mesmo!!! O critério do bem formado tem a ver com a honestidade consigo próprio e com os outros, e se as pessoas tiverem isso eu não lhes peço muito mais.

**[NM]** Fala muito nos seus avós. A psiquiatria não liga muito aos avós, pois não?

**[ALA]** Eu não me considero psiquiatra.

**[NM]** Então, médico?

**[ALA]** Nem médico. Eu apenas escrevo, a medicina foi porque era necessário escolher um curso.

**[NM]** Mas dá consultas.

**[ALA]** É só o que faço.

**[NM]** Mas se dá consultas e passa receitas reconhece-se a si mesmo o estatuto de médico, ou não?

**[ALA]** Só aqui. Oiça, a medicina foi sempre para mim apenas uma forma de ganhar a vida enquanto necessitei do dinheiro dela.

**[NM]** E hoje, o que é?

**[ALA]** Hoje venho aqui ver pessoas de quem gosto, sabe?

**[NM]** E pagam-lhe para isso?

**[ALA]** Não, não me pagam nada.

**[NM]** Não recebe?

**[ALA]** Recebo um vencimento por vir ao hospital, é evidente.

**[NM]** Para trabalhar.

**[ALA]** Não, o vencimento é muito pequeno.

**[NM]** Quando se aceita ser funcionário de uma casa recebe-se um vencimento para desempenhar determinada tarefa. Portanto, ou recusa isso e diz adeus, hei-de cá vir um dia, mas não é como funcionário, ou então vem como funcionário, neste caso médico, por muito que diga que não.

**[ALA]** Não posso dizer-lhe o estatuto em que aqui venho. Agora, ser-me-ia difícil viver sem isto. Porque, sabe, escrever é uma actividade muito solitária, muito isolada, e para mim é importante ver pessoas.

"INVEJO AS PESSOAS QUE TÊM FÉ"

**[NM]** Como é Deus para os portugueses? Numa entrevista ao *Libération* diz que a nossa concepção de Deus é a de um Deus velho, ciumento, cruel, furioso e que faz troça dos homens.

**[ALA]** Não creio que tenha dito isso.

**[NM]** Tenho aqui a entrevista.

**[ALA]** Deixe ver. Ah, isto é do Gaudemar, coitado.

**[NM]** Inventou, ele também?

**[ALA]** Não, é um jornalista do *Libé*. Isto tinha que ver com determinado contexto. A minha relação com Deus, o meu Deus, a minha ideia de Deus, não é isto.

**[NM]** Mas continua a pensar que é esta a ideia que os portugueses têm de Deus?

**[ALA]** Não creio que tenha dito isto. Posso ter falado do Deus do Antigo Testamento, um Deus tremendo, a ideia que nos era incutida no catecismo. No outro dia vi uma entrevista admirável de um padre, José Tolentino de Mendonça, que me parece um excelente poeta – digamos que é os D' Arrasar da poesia, já que gosta deste tipo de imagens – e que é um homem por quem fiquei cheio de respeito e de admiração e invejei imenso a fé dele. É a única coisa de que tenho inveja mesmo.

**[NM]** Não tem fé e gostaria de ter, é isso?

**[ALA]** Penso que é próprio da fé ter dúvidas, não é? Mas depois de um longo afastamento, a minha reaproximação a Deus tem sido gradual. Mas é uma reaproximação conflituosa.

**[NM]** E tem a ver com essa preocupação com a morte?

**[ALA]** Não, tem que ver com a minha relação com o transcendente.

**[NM]** O facto de estar numa fase em que tanta gente de quem gosta morreu, contribuiu?

**[ALA]** As pessoas de quem a gente gosta vão morrendo. Aos 13 anos morreu o meu primeiro avô. Não, é mais antiga do que isso porque sempre pareceu que o nada não existe. Quando comecei a ler os escritos teóricos, sempre me tocou muito a profunda religiosidade daqueles homens que chegaram a Deus através da Física, da Matemática. Na relação com o sagrado e com Deus acho que aprendi muito com essas pessoas. Tenho imensa inveja da fé. Acho que é a maior graça que uma pessoa pode ter.

**[NM]** E acha que é uma coisa para a qual a pessoa não contribui nada? Acontece?

**[ALA]** Não sou eu que falo assim, estou a repetir o que dizem os doutores da Igreja e estou de acordo com eles, acho que é uma graça. Admiro pessoas que chegam à fé através do raciocínio lógico. Admiro e respeito.

**[NM]** Mas a ideia de Deus, de que quando morremos vamos para o Céu, é uma ideia consoladora?

**[ALA]** Não sei. Tenho visto pessoas religiosas no sentido de fazerem disso vida, que diante da morte têm um pavor tremendo. Lembre-se do Miguel Marcel, filósofo católico, que disse antes de morrer: "Vou finalmente saber se aquilo em que acreditava era verdade".

## "BRINCAVA SOZINHO"

[NM] Tinha um urso de peluche quando era pequenino?
ALA (hesita) Não, porquê?
[NM] É só uma curiosidade.
[ALA] Não, como nunca fiz colecção de nada.
[NM] Nem uma pista de comboios eléctrica?
[ALA] Não. Não estou a perceber esta entrevista! Brincava sozinho.
E agradava-me mais brincar com coisas que eu fazia ou coisas simples
que me permitiam maior margem de invenção que os brinquedos já
feitos.
[NM] Tem memória da coisa que mais o magoou quando era
pequeno?
[ALA] Muita coisa me magoou, mas também não é algo a que vá
responder.
[NM] E tinha medo do escuro?
[ALA] Não vou responder-lhe a isso.
[NM] Porquê? O João do seu livro tem!
[ALA] Porque são coisas pessoais.
[NM] Não responde a coisas pessoais?
[ALA] Não.
[NM] Mas também não gosta de responder sobre os seus livros.
Nem porque é que escreve.
[ALA] Não é bem assim. Quando as perguntas são bem feitas, res-
pondo. Quando as perguntas são mal feitas, não respondo deli-
cadamente.
[NM] Não respondeu delicadamente à maior parte das perguntas
que a maioria dos jornalistas portugueses que o entrevistaram lhe
fizeram?
[ALA] Porque não eram bem feitas. Porque há perguntas às quais
eu não respondo, como aquela do Herman José. São perguntas para
outros escritores, não vou dizer agora nomes, mas não para mim.
[NM] Acha que está muito acima desses escritores?
[ALA] Não estou acima nem abaixo. Não estou acima de ninguém,
meu Deus.
[NM] Antes de começarmos a entrevista dizia que parece que os
jornalistas portugueses só agora se lembraram todos de si.

"EXORTAÇÃO AO LOBO" | 353

[ALA] Era inevitável que mais tarde ou mais cedo houvesse a unanimidade que havia no estrangeiro. Este último livro foi apenas o pretexto e é injusto em relação aos livros anteriores. Como acho ridículo darem às crónicas uma importância que elas não têm. Não são literatura.

[NM] As pessoas dão importância àquilo que as toca.

[ALA] Porque as pessoas são preguiçosas e não sabem ler e aquilo é uma coisa facilmente digerível. Oiça, um livro bom é um livro que existe e que é escrito pelo leitor.

[NM] Sim, mas então porque é que escreve as crónicas? Se é assim, ao escrevê-las não está a ser honesto consigo próprio. Se quer ser escritor...

[ALA] Se quero ser escritor???

[NM] Se é escritor...

[ALA] Não sei se sou. O Hokusai, aos 80 anos, dizia: "Se Deus me tivesse dado mais cinco anos de vida eu tinha-me tornado um escritor". Escritor é uma palavra muito pesada. Uma coisa é escrever livros, outra coisa é ser escritor. Não sei quantos escritores haverá em Portugal.

[NM] A questão que lhe coloco é: se acha que as crónicas são má literatura porque é que as escreve?

[ALA] As crónicas têm uma função muito simples para mim que é divertirem as pessoas, percebe? E um livro acho que é muito mais que isso. Quando o Vicente Jorge Silva me falou, eu pensei: isto é para ser lido os domingos por pessoas que lêem jornais e suplementos de jornais e por isso tem que ser uma coisa que as divirta, que as distraia e que não as faça pensar muito. Apenas isso.

[NM] Acha que não fazem pensar muito?

[ALA] Acho que não. Está a dar-lhes coisas que não exigem uma atitude activa. Aliás, o que é que faz o sucesso de determinados escritores? Não me apetece nada citar nomes porque não me apetece dizer mal de ninguém. Mas, pronto, estrangeiros, a Susana Tamaro ou o Paulo Coelho, de que temos montes de equivalentes neste País. São coisas facilmente digeríveis e que não exigem de si nem atenção nem esforço, são recebidas passivamente, um pouco como a relação do drogado com a droga.

[NM] Mas continua a não responder ao porque é que escreve as crónicas.

[ALA] Comecei a escrever as crónicas porque precisava do dinheiro. Esse foi o ponto de partida.

**[NM]** Mas depois continuou e até as publicou em livro.

**[ALA]** Sim. E até aceitei que fossem traduzidas.

**[NM]** Então, não tem assim tão má opinião delas.

**[ALA]** Acho que como literatura de entretenimento são agradáveis. Quando digo que são más, é no sentido de que não são literatura. Enquanto nos livros você joga a sua vida, nas crónicas não joga nada. É completamente diferente.

**[NM]** Mas algumas das crónicas têm muito de si.

**[ALA]** Algumas. Que provavelmente são as menos apreciadas. Deu-me imenso prazer escrever sobre o Eugénio de Andrade. Ou escrever sobre o Ernesto. Ou escrever sobre o Zé. Mas penso que as pessoas gostam mais de outro tipo de coisas. Divertidas.

**[NM]** Em relação às suas filhas tem várias crónicas em que o afecto é muito manifesto.

**[ALA]** As crónicas também são ficções, como tudo. O Malcolm Lowry dizia que não era mentiroso, criava ficções autobiográficas. Nós partimos de uma base real e depois inventamos sempre um pouco. É inevitável. Agora, ao contrário do que as pessoas podem pensar, sempre escondi muitas coisas pessoais, mas acho curioso e divertido pensarem que estou a falar de mim, quando a maior parte das vezes não estou. O que faz depois com que exista a tal imagem.

**[NM]** Mas nessas crónicas expõe-se, investe muito de si.

**[ALA]** Oiça, as crónicas são quatro páginas por mês, eu faço-as em meia hora na cozinha, de manhã. Uma página de romance leva-me mais de um dia inteiro a trabalhar. Está a ver a diferença? Não passo mais de uma hora com aquilo, escrevo-as e leio-as uma vez, enquanto que nos livros estou a puxar palavras do poço e faço uma página com sorte em 12 horas de trabalho.

## "É NOS LIVROS QUE A MINHA VIDA SE JOGA"

**[NM]** Diz que o mais difícil é corrigir... É perfeccionista em todas as coisas que faz, em relação a si próprio?

**[ALA]** Em relação a mim próprio, os meus amigos, as minhas filhas, toda a gente, estão sempre a criticar-me porque eu não ligo ao que como, não ligo ao que visto, não ligo aos automóveis, não ligo a nada, foi uma das coisas que os meus pais me deram, porque acabo por ser uma pessoa barata. Mas em relação aos livros sim, porque é aí que a minha vida se joga, sempre foi aquilo que eu quis fazer desde que me conheço, comecei a escrever muito miúdo. A minha mãe tinha-me ensinado a ler e comecei a escrever sem saber o que isso era, e era muito agradável. Até perceber (muito mais tarde) que escrever é uma coisa tremendamente difícil.

**[NM]** Cada livro é uma correcção do anterior, é isso?

**[ALA]** Quando você escreve, a sua ambição é sempre muito simples, quer renovar e alterar a arte do romance. E há mil maneiras de o fazer e cada pessoa faz à sua maneira. Mas o desejo de corrigir sempre tem que ver com a insatisfação que sinto perante os resultados que ficam passada a euforia do primeiro mês de acabar o livro – primeiro acho que fiz um bom livro e depois começa o sentido crítico a funcionar, as qualidades aparecem pequenas, os defeitos aparecem maiores e finalmente surge a convicção de que com mais trabalho...

**[NM]** Escreveu e deitou fora muitos livros, antes de publicar o primeiro...

**[ALA]** Comecei a publicar por causa do Daniel (Sampaio). Escrevia os romances e deitava-os fora e recomeçava. Foi o Daniel que me fez publicar o primeiro. Até aí nunca me tinha passado pela cabeça publicar.

**[NM]** E gostou ou preferia ter ficado toda a vida a deitá-los fora?

**[ALA]** Retrospectivamente, teria preferido começar a publicar mais tarde.

**[NM]** A partir de qual?

**[ALA]** Talvez a partir do *Fado Alexandrino*. Depende dos dias. Os primeiros romances não têm nada que ver com aquilo que acho hoje que é a literatura. Porque a minha ideia de literatura se foi alterando com o tempo. Escritores de quem gostava aos trinta anos quando escrevi os primeiros livros não são aqueles de quem gosto hoje. E a ideia que tinha do que deve ser um romance é diferente da que tenho hoje. A minha ideia acerca das pessoas é diferente também, sou muito mais indulgente, se não fosse indulgente não estava aqui a dar esta entrevista.

**[NM]** Acha que somos assim tão intelectualmente menores?

**[ALA]** Não tem nada a ver com isso. Não julgo as pessoas assim. Nem me acho superior a ninguém. Acho que sou orgulhoso, mas acho que tenho um orgulho humilde, não tenho a sensação de ser melhor que ninguém.

**[NM]** Diz que em Portugal as pessoas não sabem ler. É porque não lêem muito?

**[ALA]** As pessoas não sabem ler porque não foram ensinadas a ler e ler ensina-se. Ninguém discute os prémios que dão aos químicos ou aos físicos ou aos matemáticos e toda a gente acha quem é que deve receber um prémio literário. As pessoas não sabem literatura. Lê as críticas e são desoladoras de ignorância. Mas isto também se passa no estrangeiro, não é um fenómeno português.

**[NM]** Mas quem é que o ensinou a si, porque é que é diferente da maioria?

**[ALA]** Acho que sei muito pouco de literatura, mas sei mais do que sabia há 20 anos. As pessoas não sabem ler por várias razões. Primeiro, porque antes do 25 de Abril não convinha que as pessoas soubessem ler, a seguir ao 25 de Abril nunca houve uma política cultural, nem com um governo mais à direita ou mais à esquerda. Como não ensinam as pessoas a ouvir música. E ensina-se a ouvir Bach ou Beethoven ou Charlie Parker. Ensina-se.

**[NM]** E consigo como é que foi?

**[ALA]** O dramático disso é que muitas vezes somos autodidactas. E depois a aprendizagem torna-se muito mais penosa, muito mais difícil, muito mais lenta e muito mais imperfeita.

**[NM]** Mas tinha livros?

**[ALA]** Em casa dos meus pais havia livros, sim.

**[NM]** E liam-lhe alto os livros, quando era pequeno?

**[ALA]** Sim, o meu pai lia-me alto poesia, romances, etc. Mas fazia poucos juízos de valor. Gostava que os filhos os fizessem como entendessem. Nisso tive bastante sorte. Aliás, acho que tive bastante sorte com a minha família.

**[NM]** Mas aprendeu a ler sozinho, no sentido em que fala, porque tecnicamente toda a gente sabe ler, não é?

**[ALA]** É uma coisa muito curiosa, vamos falar de literatura, uma vez que é isso que eu tento fazer. Não se ensina, mas aprende-se. Há certas coisas básicas que se aprendem, técnica literária aprende-se. Mas há outras coisas que não se aprendem. As pessoas ou nascem com isso ou não nascem. Um bom leitor é tão difícil de encontrar como um bom escritor.

**[NM]** Há pouco era uma questão de ensino, agora é uma graça, como a fé?

**[ALA]** Um bom leitor é como um bom escritor, exige trabalho, exige aprendizagem, exige tempo, exige disponibilidade.

**[NM]** Os seus livros em Portugal são muito lidos. Acha que a maior parte deles caem em saco roto porque afinal não são bem lidos?

**[ALA]** Continuo a publicar em Portugal apenas por respeito aos meus leitores.

**[NM]** Respeita-os porque acha que os seus leitores sabem ler?

**[ALA]** Ponho o problema ainda antes disso: nos afectos. Porque tenho recebido ao longo destes anos cartas e outras manifestações de tal maneira comoventes e tocantes que acho que não posso trair e sinto-me reconhecido às pessoas por isso. Agora não tenho dúvidas que há vários níveis de leitura. Quando o Eugénio de Andrade me diz: "Eu não percebo porque é que a *Exortação aos Crocodilos* vende tanto, porque é um livro tão difícil", é preciso saber muito de literatura para apreciar este livro, está a ver? Eu percebo o que ele quer dizer, mas provavelmente haverá vários níveis de leitura, entende? Acho que ele tem toda a razão. A tese dele é, um pouco como Stendhal dizia, o leitor ideal é muito raro. Repare que há livros que as pessoas compram mas não lêem, compram para pôr na estante porque têm que ter na estante.

**[NM]** Sim, mas isso não são os seus livros!

**[ALA]** Por exemplo, *O Nome da Rosa* (do italiano Umberto Eco), que vendeu tanto. Quem é que foi ler aquilo.

**[NM]** Nós lemos.

**[ALA]** Está bem, mas muita gente... Por exemplo, fizeram uma edição do *Ulisses* (de James Joyce), um livro que acho extraordinário, e esgotou num instante. Pergunto-me se as pessoas leram aquilo, porque é um livro extremamente difícil de ler e é preciso entrar naquele arquipélago para poder começar a gostar daquilo. Há certos autores que são muito difíceis e que depois nos podem dar um prazer enorme se se consegue ultrapassar essa resistência inicial.

**[NM]** E considera-se um desses autores?

**[ALA]** Não me considero nada. Embora ache que os livros que escrevo não são fáceis. Portanto, espanta-me que vendam tantos exemplares. Mas oiça, não sou um *best-seller*, nunca serei.

**[NM]** Mas o que estará por detrás desse fenómeno das pessoas comprarem os seus livros?

**[ALA]** Há muita coisa que me espanta. Como me espantam as reacções excessivamente emocionais em relação aos meus livros, de aceitação ou de rejeição apriorística e acrítica muitas vezes. Quando os meus primeiros livros saíram, espantavam-me muito as reacções tão emocionais que as pessoas tinham em relação àquilo, que afinal eram apenas livros.

**[NM]** Os seus livros não são livros que contem uma história, que tenham um fio narrativo, mas sim que se vão vivendo através das personagens.

**[ALA]** Os meus primeiros livros têm um fio narrativo.

**[NM]** Sim, os primeiros, os autobiográficos.

**[ALA]** Mas depois percebi que não era esse o caminho que me interessava. O que me interessava era o desafio, atendendo a que o fio narrativo num romance é o mesmo que a picareta e a corda para um alpinista, de construir um romance sem fio narrativo. Criar personagens, emoções, situações, etc., sem fazer por um lado escrita estática e sem a ajuda desse fio narrativo.

**[NM]** E conseguiu?

**[ALA]** Não sei.

MEDO DE NÃO VOLTAR A ESCREVER

**[NM]** E como é que cada novo livro vai ganhando vida?

**[ALA]** É um mecanismo curioso porque no fim de um livro você sente-se completamente vazio. Há pessoas que têm dois, três livros na cabeça, isso nunca me aconteceu, tenho só um, quando tenho. Portanto, há uma sensação de vazio muito grande e o receio de não ser mais capaz de voltar a fazer outro livro. Isso é constante.

**[NM]** É o medo de não conseguir que o faz avançar para o próximo, para provar que é capaz?

**[ALA]** O medo é muito grande porque você não concebe a sua vida sem isso. E em cada livro que acaba é a mesma dança, o mesmo receio. Depois deste último, estive oito meses sem ser capaz de escrever. Depois, a pouco e pouco, o livro começa a aparecer, vagas ideias, vagos episódios, vagas personagens, que vão confluindo, cristalizando até que, a certa altura, o livro pede para começar a ser escrito, da mesma maneira que quando está acabado rejeita mais trabalho sobre ele. Mas o difícil não é escrever, difícil é corrigir e deitar fora o que está a mais. É dramático, porque quando está a escrever a quente parece-lhe que está a ser capaz de transmitir todos os sentimentos, emoções, etc., e depois a frio, passado algum tempo, a diferença entre a intensidade dos sentimentos e os resultados que ficam no papel é tão grande que todo o trabalho é tentar diminuir essa distância.

**[NM]** Onde é que conhece todas aquelas personagens e todos aqueles sentimentos dos seus livros?

**[ALA]** Sei lá, com este último livro tinha a sensação de estar a aprender coisas sobre as mulheres com as personagens. Punha-se-me o problema, eu nunca experimentei as vivências femininas, não sei o que é um orgasmo para uma mulher ou o sentimento da maternidade ou o viver a primeira menstruação.

**[NM]** E como é que foi encarnar aquelas mulheres?

**[ALA]** A sensação que tinha é que elas estavam a ensinar-me coisas sobre o que eram as mulheres. O meu problema era até que ponto estas raparigas são credíveis e têm uma existência própria independente de mim. Penso que quando o livro é sólido, cria as suas próprias leis e então de nada valem os planos muito pormenorizados que se fez, porque caminha muitas vezes em direcções que de início não se esperava.

**[NM]** Por exemplo?

**[ALA]** Aparece-me um pequeno episódio e depois é como encontrar um botão e fazer um fato para o botão. Normalmente é em torno desse pequeno pormenor, sem importância, que as coisas começam a cristalizar-se. E muitas vezes esse pormenor nem aparece no livro. Mas nunca mudei de processo. Nem irei escrever muito mais livros. Se viver o suficiente, queria acabar esse e escrever mais dois livros e acabou. Não escrevo mais.

**[NM]** Porquê?

**[ALA]** Leva-se a vida a lutar para arranjar uma maneira própria de dizer as coisas e depois acaba-se por ficar prisioneiro dela. Não acredito em grandes livros que se escrevam antes dos 30 anos e depois dos 70. Há excepções, é evidente.

**[NM]** Reforma-se?

**[ALA]** Não, vou fazer outras coisas que me apetece muito fazer e para as quais não tenho tempo. Trabalho muitas, muitas horas.

## TUDO MENOS UMA FRASE MAL ESCRITA

**[NM]** Falava na felicidade de encontrar pessoas melhores do que si próprio. Sente que as suas personagens lhe são superiores?

**[ALA]** Nunca penso nisso quando estou a escrever. Como elas me aparecem já impostas, não escolho. O problema é que são pessoas com quem vou viver um ano, dois anos. Inevitavelmente, é difícil a gente viver com as pessoas sem gostar delas, não é?

**[NM]** Mas gosta das personagens todas?

**[ALA]** Sim, gosto muito delas. Neste livro que estou a escrever é só uma rapariga a falar, não tem várias personagens, apenas uma – é outro desafio, agarrar numa miúda de 18 anos e pôr dentro dela tudo aquilo que ela não viveu, não sabe nada da vida, da morte, disto, daquilo, daqueloutro, tem olhos virgens e uma virgindade em relação às coisas e como pôr tudo dentro dela. Estou a viver com ela desde Outubro de 98. Agora começamos a estar um bocado fartos um do outro. Mas ainda vamos estar juntos mais uns meses.

**[NM]** E os olhos dela continuam virgens depois destes meses todos?

**[ALA]** É difícil, só lendo, porque se se pudesse resumir um livro ou um filme para quê escrevê-lo ou realizá-lo, não é? E depois aquilo que conseguimos contar é a anedota, que é o menos importante. Para lhe poder contar um filme do Visconti contava-lhe a anedota que não tem importância nenhuma, o que tem importância é a forma como ele trata a intriga e não a intriga em si, que pouco interessa.

**[NM]** Nos seus livros, a forma é muito mais importante que o conteúdo.

**[ALA]** O importante é o como, como escrever.

**[NM]** A forma como escreve. É isso que o distingue?

**[ALA]** Exactamente. Porque os temas mais banais são os mais difíceis. Escrever uma história de amor é terrivelmente difícil. Eu gostava de fazer um romance de amor e é-me terrivelmente difícil. Colocar personagens em situações extremas torna-se tecnicamente muito mais fácil que tentar narrar o quotidiano. Para desbanalizar é preciso uma arte muito consumada. Como fazia o Tchekhov, aquelas peças onde nada acontece e as pessoas usam as frases mais banais deste mundo

"EXORTAÇÃO AO LOBO" | 361

e ele consegue transmitir toda a dor, todo o sofrimento, toda a alegria do mundo. É extraordinário o trabalho que ele fazia. Ou a Jane Austen. Que no fundo é isso que nos toca, o que é que me toca num livro? É estar a ler e pensar: bolas! É isto mesmo que eu sinto e não era capaz de exprimir. É isto que acontece comigo e eu não reparava.

**[NM]** Mas é esse o efeito que as crónicas têm nas pessoas. As suas crónicas tocam as pessoas por aí.

**[ALA]** Não sei. Estava a lembrar-me do início desta entrevista, quando falou no pobre do Herman José, em que estava a dizer exactamente o oposto do que está a dizer agora.

**[NM]** O seu mal é que pegou numa imagem que usei para tentar explicar uma ideia concreta e a interpretou como uma classificação do que escreve.

**[ALA]** Obviamente, mas essas coisas para mim são muito importantes.

**[NM]** Não é nada óbvio!

**[ALA]** Uma vez, o Herculano disse uma coisa ao Garrett, uma frase que acho assombrosa: "Por dez moedas, o Garrett é capaz de todas as porcarias, menos de uma frase mal escrita". É evidente que me chocou a comparação com o Herman porque o Herman faz caricaturas e eu nunca quis fazer nenhuma caricatura.

**[NM]** Mas não fique chateado.

**[ALA]** Não fiquei chateado, mas a caricatura a mim não me toca, pode fazer-me rir. O Herman faz-me rir, mas não me comove.

**[NM]** O que tentava explicar é que não pode ser uma pessoa triste deprimida, como quer às vezes fazer crer – porque quando uma pessoa escreve, tudo na vida é material de trabalho. Por isso, tem que ser uma pessoa alegre, feliz.

**[ALA]** Outro dia estava sentado nas Amoreiras divertidíssimo.

**[NM]** Perguntei-lhe se ia ao supermercado e olhava para as pessoas e disse que não.

**[ALA]** Claro, eu não era bem olhar, era impregnar-me delas.

**[NM]** É divertir-se com a riqueza humana.

**[ALA]** Não tem que ver com riqueza, tem que ver com disponibilidade para os outros, não ter pressa.

**[NM]** Mas pode tirar gozo.

**[ALA]** Todos somos capazes de fazer a mesma coisa, basta ter tempo, ter disponibilidade.

**[NM]** Não é nada, isso é mentira!

**[ALA]** Eu não sou mentiroso.

**[NM]** Então pronto, acho que tem uma sorte enorme em ser assim.

**[ALA]** Em ser o quê?

**[NM]** Em ter tanto talento, em olhar para as pessoas e para as coisas e ser capaz de construir...

**[ALA]** Não é uma questão de sorte, é uma questão de tempo, eu tenho tempo, construí a minha vida de maneira a ter tempo para isso. Ou pensa que quando vim de África e tinha que trabalhar no hospital não sei quantas horas e depois como não tinha dinheiro ia fazer bancos para o Montijo e para aqui e para acolá, que tinha tempo? Não tinha tempo nenhum e isso reflectia-se obviamente no que escrevia.

**[NM]** A questão não é só de tempo. Nem todos podem ser grandes escritores.

**[ALA]** Acho que o João Renan tinha razão quando dizia que não havia talento, havia bois, pessoas que marram, marram, e marram.

## 33. SARA BELO LUÍS

# *"Que diz Lobo Antunes quando tudo arde?"*

*Visão*
18 de Outubro, 2001, pp. 184-192

Ao sair o seu 15º romance, do qual a VISÃO dá uma pré-publicação, o escritor fala do seu isolamento, da vida «sugada» pela escrita e da infância que lhe revelou um «mundo sem interdições». Da «obsessão» de retratar um país.

Ele diz que já quase não se lembra de *Que Farei Quando Tudo Arde?*, o romance de 637 páginas que as Publicações Dom Quixote lançam esta semana para as livrarias. Só assim António Lobo Antunes consegue escrever – pondo tudo para trás, os outros, a vida, os livros. Tentando, em cada nova obra, superar os limites da arte de compor as palavras como se de uma sinfonia se tratasse. Ele, o escritor que nunca escondeu que, por detrás de cada exemplar, estão horas e horas, castigando as formas verbais, os substantivos, os advérbios. De tal maneira que... «Às vezes, pergunto-me se terei talento», afirma nesta entrevista.

No momento em que já está a trabalhar noutra narrativa, passada em Angola, sobre uma seita religiosa, Lobo Antunes conta à VISÃO o projecto de escrever apenas mais dois romances. A partir de 20 de Novembro, irá a algumas universidades para apresentar o seu novo livro. Depois, regressará a um dos seus vários locais de escrita, onde apenas interessam as letras pousadas nas folhas A5 dos blocos de receitas médicas.

**[VISÃO]** *Que Farei Quando Tudo Arde?* desenvolve-se a partir da história de um *travesti*, narrada pelo seu próprio filho. Como se interessou pela figura?

[**ANTÓNIO LOBO ANTUNES**] Quis escrever um livro sobre a identidade, fazendo várias interrogações que se colocam de um modo especial num *travesti*. Esta é uma questão recorrente nos meus romances. Passamos a vida a fazer perguntas. E vamos morrer sem saber as respostas.

[**V**] O Paulo, o narrador, encontra uma resposta.

[**ALA**] Sim, quando se identifica com o pai no final do livro. Ao contrário do que aconteceu com a Maria Clara (a narradora de *Não Entres Tão Depressa Nessa Noite Escura*), a minha relação com este rapaz foi muito complicada, não conseguia dar-me bem com ele nos primeiros meses. A maneira como ele pedia as coisas era muito rugosa, repugnavam-me algumas das suas características, a sua personalidade, o temperamento, a maneira de ser. Depois, comecei a conhecê-lo melhor e reconciliei-me um pouco. As personagens adquirem uma dimensão de realidade muito grande e é engraçado que, quando se está a escrever, sejamos essas personagens e, ao mesmo tempo, não sejamos.

[**V**] Porque é que escolheu este verso – ironicamente, muito actual – de Sá de Miranda para título do romance?

[**ALA**] Tenho sempre um grande problema com os títulos. Este é o último verso de um soneto de Sá de Miranda[1] e pensei que era um pouco o resumo do livro. Gosto muito de ler poesia. Com a idade, há prazeres que vão desaparecendo (como o prazer dos gelados ou o de ir ao futebol), outros que a aparecem (aos 40 anos começamos a gostar de sopa) e outros que se mantêm como a leitura.

[**V**] Onde recolheu informações para descrever o drama da vida da Soraia e este ambiente pesado de droga, homossexualidade e sida?

[**ALA**] Não acho que este seja um ambiente pesado... Falei com algumas pessoas, com a Tereza Coelho, que fez várias reportagens

---

[1] "Desarrezoado amor, dentro em meu peito, / tem guerra com a razão. Amor, que jaz / i já de muitos dias, manda e faz / tudo o que quer, a torto e a direito. // Não espera razões, tudo é despeito, / tudo soberba e força; faz, desfaz, / sem respeito nenhum; e quando em paz / cuidais que sois, então tudo é desfeito. // Doutra parte, a Razão tempos espia, / espia ocasiões de tarde em tarde, / que ajunta o tempo; em fim, vem o seu dia: // Então não tem lugar certo onde aguarde / Amor; trata treições, que não confia / nem dos seus. Que farei quando tudo arde?", in Francisco Sá de Miranda, *Obras completas*. Volume I, 3.ª edição, revista. Texto fixado, notas e prefácio de Rodrigues Lapa. Lisboa: Sá da Costa, 1977, p. 293 (soneto 112).

sobre o assunto, e com Carlos Castro, autor da biografia da Ruth Bryden[2]. Mas eles apenas me contaram dados factuais, o que me ajudou pouco para o que queria fazer. Acabei por inventar tudo o que está neste romance, que será o antepenúltimo. Só quero escrever mais dois romances.

**[V]** Porquê?

**[ALA]** Chega uma certa altura e, inevitavelmente, as pessoas começam a repetir-se. Passamos uma vida inteira a tentar arranjar uma forma pessoal de escrever e, depois, quando nos queremos libertar dela, já não conseguimos. Disse várias vezes que não acredito em grandes romances escritos antes dos 30 anos, porque é preciso ter vivido um pouco para os escrever, nem depois dos 60, 60 e tal, porque já há uma esclerose dos processos. A imaginação é feita pela memória e todos esses mecanismos começam necessariamente a falhar. É horrível assistirmos à decadência de um grande escritor, tenho reparado que as obras finais são quase patéticas, sente-se que já se está a rapar o fundo da panela.

**[V]** Ao lermos um livro seu, é inevitável pensar como é que ele será traduzido para uma língua estrangeira.

**[ALA]** Procuramos sempre uma determinada música que é muito difícil de traduzir noutra língua. E há sempre o receio de o livro ficar reduzido à intriga. O trabalho de um tradutor é muito criativo, é preciso ter muito talento. Quando dizemos que lemos o Tolstoi, estamos a mentir, porque o que lemos foi uma versão do Tolstoi. Lembro-me, uma vez, de estar a falar de *A Morte de Ivan Ilyich* com a pianista Tania Aschot e de ela me perguntar em que língua é que eu tinha lido. Em inglês? Se tivesse lido em russo…

**[V]** Acompanha as traduções das suas sobras?

**[ALA]** Não, é o agente que faz esse trabalho. Há países em que temos tido mais que um tradutor… Digo «temos» porque o Tom (Thomas Colchie) está comigo desde o princípio. E, no início, ele não ganhava dinheiro nenhum comigo, porque ninguém queria os livros. Depois, as editoras começaram a publicar, tínhamos um grande sucesso de crítica, mas não vendíamos nada. Isto dura praticamente há 20 anos… Se não fosse isto não poderia ter deixado a Psiquiatria,

---

[2] Carlos Castro, *Ruth Bryden: rainha da noite*. Lisboa: Dom Quixote, 2000.

embora como médico ganhasse muito mais dinheiro do que a escrever. É muito difícil ser escritor profissional. Aqui em Portugal, quantos é que há? Dois, três no máximo.

[V] Os seus livros têm cada vez mais páginas. Acha que ainda há tempo para se lerem romances com esse fôlego?

[ALA] Julgo que é difícil para um português médio, para uma pessoa que mora no Cacém, que passa sete horas a trabalhar, demora duas horas para ir, outras duas para voltar, chega a casa cansado, tem a televisão, o telefone, a mulher, o marido, os filhos, no sábado tem que ir ao supermercado... Havia quem achasse os meus livros complicados. Penso que tenho que ensinar os meus leitores a lerem. Uma vez dentro do universo, torna-se mais fácil, mas, de qualquer modo, tem que haver sempre uma certa margem – o livro tem que ser suficientemente poroso para eu, enquanto leitor, ter a sensação de o estar a escrever. Um livro bom é aquele que tenho a impressão que foi escrito para mim e que todos os outros exemplares dizem coisas diferentes.

[V] Recebe muitas cartas dos seus leitores?

[ALA] Bastantes. E também me enviam manuscritos, pedindo para que fale com os editores para que sejam publicados. Por vezes, há pessoas com mérito, mas é muito difícil, no meio daquele aluvião de originais... Também não há muita gente que saiba ler. Queremos abrir a porta do livro com a nossa chave, mas temos que usar a chave do autor. Temos tendência para transformar as nossas opiniões pessoais em verdades universais e rejeitar tudo o que não encaixe na nossa grelha de valores. Penso que a crítica devia servir apenas para ajudar a ler e nunca para adjectivar e hierarquizar. O acto de ler é criativo e implica humildade. Quando vejo as pessoas... dá-me vontade de rir porque, quer estejamos sentados no chão quer estejamos sentados num trono, é em cima do nosso rabo que estamos sentados.

[V] Responde a quem lhe escreve?

[ALA] Respondo às cartas todas, porque um dos maiores prazeres que tive na vida foi, aos 15 anos, ter escrito ao Céline e ele ter-me respondido. Andei com o envelope na carteira durante anos...

[V] Já disse que Portugal era «enfadonho», arrasando o País, os portugueses, a crítica e os seus colegas de ofício. Chegou mesmo a falar em mudar-se para os Estados Unidos e Brasil...

**[ALA]** ... Mas eu estive em vários sítios. «Enfadonho» não é uma palavra que costume utilizar, sou capaz de ter dito outras palavras quaisquer... Quanto mais tempo estou no estrangeiro, mais sinto que sou português. Começo a ter saudades das pessoas, do clima, da língua, da luz... É aqui que me sinto bem, sou daqui. É tão bom chegar ao aeroporto e ver gente a cuspir... Na Suíça, está sempre tudo tão limpo e eu tenho sempre a fantasia que, durante a noite, as suíças estão a varrer aquilo tudo... para Itália, claro.

**[V]** Mas nunca se mudou definitivamente.

**[ALA]** Não. Agora, tive um convite da Universidade de Berkeley... Tenho estado a pensar, a minha família tem insistido para que vá. Embora me agrade pensar que atravesso a ponte e estou em São Francisco, sinto-me cada vez mais preso à minha terra. Mas, como toda a relação de amor, é uma relação contraditória.

**[V]** Deixou transparecer o seu fascínio por São Francisco. Que outros lugares do mundo lhe causam esse sentimento?

**[ALA]** Às vezes penso que São Francisco nos fascina porque é parecido com Lisboa. É uma cidade alegre, não lhe sentimos o peso, as pessoas são muito amáveis e a solidão não é tão dura, como em Paris. A América fascinou-me muito nas primeiras vezes que lá fui. Agora já não tanto... Esta é a minha terra, este é o meu mundo, onde me sinto bem. Obviamente tem coisas de que não gosto, mas julgo que estava a tomar o todo pela parte. Com os primeiros livros, sentia-me injustiçado, porque havia uma grande ressonância em toda a parte e aqui não...

**[V]** Isso já não se passa.

**[ALA]** Não. Mas, agora, esta unanimidade é muito mais inquietante. Porque se o trabalho é realmente bom, está-se um pouco à frente do tempo. Devia haver mais discordância.

**[V]** E as suas crónicas, publicadas na VISÃO?

**[ALA]** Tenho alguma dificuldade em pensar que sejam literatura. Onde jogo a minha vida é nos romances. Tenho o galope lento, preciso de espaço. Talvez haja escritores de música de câmara e escritores de sinfonia. Preciso de espaço, até como leitor gosto de livros grossos. Já na adolescência, gostava de ler a *Guerra e Paz*, habituo--me às personagens, quero que a história continue...

**[V]** Ainda faz maratonas de escrita de 12 horas por dia?

**[ALA]** Faço, porque comigo as duas primeiras horas são sempre perdidas. Enquanto se está disperso, há mecanismos autocensórios a funcionar. Quando se está mais cansado, as coisas saem melhor. E, depois, no dia seguinte, corrige-se. Escrever é sobretudo uma questão de trabalho. Ainda era adolescente quando aprendi isso n'*A Bola* com uma entrevista de um campeão chinês de pinguepongue que treinava 14 horas por dia. É um pouco como os cirurgiões, que têm que fazer a mão.

**[V]** Não corre o risco de tornar-se numa obsessão?

**[ALA]** Não corre o risco, é uma obsessão. Tenho que antepor o trabalho a tudo o resto. Julgo que o que tem feito a minha dificuldade na relação com os outros, a começar pelas pessoas que me estão mais próximas, é o facto de elas acabarem por ter pouco tempo na minha vida. Estou todo o tempo com o livro.

**[V]** O seu isolamento tem a ver com o facto de sentir que está entregue a si próprio e só de si poder depender?

**[ALA]** Sou uma pessoa fechada, tímida, com poucos amigos, não sou muito sociável, não vou a bares, nem a lançamentos. Nunca tive grandes relações com pessoas do meio literário e, normalmente, não vou nessas excursões. Há quem vá a Fátima de autocarro, com pandeiretas e a cantar. Também há escritores que vão aqui e acolá. Nunca tive esse sentido gregário de grupo excursionista.

**[V]** Em Maio último, regressou da cerimónia de entrega do Prémio do Estado Austríaco para a Literatura Europeia bastante «desolado» e «revoltado», segundo palavras do seu editor.

**[ALA]** Esse prémio comoveu-me pelos emigrantes portugueses que diziam que, pela primeira vez, tinham visto a bandeira de Portugal hasteada na Chancelaria. Os emigrantes é que estavam muito indignados por o único português presente ser o embaixador.

**[V]** E o galardoado?

**[ALA]** Nunca fui um escritor oficial. Por vezes, espanta-me que as pessoas peçam subsídios. Como é que posso pedir um apoio e escrever o que me apetece? Temos aqui vários escritores no poder que, ao mesmo tempo, se afirmam como contrapoder, o que não deixa de ser divertido. É óbvio que o poder quer legitimar-se. Camilo ficou neutralizado a partir do momento em que fizeram dele Visconde Correia Botelho, com Dickens e Thacker[a]y passou-se a mesma coisa. Michelangelo queixava-se que os Médicis o obrigavam a fazer estátuas de neve. O que se passa com o poder é isso – obrigam os artistas a fazer estátuas de neve que se vão dissolvendo com o tempo.

**[V]** Quando Portugal é o país-tema no Salão do Livro de Paris e o António Lobo Antunes se coloca à margem da comitiva de escritores portugueses, isso não é uma atitude ostensiva?

**[ALA]** Não, existem grupos onde existem fraquezas individuais. As pessoas juntam-se porque não são suficientemente fortes. Para mim, havia um problema metodológico, porque nunca mandaria 40 pessoas que fazem livros (não sei se são escritores). Duvido que haja 40 escritores em Portugal. Preferiria mandar quatro ou cinco com mérito, de modo a ter maior possibilidade de os dar a conhecer. Não me compete a mim dizê-lo, mas acho que, agora, há pessoas de 30 anos a escrever com um talento raro. Da minha geração quem é que ficou? Muito poucos.

**[V]** Tem tempo para acompanhar o que vai saindo?

**[ALA]** Não muito, até porque, quando começo a ler um romance, dá-me logo vontade de começar a corrigir. Se calhar, se lesse o que escrevi, também teria... Quando vou ao estrangeiro, levo sempre uma mala com pouca coisa, para trazer muitos livros. São mais baratos. Normalmente, vou sempre às mesmas livrarias: em Paris, à Gallimard e à Village Voice, uma livraria pequenina, mas fabulosa. É uma perdição. Onde acabo por gastar o dinheiro é nos livros. Gosto do objecto em si, do cheiro, é um prazer que tenho desde que me lembro. Os escritores costumam falar do Homero, do Proust, disto e daquilo... A mim, o que me levou a escrever foi o Sandokan, *Os Três Mosqueteiros*, o Júlio Verne, a descoberta de que havia mais mundo do que aquele no qual vivia. Comecei a escrever a imitar esses meus heróis. Era uma forma de criar um mundo meu, sem interdições, onde os adultos não entravam e eu é que mandava.

**[V]** O seu nome aparece sempre nas listas dos «candidatos» ao Nobel da Literatura. Em 1999, a Academia sueca, ao atribuir o prémio a Günter Grass, chamou-lhe «sumidade literária». Aos 59 anos, o que é que o Prémio Nobel significaria para si?

**[ALA]** Agora, nada. Porque as pessoas que se alegrariam com isso já cá não estão. Teria significado até há três ou quatro anos. Não tenho grandes necessidades financeiras, vivo com pouco, tenho uma vida austera. Não preciso de carros luxuosos, nem de roupas caras e, quando já cá não estiver, as minhas filhas ficam com os direitos de autor durante 65 anos. Estou a pensar se houve algum prémio que me deu prazer em recebê-lo... Sim, houve um, o Rosalía de Castro, porque adoro a poesia dela. Os outros... Todos os anos, são dois, três... Os escritores de quem mais gosto nunca ganharam nada. Aqueles que penso que são os grandes romancistas deste século nunca foram reconhecidos – Tolstoi, se havia alguém que o merecia era ele, Conrad, Thomas Hardy, Tcheckov. E no entanto eles continuam vivos. Hoje, o Nobel ser-me-ia indiferente. Teria precisado imenso dele há 20 anos, ter-me-ia poupado a uma vida dificílima, a ver que o dinheiro não chegava até ao fim do mês, a fazer «bancos» por aqui e por acolá, para poder viver e ter tempo para escrever. Naquela altura, trabalhava como uma besta, passava três noites por semana fora de casa[,] de serviço em hospitais... Tinha-me feito um jeitão. Agora?...

[V] Para além do valor pecuniário, o Nobel é sempre um reconhecimento mundial.

[ALA] Isso já tenho. Não é modéstia, nem imodéstia, é a verdade. Sou traduzido em 40 línguas, o que é que posso ter mais? Fiquei espantado com o facto de a Academia falar nos cinco grandes romancistas...

[V] ...as sumidades literárias...

[ALA] ...pois, mas só podiam dar o prémio a uma. É natural que venham as outras...

[V] A si?

[ALA] É pouco natural, deram há pouco tempo a um português, normalmente há esses equilíbrios. E, depois, qualquer prémio tem a ver com muita coisa, até com manobras políticas...

[V] E os últimos têm tido uma grande carga política.

[ALA] Em todos os prémios, até os paroquiais. Talvez seja necessariamente assim. Acho que hipervalorizamos o Nobel, acaba por ser uma sensação jornalística que dura apenas um ano. T. S. Eliot, Sartre e Malraux eram considerados grandes escritores. Mas quem são os nomes que hoje consideramos grandes escritores? Quem são os escritores portugueses que vão ficar? Quem é que hoje lê Aquilino, Ferreira de Castro, Alves Redol, Namora, Régio? Das pessoas que estão agora a escrever em Portugal, quem é que vai ser lido daqui a 50 anos?

[V] O seu espírito parece ser o de uma pessoa um pouco sisuda e, no entanto, na escrita, tem até bastante humor.

"QUE DIZ LOBO ANTUNES QUANDO TUDO ARDE?" | 371

**[ALA]** Um escritor sem humor nunca é bom. E os grandes livros têm todos imenso humor. Não estou a falar de livros cómicos, claro, muitas vezes sorrimos pela justeza de uma observação. Mas, cada vez mais, tento desmistificar o escritor. O escritor é um homem comum, o problema é o trabalho, é assim que as coisas se conseguem. O único segredo é o trabalho.

**[V]** Esse humor é então fruto do trabalho?

**[ALA]** Provavelmente preciso de mais trabalho para chegar aos mesmos resultados que os outros. Às vezes, pergunto-me se terei talento. É tudo feito à custa de trabalho – escrever, reescrever, emendar, voltar a emendar, corrigir… Há pessoas que aos 19 anos escreviam coisas boas, as minhas eram uma porcaria. Passei a faculdade a jogar xadrez e a ler, a vida passava-me ao lado. Os outros apareceram tarde na minha vida. Só comecei a escrever melhor quando deixei de ter uma concepção ptolomaica do mundo.

**[V]** Quando é que isso aconteceu?

**[ALA]** Talvez nos hospitais, quando fui confrontado com coisas que não sabia o que eram. Era o filho mais velho de dois filhos mais velhos, a morte não existia.

**[V]** Actualmente, as suas viagens acontecem sobretudo por razões profissionais?

**[ALA]** Sim, ir à Alemanha, à Áustria… Às vezes passa-me pela cabeça que faço viagens papais para me mostrar e abençoar. No fundo, acabo por conhecer aeroportos, hotéis, as catedrais onde vou dizer missa, estúdios de televisão, coisas assim… O que vale é que gosto de aeroportos e adoro a comida dos aviões.

**[V]** Considera que isso também faz parte da sua profissão?

**[ALA]** Infelizmente. É um ciclo vicioso porque para ser lido é preciso ser conhecido. Se fosse cantor tinha que aceitar tudo…

**[V]** Ainda vai ao Miguel Bombarda?

**[ALA]** Duas vezes por semana.

**[V]** E dá consultas?

**[ALA]** Digamos que a minha actividade médica é praticamente nula.

**[V]** Há quanto tempo?

**[ALA]** Acho que desde o princípio, porque o que queria era escrever. Mas durante muito tempo os livros não existiam a não ser na minha cabeça. É óbvio que fui para Medicina porque vim de uma família de médicos, mas a Medicina tem lados fascinantes. Daí eu não perceber que pessoas com êxitos nas suas vidas profissionais escrevam um folheto e apareçam na televisão com o nome «escritor» por baixo. Ser escritor dá trabalho e há profissões com muito mais dignidade do que escrever livros. Tomara eu ter a paixão da Medicina ou de outra coisa qualquer...

[V] Escreve em vários sítios. Não sente falta de um certo ambiente de escrita?

[ALA] Não, desde que tenha o livro, até escrevo nos quartos de hotel. Preciso mesmo de mudar de sítio porque aquilo já é tão monótono... As outras pessoas saem para o trabalho e ficar em casa a fazer redacções é ridículo. Quando era miúdo, escrevia nos blocos de receitas do meu pai e, quando entrava alguém, tapava com o livro de História ou Geografia. Ainda hoje, escrevo nesses blocos com um livro aberto à frente, como se a qualquer momento pudesse entrar alguém que me dissesse que devia estar a fazer uma coisa útil em vez daquelas patetices.

[V] Ainda ouve música clássica?

[ALA] A minha surdez é um fenómeno recente, o que acontece é que com este aparelho ouço de mais... Mas quando estou a escrever não ouço música. Nunca escondi a história da estrutura sinfónica dos meus romances, embora os últimos sejam diferentes. Usava as personagens como instrumentos, fagotes, cordas, metais... A minha obra de sonho seria escrever um livro absolutamente silencioso, sem palavras. Tenho tentado, não sei se com êxito, escrever com cada vez menos palavras, eliminando os adjectivos, as metáforas, os advérbios... O encanto de Frank Sinatra são as suas pausas. Tenho que fazer isso – encher o livro de silêncio.

[V] Continua a reunir-se às quintas-feiras em casa dos seus pais em Benfica?

[ALA] Os meus irmãos vão, eu quase nunca. Tenho uma relação muito boa com todos eles, mas é uma relação cerimoniosa, não há partilhas de intimidades, nem expansões emocionais, elogios ou ataques. Às vezes, pergunto-me se os irmãos, se não fossem nossos irmãos, seríamos amigos deles...

[V] Imagina-se a fazer ao seu neto o mesmo que o seu avô paterno lhe fazia?

[ALA] Não tenho essa grandeza, nem essa capacidade de amar. O meu avô morreu, mas para mim continua tão vivo... Ele levou-me a Pádua, de automóvel, quando eu tinha 7 anos. Foi ele (e a minha «avó querida») que tornou feliz uma parte da minha infância, porque as infâncias só são felizes retrospectivamente. Nunca o hei-de esquecer. Mas não tenho a generosidade dele. Toda a minha energia foi sugada pelos livros e até diante do sofrimento tenho duas reacções – sou sempre a pessoa que está a sofrer e também a que está a ver o que é que posso aproveitar para a escrita. Esta atitude protege-me, mas também me proíbe de ter grandes alegrias. Estou constantemente, às vezes sem dar por isso, neste trabalho de sanguessuga da vida própria e alheia.

## 34. LUÍSA JEREMIAS

# *"O que interessa é chegar às emoções através das palavras"*

*A Capital*/Cultura & Lazer
7 de Novembro, 2001, pp. 34-35[1]

Hoje, às 18h00, o Palácio do Beau Séjour, em Benfica, abre as portas a António Lobo Antunes e aos "seus leitores". Um encontro que mais não significa do que uma homenagem do escritor aos seus fiéis, na apresentação oficial do livro *Que Farei Quando Tudo Arde?*. Na véspera do lançamento, Lobo Antunes conversou com A CAPITAL sobre a ansiedade de ir sempre mais longe na escrita.

**[LJ]** Para escrever este livro, *Que Farei Quando Tudo Arde?*, teve de conhecer ambientes que, já afirmou, lhe são estranhos, como o dos travestis ou da droga?

**[ALA]** Mantive conversas com a Tere[z]a Coelho, que escreveu muito sobre isso. E com o Carlos Castro, que me contou coisas sobre esse meio, a maioria delas que pouco me serviram para este livro.

**[LJ]** Mas não teve curiosidade em visitar os lugares, em falar com essas pessoas?

**[ALA]** Nenhuma, porque teria caído na tentação de contar a história de alguém, de me cingir à realidade. A minha dúvida é se o que eu descrevia seria credível. Porque eu não conheço, de facto, travestis.

---

[1] Na p. 35 desta edição pode ainda ler-se uma breve nota sobre a personalidade do escritor ("Boião de emoções").

E teria sido fácil, se quisesse. Bastaria ir a um espectáculo. A mesma coisa com as drogas. Inventei aqueles lugares descritos no livro. Não sei se as coisas se passam assim. Mas um livro vai evoluindo. Não fica preso às características das personagens. Neste tentei sobretudo questionar[] a identidade.

[LJ] Então o livro nasceu dessa busca de identidade?

[ALA] Quando se começa a escrever um livro, quer-se é escrevê-lo. Depois ele vai tomando corpo e cria as suas próprias leis. Só queremos estar mais perto da vida. Na maioria das vezes nem sequer há uma intriga. O que interessa é a vida e como chegar às emoções através das palavras.

[LJ] E quando começou a escrever este? Qual era a ideia que tinha?

[ALA] Quando comecei a escrever este tinha na cabeça as principais personagens, o número de capítulos do livro. [] Mas cada vez parto menos para um livro com um plano de trabalho. Conheço as pessoas, tenho uma ideia da cor do livro. Depois são as palavras que geram as palavras. Neste momento, este já é passado. Estou envolvido no novo.

[LJ] Que se passa em Angola.

[ALA] Passa-se em Angola. Mas o problema não é esse. É encontrar o como, a cor. É muito difícil p[ô]r palavras umas atrás das outras. É muito difícil escrever. Cada livro é um começo. Quando começamos um já esquecemos o anterior. E o nível de exigência tornou-se maior. Está-se sempre à beira do falhanço, com receio de falhar. Como se estivéssemos num trapézio, naquela altura em que se larga um trapézio para se agarrar o outro. Há sempre medo de errar. E quanto mais avançamos, mais críticos nos tornamos para connosco próprios. Cada vez me espanta mais a vaidade porque é um sentimento que eu não entendo. Também não entendo a inveja. Mas a vaidade… Até mais ou menos meio do livro dá vontade de o largar e começar de novo. Fazer sempre melhor.

[LJ] *Que Farei Quando Tudo Arde?* é um livro duro.

[ALA] Será o livro ou seremos nós? Não sei se há coisas alegres ou tristes. Por exemplo, para mim é um imenso prazer ler coisas boas, com qualidade. O que é a história d['O] *Velho e o Mar*, da *Anna Karenina*? Resumindo, o enredo parece de romance de cordel. O segredo está na forma. Os grandes livros são feitos de nada. A poesia… diluiu-se entre os dedos. Mas esses livros comovem, fazem sorrir, têm tudo lá

# "'O QUE INTERESSA É CHEGAR ÀS EMOÇÕES ATRAVÉS DAS PALAVRAS'" | 377

dentro: alegria, sofrimento, prazer, desejo, esperança. Quando acabei de escrever este livro estava contente, agora não estou.

**[LJ]** Porquê?

**[ALA]** Porque quero sempre um bocadinho mais. Ir mais longe. Perceber como é que se pode fazer melhor. Eu não quero fazer pior.

**[LJ]** Então porque é que tem dito em entrevistas que só escreverá mais dois livros? Não é um contra[-s]enso?

**[ALA]** Só quero escrever este e uma biografia. Sabe, eu já fiz não sei quantos romances, 15, sei lá... Se calhar todos os romances são autobiográficos. Mas claro que é um contra-senso, porque queremos sempre fazer melhor. Só que acho que não devo escrever mais do que esses, por uma questão de regressão.

**[LJ]** E a tal obra[-]prima? O romance de carreira? Já foi escrito?

**[ALA]** Não me cabe a mim dizê-lo. Há comprometimentos por parte de quem escreve consigo próprio e com os outros.

**[LJ]** Com os leitores?

**[ALA]** Claro. Sabe que ler é escrever. E quando estamos a ler um livro também o estamos a escrever.

**[LJ]** Desta vez a editora optou por fazer uma sessão de autógrafos. Um encontro com os leitores para apresentar o livro *Que Farei Quando Tudo Arde*[?]

**[ALA]** É a primeira vez que acontece.

**[LJ]** Bem sei. Mas porquê?

**[ALA]** Se não fossem os leitores eu não poderia viver da escrita. E não posso deixar de agradecer às pessoas que me lêem e que me compram. Um encontro é, se calhar, uma forma de agradecer aos leitores. Quando é que isso acontece? Num lançamento, numa Feira do Livro...

**[LJ]** E esse contacto agrada-lhe?

**[ALA]** Às vezes há encontros maravilhosos. Uma vez, uma senhora disse-me que só tinha dinheiro para comprar um livro. Um livro custa o quê? Dois contos e tal. A ela fazia-lhe diferença aquele dinheiro. E estava ali. Outras vezes aparecem-me jovens que também não têm muito dinheiro. Acabei por fazer um acordo com a editora para que possa oferecer alguns livros neste tipo de ocasiões. De certeza que estes vão ler os meus livros.

**[LJ]** E as cartas?

**[ALA]** Muitos escrevem. Escrevem a pedir nada. Escrevem a dar.

**[LJ]** Já teve algum feed-back deste último trabalho?

**[ALA]** A opinião mais importante era a do meu agente. Mas o único juiz do trabalho é o próprio. É quem escreve [] que deve estar cruelmente consciente dos defeitos que este tem. É curioso, muitas vezes aquilo que é apontado como qualidade, mais não são do que defeitos disfarçados. Se for lúcido dou conta que muitas vezes sou elogiado[] por coisas que reconheço serem insuficiências e para as quais me limitei a encontrar soluções técnicas.

**[LJ]** Dê-me exemplos.

**[ALA]** Uma pessoa que tenha dificuldade em fazer diálogos pode recorrer a monólogos sobrepostos. No caso deste livro, já houve quem me dissesse que teve dificuldade em entrar.

**[LJ]** Por causa da forma?

**[ALA]** Não sei. Penso é que, quando se começa a ler um autor, temos de tentar abrir a porta não com a nossa chave mas com a chave dele. E a tendência é usar a nossa chave, a nossa grelha. Se aceitarmos a dele, o que parece hermético pode tornar-se interessante. Neste momento, apetecia-me ler este livro outra vez.

**[LJ]** Não o leu?

**[ALA]** Não.

**[LJ]** Nunca os lê?

**[ALA]** Não. Porque já estou noutro. É estranho, o autor escreve os livros que queria ler. E depois não os lê. Se os ler vai pensar que podia ter ido mais longe.

**[LJ]** Mais longe? Neste livro? Em quê?

**[ALA]** Boa questão. Não sei.

**[LJ]** Na entrevista que deu à revista Visão, a propósito deste livro, dizia, às tantas, que os prémios são fruto de "manobras políticas"[2].

**[ALA]** Não foi bem assim. Políticas em sentido lato, não partidário. A minha atitude em relação aos prémios é a seguinte: são sempre agradáveis, mas são sempre aleatórios. E são particularmente agradáveis quando acompanhados de dinheiro. Mas eu precisava dos prémios era há 20 anos, não é agora.

**[LJ]** Só se fosse por causa do dinheiro...

**[ALA]** Não preciso de muito dinheiro para viver. Não tenho grandes ambições. O dinheiro é bom e o prémio é sempre agradável desde que se respeite quem o atribui. Mas tende-se a sacralizar os prémios literários. Actualmente há tantos prémios... Não há escritor que não

---

[2]  Ver entrevista 33.

"'O QUE INTERESSA É CHEGAR ÀS EMOÇÕES ATRAVÉS DAS PALAVRAS'" | 379

tenha recebido prémios. Eles deviam servir era para estimular. Para permitir que se vivesse da escrita e não acontecesse aos novos escritores o que me aconteceu a mim: escrever de noite, andar constantemente exausto, ter de manter outra profissão para poder escrever. O ideal é, se a pessoa tem talento, poder desenvolvê-lo.

[LJ] E quem é que tem talento em Portugal?

[ALA] Aparecem poucos livros bons. Ouve-se falar de nomes de escritores que, na realidade, não o são. Embora eu ache que saem coisas boas. Por exemplo, o *Taxi*, do José Couto Nogueira, é um livro com carne, não é uma abstracção. Em certa medida, e pela frescura, faz-me lembrar *O Que Diz Molero*, do Dini[s] Machado. Mas, de uma forma geral, a maioria dos romances são decepcionantes. A Mafalda Ivo Cruz também promete. Deixa ver o próximo romance dela... Da mesma forma, também me deixam perplexo as pessoas que escarnecem dos livros que vendem muito. Acham aquilo mau. Não sei se é, ou não. O que me parece é haver uma imensa inveja de elas venderem muito.

[LJ] Continua a ser um "bicho-do-mato"?

[ALA] Tenho de me defender. Você repare que nunca ninguém sabe onde eu estou, onde escrevo, onde durmo. Escolho sítios diferentes para o fazer. É a forma que tenho para me defender. E, o curioso é que o facto de não dar entrevistas, de não [a]parecer, de ser caixeiro viajante, que eu julgava que se voltava contra mim, teve o efeito contrário.

[LJ] As pessoas procuram-no mais?

[ALA] Não, porque eu também não deixo. Mas há um certo assédio. Claro que não me encontram porque eu nunca estou no mesmo sítio. Mas isso ajuda-me a preservar-me para me poder entregar ao novo livro que está no começo e me suga tudo. Preciso de tempo para aquilo e para estar com as pessoas de quem gosto.

[LJ] Sempre vai viver para Berkeley, nos Estados Unidos?

[ALA] Não sei. É uma coisa muito prestigiante, mas não sei. Dão--me carro, dão-me casa, São Francisco está ali à mão de semear, Hollywood, Los Angeles... Mas Nova Iorque é do outro lado. Quase tão longe como Lisboa.

[LJ] Se o convite fosse para Nova Iorque aceitava?

[ALA] Dois irmãos meus viveram lá e voltaram para Portugal. Voltaram. Julgo, porque sentiam falta das mesmas coisas que eu, em

Portugal. Cada vez menos me imagino a viver noutro lado. Há uns tempos estava em Paris, doente, e só pensava que queria morrer em Portugal, não ali.

[LJ] Do que é que sente falta em Portugal?

[ALA] Das pessoas, da língua, d[a] cor do ar. A gente só se lembra disto quando está no estrangeiro. Pensamos que não temos sentimentos patrióticos, mas temos. E são muito claros no estrangeiro.

[LJ] Ainda voltando a este livro, *Que Farei Quando Tudo Arde?*, ali regressa a alguns lugares que fazem parte da memória de Lisboa e dos subúrbios. Como o Bico da Areia.

[ALA] O que me encantou nesse lugar foi o nome. Costumava lá ir com o Zé (Cardoso Pires), a um restaurante que lá havia. Ele adorava comer, ao contrário de mim. Nem sei se aquilo agora está assim. Deve estar diferente.

[LJ] Não voltou lá ao escrever o livro?

[ALA] Não.

[LJ] Mas essa [] preservação da memória da cidade, mesmo a do país, é consciente?

[ALA] Às tantas, a avenida da Liberdade ou o Príncipe Real que estou a descrever não é o real, mas o meu, ou o das personagens que o habitam.

## 35. LUÍS OSÓRIO,

# *"A mão do escritor.*
# *A mão de António Lobo Antunes"*

*Diário de Notícias*/Dna
8 de Dezembro, 2001, pp. 12-18

Não será necessário gastar muitas linhas para apresentar António Lobo Antunes, talvez apenas dizer que esta entrevista foi o resultado de mais de cinco horas de conversa espalhadas por três tardes, horas bem passadas a falar sobre as coisas pequenas e grandes da vida, sobre a felicidade, loucura, literatura, suicídio, sobre o amor pelas suas três filhas e o desamor pelos pais, sobre o comunismo e a classe politica, sobre a guerra colonial e a amizade. Falámos também de literatura, do que ele gosta e detesta. Do seu último livro, claro. Magnífico «Que Farei Quando Tudo Arde?», romance difícil que a partir de um universo homossexual toca magistralmente a perversa questão da identidade. Identidade daquelas personagens, mas sobretudo a nossa própria identidade. Falou-nos sobre o que anda agora a escrever. Explicou o que lhe acontece quando não escreve, o que lhe acontece quando tira o aparelho contra a surdez do único ouvido que ainda tem alguma sensibilidade, o que lhe acontece quando fecha os olhos e volta à mata de Angola, o que lhe acontece quando pensa nos seus mortos, o que lhe acontece quando pensa no seu próprio fim.

Aos 59 anos, António Lobo Antunes publicou 15 romances traduzidos em dezenas e dezenas de países. Todos os anos o seu nome é falado para o Nobel da Literatura. Todos os anos aumentam as vendas e os seus admiradores. Diz-se que Mario Vargas Llosa tem a sua fotografia no escritório.

Foram três tardes. Ao Augusto Brázio, que lhe mostrou imagens, leu poesia. A mim, deu-me conselhos para a vida. Esperemos que fique a conhecer mais o homem do que o escritor, mais o que tem dentro do que as máscaras que utiliza para disfarçar a timidez, mais a inquietude do que a arrogância do personagem. Esta é uma entrevista com um homem que continua à procura de um sentido para a vida, um homem igual a tantos outros. Talvez mais próximo da genialidade do que a larguíssima maioria, mas também muito mais perto do sofrimento.

[LO] Vou ligar o gravador para depois, com o tempo, nos podermos esquecer dele.

– Está bem. Falávamos de desamparo, de solidão, da minha solidão e do meu desamparo. Sempre tive uma vida muito sozinha, isso defende-me um bocado. É claro que aos 18 anos achava que sabia tudo sobre a literatura e sobre a vida, com os anos percebi que não sei absolutamente nada. Escrevo cada vez mais, escrevo quase compulsivamente... Agora, mesmo antes de chegar, estava para ali às voltas com a imortalidade.

[LO] Com a sua imortalidade?

– Com a minha não, com a minha não. Às vezes, muitas vezes, sinto que devia aprender a não escrever, espero que isso me seja possível. O intervalo entre os livros é cada vez mais difícil de suportar, são intervalos muito penosos. É claro que as pessoas são muito gentis comigo, ainda agora em Espanha a recepção que me fizeram foi impressionante e comovente. Tanta gente, tanta gente... Uma pessoa fica aflita com tanta generosidade, fica aflita quando de repente pessoas que não conheço e que falam uma língua diferente da minha me pedem para continuar a escrever, para não parar.

[LO] Tem mesmo a intenção de parar?

– Escrever mais dois livros e parar. É a minha ideia. Não concebo viver sem escrever, mas julgo que romances não escreverei mais. A maioria dos escritores, a dada altura, limita-se a apodrecer, esse apodrecimento acaba por pôr tudo o que fizeram antes em causa. Por vezes, sinto-me a rapar o tacho e não quero que isso aconteça. Porventura tenho que aprender a não escrever para descobrir múltiplas outras coisas, descobrir coisas que me apeteçam fazer.

"A MÃO DO ESCRITOR. A MÃO DE ANTÓNIO LOBO ANTUNES" | 383

**[LO]** O que lhe apetecia fazer agora?

– Ir a um quiosque comprar um livro policial. Depois talvez me sentasse numa paragem de autocarros suburbana, naquelas paragens em que param os autocarros que seguem para Lisboa... Sim, apetecia-me ficar para ali sentado. As pessoas entram, as pessoas saem e vou-me abandonando. Gosto dessa sensação. Todos os dias fico meia-hora na casa de banho sem fazer coisa nenhuma. Não tomo banho, não me barbeio, simplesmente estou sentado, mais nada. Os pensamentos não são claros, mas tenho a sensação que programo o resto do dia nessa meia-hora em que olho o tecto e as paredes.

**[LO]** Já não exerce a psiquiatria a tempo inteiro, mas continua a ir duas vezes por semana ao Hospital Miguel Bombarda. Para manter contacto com a realidade?

– Não, não. Ainda sigo alguns doentes e isso dá-me muito prazer.

**[LO]** Que tipo de prazer?

– O de ser imediatamente útil. Sabe que no hospital tive a maior lição sobre o que era viver, a maior de todas as lições. Um doente disse-me assim: «Sabe doutor, o mundo foi feito por trás». Na altura não liguei, mas hoje acho uma ideia espantosa. Na literatura e fora dela. Temos de escrever por trás para não estarem visíveis os pregos e as costuras, isso talvez seja o mais difícil porque é grande a tentação de mostrar tudo pela frente. Julgam, e também eu já o julguei, que assim as suas habilidades ficam à mostra, normalmente não percebem que é o leitor que constrói o romance. Sim, no hospital sinto-me útil. Na escrita a utilidade é uma dúvida permanente.

**[LO]** As dúvidas, quando são muitas, podem levar-nos ao hospital onde se continua a sentir útil.

– A loucura varia muito. De norma para norma, de cultura para cultura. Aquilo a que os médicos chamam loucura não é mais do que algumas coisas que existem dentro de nós mais desenvolvidas. Por exemplo: o que é a timidez?

**[LO]** É o medo de sermos rejeitados pelo outro.

– A timidez é a sensação de que estamos a ser olhados e que estão a reparar em nós. Num grau mais elevado deixa de ser timidez e passa a auto-relacionação, um dos sintomas da esquizofrenia. Todos os sintomas das doenças mentais acabam por não ser mais do que coisas comuns amplificadas, os médicos criam a norma clínica e consideram em alguns casos que determinados sintomas são desviantes da norma clínica que eles próprios criaram. Se estiver excepcionalmente bem disposto corre o risco de o rotularem com uma qualquer doença e dão-lhe remédios para atenuar essa sua boa disposição.

[LO] A loucura varia então de médico para médico.

– Julgo que sim. A loucura é exceder os limites impostos pelos médicos, limites que variam muito de caso para caso. O meu amigo Daniel Sampaio tem um patamar de tolerância muito maior do que a maioria, nunca o ouvi usar o termo normalidade. Mas a minha experiência clínica é diminuta, nunca quis ser psiquiatra nem tirar o curso de medicina, sempre quis escrever. Perguntam-me na maior parte das entrevistas se me inquieta a loucura, seria muito mais interessante perguntarem-me se me inquieto com o tempo que tenho à frente... Por um lado a única coisa que temos é o tempo, mas por outro cria-me uma espécie de angústia que tento preencher trabalhando. Talvez seja a razão porque trabalho tantas horas: fintar a angústia crescente.

[LO] É por isso que as pausas entre livros são penosas.

– Sinto-me infiel e culpado quando não escrevo, não sei em relação a quê ou a quem. Nestes últimos dias passados fora de casa estive sempre a roubar tempo para voltar ao quarto do hotel... Eram recepções, homenagens, conferências de imprensa, sessões de autógrafos e eu sempre a pensar no momento em que o elevador me levaria de volta à minha solidão, mais nada.

[LO] Mas nunca lhe apetece fazer outras coisas?

– Apetece-me sempre fazer outras coisas, mas isto tornou-se uma obsessão. A minha vida faz pouco sentido fora da literatura... Creio que é um pouco assim em relação à maioria das pessoas, o trabalho é a única forma de realização possível. Tudo o resto é secundário em relação ao trabalho, mesmo a actividade sexual.

[LO] E onde coloca o afecto?

– Sou uma pessoa muito reservada. Não falo da minha vida privada e dos meus sentimentos, mas não é por ter escolhido ser assim, entristece-me tanto ser assim. Sou assim por causa da educação que tive e pelos problemas que tenho em manifestar afectos, problemas meus. Não falo muito destas coisas nas entrevistas, porque tenho receio da forma como é tratado o jogo entre as perguntas do entrevistador e as minhas respostas. Uma boa entrevista é sempre uma peça de ficção, o jornalista cria uma personagem que é o entrevistado, talvez hoje possamos ir por aí. Mas hoje quase tudo é ficção, as próprias editoras entraram por aí. Com a pressa de vender livros à força publicitam essas meninas todas que por aí andam a escrever e os jornais misturam os que têm qualidade com o que é reles. Essas meninas, esses livros, são reles. Assim como algumas más entrevistas.

[LO] É comum dizer-se que António Lobo Antunes é arrogante e vaidoso. O traço do personagem não corresponde à forma como olha.

– As pessoas criaram uma ficção e agora é difícil esbater essa ideia. Durante anos, mesmo em relação a jornalistas, tentaram à força colar-me a imagem que imaginavam que eu fosse, ainda agora. Na sessão de autógrafos do lançamento deste livro escreveram-se coisas que eu não disse, coisas totalmente fantasiosas.

[LO] Quando se faz um pacto com a fama paga-se sempre um preço.

– Não acho grave, surpreende-me apenas. Sou arrogante, mal educado, rebelde, geralmente sou sempre o António Lobo Antunes somado a qualquer coisa desagradável. Não corresponde a nada do que sou, a nada. No estrangeiro, o espaço toma o lugar do tempo. Essa circunstância faz toda a diferença: as pessoas vêem-me com uma distância impossível de conseguir em Portugal, aqui as pessoas confundem a imagem que têm de mim com o meu trabalho. Há sempre esta confusão, esta confusão entre a pessoa que criamos dentro de nós e o trabalho produzido. É fácil etiquetar as pessoas e muito difícil mostrar a nossa verdade. Já reparou que costumamos etiquetar as pessoas pelos seus defeitos físicos? É a crítica mais reles que se pode fazer a uma pessoa porque estamos a falar daquilo que elas não têm culpa, criticamo-las pelos nomes que têm ou porque são demasiadamente feias ou gordas ou bêbadas ou fascistas.

[LO] O caso do seu grande amigo Melo Antunes é bastante claro sobre o que disse há pouco. Para a direita era visto como um comunista, para os comunistas como um perigoso fascista.

– Lá estão as etiquetas da ficção. Na verdade não passava de um homem livre e independente, mais nada. Geralmente não se perdoa a um homem livre e independente. Aí sim, paga-se sempre um preço e ele pagou-o até ao fim.

**[LO]** Conheceu-o em Angola, durante a guerra colonial.

– Jogávamos xadrez antes dos bombardeamentos. Eu não gosto de falar da guerra, nunca falei da guerra numa entrevista, custa-me, sabe. Jogávamos xadrez antes dos bombardeamentos, antes do anoitecer, de vez em quando líamos poesia um ao outro. Foi o homem mais corajoso que conheci na frente de combate... Uma ou duas vezes vi-o, no rescaldo dos confrontos, a passear nas trincheiras com uma lanterna, uma ou duas vezes vi-o a servir de alvo. Um dia perguntei-lhe porque o fazia, ele que era geralmente tão cuidadoso com a vida dos homens, e disse-me assim: «Sabes António, é que às vezes apetece-me tanto morrer». Era um homem livre o Ernesto, talvez o único homem com quem podia estar uma tarde inteira sem dizer uma palavra, numa espécie de pacto de silêncio. Sabe que nunca falámos da guerra? Nunca, nunca.

**[LO]** E quem ganhava ao xadrez?

– Ganhava-me nove em cada dez jogos. Tenho impressão que, de quando em vez, me deixava ganhar. Era um homem aparentemente muito distante e frio, quem o conheceu sabe que isso não correspondia à figura.

**[LO]** Já falou um pouco sobre a guerra.

– Falei sobre o Ernesto Melo Antunes, é diferente. Sobre a minha guerra? Há uns anos vi um filme português acerca da guerra colonial e, a dado passo, os soldados falavam da Pátria, da injustiça da guerra e do colonialismo. Coisa absolutamente imbecil e falsa, nada mais falso do que isto. Na guerra estamos apenas preocupados em chegar ao dia seguinte, não havia considerações adicionais para quem se encontrava nas frentes de combate. Estávamos presos, como um bicho na terra, à tentativa desesperada de chegar ao dia seguinte. Queria lá saber do colonialismo, queria lá saber da democracia, queria lá saber do socialismo. O próprio Melo Antunes, ultra-politizado e que combateu a guerra antes e depois de lá ter estado, nunca disse uma palavra durante o tempo em que chefiou o meu batalhão. O erro formidável era estarmos ali, nós estarmos ali, não havia mais nada senão o desejo de voltar a casa.

**[LO]** Mas diziam poesia um ao outro.

– Como forma de não ficarmos totalmente alienados. É tão penoso falar sobre isto, talvez possamos ficar por aqui. Senão já sei: durante uns dias não encontro concentração para escrever.

**[LO]** Continua a ser-lhe difícil voltar.

– Tanto ou mais do que antes.

**[LO]** Durante aquele tempo, à semelhança de Melo Antunes, também lhe apeteceu morrer?

– Nunca me passou isso pela cabeça, queria viver. Voltar inteiro.

**[LO]** E hoje, António?

– Continuo a querer viver, apesar de tudo.

**[LO]** Apesar da falta de sentido da vida?

– A vida faz-me sentido enquanto trabalho.

**[LO]** Só enquanto trabalha?

– Fundamentalmente enquanto trabalho. O Daniel Sampaio, que é meu médico, diz-me que sou auto-destrutivo com tendências suicidárias. De há três anos para cá, quando me começaram a acontecer coisas muito más na minha vida, talvez isso se tenha acentuado, não sei. Mas quero viver, quero viver. O Reinaldo Arenas, de quem era muito amigo, telefonou-me uns dias antes de se suicidar com o objectivo de se despedir de mim. Não me passou pela cabeça que o pudesse fazer, para falar verdade não lhe liguei nenhuma.

**[LO]** Se alguma vez pensasse fazer o mesmo tinha muitas pessoas a quem telefonar?

– Se alguma vez pensasse fazer o mesmo não telefonaria a ninguém. Mas os livros dão-me sentido à vida, o desafio de lutar contra um material que se revolta contra mim, a escrita deste último foi nesse aspecto muito complicada. Já o leu?

**[LO]** Gostei muito.

– Foi um livro tremendo. Nada sabia sobre o mundo da droga, da homossexualidade, dos travestis. Inventei tudo e o problema foi escrever as coisas com a mesma intensidade com que as fui sentindo dentro de mim. Gostava profundamente de todas aquelas pessoas, percebe isto, Luís?

**[LO]** E o contrário acontecia, António? As pessoas que habitavam as suas páginas gostavam de si?

– Isso já não sei, não me importa. O importante é que eu gostava delas, o importante é que as tornei vivas em mim – aquela mãe, aquele pai, o rapaz, o namorado do pai. Tudo pessoas por quem tinha um extremo afecto, fui muito sensível ao sofrimento daquele travesti e o que aquele homem sofreu! O livro está muito substantivo, não tem adjectivos ou advérbios, gostava profundamente dele, um amor tudo menos triste.

**[LO]** Não considera este livro triste?

– Nada triste, nada desesperado. O livro é sobre a procura da identidade, mas a procura da identidade é algo que nos acompanha toda a vida. Quem sou eu? Quem são os outros? Quem sou eu face aos outros? É um jogo de espelhos, mas o problema é que todos os espelhos são ligeiramente deformados, quanta mais não seja somos canhotos nos espelhos, não somos completamente nós. Para escrever seja o que for, mesmo que seja um atestado médico, é fundamental medir bem as palavras. O Alexandre Herculano dizia em relação ao Almeida Garrett que este era capaz de todas as porcarias, menos de uma frase mal escrita. Esta frase definia um e outro. Mesmo as pessoas que escrevem para os jornais, que no dia a seguir servem para embrulhar o peixe frito, devem medir as palavras por respeito à língua e a nós mesmos.

**[LO]** Gosta de muitos escritores Portugueses?

– Há dois ou três escritores com qualidade, já não é mau. Não há exigência, não há rigor, as pessoas não têm um sentido ético da vida e muito menos um sentido ético do seu trabalho. Estou a falar no geral, mas desta generalização não excluo os escritores. O mais difícil de suportar, para isso não tenho mesmo paciência, é o mau carácter e a desonestidade. Não suporto os plágios descarados, os livros medíocres exaltados pelos jornais e revistas cor-de-rosa, tudo isso é miserável, é pequeno e é reles. Para não fugir à verdade tudo isso é, também, universal.

**[LO]** Acredita mesmo que a vida se justifica através dos livros?

– É a única coisa que vai ficar de mim, pelo menos durante algum tempo.

**[LO]** Por muito tempo?

– Muito tempo é sempre pouco. De qualquer maneira, já não estarei cá para saber. Nós morremos quando desaparecem as últimas pessoas que ouviram falar de nós.

**[LO]** A imagem que vai deixar nas suas filhas é diferente da que vai ficar em si quando os seus pais morrerem?

– Espero bem que sim. Até porque a imagem que tenho dos meus pais não é muito positiva. Tenho, cada vez mais, tentado ser uma referência e um abrigo onde elas podem voltar sempre. Nunca lhes

## "A MÃO DO ESCRITOR. A MÃO DE ANTÓNIO LOBO ANTUNES" | 389

faço perguntas, mas oiço com a maior atenção o que elas me querem contar. Quero deixar-lhes uma imagem diferente da que os meus pais me deixaram, não me deixaram nenhum vinco na alma, nenhum. Ficaria muito triste se tal acontecesse com as minhas filhas e os meus amigos, gostaria que se lembrassem de mim com alguma saudade, saudade que não sei se terei quando os meus pais morrerem. Ternura é um sentimento que nunca associei aos meus pais, não me lembro, nunca, nunca, de a minha mãe alguma vez me ter beijado. Tive extrema ternura por tias minhas, pelo irmão mais velho da minha mãe, tenho muita pena de não sentir isso pelos meus pais. Mas isso não os desvaloriza, é apenas um sentimento que tenho em relação a eles, nem sequer construí a minha vida contra eles, constru[í]-a de costas voltadas para eles. Nunca houve respostas às minhas perguntas, os pais devem sempre dar respostas mesmo quando as perguntas não são correctamente formuladas. «Não podes meter o dedo na ficha. Por que é que não posso meter o dedo na ficha? Porque dá choque. O que é um choque? Com um choque podes morrer. O que é morrer?» Começavam aí os problemas.

[LO] O que respondeu às suas filhas quando lhe perguntaram o que era morrer?

– Nunca me perguntaram. Infelizmente para elas tiveram que viver com isso muito mais cedo do que seria desejável, mediante essa realidade não há perguntas.

[LO] Há silêncio.

– Há tantas coisas. Perguntas não. A morte das pessoas de quem gostamos amputa-nos. De certa forma continuamos nas pessoas de quem gostamos, nos livros de que gostamos, nas cidades que amamos. Felizmente os nossos limites não são os do nosso corpo, guardamos por isso as coisas que nos dizem algo. Enquanto viver, as pessoas de quem gostei vivem aqui dentro, sinto que estou a viver por mim e também por elas. Para onde o Luís for os seus filhos vão consigo, sempre. É muito bom sabermos que não acabamos onde acaba o corpo.

[LO] De todos os seus mortos quem está mais vivo aí dentro?

– Continuam todos tão vivos como os vivos. É como os livros, como as pessoas que fiz nascer nos livros. Têm muito a ver com a altura em que os escrevi, tudo a ver com a circunstância de estar feliz ou infeliz, mais apaixonado ou menos apaixonado. Na adolescência as minhas leituras eram influenciadas pelas doentias paixões que me chegavam a debilitar fisicamente. Mas as meninas eram substituídas por outras meninas, as outras meninas substituídas pelas actrizes de cinema, as actrizes de cinema substituídas pelas raparigas dos calendários, as meninas dos pneus Pirelli. A atracção pelas mulheres é muito precoce, mais do que os pais podem imaginar...

[LO] Eis um território que talvez o tenha unido aos seus irmãos.

– O território da sedução e da paixão por mulheres? Não, não. Eu não estou distante nem perto deles, são meus irmãos. A gente não escolhe a família, tenho uma relação cerimoniosa com eles, uma boa relação cerimoniosa mas sem intimidade. Não posso dizer que os conheço muito bem, posso dizer que gosto deles e que me são agradáveis.

[LO] Não costumo fazer este tipo de perguntas, mas desta vez não resisto. Qual é a sua definição de felicidade?

– São momentos. Há alturas de um enorme bem-estar, também não me parece que haja momentos de grande infelicidade, a não ser que as vidas sejam absolutamente dramáticas. Houve uma altura em que a minha surdez me fez infeliz, agora até isso foi ultrapassado. Há anos que não sei o que é um som natural, a voz que oiço não é a sua voz porque está multiplicada por 20 mil decibéis. No restaurante oiço as conversas todas, sem o aparelho não oiço absolutamente nada. Vivi extremamente infeliz nos primeiros tempos, infeliz com o facto de ser um aleijado, mas até isso passa. Se não fizerem um aparelho mais potente ficarei sem ouvir dentro de um ano ou dois, o que quer que faça? Ao princípio irritava-me muito perceber que as pessoas falavam mais alto e que se aproximavam para que as percebesse...

[LO] Encontrou o silêncio da pior forma possível, o que não deixa de ser irónico para quem sempre o procurou.

– Não me dou mal com a *mudez* total. Cai uma coisa e eu não sei que a coisa caiu porque não ouvi barulho algum. Sem o aparelho não oiço nada, nada de nada. Recusei-me a ir ao médico porque não queria admitir a minha surdez, durante três anos não usei aparelho e especializei-me naqueles sorrisos ausentes. Quando as pessoas me falavam fazia o tal sorriso ou dizia que sim, percebia lá o que as pessoas me estavam a dizer.

[LO] Podia ter frequentado aulas que o ajudassem a ler nos lábios.

"A MÃO DO ESCRITOR. A MÃO DE ANTÓNIO LOBO ANTUNES" | 391

– Cheguei a frequentar essas aulas, enfim. As pessoas que me rodeiam não ligam muito, se calhar fingem que não ligam muito para não me magoar. A maioria de nós quando olha para um coxo tenta que o coxo não perceba a anormalidade do nosso olhar, talvez tentem fazer o mesmo comigo.

[LO] Voltando ao início da conversa. Quando é que esteve sentado numa paragem de autocarro pela última vez?

– Foi neste Verão, na praia das Maçãs. Todas as tardes sentava-me para ali, gosto de estar sentado a olhar para as pessoas.

[LO] E as pessoas olhavam para si?

– As pessoas tinham mais que fazer do que estar a olhar para mim. Geralmente, um anão fazia-me companhia, até fiquei com vontade de escrever um livro chamado «Todos os Anões Choram Baixinho». Ali estávamos os dois. Um anão de gravata e de bengala, mais uma cadela piolhosa e chata. Estávamos para ali os três.

[LO] Ele também observava as pessoas?

– Não sei. Ver o movimento nas paragens de autocarro equivale um pouco à meia-hora que passo sentado no bidé antes de todas as coisas começarem a acontecer. É como a arte de governar.

[LO] A sua meia-hora no bidé?

– Sim. A arte de governar é feita sobretudo de nada fazer. As decisões são muito poucas porque, na maioria das vezes, as coisas resolvem-se por si. Nos Estados Unidos, na Alemanha ou na Suécia ninguém foge aos impostos porque sabem onde o seu dinheiro é investido pelo Estado, podem escolher inclusivamente o destino do seu dinheiro. Aqui os nossos impostos servem para engordar e dar automóveis aos partidos que estão no poder, obviamente as pessoas fogem aos impostos, enfim...

[LO] Continua a definir-se como um homem de esquerda?

– Sou um homem de esquerda profundamente desiludido com a esquerda. Nos valores fundamentais continuo a sê-lo. Mas quando se aproximam eleições é sempre muito difícil escolher o sentido de voto. Vou votar em quem? No Partido Socialista? Este PS não me interessa. Nos comunistas? Este PCP não me interessa. Os socialistas não são socialistas e o marxismo não é mais do que uma heresia do judaísmo, tal como a psicanálise. Não é por acaso que Marx e Freud são judeus, como é evidente. O marxismo é uma religião em que o paraíso já está prometido à partida, não existe nenhuma diferença entre isso e a mais reaccionária das igrejas. Claro que tudo irá passar, claro que o marxismo e a psicanálise irão passar, claro que o próprio cristianismo irá passar, tudo acaba sempre por passar...

[LO] As folhas espalhadas em cima da mesa são as ideias para o novo romance?

– Já o estou a escrever. É sobre quatro mulheres. Percebe alguma coisa de mulheres?

[LO] Cada vez menos.

– Está com sorte. É que eu nada percebo das mulheres. O que sabe um homem sobre as mulheres? É para mim um grande desafio, o desafio de não cristalizar em formas que dão sucesso à partida. Teria sido muito fácil continuar a fazer «Memórias de Elefante», iria ter muito sucesso, mas o que ficaria cá dentro? Claro que há uma marca de água na minha escrita, essa fica sempre. Perguntou-me se não acho o *Que Farei Quando Tudo Arde?* um livro triste, respondi-lhe que não. Mas se nos encontrarmos daqui a algum tempo não lhe vou poder responder o mesmo em relação às folhas que vê em cima da minha mesa, será um livro muito pesado.

[LO] Passa-se onde?

– Em Angola, é um regresso a África. Gostava imenso de ser angolano, se me dessem a nacionalidade angolana aceitaria de bom grado. É um país com um cheiro único, um país onde a alteração dos sentidos é constante. Durante a guerra vivi em circunstâncias horríveis numa espécie de paraíso único, até as grandes tempestades eram grandiosas. É muito habitual dizer-se que o nosso colonialismo era brando, era brando o tanas, eu vi coisas atrozes. Se fosse angolano nunca teria perdoado a Portugal, vi coisas horríveis e o espantoso é que não tenha ficado ódio da parte deles. A discriminação era total, total. Há pouco tempo houve desmentidos, por parte de altas instâncias militares portuguesas, sobre a utilização de napalm durante a guerra colonial. São mentirosos porque eu vi o napalm, o napalm estava onde eu estava, eu vi-o. Vi bombardear com napalm e vítimas do seu uso, testemunho isto em qualquer tribunal. Ninguém foi condenado por isso, absolutamente ninguém. Todos os meus companheiros de batalhão o sabem. Justificamo-nos com o que fizeram o MPLA e a UNITA, mas nós fizemos coisas horríveis. Falo da UNITA, mas na

"A MÃO DO ESCRITOR. A MÃO DE ANTÓNIO LOBO ANTUNES" | 393

UNITA limitavam-se a trabalhar com a PIDE, eram pagos e treinados pela PIDE.

**[LO]** Parece ainda estar ressentido.

– Não com os militares. Não tenho a menor razão de queixa de nenhum oficial do exército, era um alferes como outro qualquer e foram impecáveis comigo. Corajosos, correctos e limpos comigo, todos os que conheci. Não partilho das críticas que se fazem aos militares, que são estúpidos e ignorantes, não corresponde nada ao que penso. Os militares no terreno nada tinham a ver com a polícia política, a PIDE matava os prisioneiros e nunca vi o exército matar um único prisioneiro. Um dia apanhámos um grupo de gente onde se incluía uma mulher grávida... Antes de mais nada um PIDE deu um pontapé na barriga da mulher e o Ernesto Melo Antunes apontou-lhe a pistola e mandou-o voltar. Dois dias depois foi transferido para outro comando. Isto passava-se na zona militar leste e o comandante era o General Bettencourt Rodrigues. Havia um posto militar da PIDE em Gago Coutinho, onde pela janela via torturar pessoas de uma maneira horrível, era a mulher do inspector que lhes punha eléctrodos nos testículos, estavam ajoelhados em cima de umas varinhas de ferro com os dedos por baixo e os joelhos por cima. Toda a guerra é suja e aquela guerra foi horrivelmente suja, de parte a parte é claro. E esta violência continua a existir agora, de outras formas certamente mais subtis.

**[LO]** Que tipo de violência?

– Na forma como se manipula, nos telejornais, nos jornais. Não estou a falar de imagens violentas que possam incomodar o normal desenvolvimento das crianças, nada disso, estou a falar da parcialidade e da manipulação. Somos, a maioria de nós, profundamente assassinos e violentos. Apesar de tudo, havia alguma nobreza na guerra: encontrávamos brancos e pretos, sem mais cambiantes. De que livros gostamos mais? Dos que são brancos ou pretos. Nos programas, a que chamam «reality shows», o público e os concorrentes não se dão conta de que são manipulados da mais nojenta das maneiras... Estes programas vêm [ao] encontro [de] um imaginário pobre, acontece o mesmo com alguns livros de grande sucesso. Isso entronca-se com a distinção entre o ser-se de esquerda ou de direita, o respeito pela dignidade de todos os homens. Conheço pessoas de direita profundamente humanas, o José Ribeiro e Castro por exemplo. A bondade, quando a encontro, surpreende-me e alegra-me. Quando encontramos pessoas tão melhores do que nós é um privilégio muito mais importante do que fazer bons livros. Claro que há obras que ficam para sempre, mesmo quando os seus autores não passavam de pulhas – o Wagner, por exemplo.

[LO] Casou-se antes de ir para a guerra e a sua primeira filha nasceu quando lá estava.

– A meio da minha comissão voltei a Lisboa e foi o mês mais horrível da minha vida. Passava os dias a pensar que faltava cada vez menos tempo para regressar ao campo de batalha, passei a maioria do tempo deitado a olhar para o tecto porque o tempo estava a passar. Não usufru[í] da minha filha e não há nada de mais extraordinário do que os nossos filhos quando são pequenos. Os nossos filhos não são de ninguém, mas são mais nossos do que dos outros. Não tirei partido da bebé nem da mãe da bebé, não tirei partido de nada. Depois, aqui em Lisboa ninguém falava da guerra, é como se nada estivesse a acontecer. Se a sensação dos condenados à morte corresponde ao que senti, então é atroz.

[LO] Que António Lobo Antunes tem estado à minha frente? Parece--me que durante todas estas horas a pessoa foi ganhando espaço ao personagem.

– O que lhe posso dizer? O António Lobo Antunes só existe enquanto escreve, eu sou simplesmente o António. Gosto de estar aqui, tem-me apetecido estar aqui estas horas.

[LO] Gosta de si?

– Nunca me coloquei essa questão. Tenho que viver comigo, direi que não me aborreço. Estou mais preocupado com os outros, com os meus amigos que tanto prezo. Não tenho alguns defeitos: não sou invejoso, não sou pulha, não sou mal formado. Dos defeitos, enfim, dos defeitos...

[LO] É inevitável que morremos sempre sozinhos...

– Absolutamente.

[LO] Mas nesse momento gostaria de ter alguém por perto?

– É impossível responder a isso, é impossível saber como nos vamos comportar. A forma como lidamos com o fim é muito judaico-cristã, muito ligada à ideia do cadáver e do horrível ritual da morte. Tentei sempre, em relação aos meus mortos, guardar a imagem da pessoa viva, nunca os quis ver depois de terem morrido. Estou arrependido por ter visto a minha avó, agora lembro-me dela morta quando preferia lembrar-me dela viva. Era assim que gostava de ser lembrado, vivo e não deitado no caixão, onde nada parece que nos assenta bem.

[LO] Como é que a sua avó se chamava?

– Avó Margarida, a mãe da minha mãe. Essa sim, deixou-me um vinco na alma. As pessoas tocam-nos com um dedo e fica uma nódoa negra, a mais leve impressão deixa uma nódoa negra que não passa, mesmo quando do contrário estamos convencidos.

[LO] António, que fará quando tudo estiver a arder?

– Tudo arde desde o princípio. Em mim e nos outros.

## 36. ALEXANDRA LUCAS COELHO

# *"O romance é diferente depois de mim"*

*Público*/Livros
15 de Novembro, 2003, pp. 4-9[1]

Chama-se *Boa Tarde Às Coisas Aqui Em Baixo*. É o novo romance de António Lobo Antunes. "Romance em três livros com prólogo & epílogo". Angola e o tráfico de diamantes no pós-independência são o pano de fundo. Em cima da mesa já havia o manuscrito de outro romance. Ele vive para isto.

É uma porta de garagem, numa rua do centro de Lisboa daquelas que nunca sabemos se é a segunda ou a terceira paralela da outra (ou será perpendicular?).

António Lobo Antunes vem abrir. Lá dento é um atelier muito comprido. Logo à esquerda de quem entra há uma pequena mesa onde ele escreve – de tarde, porque à noite e de manhã escreve noutros sítios (este é emprestado). Nessa manhã estivera a escrever no Hospital Miguel Bombarda, onde continua a ir duas vezes por semana.

"Começo a escrever pelas oito e meia até ao meio-dia. Recomeço ao meio-dia e meia até às sete e meia. Depois recomeço às nove até à meia-noite." Umas 16 horas, incluindo meio almoço e jantar.

---

[1] Na p. 7 encontra-se o artigo "Sob o signo de Deucalião", da autoria de Eduardo Lourenço; na p. 9 lê-se uma breve explicação sobre a edição *ne varietur*. Ver, a propósito, entrevista dada por Maria Alzira Seixo ao *Jornal de Letras Artes & Ideias*, 15 de Outubro, 2003, pp. 19-20.

É assim que neste momento Lobo Antunes consegue ter um novo romance nas livrarias, "Boa Tarde às Coisas Aqui Em Baixo", que para ele já não é novo, porque o novo está aqui, em cima da mesa, em manuscrito, a ser corrigido. Falta-lhe ainda um título (o último que esteve para ser vinha de um poema de Bukowski).

Como o está a corrigir – capítulos passados a limpo, em letras gordas, com uma pauta por trás da folha, para as linhas ficarem direitas, e muito marcador escuro –, é para este livro que lhe fogem os exemplos, volta e meia. Saiu-lhe da mão e agora anda com ele na cabeça.

De "Boa Tarde às Coisas Aqui Em Baixo", "romance em três livros com prólogo & epílogo", já se desfez.

O pano de fundo é uma Angola com diamantes a circular entre o governo português, o angolano, os que combatem o angolano, russos, cubanos, americanos, holandeses, judeus, quando não diamantes, petróleo, armas.

Ao centro, as vozes que falam, dez vozes principais (oito homens, uma mulher, uma criança), vão e vêm quase todas como um carrossel, entre dezenas de outras (incluindo a do autor, António).

Encontrar as palavras para essas vozes – como estilhaços de um espelho em que tanto se veja aquele que escreve como aquele que lê – é a verdadeira luta, diz ele. E menos do que isso será contar histórias.

**[ALC]** Há três anos disse que gostava muito de voltar a Angola, que gostava de morrer lá, mas que não ia voltar enquanto houvesse guerra. Entretanto a guerra acabou. Vai voltar a Angola?

**[ALA]** Não sei... não sei. Sinto vontade, mas tenho medo. No sentido em que as cidades de que gostava ficaram destruídas. Tenho medo de encontrar uma Angola muito diferente daquela que conheci. Tenho medo de que esteja ainda mais pobre... Não me apetece ver aquele país mais destruído ainda. Aquelas pessoas sofrem há muitos anos... Ao mesmo tempo, isto passa-se num país onde as pessoas são naturalmente alegres. Parece-me uma injustiça horrível esse sofrimento. Eles são pobres, o país é muito rico – é riquíssimo...

**[ALC]** O que aconteceu não o encoraja a voltar?

**[ALA]** Refere-se a quê?

**[ALC]** À paz. Ou acha que não se pode falar de paz, ainda?

**[ALA]** Não sei se há, estou muito longe. É possível que haja paz, mas há também muito ressentimento. Só vendo, lá.

**[ALC]** Acompanhou morte de Savimbi, o que se passou a seguir...

**[ALA]** Acompanhei mal, nem estava cá. Essa Angola (aponta para o livro) é toda inventada.

**[ALC]** Em 2000[2] disse que se pudesse escolher uma nacionalidade escolhia ser angolano. A dúvida "vou, não vou a Angola" existe na sua cabeça?

**[ALA]** Tenho vontade, mas não sei se posso ir a Malanje, se posso ir às Terras do Fim do Mundo, se posso ir à Baixa do Cassanje...

**[ALC]** O que o impede de experimentar?

**[ALA]** Actualmente, o trabalho. Cada vez a noção do tempo é mais viva.

**[ALC]** "Boa Tarde às Coisas Aqui Em Baixo" ainda não é aquele livro que sempre disse que queria escrever sobre a guerra (colonial) em Angola.

**[ALA]** Não, obviamente não é... Penso que não vou fazê-lo. O que poderá ficar da guerra, muito mais vivo do que isso, são as cartas que diariamente escrevia de lá. É muito comovente... cartas escritas por um miúdo que queria ser escritor, cheio de dúvidas...

**[ALC]** Cartas a quem?

**[ALA]** À Zé, com quem estava casado. É um documento impressionante, porque é a guerra vivida dia-a-dia. Acho que a publicação daquilo[3], um dia, me dispensa de escrever sobre... está ali tudo o que eu podia escrever. E está tudo muito fresco.

**[ALC]** Cartas ao longo de dois anos (1971-1973, o tempo que Lobo Antunes passou na guerra em Angola)?

**[ALA]** Ao longo do primeiro ano, apenas na altura das Terras do Fim do Mundo, todo o ano de 71 e provavelmente início de 72. São cartas sem qualquer pretensão literária, às vezes têm bocados de romances, projectos de poemas, coisas assim... cartas ao filho que pensava que ia ter e afinal era uma rapariga...

Vivia-se permanentemente com a sensação... a gente escolhia os caixões...

---

[2]  Ver entrevista 31.
[3]  Maria José Lobo Antunes e Joana Lobo Antunes (orgs.), *D'este viver aqui neste papel descripto*. Lisboa: Dom Quixote, 2005.

**[ALC]** Escolhia os caixões...?

**[ALA]** Era. Havia uma arrecadação onde estavam os caixões, este é o meu, o teu... aquelas coisas macabras dos miúdos. Agora apercebo-me de que isto era feito por miúdos, os soldados tinham 21 anos, os oficiais tinham 24, 25... Julgo que está ali tudo aquilo que eu podia fazer num romance, com uma espontaneidade, uma ingenuidade que descreve bem os estados de espírito de um oficial novinho que de repente se vê metido naquele – como dizia o Melo Antunes – erro formidável.

E deixava-me livre para escrever outras coisas, a publicação das cartas – sem qualquer crítica, sem qualquer omissão.

**[ALC]** Desistiu do romance sobre a guerra em Angola quando decidiu escrever "Boa Tarde às Coisas Aqui Em Baixo"?

**[ALA]** Quando o comecei, o livro não era nada disso (Angola em fundo). O pretexto para o escrever eram as seitas religiosas – de que ainda há restos, aliás. Era bastante inspirado em factos reais. A seita do livro teria sido começada por um português em África, aparecia-lhe Nossa Senhora e depois ele tinha vindo para Portugal e continuado. A primeira ideia era essa. Ao primeiro ou segundo capítulo o livro foi alterando e percebi que não era aquilo que o livro queria...

Eu dantes partia para os livros com planos muito detalhados, agora parto praticamente sem nada, este comecei a escrevê-lo sem nada.

**[ALC]** O que é que lhe apareceu a seguir?

**[ALA]** Começaram a aparecer os diamantes, as pessoas... Cada vez mais me parece que um livro é um organismo vivo, faz o que quer. E temos que ir atrás do livro, fazer aquilo que o livro exige. É um organismo independente.

Como é que hei-de explicar o processo?... Escrevo estas horas todas porque as duas primeiras horas normalmente são perdidas. Aquilo que tento encontrar dentro de mim é um estado semelhante ao dos sonhos, mas para isso tenho de estar fatigado. Sempre que não estou cansado a minha auto-censura obriga-me a escrever prosa de escriturário, sujeito, predicado, complemento... À terceira ou quarta hora aquilo começa a ficar livre e a mão anda sozinha.

Agora, por exemplo, estou a corrigir (o manuscrito do novo romance) e tenho que estar muito desperto, porque as primeiras versões estão cheias de asneiras. Mas sempre me foi claro que a primeira versão continha tudo, que era uma questão de trabalhar.

"'O ROMANCE É DIFERENTE DEPOIS DE MIM'" | 401

**[ALC]** Há pelo menos dez vozes principais neste romance – e muitas mais que aparecem, irrompem, incluindo a sua própria, com nome, António. Foram-lhe aparecendo à medida que o livro se ia escrevendo?
**[ALA]** Exactamente. Como com este livro (pega no manuscrito). Nem sequer tem plano... Está a ver? (Lê anotações) "A 10 de Janeiro desfiz novamente os capítulos..."
**[ALC]** Como é que evita perder-se neste carrossel de vozes sem um esquema, um mapa?
**[ALA]** Hum... Ele faz-se sozinho. Cada vez mais.
**[ALC]** Há pouco estava a dizer que esta é uma Angola inventada...
**[ALA]** Como o Portugal é inventado.
**[ALC]** ... esteve em Angola entre 71 e 73 e nunca voltou. No livro muitos detalhes, histórias, cheiros, objectos virão dessa memória. Outros vêm de gente que encontrou entretanto? Para inventar esta Angola precisou de trabalhar outras memórias que não apenas as suas?
**[ALA]** Nada, nada. Não falei com ninguém. Não há qualquer trabalho de documentação.
**[ALC]** De onde é que lhe apareceram aquele Serviço (negócio de diamantes disfarçado) na Praça de Touros, em Lisboa, aqueles homens que vão para Angola, o Seabra, o Miguéis, o Morais...?
**[ALA]** Há um livro curioso, feito por um francês, de entrevistas com escritores, muitos americanos, também franceses. Então com o John dos Passos é: como é que escreveu o "USA"? De onde é que lhe vêm as coisas? E o John dos Passos: "Bom, uma pessoa vai pela rua..." E não disse mais nada. Por exemplo, a entrevista com o Hemingway é extremamente decepcionante. Percebe-se que ele está a tentar fazer um esforço honesto para explicar e que não é capaz de dizer mais do que aquilo. A impressão que dá é que toda a sua organização mental foi trabalhada no sentido de escrever.
Dá-me sempre a sensação – não sei se já disse isto – de estar a escrever contra a parede, e o papel está do outro lado, nem sequer sei se estou a acertar. O que me espanta, quando corrijo, é as coisas fazerem sentido, porque nunca me documentei, tive sempre muito medo de ficar submerso nessa documentação.
Quando estava a escrever este livro (o que ainda está em manuscrito) aconteceu-me uma coisa que nunca me tinha acontecido. Estava a escrever e dei-me conta de que estava a chorar... eu que sou uma pessoa que não choro... a escrever e a chorar... com as lágrimas a

correrem-me pela cara abaixo. E não era tristeza, era uma tal felicidade como nunca tive outro momento assim, muito mais feliz, muito mais completo do que um orgasmo, do que qualquer outra coisa. Uma felicidade inimaginável – infelizmente durou só um dia... Porque era exactamente aquilo. Há momentos em que se está a escrever e se percebe: é isto. A sensação de que a palavra é certa dá imenso prazer. Quando as pessoas dizem: o livro é triste, o livro é não sei o quê... A mim, o que me dá prazer enquanto leitor é a felicidade da expressão. É difícil de explicar, porque são coisas anteriores às palavras, e cada vez mais, felizmente, os livros vêm dessa zona, a que não temos acesso. A estrutura dos livros... depois vejo que é muito elaborada, mas não é conscientemente elaborada...

**[ALC]** No caso de "Boa Tarde às Coisas Aqui em Baixo", três livros com dez capítulos cada...

**[ALA]** A partir de certa altura pensei, bom, vou fazer isto em três livros, com prólogo e epílogo. E não fazia a menor ideia do que ia ser o epílogo.

**[ALC]** O que está a dizer é que o pano de fundo – Angola, os diamantes, aquele pós-independência – podia ser isto e podia ser outra coisa.

**[ALA]** Exactamente. (O que me importa é) como vertebrar emoções, como rodear emoções com as palavras, e depois articular isso tudo num todo. (Angola) é apenas um pano de fundo.

Quando lemos um bom escritor é para nos conhecermos a nós mesmos. E a primeira pessoa a surpreender-se é a pessoa que está a escrever. São coisas que a gente não sabe que sabe.

**[ALC]** Num caderno agora feito pela Dom Quixote, a propósito dos 20 anos de António Lobo Antunes nesta editora, vem a reprodução de uma crónica sua[4] em que diz: "O livro ideal seria aquele em que todas as páginas fossem espelhos: reflectem-me a mim e ao leitor, até nenhum de nós saber qual dos dois somos"...

**[ALA]** Estou mais reconciliado com as crónicas. Desprezava-as muito e agora, ultimamente, têm-me servido como uma espécie de coisa paralela aos romances. Quase um diário, paralelo.

**[ALC]** No primeiro livro de "Boa Tarde às Coisas Aqui Em Baixo" há um momento em que aparece a voz, de nome António, a dizer: "É difícil este romance", "esta narrativa que mais do que as outras se tornou uma doença"...

---

² "Receita para me lerem" – *Segundo Livro de Crónicas*.

**[ALA]** E depois há uma ou duas alusões... lembro-me de uma: "Está bem, põe lá os pavões, deste-te bem com os pavões noutro livro..."

O mais difícil para mim é sempre a primeira parte dos livros. Depois aquilo anda sozinho. Mas no princípio tenho que andar a empurrar.

**[ALC]** No momento em que se põe a si próprio no livro, como António, o que é que se passa? O livro está preso?

**[ALA]** Acontece em vários livros... No "Que Farei Quando Tudo Arde[?]" (2001) há uma personagem que se chama Antunes Lima... Lima é um dos apelidos da minha mãe... "Não Entres Tão Depressa Nessa Noite Escura" (2000) é a minha história. Não tem nada a ver comigo, não sei explicar isto bem, mas aquela rapariga sou tão eu... foi uma relação muito boa com ela. Já com o rapaz de "Que Farei Quando Tudo Arde[?]", a gente não se entendia. Este ("Boa Tarde...")... este correu bem.

**[ALC]** Quando aparece a dizer "este romance está difícil", isso corresponde a um momento em que não tem a certeza de para onde é que aquilo vai?

**[ALA]** Nunca sei muito bem para onde é que aquilo vai.

**[ALC]** É que no resto do livro (a interpelação do autor) não volta a acontecer.

**[ALA]** Não sei... acabei a primeira parte e pensei: e agora? Depois lá apareceu o outro homem (o narrador do segundo livro, Miguéis).

**[ALC]** Na primeira parte já sabemos que ele vai aparecer. Ele já é nomeado.

**[ALA]** Mas como é que ele era? E o que é que ele vai fazer? Como é que ele se vai comportar? Portanto, quando ele aparece a dizer aquelas coisas sobre as mulheres (exemplo: "não me canso de repetir aos mais novos se não educam as vossas esposas desde o princípio estamos mal: tomam o freio nos dentes que é a natureza delas") fiquei um bocado aborrecido... Mas depois... Esse homem da segunda parte, gostei dele.

Este livro tem uma relação feliz com as palavras. Eu estava muito contente quando estava a escrevê-lo, tinha a certeza absoluta...

Ao princípio fui tão atacado aqui... e curiosamente isso nunca me afectou. Estava tão seguro do que queria, tão seguro, tão seguro, tão seguro... e ainda estou. Daí eu não ler as críticas.

**[ALC]** Tão seguro em relação a este livro?

**[ALA]** Em relação a todos os livros que escrevi. Estava sempre tão seguro. E levei porrada, houve jornais...

**[ALC]** Em relação aos seus últimos romances...

**[ALA]** Ui! Quer que lhe lembre?

**[ALC]** ... não me recordo de críticas negativas.

**[ALA]** Em relação a todos eles, desde o princípio ao fim. E era-me completamente indiferente. Estava tão seguro, tão seguro...

**[ALC]** Continua a ter a sensação de que aqui não entendem os seus livros?

**[ALA]** Acho que não me posso queixar porque as pessoas são tão entusiastas em toda a parte... Estão a chegar as críticas da Alemanha, são inacreditáveis. Nos Estados Unidos, em Espanha, em toda a parte. Agora, o que me parece é que ainda é cedo. Porque os livros também me escapam a mim.

**[ALC]** Ainda é cedo para quê?

**[ALA]** Para se perceber o que eu trouxe ao romance, por exemplo. Uma vez perguntaram ao Somerset Maugham em que lugar é que ele se colocava enquanto escritor. E ele respondeu: na primeira fila dos escritores de segunda ordem. Tal como o entendo, são pessoas que escrevem bons romances mas que não trazem nada de novo à arte de romance. Como o (Saul) Bellow, por exemplo, que acho um excelente romancista mas não tem nada de novo, não mudou. Ou o (Philip) Roth... todos os discípulos do Bellow, o Roth, o Martin Amis, toda essa gente anglo-saxónica... Escrevem histórias bem contadas, mas para mim um romance não é isso. Quer a gente queira quer não, e eu não sou o grande fã, o García Márquez trouxe coisas novas.

**[ALC]** E foi imediatamente recebido. Foi compreendido.

**[ALA]** Esse foi. Porque aquilo é tudo muito aparente. Aquilo está tudo à vista. Por exemplo, repare, todos os mal-entendidos que houve com o (Joseph) Conrad, mesmo depois da morte...

**[ALC]** O que é que o António Lobo Antunes pressente que trouxe ao romance?

**[ALA]** Sem ser hipócrita? E sem falsas vaidades? Acho que o romance é diferente depois de mim, necessariamente. (Pausa. Aponta para o manuscrito.) Isto não se parece com nada. Sobretudo os últimos livros. Se voltasse atrás teria começado pelo "Tratado (das Paixões da Alma", 1990). Embora me pareça que o "Fado Alexandrino" (1983), se é que

"'O ROMANCE É DIFERENTE DEPOIS DE MIM'" | 405

os romances vão ficar, é um romance que tem boas chances de ficar, mas não pelos motivos que me interessam – porque é um retrato de Portugal. Interessa-me muito mais o trabalho criativo (verifica a lista dos seus livros). Sobretudo a partir do "Esplendor (de Portugal", 1997), a "Exortação (aos Crocodilos", 1999), "Não Entres...", "Que Farei..." É onde me parece que isso é evidente.

Embora muitas das coisas que faço agora estejam em botão no "Conhecimento do Inferno", que foi um livro mal entendido na altura. "Memória de Elefante" (1979) é um livro de principiante..., "Os Cus de Judas" (1979) é um livro primário... espanta-me muito que esses livros continuem a vender...

[ALC] Voltando à crónica em que fala dos livros como espelhos de si e do leitor: "Tento que cada um seja ambos e regressemos desses espelhos como quem regressa da caverna do que era. É a única salvação que conheço e, ainda que conhecesse outras, a única que me interessa." Noutra passagem diz: apanhem o meu romance como quem apanha uma doença. Ou seja, põe o leitor dentro do próprio organismo que é o romance. E ao mesmo tempo diz que ainda é cedo para o leitor se ver a si próprio no romance...

[ALA] É porque eu desejava que estes livros fossem retroactivos. À segunda ou terceira vez o livro fica diferente. O que desejaria era que os livros tivessem uma capacidade de ir mudando, embora as palavras se mantenham sempre. Acho que a grande literatura é assim. Por exemplo, sei lá, li mais de 20 vezes "A Morte de Ivan Ilitch" (de Tolstoi), e de cada vez era um livro diferente.

[ALC] Há alguém em quem confie para lhe dizer, por exemplo: "Estás a repetir-te"?, ou "Muda isto"?

[ALA] O meu leitor privilegiado é o agente (americano) Tom Colchie.

[ALC] Ele lê em português?

[ALA] Sim. Tem uma especialização em cancioneiros medievais portugueses. Fico inquieto até ele ler, porque é muito cruel. Há muitos anos, um escritor muito respeitado queria ser representado por ele. Resposta: não vou agenciá-lo porque você é mau escritor. Fiquei gelado. Nós não dizemos isto em Portugal. Quando uma editora rejeita um livro não diz que não gosta do manuscrito, diz que a programação está cheia.

[ALC] Que eco tem recebido dos seus leitores?

[ALA] Acho que as pessoas têm sido generosas. Fui uma vez dar autógrafos à Feira do Livro e fiquei surpreendido com a quantidade

# 406 | ALEXANDRA LUCAS COELHO, 15 DE NOVEMBRO, 2003

de pessoas muito novas. Lembro-me de um pai com uma filha de 17 anos. E o pai dizia: "Ela adora os seus livros, eu não percebo nada." A miúda dizia que estava a ler pela terceira vez... acho que era o "Não Entres Tão Depressa Nessa Noite Escura". E eu: "Então não achas um livro difícil?" Olhou para mim como se eu fosse uma besta.

É muito engraçado... talvez porque o pensar desta geração não seja lógico-discursivo, seja muito mais sincrético. E isto (aponta o livro) vai um bocado ao arrepio do que se convenciona chamar um romance.

O que me acontece, enquanto leitor, é que começo a ler e tenho logo vontade de corrigir. A gente vai ler para ver como é que está feito. E depois é preciso que o livro tenha muita força para me arrastar. É muito, muito raro acontecer.

[ALC] Há uma voz de que se sinta mais próximo neste romance?

[ALA] O que sei é que os últimos capítulos são escritos ao dobro da velocidade dos primeiros...

[ALC] Isso nota-se. Há uma velocidade no terceiro livro de "Boa Tarde às Coisas Aqui Em Baixo".

[ALA] É porque o romance já está sozinho, já não precisa de mim para nada. A primeira parte demora a arrancar. O início de cada capítulo... às vezes estou horas à espera.

[ALC] Há pouco estava a dizer que não sabia como ia acabar o livro. Decidiu que o livro teria um epílogo antes de saber o que seria o epílogo...

[ALA] Fiquei aflito, à espera. E depois apareceu a miúda, a fazer uma redacção das férias. Escrevi (esse epílogo) várias vezes.

[ALC] Para si, aquela menina está a escrever quando? Angola supostamente já está em paz...

[ALA] Sim... exactamente. Julgo que a parte dos diamantes... Há quanto tempo é que morreu o Savimbi?

[ALC] Um ano e qualquer coisa (Fevereiro de 2002).

[ALA] Julgo que é mais ou menos coincidente com a notícia da morte dele. Pelo menos, a partir de metade do livro. Ele morre por aí, durante a feitura do livro. Não sei se isso terá tido alguma influência. O Savimbi era um homem de quem eu não gostava, tinha-o visto uma ou duas vezes em Luanda. Os "complôts" que existiam com o governo português de então, com a polícia política, pareciam-me claros... o facto de os Flechas (militares angolanos treinados pela

PIDE) serem quase todos da UNITA... Não me era uma figura simpática, embora me parecesse um homem extremamente corajoso.

Mas a crueldade e a violência... É uma coisa curiosa como muitas vezes a crueldade vem misturada com a alegria. Quando vejo os antigos soldados a falarem, falam daquilo como a melhor época da vida deles...

De alguma maneira Savimbi deve ter entrado no livro, não sei como. O livro tem muita violência... lembro-me do que me custou escrever o capítulo em que há a filha de um deles que é morta, e há um cavalo...

**[ALC]** A filha do que tem o mapa (o Mateus, capítulo III do terceiro livro).

**[ALA]** Exactamente Aqui há uns anos... nunca me esqueci dessa imagem... eu estava na Margem Sul à noite e de repente um cavalo branco sozinho atravessou a estrada. Não sei se era de ciganos, vinha a galopar e ia batendo nas coisas. Sabe aquelas lojecas, os restaurantezinhos à beira da estrada... saiu ali de uma esquina às escuras e atravessou. É o cavalo, julgo eu, que aparece aí (no livro) a galopar.

**[ALC]** Mas foi de alguma forma a morte de Savimbi que lhe deu o pano de fundo do livro, os diamantes...?

**[ALA]** Não, isso começou tudo sozinho. Indignava-me como toda a gente queria roubar aquele país de todas as maneiras, os americanos, os holandeses, os israelitas, os sul-africanos...

**[ALC]** O lapso de tempo (nos três livros do romance) é qual?

**[ALA]** Na minha cabeça era passado agora. Quando eu estava lá toda a gente traficava com diamantes, eu também tentei, não acredito que isso tenha parado. Ia ao rio Cuando e apanhava-os... apanhava carvão a maior parte das vezes, mas havia lá sempre gente.

**[ALC]** Tentou apanhar diamantes?

**[ALA]** Comprei. Mas nenhum deles era verdadeiro.

**[ALC]** Quando se punha o reagente...

**[ALA]** Dissolvia-se tudo.

**[ALC]** Como acontece no livro.

**[ALA]** E também era um judeu.

**[ALC]** Ah, o judeu do livro vem daí.

**[ALA]** Era o homem a quem toda a gente ia, oficiais, tropas. Havia a Diamangue, uma polícia própria para os diamantes, o tráfico chamava-se Camanga, parece que Malanje era uma cidade muito rica...

**[ALC]** Mas não coloca a acção na altura em que lá esteve, coloca-a depois da independência.

**[ALA]** Exactamente. Porque não acredito que isso tenha acabado. Iam ao rio com peneiras, faziam vigarices do género... partiam cabeças de galheteiro e muitos iam comprar o vidro...

**[ALC]** Porque é que escolhe situar o núcleo da história depois da fase em que lá esteve?

**[ALA]** Se o livro foi escrito em 2002, o livro é passado em 2002.

**[ALC]** O Seabra, o homem do primeiro livro, vai para Angola quando? No cais há restos das bagagens dos portugueses que se foram embora, estamos depois da independência, fala-se nisso...

**[ALA]** Sim... Também há um desprezo infinito pelos tempos. Há os tempos reais e o tempo romanesco.

**[ALC]** Há sinais que o António Lobo Antunes põe no livro: há um governo em Luanda que tem ligações com o Serviço português, há os vestígios das bagagens dos que partiram, há os cubanos, os russos, estamos no princípio da guerra civil...?

**[ALA]** Digamos que é... pôr aquilo que se passou ao longo de uma série de tempo no mesmo tempo, como nos filmes.

**[ALC]** A guerra não está lá. Ou melhor, está lá muito ao fundo, muito atrás. Não está na boca de cena.

**[ALA]** A guerra está dada no interior de cada personagem. Dentro de cada uma delas há uma guerra civil em que os sentimentos contraditórios se devoram como grandes cães negros. Por exemplo, no homem do segundo livro há várias guerras, há a guerra dele com as mulheres, a guerra dele com o Serviço... Os conflitos são muito intrapsíquicos, passam-se entre eles e eles mesmos. É um jogo de espelhos infinito onde cada personagem é confrontado com vários outros que funcionam como espelhos, dando-lhe várias imagens parciais e com as quais ele está em conflito.

A única coisa em que pensamos quando escrevemos é: como vou fazer o livro? Está-se constantemente a lutar com as dificuldades. Só vale a pena começar um livro quanto temos a certeza de que não somos capazes de o escrever. E depois lutar contra a resistência do material todo. Julgo que muitas pessoas escrevem livros porque acham que são capazes de os escrever. A gente tem de fazer o contrário.

À partida pensar: não, eu vou ser derrotado pelo livro. E depois: mas que gaita... não vou deixar que um livro me vença. Quando estou a escrever o que quero conseguir é um estado interior que me permita que as coisas saiam.

[ALC] Mas fugiu à guerra. Não a enfrentou, neste livro.

[ALA] Não a enfrentei como? Não estou a entender a pergunta.

[ALC] Não é o livro sobre a guerra em Angola.

[ALA] Sim. Não tinha de ser. Parti para ele com essa ideia das seitas. A rapariga do princípio era uma das filhas do homem que fundava a seita, que depois acabava por a destruir, tipo Casa de Usher (história de Edgar Allan Poe). E depois tudo se alterou. Portanto, o meu problema era: o livro quer isto; como vou conseguir dar cada passo a lutar (bate na mesa com força) com a resistência do material...

[ALC] Sente que arrumou as contas com Angola com este livro ou não?

[ALA] Não faço ideia. Um livro não está na cabeça, está na mão. Um livro não se faz com ideias. É o livro que tem de ter as ideias, não é o autor. O livro tem que ser mais inteligente que o autor. Não gosto de ler aqueles livros em que se está sempre a ver o autor a aparecer: repara como eu faço, repara nesta metáfora, nesta imagem, repara como eu arranco isto... retira eficácia ao livro. Às vezes custa uma pessoa retirar do livro certas "tournures" que saíram muito bem. Um livro não tem que ser bonito, tem que ser eficaz, no sentido de ser implacável. Tem que andar implacavelmente (bate na mesa) pan, pan, pan, pan, levando tudo à frente, a começar pelo próprio autor. Daí não haver nenhum motivo para se ser orgulhoso... vaidoso. Uma pessoa tem que ser muito humilde.

São precisas três coisas para escrever: paciência, solidão e orgulho. Isso é que faz com que escreva, e reescreva e reescreva e reescreva...

[ALC] Orgulho como?

[ALA] No sentido de fazer as coisas de forma a não se envergonhar delas perante si mesmo. (pausa) Eu não gosto de livros de puta.

[ALC] Livros de puta...?

[ALA] O Zé (Cardoso Pires) quando saiu um romance qualquer, não sei qual, disse: "Este é um livro de puta." Não gosto dos livros que vêm tentar seduzir-me, que me piscam o olho, que me convidam para dormir com eles... não sei se estou a ser claro. Estou a falar enquanto leitor. Portugal não é um país pequeno? Quantos escritores finlandeses bons há? Se houver quatro ou cinco escritores vivos a escrever bons romances... não há mais.

**[ALC]** Foi buscar o título deste livro a Enrique Vila-Matas. A uma história que o Vila[-]Matas conta (em Bartleby & Companhia) sobre o Valéry Larbaud, que ao fim de anos de silêncio, numa cadeira de rodas, resolve dizer: "Bon soir les choses d'ici bas".

**[ALA]** Interessou-me a frase.

**[ALC]** Ao ler "Bartleby & Companhia"?

**[ALA]** Ao ler assim (desce a mão na diagonal). Tropecei na frase e a frase encontrou-me. Depois comunicando ao (editor francês Christian) Bourgois, ele já conhecia a frase. O Larbaud, eu já conhecia da adolescência. Primeiro, por causa da tradução do "Ulisses" (de Joyce), depois por alguns prefácios luminosos que ele escreveu, era um personagem que me fascinava...

**[ALC]** Já tinha o livro feito quando tropeçou na frase?

**[ALA]** Estava a meio.

**[ALC]** Então tropeçou e disse: este é o título do meu livro.

**[ALA]** Sim. Como aconteceu com "Exortação aos Crocodilos": estava a meio de um livro, um dos textos chamava-se "Exortação aos Crocodilos" e pensei: é este que vou usar. Normalmente é assim. Não leio o livro, sequer.

**[ALC]** E a frase do Larbaud interessou-lhe porquê?

**[ALA]** Gostei dela. Não tinha qualquer outro significado. Tenho muitas dificuldades com os títulos. Claro que depois posso pensar, a posteriori...

**[ALC]** E o que é que pensa, à posteriori?

**[ALA]** Penso que tem uma data de significados e é suficientemente ambígua. Tem duas coisas que me interessam: por um lado é muito clara, por outro lado é muito ambígua. Aliás, depois discuti com o Eduardo Lourenço o aqui, o ali, e se 'bon soir' será boa tarde... mas em português era como melhor me soava.

**[ALC]** Também fez isso em relação ao Dylan Thomas, traduzir ("Do Not Go Gentle Into That Good Night" por "Não Entres Tão Depressa Nessa Noite Escura") como lhe soou melhor.

**[ALA]** Aprende-se muito a traduzir e a fazer cópias. Eu faço muitas cópias nos intervalos dos livros.

**[ALC]** Cópias...?

**[ALA]** Sim, como na escola. Agarro num livro e copio, para tentar perceber como é que ele fez, um capítulo ou dois. Palavra por palavra.

**[ALC]** Como é que aparece o "Cântico dos Cânticos" (em fragmentos a itálico não identificados, capítulo V, livro primeiro de "Boa Tarde às Coisas Aqui Em Baixo")?

**[ALA]** Não é uma parte que é uma história de amor?

**[ALC]** Sim...

**[ALA]** Eu devia ter citado isso. A tradução não é minha, é uma tradução admirável de um poeta que está esquecido, o Paulo Mendes Campos (brasileiro, 1922-1991).

**[ALC]** Apareceu-lhe de repente?

**[ALA]** Estava a pensar no Paulo Mendes Campos. E achei que estava bom para pôr ali.

(Levanta-se para retirar o livro "Diário da Tarde", de Mendes Campos, que, mais que manuseado, está a transbordar de papéis)

Lembra-se daquele poema "Depois do Enterro?" (de Dylan Thomas), que é lixado de traduzir? Tenho várias versões desse poema e são todas uma merda... Olhe como este gajo consegue...

(Diz o poema, em que aparecem avencas)

**[ALC]** O seu livro tem imensas avencas...

**[ALA]** Pois tem. São tiradas daqui.

## 37. MARIA AUGUSTA SILVA

# *"«Quem lê é a classe média»"*

*Diário de Notícias*
18 de Novembro, 2003, pp. 2-5

Romance 'Boa Tarde Às Coisas Aqui Em Baixo' é lançado amanhã (19.00, no BBC, Belém Bar, em Lisboa, pela Dom Quixote[)]. Apresentação de Eduardo Lourenço e Mar[í]a Lu[i]sa Blanco. Autor fala ao DN dos livros, do trabalho da escrita, de África e do nosso país.

**[MAS]** Vinha a apostar comigo mesma: desta vez vou encontrá-lo sem as calças de ganga...

**[ALA]** Ando com calças de ganga há tantos anos. Já não me vejo vestido de outra maneira. Acho que nem tenho nenhum casaco, nem gravata. Ando sempre assim, umas calças, umas camisolas.

**[MAS]** Que prazeres lhe dá a vida?

**[ALA]** Com a idade, os prazeres vão-se afilando. O da leitura, no entanto, continua intacto.

**[MAS]** Novo romance: *Boa Tarde Às Coisas Aqui Em Baixo* tem como pano de fundo uma África em guerra civil. Gostaria de ter escrito este livro na Muxima?

**[ALA]** Não quis voltar a Angola. Às vezes sinto-me dividido, apetece-me voltar, nunca vi um país tão bonito, tão sensível como Angola, a permanente exaltação dos sentidos.

**[MAS]** África, uma vertigem?

**[ALA]** De África só conheço a guerra (colonial), a mata, camponeses, aquartelamentos. A minha África não é a das cidades.

**[MAS]** Não tendo voltado a Angola, como pôde abordar com tanto realismo ambientes da guerra civil? Dá a sensação de que alguém tirou «radiografias» e deu-lhas para as interpretar...

**[ALA]** Não falo da guerra. O que me interessava mais era o comportamento de pessoas colocadas em situações extremas. Parti para o livro a querer escrever sobre seitas religiosas mas depois tomou essa inflexão inesperada Não estava à espera do tráfico de diamantes.

**[MAS]** Como pode ser tão pobre um país tão rico?

**[ALA]** Precisamente porque é muito rico e há muita cupidez. Não são os angolanos, ou serão alguns angolanos, mas o povo de Angola não é assim. Não se encontra fora das cidades ambições materiais. Quis-me parecer durante este tempo todo que são muito hedonistas, procuram um bem-estar com eles mesmos e com os outros.

**[MAS]** Um povo mais próximo da espiritualidade e da natureza?

**[ALA]** E os europeus não sabem da espiritualidade dos africanos. Queremos impor a África os padrões europeus. Por exemplo, a medicina deles, dizem que são feitiços, mas vi-os a curarem hepatites em dois dias.

**[MAS]** Enquanto médico, como se sentia perante situações dessas?

**[ALA]** Tentei perceber o que punham e nunca me quiseram explicar. E os partos eram feitos pelas mulheres velhas. Eu só resolvia o que elas não eram capazes.

**[MAS]** O velho em África é uma figura respeitada...

**[ALA]** Ao contrário daqui. Nenhum soba, nenhum chefe tomava uma decisão sem ouvir o conselho dos velhos. Havia uma tolerância e um respeito pela velhice que sempre me surpreendeu e não encontramos cá, tal como havia pela doença. Seguiam uma higiene maior que a nossa, mais perfeita até naquilo que comiam. E a gente não se dava conta e queríamos à força europeizá-los sem nenhum respeito por uma cultura milenária. As recolhas de poesia oral que faziam é extraordinária.

**[MAS]** Estará a ser salvo esse património milenar?

**[ALA]** Não sei até que ponto as elites africanas não estão europeizadas no pior sentido do termo. A tirania europeia não se faz agora através da Europa, faz-se através do filho espúrio da Europa que são os EUA. Quer-me parecer que, pelo menos a actual Administração, tem uma ideia de valores culturais, civilizacionais, sociais e afectivos que me parece errada, e vêem-se as consequências.

**[MAS]** Nomeadamente quanto à questão do Iraque?

**[ALA]** Sim, e já antes disso. Este imperialismo e este colonialismo continuam a existir, por vezes exercido por africanos. Mete muito dinheiro em jogo.

**[MAS]** Como lida com os diferentes tempos de um romance?

**[ALA]** O tempo é muito curioso. À medida que se envelhece o tempo é mais rápido. Ainda agora foi Natal e já vai ser Natal outra vez. Quando se é novo pensa-se que o tempo vai resolver os problemas e depois a partir dos 40 percebe-se que o tempo é que é o problema. Sou muito consciente de que tenho muito pouco tempo, de que posso fazer mais dois ou três livros, e depois acabou. Preciso, no mínimo, de dois anos para escrever um livro.

**[MAS]** O tempo nunca lhe resolveu nenhum problema?

**[ALA]** O problema é o de tempo para escrever mais livros. Se tiver de morrer cedo, ao menos que pudesse acabar o livro (indica novo livro que está a rever) para isto não ficar inacabado e venham a publicá-lo sem estar pronto. As editoras já de si não são muito boas, o respeito pelos autores não será talvez a coisa mais importante, temos de lutar pela dignificação do nosso trabalho.

**[MAS]** Não receia que o romance agora publicado possa causar algum desagrado nas sociedades africana e portuguesa, inclusive no meio militar?

**[ALA]** Tenho um grande respeito pelos militares. Foi de um militar, o meu avô, que até hoje recebi o maior amor e carinho da parte de um homem. Seria incapaz de tratar depreciativamente quem sempre me tratou bem desde que nasci. Os três anos e tal que estive no exército não tive razão de queixa. Portaram-se todos comigo com uma lisura como nenhuma outra classe profissional se comportou. Apenas escrevi o livro. A forma como será recebido já não me diz respeito.

**[MAS]** E no povo africano não poderá haver alguns melindres?

**[ALA]** O povo africano anda tão preocupado em sobreviver que provavelmente não irá ler livro nenhum. Fiz o que tinha de fazer, não estava na minha cabeça magoar ou apoucar fosse quem fosse. Nem tenho nenhum motivo para atacar ninguém, não tenho tempo para odiar. É apenas a literatura que me interessa.

**[MAS]** Não tem traumas de guerra?

[ALA] Tenho com certeza mas não me são conscientes. Uma vez, na Alemanha, um jornalista dinamarquês perguntou qual é a sensação de matar. Nessa noite tive pesadelos horrorosos. Foi a única vez que me aconteceu. Revivi isso mais com a doença do Ernesto Melo Antunes; nunca falávamos da guerra mas quando estava já muito doente ele falava. Foi o homem mais corajoso que vi debaixo de fogo, andava de abrigo em abrigo com uma lanterna, era um alvo. Dizia-me: «Sabes, é que às vezes apetecia-me morrer.» Isto não é partilhável. Nunca poderia escrever um romance sobre a guerra, no fundo está em todos os livros porque a guerra existe sempre dentro de mim. Como é que uma pessoa que não escreve consegue suportar o absurdo da vida?

[MAS] Na guerra mata-se...

[ALA] Não vamos falar sobre isso. Essas coisas só podem ser compreendidas por quem passou por elas. E o que me espanta é a ausência de culpabilidade mesmo *a posteriori*.

[MAS] Tem três livros neste romance que vai ser lançado amanhã, embora seja um mesmo livro...

[ALA] Foi um jogo comigo mesmo para me tornar a tarefa mais difícil.

[MAS] Procurou com esta obra dessacralizar as ideologias?

[ALA] Não tenho pensamentos abstractos quando estou a escrever. Estou tão preocupado a fazer o livro que nem sequer me pergunto o que é que isto quer dizer, nem sequer me pergunto o que estou a escrever. Às vezes nem sequer sabemos se estamos a acertar no papel. Só quando se começa a trabalhar é que se vê se acertamos ou não.

[MAS] Dedica este livro a Júlio Pomar. No entanto, não será um livro que pertence também um pouco a Melo Antunes?

[ALA] Não. Há um livro que lhe é dedicado (*O Manual dos Inquisidores*), felizmente antes de ele morrer. A morte de um amigo é uma ferida que não cicatriza nunca. Cada pessoa tem um lugar insubstituível. Uma vez disse ao Zé Cardoso (Pires) que a viuvez da amizade é uma coisa... Ainda hoje tenho muitas saudades do Zé, era uma amizade diária, um homem difícil, duro. Das poucas vezes que retirou o que disse foi como quem arranca a espada da barriga de um adversário. Mas em tantos anos de amizade nunca houve um amuo e tivemos coisas profundamente diferentes. Se tivermos dois ou três amigos estamos cheios de sorte.

**[MAS]** Não gosta de falar de amor, eu sei. E a dor tem palavras?

**[ALA]** Sempre me ensinaram o pudor em face das coisas realmente graves da vida[,] como a morte ou a doença que conduz à morte. Coisas que a gente guarda só para nós e que obviamente aparecem nos livros. Os livros estão a rebentar de ternura por todos os lados mas não são muito demonstrativos.

**[MAS]** Há quem julgue que não há ternura em si...

**[ALA]** Às vezes é difícil dizer que uma pessoa tem um coração em cada objecto.

**[MAS]** Tem acompanhado a criatividade literária africana?

**[ALA]** O Pepetela é um homem de que gosto, sou amigo dele. Um homem de grande dignidade e coragem, de uma grande qualidade humana. E não tenho dúvidas em dizer que é um escritor sério, qualidades raras. Como me parece que o Mário Cláudio é um escritor muito sério e que a Mafalda Ivo Cruz tem um talento inegável; como me parece que o José Eduardo Agualusa tem talento, já lhe disse isso várias vezes, mas acho que é um preguiçoso. E haverá mais alguns nomes.

**[MAS]** As literaturas africanas são visíveis em Portugal?

**[ALA]** E a literatura portuguesa é visível? O nível médio daquilo que se publica, seja onde for, é muito baixo. Esta é a verdade em todo o mundo. As pessoas compram aquelas coisas que falam sobre o hoje e quando o hoje se tornar ontem já ninguém vai ler aquilo.

**[MAS]** Um livro pode ajudar a repensar o mundo?

**[ALA]** Tenho uma certa desconfiança em relação à palavra pensar. Quando se está a escrever, pode-se pensar enquanto indivíduo, mas enquanto escritor... Sempre me fez confusão as pessoas que dizem: *tenho um livro na cabeça só me falta escrever.*

**[MAS]** Isso não lhe acontece quando parte para as suas folhas?

**[ALA]** Parto sem nada.

**[MAS]** Cada livro nasce do nada?

**[ALA]** Nasce de coisas vagas, muitas vezes nem sequer estão cristalizadas. Nos primeiros livros fazia planos muito detalhados. Agora, não. Comecei a entender que o livro é um organismo que vive independente e surpreende-nos a cada passo. Um livro não se faz com ideias, faz-se com palavras. São as palavras que se geram umas às outras. E com trabalho.

**[MAS]** Se fosse crítico literário só criticaria os livros bons?

**[ALA]** Seria incapaz de dizer mal de um livro, mesmo que o livro fosse desonesto, mesmo que o livro fosse mau, não falaria sobre ele. Portanto, se fosse crítico literário era uma maçada porque quase não tinha sobre que escrever.

**[MAS]** Qual a missão da crítica?

**[ALA]** Idealmente, a missão da crítica seria ajudar a ler. Em teoria, o crítico será um leitor mais atento do que os outros. Não tem necessariamente que emitir juízos de valor. Temos tendência a gostar só dos que são da nossa família, as ideias confundem-se com as nossas paixões. Em Portugal não sei como se passa a crítica.

**[MAS]** Como se mantém extremamente actualizado em tudo?

**[ALA]** Vejo o teletexto. Não sei se estou actualizado. Há jornalistas que admiro. Acaba por ser como nas outras profissões, há um pequeno número de grandes profissionais, a maior parte não o será. Mas não me parece que o nosso jornalismo seja inferior ao da maioria dos jornais estrangeiros. O que me custa é ver os nossos jornalistas tão mal pagos. Como ter o direito de exigir qualidade se se paga miseravelmente ou se paga pouco. E também os médicos são mal pagos, todos são mal pagos. Nós, portugueses, somos admiráveis, vivemos do vento.

**[MAS]** Um fenómeno curioso mesmo em termos de compra de livros?

**[ALA]** E sendo os livros tão caros para o poder de compra dos portugueses... Comprar um livro para muitas pessoas faz uma grande diferença. E quem lê não são as classes possidentes com muito dinheiro. Quem lê são as classes média e média-baixa, as que não têm dinheiro. Um fenómeno espantoso porque acho que se compram muitos livros em Portugal. Há mais leitores de poesia em Portugal do que em França.

**[MAS]** Em tempo de crise, os sectores dos livros e jornais ressentem-se logo?

**[ALA]** Obviamente. Porque não são os consumidores das revistas cor de rosa que lêem livros. Quem lê são os funcionários públicos, algumas profissões liberais, pessoas empregadas. E para lá do dinheiro que lhes custa o livro estão a tirar tempo muitas vezes ao sono e à família para lerem. Por isso acho que os portugueses mereciam melhores escritores. Chega-se a uma livraria e fica-se chocado até com os títulos. Também se deve passar em todo o mundo.

[MAS] Quando sairá mais um novo livro?

[ALA] Provavelmente vou deixá-lo sair primeiro noutros países.

[MAS] Outra vez zangado com Portugal?

[ALA] Houve um que saiu primeiro em França, outro que saiu primeiro na Alemanha para homenagear os editores ou pessoas a quem estou reconhecido e que tanto lutaram pelos meus livros. Isto não tem nada que ver com animosidade contra o meu país, pelo contrário.

[MAS] Algo a ver com a sua editora no nosso país?

[ALA] Uma relação com uma editora normalmente tem altos e baixos. Digamos que neste momento não estou num alto. Esta é uma época muito complicada porque as editoras atiram cá para fora o máximo de livros que puderem, é uma época em que se vende. Só que há desatenções que já não tolero ou tenho dificuldade em engolir. Não quero que me respeitem a mim, quero que respeitem a honestidade do meu trabalho. E ao mesmo tempo sou extremamente fiel, cria-se uma relação de amizade que para mim é muito importante.

[MAS] Acaba de ganhar outro relevante prémio, o da União Latina. O júri fundamenta: «Lobo Antunes é a voz mais expressiva da realidade profunda de Portugal.» Que sente?

[ALA] Não me interessa ser a voz mais expressiva de Portugal. É preciso dessacralizar os prémios. É evidente que são agradáveis. Os prémios, porém, não têm nada a ver com literatura no sentido em que não tornam os livros nem melhores nem piores.

[MAS] Pretende fundamentalmente levar para os seus livros a condição humana no que tem de sórdido e de belo?

[ALA] Só pretendo escrever. Por um lado, é evidente que não sou parvo, sei muito bem o que estou a tentar fazer, ou por outra, sei uma parte do que estou a tentar fazer, há outra parte que me escapa. Tem que ver com uma necessidade visceral de expressão. Aqui há uns tempos dizia para um dos meus irmãos que não me importava de estar preso se tivesse papel, uma caneta, livros para ler.

[MAS] Não é muito melhor escrever em liberdade?

[ALA] O próprio do homem é viver livre numa prisão. Estamos sempre condicionados e até prisioneiros de nós próprios. Na Roménia, onde fui receber outro prémio, era comovente ouvir as pessoas dizerem:

«Agora somos livres». Num jantar com o primeiro-ministro, ele dizia-
-me: «Sabe, nós ainda somos pobres porque havia que escolher entre
o desenvolvimento económico e a liberdade e o povo preferiu a
liberdade.»

[MAS] Desenvolvimento e liberdade são incompatíveis?

[ALA] Na altura eram, porque se houvesse restrições à liberdade,
ao direito à greve, poderia haver determinado tipo de desenvolvimento
pela direita. Estou a falar da Roménia.

[MAS] E em Portugal?

[ALA] Não queria falar nisso. É evidente que o meu coração não
está com este governo, mas o meu drama é que o meu coração também
não está com nenhum dos partidos da oposição. Não me interessa
este Partido Socialista, acho trágico este Partido Comunista. O drama
para as pessoas verdadeiramente de esquerda é que são apátridas, a
gente vai votar em quem?

[MAS] Alguns dos seus desencantos têm a ver com uma sensação
de vazio?

[ALA] Sinto-me bem assim. Mas existe em mim uma grande desilusão
porque ninguém gosta que lhe destruam os sonhos. Digamos que sou
um órfão da esquerda. Também sou muito indisciplinado. Teria
dificuldade com qualquer disciplina partidária. O problema dos
partidos é que se tornam reaccionários porque têm de funcionar com
o aparelho, como qualquer igreja.

[MAS] É um homem sem política e sem religião?

[ALA] Sou um homem religioso. Cada vez mais. Os grandes físicos
do século XX eram homens profundamente crentes; chegaram a
Deus através da física, da matemática.

[MAS] A escrita não é uma ciência exacta...

[ALA] Essa é outra coisa divertida. Falando do Prémio Nobel, que
serve para exemplo: ninguém discute o Prémio Nobel da Física ou
da Química, mas toda a gente acha que sabe quem deve ganhar o da
Paz e o da Literatura. E a literatura tem muito que se lhe diga. Não
se pode ensinar ninguém a ter talento mas há coisas que se podem
ensinar. Estamos longe da idade de ouro do livro, em que havia
trinta génios a escrever ao mesmo tempo, no século XIX. Não se
repetiu.

[MAS] O estilo literário ajuda a criar a universalidade do escritor?

[ALA] Não sei. Tudo tem sido para mim uma surpresa total.

**[MAS]** É um pouco autodestrutivo?

**[ALA]** Meu Deus, porque se tem de corrigir tanto? Há muita coisa que fica destruída do nosso trabalho, às vezes meses inteiros de trabalho são destruídos.

**[MAS]** Destrói e deita fora ou tem muita coisa guardada?

**[ALA]** Dantes deitava tudo fora, todas as versões. Agora, não.

**[MAS]** As suas obras passaram a ter edição *ne varietur*. Não costuma reler os seus livros. Foram encontrados muitos lapsos, muitas gralhas?

**[ALA]** É uma grande ironia porque se escrevem livros que se gostaria de ler e depois não os lemos. Estamos tão metidos neles que não se tem distância.

**[MAS]** Nunca revisitou nenhum livro seu?

**[ALA]** Não. Eu que tenho uma memória tão boa...

**[MAS]** Memória de elefante...

**[ALA]** Eu que sei de cor bocados de livros não sei uma única frase de cor de um livro que tenha escrito. Acaba-se um livro e temos de esquecer esse para fazer outro.

**[MAS]** No livro que publicou agora, entre outras, tem uma frase insistente: «O mar à nossa esquerda». Esse mar, na Muxima, terá a simbologia de que escreve também com o coração?

**[ALA]** Não pensei nisso. Escreve-se com a mão. Maiakovski disse: «Comigo a anatomia enlouqueceu, sou todo coração»; são liberdades a que os poetas se podem dar quando são grandes. Podem fazer-se alguns desplantes toureiros quando se escreve um romance mas pode--se pagar caro e lavar uma cornada.

**[MAS]** Estamos numa época em que começa a apetecer revisitar os grandes clássicos?

**[ALA]** O que é um clássico? Calvino dizia que clássico é aquele que a gente nunca diz que está a ler, dizemos que estamos a reler. Todas as semanas compro livros e as coisas mais variadas.

**[MAS]** Considera que o livro ideal será a grande utopia de um escritor?

**[ALA]** É aquele que a gente lê e tem a certeza que foi escrito só para nós e que os outros exemplares dizem coisas diferentes; com o qual temos uma relação pessoal, íntima. São objectos que nos pertencem, de que nos apropriamos intelectualmente, afectivamente e nos revelam a nós mesmos.

**[MAS]** Acha que conseguiu mudar a arte do romance português?

**[ALA]** Qualquer pessoa que escreve quer mudar a arte do romance. Há mil maneiras de o fazer. Tchekhov mudou a arte do teatro tal como O'Neill; mudaram-na de formas muito diferentes um do outro.

**[MAS]** Depois de Lobo Antunes, há um estilo que acabará aí?

**[ALA]** Já reparou na quantidade de pessoas que escrevem à António Lobo Antunes? Não é um fenómeno português, passa-se em França, Espanha, e é muito mau porque a pessoa para encontrar a sua voz tem de escrever contra os escritores de quem se gosta e matá-los dentro de nós. Cada experiência é única e irrepetível. Se formos fiéis a nós mesmos, ninguém pode dizer as coisas de uma forma tão clara e necessária. É o que se passa com qualquer escritor autêntico.

**[MAS]** Quando diz «ninguém escreve como eu» tem a ver com a fidelidade a si próprio?

**[ALA]** Mas ninguém escreve como outro bom escritor. Vamos à palavra génio. Stendhal utilizava-a para descrever a forma de uma senhora subir para uma carruagem: «Subia com génio»... A gente leva a vida a etiquetar tudo. Nós portugueses não temos uma tradição romanesca, nunca a tivemos. Temos algumas ilhas isoladas.

**[MAS]** Camilo, Eça, não?

**[ALA]** Não sou grande fã do Camilo. Pode-se ser um grande prosador e não ser um grande romancista. Camilo era um novelista e bebeu muito nas fraldas de Filinto Elísio. E acho admirável a prosa de Eça de Queirós, a maneira como ele consegue substantivar adjectivos. Agora, tenho alguma dificuldade em dizer que é um grande romancista. Faz uma coisa muito difícil que é trabalhar com o advérbio de modo. E fá-lo maravilhosamente. Tem esses desplantes, coisas que seriam um erro num principiante. Por exemplo: «Eu possuo preciosamente um amigo», uma frase logo cheia de erros, mas só um grande escritor pode fazer isto.

**[MAS]** Isso não existe na sua escrita?

**[ALA]** É preciso ter uma atitude muito humilde em relação ao nosso trabalho.

**[MAS]** Na fase inicial da sua careira literária não teve uma urgência de tudo?

**[ALA]** Tinha quase 37 anos quando saiu o meu primeiro livro. Nunca tive vontade de publicar, tinha feito tantos romances antes, acho que as minhas filhas ainda têm um livro que demorei dez anos a escrever e nunca publiquei, não era aquilo. E ensinar as pessoas a não terem pressa e que é necessário trabalhar e retrabalhar às vezes é difícil porque há uma sede de reconhecimento. O sucesso é medido pelo número de exemplares vendidos, nem se dão conta...

**[MAS]** De que estão na fogueira do mercado?

**[ALA]** Mas se pensam na fogueira do mercado, para quê escrever? É preciso sacrificar muitas vezes a tentação, que é humana, não só de frases bonitas mas também de situações que vão prejudicar a eficácia do livro. Muitas vezes tem de deitar-se fora coisas que eventualmente poderão ser boas mas não servem o livro, prejudicam-lhe o galope.

**[MAS]** A escrita é um modo de lidar com a «sobreposição de muitos lutos»?

**[ALA]** Quando comecei a escrever ninguém me tinha morrido. Sou o filho mais velho, os meus avós tinham 40 anos, só conheci a morte a primeira vez que vi os cadáveres na Anatomia quando fui para a Faculdade de Medicina. Até aí a morte não existia.

**[MAS]** Cada livro seu parece que deixa alguma coisa suspensa, embora esteja completo e exímio. Haverá sempre qualquer coisa não dita?

**[ALA]** O livro é escrito por duas pessoas: por mim e pelo leitor. Acho que está lá tudo e espero que o leitor tenha essa mesma sensação. Na Feira do Livro ouvem-se coisas surpreendentes, pessoas que entenderam o livro da maneira como gostava de ser entendido. Pessoas que nos beijam quando se queria ser beijado.

**[MAS]** Tende a isolar-se cada vez mais?

**[ALA]** Só há grupos onde existem fraquezas individuais.

**[MAS]** Essa não é uma atitude ostensiva?

**[ALA]** A imprensa é que pode torná-la ostensiva, não eu. Há escritores que admiro muito e respeito, figuras de grande qualidade. E se temos alguma coisa a respeitar é a nossa cultura, não seria mau que lhe dessem mais atenção.

**[MAS]** Tem um público mais feminino?

**[ALA]** Penso que não.

**[MAS]** Houve tempo em que entendia menos bem as mulheres nos seus livros...

**[ALA]** Não creio que trate as mulheres de forma diferente dos homens. Nasci de uma mulher. Tenho três filhas. Sempre achei que a mulher é a salvação do homem. Das coisas mais admiráveis que definem a vida foram feitas por mulheres.

**[MAS]** Não encontramos uma descrição de uma relação sexual na sua obra...

**[ALA]** Nunca o farei. Com a maneira de me exprimir julgo que posso dizer isso de outras maneiras.

**[MAS]** O escritor deve ser uma voz da consciência?

**[ALA]** O seu único compromisso é fazer livros. A importância do escritor é muito relativa. Terá, quando muito, de ser um contrapoder.

**[MAS]** Em que medida pode o escritor ser contrapoder?

**[ALA]** Relativamente ao livro, é o de abrir portas e janelas que muitas vezes os poderes instituídos gostariam que permanecessem fechadas. Por que é que as ditaduras perseguem os artistas? Porque percebem que é daí que pode vir o perigo para elas. Por que é que a revolução russa perseguiu os pintores abstractos? Teoricamente, um quadro abstracto não significa nada.

**[MAS]** O abstracto é como os silêncios, pode dizer muito...

**[ALA]** A cultura assusta muito. É uma coisa apavorante para os ditadores. Um povo que lê nunca será um povo de escravos.

**[MAS]** Primeiro romance em 1979, *Memória de Elefante*. Mais 15 e dois livros de crónicas. Vale a pena escrever?

**[ALA]** Desde que me conheço, nunca me imaginei a fazer mais nada.

**[MAS]** É um homem solidário?

**[ALA]** Como pessoa preocupam-me os que sofrem. Como escritor, preocupa-me escrever. A palavra compaixão tem para mim um sentido muito forte, o de paixão partilhada. Da mesma maneira que companheiro quer dizer aquele que divide o pão connosco. Não me parece que o homem seja mau nem bom. Quem sou eu para julgar?

## 38. SARA BELO LUÍS

# *"Angola nunca saiu de dentro de mim"'*

*Visão*
27 de Novembro, 2003, pp. 194-200[1]

Lá, conheceu o inferno. Viu morrer, sentiu medo, assistiu ao horror. Lá, também, conheceu o paraíso. Achou a imensidão dos horizontes, descobriu outras culturas, percebeu que não estava sozinho. Da guerra colonial que o regime teimava em manter, António Lobo Antunes trouxe uma memória feita de contradições. Em *Boa Tarde Às Coisas Aqui Em Baixo*, o escritor regressa à África que jamais esqueceu.

Esteve dois anos na guerra colonial cujo absurdo haveria de retratar em *Os Cus de Judas*. Ao regressar de Angola, António Lobo Antunes não era o mesmo homem. Em Lisboa tinha deixado a mulher (com quem havia casado pouco antes de partir) e uma filha que ainda não conhecia. Trazia também a certeza de que pretendia desistir da cirurgia e antes preferir uma especialidade médica que lhe permitisse escrever. Acabou por escolher psiquiatria, à qual foi buscar as técnicas de análise que, depois, utilizou para dissecar o País.

Agora, aos 61 anos, regressa ao território que sempre marcou a sua ficção. *Boa Tarde às Coisas Aqui Em Baixo*, o volume de 554 páginas que as Publicações Dom Quixote acabam de lançar, era para falar das seitas religiosas mas acabou por tornar-se um romance sobre o tráfico (o de diamantes e o de influências), sobre o percurso de três homens

---

[1] Um breve texto nas pp. 194-195 descreve o ambiente e alguns hábitos de trabalho do escritor [("Uma conversa seguida de meia-torrada")].

(Seabra, Miguéis e Morais) que partem de Portugal para a terra devastada pelas guerras (a colonial e a civil) e pela cupidez humana. Em entrevista à VISÃO, o escritor desfia – como nunca o havia feito – as suas memórias de África. As do inferno e as do paraíso.

**[VISÃO]** *Boa Tarde às Coisas Aqui em Baixo* é o livro do ajuste de contas com Angola?

**[ANTÓNIO LOBO ANTUNES]** Não tenho contas a acertar com ninguém. Estou em paz com os outros. O que sinto é que não vou ter tempo para fazer os livros que gostaria de escrever. Como Mozart que, nas margens do *Requiem*, escrevia «não vou ter tempo»...

**[V]** É uma espécie de catarse?

**[ALA]** Também não sinto que tenha de me libertar de alguma coisa. Angola nunca saiu de dentro de mim. Ocupa um lugar muito profundo, mais até do que eu imagino ou penso. Vejo Angola como um paraíso perdido. Lembro-me da terra, dos cheiros, das cores, dos horizontes, de toda aquela sensualidade. Como, aliás, também acontece em relação à Beira Alta, onde agora vou cada vez mais. É uma espécie de regresso à infância onde fui tão feliz. Quando passo por Carregal do Sal sinto logo o cheiro da Beira Alta. Dá-me uma certa paz interior.

**[V]** Como é possível ter uma imagem de paraíso de algo que foi um inferno?

**[ALA]** Mas tudo aquilo que envolvia a guerra era de uma beleza imensa. É curioso porque, afinal, foi um tempo doloroso.

**[V]** De que maneira é que um romance sobre seitas religiosas se transforma num romance que tem o tráfico de diamantes como pano de fundo?

**[ALA]** O outro romance começava em Angola e era para acabar com a casa destruída que aparece logo no princípio deste. Pensei que o livro pedia muito mais do que aquilo. Porque é que havia de estar a tocar uma gaita-de-beiços se podia estar a tocar um piano sem fim?

**[V]** Esta é a imagem que tem da Angola pós-independência?

**[ALA]** Enquanto escrevia o livro, interroguei-me várias vezes se não iria arranjar problemas.

**[V]** Em que sentido?

**[ALA]** Com a riqueza de Angola, não acredito que tenham desaparecido todos esses europeus e africanos que ainda hoje tentam explorar aquela terra. No livro também está presente a minha indignação em relação a todo esse neocolonialismo. Como é que se fazem determinadas coisas em nome da democracia e da amizade? Eu não queria entrar muito por aqui... Já deve ter reparado que sou sempre muito cauteloso. Por vezes tenho imensa vontade de escrever para a VISÃO sobre esse processo da Casa Pia, mas não me atrevo a fazê-lo porque as pessoas não teriam possibilidade de me responder.

[V] A pergunta é para o psiquiatra...

[ALA] ... esse, coitado, já não existe.

[V] Ainda deve saber umas coisas...

[ALA] ... poucas.

[V] Arrisco, mesmo assim, a pergunta para ele: a questão da guerra está resolvida em si?

[ALA] O psiquiatra? A questão da guerra? Não pode chamar-se àquilo uma guerra. Morria-se sem se ver ninguém. As minas, não se via quem as punha e, nas emboscadas, era tudo muito rápido. Uma guerra pressupõe um adversário e ali, ele era completamente invisível.

[V] Não havia combates?

[ALA] No sentido clássico do termo, não. Para fazerem sentido, as emboscadas não podiam demorar muito. Uns minutos e desapareciam. Depois, havia as populações, que me fascinavam.

[V] Esse foi, de algum modo, o lado bom da guerra?

[ALA] Sim, esse contacto foi decisivo para mim. Aprendi muito com aqueles povos, através da sua relação com a vida e com a morte. Apercebi-me também que o tempo africano – que é elástico, indefinido – podia servir-me para me mover melhor no espaço do romance.

[V] Nunca teve oportunidade de regressar a Angola?

[ALA] Oportunidade há sempre. Acho é que, se voltasse, não saía de lá. Gostava de ter um passaporte angolano, teria muito orgulho nisso. Não quero dizer que me sinta menos português, gosto cada vez mais de ser daqui, sinto-me muito bem no meu país.

[V] Mas porque é que gostava de ter passaporte angolano?

[ALA] Afectivamente, estou muito ligado àquela terra e àquelas pessoas.

[V] Isso não é um contra-senso? No fundo, lutou contra a independência angolana...

[ALA] Bom, eu fazia parte de um exército...

[V] Que dependia de um governo que era contra a independência das colónias.

428 | SARA BELO LUÍS, 27 DE NOVEMBRO, 2003

**[ALA]** É verdade. Isto não pretende ser uma justificação, mas, naquela época, a gente tinha a sensação de que a ditadura era eterna. Ou se ia à guerra (como o Partido Comunista, que mandava os seus militantes ir à guerra) ou, então, ia fazer-se a revolução para os cafés de Paris. E, a certa altura, reparei que a maior parte das pessoas que emigrava fazia-o quando sabia que ia. Porque tinham medo. Aquilo metia medo. No entanto, as minhas razões não tinham nada a ver com estas. Não fui nem por valentia nem por ideais políticos. Ernesto Melo Antunes, o meu capitão, dizia que a revolução se fazia por dentro. A mim, contudo, a revolução não me dizia grande coisa... Sempre tive uma vida protegida, passei ao lado de todos os movimentos contra a ditadura; por cobardia, provavelmente.

**[V]** Era um privilegiado.

**[ALA]** Claro que sim. Nessa altura, de um modo geral, os rapazes que iam para as faculdades eram privilegiados. Mas não foi só por isso que a política – e até o próprio movimento estudantil – me passou ao lado. Eu nem às aulas ia, passei a faculdade a escrever e a jogar xadrez. Vivia completamente centrado sobre mim mesmo. Talvez esteja grato a Angola porque foi lá que aprendi a existência dos outros. Até então o meu mundo era ptol[o]maico. Na guerra, senti pela primeira vez uma camaradagem real, que ainda hoje se mantém.

**[V]** Ainda se vêem?

**[ALA]** Sim, de vez em quando. Nesse momento percebi que eu não era o centro do mundo.

**[V]** Mantinha um diário?

**[ALA]** Não, nunca fiz diários. Mas é curioso que, durante todo o tempo que estive em África, li e escrevi muito. À noite, enquanto escrevia os meus romances, tinha a sensação de estar em Lisboa porque havia um soldado que imitava os pregões dos ardinas.

**[V]** Lembra-se do dia em que foi mobilizado?

**[ALA]** Eu já sabia que ia, só não sabia era quando. Fiz a segunda parte da recruta no Hospital da Estrela e, depois, fui colocado no de Tomar. Estive lá uns meses e, um dia, o director chamou-me e disse-me que eu tinha que me apresentar em Santa Margarida. Só soube que ia para Angola já no barco.

**[V]** Foi lá que conheceu Ernesto Melo Antunes?

**[ALA]** Só vou encontrar o batalhão com que fui em Santa Margarida uns meses antes de embarcar, a 6 de Janeiro de 1971.

**[V]** E para onde foi?

**[ALA]** Fui para as Terras do Fim do Mundo, na fronteira com a Zâmbia, no saliente do Cazombo. Chegámos lá e, pendurada no arame farpado, estava uma tabuleta que dizia 'Lisboa, 10 mil quilómetros. Moscovo, 13 mil'. O leste angolano não correspondia nada à ideia que fazemos de África. É arenoso, com pouca vegetação e, de noite, fazia muito frio.

**[V]** Não havia o que habitualmente se chama mato?

**[ALA]** Havia, mas parecia sempre igual. Outra das coisas que me espantava era a capacidade que os nossos guias tinham em orientar-se. Havia um que lhe bastava pôr a orelha contra o chão para pressentir uma coluna ainda a quilómetros de distância. Outro, via mosquitos na outra banda e, aos domingos, punha uns óculos graduadíssimos. E nós, miúdos de 20 anos, não entendendo o significado simbólico do acto, fazíamos troça. Não percebíamos que aquela maneira de ser correspondia a uma cultura milenar. Vínhamos com toda uma carga de coisas europeias...

**[V]** O médico recém-licenciado também descobriu outras «ciências»?

**[ALA]** Sob o aspecto médico eram culturas muito mais avançadas que as nossas. Não havia cáries, por exemplo. E lavavam os dentes com um pau... Doutro ponto de vista, a organização social era perfeita, não havia conflitos sociais e as decisões eram tomadas em assembleias muito complicadas. Uma vez, numa aldeia, estiveram uma tarde inteira para deliberar se me davam um galo. Eram muito sábios e, sentindo o absurdo daquela situação, fugiam para norte. Nós queimávamos as aldeias com desfolhantes e com tudo isso de que é proibido falar. Eu vi napalm. O marechal Costa Gomes, que era meu comandante-chefe, dizia que não existia napalm. Nós tínhamos napalm e bombardeávamos com napalm. Esta é a verdade. E quem disser o contrário está a mentir.

**[V]** No terreno sentia-se que o regime estava a definhar?

**[ALA]** Não, não se tinha a noção porque não tínhamos notícias nenhumas. O nosso batalhão, composto por três companhias de combate, cobria um território com a mesma extensão de Portugal Continental do Mondego ao Algarve. Naquela altura, o MPLA estava a entrar pela Zâmbia, com o objectivo de cercar o planalto central. Era, portanto, uma zona tremenda. E nós era suposto servirmos de tampão. Mas como é que três companhias e combate – ou seja, 450 homens – podem patrulhar uma zona tão grande? Era impossível.

**[V]** Discutia-se política?

**[ALA]** Não, não se discutia política. Nem era possível discutir. Nunca assisti a cenas como as do filme de Manoel de Oliveira no qual os militares vão nos Unimogs a discutir a legitimidade da guerra. A partir do momento em que morreu o primeiro rapaz, até o Melo Antunes [–] que era um homem muito politizado, que discordava da guerra [–] deixou de falar nisso. Nesse momento disse «vamos vingar o Ferreira». O primeiro morto desencadeia uma raiva enorme. Ninguém queria ir para o mato, ninguém queria matar ninguém. Não conhecíamos aquele país, olhávamos para o céu, não conhecíamos as estrelas. Nada daquilo nos fazia lembrar Portugal. Absolutamente nada. Estávamos ali, não havia nada à volta. Só havia a casa do chefe do posto em ruínas onde eu dormia. Portanto, que vontade tinha eu de combater? O quê? Quem?

**[V]** Estavam apenas preocupados em chegar ao dia seguinte?

**[ALA]** Eu queria era voltar vivo. Tínhamos sido treinados para a guerra, mas o objectivo era acumular o maior número de pontos possíveis para irmos para um sítio com menos guerra. Um prisioneiro tantos pontos, uma arma apreendida tantos pontos e, ao fim de não sei quantos pontos, mudávamos de lugar. Nunca ouvi – entre oficiais ou soldados – uma única palavra contra ou a favor da guerra. A gente queria era sair dali. O mais depressa possível. Não queria falar da crueldade e da violência porque, no meio das atrocidades, também havia uma grande generosidade. Os nossos soldados ganhavam uma miséria e estavam sempre na aflição de saber como é que estavam as suas famílias em Portugal. As notícias que chegavam eram poucas, o correio só vinha uma vez por semana...

**[V]** Que atrocidades não conseguiu esquecer?

**[ALA]** Coisas horríveis. Havia uma delegação da PIDE junto à sede do batalhão e eu assisti a dois ou três interrogatórios. Nunca vi o exército fazer tais coisas. Lembro-me de um soba me dizer 'O Sr. PIDE manda mais que o Senhor Governador'. A PIDE era, de facto, o terror dos civis. Noutro dia, fizeram-se uns prisioneiros e, como era preciso comunicar à polícia, veio um PIDE de helicóptero. Quando chegou, a primeira coisa que fez foi dar um pontapé na barriga de uma mulher grávida. O Melo Antunes puxou da pistola e apontou-a ao PIDE. Nem imagina os problemas que ele teve por causa disso... Estávamos ali, mas de vez em quando vinham uns do «ar condicionado» para dizer como é que devíamos fazer a guerra. Recebiam o mesmo subsídio e apareciam de camuflado novinho em folha. E nós de camuflado todo desbotado...

[V] Tudo isso é político...

[ALA] Eram ordens militares. E não vinham embrulhadas em qualquer consideração do género 'Estamos a defender Portugal'. Não me recordo de um comandante, um general, um coronel ou um brigadeiro me falar na pátria. Não me lembro de alguma vez ter ouvido um discurso patriótico que advogasse a civilização contra o comunismo ateu.

[V] A morte torna-se mesmo uma rotina na guerra?

[ALA] Fazia sempre sofrer muito. Uma vez levei para o meu quarto um rapaz que tinha morrido numa emboscada. Não quis que o tirassem de lá. Estava só a dormir. A morte de um camarada era uma coisa horrível. E mesmo os feridos, que nunca mais voltávamos a ver. Quando havia amputações, eu fazia o penso ao coto, vinha um helicóptero e levava-os.

[V] Como é que vê, hoje, as diferenças entre a guerra que conheceu e estas guerras cirúrgicas?

[ALA] Não conheço estas, só conheci aquela. Mas a guerra é sempre um momento absurdo porque ninguém ganha. Isto foi o que, de mais claro, trouxe da guerra. Na guerra não há vencedores. Todos – militares, famílias, populações – são vencidos. E os militares são os que menos culpa têm porque se limitam a fazer aquilo que o poder político pretende. Sob este aspecto, o exército português sempre foi muito disciplinado. O Melo Antunes, por exemplo, impunha uma disciplina completamente feroz que eu não compreendia. Ele contrapunha que aquela era a maneira de termos menos baixas. Obrigava-nos, entre outras coisas, a pôr gravata para jantar, na areia...

[V] A disciplina passava por aí?

[ALA] Também, o que não o impedia depois de jogar vólei com os soldados. Estes, de resto, eram muito bem treinados. Quando uma coluna foi atacada, o alferes teve medo e escondeu-se debaixo de um cepo. O pelotão ficou uma presa fácil porque todos estavam à espera que aquilo funcionasse.

[V] O medo era encarado como um sinal de fragilidade?

[ALA] Borrar-se de medo? Cagar-se de medo? Tudo isto é real, não são figuras de retórica. Ele tinha as calças do camuflado encharcadas de merda. Casos destes, no entanto, não havia muitos. Todos tínhamos medo, mas os nossos soldados eram de facto extraordinários. Não eram como os americanos que estavam lá no Vietname e, de dois em dois meses, tiravam uma semana de férias. Em Angola nunca vi ninguém negar-se a ir para a mata. Quando o rapaz que tinha sido sorteado para conduzir o rebenta-minas – a viatura, como então dizíamos, que ia à frente – vinha despedir-se de mim, fazia-o sem quaisquer dramatismos. Ao princípio ainda marcávamos os dias no calendário, mas a partir de certa altura a vida já não tinha grande valor. Uma das cruzes de guerra que tivemos foi o apontador de metralhadora, já ferido no pescoço, ter continuado a disparar para salvar os que estavam cá em baixo. Havia um espírito de corpo muito intenso. Lá, éramos todos a mesma coisa. Estou a conseguir falar disto sem falar do horror...

[V] Ainda sonha com a guerra?

[ALA] Às vezes tenho um pesadelo tremendo. Sonho que me estão a chamar para voltar para África. Tento explicar que já fui, argumentam que tenho que ir. E o sonho acaba aqui. Nunca sonhei com tiros ou com morteiradas. No meio daquilo tudo havia muito humor. Havia um homem, o Bichezas, que cuidava do morteiro que estava ao pé da messe. Tínhamos mais medo dele do que do MPLA porque o Bichezas disparava com o morteiro na vertical. Aquilo subia... e toda a gente fugia. Apesar de tudo, penso que guardávamos uma parte sã que nos permitia continuar a funcionar. Os que não conseguiam são aqueles que, agora, aparecem nas consultas. Ao mesmo tempo, havia coisas extraordinárias. Quando o Benfica jogava, púnhamos os altifalantes virados para a mata e, assim, não havia ataques.

[V] Parava a guerra?

[ALA] Parava a guerra. Até o MPLA era do Benfica. Era uma sensação ainda mais estranha porque não faz sentido estarmos zangados com pessoas que são do mesmo clube que nós. O Benfica foi, de facto, o melhor protector da guerra. E nada disto acontecia com os jogos do Porto e do Sporting, coisa que aborrecia o capitão e alguns alferes mais bem nascidos. Eu até percebo que se dispare contra um sócio do Porto, mas agora contra um do Benfica?

[V] Não vou pôr isso na entrevista...

[ALA] Pode pôr. Pode pôr. Faz algum sentido dar um tiro num sócio do Benfica?

## 39. ADELINO GOMES

# "Um quarto de século depois de Os Cus de Judas. 'Acho que já podia morrer'"

*Público*/Destaque
9 de Novembro, 2004, pp. 2-6[1]

Vira as folhas onde escreve, quando entramos. Só falta escondê-las dentro de um livro de Geografia ou História, como, não tarda, nos contará que fazia no tempo da adolescência, em que os pais lhe censuravam a ambição literária.

Passaram 25 anos sobre o lançamento dos seus dois primeiros livros, "Memória de Elefante" e "Os Cus de Judas", em 1979. Aparentemente alheio à azáfama com que a editora prepara a celebração da efeméride, numa festa marcada para o fim do dia de hoje, em Lisboa, António Lobo Antunes debruça-se, desde o princípio da manhã, sobre o tampo de vidro da pequena secretária, quase escondida à esquerda de quem entra na vastidão da garagem emprestada, onde tem trabalhado os seus últimos livros.

A meio da entrevista tomará a iniciativa de mostrar, fugazmente, o resultado da sessão. Frases escritas à mão, numa letra miudinha,

---

[1] Na mesma edição podem ler-se as notícias "Departamentos oficiais boicotaram Lobo Antunes no estrangeiro" e "'Ele é o maior escritor da actualidade'" – sobre o lançamento da Fotobiografia de António Lobo Antunes, de Tereza Coelho (pp. 2 e 5/Destaque, respectivamente). Na p. 5 Cátia Felício escreve sobre os 25 anos de carreira do escritor ("Lobo Antunes festeja 25 anos de carreira no São Luiz").

# 434 | ADELINO GOMES, 9 DE NOVEMBRO, 2004

delimitadas por traços que parecem marcar deixas das personagens. As quatro horas de hoje deram "um dedo" de texto. Que junto a centenas de outros "dedos", revistos, cortados, refeitos incessantemente, até Março, hão-de constituir a primeira versão do próximo livro.

O anterior, "Eu Hei-de Amar uma Pedra", 17º da sua bibliografia enquanto romancista – só hoje será apresentado oficialmente. Numa sessão ao fim da tarde no São Luiz, em Lisboa, a que a editora de sempre, a Dom Quixote, deu um toque de homenagem internacional.

Se lhe fosse dado escolher, entre vivos e mortos – diz ao PÚBLICO – gostaria de ver lá, a tocar, alguns dos seus ídolos do jazz. "A gente aprende a frasear com eles. Charlie Parker. John Lester. Johnny Rodgers. Thelonious Monk..." O que não quer dizer que gostasse de falar com eles. "Mitificamos as grandes figuras e nem sempre elas correspondem ao que esperamos. É muito raro aparecer um Oscar Wilde; um Churchill a quem perguntam aos 80 anos a que é que atribui o segredo da longevidade: "À ginástica, que nunca pratiquei"; um De Gaulle que confrontado com as reivindicações dos operários de uma fábrica de chocolates que visitava diz: "Vou tomar nota na minha 'tablette'".

Vinte e cinco anos de carreira é altura de falar de tudo. De África e da guerra, das ambições, das grandes figuras que houve e não há, de Portugal, de histórias de hospitais, da esquerda e da direita, da vida quando a vida acabar; dos prémios e das perseguições, de histórias de doentes outra vez, da guerra sempre. António Lobo Antunes, 17 romances escritos, outro em curso, traduções em 40 línguas, a glória nas letras desde os 36 anos: "Sinto-me em paz comigo. Fiz o melhor que pude."

António Lobo Antunes, 62 anos, eterno candidato a Nobel da Literatura, o sonho de acabar como Tolstoi: excertos em nove capítulos de uma conversa de três horas.

**[PÚBLICO]** Esta entrevista é publicada no dia em que se comemoram 25 anos sobre o lançamento do seu primeiro livro ("Memória de Elefante", de 1979).

**[ANTÓNIO LOBO ANTUNES]** ...Vinte e cinco anos! É assustador. Olha--se para trás e [] pensa-se: "O que eu podia ter feito, o que fiz e o que não devia ter feito..."[2]

---

[2] Na entrevista integral lê-se "e o que não devia ter feito da minha vida..."

**[P]** O que é que fez que gostava de não ter feito?

**[ALA]** Não ter magoado pessoas que magoei; não ter sido desatento em situações de amor (amor homem-mulher, amor com os filhos, amor com os amigos); a pouca disponibilidade para as pessoas, por exemplo amigos doentes. Eu ia lá muitas vezes. Mas devia ir mais.[3]

**[P]** Admite a hipótese de um dia parar de escrever para viver? Para fazer algumas dessas coisas?[4]

**[ALA]** Para fazer? Toda a minha construção mental foi feita para escrever. Eu mesmo me construí todo nesse sentido – para escrever.

**[P]** No penúltimo livro[5]...

**[ALA]** ...mas os livros também são silêncio. Já reparou?

**[P]** O que é que quer dizer com isso?

**[ALA]** Quando a gente houve o Sinatra cantar, o que o torna ainda mais extraordinário é o silêncio. Como aquele homem gere as pausas! Outro dia estava a ouvir (tanto quanto consigo ouvir) os "Impromptus" de Schubert, pelo (Alfred) Brendel, salvo erro. Aquilo está cheio de silêncio, meu Deus! Se calhar toda a arte devia tender para o silêncio Quanto mais silêncio houver num livro, melhor ele é.[6]

**[P]** Como é o silêncio num livro?

**[ALA]** Quando perguntaram a Santo Agostinho o que era o tempo, lembra-se o que é que ele respondeu?

**[P]** Lembro ("Se não me perguntas, sei o que é, e se me perguntas, já não sei."), porque já respondeu dessa forma numa outra entrevista. Aliás é um problema tremendo entrevistá-lo, porque tem dado inúmeras entrevistas.

**[ALA]** Foi só esta semana.

**[P]** Não. No último livro, nos anteriores.

**[ALA]** São muitas?

**[P]** São.

7

---

3   Fui agora a Paris visitar o Christian (Bourgois, seu editor em França e grande amigo, a quem foi diagnosticado um cancro há poucos meses). Fui lá uma semana só para o ver. Mas levei o "tricot". Escrevia todas as noites como um danado. Não sei, espero que rezem pela minha alma pecadora. [*ibidem*].
4   Para fazer algumas dessas coisas que acabou de dizer? [*ibidem*].
5   No penúltimo livro ("Boa Tarde às Coisas Aqui em Baixo", 2003)... [*ibidem*].
6   Porque nos permite escrever o livro melhor, como leitor. [*ibidem*].
7   Do trabalho árduo para escrever "como ninguém", antecedido da alegria da frase certa, ou as dores de parto de um novo livro [destaque]

**[ALA]** Está-me a lembrar aquele verso do Régio, da Carta de Amor: "Poderia dizer-te sem falsidade/ Coisas que ditas, já não são verdade."

Isto às vezes é tremendo porque a gente quer exprimir sentimentos em relação a pessoas e as palavras são gastas e poucas. E depois aquilo que a gente sente é tão mais forte que as palavras... Dizem que o (poeta russo, 1799-1837) Pu[]shkin, quando usa a palavra "carne", a gente sente-lhe o gosto na boca. A palavra carne é sempre a mesma, depende das palavras que se põem antes e das palavras que se põem depois. Para que as pessoas sintam o gosto na boca eu tenho que trabalhar como um cão, até encontrar as palavras exactas antes e depois. Mas quando eu estava a corrigir o livro senti que ele estava cheio de silêncio. E estava contente com isso. Se trabalhar muito no osso, despindo da gordura – adjectivos, advérbios de modo, proposições – acaba por chegar lá. Percebe o que quero dizer?

**[P]** [8]Gostava de perceber melhor, para saber qual é o momento em que sente que a frase está certa.

**[ALA]** Ah, isso é uma alegria enorme: "É isto! É isto!". (Vira-se para a direita e pega numas folhas de papel, com o timbre do Hospital Miguel Bombarda) Este é um manuscrito. É o capítulo que estou a fazer (de um novo livro). Uma primeira versão. (Baixinho, como quem fala para si mesmo) O que estou a fazer não posso fazer, que dá azar. (Aponta para uma mancha azul e preta de letras e traços.) Comecei por aqui, estava uma merda. Continuei aqui. Comentário? (Pergunta, assinalando o que escreveu à margem, também à mão)

**[P]** "Que porcaria".

**[ALA]** Pois. Dois dias para fazer isto. Mas como já tinha começado, esta (folha) já me demorou só um dia. (Nova folha) Mas esta já demorou dois dias. Por que é que isto acontece? (Assinala outra vez palavras escritas à margem)

**[P]** "Uma merda. 3.11"

**[ALA]** Três do onze? Isso então é uma grande merda. Mas depois, ao mesmo tempo, no meio disto, há momentos de uma alegria tão grande...quase de êxtase. Parece que levita.

**[P]** Desculpe fazer este parêntesis. Esteve a mostrar-me coisas que muito lhe agradeço e os leitores do PÚBLICO também...

---

[8] Tento. [*ibidem*].

**[ALA]** ... não estive a mostrar ao PÚBLICO, estive a mostrar a si, nem sequer ao jornalista.

**[P]** [9]O computador facilitava-lhe imenso as coisas. Porque, desculpe, aquilo que é "merda", cortava, deletava como se diz agora.

**[ALA]** Comecei a escrever nestes blocos que eram os das receitas do Hospital Miguel Bombarda, do meu pai. Os meus pais não queriam que eu escrevesse. Portanto eu tinha que escrever em folhas pequenas: tinha o livro de Geografia ou de História posto por baixo, ouvia os passos deles e trocava a ordem. Ainda hoje escrevo com um livro aberto. Está aí.[10]

**[P]** Entretanto passaram cinquenta e tal anos. Já se inventou o fax, o computador, e até agora há o telemóvel.

**[ALA]** Telemóvel não posso ter. Interfere com o campo eléctrico (do aparelho auditivo que é obrigado a usar). Nunca abri um computador na vida. Mas eu gosto deste contacto físico, gosto de desenhar as letras.[11]

**[P]** [12]Arrancou o seu trabalho literário com a "Memória de Elefante". Houve outros livros antes, mas fê-los desaparecer.

**[ALA]** Sim, houve vários romances antes. Com esse, achei, prematuramente, que podia publicar.

---

[9]  ... e eu faço-lhe a pergunta que muita gente fará quando vê essa letra miudinha, aliás impossível de descodificar por olhos estranhos: há alguma razão, de ordem física que lhe exija esse contacto com o papel e a caneta? O computador [...] [*ibidem*].

[10]  Para os adultos eu era um factor de inquietação permanente. Os meus irmãos eram bons alunos, eu era o mau aluno. A minha mãe conta que foi pedir aos professores do liceu que me sentassem à frente porque eu estava sentado ao contrário nas carteiras. Ela dizia: "Tiras o curso, sempre te deixo com uma enxada". Eu compreendo. Um escritor, um compositor, um fotógrafo que não tenha talento, a partir dos 40 começa a ficar muito amargo. Já reparou na quantidade de bares cheios de escritores que não escrevem, de pintores que não pintam? Penso que eles, à maneira deles, estavam a tentar proteger-me. [*ibidem*].

[11]  [P] Desenhar? Quase não se vêem. São microscópicas.
[ALA] Então não se vêem? Às vezes ofereço uns capítulos aos amigos. Olhe, ao Júlio Pomar, fui lá a casa e ele tinha aquilo encaixilhado, outros põem nas paredes. E realmente assim até é bonito.
[P] Pois, mais como um quadro.
[ALA] E nós a chamarmos romances a estes quadros... [*ibidem*].

[12]  Estávamos a falar do arranque do seu trabalho literário com a [...] [*ibidem*].

# 438 | ADELINO GOMES, 9 DE NOVEMBRO, 2004

**[P]** Prematuramente?

**[ALA]** Agora acho bem, mas mais tarde achava que devia ter esperado mais tempo. Não ter pressa. Que só devia ter começado a publicar a partir d[e "O] Manual dos Inquisidores". Eu era muito consciente de que o que fazia era muito mau. Mas também de que se trabalhasse muito, faria coisas que mais ninguém faria.

**[P]** É aí que os entrevistadores costumam introduzir a questão da vaidade, a que responde que não é vaidoso. Mas com uma grande vaidade.

**[ALA]** Vaidade? Estou a ser sincero. O Adelino não encontra quem escreva como eu. Agora dizem todos isso. Naquela altura era eu sozinho a dizer para mim mesmo. E com vontade de dizer: "Não, porque eu só faço porcaria." Na minha geração, eu lembro-me de sair "A Paixão", de Almeida Faria (1965) e eu com 19 anos a pensar: "Nunca chegarei aos calcanhares deste homem."; ou os poemas da Luiza Neto Jorge; ou os poemas do Gastão Cruz, sei lá, tanta gente publicava, e todos eles eram melhores do que eu.

**[P]** Depois houve um dia que descobriu...

**[ALA]** Qual quê? Depois foi trabalhar, trabalhar, trabalhar. Porque para mim a coisa era clara: eu não tenho nenhum dom natural, mas não posso fazer a minha vida sem isto. Também não tinha vivido – ainda, naquela altura. Tinha a sensação de ter muitos quartos, mas que só vivia em dois deles, não abrira as outras portas e janelas.

**[P]** Há muitas portas e janelas ainda para abrir?

**[ALA]** Espero bem que sim. Cada livro é mais um. Embora um livro nunca esteja acabado. Escreve-se um para corrigir o anterior.

**[P]** Qual foi o melhor livro que escreveu?

**[ALA]** Não sei dizer. Julgo que têm vindo a ser progressivamente – melhores é uma palavra que não quero usar – mais conformes à ideia que eu faço do que deve ser um livro.
13

**[P]** E o pior? Foi o primeiro?

**[ALA]** Folheei-os, agora, por causa destas edições "ne varietur" (por uma equipa coordenada por Alzira Seixo, que estabelece ou fixa o texto definitivo das primeiras edições e das reedições) e fiquei

---

13  [P] O último normalmente fica mais perto?
[ALA] É o mais parecido com aquilo que eu acho que deve ser um livro. [*ibidem*].

surpreendido. São os livros de um outro. O rapaz que escreveu aqueles livros não existe. É um antepassado meu. Olho para ele como para outra pessoa: as ideias, os sentimentos, as emoções dele escapam-me, muitas delas. Estão cheios de força e essa força surpreendeu-me, no caso da "Memória de Elefante".[14]

## DOS SONHOS DE GLÓRIA E DA EMBRIAGUÊS DO SUCESSO DE "NÃO CONSEGUIR", COM BREVE PASSAGEM POR SARAMAGO

**[P]** Estes 25 anos ficaram aquém, atingiram, ou ultrapassaram os seus melhores sonhos?

**[ALA]** [15]O que me aconteceu ultrapassou aquilo que podia imaginar. Quando saiu o primeiro livro eu era um inocente: não conhecia um único escritor, não sabia como é que uma editora funcionava, sabia lá o que era um agente. Caio de pára-quedas aos 36 anos num mundo que me era completamente desconhecido. Quando o livro saiu eu fui de férias. Quando voltei [–] já estava a escrever o terceiro livro [–] era famoso. O livro estava em todo o lado, vendia imenso, fizeram-se várias edições, e eu ia à noite – tinha vergonha de ir durante o dia – espreitar as montras da Baixa e ver o meu nome impresso. Só o tinha visto nas pautas.

---

[14] Mas depois comecei a perceber por que é que os editores o recusaram. Andava o pobre do Daniel Sampaio a levá-lo aos editores. Aquilo era muito estranho na época. Mas pensei, ao mesmo tempo que, se eu fosse editor, publicava, porque pensaria: 'Isto tem tanta força que se calhar ele vem a fazer coisas de jeito'...
[P] Há uma coerência interna na sua obra?
[ALA Há, "malgré moi". Eu só há pouco tempo é que deixei traduzir a "Memória de Elefante". Achava que me desfigurava.
[P] Mas não "Os Cus de Judas".
[ALA] Com esse passou-se o mesmo que em Portugal. Ninguém queria os meus livros lá fora. E então o editor começou a oferecer "Os Cus de Judas" porque falava de guerra. Foi, em geral, o primeiro livro a ser traduzido. Mas o livro que me escancarou as portas foi o "Fado Alexandrino" (1983). Encheu as páginas dos jornais franceses, teve uma crítica extraordinária de Jean Clémentin do "Canard Enchainé". É curioso, a própria "Memória de Elefante": acaba de ser traduzida na Alemanha, era o único que faltava. A crítica foi extraordinária. Para grande espanto meu. [*ibidem*].
[15] Eu nunca tive sonhos de glória nem de reconhecimento. Aos 14 anos tinha. Mandam-me muitos manuscritos. O que é que esperam? Que eu os leia à segunda--feira, que lhes diga que são bestiais à terça, que na quarta sejam publicados e na quinta tenham reconhecimento universal. Escrever não é isto. Mas o que me aconteceu [...] [*ibidem*].

# 440 | ADELINO GOMES, 9 DE NOVEMBRO, 2004

**[P]** [16]Chegou com uma enorme arrogância: está escrito já nas estrelas que vai ser um grande escritor.

**[ALA]** Achava-me investido de uma grande autoridade. Achava que ia ou que estava a renovar a arte do romance. E então, embriagado pelo sucesso, comecei desajeitadamente e de uma maneira injusta, a ser arrogante e violento para pessoas que não o mereciam. Inclusiv[e] para pessoas de quem depois me tornei muito amigo, como o Zé (Cardoso Pires). A literatura não existia, começava comigo. Há maneiras mais delicadas de se pensar isso (ri). Tinha necessidade de o dizer – "Vejam, vejam, vejam!" –, como o menino que achou a bola.

**[P]** Dos seus ódios de estimação só resta Saramago?

**[ALA]** Não quero nem tenho tempo para odiar seja quem for. Não tem que ver com isso. Tem que ver com o facto de ser tudo uma floresta de enganos. E me parecer... Ainda é muito cedo para a gente avaliar o que eu estou a fazer.

**[P]** Do seu lado já avaliou. Até diz e repete: "Ninguém escreve como eu."

**[ALA]** Isso é outra coisa.

**[P]** Até pode ser ambíguo e querer dizer simplesmente: "Tenho o meu estilo."

**[ALA]** Estou mesmo convencido da qualidade dos livros. O meu problema agora, o que me assusta mais, é se desiludo as pessoas que puseram em mim uma fé que eu não partilhava – o Thomas (Colchie), o agente, e mais outras pessoas que acreditavam firmemente que aquelas merdas iam fazer livros. Foram muito importantes para mim essas pessoas. Deram-me muito alento nos momentos de desânimo que são muito grandes.

DA DEMOCRACIA, DAS CLASSES ALTAS E RESPECTIVOS CASEIROS E DA DOR "DE VER O POVO A VIVER ASSIM"

**[P]** Sente-se refém das expectativas criadas nas pessoas que admira e também no leitor, de quem eventualmente tem uma imagem?

**[ALA]** É curioso: só tenho (a imagem dos leitores) da Feira do Livro. No estrangeiro, por exemplo na Alemanha, quando vou lá, é um

---

[16]  Ultrapassou os sonhos, diz. Mas a ideia com que se fica logo nas suas primeiras entrevistas é que chegou com uma enorme arrogância. Sabe que é já, ou pelo menos que está escrito já [...][*ibidem*].

## 'ACHO QUE JÁ PODIA MORRER' | 441

teatro e são mil e tal pessoas. E as pessoas pagam para entrar. Na Feira é que vejo as pessoas. Mas não há muito tempo, porque os de trás já estão a protestar.

**[P]** De qualquer maneira, deve ter a ideia do tipo de leitor. A escrita vai dirigida a alguém? Quando está a escrever o livro está a fazer isso?

**[ALA]** Não, quem escreve está a desembaraçar-se. Está a desembaraçar-se de uma coisa.

**[P]** [17]Isso é atirar à sorte pela janela.

**[ALA]** É atirar à sorte mas atirar bem. Deixar tudo muito bem dobradinho. Não é atirar a roupa para o chão. E então começa a ter pressa de se livrar daquilo. E também está a lutar contra o tempo. Quanto tempo mais é que eu vou ter? Quantos livros mais é que eu vou conseguir? Será que eu vou conseguir escrever mais algum? Isto é constante, constante, constante.

**[P]** Está-me a dizer algo que é o contrário do que tem dito sobre a relação exclusiva que se estabelece entre o leitor e o livro. Agora o que diz é que não escreve para mim.[18]

**[ALA]** Se eu piscar o olho ao leitor o livro é mau. Seria uma solução óbvia.[19] Os meus leitores quem são?[20] Gente nova, gente com pouco dinheiro, da classe média, que é aquela que é mais penalizada por aquilo a que se chama democracia.

**[P]** "A que se chama democracia"?

**[ALA]** A gente não vive em democracia, como é evidente. Não vive. Há algumas quase democracias – a Holanda, a Bélgica, a Suíça (com)

---

[17] (Se assim fosse). [*ibidem*].

[18] Por mais que eu sinta que aquele livro foi escrito para mim? [*ibidem*].

[19] Eu não gosto de mulheres óbvias. Nisso o Hitchcock tinha razão quando dizia que as mulheres mais ardentes [–] julgo que estava a falar em termos cinematográficos [–] são aquelas que têm uma aparência física distante e que se vestem de uma maneira muito púdica. Basta reparar nos estereótipos femininos que aquele homem foi usando ao longo da obra dele. [*ibidem*].

[20] Olhe, adolescentes. Já tenho contado aquela história do pai de 40 e tal anos que me aparece com o "Não Entres Tão Depressa Nessa Noite Escura" (2000), que foi talvez o livro mais complexo que eu escrevi, era acerca de uma agonia e de uma morte que eu estava a viver. Levava a filha, Joana, e disse que não percebia nada dos meus livros, o que é uma coisa que me surpreende. Perguntei-lhe a ela se achava os meus livros difíceis e ela olhou-me como para um homem do Neandertal. Os meus leitores são gente nova […] [*ibidem*].

aquele arranjo (federal) complicado. A democracia implicava um constante referendar pelo povo das decisões do poder.[21]

Não gosto de ver o meu povo a viver assim. Dói-me. Dói-me chegar à Feira do Livro e a pessoa dizer: "Só posso comprar um livro." E então eu peço ao meu editor para oferecer o livro. E deixam-me dar aos mais novos, que não têm dinheiro, e a pessoas que se nota não têm muitas posses. Eles querem comprar livros e não podem. Ganham pouco, vivem longe, porque é mais barato. No Cacém por exemplo. Oito horas de trabalho, não sei quantas de transportes públicos, chegam a casa, o marido, a mulher, os filhos, telefone, televisão. São pessoas que estão a gastar o dinheiro e o tempo delas, que é muito pouco, para me lerem, tenho que me sentir grato.

Uma vez um homem estendeu-me um livro: "Assine, porque sou o seu patrão." E tinha toda a razão. Essas pessoas permitem que eu viva dos livros. Tenho que as respeitar. São tão calorosas. Bem, às vezes, por causa de "Os Cus de Judas" tive uma série de problemas. E do Tratado (das Paixões da Alma). Até com "As Naus". Aí a direita acusava-me de dizer mal dos grandes vultos nacionais; a esquerda de dizer mal das grandes conquistas da Revolução. Os meus primeiros livros – achava graça – provocavam reacções emotivas extremadas. Chegou a haver tentativas de agressão física. Julgo que por falarem de uma realidade imediata. Foram precisos anos para fazer esta grande unanimidade.[22]

---

[21] Não existe.
[P] O povo se calhar cansava-se. Em 75, quando estava tudo a ser posto em causa todos os dias, as pessoas cansaram-se, estar todos os dias a votar...
[ALA]... as pessoas tinham medo, estavam apavoradas. Lembro-me do senhor José, que era o caseiro do meu avô dizer: "É preciso que venham os franceses tomar conta da gente".
[P] Significa que aquilo que estava a apontar como o ideal da democracia é qualquer coisa que as pessoas se calhar não querem.
[ALA] Eu acho que querem, mas também não têm oportunidade. O que é que lhes resta? Votar de quatro em quatro anos?
[P] Pois, mas quando podiam votar todos os dias, de braço no ar, não quiseram.
[ALA] Votar de braço no ar não é democrático. Isso não é democracia.
[P] O que é então a democracia para si? Em que sociedade gostava de viver?
[ALA] Paradoxalmente, eu vivo muito fechado. Não gosto de ver o meu povo a viver assim. […]. [*ibidem*].
[22] Que veio do estrangeiro, não nasceu cá. [*ibidem*].

**[P]** Como é que explica que o mesmo livro entusiasme o homem que vive no Cacém e uma mulher que vive nos EUA? Quando os seus temas são a Brandoa, o cachucho, o naperon...

**[ALA]** Serão? O que eu tenho tentado é mostrar todas as classes sociais, todas as formas de viver. O "Auto dos Danados", por exemplo, é claramente sobre as classes altas.

**[P]** Estão sempre lá os caseiros...

**[ALA]** Estão. Porque eles existem. Como dizia o Balzac é preciso ter escavado a vida social para ser um escritor, porque o romance é a história privada das nações. O que eu tento é que apareçam pessoas de todas as classes sociais. E isso acontece naturalmente. Mas essas classes (mais baixas) são mais importantes para mim.

[23]A frase mais importante que eu ouvi na minha vida foi na Faculdade de Medicina, numa aula de Neurologia com o professor Miller Guerra. A doente era uma senhora com Parkinson, com dificuldade em mover-se. "Como é que a senhora consegue fazer a lida da casa?", perguntou-lhe o professor. "É tudo a poder de lágrimas e ais". Eu tinha 20 anos e nunca mais esqueci. Se eu pudesse escrever assim!... As grandes lições da minha vida não foram dadas pelas pessoas do meio onde nasci. Foram-me dadas pelas pessoas que vivem a poder de lágrimas e de ais. Quando estava no hospital, dava-me muito melhor com os serventes, os operários. Julgo que herdei isto do meu pai. Porque os admirava, porque os respeitava.[24]

O PÉ DO ZÉ FRANCISCO, A QUINTA DAS CELEBRIDADES, REVI-SITAÇÃO DA INFÂNCIA NA BEIRA-ALTA, OU DE COMO O AUTOR SE VÊ, APAZIGUADO ENTRE INSTÂNCIAS QUE LHE ESCAPAM

**[P]** Continua a ir ao hospital?

**[ALA]** Acabou agora. Até há pouco tempo ia. Afectivamente estava muito ligado. Ia lá desde pequeno, com o meu pai. Em miúdo tinha muito medo daquelas pessoas. Depois comecei a gostar muito delas. Em nome de quê eles estavam ali, comecei a perguntar? E encontrava pessoas de uma riqueza extraordinária. Aprendi muito da vida com

---

23   Sabe, a frase [...][*ibidem*].
24   E tenho muitos amigos assim. Se tenho um problema no carro, num cano, ou não sei quê, tenho logo amigos que vêm. [*ibidem*].

# 444 | ADELINO GOMES, 9 DE NOVEMBRO, 2004

as pessoas que encontrei ali. Outro dia, uma senhora alentejana estava a queixar-se, com muitas dores. A expressão dela: "Tantas fezes, tantas fezes..." A capacidade evocativa disto! Ao passo que eu ouço as pessoas que entram na Quinta das Celebridades [–] já espreitei, como é evidente, como toda a gente [–], não me interessam nada. Agora esta gente é rica. Fala por vezes um português arcaico. Há certas regiões de Trás-os-Montes onde as pessoas me tratam por vós. "Onde ides?" Era esse o meu país, percebe?

[P] Anda por ele à procura de inspiração?

[ALA] Não, não. Tomara que não viesse tanta. Agora tenho voltado ao sítio da minha infância, na Beira Alta. Está lá, passa um estranho por si e diz "Bom dia". Aquilo é natural São fidalgos. São fidalgos.

[P] [25]Nos seus livros encontra-se Angola, a família nesse conceito muito vasto que vai dos pais aos caseiros, e um pouco a medicina[26] (como fontes de inspiração)?

[ALA] [27]O que me apareceu logo foi um pé. Quando eu era estagiário fui colocado no serviço de pediatria (três meses de internato, escrevi sobre isto uma crónica). Miúdos de três, quatro anos, com cancros, com leucemias, com coisas nos rins. Afeiçoei-me a um miúdo chamado Zé Francisco. Era tão bonito, o miúdo. E o Zé Francisco morreu. Tão alegre. Quando morre uma pessoa no hospital, vêm dois maqueiros com uma maca tapada com um lençol. Ele tinha quatro anos. Veio só um homem, embrulhou-o no lençol e levou-o ao colo. Eu estava entreportas e via o homem a afastar-se com o Zé Francisco embrulhado. Não via o Zé Francisco, o homem estava de costas, mas do lençol saía um pé, e o pé balouçava. Isto ainda hoje me comove. Às vezes penso que escrevo para o pé do Zé Francisco.[28]

[P] Já não vai voltar lá?

---

25 Voltando às musas, à inspiração: nos seus livros encontra-se Angola [...][*ibidem*].
26 [...] a medicina. Esta não foi um campo onde ia beber inspiração? [*ibidem*].
27 O que é que guardo mais? [*ibidem*].
28 Há uma história que o meu irmão João (Lobo Antunes, neurologista) me contou, quando era estagiário. Sobre uma miúda de 14 anos que tinha uma leucemia, não sabia que a tinha, foi ao gabinete de enfermagem, abriu o processo dela e viu lá: leucemia. O João contava como a cara da miúda se transformou. Os hospitais para mim eram sempre um sítio donde saía...Era ali que estava o... É nessa região que tenho que escrever. [*ibidem*].

**[ALA]** Agora acho que a minha obrigação é escrever para eles. Por eles. A gente também deve escrever pelas pessoas que não têm voz. Quem é que liga aos camponeses lá da minha Beira Alta? Quem? E eles dizem-me: "Escreva sobre nós."

**[P]** Pode saber-se sobre que é esse livro que está agora a escrever?

**[ALA]** Estou a lembrar-me de Dom Francisco Manuel de Melo, de quem gosto muito, que dizia num prefácio: "O livro trata do que vai escrito dentro." Não sei sobre que é que é. Não sei.

**[P]** Já começou, e ainda não sabe?

**[ALA]** Ainda me falta bastante. Espero acabar a primeira versão em Fevereiro, Março, para depois começar a trabalhar.

**[P]** Já vai nuns capítulos lá para a frente, não é?

**[ALA]** É isso que se passa em Évora, não sei porque carga de água[29]. A ideia era esta: como a noite se transforma em manhã.

**[P]** Uma coisa que acontece desde o princípio...

**[ALA]** Exactamente. Como a noite se transforma em manhã dentro de duas ou três pessoas, que no fundo são representantes de toda a gente. Um homem, duas mulheres. Como a noite se transforma em manhã, dentro deles.

**[P]** Um livro como este último ("Eu Hei-de Amar Uma Pedra") em que não vai aparecer o mundo exterior – não vai aparecer o Bush, não vai aparecer o Arafat, Santana Lopes, a Casa Pia, nada do que está aqui à volta?

**[ALA]** Mas isso não são coisas importantes. O que eu queria era que aparecesse a vida toda. Descobri agora que o homem tinha pertencido à polícia política (Pide, extinta em 25 de Abril de 1974). Não quero entrar muito, porque é meio nebuloso ainda, e depois porque uma vez parti para um livro ("Boa Tarde às Coisas Aqui em Baixo"), passado em Angola, pensando que ia falar em seitas religiosas mas foi tudo subvertido e acabou em diamantes, tráficos...

**[P]** Ainda não consegui saber é quem é que é esse seu co-autor?

**[ALA]** Como? Exactamente. Aconteceu-me uma coisa parecida com ["O] Manual dos Inquisidores", que é um livro de que algumas pessoas

---

[29] **[P]** Então não é em Nelas?
[ALA] Não, é em Évora. É um homem, duas mulheres. A ideia era esta: como a noite se transforma em manhã. [*ibidem*].

# 446 | ADELINO GOMES, 9 DE NOVEMBRO, 2004

gostam muito... Eu gosto mais dos últimos. Queria que a amante do velho (personagem central) fosse um travesti. E o livro rejeitava-me o travesti. Depois foi recuperado (em "Que Farei Quando Tudo Arde?"). Eu gosto desse livro. O que me deu mais trabalho talvez tenha sido "Não Entres Tão Depressa Nessa Noite Escura". Dão todos. Estava a ver estas anotações à margem (no manuscrito do próximo livro) e a pensar: "Não vou ser capaz, não vou ser capaz, não vou ser capaz". Eu julgo que... eu julgo... Acho que já podia morrer.

[P] Sente-se feliz, portanto, com o que fez?

[ALA] Sinto. Sinto-me em paz comigo. Fiz o melhor que pude. Trabalhei muito e fiz o melhor que pude. Se não fiz melhor foi porque não fui capaz. Isto parece a linguagem de um futebolista no fim de um jogo. Mas fiz o melhor que pude.[30]

[P] E fez isso para quem?[31]

[ALA] Há uns tempos estava a falar sobre isso com o Eduardo Lourenço. Ele gosta muito do Pessoa. Dizia-me ele que o fazia lembrar aquele do Pessoa: "Emissário de um rei desconhecido,/Eu cumpro informes instruções de além." É como se uma pessoa fosse um medium, entre duas instâncias que lhe escapam. A gente não sabe bem donde é que vêm as coisas. De que[32] parte nossa. E isso impede-lhe a vaidade, porque o seu único mérito é o de trabalhar e receber. Temos que ser orgulhosos, mas bolas, há dois sentimentos que cada vez me são mais incompreensíveis: a vaidade e a inveja.

[33]

[P] Cá de fora vejo-o vaidoso. Como constatação sua de capacidades, talvez.

[ALA] Fazer uma constatação de capacidades não é estar a ser vaidoso, mas realista. A vaidade implica um hipervalorizar coisas nossas. A vaidade implica uma sensação de superioridade sobre os outros, que não se tem direito de ter. Porque depois aparece uma pessoa que faz tudo a poder de lágrimas e ais [...[34]]

---

[30] Se os livros não são melhores a culpa é minha. [*ibidem*].
[31] Se não pensou no seu leitor... [*ibidem*].
[32] região nossa, de que [...][*ibidem*].
[33] DE QUANDO DEUS FAZ PESSOAS À MEDIDA DELE... [*ibidem*].
[34] [...] e o Adelino não é capaz de o fazer. E que lhe dá uma lição de humanidade incrível. A pessoa mais luminosa e inteligente que encontrei na minha vida foi há

ONDE SE FALA DA MORTE, DE DEUS, DOS MOUROS DE LISBOA,
DE ISRAEL E DOS PAÍSES QUE NÃO TÊM HOMENS À FRENTE DELES

**[P]** Vai querer que a literatura o recorde como?

**[ALA]** Vai-me ser igual – porque tenho a boca cheia de terra, não é?
– que me ponham nos Jerónimos ou que me deixem na vala comum.
Aqui há tempos tive um sonho. Era um pesadelo horrível. Tinha
morrido há 20 ou 30 anos, e as pessoas estavam a discutir os livros.
E eu queria voltar porque não era nada daquilo. Não imagina como
foi desconfortável. Só para explicar: "Não é, não é!"

**[P]** A inevitabilidade da morte é algo que lhe arranha o dia a dia?

**[ALA]** A morte das pessoas de quem gostei foi muito difícil para
mim. O meu avô morreu quando eu tinha 18 anos e ainda me dói.
Beijo o retrato dele às vezes. Chega uma altura em que a gente tem
a sensação de ter mais mortos do que glóbulos no sangue, em que já
nos tiraram quase tudo. Sempre achei a morte misericordiosa.
Vi morrer muita gente, por razões profissionais. E nunca vi ninguém
morrer agitado. Não sei o que é morrer.

**[P]** Há pouco disse que não lhe interessa nada depois. Não tem lá
no fundo no fundo nenhuma dúvida de que possa não ser assim?

**[ALA]** Há um provérbio húngaro do século XVIII que diz: "Na
cova do mundo não há ateus." O meu pai, que era um anátomo-
-patologista, argumentava que o nada não existe na natureza, tem
que haver qualquer coisa. Mas o que me começou a surpreender
mais aí pelos 20 e tal anos foi quando comecei a ler os escritos dos
físicos – Max Planck, Einstein, etc... – foi que eles eram homens
profundamente crentes. E que tinham chegado aí através da matemática
e da física.

**[P]** E isso fê-lo a si chegar a Deus?

---

muitos anos numa consulta no hospital Miguel Bombarda – uma rapariga com uma
depressão. Era criada de servir. Uma capacidade de "insight", uma capacidade de
inteligência abstracta, de associar tempos da vida dela, espantosa. E reduzida
miseravelmente à condição de serva. E ela não tinha consciência disto. Depois teve
um cancro. Da mama. Não o tratou a tempo. Já só me aparecia porque eu gostava
de conversar com ela. Com o marido, (que tinha) um emprego muito modesto.
Com uma cabeleira postiça. Com 42 anos, morreu ela. "Gostava de viver mais uns
anos..." Parecia que saía luz daquela mulher. E o Adelino saía dali, mesmo que ela não
falasse, com a sensação de que de vez em quando Deus faz pessoas à medida dele.

... À HISTÓRIA DO FILHO DO SOLDADO SCHUTTE [*ibidem*].

**[ALA]** O problema é que me impingiram um Deus horrível. "Não comes a sopa, o Menino Jesus vai chorar." Este deus horrível, que mandava castigos e que matava primogénitos, era um ser, uma entidade horrível.

**[P]** Mas pode mudar de Deus. Hoje é muito fácil. Em Hollywood estão a aderir todos ao budismo.

**[ALA]** Eu julgo que Deus está presente em todos nós. Nunca vi ninguém morrer e chamar pelo pai. Chamavam pela mãe ou por Deus. Gosto muito do Corão. Na sua generosidade, na sua humanidade, é superior ao Antigo Testamento. Quando D. Afonso Henriques tomou Lisboa, havia aqui um bispo. Repare a tolerância religiosa deles. Eles não matavam prisioneiros. Nós é que matávamos todos. Agora deram--me o Prémio Jerusalém. Foram muito correctos, disseram-me: "Você diz o que quiser."

**[P]** O que é que disse?

**[ALA]** Que normalmente quando me convidam para casa de alguém não digo que os cortinados são de mau gosto... Estive com o (escritor israelita) Amos Oz, de quem gosto muito. Ele defende abertamente um estado palestiniano.

**[P]** Ele e uma parte da inteligência israelita.

**[ALA]** Fiquei surprendido com a lista dos premiados (ao longo dos anos): Bertrand Russel, Graham Greene, e por aí fora. O Amos Oz contou-me uma história extraordinária. Quando ele foi para Israel, no princípio, o presidente vivia em dois quartos, pequenos, com um soldado à porta. O oficial de ronda achou que o soldado estava muito gordo e esquisito. Aproximou-se e era o presidente que estava de farda e de espingarda. "O rapaz tinha a mãe doente....", explicou ele. Agora imagine o primeiro-ministro a vestir-se de contínuo. O nosso. Pois é, é que há países que têm homens à frente deles. Concorde--se ou não com eles, a gente não pode deixar de respeitar um Olof Palme, um Willy Brandt, um Heinrich Böll.

A CEREJA DO NOBEL E ACABAR COMO TOLSTOI

**[P]** Iniciei esta entrevista notando que neste seu último livro não há nada à volta. E depois tinha vontade de lhe perguntar se para si também não há nada à volta. Vemos esta garagem, é aqui que escreve...

**[ALA]** Nenhum deste objectos é meu. Eu posso pegar numa mala, agarrar nos livros, nos quadros do Pomar, que ele me dá, e partir.

**[P]** Sabemos pelas entrevistas que dá que vai pouco ao teatro, pouco ao cinema, não gosta de ir a bares...

**[ALA]** ... não bebo...

**[P]** ... mas está atento aquilo que se passa, vê televisão?

**[ALA]** Pouco. Vejo teletexto. Gosto de ler alguns jornalistas. Às vezes pergunto-me que liberdade têm os jornalistas. Se esta discussão que há agora (sobre pressões dos poderes político e económico) não houve desde sempre. É que um livro não é completamente inócuo.

**[P]** É-lhe indiferente o Prémio Nobel ou gostava dessa cereja no bolo?

**[ALA]** Quer que eu seja sincero ou quer uma resposta de entrevistado? Claro que me dava prazer. Dá prazer a qualquer pessoa. Mas depois posso defender-me pensando: o Tolstoi nunca o ganhou. A lista não é boa. A lista não é boa. Agora é evidente que gostava.

**[P]** Quando lançou o penúltimo livro disse que iria escrever mais dois ou três livros. Pelo que disse agora, fico com a ideia de gostaria de escrever até ao fim.

**[ALA]** Às vezes digo não importa o quê para me deixarem em paz.

**[P]** Já percebi, estou a aborrecê-lo.

**[ALA]** Não, não está nada. É que qualquer entrevista é muito inferior a um livro. O livro permite corrigir-se. A entrevista necessariamente está cheia de lugares comuns. Uma vez um admirador da Sarah Bernhardt todo contente disse: "Ah! É V. Excelência Sarah Bernardht?" E a resposta dela foi: "Serei esta noite." O António Lobo Antunes só existe depois dos livros feitos.

**[P]** Peço-lhe desculpa destas três horas que lhe retirei ao seu livro. Hoje já tinha escrito quanto?

**[ALA]** Quatro ou cinco horas.

**[P]** Em páginas isso traduz-se em quanto? Aquelas duas que vejo ali?

**[ALA]** Hoje escrevi muito pouco. (Pega numa das folhas, mede-a). Um dedo. Em quatro horas escrevi um dedo.

**[P]** Espero que agora corra melhor.

**[ALA]** Eu só espero...sabe, chega uma altura em que uma pessoa sem se dar conta, começa... como aconteceu com o Garc[í]a M[á]rquez, com o Faulkner, com o Hemingway...

**[P]** ... espera parar, se a campainha tocar, é?

**[ALA]** Eu acho que ela não vai tocar. E provavelmente como os outros, ficarei a fazer... coisas más.

[P] Aí, aquele seu agente norte-americano Thomas Colchie vai dizer-lhe: "Olha, estás a descer!"

[ALA] Ele é muito cruel. Mas quando se descer, não se sobe mais. O Ingmar Bergman falava longamente sobre isso. Não estou muito de acordo, mas ele dizia que notava com a idade que o instinto sexual e a capacidade criativa iam desaparecendo a pouco e pouco. No entanto continua a trabalhar imenso.

[P] Gostava de poder escrever até ao fim?

[ALA] Gostava que me acontecesse como ao Tolstoi. Naquela gare onde ele morreu, puseram-lhe um lençol por cima. Ele estava deitado e no lençol a mão dele continuava a desenhar as letras. Era assim que eu gostaria de acabar...

[P] Obrigado.

[ALA] ... se tiver de acabar.

## 40. MARIA AUGUSTA SILVA

# *"«Saber ler é tão difícil como saber escrever»"*

*Diário de Notícias*/Tema
9 de Novembro, 2004, pp. 2-4[1]

Novo romance é lançado hoje. Ensaístas nacionais e estrangeiros vão falar do autor e da sua obra no São Luiz.

**[MAS]** Podemos começar por falar de amor?
**[ALA]** Se eu souber responder.
**[MAS]** O título do seu novo romance, *Eu Hei-de Amar Uma Pedra*, nascendo embora de um canto popular[2], terá a ver, igualmente, com impossibilidades do amor?

---

[1] Nesta mesma edição encontramos, ainda, artigos sobre o lançamento da Fotobiografia de António Lobo Antunes ("Uma fotobiografia ou um texto nas margens dos muitos livros", p. 5, Ana Marques Gastão), sobre a celebração dos 25 anos de carreira literária do autor ("Encontro hoje no Teatro São Luiz", p. 5) e sobre a publicação de *O Julgamento de Salomão* ("Um pacto ao ritmo do lápis e do pincel", p. 6, A. M. G.). Ver Júlio Pomar/António Lobo Antunes, *Justiça de Salomão = the Judgment of Solomon = le jugement de Salomon*. Lisboa: Mediatexto, 2004 – "O Julgamento de Salomão (última tentativa)", por António Lobo Antunes, pp. 11-26. Para outra colaboração entre o pintor e o escritor, ver *TRATAdoDITOeFEITO*. Lisboa: Dom Quixote, 2003 ("Apontar com o Dedo o Centro da Terra", por António Lobo Antunes, pp. 169-181).
[2] "Eu hei-de amar uma pedra / deixar o teu coração / uma pedra sempre é mais firme / tu és falsa e sem razão // Tu és falsa e sem razão / eu hei-de amar uma pedra / eu hei-de amar uma pedra / deixar o teu coração // Quando eu estava de abalada / meu amor para te ver / armou-se uma trovada / mais tarde deu em chover // Mais tarde deu em chover / sem fazer frio nem nada / meu amor para te ver / quando eu estava de abalada".

**[ALA]** Não sei russo, mas quando dizem que Pushkin empregava a palavra carne e sentia-se o gosto da palavra carne na boca, isso tem a ver com as palavras que se põem antes e depois. É a mesma coisa que amor. Os substantivos abstractos são perigosos.

**[MAS]** Há uma personagem no livro, que, à quarta-feira, ao longo de décadas, vai, secretamente, a uma pensão da Graça, ama e ali morre...

**[ALA]** Foi daí que o livro veio. Só mudei o sítio. Sempre me espantou essa extraordinária forma de amor. A sexualidade, sempre tão importante para mim – e continua a ser –, cada vez me parece mais vazia de sentido quando não há outro modo de diálogo e de encontro, embora seja muito difícil resistir ao desejo imediato.

**[MAS]** Amor é algo mais?

**[ALA]** A noção de amor varia de pessoa para pessoa. Muitas vezes estamos apaixonados ou estaremos agradecidos por gostarem de nós? Ou será que o outro é apenas alguém junto de quem nos sentimos menos sozinhos? Não sei bem o que é a verdade acerca do amor e duvido que haja quem saiba. Só tenho perguntas, não tenho respostas. Até que ponto o amor não é apenas a idealização de um outro e de nós mesmos?

**[MAS]** Nunca é fácil salvar uma relação...

**[ALA]** Uma coisa é o amor, outra é a relação. Não sei se, quando duas pessoas estão na cama, não estarão, de facto, quatro: as duas que estão mais as duas que um e outro imaginam. Não me preocupa muito. Preocupa-me em relação a mim mesmo, mas há grandes partes da minha vida que eliminei sem piedade. Não vou a jantares, não vou a lançamentos.

**[MAS]** E não tem solidões?

**[ALA]** Preciso e gosto de estar sozinho.

**[MAS]** Ao fim de 25 anos de vida literária, celebrados hoje, quem é António Lobo Antunes para António Lobo Antunes?

**[ALA]** Vida literária custa-me a engolir, soa pretensiosa. Digo que se passam 25 anos sobre a publicação do primeiro romance (*Memória de Elefante*), que andou em bolandas, de editora em editora, a ser rejeitado. Quando saiu, já tinha acabado mais dois livros. Mas 25 anos é muito tempo e serve para ver que já não terei mais 25 para escrever.

**[MAS]** Em princípio, a morte não está nas nossas mãos...

**[ALA]** Às vezes, a gente morre por desatenção. Outras vezes morre--se quando se pode. Mas, a maior parte das vezes, morremos porque se nos acabou a saúde. Não fomos feitos para a morte, a não ser para a morte voluntária. A involuntária sempre me pareceu uma tremenda injustiça, para não falar em crueldade.

**[MAS]** A intensidade poética da sua prosa é para aliviar tensões entre as personagens?

**[ALA]** Não me é consciente. Uma coisa para mim é clara: tenho de proteger os meus ovos, que são os meus livros. Se racionalizar as coisas, perco-as. Estaria a fechar portas a mim mesmo e a essas coisas, que não sei bem se me pertencem, e emergem com essa força. Nos momentos felizes, a mão anda sozinha. A cabeça está a ver ao longe e fica contente, porque são as palavras certas que a cabeça não encontraria. É a mão.

**[MAS]** Como dissocia o escritor da obra?

**[ALA]** Não tenho bem a sensação de o livro nascer de mim. Faço a primeira versão, trabalho muito a segunda, no entanto, depois de entregar o livro, não vejo provas, não faço mais nada. Tudo o que quero é fazer outro. O livro só existe quando estou a escrever. E o tempo é-me muito curto. Se fizer mais dois ou três...

**[MAS]** Um autor acéfalo conseguirá realizar uma obra-prima?

**[ALA]** Se tiver uma mão suficientemente grande... Prende-se com um conjunto de coisas: primeiro, é preciso ter lido muito. Aprende--se a escrever, lendo. E também é necessária uma grande humildade face ao material da escrita. É a mão que escreve. A nossa mão é mais inteligente do que nós. Não é o autor que tem de ser inteligente, é a obra. O autor não escreve tão bem quanto os livros.

**[MAS]** Está a dizer-me que o livro, em relação ao autor, é uma mentira?

**[ALA]** Estou a dizer que o livro é melhor do que eu. Não escrevo assim tão bem.

**[MAS]** Quem escreve o livro por si?

**[ALA]** Um dia, em conversa com Eduardo Lourenço, a propósito de criação literária, ele lembrava o soneto de Pessoa [–] de quem não sou grande fã e ele é [–], que fala de «emissário de um rei desconhecido (...)», uma espécie de mensageiro. Há uns tempos, disse ao telefone, ao meu agente, ter a sensação de que era um anjo que estava a escrever por mim. Lembrei-me, então, que anjo quer dizer mensageiro.

Quando estou a escrever, parece que estão a ditar-me e a mão a reproduzir.

**[MAS]** Considera-se um predestinado?

**[ALA]** Não. Isso até aumenta a humildade. Com o passar do tempo, há dois sentimentos que desaparecem: a vaidade e a inveja. A inveja é um sentimento horrível. Ninguém sofre tanto como um invejoso. E a vaidade faz-me pensar no milionário Howard Hughes. Quando ele morreu, os jornalistas perguntaram ao advogado: «Quanto é que ele deixou?» O advogado respondeu: «Deixou tudo.» Ninguém é mais pobre do que os mortos.

**[MAS]** Despojamento, uma outra riqueza?

**[ALA]** Quando uma pessoa morre, tira-se-lhe a roupa, objectos pessoais, o dinheiro, os óculos. Que vão vestir os mortos quando voltarem? Que dinheiro têm para comer quando voltarem? Morro, podem ficar os livros, mas os livros não são eu, que terei a boca cheia de terra e estarei no céu ou em parte alguma. Que diferença me faz? Quando voltar, com que óculos é que vou ler?

**[MAS]** Como regressam os mortos?

**[ALA]** E será que partem? Sou um homem religioso. Há um provérbio húngaro muito velho que diz: «Na cova do lobo não há ateus.» O nosso problema é se Deus acreditará em nós. Deus, porém, tem coisas incompreensíveis para mim. Acho que gosta muito dos tolos, porque não pára de os fazer. Mas, se calhar, o caminho de Deus terá tais profundezas que a gente não as entende. Tenho, sobretudo, a experiência das perdas. A perda de qualquer amigo é uma ferida que nunca cicatriza. A perda de pessoas de quem gostei, e que não são substituídas por nada, deixaram vazios que nunca serão preenchidos. Isso também ajuda a tornar-nos humildes.

**[MAS]** Na desmultiplicação do narrador, em *Eu Hei-de Amar Uma Pedra*, todas as personagens se confrontam com perdas...

**[ALA]** Dizem que os meus romances são polifónicos. Não são. É sempre a mesma voz que fala e gostaria que fosse também a voz interior do leitor. Ou melhor: essa voz não fala, nós é que a ouvimos.

**[MAS]** Uma voz que se desdobra em vozes de muitas sombras?

**[ALA]** Sombras, luzes. Gostaria que fossem vozes totais, para mim são vozes totais, porque trazem consigo carne, corpo. O drama é que a gente está a ler em folhas de papel. E, no entanto, nunca tive a sensação de fazer ficções.

**[MAS]** O seu novo romance parte de fotografias. São o maior registo da memória?

**[ALA]** Não acho que os romances sejam novos. Existem há muito tempo, à espera que seja capaz de chegar a eles. Em miúdo, conheci pessoas rodeadas de fotografias antigas. Perguntava quem eram aquelas pessoas, diziam-me ser o trisavô, todas pessoas mortas. Eu pensava: como podem estar mortas se olham para mim desta maneira, como se me conhecessem? Tinha a sensação de que as pessoas daquelas fotografias me compreendiam melhor do que as vivas. Naquelas fotografias amarelas subsistia a vida, o olhar. Na capacidade de transmissão de emoções e vivências, a fotografia sempre me fascinou. Nunca tirei uma fotografia, falta-me esse talento. Mas temos fotógrafos geniais.

**[MAS]** Não tirou fotografias às suas filhas?

**[ALA]** A ninguém. Da mesma maneira que nunca gosto de me ver fotografado.

**[MAS]** Acha-se feio?

**[ALA]** Nunca lidei bem com o meu corpo. Vejo agora fotografias de quando era bebé ou de há 30 anos, e era bonito. Quando tinha 18 anos, as mulheres metiam conversa comigo.

**[MAS]** Em dado momento da sua vida, isso foi razão para o tornar vaidoso?

**[ALA]** Não era importante. Importante era que as mulheres fossem bonitas. As mulheres sempre exerceram um grande fascínio sobre mim.

**[MAS]** Sentiu falta de um elemento feminino entre os seus seis irmãos?

**[ALA]** Não podia sentir, porque não sabia o que era o elemento feminino.

**[MAS]** Havia a mãe, as avós...

**[ALA]** As mães, os pais não têm sexo. A mãe era a mãe, e mulher do meu pai. Também não sabia muito bem o que era ser mulher do meu pai. Julgo que todos os miúdos vêem os pais de uma maneira assexuada. Eu via a barriga da minha mãe a crescer mas não sabia qual o mecanismo que fazia com que a barriga da minha mãe crescesse.

**[MAS]** Acreditava que os bebés chegavam no bico de uma cegonha?

**[ALA]** Comigo era diferente. O meu pai estava na Alemanha, vinha uma vez por ano e a barriga da minha mãe começava a crescer. Sabia que tinha alguma coisa a ver com o facto de o meu pai ter estado cá. Mas nunca os vi beijarem-se, não sabia muito bem como aquilo era feito.

**[MAS]** Não se falava de sexualidade às crianças. Hoje, o próprio ensino dá-lhe alguma atenção. É melhor?

**[ALA]** Não faço juízos de valor, não sou médico.

**[MAS]** É médico psiquiatra...

**[ALA]** Já não faço nada disso. Só escrevo palavras. Nunca analisei essa parte, só me interessava tentar entender. Se analisarmos, não entendemos.

**[MAS]** Como se chega ao entendimento sem análise, sem crítica?

**[ALA]** Por osmose. Quando se critica, estamos a julgar. Se julgarmos já não compreendemos, porque julgar implica condenar ou absolver. Acho que era Malraux quem dizia: «A partir do momento em que a gente compreende, deixa de julgar.»

**[MAS]** Que tempo vivemos: o do julgamento?

**[ALA]** Tenho uma vida um pouco especial. Estive recentemente na Roménia, um país que me encanta e me faz reaprender o que é a liberdade. Um país muito parecido connosco...

**[MAS]** No aspecto da liberdade?

**[ALA]** No da latinidade. Quando voltei, havia todas essas coisas provocadas por este espantoso governo que temos. Tudo o que se tem passado me dá vontade de rir. Nós nunca vivemos em democracia, tal como os EUA não vivem em democracia. A democracia implicaria um referendar constante das decisões, e isso não acontece.

**[MAS]** Há eleições...

**[ALA]** Vota-se de quatro em quatro anos, mas, entre esses quatro anos, não nos pedem opinião. O que se tem verificado em Portugal, a propósito da liberdade de imprensa, não passa de uma luta de poder igual a tantas outras. De uma forma geral, olho para os políticos com uma indulgência divertida, sejam de que partidos forem. Há pouco tempo, estava no estrangeiro, num encontro com cento e tal escritores, e ouvi falar de Portugal por causa do «barco do aborto». Comentava-se que um ministro nosso terá dito: *O mar português é um mar com princípios*. Foi um motivo de troça à minha custa, que não tinha culpa nenhuma.

**[MAS]** Portugal é diferente dos outros países?

**[ALA]** Claro que não. Nem somos piores. E temos uma língua espantosa. E um clima maravilhoso. Cada vez me seria mais difícil viver longe de Portugal. Gosto muito do meu país.

**[MAS]** Costuma ler as críticas à sua obra?

**[ALA]** Devo ser dos poucos autores que não lêem as críticas, sejam boas ou más. O que faço ainda é cedo para ser compreendido. Tenho a sensação que estou a escrever coisas maiores do que eu. É preciso deixar passar um tempo. Talvez daqui a 50 ou cem anos seja tudo mais claro. Se uma pessoa está à frente do seu tempo, isso provoca reacções contraditórias. Mas há críticos excelentes que iluminam zonas de sombra dos livros. É também preciso grande humildade para se escrever sobre o que se lê e não julgar-se um livro com a nossa chave. Temos de aceitar que há livros muito bons de que não gostamos e livros de que gostamos que podem não ser bons.

**[MAS]** Prefere que a chave dos seus livros fique na posse do leitor?

**[ALA]** A chave vem com o livro. Saber ler é tão difícil como saber escrever.

**[MAS]** Há quem tenha dificuldade em entrar nos seus livros...

**[ALA]** Para mim, os livros que escrevo são óbvios e evidentes. Ao lermos certos autores muito bons – estou a pensar no Conrad –, parece caminhar-se no meio do nevoeiro e, de repente, o nevoeiro começa a levantar-se e o livro fica totalmente claro. Quando, aos 20 anos, via um filme de Bergman, aborrecia-me profundamente.

**[MAS]** A partir de que idade começou a entender Ingmar Bergman, considerado o cineasta da memória?

**[ALA]** A partir dos 40, comovia-me até às lágrimas. Era eu que não estava preparado para ver aqueles filmes e notar o quanto de mim existia neles. Nós somos casas muito grandes, muito compridas. É como se morássemos apenas num quarto ou dois. Às vezes, por medo ou cegueira, não abrimos as nossas portas.

**[MAS]** Quando na sua escrita suspende a frase, a palavra, deseja deixar portas abertas? Pretende ter o leitor como um interlocutor constante?

**[ALA]** Fui compreendendo que tinha de pôr a prosa a respirar de uma outra forma. É também uma maneira de pontuar. O problema é como isso se traduz para outras línguas. Neste momento, na Rússia, estamos com problemas de tradutores de português; traduz-se a partir do alemão. O português, em muitos países, é como o esloveno para nós. Um país onde se traduz maravilhosamente é em Espanha.

**[MAS]** Que imagem tem da língua portuguesa, falada por 250 milhões?

**[ALA]** Na sua maior parte, as pessoas que conhecem o português em alguns países conhecem o português do Brasil, cujo léxico e musicalidade são diferentes. Julgo que o meu português coloca problemas específicos. Estou a lembrar-me do problema que foi para um tradutor expressões como *alto lá com o charuto*. Todas as línguas têm a sua idiossincrasia. Uma tradução acaba por ser uma fotografia a preto e branco.

**[MAS]** Sente-se bem a escrever em português?

**[ALA]** É a minha língua, não me imagino a escrever noutra.

**[MAS]** Nos seus livros faz sempre uma visita à infância. É o património mais vasto e rico da sua escrita?

**[ALA]** Queria que os livros tivessem todos os tempos da minha vida. Talvez a partir de uma certa idade estejamos mais atentos à nossa infância.

**[MAS]** Estou a lembrar-me de Séneca, que diz: «Ama como se morresses hoje.» No seu caso, escreve como se pudesse morrer hoje?

**[ALA]** Não quero nada morrer hoje. Estou a meio de um livro, não o queria deixar imperfeito. E queria viver mais dois anos para fazer outro, e mais dois para fazer outro, como se andasse a negociar a vida. Gostaria de ter mais dez anos para escrever. E se calhar, mesmo morto, a mão vai continuar a avançar.

**[MAS]** Quando poderá o escritor ter a percepção de que deve parar?

**[ALA]** A partir de certo momento, tudo começa a ossificar-se. Muitas vezes não temos essa percepção.

**[MAS]** Tem palavras por meio das quais procure um significado absoluto?

**[ALA]** Tenho aprendido mais a escrever com os poetas do que com os prosadores. Em poesia, pelo menos nos poetas que admiro, cada palavra tem um brilho próprio. Mas não gosto de dividir as coisas em romance, conto, novela, poema.

**[MAS]** Convoca tantas flores para os seus livros... Fazem parte da sua natureza?

**[ALA]** Vivo sem flores, não tenho flores em casa. Vivo com livros e quadros, a maior parte oferecidos pelo Júlio Pomar. Nunca tive bens materiais. Nem uso relógio. Posso fazer a mala e ir-me embora. Não estou agarrado às coisas.

**[MAS]** Sente-se um homem livre?

**[ALA]** Na medida em que, do ponto de vista profissional, só faço o que quero. Ninguém me condiciona. Nunca aceitei subsídios. Sou livre em relação a qualquer poder. Mas sou consciente das minhas limitações sociais, como todos os portugueses ou italianos ou seja quem for. Estamos condicionados por interesses económicos que nos transcendem e manipulam.

**[MAS]** Rebela-se contra o estabelecido?

**[ALA]** Tenho de respeitar os sinais vermelhos. É das poucas concessões que faço. Sempre vivi em contravenções mas não por rebeldia. É como se existisse dentro de mim um outro código, que me rege. Acabo por viver num outro planeta. Não uso cartão de crédito. Formei-me de costas para as coisas. Não tenho um sentimento familiar muito forte. O meu conceito de família é diferente. Posso passar meses sem os ver, mas tenho um espírito de união com a minha família.

**[MAS]** Relativamente à sua escrita, conseguiu ser autónomo?

**[ALA]** Aquilo que escrevo é que é autónomo de mim. Tem sido uma conquista muito lenta. Nos primeiros livros, trabalhava com planos muito pormenorizados. Agora, quando começo um livro, não tenho nada. Eu adormeço a ler. E há aqueles momentos entre o dormir e o acordar em que começo a ler outras coisas que não estão lá, começo a fazer outro livro. Vinha notando isto e pensei escrever conseguindo um estado próximo deste, em que os meus mecanismos lógicos não funcionam e as palavras fluem através da mão. São as palavras que se geram umas às outras.

**[MAS]** Assim fica mais próximo do sonho?

**[ALA]** Mais próximo do que existe no subterrâneo de mim. Tenho a sensação de haver um poço qualquer dentro de mim mesmo com uma quantidade de livros à espera. É como se met[ê]ssemos a mão numa gaveta sem olhar, e traz-se o primeiro que vier, que vem sozinho, inteiro. Mas é preciso ser cuidadoso. Tudo aquilo é muito frágil.

**[MAS]** O número 13 com que o «pimpolho» de *Eu Hei-de Amar Uma Pedra* espanta o primo Casimiro é um número eleito?

**[ALA]** Por falar nisso, lembrei-me do 14, que é o número da porta dos meus pais. O 13 está associado a superstições, que não tenho. Mas, com o tempo, os nossos interesses também se vão deslocando. Gostava tanto de futebol e agora é-me indiferente.

**[MAS]** Por que perdeu o gosto pelo futebol?

**[ALA]** Deixou de ser um desporto. O desporto deve ter uma dimensão lúdica, de prazer.

**[MAS]** E a competição, não vale?

**[ALA]** Não serão competições entre dois clubes ou estruturas industriais mais ou menos nublosas? O mundo do futebol parece-me [–] posso estar enganado e oxalá esteja [–] pouco limpo.

**[MAS]** Tudo se altera.

**[ALA]** Para mim, o futebol era o prazer do jogo, em que o golo não era fundamental, o fundamental era a obra de arte, o amor. O amor foi substituído pelo resultado imediato. As coisas sem amor não me interessam.

**[MAS]** Não será hoje o livro também pensado em termos de venda imediata?

**[ALA]** Isso não tem que ver com a literatura. Passa-se em toda a parte do mundo, não é um fenómeno novo. Não acho que venha mal ao mundo. Mas é evidente que os maus livros não fazem bons leitores. E se houver em todo o mundo três ou quatro grandes escritores vivos já será muito bom. Depois, haverá uma centena de bons escritores e com um sentido ético da literatura. E outros que fabricam livros. Publica-se mais de um milhão de romances por ano. Quantos desses vão ser lidos, traduzidos, conhecidos? Uma percentagem ínfima.

**[MAS]** É mais lido em Portugal ou lá fora?

**[ALA]** As tiragens variáveis. Óbvio que se é mais lido num país com 40 milhões de habitantes do que num com quatro ou 10 milhões, sejam quais forem os hábitos de leitura. Nos países nórdicos, com pouca população, passeia-se na rua, as casas estão iluminadas, e a gente vê através das janelas paredes cheias de livros. Os livros para os portugueses são muito caros. Mas na Feira do Livro em Lisboa, por exemplo, fica-se surpreendido com a quantidade de pessoas que lêem. Imensa gente nova a ler. Não sinto que Portugal seja um país com poucos leitores. Quem lê, no entanto, é a classe média, economicamente mais castigada.

**[MAS]** Já não sente que Portugal lhe fique «acanhado nos ombros» como disse um dia?

**[ALA]** Há dois anos estava em Paris por causa de um livro e tive uma infecção nos ouvidos, cheio de febre. A única coisa que pensava era: quero tomar um avião, quero morrer em Portugal. Ao contrário de Camões, que dizia «pouca terra para nascer, todo o mundo para morrer», eu quero morrer aqui, nesta luz.

**[MAS]** Prende-se com a saudade?

**[ALA]** Não estava a pensar em saudade. Os espanhóis, de quem gosto muito, dizem que somos pouco exuberantes. Acho que somos mais reservados. Tenho tendência a não gostar de pessoas exuberantes. Não gosto das pessoas que me mostram tudo. Da mesma maneira que não gosto de uma praia de nudistas, que não é sensual. É mais sensual uma mulher vestida do que uma mulher despida. A sensualidade é o intervalo entre a luva e o começo da manga.

**[MAS]** No seu novo romance há uma concepção textual em que se esbate o que em alguns livros [a]nteriores encontramos como uma fúria da palavra. Está mais próximo da ternura?

**[ALA]** O que gostaria era de estar no coração da vida, onde estão as coisas mais profundas, tudo aquilo que é anterior às palavras.

**[MAS]** A pedra é anterior às palavras? Pedra faz parte do título que vai ser lançado hoje…

**[ALA]** Os títulos dos meus livros é outra história. Aparecem no fim, com a mesma inevitabilidade com que os livros vão acabar por ser escritos.

**[MAS]** Como é que título e narrativa acabam por ganhar coerência?

**[ALA]** O livro tem a sua lógica. Mas não sou mais do que uma correia de transmissão entre duas instâncias. E a mão a reproduzir. Não estou, porém, a falar do artista como um pateta iluminado, como num filme sobre Mozart, que detestei. Tudo exige grande respeito, grande concentração e o sacrifício de muitas coisas. Acaba por não ser sacrifício, porque estou a fazer aquilo para que nasci.

**[MAS]** O Júri do Prémio Jerusalém, que acaba de distingui-lo, sublinha que é alguém devotado à escrita…

**[ALA]** Também não é mérito, porque não é uma escolha deliberada, as coisas não podiam ser de outra maneira. Não concebo a minha vida sem isto. Julgo que até certo ponto, o meu pai compreendeu isso. Não me aborreceu excessivamente por não ligar aos estudos. Reconheço-o agora, que o olho de uma maneira diferente, agora que a morte adoçou arestas e me sinto em paz com ele.

**[MAS]** Como pensa que irá encontrar Jerusalém quando for receber o prémio em Fevereiro do próximo ano?

**[ALA]** Espero já ter acabado a primeira versão do livro que estou a fazer. Penso que, pela primeira vez, irei fazer uma viagem em que não tenha de dar entrevistas das nove da manhã às nove da noite.

[MAS] A área em que se especializou, a psiquiatria, possibilitou-lhe um maior conhecimento dos conflitos humanos?

[ALA] A psiquiatria, não. Quando era estagiário, colocaram-me numa unidade de Pediatria com miúdos em situações terminais. E ver miúdos de três anos a pedirem, aos gritos, a injecção de morfina é uma coisa que nunca se apagará dentro de mim. Quando morre um adulto, metem-no na maca e levam-no. Uma criança, vem o empregado, cobre-a com um lençol, leva-a a o colo.

[MAS] Imagens dolorosas...

[ALA] Lembro-me do José Francisco, de quatro anos, muito bonito, alegre. Um dia..., veio o empregado e levou-o ao colo pelo corredor. Eu estava entre duas portas, a ver o empregado a afastar-se. Um pé do miúdo saía do lençol, ia balançando. Acho que escrevo para esse pé.

[MAS] Os nossos hospitais estão humanizados de jeito a responderem ao sofrimento?

[ALA] Não é possível humanizar o que é desumanizante. A doença é horrível. Lembro-me também de um rapaz de 22 anos, que só conhecia a cama dos hospitais e pouco mais podia mexer que os braços. Tinha no bolso do pijama um pente, e penteava-se, arranjava a sua poupa, cuidava do seu aspecto. Uma lição de dignidade, de coragem, de elegância. Foi isso que aprendi nos hospitais. Aprendi que as pessoas mais corajosas são aquelas que, por vezes, estão ao nosso lado e para quem não olhamos, e vivem a indignidade da dor com uma serenidade, uma dignidade e uma elegância que não se encontra. Muitas vezes me arrependi de não ter olhado com maior respeito pessoas que mereciam muito mais do que eu pela sua atitude perante a vida.

[MAS] Na obra que chega agora às livrarias, há uma namorada que se julgava ter morrido no sanatório. A tuberculose volta a estar em foco. E pergunto-lhe: apesar do avanço científico, as bactérias vencem sempre o homem?

[ALA] Tive uma tuberculose aos três anos. Há estirpes que resistem e reaparecem. Nós somos os descendentes dos que sobreviveram às pestes, aos naufrágios, às guerras. Viver é muito perigoso, mas é um privilégio estar vivo, sobretudo para quem tem, como eu, um único objectivo: escrever. E isso salva-me de muita coisa.

## 41. ADELINO GOMES

# *"Não sou eu que escrevo os livros.*
# *É a minha mão, autónoma'"*

*Público*/Livros
13 de Novembro, 2004, pp. 12-14

("Muro de Berlim e o 'ilimitado'", p. 13)

O autor diz-se "orgulhoso" dele. Um dos grandes livros deste século, acha a crítica literária Tereza Coelho. *Eu Hei-de Amar Uma Pedra* é o último romance de António Lobo Antunes. Lançado esta semana, em Lisboa, durante uma sessão internacional de homenagem aos 25 anos de carreira do escritor, o livro tem por mote uma história de amor "desgarradoramente bela".

Vai para quatro meses que António Lobo Antunes mergulhou no universo ficcional que há-de constituir o seu 18 romance. Dele, apenas saberemos o ponto de partida – como a noite se faz dia; que o habitam duas mulheres e um homem; e que este terá pertencido à Pide. O resto é uma "nebulosa" que a "mão autónoma" do escritor percorre

---

[1] A nossa leitura do romance aponta, pelo contrário, para a consumação desse amor. Mas, afinal, como escreveu Lobo Antunes, o que se pretende é que não existam (nas suas obras) "sentidos exclusivos nem conclusões definidas", assim exigindo "que o leitor tenha uma voz entre as vozes do romance (...) a fim de poder ter assento no meio dos demónios e dos anjos da terra" ("Receita para me lerem", in *Segundo Livro de Crónicas*. 2ª ed./1ª ed. *ne varietur*. Lisboa: Dom Quixote, 2007 [2002] p. 114). Ver a propósito, Ana Paula Arnaut, *António Lobo Antunes*. Lisboa: Ed. 70 – no prelo.

e desvenda através das palavras. Várias horas por dia, numa acanhada mesa de tampo de vidro, onde se misturam as folhas já escritas, com originais enviados, para apreciação, por candidatos a escritores.

A celebração dos seus 25 anos de actividade literária, assinalada pela sua editora, Publicações Dom Quixote, com o lançamento de "Eu Hei-de Amar Uma Pedra", obrigou Lobo Antunes, porém, a regressar ao convívio das personagens que habitam as 616 páginas deste seu último romance.

A história é do domínio público desde o lançamento do romance anterior, "Boa Tarde Às Coisas Aqui Em Baixo", em 2003. Os leitores não conheciam ainda o seu novo livro, e já o escritor, impressionado, lhes desvendava a trama do próximo – o desencontro amoroso de um homem e de uma mulher que se amaram aos 17 anos; se perderam (ela doente num sanatório, ele a tirar um curso superior, em Lisboa, e a supô-la morta); se reencontram quando ele, tirado o curso, já tem mulher e duas filhas; e se voltam a amar, de um amor nunca consumado[1], na clandestinidade de um quarto de uma pensão na Graça, de passeios ocasionais a Sintra, do aluguer de toldos quase contíguos na praia de Tavira, durante as férias do Verão – a mulher a fazer crochet, sem levantar os olhos nunca para o homem estendido ao sol com filhas, genros, esposa. O homem morrerá já octogenário, num dos encontros platónicos no quarto da hospedaria da Graça.

António Lobo Antunes passou todos estes dados pela sua refinadora literária. É desse processo criativo "prodigioso e singular" que o autor nos fala.

**[AG]** "Eu Hei-de Amar Uma Pedra" nasceu de uma história que lhe contaram no Miguel Bombarda quando ia a passar uma senhora de 80 e tal anos. Mas dela está só o osso... Está toda desmantelada... Porquê?

**[ALA]** Como digo sempre, só começo um livro quando estou certo de não ser capaz de o escrever. Para contar aquela história assim, é necessária uma delicadeza de mão que eu não tenho.

**[AG]** Pensei que ia responder com outra coisa, que costuma dizer também: "A intriga é o prego onde se pendura o quadro."

**[ALA]** Não imagina: dos primeiros capítulos fiz oito, nove, dez versões. Eram todas muito más. Normalmente são-no, mas depois consegue--se tirar delas o capítulo. Fui deixando passar o tempo, deixando que aquilo dentro de mim se transformasse. O livro nasceu sem plano.

Tinha pensado fazer o livro com fotografias. Mas percebi que não era possível, que tinha que mudar de voz. Aquilo no fundo é polifónico. É uma voz sempre a falar.

**[AG]** Polifónico, mas dissonante. As suas frases têm vozes que soam como música concreta…

**[ALA]** É uma única voz que fala. Mas eu não quero magoar nenhuma daquelas pessoas. Não as conheço, mas elas estão vivas. Vi a senhora três segundos, a passar, numa porta. A partir do que vi, podia fantasiar.

**[AG]** Quando ouvi a história, contada por si nas sucessivas entrevistas, também a "vi" – no toldo em Tavira, a passear em Sintra, na hospedaria da Graça. Mas fiquei quase 90 páginas à espera que me aparecessem os primeiros sinais dela. Esteve a esconder-nos aquilo que sabia que queríamos? Porque, como já disse, é uma história "desgarradoramente bela"?

**[ALA]** É muito difícil de contar. Tem que ser contada com uma mão de escriturário, quase. Há um ponto essencial, também no jornalismo, que é a retenção da informação. E dá-la de uma forma lateral. Como os grandes romancistas policiais fazem. Olhe, esses manuscritos aí (três ou quatro, pousados do lado direito da secretária de vidro) são primeiros romances. Dizem tudo. São maus porque dizem tudo.

### PUDOR NA VIDA, PUDOR NA ESCRITA

**[AG]** Achou que a melhor maneira de defender a história era sugeri--la apenas?

**[ALA]** Isso seria de uma grande elegância da minha parte, mas não seria honesto dizer que foi por isso. Há quatro ou cinco meses recebi uma carta que vem na "Fotobiografia" (organizada por Tereza Coelho e que acaba de ser lançada pelas Publicações Dom Quixote), na qual o meu editor francês, Christian Bourgois, dizia: "Tenho um cancro." Depois pediu-me para o ir ver. O patrão dele, que era o (René) Juliard, tinha morrido com um cancro do esófago. A coragem e a serenidade dele deixaram-me estupefacto. Quando me despedi, disse--me: "Não te preocupes comigo." Foi operado, está melhor, construí--ram-lhe o esófago a partir do estômago, há dois dias telefonei à mulher e disse-lhe que ele tinha uma coragem extraordinária. Ela respondeu: "Não. É elegante." Encontrei isso no Ernesto (Melo Antunes, seu comandante na guerra em Angola, falecido em 1999). Tinha um cancro do pulmão, inoperável. Dois dias antes de morrer disse-me: "Esta manhã acordei todo molhado. Não me deixes morrer sem dignidade." Foi a única vez que ele se referiu à doença. Aqui há uns tem[p]os a filha mais velha – comove-me até às lágrimas ver a miúda, é tão parecida com o pai – contou-me que estavam a almoçar [–] são três irmãos, duas raparigas e um rapaz [–] e o pai disse-lhes, no meio da sopa: "Tenho um cancro do pulmão." E continuou a comer. É este pudor, é esta contenção que a gente tem que tentar transpor para aquilo que escreve. E para a nossa vida, até. O meu pai, no fim da vida, já muito mal, o que dizia era: "Nada de pieguices."

**[AG]** O contar desta história é também assim. Mas há um paradoxo aí, porque, no fim de contas, desnuda tudo.

**[ALA]** Um amigo tem dentro de si um lugar insubstituível, a gente perde-o e continua a ter saudades dele. E depois cada um tem o seu lugar. Estou a chegar à idade em que, como gosto de homens mais velhos do que eu, com quem aprendo, os meus amigos vão morrendo e isso custa-me muito. Ver o Eugénio de Andrade no estado em que está... Outro dia estava a olhar para o Eduardo Lourenço e a pensar: "Livra-te de morreres antes de mim!" A morte de um amigo é muito dolorosa.

**[AG]** Esta senhora que perpassa no livro e que viu três segundos podia ser sua amiga? Ela no livro não diz nada, faz "crochet" e deixa que a mão do amado pouse sobre a dela, todas as quartas-feiras, num quarto alugado de uma hospedaria. Não teve a tentação de a conhecer?

**[ALA]** Não quis conhecê-la porque senão depois não podia escrever. Não posso agarrar em si e pô-lo num romance.

**[AG]** Ora essa, tem tantas personagens reais nos seus livros...

**[ALA]** Reais? É um pouco como a Lisboa cenário de alguns livros, é uma Lisboa inventada.

**[AG]** Não tem tias nos livros?

**[ALA]** As tias que aparecem nos livros também as conheci assim. Eram tias do meu avô. Eram senhoras que vinham do Brasil e que viviam nuns andares muito escuros. Eu era pequeno e ia lá com o meu avô. Ficava ali, num canto. Seria incapaz de pôr um irmão meu como personagem. O Ernesto, por exemplo, aparece em "Os Cus de Judas". Mas a nossa relação nessa altura não era a relação de irmãos

"'NÃO SOU EU QUE ESCREVO OS LIVROS. É A MINHA MÃO, AUTÓNOMA'" | 467

em que se foi tornando. O que ponho num romance são um nariz que apanho ali, uma feição, um gesto.

[AG] Neste livro há apenas o pequeníssimo círculo familiar e mesmo esse reduzido a breves frases, ou a cenas escondidas, às vezes de ordem sexual. O meio ambiente é assim tão irrelevante?

[ALA] Tenho a sensação que não sou eu que escrevo os livros. É a mão. Escrevo sempre à mão. O meu problema é estar suficientemente cansado até a mão estar autónoma e tornar-se feliz.

[AG] A isso chamava-se dantes, romanticamente, musas.

[ALA] Por que é que um dia faço uma página, outro dia faço quatro linhas e outro dia estou três horas e nem uma palavra sai? O que é que faz que isto varie? Depois, comecei a dar-me conta de que adormeço a ler. Há aquela altura em que se está entre o dormir e o acordar e se flutua. Depois, quando despertava, percebia que não estava a ler o que estava ali escrito, estava a ler outras coisas que eu julgava que estava a ler e que não eram o livro. Então pensei [–] isto já foi há uns anos [–]: eu tenho é que conseguir um estádio próximo deste para escrever. E depois, bem desperto, estruturar isto tudo.

[AG] Precisava de inventar um heterónimo, porque já não é o Lobo Antunes que está a escrever?

[ALA] É qualquer coisa dentro de mim que é anterior às palavras e em relação à qual a crítica racional não funciona. O meu problema é atingir esse estado. Preciso de estar cansado para aquilo começar a sair.

[AG] Um pouco esotérico, isso, não acha?

[ALA] Não acho nada. Não vê que em todos nós existe isto? Por exemplo, está a sonhar e de repente compreende que descobriu o segredo do mundo e da vida. Tem consciência de que está a dormir e quer acordar. E, à medida que vai acordando, isto vai-se esfumando, esfumando, esfumando. Quando chega à superfície, isto não tem nada. Nunca lhe aconteceu?

[AG] O que me dá ideia é que isso é a parte em que eu sou menos eu. É a parte em que eu tenho menos mérito. Aliás, costuma dizer que trabalha dez, 12 horas por dia.

[ALA] Mas eu não penso em termos de mérito. E isso não é mérito. Muito mais trabalha um operário. Não faço mais nada, sou pago para isso.

468 | ADELINO GOMES, 13 DE NOVEMBRO, 2004

**[AG]** E fica à espera de entrar em estado de dormência?

**[ALA]** Não preciso de estar à espera, preciso de provocá-lo. Isso consegue-se através do cansaço.

### "'ULISSES', DE JOYCE, IRRITA-ME"

**[AG]** Não acha que está a menorizar o seu talento, a sua inspiração?

**[ALA]** É qualquer coisa que existe dentro de si e em lugares que a gente não tem acesso – que nos aparece nos sonhos, nos aparece nos impulsos, nos aparece, por exemplo, na escolha dos amigos. É completamente irracional. Porque é que eu hei-de gostar de A e não de B? Até a escolha dos partidos tem muito de afectivo. Eu não escrevo aquilo que quero. Escrevo aquilo que o livro quer.

**[AG]** Escrever o que o livro quer não poderá levar o autor ao culto da forma, paradoxalmente?

**[ALA]** O "Ulisses", de Joyce, irrita-me. Por um lado, não posso deixar de admirar a s habilidades formais dele; por outro, irrita-me, porque é uma pirueta, não é eficaz. Convidam-me muitas vezes, porque pensam que um escritor diz coisas inteligentes. Esperar que um escritor diga coisas inteligentes é o mesmo que esperar que um acrobata anda aos saltos mortais pela rua. O que eu sou fundamentalmente é um homem comum, cujo trabalho é este. Construí toda a minha vida, desde que me conheço, para isto. Não tem mérito nenhum. É preciso trabalhar muito. Ler muito. Ter uma atitude humilde perante a vida. Ser uma espécie de esponja onde as coisas entram e saem.

**[AG]** Ser um grande escritor é isso que me diz?

**[ALA]** Ser um grande escritor é produzir um objecto que, quando eu o leio, foi escrito só para mim. Os outros exemplares dizem coisas diferentes. E não o empresto, porque há uma relação pessoal entre mim e esse livro, que me está a falar de mim mesmo e que me está a mostrar zonas minhas que me iluminam. Um grande escritor é um homem que faz um espelho onde eu vejo o homem nu que sou.

### CONTAR SÓ A HISTÓRIA NÃO DÁ

**[AG]** Neste último livro são várias as alusões a situações sexuais de carácter incestuoso. É novidade nos seus livros, não é?

**[ALA]** Neste (que o autor já está a escrever), há bocado, também notei que havia isso.

**[AG]** Há o pai com a filha, naqueles apertares de mão no circo. E há depois na relação mãe-filho algo que decorre no plano onírico...

**[ALA]** Não era uma decisão consciente, não era uma ideia clara na minha cabeça. Agora este está a fugir-me por todos os lados.

**[AG]** E já lhe apareceu também o incesto?

**[ALA]** Há aqui um capítulo... O tipo da Pide (personagem do próximo romance, sobre a madrugada e a []manhã – ver entrevista do autor ao PÚBLICO de 9.11.04)... este homem... não se percebe bem, está sempre à procura de justificações... Está uma nebulosa ainda muito grande.

**[AG]** No novo livro está portanto ainda à procura. Mas no anterior não: partiu já com a história toda. Do que é que andou à procura, naquelas primeiras páginas e páginas iniciais, em que não nos dá a ver os dois amantes centrais?

**[ALA]** Quando eu comecei a fazer consultas de psicoterapia, o homem com quem eu tinha aprendido a técnica toda dizia-me: "Agora esqueça--se e vá lá para dentro." Você tem a história. Mas ela vai aparecer-lhe fragmentada. É um desafio óptimo, do ponto de vista técnico. Nem imagina o que tem que se lutar para reter aquilo. Dá vontade de dar logo aquele bombom.

**[AG]** Mas depois acaba e nós sentimo-nos ainda com um pouco de fome da história. A sua mão cheia de pudor deu-nos os traços e foi--se embora.

**[ALA]** A tendência natural é: "Toma lá!" O difícil é mantermo-nos no gume. Mas contar só a história, depois escrita, não dá. Já reparou nos grandes romances? (O que é) "O Velho e o Mar" (1952, Ernest Hemingway)? É um velho que vai buscar um peixe, os outros peixes comem-lhe o peixe e ele chega a casa sem peixe. "Anna Karenina" (1877, Leão Tolstoi)? Uma mulher que é casada, está farta do marido, vai para a cama com outro, arrepende-se e morre. O que é a "Odisseia"? (escrito por Homero, provavelmente no século VIII a.C.)? Tenho a minha mulher à espera. É só isto, umas coisas que o gajo arranja para não ir para casa.

**[AG]** Este livro é sobre um homem e uma mulher que se amaram uma vez, perderam-se e reencontraram-se, quando já não se podiam amar. Mas que se amavam e por isso se encontravam às escondidas sem quase se consentirem amar...

**[ALA]** ... e aparece muito menos no livro toda essa dimensão amorosa. Como é que se faz isso? Desmantela-se a história. E, no entanto, mantém-se lá.

**[AG]** Desenhada em pinceladas muito vagas, assim à Renoir.

**[ALA]** Então fico contente. Mas penso que a leitura não oferece problemas.

**[AG]** Que lugar ocupa na sua lista das melhores obras?

**[ALA]** Aí estou de acordo com o meu agente: tenho feito livros (cada vez) melhores. Por enquanto. E daí o meu medo com este agora (que está a escrever). Esse que sai já o acabei há um ano. Continuo contente com ele. Tenho orgulho em tê-lo escrito.

## Muro de Berlim e o 'ilimitado'

O escritor habitava em Berlim, ainda separada por um muro que dividia a Alemanha em dois regimes antagónicos. Além da experiência vivencial "extraordinária", foi esse o momento em que descobriu outra forma de escrever um romance.

**[AG]** Diz que não escreve aquilo que quer, mas aquilo que o livro quer. Pode explicar melhor?

**[ALA]** Não sei. Não é nada racional. Ao princípio fazia planos todos muito detalhados – antes de começar a escrever, o que me tirava surpresa do livro. Comecei assim o "Tratado das Paixões da Alma" (1990). Com um plano. Na altura (1989) vivia em Berlim, com uma bolsa. O meu vizinho de andar era o Luigi Nono, compositor (italiano, falecido no ano seguinte), casado com a filha do (compositor, falecido em 1951 Arnold) Schönberg.

**[AG]** Também estava lá com uma bolsa?

**[ALA]** Sim, uma bolsa da cidade de Berlim Ocidental. Era uma cidade espantosa: na mesma noite tínhamos um concerto da Filarmónica, um concerto da Sinfónica de Karajan, outro do Charlie Mingus...

**[AG]** ... e mais 400 espectáculos na área do "off-off"...

**[ALA]** ... galerias abertas toda a noite, discotecas, sítios com poetas a dizerem poesia... E depois, de repente, caiu o Muro. Uma experiência extraordinária.

## "'NÃO SOU EU QUE ESCREVO OS LIVROS. É A MINHA MÃO, AUTÓNOMA'" | 471

[AG] E o António a escrever.

[ALA] Tinha começado o livro dois meses antes. Andei ali, para trás e para a frente com o primeiro capítulo, e percebi que aquilo não voava. Depois lembrei-me de uns versos do Apollinaire ("La jolie rousse", poema a Jacqueline Kolb, 1917):
"Pitié pour nous qui combattons toujours aux frontières
De l'illimité et de l'avenir"
Pensei: "Eu tenho que escrever coisas passadas no ilimitado..."
Correr mais riscos. Ser mais honesto para comigo mesmo, ou seja, não me mover num terreno que já conheço mais ou menos bem, até do ponto de vista verbal. Tentar escrever aquilo que eu não sou capaz de escrever. Por exemplo, no " Eu Hei-de Amar Uma Pedra", aquilo estava uma luta. Depois de escrever isto e isto e isto, dizia: "Não presta, não presta, não presta." Depois: "Não vou deixar que um livro me vença." Julgo que era o Jules Renard que dizia que não havia talento, havia bois.

[AG] Havia?...

[ALA] Bois. Que não havia nenhuma frase que um principiante não pudesse fazer, que um livro é trabalho. Eu penso que é. E então temos que o escrever com a chamada "eficácia". Eu entendo por eficácia o não sacrificar a tentação de uma bela metáfora, de uma imagem bonita, ao seu material. Não estarmos a dizer ao leitor: "Repara no que eu sou capaz de fazer." O livro é que tem que ser inteligente, não o escritor.

[AG] Esse encantamento em Berlim, que o levou a mudar de registo, faz lembrar a noite de êxtase contada por um escritor de quem, julgo, não gosta muito, sobre o nascimento de um heterónimo: Fernando Pessoa (sobre Alberto Caeiro, em 8 de Março de 1914). O António Lobo Antunes, que fala em trabalho e em eficácia, em êxtase?

[ALA] Às vezes a gente põe-se a pensar: como é que eles descobriram os Açores? E a Madeira? A gente trabalha no escuro, mas tem que navegar na direcção certa. Não é por acaso que aquilo acontece. Não é por acaso. (p. 13).

## 42. JOÃO PAULO COTRIM

# *"«Ainda não é isto que eu quero»"*

*Expresso*/Actual
4 de Dezembro, 2004, pp. 28-34[1]

António Lobo Antunes publicou o 17.º capítulo do seu «tecido contínuo» e celebrou 25 anos de vida literária. «Eu Hei-de Amar Uma pedra» foi detonador de uma conversa que (quase) nunca se soltou do gesto da escrita e do escritor nas trevas, «homem de poucas lágrimas», que chorou de êxtase pela primeira vez.

**[JPC]** As personagens de **Eu Hei-de Amar Uma Pedra** começam a morrer devagarinho logo nas primeiras páginas.

O amor salva-nos da morte?

**[ALA]** Quando estou a escrever um livro não tenho ideias gerais. Tenho um plano muito, muito vago. Este romance, por exemplo, quando o comecei pensava que ia fazer uma coisa assente em fotografias. E tinha apenas uma história que me tinham contado, o que só me complicou...

**[JPC]** ... e essa história era sobre o amor.

**[ALA]** Era uma história de amor. Normalmente necessito de uma história como um ponto em torno do qual se cristaliza o livro todo. A história acaba por desaparecer, mas preciso de um detonador qualquer. O que quero é meter a vida toda dentro dos livros e, uma vez começando a escrever, o meu problema é sempre o mesmo: como

---

[1] Na p. 34 pode ler-se um breve comentário ao romance *Eu Hei-de Amar Uma Pedra*.

é que vou escrever? Estou tão preocupado com a maneira como fazer que nem sequer me passa pela cabeça se as personagens morrem, se vivem, se amam, se não amam. Sabe, uma vez perguntaram ao Picasso, «como é que começa um quadro». Ele disse, «primeiro sento-me». E o jornalista: «Não sabia que você pintava sentado». «Não, eu pinto de pé». O livro todo é feito quando a pessoa está sentada antes de se sentar para escrever. Depois de ter a história, tenho que educar a mão, através de versões sucessivas, de escrever, de reescrever até a mão se tornar como que autónoma e então aí o livro começa a sair. Ontem mandaram-me a segunda edição do livro e folheei-a... como sempre, não gostei. É isso que faz com que eu continue a escrever, a sensação de que podia ter feito melhor, podia ter trabalhado mais. Você apanhou-me num altura má, até ontem estava contente.

[JPC] Dizia que a história é um pretexto para pôr a vida toda. A sua?

[ALA] A minha não, a vida da tribo. Meter tudo o que a vida pode ter lá dentro, todos os sentimentos contraditórios, todas as emoções e depois vertebrar isso. Um romance – não sei se se pode chamar romance àquilo que eu faço...

[JPC] Porquê?

[ALA] Porque a ambição é pôr tudo lá dentro. A classificação em géneros é um pouco abusiva. São livros, são quadros, sempre me pareceram abusivas essas distinções.

[JPC] De qualquer modo, a escolha dessa história é feita entre várias hipóteses.

[ALA] Não, nunca tenho nada. Tento desesperadamente agarrar qualquer coisa no intervalo dos livros. Desesperadamente não é bem: fico à espera, às vezes com desespero, que apareça... Por exemplo, o **Manual dos Inquisidores** organizou-se em torno de uma frase que um dos meus irmão me contou: «Faço tudo o que elas querem mas nunca tiro o chapéu da cabeça para que se saiba quem é o patrão». E para este que estou a fazer agora a ideia de partida era: como a noite se transforma em manhã. Temos que nos pôr a nós mesmos desafios impossíveis. **Que Farei Quando tudo Arde?** foi um desafio impossível, um mundo que me era estranho (o dos travestis), como em **Exortação aos Crocodilos**, que também me era impossível – o que é que um homem sabe das mulheres? Tenho a sensação de que ao escrever estou a aprender como são aquelas pessoas e o que é a vida, a aprender coisas sobre mim mesmo, sobre os outros. No fundo, somos todos iguais, aqueles problemas fundamentais são os mesmos, as angústias fundamentais são as mesmas, as paixões, os receios...

**[JPC]** Este livro começa com «fotografias» mas é muito marcado pelas palavras, e acaba com uma das personagens à procura da palavra para encerrar. Que peso têm as imagens?

**[ALA]** É-me difícil falar disso... É muito difícil fazer um bom romance antes dos trinta anos. Para escrever tem que se ter vivido. Um homem com quem aprendi muito foi o professor Eduardo Cortesão, que me fez gostar da psiquiatria. Ensinava-nos a técnica e depois dizia: «Agora esqueçam tudo e vão lá para dentro». Escrever é um pouco isso: tem que se esquecer tudo. Se reparar, o panorama da literatura que se publica agora, sobretudo em língua inglesa, é quase todo igual. São histórias bem feitas, com uma prosa desembaraçada, mas que não me entusiasma porque não me traz nada de novo, são todos netos do Nabokov e filhos do Saul Bellow. Não queria citar nomes porque alguns deles são pessoas que estimo pessoalmente, mas entre os mais conhecidos quase que se podia intercambiar os títulos e os autores, isto ao nível do que se chama internacionalmente a boa literatura. É um risco. Aquilo que quer fazer, o seu objectivo é muito simples... você quer mudar a arte de escrever. Só quer iluminar o seu coeficiente de sombras, o seu e o dos outros. Isto não pode ser conseguido através de mecanismos racionais, tem que ser conseguido com uma mistura de... Como fazer vir a sua parte de trevas ao de cima e transformá-la em coisa pensante.

**[JPC]** Não é abusivo dizer que vem escrevendo um único romance?

**[ALA]** Não, não é abusivo. Tenho a sensação que formam um contínuo. Não me era consciente, mas algumas pessoas que escrevem sobre livros deram-me a entender isso. Tinha a sensação de que estava a fazer várias obras sem ter consciência de que era um tecido contínuo que se prolongará até deixar de escrever, até à minha morte, certamente. Tinha a ilusão de que estava a fazer livros muito diferentes uns dos outros e, no entanto, é como se formasse um único livro dividido em capítulos, e cada capítulo fosse um livro de *per si*.

**[JPC]** Há, portanto, temas recorrentes, por exemplo, a psiquiatria.

**[ALA]** Ah, não era a parte da psiquiatria que me interessava. Aquele homem apareceu-me mas não estava à espera dele. Chegou numa altura em que senti que o livro devia curvar, virar noutro sentido. As pessoas aparecem sem que eu perceba de onde é que elas vêm. De repente, uma pessoa põe-se de pé e começa a falar. O que dá um grande coeficiente de surpresa para si mesmo. Não está à espera que essa pessoa apareça e comece a falar. Durante algum tempo, diziam que eram romances polifónicos, mas não é verdade, aquilo é uma única voz, a mesma voz que vem desde o primeiro livro e que vai ganhando mais ramificações, porque, entretanto, também vai aprendendo com os outros escritos.

[JPC] As personagens ganharam, às tantas, consciência de que são personagens.

[ALA] Há todo um jogo, também no sentido de desmitificar, mais do que desmistificar, aquilo a que se convencionou chamar literatura. Para dizer que em literatura a única possibilidade de falar verdade é mentir. Aparentemente, as personagens são criaturas de papel, mas ganham uma tal espessura humana! Lembro-me de ir com o meu pai, que morreu este ano, a uma missa por alma de uma irmã e passámos por um sítio que não conhecia, ali para o Quelhas, onde morava a personagem do romance que estava a escrever na altura. Parámos num sinal vermelho e perguntava-me «em que casa é que ela morará», como se fosse aparecer a qualquer momento. Vivo rodeado dessas pessoas que existem e não existem, são e não são, mas que enquanto escrevo são de uma realidade total. Acaba o livro e desaparecem. Penso que tenho uma memória razoável, sei de cor muitas páginas de escritores de que gosto, poemas, prosas, cartas, mas não sei uma única frase de cor de um livro que tenha escrito, nem uma. Daí que haja situações que se repetem, mas muitas vezes são repetidas voluntariamente porque as tinha que resolver melhor, corrigindo permanentemente o que está para trás.

[JPC] Voltando aos temas recorrentes, como a guerra...

[ALA] É como símbolo. Não penso na guerra. Tive uma tuberculose em pequeno, com três anos, e deve ter sido muito importante para mim, mas tudo isto depois se me torna inconsciente e esses materiais, tudo aquilo por que passei, as pessoas, o trabalho regressam de outro modo. No outro dia veio-me à cabeça um episódio que tinha esquecido. Quando ia para a Suécia, o avião deixou-me em Copenhaga e fomos de carro através de uma espécie de floresta. Não teve importância nenhuma, no entanto, sei que, mais tarde ou mais cedo, aquilo aparecerá, não sob esta forma, mas de outra maneira escondida qualquer.

"«AINDA NÃO É ISTO QUE EU QUERO»" | 477

[JPC] A Natureza tem neste romance uma presença fortíssima: árvores a tentarem comunicar, para não falar da cena comovente do enterro do castanheiro.

[ALA] A parte melhor da minha infância foi passada na Beira Alta. (E se não foi a melhor da minha infância, foi a melhor da minha vida toda.) A Beira Alta era muito pobre nessa altura, continua a ser, mas era muito mais então, e o que havia era pedras e árvores. Sempre fui uma criança isolada, embora tivesse muitos irmãos. Tínhamos uma família fechada onde não havia partilha de coisas íntimas, onde as coisas íntimas se viviam a sós. De maneira que uma criança sozinha como eu encontrava humanidade em pedras e árvores. Cortaram o castanheiro da casa que era dos meus avós, em Nelas, e nem me imagina como aquilo me doeu! Há dois ou três anos, fizeram-me uma homenagem e o castanheiro não estava. Aquele castanheiro era importantíssimo. A minha infância foi marcada por aquela árvore enorme, ali à entrada da casa, que via quando acordava, que ouvia à noite, no quarto, a falar. Como na Praia das Maçãs, onde o mar pousava aquela cabeça de touro no parapeito da janela para falar comigo e olhava para mim. Tudo se manteve dentro de mim, a sensação de que as coisas inanimadas estão repletas de vida e emoção. Ao princípio tinha pudor em falar nisso… as pessoas vão pensar que sou maluco… o mar com olhos tristes… Mas, às vezes, sabe, quando o coração está pesado, parece que chovem lágrimas. Tudo isto se confunde na minha cabeça, se acumula, luta entre si como cães, e é disso que sai. A única coisa a fazer é esvaziar-me para receber estas coisas e depois tentar traduzi-las em palavras. É complicado porque não são traduzíveis, mas devo tentar cercá-las de palavras.

[JPC] Que relação é que tem com a fotografia?

[ALA] Nunca tirei uma fotografia…

[JPC] Mas usa-a para despertar recordações, e neste romance até tem a pequena crueldade de fazer coincidir o som do disparo do obturador com o gatilho de uma arma.

[ALA] Acho a fotografia uma arte maior, talvez porque tive o privilégio de conhecer grandes fotógrafos, como o Cartier Bresson. Não sei nada de fotografia, nem nunca fiz assim (dispara uma máquina imaginária) por respeito para com os fotógrafos: é uma arte muito difícil. Temos grandes fotógrafos, que não valorizamos. O problema de citar nome sé que vou esquecer um ou outro e parece que estou a

excluir. Para falar num, a título de exemplo, o Júlio Pomar mostrou-
-me o último catálogo da exposição do Gérard Castello-Lopes, que
era magnífica. É só um, mas há mais e de outras gerações.

[JPC] Aí está alguém capaz de fotografar a vida de uma pedra.

[ALA] O Bresson tinha uma teoria sobre isto, mas julgo que quando
fotografava não pensava nisso. Há qualquer coisa de caçador no
fotógrafo. Quando me fotografaram para a capa da «Vogue» americana,
senti-me a presa de um caçador que rondava à procura da melhor
maneira de me morder, de me matar. Num grande fotógrafo tem que
haver esse instinto carnívoro. Escrever é também isso, as artes são
todas muito parecidas, muda é a maneira como se manifesta. O que
distingue um grande escritor, um grande pintor, um grande fotógrafo
é essa capacidade de olhar, essa ferocidade, essa impiedade. Porque
um grande artista tem que ser impiedoso, para si mesmo e para os
outros. Portanto, a máquina fotográfica é sempre um elemento
assustador. Tenho a sensação, quando o fotógrafo é muito bom, de
que me vai engolir. E deixo de existir, passo a existir dentro de um
rectângulo de papel. Como um grande pintor. O Velázquez pintou
**As Meninas** e elas deixaram de ter vida cá fora, passaram a existir
dentro do quadro. E continuam vivas. Se for um grande escritor, as
pessoas deixam de existir cá fora, mas passam a existir para sempre
nos livros, como acontece com **Guerra e Paz**, (de Léon Tolstoi), com
os grandes romances do Conrad, com os do António Lobo Antunes
(risos). Passam a existir nos livros, onde têm uma existência muito
mais real, muito mais verdadeira. E eterna. É óbvio que isto se torna
inquietante, mas a grande arte é inquietante. Uma das coisas mais
remuneradoras de ler ou de ouvir música ou de olhar é essa inquietação
vital que sentimos por estarmos perante algo que está conversando
com o mais íntimo de nós. E que tantas vezes tentamos esconder.

[JPC] Gostou da sua «Fotobiografia»?

[ALA] Uma fotobiografia é muito difícil de fazer. É preciso seleccionar
imenso material. E é ainda mais difícil quando a pessoa está mais ou
menos viva, como é o meu caso. Não interferi em nada no trabalho
notável da Tere[z]a Coelho, e ela optou por eliminar aquilo que é
demasiado pessoal, que poderá satisfazer uma curiosidade de revista
cor-de-rosa, mas que não é importante para a vida de uma pessoa.

[JPC] Mas revê-se no retrato que a «Fotobiografia» lhe tira?

[ALA] Nunca nos revemos muito bem nos retratos. Não conhecia a maior parte das fotografias, nem sei onde é que ela as arranjou. Desculpe estar a responder ao lado, mas só sei responder assim. Só respondendo ao lado posso responder àquilo que pergunta. Freud costumava dizer, «se queres saber o que é que uma pessoa quer mesmo, pergunta-lhe o que ela nunca faria na vida». A arte da entrevista é uma arte daquilo a que Pascoaes chamava «a aparição no meio da aparência». É deixá-lo falar que ele acaba por vir ter à minha rede.

[JPC] Tem-se procurado a si próprio em cada um dos romances, e continua neste último. É capaz de dizer quem é o António Lobo Antunes?

[ALA] Só existe quando está a escrever. Quando não está a escrever é um homem comum. Faz o trabalho dele o melhor que pode e se não faz melhor é porque não foi capaz. Trabalho muito, trabalho como ninguém e por isso me posso colocar ao lado do Conrad e do Tolstoi, porque não é mérito meu, é apenas por trabalhar. Alguém disse que não talento, há bois, ou seja, pessoas que insistem. Também dizia que não há uma frase boa que um principiante não possa fazer. O que distingue um grande escritor é a carga de trabalho. A primeira fotografia que me tiraram para a tradução americana de **Os Cus de Judas** foi feita por um fotógrafo muito bom que esteve quatro horas a fotografar-me e só entregou uma fotografia à editora. Só uma. E fez centenas e centenas. É que ele entendia – ele, nem eu, nem ninguém – que era a fotografia que desejava. Da mesma maneira que se está a escrever um romance e se faz montes de versões, mas só se dá uma ao editor. O tremendo deste trabalho é que tem que se dar várias fotos para o jornal. Sei que o fotógrafo é bom se não me disser, «olhe para cima», «ponha o braço assim», se não quiser pose. Os grandes fotógrafos que conheci nunca me pediram isso, são cruéis para mim, mas são excelentes, sempre com luz natural.

[JPC] Cruéis, porquê?

[ALA] Talvez não sejam eles que são cruéis, mas a vida porque nos mostra. Um retrato natural é sempre cruel. Tendemos a embelezar a nossa imagem por fora e por dentro e, de repente, somos revelados a nós mesmos não como aquilo que gostaríamos de ser, mas como aquilo que somos realmente. É cruel porque nos julgamos desfigurados. Gostamos de ser bonitos, de ter um ar inteligente, etc., e não há nada mais estúpido que um homem inteligente. Os homens inteligentes são muito estúpidos! Faz parte da própria condição (risos) da inteligência. Espero que escreva com alguma inteligência, não da cabeça, mas dos sentimentos ou dos sentidos, que a minha relação com a vida prática é totalmente inábil. Perco-me constantemente em Lisboa, não consigo preencher um impresso, pôr uma letra em cada quadradinho, passar um cheque, não tenho cartão Multibanco. Mandaram-me um cartão dourado porque sou um senhor importante e não o uso, porque é preciso uma majestade do gesto que não tenho. As pessoas que os sabem usar largam os cartões como a árvore larga uma folha. Parece-me óbvio agora que toda a minha vida foi construída para isto.

[JPC] Porquê celebrar 25 anos de vida literária?

[ALA] Não sei, não foi ideia minha, mas é uma boa pergunta. Acho um bocado fúnebre, pois não terei mais 25 anos para escrever livros. Uma das coisas de que tenho medo é da velhice, da decadência mental, de começar a dizer parvoíces sem me dar conta. A distância toma o lugar do tempo e há agora uma grande unanimidade aqui, mas que já existia nos outros países há anos. Encontrar um grande crítico é talvez mais difícil que encontrar um grande escritor, porque tem que ser uma pessoa sem tendência para julgar, ou cujo julgamento esteja implícito no seu entendimento. Mas têm sido muito generosos comigo e não sei como corresponder a essa fé. Aos 13 anos, tinha sonhos de glória, queria descer a Avenida da Liberdade em carro descoberto a agradecer os aplausos. Isto desaparece rapidamente, enfim, nalgumas pessoas nunca desaparece, primeiros-ministros e escritores que se comportam de maneiras que nada têm que ver com a literatura... Bom, perde-se isto porque se perde quase tudo. E se compreende que morremos e ficamos com a boca cheia de terra.

[JPC] Mas não se está a dar mal com esta vida de escritor consagrado.

[ALA] Tinha tanto a certeza quando comecei que as primeiras críticas em Portugal nunca me afectaram, nem as boas nem as más, porque estava muito seguro daquilo que queria fazer. As críticas boas irritavam--me mais porque elogiavam descobertas que eram apenas maneiras de contornar problemas, viam uma novidade formal onde havia uma deficiência minha. Ainda não é isto que quero, não há satisfação, preciso ir mais longe, portanto é uma luta contra o tempo. Não sei quanto mais tempo tenho.

[JPC] Se leio bem as suas entrevistas, as suas grandes «ajudas» foram de dois amigos, um editor e um agente.

**[ALA]** Mando sempre o manuscrito ao agente (Thomas Colchie), que é um homem cruel, mas só os amigos são cruéis. Não me tem ajudado muito ultimamente pois começa logo a dizer que é muito bom. Ainda assim fico sempre um pouco inquieto antes de saber a opinião dele. E em que editor estava a pensar?

**[JPC]** No Christian Bourgois.

**[ALA]** Mas o Christian não lê português. O Christian é um homem fantástico. Está muito doente, foi operado a um cancro do esófago e, miraculosamente, está melhor. Aí está um homem que me deu uma lição de vida. Fui visitá-lo quando as perspectivas eram as mais sombrias. E a serenidade dele, a coragem eram impressionantes. Quando me despedi, as últimas palavras que ele me disse foram: «Não te preocupes comigo». Quando chegar a minha altura não terei certamente esta dignidade. Vinte e cinco anos de vida literária, disse várias vezes que ninguém escrevia como eu, pronto, mas há homens que têm um valor que eu não tenho e perante os quais tenho vergonha das minhas fraquezas. Isso é muito mais importante do que aquilo que possa escrever. Diante da morte poucas coisas são importantes. E o sucesso não é certamente uma delas.

**[JPC]** Nesse sentido, também o Nobel não interessa por aí além...

**[ALA]** Já tive tantos... Por exemplo, deram-me agora este prémio (Jerusalém). Já viu a lista dos premiados? É impressionante, mas se quer que lhe diga não me deu uma alegria particular. O que me levou a aceitar foi terem dito que podia falar do que quisesse. Depois estive na Roménia para entregar um prémio ao Amos Oz, que é um homem de grande qualidade, e o que me levou ainda mais a aceitar foi ele ter-me contado que, no fim dos anos 30, quando estava a começar e foi para Israel, o Presidente vivia em dois quartinhos com um soldado à porta. Uma noite, o oficial da guarda achou que o soldado era esquisito, pequeno e gordo. Aproximou-se e era o Presidente que estava fardado com capacete e espingarda a tomar conta da residência presidencial. E explicou ao oficial: é que o rapaz tinha a mãe doente. O que mais me comove na vida e o que mais me faz respeitar uma pessoa são coisas destas. Não sei o que pensam os críticos da literatura do Amos Oz, que acaba de editar uma autobiografia lancinante (**Sipour Al Ahava Vehoshekh – A Tale of Love and Darkness**) mas ele apresenta-se sempre como «um modesto escritor». São estas pessoas que nos dão uma lição de dignidade e do que é ser homem. O meu pai costumava citar, como algo para a vida, uma das poucas coisas que herdei dele, aquilo que o Filipe II de Espanha disse ao arquitecto do Escorial: «façamos qualquer coisa que o mundo diga de nós que somos loucos». É o único conselho dele que tenho tentado seguir. Eu compreendo-o perfeitamente. Se uma filha minha me dissesse que queria ser escritora, ficava preocupado. De que é que a rapariga vai viver? Os meus pais, apesar de tudo, tiveram uma atitude muito tolerante para a época. Os bares estão cheios de escritores que não escrevem, de pintores que não pintam. É fácil ser artista sem sucesso aos 20 anos, mas aos 40 começam a ficar amargos.

[JPC] Que romancistas nos ajudariam a entender o país?

[ALA] Não sei se os livros servem para nós entendermos. Nem sei para que é que os livros servem. A função da arte talvez seja proporcionar-nos uma alegria, um prazer muito grande. Como se dizia, uma coisa bela é uma alegria para sempre. O conceito de arte como o entendemos agora vem dos românticos, que também inventaram a adolescência e os suspensórios, quando a arte começa a ser desligada de uma função de utilidade imediata. O Fernão Lopes escreve as crónicas por encomenda do rei e para conhecimento das pessoas e, no entanto, é um dos grandes monumentos da literatura portuguesa... e não só. Era uma encomenda, simplesmente aquilo tinha asas. Interessa-me recuperar esse conceito de arte como obra do artista, do operário...

[JPC] Mas com uma utilidade?

[ALA] Exactamente, voltar a dar-lhe utilidade. Para que servem as crónicas do Fernão Lopes? Tinham o primeiro propósito de dar a conhecer melhor Portugal, nós mesmos, aqueles reis, e contavam História, mas estou a usar a palavra talvez abusivamente. E quem era o Fernão Lopes? Não se sabe bem. Daí pensar que talvez ajudasse se os livros fossem publicados anonimamente. Embora tivéssemos depois outro problema, porque as paixões se confundem com as ideias, e o próprio conceito de bom vai variando com o tempo. Repare como Bach é recuperado 150 anos depois, ou como Proust demora 50 anos a sê-lo. Ou as constantes flutuações que um escritor como Flaubert tem tido no gosto. Todos os anos se descobre um poeta melhor que o Camões, o Tomás Ribeiro, no século XIX, o Fernando Pessoa no século XX, e, no entanto, eles passam e o Camões fica. O português que nós falamos foi inventado pelo Camões. Repare na quantidade de fragmentos seus que ficaram no nosso vocabulário comum, que empregamos a cada passo. Todos nós temos um escritor favorito. Se me perguntar quem é o meu diria que é o (Francisdo de) Quevedo. Um soneto dele começa assim: «Retirado en la paz de estos desiertos/ com pocos, pero doctos libros juntos,/ vivo en conversación con los difuntos/ y escucho com mis ojos a los muertos». Nasceu no ano em que Camões morreu, e admirava-o muito. Ou esse outro grande verso: «Sou um foi, um será e um é cansado». Chegar a isto... O Borges, com quem quase nunca estou de acordo, dizia que o Quevedo não é um escritor, é uma literatura. E nunca publicou nada em vida. Ou aquele verso do Lorca: (estou a falar de espanhóis como podia falar de ingleses): «Ay qué trabajo me cuesta/ quererte como te quiero!// Por tu amor me duele el aire,/ el corazón/ y el sombrero». Espantoso, é um momento de uma felicidade única. Não sei se isto se consegue depois de ter escrito muito ou se é um duende ou um anjo. No outro dia, dizia ao Thomas Colchie: «Tenho impressão de que é um anjo que vai escrever isto por mim». Nos momentos bons você assiste ao livro porque não é você que está a escrevê-lo, é um anjo que o escreve por si. São momentos muito raros, de êxtase! Neste **Eu Hei-de Amar Uma Pedra** aconteceu-me uma coisa que nunca me tinha acontecido. Sou um homem de poucas lágrimas, mas estava a escrever e a chorar. As lágrimas corriam-me pela cara, e não era de tristeza, mas de uma alegria tão intensa... um sentimento tão intenso, mais intenso que um orgasmo, mais intenso que a morte de uma pessoa de que gostamos muito, mais intenso que um momento de paixão. Nunca tive um êxtase assim! Nunca me tinha acontecido, e não voltou a acontecer. Para um homem com uns olhos tão secos... Depois, ao ler aquilo, pensava, não fui eu que escrevi aquilo porque não escrevo tão bem. Quando os livros são bons, são melhores do que aquilo que você é capaz de fazer. Nunca me tinha acontecido e provavelmente não me voltará a acontecer. Tomara eu! Há pequenas coisas que justificam a vida, mas nada justifica a morte.

[JPC] Parece-lhe que estamos a atravessar alguma crise particular de sociedade, uma crise política?

[ALA] Em qualquer época se ouve dizer que se atravessa uma crise. É como nos casamentos. O próprio dos casamentos é estarem à beira da ruptura. Uma relação é mantida naquele fio da navalha. O que torna a vida fascinante é o seu carácter perecível. Pergunto-me se a

# 484 | JOÃO PAULO COTRIM, 4 DE DEZEMBRO, 2004

crise está fora ou dentro de nós. Está fora também, claro. É dramático vermos como se vive em Portugal se compararmos com outros países da Europa, é dramático os políticos que temos...

[JPC] Algum político dava uma personagem de romance?

[ALA] Nunca me preocupei com as personagens dos romances, mas talvez dêem boas personagens de romances medíocres. Não há nenhum que não me fale de coisas que não percebo: desenvolvimento sustentado, Portugal profundo, vizinha Espanha, as ciclópicas tarefas que nos pendem sobre os ombros... Não me apetece ser governado por um homem que tenha «ciclópicas tarefas sobre os ombros». Faltam-nos homens da grandeza de um Willy Brandt ou de um Churchill ou de um De Gaulle, porque trágico na política é a ausência de humor. Quando o De Gaulle foi visitar uma fábrica de chocolates, os trabalhadores fizeram protestos e ele disse: «Vou tomar nota na minha tablete». O problema é que não vivemos em democracia, porque a democracia implica um constante referendar das decisões e só somos livres de votar de quatro em quatro anos. Tenho aquela tribuna na «Visão» e nunca a usei para atacar ninguém, pois seria injusto, mas às vezes tenho muita vontade. Depois penso que o meu papel não é esse. Escrever é o único contributo que posso dar.

[JPC] Como vê as notícias que nos dão como um país de deprimidos, com consumo excessivo de medicamentos?

[ALA] Não lhe sei dizer. Não acho o país particularmente deprimido. Às vezes leio isso e surpreendo-me. O Flaubert, quando ouvia coisas muito patetas, dizia: «Ça fait rever...»

## 43. ANA MARQUES GASTÃO

# *"Caçador de infâncias"*

*Diário de Notícias*/Suplemento 6ª,
17 de Fevereiro, 2006, pp. 4-9 [1]

O romance que já não é romance, a crónica de galope curto, a escrita a correr como água no sobrado. O amor, a amizade, a infância, a guerra, a morte, Deus. A entrevista com António Lobo Antunes, no momento em que lança o *Terceiro Livro de Crónicas* (Dom Quixote), fala dos livros, essa coisa "enterrada debaixo de um aluvião de palavras".

**[AMG]** Este diálogo poderia iniciar-se pelo espaço entre as palavras. Muito da sua obra passa por aí, seja no romance seja na crónica?

**[ALA]** Aquilo que se escreve tem de ser suficientemente poroso para que o leitor possa criar o seu livro. Leva-se tempo a compreender que a retenção da informação é o mais importante. Os bons escritores policiais fazem-no bem. Por snobismo não os lemos e perdemos muito do ponto de vista técnico, porque isto é um ofício e, como qualquer outro, requer trabalho. Perguntaram um dia a João Cabral (de Melo Neto), um homem que parece ter nascido sem ascendentes, como se inspirava. Ele respondeu quase indignado: "Escrevo um poema quando decido que vou escrever um poema." Da mesma maneira que Victor Hugo se sentava às nove da manhã à secretária... A gente escreve porque decide escrever.

**[AMG]** E aí entra o silêncio... O seu silêncio é um silêncio-memória?

**[ALA]** O problema é como transformar as palavras em silêncio.

---

[1] Na p. 9 desta edição encontra-se, ainda, um brevíssimo texto de Ana Marques Gastão sobre o mais recente (terceiro) volume de crónicas de António Lobo Antunes.

**[AMG]** À semelhança da composição musical, o espaço entre as notas é vital? No fundo, o que faz dir-se-ia uma partitura...

**[ALA]** Um pouco. Sinatra é espantoso a usar as pausas quando canta, como Schubert nos *Impromptus*. Quando o silêncio se torna angustiante, quase insuportável, vem a nota seguinte salvá-lo. Inapreensível e ao mesmo tempo tão concreto...

**[AMG]** Porque Schubert decide; decide não cair.

**[ALA]** E sabe manter o silêncio sem cair. Larga um trapézio e segura outro. Quando escrevi o *Fado Alexandrino*, dei-o ao Zé Cardoso Pires para ler e ele não dizia nada. Então perguntei. "Ó Zé, que achaste?" "Não sei, ainda só li duas vezes." Quando voltei a pegar nele, entendo onde é que ele hesitou, sei o que ele mudou. Um livro bem construído é um ovo.

**[AMG]** A inspiração para Artaud era um feto, estava lá tudo. Desse tudo parte-se para a estruturação...

**[ALA]** E não está tudo nas primeiras versões? Como se um livro fosse uma coisa enterrada debaixo daquele aluvião de palavras, uma estátua soterrada num jardim.

**[AMG]** Um livro é uma Pompeia?

**[ALA]** (Risos). De algum modo, sim. Eugénio chamou a um livro seu *Ofício da Paciência*. É um pouco isso.

**[AMG]** Acaba de publicar o *Terceiro Livro de Crónicas*. Não as considera literatura, mas quem está de fora vê-as como um espaço de continuidade em relação ao romance. Entende-as assim?

**[ALA]** As crónicas tiveram um princípio simples: a editora não me pagava, nem ao Zé, e eu já estava a viver da escrita. Providencialmente, apareceu-me um homem chamado Vicente Jorge Silva, então director do *Público*, a pedir-me uns textos. O Zé e eu passámos a escrever alternadamente aos domingos. Pensei que tinha de fazer umas coisas ligeiras, divertidas, que interessassem às pessoas, mas eu tinha o galope muito largo e havia que parar quando pensava que ia começar. Era puramente alimentar e feito sem nenhum prazer.

**[AMG]** Mas há uma ligação temática e formal ao romance...

**[ALA]** Ia contando umas histórias, mas as crónicas tiravam-me tempo para os livros, por isso quando voltaram a pagar-me, e as traduções me permitiram sobreviver sem ter de as fazer, larguei-as. Depois retomei-as mais tarde, percebendo que podia usá-las como uma espécie de diário paralelo aos romances. Nelas posso dizer o que quero, nos livros digo o que eles querem. Pensar é ouvir com atenção. Para escutar é preciso escutar a voz que dirige a mão.

[AMG] São as ressonâncias musicais da sua obra. Há vozes...

[ALA] Pergunto-me se não se tratará de uma única voz. Fala-se muito de polifonia, mas eu interrogo-me.

[AMG] Não será polifonia, mas Eus separados que falam...

[ALA] Sim, mais isso, Eus que mudam, vêm e vão. Nas crónicas não. Sento-me, a primeira palavra chega e depois acabam por se engendrar umas às outras.

[AMG] As suas personagens não o são num sentido clássico, como em Beckett?

[ALA] Somos tão diferentes... Em Paris perguntei ao Bourgois se ele gostava do Beckett. E ele respondeu: "Je respecte." Há escritores de quem não se gosta e a palavra para eles é essa, respeito.

[AMG] As vozes de Beckett exprimem a incapacidade de chegar ao Outro. Na sua obra passa também tudo por aí?

[ALA] No Beckett aquilo sangra. Para mim, o seu livro mais perfeito é *Molloy*, embora possa aceitar que os outros são melhores do ponto de vista técnico. Julgo que sou muito primitivo no sentido da vocação animal, para usar um título do Herberto Helder. Há livros que me chateiam de morte ou não os compreendo, então não digo que não gosto, tenho vergonha. Mas não gosto.

[AMG] As suas crónicas são muitas vezes evocações, imagens míticas de um tempo de harmonia na infância ou formas de registo da falha, da brecha, da desintegração...

[ALA] Guardamos, com frequência, recordações gratas da infância. Mas, em geral, são dramaticamente infelizes, porque temos censores em cima de nós, pessoas que tendem a normalizar-nos no sentido normativo, desde educar os esfíncteres, a não pôr os cotovelos em cima da mesa. O Alexandre Dumas perguntava-se, no diário, porque é que havia tantas crianças inteligentes e tantos adultos estúpidos. E punha-se a reflectir se não seria um problema de educação. Isso faz-me lembrar uma frase da Gertrude Stein a propósito da importância de ir para Paris: "Não é tanto o que Paris dá, é o que Paris não tira."

[AMG] Como se equilibra o voo interior com a disciplina, a educação?

[ALA] Já reparou como os desenhos das crianças são fascinantes até aprenderem a perspectiva? Quando começam a desenhar a três dimensões, perde-se tudo. Uccello, que a inventou, quando a mulher

# 488 | ANA MARQUES GASTÃO, 17 DE FEVEREIRO, 2006

o chamava para a cama, ficava a dizer: "Como ela é doce, a perspectiva..." E não se deitava com a mulher. A pergunta será: "Como manter a virgindade do olhar?" Talvez com uma sabedoria que é aparentemente contraditória.

**[AMG]** Como se faz o "retrato de família" depois de se entender o que foi amputado na infância? Há crónicas suas a partir de fotografias, nomeadamente a que abre o livro...

**[ALA]** Não tenho respostas gerais, sou só uma pessoa. Os retratos sempre me fizeram sonhar, os que encontramos nas casas dos parentes idosos, das tias-avós que vivem rodeadas deles: aqueles fundos enevoados que parecem as lágrimas dos fotógrafos... Tive muitas vezes a sensação de que os olhos daquelas pessoas se mexiam, me censuravam ou acarinhavam. Uma boa parte de mim continua animista, a dar vida aos objectos.

**[AMG]** Que lhe ficou da infância, "o orgulho, a paciência, a solidão"?

**[ALA]** Isso são as coisas necessárias para escrever, bem como a sensação de que não me vou deixar vencer por um livro. Só vale a pena começarmos um romance quando temos a certeza de que não somos capazes de o fazer. São os livros que ensinam, mas não sei de onde vêm. O Eduardo Lourenço, num colóquio sobre a minha obra em Évora, citou um soneto do meu não caro Pessoa: "Emissário de um rei desconhecido/eu cumpro informes instruções d'Além". É a mão a andar sozinha.

**[AMG]** E a mão é cega?

**[ALA]** Sim... tem as suas próprias leis, porque se quisermos entortá-la ela só vai para aonde quer. Então não vale a pena fazermos planos. Até ao livro *A Morte de Carlos Gardel*, fi-los sempre por medo, por defesa, até me aperceber de que os romances têm temperamento, fisionomia, carácter.

**[AMG]** Há uma inevitabilidade ce[]ga na escrita?

**[ALA]** É essa a palavra, inevitabilidade.

**[AMG]** Ana Hatherly fala da mão inteligente...

**[ALA]** Os franceses chamam-lhe a mão feliz.

**[AMG]** Uma mão feliz que escreve com tristeza?

**[ALA]** Sim, e no sentido de encontrar a palavra certa, mas ainda não é isso que faz um grande livro. São necessárias variantes diversas para que ele nasça, não sei de onde.

"CAÇADOR DE INFÂNCIAS" | 489

**[AMG]** Disse que escreveu um dos seus romances num estado próximo dos sonhos, de sonambulismo. É uma concepção de escrita muito próxima do romantismo, essa sensação de que um livro lhe pode ser "ditado por um anjo"?

**[ALA]** Mensageiro...

**[AMG]** Porquê um anjo?

**[ALA]** Porque não posso com sinceridade chamar àquilo meu. É como se os livros fossem aquelas coisas que existem por cima dos armários onde não chegamos. Então, em bicos de pés, tenta-se lá ir com a mão.

**[AMG]** A tal mão que não vê?

**[ALA]** Mas que pode ver uma lâmpada fundida ou uma coisa boa. Estamos a falar com palavras de coisas que lhes são anteriores.

**[AMG]** De antes do tempo?

**[ALA]** Coisas intraduzíveis em palavras, anteriores. Como rodear tudo com palavras e vertebrá-lo num todo coerente? Por isso acordamos com um livro, deitamo-nos com ele. Um escritor espanhol, Sánchez Ferlosio, de quem eu gosto muito, casado com outra escritora, que morreu em 2000, chamada Cármen Martín Gaite, disse um dia: "A Cármen é uma viúva que tem o morto em casa." Esta é a melhor definição do artista (risos).

**[AMG]** Quase tudo deixa de existir?

**[ALA]** A pessoa está tão obcecada, tão dentro daquilo, que nem a solidão existe. É uma relação carnal. O livro passa a ser a vida. Então, sobra pouco tempo para os outros. Tendemos a afastar tudo o que possa perturbá-lo. São exigentes os romances, pedem atenção, dádiva. O problema é que se não se escreve tudo fica sem sentido.

**[AMG]** E no intervalo dos livros?

**[ALA]** Temos ainda o livro anterior dentro de nós. É angustiante. Exactamente como se estivéssemos cheios de cães pretos que se matam uns aos outros. Há em simultâneo um sentimento de culpabilidade e de infidelidade se não se escreve. Talvez seja uma concepção quase religiosa, de missão.

**[AMG]** A memória tem um papel essencial no nascimento dos livros?

**[ALA]** A imaginação é feita de memória. Os neurologistas sabem isso, porque as pessoas que tiveram AVC ficam privadas de imaginação que não é mais do que a forma como arranjamos, rearranjamos e rerrearranjamos a nossa memória.

**[AMG]** A memória é a "sensação que dura"? É isso que o escritor tenta, fazer perdurá-la?

**[ALA]** E dar trabalho aos críticos para 500 anos. Compreendo mal o que estou a fazer. Ainda é muito cedo para perceber o que eu possa ter trazido ou não. Há uma quantidade de pessoas a tentar escrever à António Lobo Antunes aqui, em França, na Alemanha. Apesar de ser surpreendente, é mau, porque se quero fazer coisas boas tenho de escrever contra os escritores de quem gosto. Contra o Tolstoi, contra o português que Camões nos deu e continuamos a falar. Assombroso como ele transformou a língua portuguesa!

**[AMG]** No fundo, reformula-se a tradição...

**[ALA]** Às vezes, trata-se apenas de glosar. Basta uma palavra. No fundo, que é a boa arte? A pequena deslocação. Céline falava da técnica dos corantes. O grande artista traz uma forma diferente de colorir.

**[AMG]** Os seus livros libertaram-se da narrativa para se afirmarem como estrutura poética. A poesia pode ser memória excessiva?

**[ALA]** Sou um poeta falhado, e quando percebi que o era caiu-me o mundo em cima. Tinha construído toda a minha vida com os preceitos de Max Jacob para chegar à conclusão de que não tinha talento. Depois de ler aquele soneto de Quevedo, "Aislado en la paz de estos desiertos/con pocos, pero doctos libros juntos/vivo en conversación con los difuntos/y escucho con mis ojos a los muertos", que se pode escrever? Está tudo dito.

**[AMG]** A escrita não deixa de ser uma conversa com a morte...

**[ALA]** Mas este soneto é sobre a vida.

**[AMG]** Sim, feito por alguém com a percepção da finitude.

**[ALA]** Consciente de que essa finitude não existe porque ele é um elo de uma corrente que começou antes dele e acaba depois dele.

**[AMG]** E, no entanto, ele vai morrer, os dele vão morrer.

**[ALA]** Ele está a ouvi-los com os olhos, por isso está vivo. Nos tempos livres tento traduzir os poetas latinos: Ovídio, Virgílio, Horácio que diz: "Para criar é preciso uma breve desordem precedida de furor artístico."

**[AMG]** Há um caos inicial que se reconstrói?

**[ALA]** Um vazio. Depois, a pouco e pouco, o romance começa a encontrar o caminho como água no sobrado.

**[AMG]** Quando se chega a esse estado de paisagem líquida há prazer?

**[ALA]** Talvez como no orgasmo, mas eu sou homem e por isso tenho a infelicidade de ter orgasmos mais curtos.

**[AMG]** Liga a escrita ao erotismo?

**[ALA]** Ao acto sexual. A associação não é só minha, muitos a fizeram antes de mim, alguns tornavam-se abstinentes enquanto escreviam.

**[AMG]** O seu texto nunca é liso, embora haja cada vez mais nudez...

**[ALA]** Gostava que ele corresse como água.

**[AMG]** Mas tem rugosidades, é labiríntico...

**[ALA]** Vamo-nos despindo da gordura. Camões é tão substantivo: "Oh quem tanto pudesse que fartasse/este meu duro génio de vinganças." Não há aqui um adjectivo. Está duro. É muito difícil de fazer.

**[AMG]** Como se conjuga o delírio com o rigor?

**[ALA]** A solução está na visita de Eça a Antero. Ele estava a destruir poemas. Agarrava as folhas, dobrava-as muito bem vincadas, depois em quatro e só então cortava à faca com cuidado. O Eça perguntou-lhe porquê ele respondeu: "Porque até no delírio é necessária ordem." É um dos artistas portugueses por quem tenho mais respeito – nunca perdoou ao Eça as suas falhas de carácter. Era uma referência ética, um magnífico poeta.

**[AMG]** É invulgar o lado ensaístico da sua poesia...

**[ALA]** Não só isso. O meu editor francês, Christian Bourgois, esteve a morrer com um cancro e suportou as coisas com uma enorme serenidade. Um dia eu disse à mulher: "O teu marido foi de uma coragem extraordinária." E ela respondeu-me: "Não é coragem, é elegância." A cobardia é de uma deselegância total. Isso vi na guerra: um oficial a borrar-se de medo.

**[AMG]** A cobardia não é o mesmo que o medo.

**[ALA]** A coragem é não ter medo de ter medo. Medo tinha eu que me fartava. Quando havia uma coluna, os rapazes eram sorteados para decidir quem iria guiar o rebenta-minas e, quando vinham despedir-se de mim, entregavam-me, às vezes, o testamento sem uma palavra. Com uma elegância... Como príncipes. Por isso me indigna ver os portugueses viver mal, porque somos um povo extraordinário. Tenho um imenso orgulho em ser português.

**[AMG]** Como é esse combate com a morte?

**[ALA]** Não falávamos na morte, era tão próxima. Deslocávamo-nos com os nossos caixões. Cada um tinha escolhido o seu sem tristeza.

492 | ANA MARQUES GASTÃO, 17 DE FEVEREIRO, 2006

**[AMG]** Escolhiam entre ser comediantes ou mártires, como dizia Céline?

**[ALA]** Era uma forma de esconjurar.

**[AMG]** Que sentiu quando viu publicadas as cartas de guerra, *D'este viver aqui neste papel descripto*?

**[ALA]** A maior ambivalência, mas percebi as razões profundas das minhas filhas. Talvez não fosse, porém, má ideia que tivessem esperado que eu morresse. Gostaria que as cartas fossem lidas para que não voltassem a acontecer situações daquelas e que funcionassem como uma homenagem aos mortos, aos que lá ficaram sem voz. No fundo, escrevemos por aqueles que não têm voz. Tenho medo que sejam lidas por voyeuristas, como se estivessem a assistir a uma relação pelo buraco da fechadura. E deve-se respeito, sobretudo a esse um milhão e 500 mil miúdos que ficaram com a vida estragada pela guerra.

**[AMG]** Sentiu-se útil como médico na Guerra Colonial?

**[ALA]** O ter lá estado foi importante para mim por ter descoberto os outros e por ter aprendido a sentir-me igual aos outros. Deixei de ter uma concepção ptolomaica do mundo do qual eu era o centro. Não tinha a menor consciência políticas, cresci protegido, as greves estudantis passaram-me ao lado. Escrevia e jogava xadrez e, de repente, sou colocado na guerra. Para mim, a morte não existia, os meus avós tinha 40 anos quando eu nasci.

**[AMG]** Qual é a diferença entre esse homem de 28 anos e o de hoje?

**[ALA]** Foi na guerra que eu nasci e comecei a ser o que sou hoje, já habitado pelo sonho de escrever. Não concebo a vida de outra forma, mas perdi muita coisa, eu sei.

**[AMG]** E a morte que viu de perto é essa "suspensão dentro da gente"?

**[ALA]** Não sei o que é. No outro dia tive um pesadelo: tinha morrido há 20 anos e as pessoas estavam a discutir os meus livros. Fiquei furioso porque não era nada daquilo e queria voltar, mas não podia. A sorte dos livros preocupava-me.

**[AMG]** Há um certo desejo de ser bem lido, compreendido?

**[ALA]** Não sei, mas com que parte a gente compreende?

**[AMG]** Com aquilo que chamamos alma, com o corpo, a razão?

**[ALA]** Qual o melhor crítico de teatro? O rabo. Quando não nos dói a peça é boa. O melhor crítico musical é a espinha: quando sinto

"CAÇADOR DE INFÂNCIAS" | 493

arrepios, a música é boa. Com literatura será diferente porque não são possíveis orgasmos ao longo de 300 páginas. O certo é que escrever cansa, cansa o corpo.

**[AMG]** Porque a escrita é uma imobilidade móvel. Proust, a propósito da memória, diz que somos transportados para trás e de trás para a frente...

**[ALA]** Claro que é e as outras artes também. Quem me pintou o retrato pela primeira vez foi o Pomar. E ele dizia: "Mexe-te!" Ao mesmo tempo aquele homem tornava-se intimidativo porque o rosto estava transformado e ele andava de um lado para o outro. Uma vez a mulher a dias perguntou-lhe: "Porque é que o senhor trabalha tanto se já tem os filhos criados?"

**[AMG]** Há algo de alucinatório na escrita?

**[ALA]** Claro que há. Que é o delírio? Construir a partir de uma premissa errada um edifício lógico. Escrever é isso: "Vamos fazer de conta que" e aquilo acaba por se tornar real. Dir-se-ia a "incredibilidade suspensa" de Coleridge. Como leitor, procuro sempre ver como está feito e começo logo com vontade de corrigir. É preciso que seja *O Monte dos Vendavais* para que isso não aconteça.

**[AMG]** Fala nesse livro especialmente porquê?

**[ALA]** Porque se trata de um livro assombrante, como Emily Brontë que o escreveu. Se estivesse viva, apaixonava-me por ela, estou apaixonado por ela, mas acho que tentaria consumar essa paixão. Um bom livro é o que foi escrito só para mim. Ela escreveu só para mim. Os livros bons são os que não dormem, os que vemos quando acordamos a meio da noite e estão lá a olhar para nós, a interrogar--nos.

**[AMG]** Um pouco como a amizade, mais desinteressada do que o amor, que nos desvenda.

**[ALA]** E revela-nos, não sei se é mais desinteressada. Posso aceitar a infidelidade no amor, não na amizade. A morte de um amigo é uma ferida aberta. Uma mulher podemos "substituí-la" por outra, às vezes. Acho que era o António Lobo Antunes que dizia que são precisas muitas mulheres para esquecer uma mulher inteligente[2].

---

[2] "esquecer uma mulher inteligente custa um número incalculável de mulheres estúpidas" – *Livro de Crónicas*. 6ª ed./1ª ed. *ne varietur*. Lisboa: Dom Quixote, 2006 [1998], p. 314 ("Crónica dedicada ao meu amigo Michel Audiard e escrita por nós dois").

[AMG] Isso é um pouco cruel...

[ALA] Um afecto sem objecto é tão doloroso... A amizade, como o amor, é feita de atenção. Perdemo-nos por pequenas coisas e um belo dia acordamos ao lado de um estranho. Um livro acaba assim, enjoa--se de nós. Tentamos corrigir e ele não quer, a gente estende a mão e ele encolhe o braço.

[AMG] O amor tem esse lado de idealização?

[ALA] Porque gostamos de uma pessoa que inventámos a partir dela.

[AMG] É a cristalização de que falava Stendhal?

[ALA] Exacto. O outro que construímos a partir de um outro com o qual muitas vezes nem sequer entramos em relação. Com os livros tenho a sensação de que deveria ter trabalhado mais, feito melhor, corrigido mais, mesmo com este cagarim à volta da obra.

[AMG] Para quê?

[ALA] Para conseguir realizar o meu sonho. Já não desejo escrever romances, quero por toda a vida entre as capas de um livro.

[AMG] A sua escrita vive num mundo de incomunicabilidades, de impossibilidades. Luta contra o tédio?

[ALA] Não sei, eu nunca me aborreço.

[AMG] Mas vê o aborrecimento à sua volta?

[ALA] Assim como vejo coisas espantosas. Ontem a tomar o pequeno--almoço e através da janela da cozinha vi duas miúdas com uma corda e mais três meninas a saltar. Era tão bonito, estava tão comovido com a elegância dos gestos...

[AMG] Sentiu um desejo de leveza?

[ALA] E de pureza, de simplicidade, de alegria.

[AMG] Que é isso da pureza?

[ALA] Não sei definir. Fico como o Santo Agostinho quando lhe perguntaram o que era o tempo: "Se não me perguntas sei o que é, se me perguntas já não sei." É como tomar banho por dentro, como ser Páscoa lá na Beira Alta quando era miúdo.

[AMG] Tem dito que vai parar de escrever num dado momento...

[ALA] Porque sei que vou começar a cair. Para já, peço a Deus que eu viva até acabar o livro que estou a fazer, mas tenho a noção de que Deus se está nas tintas para os meus livros.

[AMG] Que relação tem com Deus?

[ALA] Não é o Deus da doutrina, nem de uma igreja qualquer.

## "CAÇADOR DE INFÂNCIAS" | 495

Cheguei por meio dos físicos. Eram homens crentes e muitos deles escreveram sobre essa relação. Einstein disse que os netos tinham de Deus a ideia do vertebrado gasoso. Deus é alguém que temos de tomar como modelo quando estamos a trabalhar para fazer os livros quase tão perfeitos como a criação (risos).

[AMG] Que pretende com os seus livros?

[ALA] Que as pessoas adoeçam deles. Histórias bem contadas há aos pontapés, parecem todos filhos do Saul Bellow ou netos do Nabokov.

[AMG] Há sempre uma voz autobiográfica, mesmo fugitiva, nos seus livros?

[ALA] Vou inventando infâncias. A minha já a esgotei.

[AMG] Não se sente um caçador de palavras?

[ALA] Não sei...

[AMG] Escreve-se ou não com os olhos?

[ALA] Com o corpo todo, com uma esferográfica. Era incapaz de escrever no computador.

[AMG] É uma coisa de bicho, a escrita?

[ALA] Se for no sentido do Camões, de bicho da terra... A escrita é a razão e a salvação. Que sentido fazia a vida se eu não escrevesse?

[AMG] Não gosta que lhe mexam nas canetas?

[ALA] As minhas filhas estavam proibidas de mexer nas canetas e no papel. Se escrevem pela mão de outros, já não farão o que quero. Infantil, claro. A solução é não viver com criaturas que fazem este trabalho. Teria dificuldade em viver com uma mulher que escrevesse. Eu nunca seria o mais importante na vida dela, viria sempre depois dos livros.

## 44. SARA BELO LUÍS

# *"Tento pôr a vida em cada livro"*

*Visão*,
23 de Fevereiro, 2006, pp. 19-21[1]

A propósito do lançamento do *Terceiro Livro de Crónicas*, o escritor fala das crónicas, dos romances e de si próprio. Diz que é «no escuro» que escreve.

A publicação desta entrevista coincide, nesta semana, com a publicação de mais uma das crónicas que António Lobo Antunes assina na VISÃO (ver página 13). Feliz coincidência, dir-se-ia, já que é precisamente desses textos (e de *Terceiro Livro de Crónicas* que agora chega às livrarias) que nasce a conversa que se segue. Como sempre acontece nas raras vezes que fala em público, António Lobo Antunes revela-se aqui como homem e também como escritor. Um e outro são, afinal, indissociáveis. E o diálogo começa com um comentário que bem poderia ser uma das suas vozes polifónicas.

**[VISÃO]** Este livro, o terceiro que reúne as suas crónicas, começa com um texto sobre a sua avó e acaba com um texto sobre o seu pai. Os 60 anos reavivaram-lhe as memórias de infância?

**[ANTÓNIO LOBO ANTUNES]** Vou responder, mas primeiro queria deixar uma palavra de homenagem ao Carlos Cáceres Monteiro cuja morte me comoveu muito e me entristeceu bastante. Comigo ele foi sempre de uma elegância, de uma generosidade e de uma atenção

---

[1] Breve "Bilhete de Identidade" do escritor na p. 9.

que não posso esquecer. Gostaria que isto ficasse registado porque, na altura, não tive ocasião de o fazer. Agora...

**[V]** As crónicas.

**[ALA]** As crónicas. A sua ordem é completamente arbitrária, estavam todas num monte como estão as que foram escritas já depois de este livro ser publicado. É evidente que, como desenhos à margem dos livros, elas acabam por conter tudo.

**[V]** Durante muito tempo desprezava-as, coisa que agora já não faz. Porquê?

**[ALA]** Começaram por ser textos alimentares. Precisava de dinheiro, a editora não pagava e, portanto, tinha que ganhar dinheiro. No princípio, pensava que tinha de fazer textos leves que divertissem os leitores dos suplementos dos jornais. Depois, pensei que as podia utilizar como uma espécie de itinerário paralelo aos livros propriamente ditos. Como se fossem notas ou desenhos traçados à margem dos manuscritos. Mas eu nunca escrevi sobre a infância como nunca escrevi sobre a guerra. O que eu tento fazer é pôr a vida toda em cada livro.

**[V]** O ritmo das suas crónicas é diferente do dos romances?

**[ALA]** Nos livros gasto cinco vezes mais tempo a escrever o mesmo número de caracteres. As crónicas são textos muito mais imediatos, são escritas muito depressa, sem qualquer ideia ou plano preconcebidos. Vem a primeira palavra e são as próprias palavras que se engendram umas às outras. Levou-me muito tempo a adquirir esse ritmo próprio, mas agora já sei quando é que começo, quando é que acabo e que espaço devo ocupar.

**[V]** Servem para «ganhar mão»?

**[ALA]** Não, pelo contrário. O problema é, depois, regressar ao romance. Por isso é que, normalmente, utilizo os intervalos dos capítulos para escrever as crónicas. Em relação aos livros, as crónicas não me servem para nada. Nem sequer são exercícios. São apenas uns desenhos distraídos numa toalha de papel.

**[V]** Ainda as escreve nas folhas de prescrição do Hospital Miguel Bombarda?

**[ALA]** Sim, tenho uma grande provisão desses blocos. Dão aí para uns 200 anos... Já contei esta história: comecei a escrever nesses blocos porque eram pequenos e, como os meus pais não queriam que eu escrevesse, escondia o bloco debaixo dos livros de História e Geografia. Um miúdo que escreve é sempre uma fonte de preocupação para os pais, o que até é compreensível... Inevitavelmente, há mais artistas que obras de arte. Há livros por todo o lado, os bares estão cheios de artistas, certos restaurantes estão cheios de artistas, há lugares públicos que estão cheios de artistas. Penso, no entanto, que agora estão a aparecer alguns livros que me parecem interessantes...

[V] Já não acha que anda tudo a escrever à Lobo Antunes?

[ALA] Não é só aqui, mas não é isso que me preocupa. O que me preocupa são os autores que dizem que «puseram os portugueses a ler». Isso é mentira. Puseram, isso sim, os portugueses a lerem-nos a eles – e isso não é ler. Não acredito em nada disso – não acredito no êxito porque é efémero, só acredito no trabalho persistente e humilde. Escrever é muito difícil e eu ainda estou a aprender.

[V] Mas é orgulho ou raiva que sente quando vê uma prosa com a sua sombra?

[ALA] Nada disso. É curioso que há muitas resenhas (em Portugal, não há crítica literária, há resenhas) que me tomam como dado adquirido. Escrever é escrever como aquele homem faz.

[V] Porque é que nunca fala dos chamados temas da actualidade?

[ALA] Penso que, para mim e para os leitores, é mais importante fazer aquilo que faço. Sinto que não devo usar uma página inteira de uma revista para atacar pessoas, mas é evidente que às vezes me apetece escrever sobre esses temas. Nos últimos anos, a coisa que mais me espantou em Portugal foi o doutor Santana Lopes ter sido primeiro-ministro. Não quero falar muito porque não quero ter processos, mas como é que aquele homem com todo o seu cortejo chega a primeiro-ministro?

[V] Uma figura, aliás, muito «lobo antuniana».

[ALA] É uma criatura tão pobre que nem sequer uma personagem de livro dava.

[V] Revela-se nas suas crónicas não só como escritor (ao falar por exemplo das suas hesitações), mas também como homem (ao falar por exemplo de pessoas que lhe são próximas). Incomoda-o revelar--se tanto?

[ALA] Não vale a pena disfarçar, há de facto uma nudez muito grande. Quem ler com atenção *Não Entres Tão Depressa Nessa Noite Escura* fica a conhecer-me melhor do que eu a mim próprio. Porque há coisas ali que vêm de zonas que não controlo e que, muitas vezes, desconheço. Trabalho no escuro.

**[V]** Estas crónicas contêm muitas mortes cá dentro.

**[ALA]** São crónicas de um tempo em que desapareceram pessoas que foram – e continuam a ser – muito importantes para mim. Não sei se tinha muito ou pouco amor por elas. Em todo o caso... Algumas dessas pessoas – como o meu pai – estavam entre mim e a morte. Quando morre um pai, tem-se a sensação de que, na próxima vez que a morte aparecer à porta, seremos nós a abri-la. Disse o que sentia sobre o meu pai numa crónica. Teve uma função muito importante para os filhos porque, à sua maneira, todos eles são pessoas com valor. Era um homem normativo e as crianças precisam de regras.

**[V]** As normas inscritas nos letreiros de que fala na crónica *Ajuste de Contas*: «Esta Cola É Do Pai Não Mexer» e «Isto Não É Cinzeiro».

**[ALA]** Havia, no entanto, um grande respeito pelos territórios individuais. O meu pai não entrava no quarto dos filhos, não fazia uma única pergunta sobre onde é que nós tínhamos ido. Também nunca lhe ouvi uma mentira. E isso é muito importante porque, quando se está a escrever, não se pode mentir. Os bons escritores são pessoas que não mentem no seu trabalho.

**[V]** E aprendeu a lição do seu pai do «amor das coisas belas»?

**[ALA]** Isso era o critério dele. Aquilo que ele considerava belo eu não considero. Cresci num bairro pobre, na periferia de Lisboa. E ainda hoje continuo a sentir essa atracção pelos bairros periféricos e por aquilo que as pessoas chamam mau gosto.

**[V]** Numa outra crónica confessa que o seu irmão (o neurologista João Lobo Antunes) disse que parecia «um noivo de província»

**[ALA]** E tem razão. É um lado de que eu gosto muito em mim. Não me importava nada de morar num subúrbio. Um tio meu, arquitecto, tinha andorinhas de loiça dentro de casa, ao lado de quadros de pintores óptimos. E nem imagina que bem que as andorinhas ali ficavam. Sinto que tenho que integrar tudo isso no meu trabalho. Quando falamos de mau gosto, estamos normalmente a falar em relação àquilo que achamos é o bom-gosto. Sempre me confundiu que houvesse árbitros de elegância e de bom-gosto. Eu gosto de *naperons* e de andorinhas de loiça.

**[V]** Disse que sentiu que o seu pai estava entre si e a morte. Pensa na sua própria morte?

**[ALA]** Só penso naquilo que sempre pensei – oxalá tenha tempo para escrever mais alguns livros. E este é um negócio que vou fazendo com a morte. Vou negociando livro a livro. Sei que, um dia [–] «não muito perto, não muito longe», como dizia o Ruy Belo [–] , vai acontecer qualquer coisa que não vai ser agradável. O Manuel da Fonseca estava sempre a dizer-me: «Olha que isto de estar vivo não vai acabar bem.» Tenho muito mais medo de começar a escrever livros maus. Tenho medo que isso aconteça sem que eu note.

[V] Está a falar, por assim dizer, de uma morte intelectual?

[ALA] Não escrevemos com a cabeça.

[V] Com o coração?

[ALA] Nem com o coração

[V] Então, é o anjo?

[ALA] (Risos) É um trabalho do corpo todo. Ao fim de dez horas a escrever, está-se exausto. Como se se tivesse estado a correr, a correr.

[V] Não tem medo da morte física?

[ALA] Claro que tenho. Mas vou sobretudo ter saudades da vida. Vai aborrecer-me não estar cá para ver. É terrível a brevidade da vida, mas às vezes a vida também é muito comprida. Churchill dizia que os anos passam num instante, o que custava a passar eram os minutos, que são lentíssimos. Já reparou como, a partir dos 25 anos, tudo é mais rápido? Já foi Natal, já é Natal outra vez. Já foi Verão, já é Verão outra vez. Quando não estamos diante de um espelho, não temos idade. Quando nada nos dói, não temos corpo. E a doença é isso – é ter um corpo, um corpo desagradável que nos faz sofrer. Por várias razões, tenho passado algum tempo no hospital. Não entendo o espectáculo do sofrimento.

[V] O facto de ser médico não o ajuda a suportar a dor?

[ALA] Não. Sinto-me arrependido de, muitas vezes, ter passado pelos doentes sem olhar para eles. O facto de termos experimentado o outro lado das coisas faz com que tenhamos uma atitude diferente. Mas há muito tempo que já não olho para um doente como médico. Acho mesmo que nunca olhei bem.

[V] Sentiu-se desconfortável com a publicação das suas cartas de guerra em *D'Este Viver Aqui Neste Papel Descripto*?

[ALA] Foi muito importante para os meus camaradas e só por isso já valeu a pena, porque eles, de certa maneira, sentiram que aquelas cartas foram escritas por eles. No fundo, era um pouco a voz de todos nós, daqueles miúdos atirados para aquela situação no mato. Pensando melhor... talvez se falem lá de coisas íntimas, mas nos livros também se fala. Não é muito difícil, se formos atentos, penetrar na intimidade de outras pessoas...

## 45. ANABELA MOTA RIBEIRO

# "António Lobo Antunes: exortação à vida"

*Espiral do Tempo*,
Verão, 2006, pp. 53-59

Falámos dos livros. Do silêncio. Da alegria. Da guerra. Da dificuldade em dizer o amor. Da necessidade de se apropriar do coração dos homens. Falámos da sua nudez, vulnerabilidade, do medo e do desejo. E da fé que tem nos homens. A explicação do mundo de António Lobo Antunes é tão caleidoscópica como a luz da tarde. Nela cabe, agora, a felicidade. Eis o retrato do homem que a mãe diz ter sido sempre assim. Mas o tempo passou por ele.

**[ANABELA MOTA RIBEIRO]** Hoje folheei a sua fotobiografia para ver como era em pequeno. A sua expressão, o seu olhar, não mudou muito.

**[ANTÓNIO LOBO ANTUNES]** A minha mãe é que diz isso. A minha mãe tem na sala uma fotografia minha com um ano e diz que não mudei. Que esquisito.

**[AMR]** Pois é. Por isso queria lançar esta questão. As fotografias são um meio privilegiado de sentir a passagem do tempo.

**[ALA]** Eu não gosto de fotografias minhas, não gosto de me ver, nunca gostei. Tive sempre uma relação difícil comigo, com o me corpo, com a minha cara (riso).

**[AMR]** Está a rir-se porque está a fazer género?

**[ALA]** Não, não, é verdade. Vi isso naquele livro das cartas ("D'este viver aqui neste papel descripto"). Tinha 20 e poucos anos e achava--me feíssimo. Achava sobretudo que não era parecido comigo, que não tinha aquela cara, que era diferente daquela cara. Olhava o espelho com uma certa estranheza. Nunca gostei de espelhos. Nem de relógios, não uso relógio.

[AMR] O irreconhecimento passa por onde?

[ALA] A sensação era sempre a mesma: não sou aquele, não sou este, não tenho fotografias minhas.

[AMR] Nesse sentido, imagino que os livros sejam fotografias suas.

[ALA] Agora já não. Ao princípio sim. Continuo a achar que os livros deviam ser publicados sem o nome de autores. Havia uma data de problemas que desapareciam. Pelo menos ao nível de competição, inveja, ciúme – tudo isso que nada tem que ver com livros e que eu entendo mal. O Victor Hugo dizia que as obras de arte são como os tigres: não se devoram umas às outras. Descobrir um livro bom é uma alegria tão grande, um autor que a gente não conhece... é uma festa!

[AMR] O sentimento de admiração é uma bênção. Enriquece-nos.

[ALA] Sinto-me grato por haver pessoas melhores. Mas as que muitas vezes admiro ninguém sabe quem são, a não ser a família delas. Acho que sou humilde. Por exemplo, em relação aos livros: tudo aquilo me escapa. Aquilo é novo e é diferente, mas ainda é muito cedo para se perceber o que é que eu trouxe. O meu medo é sempre o mesmo: desiludir as pessoas que tiveram em mim uma confiança que eu nunca partilhei.

[AMR] Aos 18 anos estava cheio de certezas quanto à literatura e quanto à vida – disse-o. A soberba é própria da juventude.

[ALA] Havia uma certeza que eu tinha, era que se trabalhasse muito ninguém escrevia como eu. Mas depois fazia coisas muito más. Havia uma distância tão grande entre aquilo que eu sentia e os resultados, que eram tão pobres. Continua a haver.

[AMR] Como se houvesse um desfasamento? Entre aquele que é e aquele que aparece nas fotografias, entre os livros e o que quer que eles sejam.

[ALA] Estava à espera que falasse nisso. Ainda não é isto, podia ter trabalhado mais, podia ter corrigido mais, devia ter reescrito mais. Devia ter só publicado a partir do «Esplendor de Portugal», devia ter lido primeiro o não sei quantos. Ainda eram romances, e não me interessa nada contar histórias. Queria pôr a vida inteira dentro de um livro. Claro que não é possível, mas é a única maneira.

**[AMR]** Tem falado do desejo de escrever (n)um estado que é "anterior à palavra". Como se o que vai revelando nos livros, descobrindo com essa mão cega e mágica, fosse desconhecido para si e aflorasse no movimento da escrita. O que será que está antes? Por acaso, havia fotografias em que a sua inocência estava escancarada.

**[ALA]** Isso também depende da maneira como se olha para as fotografias, se é o nosso olhar… É isso que esteve a dizer, sim. Não poderia dizer melhor. Ao mesmo tempo é uma tarefa impossível, é tentar transformar em palavras o que é intraduzível em palavras: emoções, impulsos, os próprios nexos. Gosto de adormecer a ler. E quando estou a adormecer, estou a ler o que não está lá. Depois a gente volta à tona e afinal nada daquilo estava ali escrito. Então, é conseguir esse estado. Consigo-o através do cansaço. As duas, três, primeiras horas são perdidas. É tudo muito lógico-discursivo dentro de mim, os bonecos são quase cartesianos. É tentar furar no coração, do coração. Não sei explicar bem.

**[AMR]** Explique mais.

**[ALA]** Não sei. Só quando se está a escrever é que é isso. Também vivo um pouco assim. Agora é que eu estava bom para nascer.

**[AMR]** O eu é que quer dizer?

**[ALA]** Tenho alguma virgindade. Virgindade no olhar, uma capacidade de surpresa muito maior do que tinha há dez ou 15 anos. E também o amor. Demorei muito tempo a aprender o que era o amor. Amor, estou a falar em *lato sensu*. E o entusiasmo. Vivia muito autocentrado, levado pela minha timidez. A existência dos outros foi-me revelada a pouco e pouco. Durante muitos anos era-me difícil conceber relações horizontais com os outros. Começou um pouco na guerra. De repente percebi que havia os outros, que eram iguais a mim e que eu estava entre eles. É muito difícil ser homem. Uma das coisas boas que tenho em ser homem é que não tenho nenhum atrito em me relacionar amorosamente com homens. Esse aparelho (gravador) é horrendo.

**[AMR]** Mas fala tão baixinho que se o puser longe não capta nada.

**[ALA]** Sempre falei muito baixo. Detesto gritos e pessoas que gritam, pessoas veementes. É horrível, porque queremos dizer "gosto de ti" e temos vergonha. Eu tenho vergonha. Fica-se muito despido. Estou a falar de coisas que normalmente não falo.

**[AMR]** Do quê, exactamente?

## 506 | ANABELA MOTA RIBEIRO, VERÃO, 2006

[ALA] Da maneira de viver. A pessoa, a certa altura, começa a perceber que a felicidade é possível. No sentido de não haver mal entendidos entre nós. Entre nós e nós, entre nós e os outros, entre nós e a vida.

[AMR] Porque é que não há mal-entendidos? E como é que se consegue esse entendimento?

[ALA] Ai, não sou nenhum sábio, vivo por instinto.

[AMR] É uma conquista, esse abandono de uma grelha racional?

[ALA] Bom, e eu era filho de um anatopatologista. Faz agora dois anos que morreu. Era um homem que quando um dos meus irmãos lhe perguntou o que é que gostaria de ter deixado aos filhos, respondeu "o amor das coisas belas", seja o que for que isto quer dizer. Acho que ele nunca foi velho. Teve sempre uma capacidade muito grande de se apaixonar, até ao fim da vida. Por um livro, por músicas, por pessoas, mas isso já não me diz respeito, mas espero que sim. A seguir vou deixar de fumar.

[AMR] Bons projectos! Parece de facto mais novo, agora que emagreceu.

[ALA] Sinto-me leve. Entro no carro, saio do carro, corro, danço, se me apetecer, pulo – não podia fazer nada disso e era uma estupidez. Sem me dar conta, estava a matar-me. Pequei muito contra mim mesmo. Agora pareço o Francisco de Assis, que dizia: "confesso que pequei muito contra o meu próprio corpo".

[AMR] Falando do S. Francisco, lembrei-me do Santo António, e da sua viagem a Pádua. Quer falar-me dessa viagem?

[ALA] Não me lembro de nada...

[AMR] Todavia, na fotobiografia elege a viagem como um dos acontecimentos centrais da sua vida.

[ALA] Claro que sim. Oiça, para uma criança de sete anos... Um homem, como era o meu avô, que me fazia festas, beijava lindamente – é tão difícil uma pessoa que sabe beijar, não é? –, levar-me de carro pela Europa... Portugal, Espanha, França, Suíça, Itália. Foi a pessoa de quem mais gostei até hoje.

[AMR] Ele dedicava-lhe uma atenção exclusiva?

[ALA] Não sei se dedicava, mas era daquelas pessoas que a fazia sentir-se única. A Anabela está com ele e sente que nada mais existe a não ser a Anabela. Tinha essa capacidade. E era genuíno, significava um interesse real pelas pessoas e pelas coisas. Eu era o filho mais velho do filho mais velho dele. Não me pareço nada com ele, que era

"ANTÓNIO LOBO ANTUNES: EXORTAÇÃO À VIDA" | 507

moreno, bonito, sociável, falador. Eu sou introvertido e tímido e fechado. Não vou a jantares, vejo muito poucas pessoas.

[AMR] A comunicação também se faz no silêncio.

[ALA] Há pessoas que têm uma estrela na testa, mas são raras. Aquelas pessoas que a gente sente que o nosso corpo vai para elas, sem se dar conta... As palavras são desnecessárias. Uma pessoa de quem eu gosto é aquela com quem estou bem em silêncio. Com o Ernesto Melo Antunes, passávamos horas calados e com a sensação de que tínhamos dito imensas coisas. Dizíamos imensas coisas sem palavras. O Freud dizia que a maneira mais profunda de fazer amor era só com os olhos. Lembra-se de uma entrevista em que o Richard Burton dizia que ele e a Elizabeth Taylor se vinham só de olhar um para o outro? Aquilo parecia-me um exagero, mas é verdade.

[AMR] Essa tirada é tão apoteótica quanto a entrada da Cleópatra em Roma!

[ALA] Não vi esse filme. Mas vi uma das entrevistas que deram em conjunto, e a maneira como ela olhava para ele...

[AMR] Há pessoas que têm uma comunicação fusional.

[ALA] Se calhar, é a única que vale a pena. A gente ou tem ou não tem. É como um berlinde na mão, é como o talento. O amor não é um fim, é um meio, é uma outra forma de falar, é uma maneira de estar mais perto, e mais perto, mais perto.

[AMR] Fala de África, como um nascimento: "Aquilo que eu sou hoje nasceu lá, comecei a ser outro lá"...

[ALA] No outro dia fui almoçar com eles todos, num almoço de companhia. Os militares falavam em camaradagem – não é amizade, não é amor... É uma relação tão intensa. Talvez porque eu vivi com eles as horas mais amargas, mais duras, mais violentas que tive até hoje. Eu não sabia que estava tão ligado a eles. Aquilo era profundamente comovente. Sabe, os soldados tinham 19, 20 anos, os oficiais 23. Não sei se éramos homens, visto agora parece-me que éramos miúdos, e no entanto...

[AMR] Nos seus livros, a marca deixada pela guerra continua a ser central.

[ALA] Foi muito importante para mim e continua a ser. Eu era um miúdo precoce, fazia coisas estranhas, assustava a minha família. E encontrar iguais, encontrar pessoas... É sempre difícil falar disto, é sempre difícil falar de amor aos outros. Foi em Torres Novas, foi o mês passado. A maior parte vinham do Norte, num autocarro que tinha um cartaz à frente que dizia "Os príncipes do António Lobo Antunes". Temos tendência a pensar que as pessoas humildes, que não têm aquilo a que chamamos cultura, não são capazes de uma delicadeza tão fidalga; e são. Eles eram príncipes. De coragem. A coragem é apenas uma forma de elegância. Ultimamente fico sempre surpreendido: a maior parte das pessoas são melhores do que eu imaginava. Durante tantos anos fui injusto.

[AMR] Por que é esteve tão zangado com as pessoas durante anos?

[ALA] Não era uma questão de zanga, era uma questão de um narcisismo idiota, da assunção de uma superioridade imaginária.

[AMR] A sua superioridade baseava-se em quê? Esse fio narcísico passava por ser o "grande autor"?

[ALA] Não era o autor de nada, era um miúdo. Baseava-se sobretudo em parvoíce, era um palerma. Estava convencido de que tinha nascido para grandes feitos, que não sabia bem quais eram. Para citar o seu querido Goethe, "a nossa única grandeza possível é não chegar. Não chegar nunca". Não me apetece nada falar, acho que você percebe sem eu dizer as coisas.

[AMR] Batota. Quer falar de quê então?

[ALA] Não gosto de falar muito. Quero que justifique o dinheiro que lhe vão pagar, só isso é que me está a preocupar neste momento.

[AMR] Não se preocupe. Eu gostava de saber mais, independentemente do dinheiro que me vão pagar por escrever estas coisas de que estamos a falar.

[ALA] Eu acho que já sabe, acho que as perguntas acabam por ser redundantes.

## 46. RODRIGUES DA SILVA

# *"Mais dois, três livros e pararei"*

*Jornal de Letras, Artes & Ideias*
25 de Outubro, 2006, pp. 16-21

«Quero dar trabalho aos críticos para 500 anos» – diz (citando Joyce) António Lobo Antunes nesta entrevista, na qual prevê parar de escrever daqui a dois ou três livros. Mas, por enquanto, aos 64 anos, ele mantém-se e melhor que nunca. *Ontem Não Te Vi Em Babilónia* (ed. Dom Quixote) o seu último livro, de que pré-publicamos um excerto, aí está para o provar. O JL já o leu e gostou muito, como aqui damos conta através de um longo artigo de Eunice Cabral, inserto após a entrevista [em] que António Lobo Antunes aproveita para dizer que Portugal não é um país pequeno e periférico, mas central e muito grande.

Sereno, contido e infinitamente menos polémico do que outrora, António Lobo Antunes revela-se aqui um escritor de uma imensa profundidade. Dir-se-ia que fala agora como agora escreve, com – é ele que o diz – o conhecimento que a vida traz. O qual lhe permite acabar um livro de quase 500 páginas com esta frase lapidar: «O que escrevo pode ler-se no escuro». Quanto ao mais, pouco interessa: a entrevista decorreu num fim de tarde, no local onde Lobo Antunes passa os dias a escrever, o inóspito e impessoal armazém de um primo, ali para os lados do Conde Redondo. Eram seis da tarde, uma conversa entre velhos amigos.

**[JORNAL DE LETRAS]** Quando combinámos a entrevista, disseste--me que eu precisava de ler este livro mais do que uma vez. É assim que gostarias que ele fosse lido pelos leitores?

**[ANTÓNIO LOBO ANTUNES]** Tal como os precedentes, penso é que este fica diferente a cada leitura. Como me acontece com os grandes autores de quem gosto. Tenho de os ler duas, três, quatro vezes; há sempre muitas coisas que perdemos na primeira leitura.

**[JL]** É verdade. Só à segunda leitura da página 134 é que notei uma das muitas imagens fortíssimas do teu livro. Vou ler-te só um bocadinho: «O silêncio (...) não somos a gente a ouvi-lo, é ele a ouvir--nos a nós, esconde-se na nossa mão que se fecha, numa dobra de tecido, nas gavetas onde nada cabe salvo alfinetes, botões, pensamos 'Vou tirar o silêncio dali' e ao abrir as gavetas o outono no lugar do silêncio e o amarelo a tingir-nos, as janelas soltas da fachada vão tombar e não tombam, deslizam um centímetro ou dois e permanecem». Tens razão quando dizes que os grande livros não podem ser lidos uma vez. E este é um grande livro.

**[ALA]** Há livros que já li 20 vezes e mais – *A Morte de Ivan Illitch*, os livros do Conrad... Não vale a pena escreveres se não for para seres o melhor. Isto é válido para qualquer escritor: Tchekov é o melhor, Tolstoi é o melhor, Conrad é o melhor. Por isso me espanta a rapidez com que se escreve e a quantidade de livros que se publicam. A rapidez não propriamente, Stendhal demorou 54 dias com *A Cartuxa de Parma*. Não é à rapidez que me refiro, mas ao tempo interior. Por vezes necessitas de anos. Neste livro, por exemplo, está a tua vida toda. Ainda agora na Suécia, uma leitora me dizia: «Em todos os seus livros você conta a sua história.» Num certo sentido é verdade: não fazes mais do que contar a tua história, sob ângulos diferentes. E voltar a ela. E voltar a ela. Constantemente.

**[JL]** *Ontem não te vi em Babilónia* é o título. Mas onde está Babilónia podia estar outro lugar qualquer. Porque este é um livro de desencontros. Toda a gente evoca alguém com quem viveu desencontrado.

**[ALA]** Nunca pensei nesses termos. Nem em nenhuns. A única coisa em que pensei foi em fazer o livro; estava tão preocupado com os problemas que, a cada passo, ele levantava...

**[JL]** Como te surgiu o título?

**[ALA]** Foi muito difícil. Já tinha acabado o livro e ainda não tinha título. E um dia, estava a passear por um texto do poeta cubano Elise[o] Diego, dei com a frase escrita há 5 mil anos, num fragmento de argila. Tive essa felicidade. Como com o título *Exortação aos Crocodilos*, que apareceu quando estava a ler uma tradução de Octavio Paz.

Aliás, o título do livro a seguir a este (já acabado e entregue, deve sair dentro de um ano) encontrei-o no *Evangelho segundo São Lucas*.

[JL] Qual é o título?

[ALA] *O Meu Nome É Legião*. Cristo aproxima-se de um homem possuído por muitos demónios e pergunta-lhe: «Como é que te chamas?» Ele responde-lhe «o meu nome é legião», porque há muitos como ele.

[JL] Voltemos a *Ontem Não Te Vi em Babilónia*. Os narradores são espectros e evocam espectros. Pelo que, no final, podemos perguntar se esta vigília da meia-noite às cinco da manhã não foi um sonho. Ou vários.

[ALA] Para mim não são espectros. São pessoas reais, concretas. Nunca as senti como espectros. Como tem acontecido nos últimos livros, aconteceu-me chorar enquanto escrevia. Começámos por escrever livros autobiográficos, mas acho que estes agora o devem ser muito mais porque me comovem quando os estou a escrever. Portanto, tenho hoje uma partilha minha muito mais intensa com as pessoas que povoam o livro e com a própria escrita. A propósito dos meus livros, fala-se muito de escrita polifónica. Penso que não: é sempre a mesma voz que modula, que muda, que se altera. É uma única voz que habita o livro e tem uma densidade humana muito grande. O princípio de um livro é sempre muito difícil, há sempre falsas partidas, até a voz aparecer. Muitas vezes é uma voz escondida, menos aparente, mas ao mesmo tempo é curioso como eu evoluí. Nunca pensei que, tendo partido da *Memória de Elefante* (1979), viesse a chegar aqui. Foi um caminho muito longo, feito com muito trabalho, mas acho que, finalmente, começo a escrever livros parecidos comigo. Desapareceu a personagem que no fundo (e à superfície) era o autor.

[JL] Num dos capítulos deste livro contei os adjectivos qualificativos: 30 em 15 páginas. Na *Memória de Elefante* eram capazes de ser 30 numa página.

[ALA] Se aparecem 30, 25 estão a mais. Vamos ver se nos próximos livros há menos. Há palavras que foram criadas para não serem ditas, para não serem usadas. Tens de despir os livros de toda a ganga desnecessária, com o sentimento que o tempo te é medido, que cada livro é negociado com a morte.

[JL] A morte habita este livro de uma ponta à outra.

[ALA] Eu digo a minha morte.

**[JL]** Sim, mas eu digo que a morte (desde as mortes de facto às interiores) habita este livro.

**[ALA]** As pessoas morrem e ressuscitam. É como se o livro fosse um jogo de espelhos interminável; nunca se sabe onde está a verdade. Estou-me a lembrar de Saint-Beuve, para quem não havia profundidade, havia uma infinidade de superfícies, portanto a possibilidade de poderes jogar com essa infinidade e fazê-las reflectir umas às outras.

**[JL]** Há vários lugares evocados: Estremoz, Évora, Lisboa, Pragal, Vendas Novas, até Luxemburgo. Mas os cenários são irreconhecíveis.

**[ALA]** Cada vez mais – espero – os livros vêm de partes tuas que não atinges, nem alcanças. Muitas vezes nem sabes porque as nomeias assim; podiam chamar-se Évora, Lisboa ou outra coisa qualquer. Mas necessitas de nomes que te sirvam de referência, se não perdes-te no teu trabalho. Tirando isso, não precisas de nomes de pessoas e lugares, até porque não estás a contar uma história, estás a tentar contar não a tua vida, mas a nossa vida, na parte de trevas, na humanidade truncada. Dizes que há mortes, mas aquilo que há é uma quantidade de realidades sobrepostas, sempre em movimento. Exactamente como na vida. Quando eu dizia «negociar com a morte», referia-me à minha própria morte e à possibilidade de ela ainda me permitir escrever mais dois ou três livros. Sinto que estou perto do fim, enquanto pessoa que escreve livros. Isso para mim é muito claro.

**[JL]** Porquê?

**[ALA]** Começas a sentir isso quando já há pouca sopa no tacho. Mais dois ou três livros e acabou. Mesmo que continue vivo pararei. É uma coisa que encaro sem dramatismo nenhum. Cada vez sou mais humilde porque a gente não sabe nada do que é escrever, mas, agora que dizem que eu trouxe qualquer coisa de único, começo a sentir que é verdade e isso não é prolongável por muito mais tempo. Começo a sentir que atingi aquilo que queria dizer. Ainda não perfeitamente. Espero que melhor no livro a seguir e em mais um ou dois. Três, no máximo, e deixo de escrever. Não sei o que vou fazer, mas acho que chegou. Terei sempre uma dívida contigo: foste a primeira pessoa que me escreveu aquando da *Memória de Elefante*, um livro de um desconhecido, um primeiro livro que descobriste por acaso e que não corresponde nada ao que escrevo hoje. Mas foi muito importante para mim e para mais pessoas – espero. Aliás, espanta-me muito que, publicado agora em Espanha, já tenha feito cinco edições. Esse, sim, era romance. Se eu pudesse voltar ao princípio, talvez tivesse começado só a partir de *O Esplendor de Portugal* (1997, 12º livro do autor).

[JL] Neste, a última frase é esta: «Aquilo que escrevo pode ler-se no escuro.»

[ALA] Sim, porque não estás a ler o livro, mas o teu livro. Ele passou a ser teu. E se estás a ler o teu livro, estás a escrever o teu livro ao lê-lo e, a partir de certa altura, já não precisas de luz, já existe uma tal intimidade entre ti e ti mesmo... Este conhecimento chega tarde – o conhecimento que a vida traz chega sempre tarde. É pena este não me ter chegado quando comecei a publicar, há 25 anos ou 26 anos.

[JL] Há 27.

[ALA] Nessa altura ainda estava cheio de ideias feitas sobre o que deveria ser um livro. Agora tens que deixar que o livro seja o que ele quer ser, independente de ti.

[JL] Demoraste quanto tempo a escrever este?

[ALA] Uma vez perguntaram ao Picasso quanto tempo ele demorara a pintar...

[JL] ... Conheço a frase.

[ALA] Não vou repetir a história. Em termos de escrita, demorei cerca de dois anos. A escrever todos os dias, incluindo sábados, domingos, etc., 14, 15 horas. Mais o tempo que estás a dormir. Uma vez perguntei ao Amos Oz quantas horas ele escrevia por dia, a mulher estava presente e respondeu logo: «24». É a única coisa possível. Não podes escrever e fazeres outra coisa. Não se podem fazer bons livros a ser-se jornalista, médico ou o que quer que seja. Estás de tal maneira ocupado com o livro que não tens tempo para mais nada, tens que sacrificar-lhe as outras partes da tua vida. E isto não é voluntário, é *malgré toi*: o livro existe cada vez mais, cada vez mais. O primeiro terço é muito penoso de escrever: dez, doze versões, até encontrares o tom. Quando o encontras, o livro corre muito rapidamente. Os capítulos iniciais demoram-me doze/treze dias, os finais quatro/cinco.

[JL] Neste os narradores não têm nome. Excepto um: Ana Emília.

[ALA] Para mim, é sempre a mesma voz. Nem sei se é narrador. Tu estás a escrever aquilo que te estão a ditar. O problema é conseguires esse estado, daí que os primeiros capítulos sejam muito arrancados, porque a voz ainda não começou a ditar. Há que esperar que chegue... Com trabalho, paciência, dedicação maníaca e total. O leitor, se for atento, nota que nas primeiras 50/60 páginas ainda estás a tentar encontrar a voz e ainda há coisas que não são só do livro, ainda há impurezas que não têm a ver com ele, mas contigo, com o teu desejo de escrever.

[JL] O passado, em especial a infância, está sempre presente em quase todas as evocações dos vários narradores...

[ALA] Eu queria que todos os tempos estivessem presentes nos meus livros, e não apenas a infância. Também o presente e o futuro. A memória é importante, mas também há memória do futuro e do presente. Tens que ser cada vez mais ambicioso. Só podes começar um livro quando tens a certeza de que não vais ser capaz, porque só então escrever se torna uma luta com o material, e a tua vida se vai estreitando porque estás de tal modo habitado pelo livro, numa relação simbiótica, que formas corpo com ele. E quero do leitor a mesma atitude: que tenha o livro não à frente dos olhos, mas dentro de si.

[JL] No tal ler no escuro...

[ALA] Sim, mas pergunto-me se não haverá uma claridade no meio disso tudo. Se atravessares a tua casa à noite, os grande livros que tens na estante são fosforescentes, consegues vê-los no escuro. A um grande livro [–] Os Irmãos Karamazov, por exemplo [–] sente[s]-lhe[] a existência física, nem que seja numa edição pobre. Há ali qualquer coisa que te chama, que faz parte de ti.

[JL] Falaste na Memória de Elefante e nas diferenças de então para cá. Mas neste manténs uma das tuas constantes de sempre: o sentimento da perda. Todos os narradores falam disso.

[ALA] Voltaste a falar em narradores.

[JL] Pronto: o narrador multiplicado.

[ALA] Não lhe chamaria narrador. Nunca pensei nisso. Há perdas e há ganhos. Quero é que tudo isso lá esteja dentro. Não olho para os livros assim. Eu acho... Em última análise é impossível falar de um livro. Estás a dizer de fora e o importante é estar lá dentro. Ao princípio, quando começava um livro tinha um plano detalhado, agora nem plano tenho, fico à espera. Sei que o livro se vai organizar.

[JL] Ele organiza-se. Mas estas pessoas sofrem das suas perdas, sentem-se magoadas, injustiçadas. E, curiosamente, todas elas, guardam um segredo. Um segredo que as habita e lhes povoa a solidão.

**[ALA]** Isso tem mais a ver connosco do que com o livro. Ele muda consoante o nosso estado de espírito.

**[JL]** Pois, mas isto está lá.

**[ALA]** Não sei. Queria que estivesse lá tudo. Escrevi até hoje cerca de 20 livros, não escreverei muitos mais, mas quero deixar uma marca muito intensa. Quero dar trabalho aos críticos para 500 anos, como dizia o Joyce. Se não for assim, não vale a pena. Tenho a sensação que é ainda muito cedo para se compreender o que escrevo. Eu próprio folheio um livro meu e pergunto-me como é que aquilo saiu de mim. O que não se passava em relação aos primeiros livros. Hoje penso: «Eu não escrevo assim tão bem. Eu nunca fui capaz de dizer isto.» Como quando estamos em bicos de pés à procura de coisas em cima dos armários, os livros andam por aí à espera que alguém os escreva. Com o tempo as tuas mãos vão aumentado e a tua capacidade de abarcar também.

**[JL]** Digamos então que não neste teu livro, mas neste *meu* livro, notei que a mágoa afectiva é muito mais profunda quando o narrador tem a voz de uma mulher.

**[ALA]** Não sei, mas o António Lobo Antunes que tu conheces há tantos anos sempre achou que a salvação do Homem estava na Mulher. Quanto ao António Lobo Antunes que escreve os livros não sei o que ele pensa.

**[JL]** Eu não sei o que ele pensa, mas sei que, quando são as mulheres a evocar, a dor é muito mais profunda, as queixas muito mais sofridas, notando-se também um vislumbre daquilo a que poderíamos chamar amor.

**[ALA]** Não sei. Sei que o livro foi feito com alegria. Uma vez, sobre o que eu escrevia, o Eduardo Lourenço disse que lhe fazia lembrar o soneto de Pessoa: «Emissário de um rei desconhecido/eu cumpro informes instruções de além.» O Eduardo foi até hoje das pessoas que melhor me leu. Não é o único, claro. Acho até que em Portugal as pessoas estão cada vez mais abertas a estes livros. E há pessoas que têm escrito sobre eles de uma maneira inteligente e sensível. No outro dia li uma entrevista em que o Alberto Manguel dizia que eu levei a ficção para outras zonas, para outras áreas. E acrescentava: «Claro que é difícil ler, mas depois é extremamente compensador porque há uma mistura de inteligência e de poesia». Sinto cada vez mais que a autoria não é minha, aliás penso mesmo que os livros deveriam ser publicados sem nome de autor. Os livros são nossos: *O Grande Gatsby* pertence-te a ti, *O Monte dos Vendavais* pertence-te a ti. Foste tu que os escreveste quando os leste.

[JL] Já sei que não vais estar de acordo, mas penso que, cada vez mais, uma de duas: ou as tuas crónicas se aproximam dos teus livros, ou os teus livros adoptaram o tom de muitas das tuas crónicas. Há uma semelhança tão grande entre as personagens...

[ALA] As crónicas são coisas que faço como quem bebe um copo de água.

[JL] Já sabia que ias dizer isso. Mas experimenta ler as crónicas como se não as tivesses escrito...

[ALA] Há uma certa cedência à facilidade. No outro dia fui ler uma e retiraram-me metade do título. Diga-se que só tenho a dizer bem da *VISÃO*: têm sido de extraordinária correcção e profissionalismo comigo. Fui ler a crónica – uma em que contava as coisas, as emoções e os sentimentos sem nunca os mencionar, apenas através da tradução dos gestos. Não sei se leste essa.

[JL] Leio todas.

[ALA] Sobre uma mulher que anuncia que está grávida. Foi feita com a mesma rapidez que as outras, e deixou-me muito contente, mas depois lia-a no avião e contentou-me menos. Nunca tinha experimentado aquilo e não vou certamente fazer isso nos livros. Agora estou a tentar começar um [–] claro que comecei mal, o que fiz vai direito para o lixo [–], contando as emoções apenas através de factos, de objectos. Mas, como dizem os ingleses, isso não é a minha taça de chá. A minha é outra, é este magma...

[JL] Magma que é o mesmo do das crónicas. Já reparaste? Até a estrutura narrativa é muitas vezes semelhante.

[ALA] Nas crónicas o espaço é muito curto.

[JL] Eu disse estrutura narrativa, não tamanho.

[ALA] Pois, mas nas crónicas tens de ter o trote curto, o espaço é pequeno. Nos livros podes alargar-te e galopar no teu passo. Para mim são dois trabalhos diferentes. Nas crónicas sinto que tenho que ficar à superfície das coisas, não posso descer tanto. Fico-me por pequenos retratos, instantâneos, bocadinhos da vida das pessoas.

[JL] Exactamente, mas esses retratos, esses bocadinhos da vida são uma pequena montra de que o livro é a loja.

**[ALA]** Há um certo constrangimento nas crónicas. E também tento distrair as pessoas. E sobretudo nunca falar de ninguém. Seria muito fácil usar aquilo para denegrir pessoas.

**[JL]** Mas já tens dito bem. Lembro-me de uma crónica notável sobre o Egito Gonçalves. E de outra sobre o Abelaira.

**[ALA]** É evidente. É uma questão de honestidade e de ética. Só falo de pessoas de quem gosto. E às vezes bem vontade tinha de falar de outras coisas, da actualidade, mas acho que não devo. Tenho esse direito enquanto cidadão, não enquanto escritor. Nos livros quero dar a vida toda, nas crónicas... Não sei, não as releio. Só quando as reúno em livro.

**[JL]** O êxito editorial, qual é?

**[ALA]** Isso cada vez me preocupa menos.

**[JL]** Já sei: pergunto por curiosidade.

**[ALA]** Nunca perguntei, mas os livros vendem bastante mais. Por estranho que te possa parecer.

**[JL]** E as cartas (*D'este Viver Aqui Neste Papel Descripto*)?

**[ALA]** Não faço ideia. Fizeram uma primeira edição de 50 mil.

**[JL]** Cartas que não incluis na tua bibliografia...

**[ALA]** O livro não é meu, nem o li, seria incapaz.

**[JL]** Eu sei, mas quando temos o livro em casa e nos perguntam «de quem é?» que é [que] queres que se responda?

**[ALA]** Quando escrevia as cartas o que eu queria dizer era «ainda estou vivo». Nesse sentido, é como se as cartas fossem um grito e os livros um comentário a esse grito. E talvez no fundo os livros digam também isto: «Ainda estamos vivos». Por exemplo: todos os anos, vejo o Concerto de Ano Novo, transmitido de Viena pela Eurovisão com música de Strauss. E comove-me às lágrimas porque é uma tal vitória sobre a morte. Há quem diga que Strauss é um compositor superficial, que não se compara com Bach, com Beethoven, etc., mas, caramba, há nele uma tal explosão de vida, uma tal vitória sobre aquilo que é reles, sobre aquilo que é perecível... Quando tocam aquela marcha, começas a perguntar-te, como nos *Evangelhos*: «Morte, onde está a tua vitória?» E aquilo viverá enquanto houver homens sobre a Terra. E aquilo que tu queres fazer é isso: livros que existam enquanto existirem homens sobre a Terra. Não é importante a tiragem agora [–] o Stendhal tinha razão [–], o que será a tiragem daqui a cem anos? Ainda haverá leitores? Há pessoas que publicam maus

livros [–] no meu entender [–] e dizem: «Pus os portugueses a ler».
Isso é mentira: puseram os portugueses a lê-los a eles. Do mesmo
modo que eu não ponho os portugueses a ler, ponho alguns portugueses
a lerem-me a mim.

[JL] Falaste «daqui a cem anos». Creio que, através dos teus livros
(e também das crónicas), traças um certo retrato deste país. Um
retrato em negativo, como se visto do avesso. Se daqui a 50 anos os
historiadores quiserem saber como era Portugal em 2006, talvez
recorram a ti como fonte documental.

[ALA] É possível, mas a minha ambição não é fazer documentos.

[JL] A tua ambição não é fazer documentos, mas o que escreves é
um documento.

[ALA] Embora cada vez goste mais de ser português e cada vez
tenha mais orgulho no meu país. É-me insuportável ouvir dizer «somos
um país pequeno e periférico». Para mim Portugal é central e muito
grande.

[JL] Mas 28% dos portugueses não se importavam de ser espanhóis.

[ALA] Falo num sentido mais profundo. Somos estas pedras, estas
pessoas... Quando volto do estrangeiro, pelas pessoas sei logo qual é
o avião que vem para Portugal. Reconheço-as logo e reconheço-me a
mim. Foi aqui que nasci, é aqui que quero morrer. No meu país.
No nosso país. Durante muito tempo pensei ir viver para o estrangeiro.
Hoje seria incapaz. Sinto que pertenço a isto e que isto me pertence
também. Neste último mês dei autógrafos em Bruxelas, em Paris, em
Estocolmo. É muito melhor dar autógrafos em Lisboa.

[JL] Que foste fazer a Estocolmo?

[ALA] Fui inaugurar um Centro de Estudos Latino-Americanos e
ao lançamento da tradução de um livro meu. Fiquei surpreendido:
eram centenas de pessoas. Não sabia que havia tanta gente que me
lia na Suécia. Tem sido uma surpresa para mim, porque não faço
auto-publicidade, não apareço, não vou, as pessoas não me vêem, os
prémios vêm e eu não digo nada, aliás que é que os prémios têm a
ver com a Literatura? Claro que são agradáveis, sobretudo quando
vêm com dinheiro, porque ninguém enriquece a escrever. Aquilo que
ganho dá-me para ter uma vida com dignidade, mais nada. Não dá
para ser rico. E mau sinal seria, porque estaria a escrever livros sobre
o hoje. Que passará a ser ontem quando for amanhã.

**[JL]** Já reparaste que as tuas personagens são sempre a pobre gente anónima? Nos livros como nas crónicas.

**[ALA]** Isso é verdade. As pessoas que mais me interessam são as que pertencem ao que normalmente se chama [–] não gosto do termo [–] pequena burguesia. Parecem-me pessoas interiormente muito mais ricas.

**[JL]** Como é que as descobres? Vives fechado neste armazém a escrever...

**[ALA]** Elas vêm sozinhas...

**[JL]** Isso é um modo subtil de...

**[ALA]** Não é, não. Cresci nos subúrbios, em Benfica, na altura uma zona muito pobre: patiozinhos, pequenas casas, etc. E quando estava no hospital [–] herdei isso do meu pai [–] interessavam-me muito mais as pessoas com empregos humildes, porque estava sempre a aprender coisas sobre a vida.

**[JL]** E expressões. Uma utiliza-la várias vezes neste livro. «Derivado de...»

**[ALA]** «Derivado a...». Cresci com esse português. Ia de eléctrico para o liceu, andei sempre em escolas públicas e fui-me apercebendo que havia uma riqueza muito maior no interior dessas pessoas. Aliás, quem compra os livros não são as classes altas, é a classe média baixa. E isso é dramático, porque não têm dinheiro e os livros são muito caros. Há pessoas para quem gastar três ou quatro contos num livro faz muita diferença. E há um público muito novo – 17/18/19 anos – sem independência financeira, sem acesso aos livros. Isso passava-se comigo: às vezes ia a pé para o liceu para poder ir aos fins-de--semana aos alfarrabistas, à Barateira. Agora vou sempre a uma livraria...

**[JL]** À de Cascais?

**[ALA]** A uma livraria determinada. Descobri coisas maravilhosas, porque as pessoas morrem e os herdeiros vendem os livros. Uma coisa para mim inimaginável, porque não sou capaz de me separar dos livros, mesmo dos de que não gosto.

**[JL]** Não és capaz de te livrar dos livros, mas caminhamos para um mundo em que o livro tende a ser virtual.

**[ALA]** Espero que continue a existir enquanto objecto.

**[JL]** Depois, como é que dás autógrafos num livro só existente na Net?

**[ALA]** Talvez por isso continue a haver o livro-objecto. Mas há coisas mais alarmantes do que isso. Daqui a 30 anos só haver 150 pessoas que gostam de *Ana Karenina*.

**[JL]** Com menos de 30 anos, só conheço uma pessoa que tenha lido Guerra e Paz.

**[ALA]** Os miúdos lêem mais do que pensamos.

**[JL]** Lembrei-me de *Guerra e Paz* porque falaste em *Ana Karenina*.

**[ALA]** Espero que as pessoas continuem a ler Tolstoi. E António Lobo Antunes.

**[JL]** No teu caso, acho que vai acontecer o que aconteceu com o Pessoa: quanto mais tarde mais lido serás.

**[ALA]** Vamos ver. Dói-me muito ver os autores que nasceram à roda dos anos 20 que já morreram e não vendem nada. Independentemente de gostarmos ou não, era uma geração com 10 ou 15 escritores com dignidade. Vou dizer nomes ao acaso: Cardoso Pires, Vergílio Ferreira, Augusto Abelaira, Mário Dionísio, Manuel da Fonseca, etc., etc., etc. Agora não há tantos.

**[JL]** Posso acrescentar duas?

**[ALA]** Posso juntar uma série deles.

**[JL]** As minhas duas têm a ver com os teu livros, como também com o Tchekov, que citaste há pouco. São a Irene Lisboa e a Maria Judite de Carvalho.

**[ALA]** Sim... Conheço-as mal.

**[JL]** Há outra que também vai ser lida cada vez mais: Agustina.

**[ALA]** Não sei. Sempre foi uma paixão tua. É uma pessoa de quem só recebi atenções e generosidade e que tem sido para mim excepcional. Custa-me que o Zé Cardoso Pires não venda, que o Carlos Oliveira não venda, que o Aquilino não venda, que o Antero, uma das minhas paixões, e o Cesário não vendam. Custa-me porque são grandes poetas e pessoas que te mostram a ti mesmo. Às vezes falava de *Só* com o Eugénio de Andrade e estávamos ambos de acordo: é o grande livro da nossa literatura. As cartas (de António Nobre) são detestáveis, o homem era detestável, mas o livro é extraordinário. E quando pensas que foi escrito entre os 17 e os 24 anos, ainda com mais admiração ficas. E quando vês as provas todas corrigidas e emendadas... Mas escritores vivos que respeites são muito poucos, dois ou três, não mais. Ora toda essa geração que citei tinha nomes importantes para nós. E que me ajudaram imenso. É evidente que queria chegar mais longe do que eles.

[JL] O livro vai ser lançado (dia 26, às 18.30, no Teatro Maria Matos) com a apresentação do José Eduardo Agualusa e do Ricardo Araújo Pereira. Foste tu quem os escolheu?

[ALA] Fui. Escolhi-os para os homenagear, não a mim. O José Eduardo Agualusa tem tudo para ser um grande escritor, mas é preguiçoso – já lho disse. Ao outro rapaz nunca o vi, mas penso que a escrita dele é revolucionária, traz qualquer coisa de novo. Para além de ter muito talento e de escrever muito bem.

[JL] Com eles homenageias também o futuro, porque são ambos bastante mais novos do que tu.

[ALA] Nisso não pensei. Há poetas de 20 e tal anos que me parecem de qualidade. Prosadores, é mais difícil. É muito difícil escrever-se um grande romance com menos de 30 anos. Aliás um grande livro é uma coisa rara. Por isso é que sinto que não posso ser eu o autor destes livros: são bons demais para o que sou capaz. É alguém que os está a fazer através de mim. Por isso tens de ser humilde perante eles. Às vezes pergunto-me se aquele nome que ali está – António Lobo Antunes – não é uma impostura. Porque ele não é o autor, o autor é essa tal voz, esse tal emissário de que falava o Eduardo Lourenço. Uma vez disse-lhe que, no fundo, o que ele faz é ficção. Àquilo que ele escreve eu chamaria *O Arquipélago da Insónia*. Mas é difícil falar de um amigo, de uma pessoa por quem tens imenso carinho e muito respeito. E de que tens recebido... Eu acho que tenho sido feliz. Tu lembras-te de, no princípio, toda a gente me atacar? Espero que ainda haja alguns que...

[JL] No princípio tu também atacavas. Há 27 anos, aquando da nossa primeira entrevista, só disseste bem do Nuno Bragança e do Luiz Pacheco.

[ALA] Achava que trazia uma coisa nova e queria dizer isso a toda a gente. Se repararares bem, não há praticamente nada que se publique em Portugal que não tenha a minha marca, inclusive em escritores mais velhos do que eu. Isso não se passa só em Portugal, mas uma vez que estamos aqui... A marca não é minha, é dos livros que têm o meu nome. E isso não me traz vaidade, porque tu tens que escrever contra os escritores de quem gostas. Fazes parte de um contínuo que começou muito antes de ti e há-de acabar muito depois. E os escritores de quem mais continuo a gostar são sempre os mesmos: Horácio, Ovídio, Virgílio. São os meus grandes rivais, que queria ultrapassar. Horácio dizia «nem um dia sem uma linha», «o escritor tem que escrever dez horas: duas para escrever e oito para corrigir.» Há poemas babilónicos com 5 mil anos em que o poeta afirma «já está tudo dito, que é que eu vou dizer agora?» Na mesma altura em que descobri este título babilónico, descobri também uma carta de um pai egípcio em que ele dizia ao filho «tens que estudar, se não não serás nada na vida.» Os problemas são sempre os mesmos. E aquilo que tu podes desejar é iluminá-los, dá-los a ver. És uma pessoa que mostra, que vem mostrar e fazer perguntas, e as perguntas contêm em si as respostas, uma pessoa que vem trazer inquietações, medos, alegrias, a vida toda.

[JL] Fala-me de *O Meu Nome é Legião*...

[ALA] É um grupo de miúdos negros ou mestiços, nascidos em Portugal e que não pertencem a Portugal, nem a África. O livro é sobre um gang desses miúdos que assaltam, roubam, etc. Um gang que a Polícia persegue e que vai tentando matar um a um. Crianças de 12/13/14 anos. Só sai daqui a um ano, provavelmente primeiro noutros países, porque não podes dar mais do que um livro por ano às pessoas.

[JL] Em quantos países estás publicado?

[ALA] Por toda a parte. Ultimamente, assinei contratos para a publicação da obra toda em Taiwan, na China e no Vietname. Isso é uma coisa de que não falo. Às vezes vejo nos jornais que fulano foi traduzido. Dá-me vontade de rir a vontade que as pessoas têm de dizer que foram traduzidas. Não foste tu, foi o que tu escreveste. Mudei para uma agência que trabalha sobretudo com autores latino--americanos e espanhóis, a de Cármen Ballcells. É onde está o García Márquez, o Vargas Llosa, o Onetti, etc. Embora muito diferentes de mim, são escritores de quem me sinto próximo. Como pessoas, não pelo que escrevem.

[JL] Conheces o turco Ohran Pamuk, que ganhou o Nobel?

[ALA] Nunca tinha ouvido o nome. Queriam que eu ficasse em Estocolmo para comentar. Recusei, porque, da mesma maneira que nunca fiz um comentário a um prémio que me deram, também não comento prémios que não me dão. A Academia Sueca decidiu atribuir--lhe o prémio e está no seu direito de o fazer. Posso estar em acordo ou em desacordo, mas não digo. Nem em privado. Não é importante. O importante é continuares a escrever. Há pouco tempo recebi o Prémio Internacional Latino-Americano de Literatura José Donoso, agora todos os seis meses vem um prémio. Tens que relativizar. Não dar importância a isso. O livro em si é que é importante. E que tenhas ficado contente [–] contente é impossível [–], mas em paz com o que fizeste porque ficaste com a consciência que fizeste o melhor que pudeste e se não foste mais longe foi porque não tinhas essa capacidade. Estou a citar o Matisse. E, no entanto, vais ao Museu de Arte Moderna de Nova Iorque, aquilo não tem janelas, mas os quadros do Matisse são janelas cheias de luz. Através delas podes ver tão longe! Daí que me pareça impossível comparar escritores. Da única vez que fiz parte de um júri não fui capaz de votar. Foi há muitos anos e pedi ao Fernando Assis Pacheco para votar por mim. Detestaria voltar a estar num júri. Primeiro porque a maior parte dos livros não prestam, depois porque a hesitação é sempre enorme. Como escolher entre *A Educação Sentimental* e *Vermelho e Negro*? Se os prémios vêm acompanhados de dinheiro é bom. Lembro-me de um prémio que me deram e eu estava reticente em aceitar. A Agustina era presidente do júri e disse-me: «Aceite, filho, porque são não sei quantos euros...» É evidente que o dinheiro é agradável. Não ando a pedir esmola, mas não sou rico. Se fosse rico não trabalhava aqui.

[JL] Trabalhavas onde? Sempre trabalhaste em sítios completamente inóspitos. Aquando da entrevista a propósito d'*A Morte de Carlos Gardel*, entrevistei-te em casa, na Afonso III, tinhas uma mesa, uma cadeira e tudo o mais espalhado pelo chão.

[ALA] Também é verdade. Em casa escrevo na cozinha. Felizmente os meus pais tinham muito pouco dinheiro, viviam com grande austeridade e isso foi muito bom para mim. Não preciso de muito dinheiro porque não tenho onde gastá-lo. Se quero viajar oferecem--me as viagens, compro alguns livros mas também mos oferecem. Não bebo, não vou a bares, faço uma vida social reduzida, tenho muito poucos amigos.

[JL] Há um jovem colega meu que queria que eu escrevesse sobre o teu dia-a-dia. Eu disse-lhe que não dava, porque passas o dia inteiro a escrever, almoças num restaurante que, graças ao Eduardo Prado Coelho, já se sabe onde é...

**[ALA]** Depois de aparecer isso no jornal deixei de lá ir almoçar. Almoço sempre em sítios onde possa ter privacidade, sítios baratos, porque gosto.

**[JL]** Ainda vais ao McDonald's?

**[ALA]** Não, mas vontade não me falta. Estava com a tensão arterial muito alta, fiz uma dieta, emagreci 15 quilos. Tanto que me disseram que continuasse a fumar, porque a dieta já é um sacrifício horrível. E ainda queria escrever mais dois livros.

**[JL]** Há bocado eram três.

**[ALA]** Se forem três melhor, mas não sei se farei mais.

**[JL]** Uma vez disseste-me que, a partir dos 70 anos, ninguém devia escrever. Tens 64, mais três livros a dois anos cada um, bate certo.

**[ALA]** Fiz 64 mas não sinto nada isso. Acho a velhice uma ignomínia.

**[JL]** Todos os narradores deste livro falam da idade com mágoa.

**[ALA]** É natural. Grande parte do livro foi escrita depois da morte do meu pai. Sabes? Só ficas adulto depois do teu pai morrer, porque deixou de existir a última coisa que existia entre ti e a morte.

**[JL]** Como na guerra, quando rendíamos o pelotão que vinha do mato e avançávamos com o nosso.

**[ALA]** Então apercebes-te que és perecível. Os nossos pais defendem--nos da morte: estão entre nós e ela. É evidente que uma relação de qualquer homem com o pai é de uma ambivalência extraordinária, cheia de sentimentos contraditórios.

**[JL]** E há vários pais evocados neste livro.

**[ALA]** Sim, com sentimentos muito misturados. E muitas vezes somos de uma terrível injustiça com os nossos pais. Não temos em atenção o que eles sofreram quando foram filhos. Tenho a noção de que muitas vezes, dentro de mim, fui injusto com o meu pai. Como com muita gente. Mas, tanto quanto é possível, acho que estou em paz com ele. É curioso como, dentro de nós, continuam a mudar as pessoas de quem nós gostámos e que morreram. Não se mantêm estáticas. E as nossas relações com elas vão mudando também. O meu pai, ao aproximar-se da morte, passou a falar muito mais do pai. Tinha 80 e tal anos, e o pai continuava vivo dentro dele. Espero que continuemos vivos dentro dos nossos filhos. Vamos continuar com certeza, mesmo se com sentimentos misturados. As nossas relações com os filhos são muito mais quimicamente puras do que as deles connosco. Só depois de nós morrermos é que começam a olhar para nós de forma mais objectiva.

Eu não li este livro, mas se o lesse olhava-o de maneira mais objectiva, porque já saiu de mim, já morreu para mim, está a viver noutro lado qualquer. E já não precisa de mim. Um livro acabado é isto: um livro que já não precisa de ti para continuar a viver. E, da mesma maneira que a nossa relação com os pais se torna diferente com o tempo, daqui a 20 anos este livro será diferente do que é agora. Só espero que não ganhe rugas depressa.

## 47. SARA BELO LUÍS

# "O mundo de António Lobo Antunes em 12 partes"

*Visão*
26 de Outubro, 2006, pp. 136-141

O último livro do escritor, *Ontem Não Te Vi em Babilónia*, acaba com uma frase que é também uma confissão: «Aquilo que escrevo pode ler-se no escuro.» Lobo Antunes fala na primeira pessoa e, à VISÃO, aqui revela um pouco desse seu universo sombrio.

ANTÓNIO LOBO ANTUNES nem reparará, mas a sua voz muda quando se liga o gravador. Detesta entrevistas (são «artificiais», haverá de afirmar no fim) e, por isso, evita-as ao máximo. Os livros falam por si, muito mais do que as palavras do escritor possam tentar justificar. E, parafraseando D. Francisco Manuel de Melo, Lobo Antunes tende sempre a dizer que o livro trata do que nele vai escrito dentro.

Diga-se apenas que *Ontem Não Te Vi em Babilónia* – que hoje, 26, será lançado no Teatro Maria Matos, em Lisboa, com apresentação de José Eduardo Agualusa e Ricardo Araújo Pereira – é o seu mais recente livro. E que lá dentro tem uma série de personagens (um polícia, uma doméstica, uma enfermeira...) que, em cidades diferentes, numa só madrugada, vão relatando as histórias das suas vidas. O que contam terá mesmo acontecido? De que é feita a memória das coisas? Onde é que, afinal, reside a verdade? Da meia-noite às cinco da manhã, numa vigília um tanto ou quanto delirante, eles vão adormecendo. Por vezes, até dialogam com quem as cria. Foi escrito nas mesmas folhas de sempre (as folhas de prescrição do Hospital

Miguel Bombarda) e, sobre o livro, o escritor tinha uma única ideia: «Como é que a noite se transforma em dia?» Segue-se, em 12 partes, o mundo de António Lobo Antunes. Sem quaisquer interrogações. Fingindo que não se trata de uma entrevista.

### 1. A MEMÓRIA DA INFÂNCIA

Nenhuma infância é alegre. A recordação dela é que pode ser alegre ou triste. Nenhuma infância é alegre porque a infância é sempre muito normativa. Os pais impõem normas contra as quais os filhos reagem constantemente. A infância e a adolescência são sempre períodos de uma grande revolta. No meu caso, um miúdo que escreve provoca nos pais reacções várias. De apreensão, por exemplo. O que é que irá ser o futuro dele? Será que ele vai conseguir ganhar a vida? Porque é que ele faz isto? Porque é que ele tem necessidade de fazer isto? Porque é que ele não tem uma infância como os outros? Para um pai e para uma mãe, ver um filho sentado a uma mesa a escrever coisas deve ser – não sei, nunca perguntei – muito alarmante. Nunca falei sobre os livros com a minha família. Tenho com os meus irmãos uma relação muito boa, mas há um grande respeito pela intimidade de cada um. Não se fala de Deus, não se pergunta em que partido vota. Respeitamos a privacidade e, mesmo que não estejamos de acordo com as posições que tomam, acabamos sempre por nos defendermos uns aos outros.

### 2. A AUTOBIOGRAFIA

Quando estive agora em Estocolmo, uma senhora, numa sessão de autógrafos, disse-me: «Leio os seus livros e estou a vê-lo a si.» Ao contrário do que se possa pensar, estes últimos livros são muito mais autobiográficos do que os primeiros que escrevi. Chega a uma altura em que o livro e eu formamos um corpo único – e eu acabo por falar muito mais de mim. Deixo de falar dos episódios da minha vida para falar da minha vida interior, da minha *inner life*. Estou muito mais inteiro dentro deste livro (*Ontem Não te Vi em Babilónia*) e quem o ler com atenção fica a conhecer-me muito melhor. A um olhar atento, apareço completamente nu nestes últimos livros nos quais, do ponto de vista factual, já nada tem a ver com os factos da minha vida pessoal. Nos primeiros livros, bem ou mal, eu escrevia o que queria. Agora, estes livros ganharam uma certa autonomia e, por isso, vou atrás, apenas acompanho o que está a surgir. Sou a primeira pessoa a ficar surpreendida com o que lá está escrito.

## 3. A MÃO

Faço duas versões de cada capítulo, passo para o capítulo seguinte e vou por aí fora... Demoro um ano e tal com isto e, depois, quando chego ao fim, tenho medo de ir olhar o material. É um mistério como, nesse momento, tudo se articula porque, quando se está a escrever, não se tem essa noção. Nos grandes momentos é claro que penso na hipótese de a mão me falhar. E a cabeça também. Acho que, no fundo, escrevo com o corpo todo. Estou tão metido dentro do livro, somos tão parte um do outro... Não sei como é a gravidez, nem creio que tenha semelhanças, mas é como se de repente o meu inconsciente estivesse ali, como se de repente aquilo que não conheço de mim estivesse ali à mostra. O que me acontece cada vez mais é que essa parte de trevas continua em mim durante os intervalos dos livros e dá-me uma maior tranquilidade, uma maior paz e uma maior humildade. Porque eu não sou autor daquilo que escrevi.

## 4. A GUERRA COLONIAL

Não li as cartas que escrevi enquanto estive em Angola (publicadas no ano passado em *D'este viver aqui neste papel descripto*). Não me pertencem. Foram escritas por uma pessoa, um rapaz de 20 anos, que eu já não sou. E, por outro lado, não me apetece mexer com os pauzinhos nas feridas. Em todo o caso, tanto quanto me recordo, quando as escrevi, a única coisa que queria dizer era «estou vivo, continuo vivo, ainda estou vivo». Essas cartas eram um grito e os livros são um comentário a esse grito, a pessoa em que me fui tornando. De qualquer maneira (na apresentação pública *D'este viver aqui neste papel descripto*), gostei de encontrar os militares que estiveram em África comigo. É evidente que foi muito emocionante porque existe entre nós uma certa camaradagem, um termo que contém dentro de si amor, partilha e muitos outros sentimentos. Era uma situação horrível e estávamos juntos naquele pesadelo. Foi com eles que vivi as coisas mais horríveis da minha vida, ao lado deles, com eles. E isso cria laços que serão indestrutíveis.

### 5. AS VOZES

Os livros não têm personagens, é sempre a mesma voz, que vem, que vai, que muda de tom. Fico sempre muito surpreendido quando as pessoas falam em romances polifónicos, porque é sempre a mesma voz. A uma segunda ou terceira leitura o leitor compreenderá que se trata sempre da mesma voz. A mim também me pareciam ser vozes polifónicas. Agora fala este, agora fala aquele outro. Depois, comecei a perceber que estava equivocado. Era só uma voz, que ia mudando. Como o dia, que é um só e que vai mudando de cor e de luz. Se calhar é sempre a mesma voz que vai transitando de livro em livro. Eu próprio não sei. O livro adquire uma tal autonomia que conversa comigo o tempo inteiro. E questiona. E pergunta. E responde. Transforma-se numa espécie de diálogo, faço corpo com o livro. Umas vezes há uma distância[] entre nós, outras vezes voltamos a unir-nos. Daí parecer-me que não se pode chamar romance a estas coisas que escrevo. Não há uma história, não há um fio, não há nada.

### 6. O BELO

A mim o que me interessa nos livros é a felicidade da expressão. E isso dá-me uma alegria enorme. A escrita deste livro (*Ontem Não Te Vi em Babilónia*) foi acompanhada de uma grande alegria. Claro que se está sempre com os problemas técnicos que a cada passo o livro põe, claro que muitas vezes não se sabe como resolvê-los, claro que se começa, recomeça e volta a recomeçar. Mas o sentimento profundo é um sentimento de felicidade. Um livro tem que ser uma alegria. Keats dizia que «a thing of beauty is a joy for ever». Quando pela primeira vez li este verso, fiquei muito impressionado – uma coisa bela era uma alegria para sempre. Por isso fico surpreendido quando me dizem que um livro é triste. A partir do momento em que é belo é uma alegria. É uma alegria, para mim, enquanto leitor. No outro dia, li a versão definitiva de *O Grande Gatsby* e deu-me uma imensa alegria ler aquilo. Pela felicidade de expressão, pela capacidade de exprimir os sentimentos, por me revelar a mim mesmo e por me revelar o mundo. Uma obra de arte boa é uma vitória sobre a morte. E isso é o mais importante de tudo.

## 7. A PORTUGALIDADE

No princípio, era no estrangeiro que eu era mais bem entendido. Porque, neste caso, é óbvio que a distância toma o lugar do tempo. Ao longo destes anos, as pessoas em Portugal não sabiam muito bem como classificar-me e, então, iam pondo etiquetas que, sucessivamente, se foram alterando. O rótulo dos subúrbios, o rótulo de que eu trato mal as mulheres... Tenho que ensinar os meus leitores a lerem-me e, livro após livro, a sensação é a de que hoje estão mais próximos daquilo que faço. De há uns anos para cá, acho que as pessoas foram percebendo que não podem aplicar-me a mesma categoria de valores nem a mesma tabela que se aplica a um romance. Estes últimos livros deveriam ser a vida inteira. Como é impossível manter isto durante muito tempo, a minha ideia é fazer mais dois ou três livros e depois calar-me. Cada vez me dá mais prazer apanhar o avião de regresso porque sei logo qual é o que vai para Portugal pelas pessoas que estão na bicha para o *check in*. É aqui que eu pertenço, é aqui que eu gosto de estar, é para as pessoas do meu país que escrevo.

## 8. A OBSESSÃO DE ESCREVER

Até agora, a vida tem sido generosa comigo. Gosto de estar vivo. Gosto das manhãs e, quando estou com um livro, tenho uma vida muito metódica. Caso contrário, não conseguiria escrever. É curioso porque, visto de fora, pode parecer muito monótono, mas não é. A minha vida está sempre habitada e, quando estou a escrever, o livro ocupa-me 24 horas por dia. Nunca entendi porque é que o fazia. Gosto de estar sem escrever, gostei de estar sem escrever nestes últimos três meses. O problema é que depois começo a sentir-me culpado. Como se me tivessem dado uma coisa que não é minha e que eu tenho obrigação de transmitir. É como se o livro não fosse meu. Acho que os livros deveriam ser publicados sem o nome do autor, seria mais honesto. *O Monte dos Vendavais* não foi escrito pela Emily Brontë, foi escrito por mim enquanto o estou a ler, foi escrito por si enquanto o está a ler. Brontë foi apenas o veículo que trouxe o livro até nós.

# 532 | SARA BELO LUÍS, 26 DE OUTUBRO, 2006

Quando digo que ninguém escreve como eu, não implica vaidade nenhuma. Não foi feito por mim, a única coisa que fiz foi esvaziar-me para o receber.

### 9. AS EMOÇÕES

Não há sentimentos puros. O que eu quero pôr dentro de um livro é tudo. Quero pôr a morte, a vida, o amor e a alegria. Como a morte nos preocupa mais do que a vida, temos tendência para ter visões parcelares do que estamos a ler. Tal como em relação às pessoas, vivemos com fragmentos delas e não com elas todas. Tal como em relação à nossa própria vida – temos muitos quartos, vivemos em dois ou três quartos e de modo nenhum abrimos as portas dos restantes. Não podemos aplicar a estes livros o mesmo código, a mesma escala, o mesmo alfabeto. Estes meus últimos livros têm que ser lidos de maneira diferente, Nunca pensei se as minhas personagens estão loucamente apaixonadas ou se pelo contrário se odeiam imenso. Não é isso que me interessa. O que me interessa é o mais fundo de nós, o negrume onde depois as paixões e as emoções podem brotar. O que me interessa é o que está antes de elas florescerem ou de se manifestarem.

### 10. AS REFERÊNCIAS

Só há dois ou três escritores que eu considero meus colegas – Tolstoi, Conrad, Proust, Tchecov, Gogol... O problema é que, enquanto no século XIX tínhamos 30 génios, hoje, só encontramos três ou quatro grandes escritores no mundo inteiro. E, mesmo assim, temos que andar com uma candeia acesa. Há muito poucos escritores bons, ainda menos escritores muito bons. Perante a maior parte dos livros que se publicam, pergunto-me: porque é que publicam isto? É difícil escrever livros bons, sendo jornalista, médico, engenheiro ou escriturário. Um livro precisa de nós por inteiro. Aqueles nomes de que falei só escreviam, tinham todo o tempo. E muitos deles escreviam com grandes dificuldades materiais porque ninguém enriquece a escrever. Se uma pessoa enriquece a escrever, os livros não são bons. Irão, depois, isso sim, enriquecer os herdeiros. Todos os anos, *Terna é a Noite* vende não sei quantas vezes mais do que vendeu durante toda a vida de Francis Scott Fitzgerald. Até à morte de Céline, *Viagem ao Fim da Noite* vendeu 16 mil exemplares. Citando Shakespeare, Stendhal escrevia sempre no fim dos livros: «*to the happy few*». A grande literatura é lida por poucos. Há tempos, Philip Roth, que sem ser um grande escritor me parece um bom contador de histórias, dizia que os leitores da *Anna Karenina* serão um clube de 150 pessoas.

## 11. OS TÍTULOS DOS LIVROS

Gostei do título *Ontem Não te Vi em Babilónia* (inscrito em escrita cuneiforme num fragmento de argila, 3000 anos a.c.) porque me fez sonhar. Andei muito tempo a perguntar quem é que teria escrito aquela frase e para quem. Uma mulher para um homem? Um homem para uma mulher? Um pai para um filho? E, ao mesmo tempo, é como se fosse: ontem não te vi no café, ontem não te vi no restaurante, ontem não te encontrei. Além do som da palavra Babilónia, que tem para mim muitas conotações. Lembra-me logo o Camões, por quem eu tenho uma imensa admiração. Acho que ele inventou o português moderno, que é o António Lobo Antunes da poesia. Não faço a menor ideia de como é que aquele título se relaciona com aquelas personagens. Até que ponto é que o nome António se relaciona comigo? Normalmente, os títulos só começam a aparecer a dois terços do livro. Não é nenhuma angústia porque sei sempre que ele vai aparecer, é apenas uma questão de tempo. O que é curioso é que, depois, sem que se dê conta, é o título certo para o livro.

## 12. AS NOITES

Tenho a impressão que as emoções se vão esbatendo nas personagens e que, como nos sonhos, a voz flutua. Sobretudo nos últimos livros (que era por onde eu deveria ter começado, não devia ter publicado os primeiros), tenho sempre a sensação que a tristeza ou a alegria já são vividas como um estado segundo. Estou a contar um sonho, estou a escrever sonhos e os sonhos, em si mesmos, não são alegres ou tristes. Somos nós a despertar, temos uma recordação deles, que pode ser de tristeza ou de alegria. Quero que o leitor, durante a leitura, fique todo mergulhado. Ao sair do livro, foi uma grande alegria ter conseguido escrever o que escrevi. É isso que eu quero que o leitor entenda. Quando à noite atravessa a sua casa com as luzes apagadas e passa pelos sítios onde estão os livros, os livros bons são florescentes, os bons livros estão iluminados. Os outros, pelo contrário, não se dá por eles, estão na escuridão. Somos sempre capazes de encontrar os livros bons, de lhes estender a mão, de saber o lugar deles. Como se eles nos dissessem: «Sou eu, estou aqui.»

## 48. ALEXANDRA LUCAS COELHO

# *"Tenho a sensação de que ando a negociar com a morte"*

*Público*/Pública,
29 de Outubro, 2006, pp. 44-54

Diz de si próprio que está cada vez mais autista, mas acaba por falar do Iraque e de Israel. De elogiar Sócrates, Cavaco, Soares, Ribeiro e Castro. Acha que é óbvio que o Governo é corajoso e os sindicatos são primários. De resto, não tem tempo para o mundo. Acaba de publicar "Ontem não te Vi em Babilónia". Tem outro livro pronto. E começou a escrever outro, à volta de um autista.

Ainda não é desta que pode morrer (na última entrevista ao PÚBLICO tinha dito que já podia morrer). Deram-lhe uma coisa, é o que ele acha. É o emissário de um rei desconhecido, como no soneto de Pessoa (que, aliás, não é um escritor dos seus). Por isso, ao fim de um mês sem escrever sente-se infiel. Não só ninguém escreve como ele (repete ele, e é verdade), como escreve "cada vez melhor".

A arrogância é um luxo a que António Lobo Antunes se pode dar, como poucos. E dá, com um quê de quem sobretudo se diverte a ver a cara dos outros.

Ainda escreve cada vez melhor, podia ele acrescentar. É a cada livro que estende o limite. Não vê muitos para a frente e tem horror à decadência.

Entre o dia em que esta entrevista aconteceu (segunda-feira) e hoje, aconteceram, pelo menos, a sessão de lançamento do novo livro, "Ontem não te Vi em Babilónia", com José Eduardo Agualusa e Ricardo Araújo Pereira, a publicação de uma entrevista e a transmissão de outra.

# 536 | ALEXANDRA LUCAS COELHO, 29 DE OUTUBRO, 2006

Quando propôs esta entrevista à *Pública*, a editora Dom Quixote disse que o António Lobo Antunes estava com vontade de falar sobre o mundo.

**[ALC]** O título "Ontem não te Vi em Babilónia" aparece em "escrita cuneiforme num fragmento de argila, 3000 anos a. C.", diz a epígrafe. Onde é que encontrou isto?

**[ALA]** Num livro de um poeta cubano de que gosto muito, Eliseo Diego. Conhece?

**[ALC]** Não.

**[ALA]** Viveu sempre em Cuba. Era próximo do Lezama Lima, do Virgilio Piñera, dessa geração, e depois claro que teve vários problemas com o regime. A obra completa está publicada na Siruela, (editora) onde eu estava, em Espanha. Poesia, traduções e pequenos textos. Um deles era sobre essa placa, que só tinha essa frase, e outras inscrições antigas.

Eu já tinha acabado de escrever este romance, ou estava a acabá-lo.

**[ALC]** Portanto, encontrou a frase em espanhol.

**[ALA]** Sim. "Ayer no te vi en Babilonia."

**[ALC]** Um grau de coloquialidade que dificilmente imaginamos 3000 anos antes de Cristo.

**[ALA]** Fiquei a pensar quem tinha mandado aquilo para quem. Tinha um ar quotidiano. Ontem não te vi... Ontem não te vi no Corte Inglés... Ontem não te vi no café...

Ao mesmo tempo descobri noutro livro cartas de um pai para o filho com cinco mil anos, no Egipto: "Se não estudas, nunca serás nada na vida." Como agora.

E depois, ao reler o Ovídio – sobretudo o que leio são sempre os mesmos, Horácio, Virgílio e Ovídio, e tento traduzi-los, assim (põe o punho em cima da mesa e espeta indicador e mindinho), sujeito, verbo...[] é espantoso o que conseguem fazer com aquela língua –, há um poema em que Ovídio se queixa da luta do pai para ele não escrever poesia, dizendo-lhe que ele nunca será nada, que vai passar uma vida de miséria. Surpreendente é a modernidade daquelas considerações.

**[ALC]** Estava a acabar o livro quando encontrou a frase...

**[ALA]** Como tinha acontecido no "Exortação aos Crocodilos", que era um título de Chuang-tsé numa tradução do Octavio Paz.

E como acontecera no livro que está pronto e sai para o ano, um mais pequeno, que acho que é de longe a melhor coisa que já escrevi: "O Meu Nome É Legião"... Estava a ler o Evangelho Segundo São Lucas quando Cristo encontra um homem possesso pelos demónios e lhe pergunta: "Como te chamas?" E ele responde: "O meu nome é Legião."

Os títulos são assim, normalmente quando escrevo não tenho título.

[ALC] Acaba de sair um livro seu e já estamos atrasados. Há outro pronto.

[ALA] São publicados em Portugal com atraso, para dar tempo aos tradutores.

[ALC] Este está pronto desde Fevereiro de 2005.

[ALA] Sim, mais ou menos.

[ALC] E terminou-o em Jerusalém?

[ALA] Estive lá uma semana, de maneira que tive muito tempo livre. Porque de cada vez que queria ir a algum sítio tinha de dizer com horas de antecedência, por causa da segurança, para limparem as ruas. E tinha um apartamento enorme. Era o primeiro edifício que fizeram fora das muralhas.

[ALC] Mishkenot Sha'ananim (hoje, centro cultural e residência de artistas).

[ALA] Tinha um apartamento com quatro divisões. Havia um senhor que se ocupava só de mim. Tinha um "chauffer" extraordinário que falava um espanhol perfeito. Era do Uruguai e tinha um curso universitário. O que me levou a duvidar um bocado que fosse apenas um "chauffer"...

[ALC] Foi lá que encontrou o título? Neste livro, as vozes, principalmente duas mulheres e um homem...

[ALA] Acho que é sempre a mesma. Ainda agora estava em Estocolmo a falar com um homem da Academia e ele dizia isso: "Dizem que os seus livros são polifónicos, mas é sempre a mesma voz."

[ALC] ... falam enquanto a noite vai caminhando para a manhã. O Portugal que aparece é o do Estado Novo. Por que é que para si fez sentido o título "Ontem não te Vi em Babilónia"? O que é que pensou quando viu a frase?

[ALA] Achei que era adequado para o livro. Como é que hei-de explicar? Dantes trabalhava com planos, tudo isso. Agora não. Ao começar este livro, primeiro, queria escrever um livro – os últimos livros partem de uma decisão: agora vou começar. E a única coisa que

# 538 | ALEXANDRA LUCAS COELHO, 29 DE OUTUBRO, 2006

tinha na cabeça era: como é que a noite se transforma em manhã. Mais nada. Comecei a escrever e depois achei que aquele título era adequado. Não há nenhuma razão lógica. Tem de haver uma razão afectiva, mas que me escapa. Na altura fiquei muito contente. Acho a frase muito bonita, muito eufónica.

**[ALC]** Na crónica que escreveu em Jerusalém diz que há nomes que fazem sonhar. Babilónia é um nome assim.

**[ALA]** É. Por várias vezes pensei pôr essa palavra no título de um livro. Sempre me fez sonhar. E mais me fez sonhar com o Camões, também – de quem cada vez gosto mais. Cada vez mais me parece que ele inventou o português moderno. E ainda fiquei a gostar mais dele depois de ler o que Quevedo escreveu sobre Camões. Se tivesse que escolher um escritor só, a seguir a mim, escolhia o Quevedo.

**[ALC]** A seguir a si escolhia o Quevedo...

**[ALA]** Deve ser das poucas coisas em que estou de acordo com o Borges, quando ele dizia que o Quevedo não era um escritor, era uma literatura. Extraordinário. Escreveu poesia e teatro, as cartas são espantosas, e o humor. Por exemplo, aquele começo de um soneto (começa a dizer, de cor):

"Retirado en la paz de estos desiertos/con pocos, escojidos, libros juntos /vivo en conversación con los difuntos /y escucho con mis ojos a los muertos..."

Já viu a maravilha disto?

(Só uma pequena variação do original no verso "con pocos, pero doctos libros juntos")

**[ALC]** Sabe muito do Quevedo de cor?

**[ALA]** Sei muitos poetas assim de cor. Mas isto é extraordi[n]ário. É quando ele sai de Madrid, na sequência de uma série de problemas. (Repete a quadra) "Y escucho con mis ojos a los muertos"... este verso é uma coisa espantosa. Como é que se chega a isto? Já reparou?, não há um adjectivo. É perfeito. O problema é como se consegue isto em 400 páginas.

**[ALC]** Quando disse "Se tivesse que escolher um escritor, a seguir a mim...", pensei que ia dizer Camões.

**[ALA]** Honestamente, se tivesse que escolher um escritor escolhia--me a mim.

**[ALC]** Sim, depois de si, pensei que ia dizer Camões.

**[ALA]** O Quevedo tinha uma enorme admiração pelo Camões. Imitou-o, no bom sentido, variadíssimas vezes. Nasce no ano em que o Camões morre, 1580. Não acho que o Camões tenha... O Quevedo era mais extenso... A gente não pode comparar. A única vez que estive num júri de um prémio foi há muitos anos, eram dois livros tão diferentes, como é que se podia escolher entre um e outro? Estava no júri também o Fernando Assis Pacheco, e eu disse-lhe: "Olha, vota em quem quiseres e diz que voto como tu." Não fui à reunião nem nada. Estava tão embaraçado com aquilo. Quem sou eu para julgar? Obviamente sou um péssimo crítico, está tudo distorcido pela minha maneira de ver. Por que é que gosto de tão poucos escritores? De quatro ou cinco, cada vez menos?

**[ALC]** Babilónia tem um eco no Iraque. Pensou nisso?

**[ALA]** Não. Era apenas a magia do nome. "Babilónia", que me encantava, depois o "ontem não te vi". Depois achei que... Sei lá, acho que António não é um nome bom para mim, devia ter outro nome qualquer. Só se devia dar o nome às pessoas quando elas já são grandes.

**[ALC]** No meio das vozes do romance, quase no fim, aparece um parêntesis a dizer "(chamo-me António Lobo Antunes, nasci em São Sebastião da P[e]d[r]eira e ando a escrever um livro)".

**[ALA]** Cada vez deve aparecer mais nos últimos livros. São dois corpos. Eu um, o livro outro. Dois organismos vivos. O livro começa a correr bem na escrita quando eles se começam a fundir. Os primeiros capítulos são horríveis. Faço não sei quantas falsas partidas. Ainda não é isto, ainda não é isto... É como tentar lembrar-me de um número de telefone: 427, não; 417, não; 428... Até a voz encontrar o tom demora muito tempo. Muitas vezes é uma voz menos importante do que as outras, aquela que vai ocupar o livro todo, que às vezes demora meses a chegar, e eu vou fazendo sucessivos começos.

**[ALC]** O momento em que aparece o parêntesis corresponde a quê?

**[ALA]** Apareceu-me assim na mão.

**[ALC]** Há vários momentos em que vai dialogando com o que está a escrever, e depois há um em que está lá o seu nome. Lembrei-me porque falou do seu nome próprio.

**[ALA]** O que é extraordinário é que foi desde que deixei de fazer planos que isto começou a acontecer. Aquilo é uma coisa com uma realidade tão densa e está em constante diálogo comigo. Tenho a certeza de que não sou capaz de escrever, não é? E depois então começo. E aquilo transforma-se... É uma luta, é um combate, é uma relação. Eu devia ter começado a publicar só a partir de "O Esplendor de Portugal" (o 12º romance)...

**[ALC]** Neste, temos o Portugal da ditadura, dos subúrbios, da província, recorrente na sua obra. Entre os projectos de livros que tem, não faz sentido aparecer o mundo fora do Portugal das últimas décadas, da colonização, da História?

**[ALA]** Mas isto é um Portugal inventado.

**[ALC]** É o seu mundo, certo.

**[ALA]** Por exemplo, nunca mais voltei a Angola, sei lá se Angola é assim. Não existe, é um território ficcional. É o meu Yoknapatawpha (território ficcional de William Faulkner). É a Chicago do Hemingway, que também não existia assim de certeza. É o West Egg de Scott Fitzgerald, que não era assim de certeza.

**[ALC]** Mas nesse seu território não cabem outros lugares? Por exemplo, está em Jerusalém, a corrigir "Ontem não te Vi em Babilónia". Não há nada que o faça ter vontade de fazer aquilo entrar num livro?

**[ALA]** Não sei se vai aparecer num outro. Aliás, não vou escrever muitos mais.

**[ALC]** Quantos tem na cabeça? Agora começou a escrever um, não é?

**[ALA]** Estou a tentar, não sei se é, ainda... Mais três livros, no máximo. Porque acho que não vou ser capaz de manter esta altura. O problema é que não me imagino sem escrever. Se calhar vou escrever policiais, porque depois tenho de fazer qualquer coisa.

**[ALC]** O mundo contemporâneo interessa-lhe? Poder sugá-lo para dentro do seu mundo?

**[ALA]** Para escrever, não. Porque nos últimos livros tenho vindo a descobrir coisas que não sabia que existiam dentro de mim. Estou cada vez mais autista.

**[ALC]** Por exemplo?

**[ALA]** Estes livros todos, os últimos. Um livro de que gosto particularmente, "Não Entres tão depressa Nessa Noite Escura".

**[ALC]** Ainda pensa que foi o mais difícil?

**[ALA]** Não sei dizer. A minha cabeça não vai tão fundo como nos livros. E não é a cabeça. É o livro que fica inteligente. Hoje estava a pensar uma série de coisas da minha vida prática que tenho de resolver – com muito maior dificuldade do que a escrever. Hesitações, infanti-

## "'TENHO A SENSAÇÃO DE QUE ANDO A NEGOCIAR COM A MORTE'" | 541

lidades. Ao passo que no livro, a partir de certa altura, a segurança é absoluta. Isto só me acontece de há uns tempos para cá.

**[ALC]** A segurança é absoluta?

**[ALA]** A partir do meio do livro. Não sei o que vou escrever, mas... Há alturas em que escrevo a chorar, por exemplo. Isto nunca me tinha acontecido nos primeiros livros. E não é de tristeza, é uma alegria enorme. Nunca tinha tido um sentimento assim. Muito mais intenso que um orgasmo. Não acontece todos os dias, mas acontece por momentos, com uma força tremenda. É uma coisa recente, dos últimos três ou quatro livros.

**[ALC]** Diz que está cada vez mais autista. Mas segue o mundo, a actualidade, lê, interessa-se?

**[ALA]** Ler, leio. Leio imenso. O problema é que leio cada vez menos ficção, começo logo com vontade de corrigir. E acho muito fraco. No século XIX havia trinta génios a escrever – agora se houver três ou quatro é muito... – Tolstoi, Turgueniev... por exemplo, este foi uma aquisição recente. Durante anos não estava preparado para ler o Turgueniev. Podemos continuar, P[u]shkin... Depois, em Inglaterra, só as Brontë eram três. E se eu tivesse que escolher um romance só, escolhia "O Monte dos Vendavais", aquilo não é romance nenhum, é uma coisa... Continuo apaixonado por ela, é uma coisa extraordinária. Depois o Lewis Carroll, e o Dickens, e o Thackeray e o Wilkie Collins, o Hawthorne, o Mellville, o Whitman, a George El[]iot, etc[.], etc. Agora não há, não é?

**[ALC]** Não lhe estava a perguntar por livros. Era uma tentativa de o fazer falar da actualidade. Lê jornais? Acompanha o mundo à sua volta? De que forma é que isso convive com o seu mundo?

**[ALA]** Às vezes ouço as notícias no carro.

**[ALC]** E é tudo? Não lê jornais?

**[ALA]** É praticamente tudo. Não leio jornais, é muito raro ver um noticiário na televisão.

**[ALC]** Uma das suas filhas foi ao Iraque. Nessa altura seguia mais a actualidade?

**[ALA]** Nessa altura estava preocupado. É evidente que me indignou a invasão do Iraque. E é evidente que, às vezes, naquelas crónicas me apetece falar de coisas, mas não faço, porque seria injusto. Se eu atacasse alguém, vamos supor, a pessoa não podia responder. Ou respondia com uma carta ao director. Não tinha o mesmo reflexo.

**[ALC]** Está a falar de quê? Atacar alguém...?

**[ALA]** Estou a dizer que podia falar desses temas, do Governo, da oposição, do Iraque, do Líbano, do julgamento da Casa Pia, ou não sei o quê.

**[ALC]** Mas não lhe interessa.

**[ALA]** Claro que me interessa. Mas tenho a sensação de que ando a negociar com a morte. Só mais um livro, só mais um livro... Vejo morrer tanta gente, de todas as idades. Queria ainda deixar esses livros. Portanto, tenho metido o tempo todo nisso. Mas claro que me interessa, e indigna-me e isso tudo. Agora há um livro do Carlos Fuentes, chamado "Bush" ("Contra Bush", 2004). Penso: "É importante escrever isto." Mas eu não posso escrever isto. Não tenho tempo. Há livros que gosto de ler mas que não gostaria de ter escrito.

**[ALC]** Por exemplo, quando se discute o choque das civilizações...

**[ALA]** Eu nunca discuto.

**[ALC]** Essa discussão diz-lhe alguma coisa?

**[ALA]** Eu normalmente estou calado.

**[ALC]** Tudo o que aconteceu depois do 11 de Setembro...

**[ALA]** Interessa-me, mas não falo. Sei lá, por exemplo, todas as quintas-feiras vou jantar a casa dos meus pais, com os meus irmãos. E praticamente fico a ouvi-los. Gosto de ouvir pessoas inteligentes.

**[ALC]** Quando ganhou o Jerusalem Prize, no ano passado, hesitou antes de ir?

**[ALA]** Não. Porque vinha acompanhado da garantia de que eu podia chegar lá e dizer o que quisesse em relação ao problema palestiniano, que me indigna muito. E não falei sobre isso.

**[ALC]** Mas porque não quis.

**[ALA]** Não quis ser indelicado. Era um convidado. Naqueles dias era a pessoa mais importante que lá estava. Tinha aquela segurança toda, o primeiro-ministro... Não quis. Achei que era indelicado. E achei que não era altura. Falei sobre isso com um amigo meu, o Amos Oz. E não gostei da posição que ele agora tomou, pró-guerra (no recente confronto entre Israel e o Hezzbollah libanês). Nem entendo. Somos amigos, gosto muito dele. E gosto de olhar para ele porque é um homem bonito. Temos muita coisa parecida. Fui à Roménia entregar aquele prémio Ovídio...

**[ALC]** Têm muita coisa parecida?

**[ALA]** Mas ele é mais bonito.

**[ALC]** O que é que fez mais nessa semana em que esteve em Israel?

**[ALA]** Corrigi o livro. Estava com uma infecção num dente, a tomar antibióticos e coisas para as dores. Um dente ou uma angina... uma angina. Tive de fazer aquele roteiro turístico. O Santo Sepulcro. Masada, que achei uma chatice.

**[ALC]** De que é que gostou? Ou o que é que o impressionou?

**[ALA]** Uma vez perguntaram ao Marcel Aymé, quando ele foi à América, o que o tinha surpreendido mais em Nova Iorque. Respondeu: "Ter lá estado." Não... O horror do aeroporto. A bagagem, o interrogatório. Mostrei a carta a explicar por que ia lá, mesmo assim continuaram, os livros eram vistos página a página... Depois o clima permanente de medo. Depois a sensação de que aquele Estado foi criado sobre o ódio. O ódio dos alemães. O Holocausto, sempre, sempre, sempre. Levaram-me a um bairro alemão. E eu perguntei ao senhor que estava sempre comigo: "Então e os alemães?" "Ah, isso corremos com eles todos."

Como me chocou, por exemplo, dizerem que não tinham relações sexuais com não-judeus.

**[ALC]** Mas quem é que lhe disse isso?

**[ALA]** Esse senhor. E não foi só ele. Como me chocou, por exemplo, se sou judeu posso ir para lá morar, mas se sou judeu etíope só aceitam 300 por ano. Como me chocaram os sábados, aquilo tudo deserto, com os carros que não se podem guiar. E depois não era nada do que eu esperava, pensava que a Terra Prometida fosse muito bonita. São pedras e areia. Tudo amarelo...

**[ALC]** Depende das horas.

**[ALA]** Eu estava lá de manhã à noite (ri-se). Mas também era Inverno, estava frio... Depois a tensão constante em que as pessoas vivem. Na altura, até o túmulo da mulher do Sharon tinha guarda-costas. Quando eu lá estava, houve uma grande erupção de revolta dos colonos contra o Governo, o clima era de uma tensão muito grande.

**[ALC]** Era pouco antes da retirada de Gaza. Foi aos territórios palestinianos?

**[ALA]** Não. Levaram-me a uma aldeia de beduínos, que não era aldeia nenhuma... Fui à parte árabe de Jerusalém... Mas eu sou um mau turista. Por exemplo, agora quando estava em Estocolmo. Fui ao Museu de Arte Moderna, passei lá a tarde inteira diante de um Rothko, um pintor que me deslumbra. Pouco mais. Depois já estava farto, porque tinha o livro, e queria voltar para o quarto para estar com o livro. Quando estou a escrever e viajo, faço sempre uma combinação para me darem cinco horas para estar com o livro.

Não gosto de viajar, de ser turista, não tenho curiosidade de ver as igrejas, os museus. Gosto de estar sentado num banco a ver as pessoas passar. Mas na Suécia estava frio, já.

Em Jerusalém, a minha sensação era: "Afinal é só isto?" O Calvário é uma coisa debaixo de uma placa de vidro. O Monte das Oliveiras, como dizia o meu editor espanhol, tinha uma oliveira. Estava a exagerar, mas tudo era muito pequenino. Eu imaginava aquilo com a grandiosidade dos meus olhos de miúdo diante do catecismo. Acontece-me com todas as cidades, quase.

**[ALC]** Abaixo das suas expectativas.

**[ALA]** Eu não estava à espera de muita coisa. O que ficou abaixo da minha expectativa foi o desconto que fizeram ao dinheiro do prémio. A parte dos impostos.

**[ALC]** Enquanto lá esteve deu pelo menos uma entrevista ao "Jerusalem Post". Não lhe fizeram perguntas políticas?

**[ALA]** Não, nenhuma. Sabe, e quando fazem perguntas políticas normalmente não respondo. Porque descobri – parece-me, é cada vez mais claro – que a escolha política é a mesma coisa que a escolha de um clube, é muito mais afectiva do que racional. Se fosse racional, toda a gente pensava da mesma maneira politicamente. Da mesma maneira que se a escolha de um clube fosse racional toda a gente era de um clube – na minha opinião, obviamente, toda a gente era do Benfica.

Por exemplo, o meu avô, de quem tenho o nome e mais nada, segundo ele. Era fascista, salazarista, monárquico, reaccionário, católico, e no entanto era a pessoa mais tolerante que conheci. Há um homem, por exemplo, do CDS, de quem sou muito amigo. Não o vejo há muitos anos mas continuo a ter por ele a mesma ternura e o mesmo amor, o Ribeiro e Castro. É muito inteligente, muito sensível, profundamente tolerante, ao contrário do que parece, democrata no mais nobre sentido da palavra, um homem que tive o privilégio de conhecer e de quem fiquei a gostar muito até hoje. Aquilo que ele pensa politicamente não é o que eu penso, mas essas escolhas não são racionais. Uma pessoa não é de direita porque chegou à conclusão que. É como os comunistas, aí entramos na matéria de fé. Não entendo como é que se pode ser comunista. Racionalmente, não entendo como é que se pode pertencer àquele fóssil que ainda continua a respirar de vez em quando. Mas isso é inevitável em qualquer partido. Todos os partidos são obviamente reaccionários, no sentido em que têm de ser conservadores, se não deixavam de existir.

[ALC] De que outros políticos pode dizer o que disse de Ribeiro e Castro?

[ALA] Este, conheço-o pessoalmente. Conheci-o de maneira bastante íntima.

[ALC] Não conhece pessoalmente outros? Conhece.

[ALA] Conheço o Mário Soares, obviamente, que é talvez o homem com mais charme que já vi na vida. É capaz de gestos de delicadeza extraordinários.

[ALC] Foi a sua escolha nas últimas presidenciais.

[ALA] Não tinha outro remédio. Ele convidou-me para almoçar, a mim e ao Júlio Pomar. Não resisto à amizade.

[ALC] Enquanto o seu irmão João Lobo Antunes era mandatário de Cavaco Silva.

[ALA] Era.

[ALC] Disse uma vez que, mesmo sendo um homem de esquerda, achava que Cavaco tinha sido o melhor primeiro-ministro.

[ALA] Disse?

[ALC] Numa entrevista (a Adelino Gomes, Mil Folhas (Público), 9-11-04).

[ALA] Tenho gostado bastante deste. O actual. Um homem muito corajoso. Fala pouco, aparece pouco. Estou muito grato ao doutor Santana Lopes por o ter eleito.

Claro que conheço outros. Sou amigo do general Ramalho Eanes, do doutor Jorge Sampaio muito antes de ele ser Presidente – sou muito amigo do irmão, não é? (o psiquiatra Daniel Sampaio, que conseguiu a publicação de "Memória de Elefante", o primeiro romance de Lobo Antunes, depois de recusas). Ele era mais velho do que eu. Fascinava-me na praia os jogos que ele fazia, que inventava sozinho.

Eu ficava a assistir àquilo. Conheço presidentes da República, agora ministros... tenho um irmão que é secretário de Estado (dos Assuntos Europeus, Manuel Lobo Antunes). Não o conheço assim tão bem. Uma vez perguntei ao Pedro, que é outro irmão meu: "Como é que ele é?" Disse: "É como nós."

**[ALC]** Perguntou ao Pedro como é que era o Manuel?

**[ALA]** Sim. (António, o mais velho dos seis irmãos, tem 16 anos de diferença de Manuel, o mais novo.)

Em relação aos meus irmãos e às pessoas de quem gosto, a minha atitude é muito clara: mesmo que tomem decisões com que não concorde, defendo-os até ao fim. Para fora. E a eles não digo nada.

**[ALC]** Por que é que acha que o primeiro-ministro tem sido corajoso?

**[ALA]** Pelas mesmas razões que toda a gente acha. É óbvio. Vamos ver é se vai continuar a ser assim.

Qualquer pessoa que não seja sectária tem de fazer uma avaliação positiva deste Governo. Deixa o PSD sem margem de manobra, porque encosta o PS à direita, o Ribeiro e Castro é muito mais à esquerda porque é um democrata-cristão, e portanto o espaço do PSD é muito estreito – não queria estar na pele do presidente do partido.

Da mesma maneira que acho que o actual Presidente da República tem sido um excelente Presidente.

**[ALC]** Já são dois elogios que faz a Cavaco Silva.

**[ALA]** Acho que tem sido excelente, mas isso penso que toda a gente está mais ou menos de acordo. É, provavelmente, o melhor Presidente que este primeiro-ministro poderia desejar.

**[ALC]** Portanto, não se queixa do estado da governação em Portugal. Acha que estamos a ser bem governados.

**[ALA]** Sabe, eu conheço muito pouco. Conheço melhor o funcionalismo público, porque fui funcionário público, e era óbvio que era necessária uma reforma de alto a baixo, e as reivindicações dos sindicatos parecem-me completamente idiotas.

O problema do nosso sindicalismo é que, ao contrário do americano, está muito ligado aos partidos. A CGTP está demasiado ligada ao partido comunista, e aquilo é tão ingénuo, tão primário. E depois não oferecem alternativas. Eu se fosse dirigente sindical nunca reagiria assim. Porque os argumentos não colhem. Continuar a ouvir falar nas conquistas de Abril? Por amor de Deus...

(Liga Maria Alzira Seixo, que coordena a comissão para a edição "ne varietur" da obra de Lobo Antunes e está a preparar um dicionário. Fala-se na academia sueca.)

**[ALC]** Leu o Ohran Pamuk?

**[ALA]** Como?

**[ALC]** O Nobel deste ano, o Pamuk.

**[ALA]** Nunca li. Já leu?

**[ALC]** Não li os romances, não conheço a obra.

**[ALA]** Nem conhecia o nome.

**[ALC]** Não conhecia o nome dele antes de o Nobel ser atribuído?

**[ALA]** Não, e mesmo depois – como é que é? Não estou a brincar, não conhecia mesmo.

**[ALC]** Não acompanhou a polémica na Turquia, os problemas que ele teve (por falar no genocídio dos arménios)?

**[ALA]** Não, não sabia nada. O meu editor espanhol mandou-me um ou dois livros, porque o publica também a ele. Mas não os li.

**[ALC]** E não ficou com vontade de ler depois do Nobel?

**[ALA]** Não. Nunca nenhum prémio me deu vontade de ler um autor.

**[ALC]** Também é uma questão que se pode colocar em relação ao Nobel. Para que é que serve?

**[ALA]** Não estava a pensar em relação ao Nobel.

**[ALC]** Onde é que estava quando foi o anúncio?

**[ALA]** Estava na televisão sueca, em Estocolmo, em directo, a dar uma entrevista. Depois queriam que eu ficasse para comentar o prémio. E eu disse que não comentava nenhum prémio. Nunca comentei os que ganhei, não ia comentar os que não ganhei. Quando estava no corredor a vir-me embora é que passaram umas pessoas que disseram à senhora da editora que ia comigo que tinha sido um turco a ganhar.

**[ALC]** Estava na Suécia por causa de outro prémio?

**[ALA]** Não. Porque saiu um livro e me tinham convidado. A altura não foi boa. Não queria estar lá na altura do prémio. Que aliás tem muito menos repercussão lá do que imaginava.

**[ALC]** Passaram oito anos desde que José Saramago ganhou o Prémio Nobel. A cada ano continua a pensar que é possível haver outro Nobel português? Acredita que pode ganhar, ainda?

**[ALA]** Não faço a menor ideia. Gostaria de o ter tido até ao meu pai ter morrido (2004), agora é-me completamente indiferente. Não vai tornar os livros nem melhores nem piores.

**[ALC]** Não acredito que não pense nisso.

**[ALA]** É evidente que é agradável, qualquer prémio é agradável. Mas não é uma coisa que ocupe as minhas noites. Graças a Deus.

**[ALC]** Vi um "site" literário europeu que, antes do anúncio, o punha a si, com o Milan Kundera e o Peter Esterházy como favoritos europeus.

548 | ALEXANDRA LUCAS COELHO, 29 DE OUTUBRO, 2006

**[ALA]** Quem?

**[ALC]** Esterházy, húngaro. É um escritor interessante.

**[ALA]** Não conheço. O último húngaro que descobri e me fascinou foi o Kostolani, não na tradução portuguesa, que é muito má, na espanhola. Aquilo é escrito no gume, sempre à beira do mau gosto. A gente está sempre à espera que ele caia e ele nunca cai.

**[ALC]** E o Kundera?

**[ALA]** Nunca foi escritor que me entusiasmasse. Uma vez estava com o editor francês (Christian Bourgois) a falar de livros de que gostávamos e eu: "Gostas do Beckett?" E a resposta foi: "Je respecte." Há escritores que respeitamos mas de que não gostamos muito.

Escritores recentes de que gostei muito foi, por exemplo, o (William) Gaddis, que morreu há pouco tempo (1998). Escreveu só quatro livros. São extraordinários. Aqui há tempos li um livro de um escritor que me pareceu cheio de força. Ellis... americano, nascido nos anos 60...

**[ALC]** Bret Easton Ellis.

**[ALA]** Exactamente. Achei cheio de força, não tanto pelo que fez ali mas pelo que pode vir a fazer. Nunca será um Gaddis, mas pareceu--me importante.

**[ALC]** Que relação tem com os jovens escritores que o tomam como referência?

**[ALA]** Agora há um pouco por toda a parte, não é? O problema é que a gente apanha os tiques exteriores, que é o que não tem importância nenhuma, a maneira de paragrafar, ou coisa assim. Têm de escrever contra mim. Se calhar faziam coisas boas.

**[ALC]** De escrever contra si.

**[ALA]** Claro, parece-me óbvio. O que me surpreende, e é comovente, é na feira do livro haver imensos leitores de 17, 18, 19 anos, que apanham os nexos deste livros com uma facilidade espantosa, muito maior que pessoas mais velhas, que dizem: "Ah, o livro é difícil." Coisa que sempre me deixou de boca aberta, porque é tudo tão claro na minha cabeça.

Quando comecei a ler o Conrad, achava aquilo uma confusão e depois comecei a ler sem preconceito, e de repente aquilo iluminava--se tudo e eu via tudo. E aí era uma alegria enorme.

**[ALC]** "Ontem não te Vi em Babilónia", não parece fazer parte de ideias antigas. Daquele seu projecto "eu tenho mais três livros para escrever".

[ALA] Não. Da mesma maneira que o seguinte também não. E este, se eu for capaz, também não. É de uma ambição desmedida – pôr um autista a falar. Como é que vou fazer? Até porque não quero repetir a primeira parte de "O Som e a Fúria" (de William Faulkner). Este não é um débil mental, é um autista. Conheci um senhor que tinha um filho autista. Perguntava-lhe, por exemplo, que dia da semana calhou 13 de Agosto de 1325, e ele respondia imediatamente. E eu também sou um bocado autista com a vida que tenho...

[ALC] O espectro do autismo é muito largo. Ele é um Asperger (que não exclui autonomia e uma vida profissional)?

[ALA] Não sei muito sobre isso. Comecei a fazer perguntas, saber como era do ponto de vista clínico. Mas nunca me serviu de nada. Antes daquele livro dos travestis...

[ALC] "Que Farei quando tudo Arde".

[ALA] ... fui falar com travestis e não me serviu para nada. Nunca entrei numa discoteca. Os mundos do travestismo, da droga, são-me completamente desconhecidos. Inventei tudo. E eles estavam mais interessados em falar nas pessoas conhecidas com quem tinham dormido, nas pessoas casadas, importantes neste país, ou que eles achavam importantes, do que propriamente nas suas emoções e sentimentos.

Há-de haver uma lógica interna que me escapa. Este (livro que já está pronto) "O Meu Nome É Legião" é ocupado por um bando de miúdos delinquentes entre os 13 e os 18 anos, daqueles miúdos negros que nasceram em Portugal, que não são bem portugueses nem africanos. A voz é essa, são eles. Foi completamente inesperado. Nunca pensei escrever um livro com um bando de miúdos que roubam carros, roubam pessoas... Como este do autista, não sei o que vai dar. Vou utilizar uma fórmula que era para utilizar no "Legião", que é dividir o livro nos tempos da corrida de touros. E haver de facto a morte do touro, a morte do autista. Sei lá, não sei nada.

[ALC] Compreende-se que a voz desses miúdos, o autista sejam desafios novos. "Ontem não te Vi em Babilónia"...

[ALA] Era muito difícil do ponto de vista técnico.

[ALC] O que é que era difícil?

[ALA] Eles estão a adormecer (entre a meia-noite e as cinco da manhã). Ao longo do livro vão ficando cada vez com mais sono. E portanto os nexos lógicos passam a ser cada vez mais... Isso foi muito difícil.

A ideia veio... Eu adormeço a ler... a gente vai, desce e sobe, não é? E quando descia lia coisas que não estavam lá no livro e que eram muito melhores. E depois quando acordava não estava lá nada daquilo. E então pensei: "Se conseguir um estado próximo deste, escrevo coisas muito melhores."

**[ALC]** O desafio era uma espécie de vigília.

**[ALA]** Como induzir em mim, estando desperto, um estado destes. Depois percebi que conseguia se me cansasse. Por isso normalmente as primeiras duas horas são perdidas. Quando começamos a ficar cansados é que as coisas começam a sair.

**[ALC]** Já dizia isso dos livros anteriores.

**[ALA]** E neste tentei levar isso ainda mais longe. Ficar parecido com aquilo que me acontecia quando estava a ler. Ou então aquilo que o narrador de "O Coração das Trevas" (de Joseph Conrad) diz: "Parece que vos estou a contar um sonho..." Não são romances. Não acontece nada. Não há uma história. Não me interessa nada fazer histórias, cada vez menos. É um bocado isso. Eles (os personagens) sobem e descem...

**[ALC]** O que podia ser o seu quotidiano se não escrevesse? Imagina isso?

**[ALA]** É possível imaginar porque ainda agora passei três meses assim. É horrível. O primeiro mês não foi mau. Depois é uma culpabilidade enorme, ver as pessoas a trabalhar e eu não. Depois uma sensação de infidelidade.

**[ALC]** Para com o seu projecto de vida?

**[ALA]** Não, não. É uma coisa que me deram e que não é minha. Uma vez o Eduardo Lourenço estava a dizer: "Ah, tu fazes-me lembrar um soneto do Pessoa..." Fiquei logo de pé atrás, não é? A minha relação com o Pessoa... É aquele que começa: "Emissário de um rei desconhecido / Eu cumpro informes instruções de além..."

E depois começa a aparecer uma coisa, uns filamentos, umas frases, um esboço de história, que depois eu vou destruir.

Sinto-me é cada vez mais seguro, e isso é muito agradável. Porque é óbvio que cada vez estou a escrever melhor.

## 49. ANABELA MOTA RIBEIRO

# *"«Isto parece um namoro, é impublicável»"*

*Selecções do Reader's Digest,*
Novembro, 2006, pp. 70-79

António Lobo Antunes é o escritor que quer meter a vida toda num livro, num gesto, numa expressão. Traduz magistralmente, em livros inclassificáveis, a essência do humano, na sua grandeza e miséria. Nesta entrevista fala-se de generosidade, do medo, da atenção ao outro. Fala-se dos livros e das razões por que vale a pena viver. E da eternidade.

Nasceu em Lisboa, licenciou-se em Medicina, tem três filhas. Passou dos 60. É publicado no mundo inteiro, com sucesso e prestígio inquestionáveis. Escreve numa letra miudinha. Está mais magro!

**[SELECÇÕES DO READER'S DIGEST]** Dantes, arquitectava os livros; agora, quer desaprender de escrever para que a mão siga livremente e o livro se revele ele mesmo.

**[ANTÓNIO LOBO ANTUNES]** O livro falhava o plano, ia em direcções diferentes daquilo que tinha imaginado. Tornava-se um organismo vivo, com as suas ideias próprias, com uma maneira de ser e uma fisionomia. Exigências, diferentes texturas. Neste livro que vou publicar agora, a única ideia que tinha era: como é que a noite se transforma em manhã. Não tinha mais nada na cabeça. Depois, o problema é o começar. Tem imensas falsas partidas, a gente faz uma, e duas, e três, e quatro, e cinco, até o livro encontrar o caminho dele. Há pessoas que falam em livros polifónicos; a mim parece-me sempre a mesma voz. Que vem ao longo dos livros e vai ganhando modulações diferentes.

**[SRD]** Os seus romances têm vários «eus» que comunicam?

[ALA] Eles não são romances.

[SRD] Então, são solilóquios? Diários?

[ALA] Não sei. Tenho que arranjar uma definição para aquilo. Parecem sonhos, não é? O romance para mim implica uma história, uma determinada estrutura. Claro que a *Memória de Elefante*, o *Fado Alexandrino* são romances nesse sentido. Estes não têm nada que ver com isso, não sei o que são. São livros.

[SRD] Eu gostava de perceber a relação de prazer, de descoberta, de espanto que mantém agora com a vida.

[ALA] Não sei se mantenho: tenho, às vezes.

[SRD] Parece uma relação mais jubilatória.

[ALA] Não sou muito expansivo para fora, e às vezes sou para dentro, mas é um bocado assustador.

[SRD] Porque é que é assustador?

[ALA] Porque uma pessoa fica vulnerável. Fica toda nua. E ao tocarem--lhe, tocam-lhe por dentro da pele. Como se estivesse tudo à vista, como se não fosse possível ocultar nada. Mas isso também acontece quando a gente olha para os outros. Olhar para ver. Quando comecei a dieta, de repente tornei-me diferente. Implicou um sacrifício enorme...

[SRD] O que é que o fez começar a dieta?

[ALA] ... deixar as porcarias todas que gostava de comer, quando estava a escrever a meio da noite e as coisas não me estavam a correr bem. Mamava uma tablete de chocolate inteira, bolachas e bolos e não sei quê.

[SRD] Saboreava o chocolate ou anulava a frustração?

[ALA] Nunca me senti frustrado a escrever, a vida tem sido generosa comigo. Tenho estes momentos de alegria tão intensos. Há alturas em que, quando as palavras são aquelas, está-se a escrever e a chorar ao mesmo tempo. Já me aconteceu.

[SRD] Isso já me aconteceu ao ler um livro seu.

[ALA] Mas são momentos tão raros, é uma alegria tão rara. Parece que é um anjo que está a fazer aquilo pela sua mão, e era exactamente aquilo. Eu não sabia que sabia. Como as crianças que sabem mais do que pensam. Acontece com certas pessoas. Ontem estava a olhar uma senhora velhota, toda deformada, quando estava a andar. Eram oito e meia, ainda era de dia. E, caramba, a velhice é tão injusta, a decadência é tão injusta! Eles não mereciam ser aquilo. Nessas caras, há de vez em quando um olhar, um gesto, e aparece a pessoa que é de facto, que está escondida por baixo daquelas roupas, daquelas deformações dos ossos. O terrível não é ser velho, é envelhecer.

[SRD] O que é envelhecer? É perder a ingenuidade?

[ALA] A vida trata mal as pessoas, a vida é tão injusta. Tenho conhecido hospitais, tenho ido lá como doente, e vejo ali centenas de pessoas. Olhamos para elas e vemos o terror e a solidão, enormes, ali, em todas as idades. E os médicos passam sem olhar. Quando era interno, fazia a mesma coisa, passava com a bata por aquela gente que estava ali indefesa, à mercê.

[SRD] Está a dizer-me que estima cada vez mais a generosidade?

[ALA] Eu não. A gente é que a vê cada vez mais à volta. As pessoas não são assim tão más. Os maus verdadeiros, puros, é raro encontrá--los. Às vezes, entrelaçam as pernas nas nossas e ficamos muito espantados por não conseguirmos livrar-nos deles.

[SRD] Perguntei-lhe porque é que começou a dieta.

[ALA] Porque me estava a desrespeitar demais. E apetecia-me voltar a ser bonito. É engraçado, agora vejo outra vez os olhos das mulheres na rua. Coisa inocente, não é?

[SRD] Olham para si porque sabem que é o António Lobo Antunes.

[ALA] Sabem lá quem é o António Lobo Antunes neste bairro! Não sabem. Não sou locutor de televisão, nada disso. Faço redacções e ninguém me vê nunca nos sítios.

[SRD] Está a posar.

[ALA] Não, não, estou a falar o mais sinceramente que há. Olhe para estes tipos da tasca onde costumo ir comer: não sabem quem eu sou, felizmente.

[SRD] Porque é que procura o anonimato?

[ALA] Sou uma pessoa anónima. Não tenho nenhuma importância colectiva. Faço uns livros que espero que daqui a 500 anos ainda dêem trabalho aos críticos. Já cá não estou para ver. Como os Jerónimos. Entre o Camões e o Vasco da Gama! Vivemos em função de eternidades, de maneira que não morremos nunca. Por exemplo, a minha mãe: são eternidades de um ano, dois anos ou cinco anos. Quando temos 20 anos, vivemos em função de eternidades que nunca vão passar. O que é tremendo é ver um muro no fim da estrada. E para a maior parte das pessoas o muro pode estar a uma distância de três metros, mas esses três metros não vão passar nunca. Olhe a Maria Antonieta no cadafalso, a dizer para o carrasco: «Só mais um minuto, senhor carrasco.» Aquele minuto, para ela, era uma vida inteira.

**[SRD]** Sonha com a sua morte?

**[ALA]** Não. Ultimamente, desde o almoço (com camaradas da guerra), ando a sonhar com a guerra – isso é muito desagradável. Em regra, nunca me lembro dos sonhos. Tenho tanta coisa dentro de mim... Agora, acabei um livro e não tenho nada dentro de mim. Estou aqui tão pobre como um morto. E não sei o que vou fazer depois, vou-me aborrecer aí durante dois ou três meses. E ficar cheio de medo de não ser capaz de fazer mais nada, de escrever mais nada. É um medo constante.

**[SRD]** O que é que o entretém quando não está a escrever? Quando está a escrever, isso justifica as horas.

**[ALA]** Mesmo quando estou a escrever, faço outras coisas. Claro que faço outras coisas, também vivo.

**[SRD]** Pensei que escrever era viver.

**[ALA]** Quando estou sem fazer nada, sinto-me culpado, são muitas horas. É como se me tivessem dado uma coisa que eu tinha que transmitir, e sinto-me infiel. Depois, vejo toda a gente a trabalhar menos. Tenho muito tempo para ler, mas a maior parte dos livros aborrecem-me. Dão-me vontade de começar a corrigir. Sei lá o que é que faço mais... Olho para as coisas. Não tenho os passatempos que as outras pessoas têm, não jogo cartas, nunca fui à Internet.

**[SRD]** Não teme a solidão?

**[ALA]** A solidão não me custa, nunca me custou. Éramos muitos irmãos, mas eu brincava sozinho. E gosto muito da minha família, tive muita sorte. Tentaram tirar-me o menos possível. O problema da educação não é tanto o que dá, é o que tira. Não sei se era fácil ou não lidar comigo. Ao contrário dos outros, não era bom aluno, não ia às aulas, tinha um comportamento permanentemente transgressivo. Isso não devia ser confortável para os pais, os pais querem que a gente tire um curso. Eu disse ao meu pai que queria trabalhar numa biblioteca itinerante da Gulbenkian. Já viu o que era ter aqueles livros todos para ler?

**[SRD]** Ele sentiria vergonha de o filho escolher um caminho assim?

**[ALA]** Ele disse-me: «Ah, se tu queres ser escritor, o melhor é tirares um curso técnico, talvez te ensine a pensar ou te discipline o estudo.» Ele tinha razão. Os primeiros anos do curso (de Medicina) não gostei porque era cadáver, cadáver, cadáver. Mas depois, nos últimos anos, quando comecei a ver as pessoas que sofrem, aí, sim, tornou-se apaixonante.

**[SRD]** O sofrimento dos outros desperta a ternura, que é um sentimento essencial em si.

**[ALA]** Não, porque eu não era capaz de a mostrar.

**[SRD]** Mas sentia-a ou não?

**[ALA]** Às vezes, sentia-me indignado. Por exemplo, no estágio de pediatria puseram-me ao serviço de crianças com doenças terminais. Porque é que crianças de três, quatro anos, iam morrer e sofriam tanto, a chamarem aos gritos pela injecção de morfina? Qual o sentido disto? A pessoa zangava-se com Deus. Eu zangava-me. Contei isto numa crónica: um miúdo de que gostava muito morreu. O empregado embrulhou-o num lençol. Eu estava na porta das enfermarias e vi o homem afastar-se com o miúdo morto ao colo, e um dos pés dele saía do lençol. Isto continua dentro de mim. Como é que vou tirar isto fora? Às vezes, penso que escrevo para este pé. Chamava-se José Francisco, nunca mais esqueci. Sensação de impotência, não podia fazer nada por ele. E era tão alegre.

**[SRD]** Houve um tempo em que foi «tão alegre»?

**[ALA]** Sempre fui mais ou menos como sou agora. É preciso estar com atenção, porque manifesto pouco. É por pudor. Tenho um pudor muito grande, sempre. É terrível as pessoas que têm um coração debaixo de cada objecto.

**[SRD]** Ainda não conseguiu pôr fora o pudor?

**[ALA]** Ai, isso espero mantê-lo. Não quero dar às pessoas aquilo que elas não querem – é desconfortável. Como quando deixa de gostar de alguém e dorme na beirinha da cama na esperança de que não lhe toquem. Nunca lhe aconteceu?

**[SRD]** Não, felizmente.

**[ALA]** Há-de acontecer.

**[SRD]** Espero que não.

**[ALA]** Já sabia que ia dizer isso. Ou os amigos que telefonam a dizer: «Há que tempos que não te vejo, anda almoçar comigo», e não lhe apetece nada. Às vezes não se sabe que afinal não se tinha vontade. E depois não quer ser indelicada. Como ir embora sem magoar as pessoas sem que elas se sintam abandonadas? É um sentimento tão intenso, levamos a vida a ser abandonados, todos nós. Todos guardamos dentro de nós uma criança triste. A maior parte das vidas não tomamos atenção a esta criança, com uma sede inextinguível de amor, de ternura, de atenção. Mozart, naquele concerto que deu para a corte francesa, toda a gente aplaudia e ele foi a correr sentar-se ao colo da Maria Antonieta, aimez-moi, aimez-moi. Em todos nós existe isto. A vontade que gostem de nós incondicionalmente.

**[SRD]** Sublinho o «incondicionalmente».

**[ALA]** Mas é. Até ao fim. Faça a gente o que fizer. Temos sempre a sensação de que as pessoas que gostavam de nós assim já cá não estão, já morreram, e não é verdade.

**[SRD]** Porque é que há um desfasamento entre a sua imagem pública e aquilo que realmente é?

**[ALA]** As pessoas inventam. Nunca me viu com mau feitio. Não sei o que é que pensam. A mim não me dizem.

**[SRD]** Então, digo eu: diz-se que está reconciliado com a vida e com as pessoas e que agora lhes dá oportunidade e espaço.

**[ALA]** Eu não disse que estava reconciliado.

**[SRD]** Houve um tempo em que estava recluso, misantropo, não falava com ninguém.

**[ALA]** As pessoas vão lá saber como é que eu estou! Têm mais que fazer. As pessoas não se preocupam connosco. Há um pequeno grupo de pessoas que gostam de nós, muito pequeno. Para a maior parte das pessoas, somos completamente indiferentes, como é natural.

**[SRD]** O que está a dizer é que mesmo aquelas que se interessam pelo Lobo Antunes escritor, que o admiram, não se interessam pelo seu íntimo reduto.

**[ALA]** Eu não vejo as caras das pessoas que me lêem. Vejo na Feira do Livro ou no estrangeiro quando assino livros, coisas assim. É muito agradável ver as caras das pessoas, vê-las, existem. Há muita gente nova e sinto-me grato, porque me permitem viver disto, viver de escrever. Uma vez, numa sessão de autógrafos, há uns anos, um homem pousou o livro e disse-me: «Ponha aí o seu nome, porque sou eu que lhe pago para você viver.» Tinha toda a razão: se ele não comprasse os livros, eu não podia viver deles. Fui no sábado à Feira do Livro e vi pessoas, mas depois não há tempo para conversar, as pessoas de trás têm pressa e fazem bicha. Acho que fiz sempre mais ou menos como agora.

**[SRD]** Mas as pessoas achavam que era outro: inacessível, maldisposto, vaidoso.

**[ALA]** Sabe, as pessoas são muito especiais. Foram dizer à minha mãe há uns tempos que o meu irmão João operava bêbado. Ele nunca bebeu. Normalmente, não falam para dizer bem. O Oliveira Martins dizia do Costa Cabral: «Pelo ódio que lhe tinham se media o seu tamanho.» Mas não há nenhum motivo para me odiarem, não tenho nenhuma importância.

**[SRD]** A inveja é um grande motivo.

**[ALA]** Sim, mas é um sentimento que se autodestrói. Ninguém sofre tanto como um invejoso. E sofre cada vez mais com aquilo que imagina que são os sucessos do objecto de inveja. E mal eles sabem que a maior parte das vezes o objecto de inveja está cheio de dúvidas e tem mais incertezas do que ele acerca de si mesmo...

**[SRD]** Tem cada vez mais dúvidas?

**[ALA]** Claro que sim. Não tenho muitas gloriosas certezas. Não tenho nenhumas, quase. Somos tão contraditórios...

**[SRD]** É extraordinário quando descobrimos que temos tempestades dentro de nós e que não o sabíamos.

**[ALA]** Uma guerra civil permanente. Se a Emily Brontë fosse viva, estava apaixonado por ela, queria conhecê-la e estar com ela. Claro que sim, uma mulher que tem aquilo tudo nas tripas... É como se estivéssemos cheios de cães que se mordem, que lutam uns com os outros. E as pessoas olham para nós por fora, e se não olharem com atenção... Ainda bem que às vezes não olham com atenção. E agora? Tem aí as perguntinhas todas (na folha que tenho no colo)?

**[SRD]** Quais perguntas? Isto são coisas que disse e escreveu e que eu recolhi. Disse uma coisa espantosa: «Toda a nossa vida é como escrever sem borracha.»

**[ALA]** Não pode voltar atrás e apagar. É uma pena. A quantidade de asneiras que fiz. Coisas seguramente inúteis, a mim e a outros, falta de atenção. Perdoo cada vez menos: egoísmos, coisas mal feitas. Fiz tanta asneira. Voltar atrás é impossível.

**[SRD]** O que é que gostaria de poder refazer?

**[ALA]** Se voltasse atrás? Acho que teria vivido tudo da mesma maneira. Não faço a menor ideia. Não tinha fugido quando a minha avó me dava a mão e eu ficava todo hirto. Me dava a mão à mesa. Me fazia festas nas mãos e eu via as mãos dela, tinha rugas. E ficava muito aflito.

**[SRD]** Aflito porquê e hirto porquê?

**[ALA]** Porque quando nos dão a mão de uma maneira desinteressada desconfiamos sempre. Achamos que há alguma coisa por trás. Ela, coitada, o que é que podia querer de mim? Não tinha nada para lhe dar, era um miúdo.

**[SRD]** Já me tinha ocorrido a palavra «gratuito».

**[ALA]** Para ela era sempre sentido, era amor. E eu talvez me assustasse de tanto amor. Isso assusta-nos, ficamos desprevenidos em face disso. A generosidade não é muito frequente e o amor também não. Quando o meu avô me abraçava na rua e me dava beijos, eu pensava: «Vão pensar que somos um casal de maricas», e esperava que aquilo acabasse o mais depressa possível. E agora tenho umas saudades loucas de quando ele me punha a mão no pescoço. E dizia «António», que era o nome dele também, de uma maneira tão boa. Ou quando telefonava para o meu pai e o meu pai tinha uma voz maravilhosa.

**[SRD]** Sente muitas saudades do seu pai?

**[ALA]** Não. Nem sei o que sinto por ele. Alguma inveja, porque nunca se aborreceu e tinha uma grande capacidade de entusiasmo. É evidente que foi importante para mim. Escrevi uma crónica quando morreu (há dois anos) que diz exactamente o que sinto por ele, e não mudou. A palavra «amor» não sei se é uma palavra que possa aplicar. Deixou-me muitas coisas escritas sobre ele. Fez-me impressão porque nunca tínhamos conversado. Na minha família não se falava das coisas íntimas. É tudo...

**[SRD]** Tácito?

**[ALA]** Sim, *undersaid*. E havia um grande pudor. Então, acerca do sofrimento,..., era uma coisa em que não se falava. Talvez fosse uma forma de elegância. Mas eu sentia alguma falta disso. Apetecia-me pôr a cabeça num colo, mas nunca havia muitos colos disponíveis, nunca há. Ou então há e nós temos medo de lá pôr a cabeça. Ou que ponham a cabeça no nosso.

**[SRD]** Há pouco estava a dizer que não queria perder o pudor...

**[ALA]** Ah, mas há momentos em que me apetece perder completamente. E sentir pele e cheiro e carne e mãos.

**[SRD]** E humanidade.

**[ALA]** Mais do que isso. Uma vida toda em uníssono com a minha. (Hesitação.)

**[SRD]** O que é que ia dizer?

**[ALA]** Parvoíces. Isso não pode aparecer nos jornais.

**[SRD]** Porquê?

**[ALA]** Porque as pessoas têm direito aos livros, não têm direito a mim. Isto não parece uma entrevista, parece um namoro. É impublicável.

**[SRD]** Está a tentar namorar comigo?

**[ALA]** Não. Sei lá. Acho que não se tenta namorar, ou se namora ou não se namora.

**[SRD]** Eu não entendo isto como um namoro.

**[ALA]** As pessoas não são para se cercar como fortalezas sem víveres. São para se entrar lá dentro. Não é ficar à espera de que elas morram à fome dentro da cidade. Quando estava a falar em namoro, estava a falar em dizer coisas que normalmente não se dizem para os jornais.

**[SRD]** Na entrevista, há momentos em que vai falando cada vez mais baixo, cada vez mais baixo; e existe uma coincidência entre o tom e a interioridade daquilo que vai dizendo.

**[ALA]** Sempre falei baixo porque cresci num sítio em que se gritava muito. Desde criança que tenho horror a gritos. Não devo ter gritado mais do que três ou quatro vezes na vida.

**[SRD]** O que é que foi tão grave que o fez gritar e perder a cabeça?

**[ALA]** Das poucas vezes em que me impaciento é com o automóvel. A vez em que me enfureci mais foi na guerra. Por causa de um oficial aconteceram coisas más. Eu pensava que a expressão «borrar-se de medo» fosse uma figura de retórica, e afinal é verdade. O espectáculo da cobardia física é horrível.

**[SRD]** Tinha medo?

**[ALA]** Claro que tinha medo, tinha medo que me fartava. Mas a certa altura deixei de ter medo e as coisas passaram a correr melhor. Por exemplo, houve uma altura em que éramos bombardeados sempre às onze da noite. Comia-se às cinco, porque às seis era noite naquele sítio, perto do equador. E até às onze horas, até começar a metralhadora a que a gente chamava «a costureirinha», taque-taque-taque, era uma ansiedade muito grande. Depois, uma calma enorme. Esses momentos de espera eram terríveis. Gritei essa vez, pouco mais. A pessoa, quando grita, fica feia. Os olhos desorbitam, ficam caras estranhíssimas.

**[SRD]** E fica-se cansado, exaurido, sobretudo se é tão raro.

**[ALA]** Não sei, é uma experiência que não tenho. Cresci num bairro pobre. As mães chamavam os filhos aos gritos, ouviam-se na rua. Ou maridos que voltavam bêbados e havia cenas descomunais. Esses ainda os oiço, esses gritos.

**[SRD]** Pareciam-lhe gritos de afectuosidade, esses das mães que chamavam os filhos?

**[ALA]** Não eram de afecto, elas estavam era furiosas.

**[SRD]** Mas queriam-nos com fúria. Imagino que isto contrastasse com a sua experiência.

**[ALA]** Na minha família também gritavam que se fartavam, do lado do meu pai; do lado da minha mãe, as pessoas eram mais calmas. Era tudo vivido com grande rebuliço, cenas, discussões. Tenho uma memória mais ou menos vaga disso.

**[SRD]** Outra frase sua: «Inquieta-me o tempo que tenho à frente. (Sinto) uma angústia que tento preencher com trabalho.»

**[ALA]** A gente não diz as coisas assim. As entrevistas são situações muito peculiares. Há sempre uma certa tendência para posar de perfil, para dar uma imagem boa ao jornalista e através do jornalista às pessoas que irão ver ou ler. São situações muito artificiais. É difícil que a pessoa seja realmente aquilo que é.

**[SRD]** Queremos sempre que gostem de nós, no fim de contas ...

**[ALA]** Não sei bem se é gostar ... Acaba por ser, mas é um tipo de gostar que é pouco importante.

**[SRD]** Eu achei que íamos falar sobre inocência e medo.

**[ALA]** Então, fale.

**[SRD]** Gosta de falar disso?

**[ALA]** Se gosto? Não. Desde que começámos, estou ansioso que isto acabe.

**[SRD]** É assim tão desagradável?

**[ALA]** É. Não é a vida. A Anabela a fazer o papel de jornalista, e eu a fazer o papel de escritor que está a falar de coisas. Não é essa a imagem que eu tenho de mim para mim mesmo.

**[SRD]** Então acabamos.

**[ALA]** Acho óptimo.

## 50. RODRIGUES DA SILVA

# *"O eremita no seu eremitério"*

*Jornal de Letras, Artes & Ideias*
26 de Setembro, 2007, p. 21[1]

Na têvê, o Belenenses vai aguentando o 0-0 com o Bayern de Munique, ao balcão da minúscula pastelaria o António bebe um *ice tea* e come um pastel de nata com canela, falamos sobre isto & aquilo, depois de eu o ter apanhado no «escritório» onde ele está às voltas com o livro. Não com o que vai ser posto à venda no dia 1 (*O Meu Nome É Legião*), mas o seguinte de que não me quer dizer o título, tão só que será ainda mais pequeno do que as 380 páginas deste, de cujo lançamento não sabe («isso é com a editora»), embora lhe agrade que seja na Cova da Moura («é lá que se passa esta história de um gang de putos que brincam com pistolas, com que é que eles haveriam de brincar?»), apresenta-o o Eduardo Lourenço.

Batera-lhe à porta de surpresa, abraço para cá, abraço para lá, o António «ainda bem que apareceste, mas, olha, nós tínhamos alguma coisa combinada?», eu «não, não tínhamos, deu-me só para passar, a ver se...». O pretexto era o novo livro, não para uma entrevista, para uma pequena conversa («nem trouxe gravador»), mas o António quando me vê pegar na caneta, interpela-me com um «que é que estás para aí a escrever?» que me leva, de imediato, a metê-la no saco.

---

[1] Este número do *JL* inclui também artigos de Agripina Carriço Vieira – "Uma voz que diz... o mal", pp. 18-19 – e de Maria Alzira Seixo – "O romance e a obra", p. 19.

## 562 | RODRIGUES DA SILVA, 26 DE SETEMBRO, 2007

E é então que falamos do que tenho de calar («não contes isto»). E os «istos» multiplicam-se e já não sei ao certo [o] que posso aqui dizer de memória, porque ele houve os afectos, as filhas, as casas, os contratos, os escritores portugueses («vais ver que o Vergílio – Ferreira – ainda é que vai ficar, é profundo...»), nem sei mais o quê e houve ainda (e há) aquele amigo da guerra que na véspera lhe morrera numa curva da estrada (ou seria numa recta?). O António ainda não sabe, mas a fotografia do antigo alferes miliciano («era um tipo bem bonito...») está agora ali, num sépia remoto, à sua frente, à frente do monte de folhas A4, nas quais, à mão, num labor oficinal, ele vai (re)escrevendo o novo romance («a primeira versão já está; vão ser para aí dez até o mandar bater à máquina, ainda vai demorar muito»).

Está igual, o António? Nunca estamos iguais, porque nunca somos os mesmos ainda que julguemos que sim. O António sabe-o e, conformado, diz-me: «Fiz 65 anos no dia 1 (de Setembro), já entrei na terceira idade. Agora somos nós que estamos na linha da frente. Como é que isto é possível!?».

Está igual, o António, igual ao que era quando nos conhecemos, há exactamente 28 anos; sem ninguém dar por isso saíra a *Memória de Elefante*? «Tu sabes, que continua a vender!?» – espanta-se, depois acrescenta que deveria reescrever aquilo tudo de novo, eu que não («escreve mas é mais livros, deixa em paz os que escreveste»), ele concorda (há anos que temos esta conversa...) e passa para o livro futuro ainda em longo trabalho de parto («é só um gajo a falar o tempo todo, não há mais ninguém»).

E é então que, entre dois cigarros, me convida para um breve «anda daí» («preciso de beber qualquer coisa»), atravessamos a rua até à pastelaria em frente, na esplanada um homem diz-lhe da operação que vai fazer, o António recomenda-lhe que não coma nem beba nada depois da meia-noite, o homem «sim, doutor; nada», lá entramos nós no estanco, na têvê o Belenenses resiste ao Bayern, o António «há anos que não vou ao futebol» e conta-me como foi do cancro. Antes, durante e depois, mas a ênfase é a memória dos outros, «aquela gente ali na sala de espera, um monte de revistas na mesa e ninguém lhes mexia; um silêncio, Zé, um silêncio...; mesmo quem ia acompanhado não falava, cada um só consigo – rapazes novos, mulheres, pessoas como nós –; nunca vi dignidade tamanha...»[].

## "O EREMITA NO SEU EREMITÉRIO" | 563

Está igual o António? Não, não está, o cancro marcou-o. Fisicamente, seis meses depois, recuperou («estou outra vez mais gordo...»), mas no resto... E o resto é a lição da vida, face ao temor da morte, e o resto é a urgência, são os romances («eu estava ali e só pensava: 'deixem-me acabar o livro que ainda mal comecei'»). «É o que fica» – acentua, rematando com um «que se lixem os prémios, que se lixem; eu quero é escrever». É o que faz, metido o dia todo naquele armazém inóspito a que só por eufemismo poderemos chamar escritório; a casa que acaba de comprar é a menos de 200 metros («é pequena – onde é que vou meter os livros todos? – mas é aqui»), o eremita encontrou o seu eremitério, já nem precisa de automóvel.

Saímos da pastelaria, voltamos ao poiso inicial, o António diz-me, mas é para si mesmo que diz, «sabes, morrer é mais fácil do que eu pensava» e conta-me de alguém que há anos lhe morreu. Perguntou--lhe as horas, o António «são dez para as seis», esse alguém disse apenas «que hora tão improvável...» e dez minutos depois morria. «Nunca mais me vou esquecer desta frase», diz-me o António, repete depois «que hora tão improvável...», despedimo-nos, já na rua olho eu agora para o relógio e – sabes, António? – é como se o visse sem ponteiros!

## 51. SARA BELO LUÍS

# *"Estou aqui diante de vós, nu e desfigurado"'*

*Visão*
27 de Setembro, 2007, pp. 110-118

Uma dor, um hospital, um exame, um diagnóstico. Uma palavra dita sem eufemismos: cancro. Aconteceu com António Lobo Antunes que, ao publicar o seu novo livro, fala pela primeira vez da doença que o aproximou da morte.

Bastou um dia para lhe mudar a vida. Em Março deste ano, António Lobo Antunes, 65 anos, entrou no Hospital de Santa Maria com o manuscrito em que trabalhava debaixo do braço. E dali já não saiu. A notícia, brutal, de que tinha um cancro, chegaria pouco tempo depois. No mês seguinte, após ter sido operado, escreveu na VISÃO uma crónica na qual revelou o inferno que estava a viver. Agora, seis meses passados, o escritor lança *O Meu Nome É Legião* e, pela primeira vez, conta o que viu e o que sentiu. Sem as meias-palavras das «doenças prolongadas» nem os disfarces dos testemunhos triunfantes. Como ele próprio diz, «com as cartas viradas para cima.»

[V] Ainda tem a sensação de o seu novo livro, *O Meu Nome É Legião*, lhe ter sido ditado por um anjo?

[ALA] Sim, mas também houve partes de *Ontem Não te Vi em Babilónia* que me pareciam ditadas. Quando a mão está feliz, os livros parecem-me sempre ditados. *O Meu Nome É Legião* está pronto há mais de um ano. E, como entretanto já estou a escrever outro livro, vou esquecendo o anterior.[1]

[V] É um livro com um registo mais rápido[2] que os anteriores. Deixou de gostar daquelas longas «sinfonias»?

[ALA] Não tem nada a ver porque, como leitor, continuo a gostar de romances grandes. A questão é que, a partir de agora, os meus livros vão sendo sempre cada vez mais curtos. Não sei explicar porquê – o livro acaba por ter a dimensão que ele próprio exige, é ele quem comanda.

[V] Conhece bairros periféricos de Lisboa como o que retrata?

[ALA] O livro refere-se a um bairro em concreto, embora eu nunca lá tenha estado. Sempre me impressionou o facto de aqueles miúdos não terem raízes de espécie alguma. Não são portugueses, não são africanos, não são nada. Brincam com balas em vez de brincarem com bolas. E no entanto há neles uma sede de ternura, um desejo de amor absolutamente inextinguível. A morte e a vida não têm, para eles, qualquer significado ou, pelo menos, têm um significado muito diferente do que para nós. Na minha ideia, *O Meu Nome É Legião* era por isso um livro de amor. De amor por uma geração, por uma classe social sozinha e abandonada, por um grupo de pessoas desesperadamente à procura de uma razão de existir.

[V] Revê-se naqueles garotos?

[ALA] Quando começo a escrever um livro, não tenho qualquer plano. Aqueles garotos, aqueles polícias e, no fundo, todas aquelas vozes vão-se encadeando de tal modo que sou o primeiro a ficar espantado. Não posso, no entanto, dizer que me revejo neles porque, naquele momento, éramos só uma e a mesma coisa. Uma espécie de relação simbiótica.

[V] Eles estão excluídos deste mundo?

---

[1] Na entrevista integral [www.visao.pt] lê-se ainda: "Tento, aliás, esquecê-lo para evitar fazer uma sequela.
[V] Não voltou sequer a olhar para ele?
[ALA] Não, apenas o folheei. Corrijo os livros tantas vezes e, mesmo assim, fico sempre com a sensação que os deveria ter corrigido ainda mais, que lhes devia ter dado mais uma volta ou duas. Há sempre um «que», um «mas», um advérbio ou um adjectivo a mais. Há sempre palavras a mais.
[2] É um livro mais curto, com um registo mais rápido... [*ibidem*].

"'ESTOU AQUI DIANTE DE VÓS, NU E DESFIGURADO'" | 567

**[ALA]** Estão de tal maneira abandonados que matar pessoas é a única maneira que têm de pedir colo. Não sei, porém, o que se passa na realidade, uma palavra idiota porque a realidade é uma coisa que não existe. Todas aquelas pessoas têm, para mim, uma densidade muito profunda.

**[V]** E, nessa medida, o livro também é uma realidade?

**[ALA]** É a única realidade que existe. Não se trata de viver noutro planeta, mas a verdade é que, quando estou a escrever, a minha vida muda por completo. Encontro uma razão, um motivo e uma direcção[3].

**[V]** Diz que não conhece aquele bairro, mas sempre gostou de subúrbios.

**[ALA]** Aquilo não é sequer um subúrbio. Para mim, o subúrbio é Benfica ou o Cacém. Aquilo é muito pior do que isso. Aquilo é o inferno. Aquelas pessoas vivem num inferno onde eu nunca entrei.

**[V]** Foi ganhando carinho por aquelas personagens?

**[ALA]** Não sei se os leitores entenderão que o livro está a transbordar de amor. Custou-me muito que aquelas personagens morressem. Repare que até o professor não é muito diferente dos garotos – todos estão terrivelmente desamparados. Sempre me comoveu ver o desamparo em que as pessoas vivem. Acho que esta dimensão nunca foi suficientemente notada nos meus livros. Vivemos num certo desamparo, numa certa desprotecção.

4

---

[3] E é óbvio que dou muito mais importância aos livros do que às crónicas, que são apenas...

**[V]** ...uma questão alimentar, como costumava explicar.

**[ALA]** Não, já não. São antes a possibilidade de poder fazer uma espécie de itinerário paralelo. Como quando, em miúdo, andava com o meu avô em estradas paralelas à via férrea, ficando com a sensação de viajar, ao mesmo tempo, no automóvel e no comboio.

**[V]** Diz que não conhece aquele bairro...

**[ALA]** Não conheço aquela realidade do ponto de vista jornalístico. [*ibidem*].

[4] **[V]** Mas essa não é uma característica apenas do último livro.

**[ALA]** Obviamente que não. Lembro-me de começar a escrever *Explicação aos Pássaros* na Alemanha, em casa da tradutora que tinha na altura. Convencido de que estava a fazer um romance completamente diferente, mostrei-lhe as primeiras linhas e ela disse-me que não via ali nada de diferente: «És tu.» Não consigo fugir disto – há sempre é um «outro eu» que escreve. Como quando aquele admirador da Sarah Bernhardt a encontra na rua e pergunta: «É a dona Sarah Bernhardt?» E ela responde: «Serei esta noite.» [*ibidem*].

**[V]** Ficou comovido com o acolhimento que teve agora em Berlim, no Festival Internacional de Literatura?

**[ALA]** Comovido é uma palavra exagerada. Agora, a qualquer lado onde vá, é sempre assim. Torna-se um pouco incómodo porque estive o dia inteiro a dar entrevistas no hotel e, quando saí, havia uma série de pessoas cá fora. Queriam um autógrafo não num livro, mas num pedacinho de papel. Como se eu fosse o Enrique Iglesias.

**[V]** E com o Prémio Camões, que recebeu no princípio deste ano, ficou comovido?

**[ALA]** Agora, de três em três meses, recebo um prémio. Antes, tinha vindo o Prémio Ibero-Americano, depois veio o Camões e, há dias, chegou o Neruda. É muito agradável recebê-los, mas um prémio nada tem a ver com a literatura na medida em que não melhora nem piora os livros. Um prémio é só um prémio.

**[V]** Faz sentido voltar a falar no Nobel?

**[ALA]** Nem penso nisso. Agora menos que nunca.

**[V]** Porquê?

**[ALA]** Porque há coisas muito mais importantes. Tenho a certeza de que os meus livros são muito mais importantes do que qualquer Nobel que me possam dar. Mas não me queria alongar sobre esse assunto, porque me parece que se dá excessiva importância a um prémio literário. Tolstoi e Conrad nunca o tiveram. E eles é que são os meus colegas.

**[V]** Sente-se bem na companhia deles?

**[ALA]** Não estou nada mal (sorrisos).

**[V]** Até se ri...

**[ALA]** Sabe, este foi um ano muito duro para mim. Para além de ter recebido constantes lições de dignidade e de coragem por parte de pessoas anónimas, aprendi a ter ainda mais respeito e admiração pelos portugueses. Compreendi porque é que fomos nós a ir naqueles barquinhos de 14 metros sem quilha, porque é que atravessámos o Atlântico, porque é que fizemos o que fizemos. E fiquei muito orgulhoso quando percebi que o povo ainda é o mesmo. Fez-me lembrar aqueles versos de Sophia: «Esta gente cujo rosto/Às vezes luminoso/ E outras vezes tosco/ Ora me lembra escravos/ Ora me lembra reis». Foi muito bom ter tido essa experiência.

**[V]** Muito bom?

**[ALA]** Aprendi a admirar as pessoas do meu País. E a respeitá-las ainda mais. E a amá-las ainda mais. E a gostar cada vez mais delas. A partir daí, tudo o resto se tornou relativo. Houve coisas que deixaram de ser importantes. E normalmente é quando elas deixam de ser importantes que vêm ter connosco... O que me interessa, neste momento, é poder ter tempo para escrever, viver o suficiente para conseguir acabar o meu trabalho sem decepcionar os que acreditam em mim. Surpreende-me todo este reconhecimento internacional porque, no fundo, só escrevo livros, o que não me dá um mérito por aí além... É apenas trabalho.

**[V]** E muito trabalho...

**[ALA]** Ser pedreiro, médico ou outra coisa qualquer também dá muito trabalho. E ser doente, ser doente dá muito trabalho.

**[V]** Porque é que decidiu escrever aquela crónica da VISÃO, intitulada *Crónica do Hospital*, onde revelava que tinha um cancro?

**[ALA]** Como já havia muitos boatos contraditórios, resolvi aclarar as coisas e dizer a verdade. A crónica foi escrita mesmo no hospital. Mal conseguia escrever, não tinha forças para nada. O que posso dizer é que eu e todos os outros doentes só recebemos atenções. Dos médicos e dos enfermeiros, mas também das pessoas mais modestas que lá trabalham. Se dizem que tratam mal os doentes nos hospitais, a minha experiência foi justamente a contrária. Sempre vi os doentes serem tratados com a maior dignidade. Estou muito grato às pessoas que cuidaram de mim e que tiveram comigo a maior delicadeza.

**[V]** *O Meu Nome É Legião* é, aliás, dedicado a Henrique Bicha Castelo, que o operou.

**[ALA]** Para ele, do ponto de vista emocional, não deve ter sido nada fácil. Porque o Henrique não foi apenas o meu médico, é meu amigo. Para além de ser um cirurgião de renome internacional, é um homem de uma qualidade humana, de uma capacidade de amor, de uma generosidade e de uma ternura absolutamente excepcionais.

**[V]** Durante todo esse período, lembrou-se alguma vez do António Lobo Antunes médico?

**[ALA]** Tudo isto me fez ter saudades da Medicina. Pela primeira vez[5]. E, nos últimos tempos, tenho tido saudades. Agora já é tarde

---

5  Pela primeira vez, tive saudades da Medicina [*ibidem*].

porque a escolha foi feita há muito tempo. Mas, se pudesse voltar atrás, talvez tentasse manter alguma relação com a Medicina.

**[V]** Enquanto não pôde viver da escrita, viu a Medicina como uma forma de ganhar a vida.

**[ALA]** Eu até gostava de ser médico. O meu pai era médico, cresci no meio dos hospitais, mas estar internado é outra coisa muito diferente. Não há nada de mais horrível do que uma noite passada num hospital.

**[V]** As noites passadas num hospital duram mais?

**[ALA]** São infinitas. E é aí que aparece o desamparo. Não estou a falar de mim, estou a falar de uma maneira geral. É óbvio que senti tudo isto. Sofri muito e, ao mesmo tempo, toda esta experiência também me enriqueceu. Sai-se disto com mais amor pela vida e com a sensação de que é uma honra estar-se vivo.

**[V]** Sai-se mais sereno?

**[ALA]** Não lhe sei responder, porque nunca fui uma pessoa de grandes exaltações. É claro que tomei consciência da minha finitude, porque todos vivemos em função de eternidades. Uma pessoa de 20 anos pensa que tem à sua frente 50 anos e, para ela, esses 50 anos não vão passar nunca. A minha mãe, por exemplo, vive em função de eternidades de seis meses. E, na prática, esses seis meses são tão compridos como os 50 anos do jovem de 20 anos. Quando a Maria Antonieta pedia ao carrasco «só mais um minuto, senhor carrasco», para ela aquele minuto era eterno.

6

**[V]** Sempre prezou a sua privacidade. Hesitou ao escrever aquela crónica na qual se expôs como nunca antes o havia feito?

---

6 **[V]** Virginia Woolf dizia que, a partir de certa idade, os dias são uma eternidade, mas os anos passam a correr.

**[ALA]** E Churchill dizia que os anos passam num instante, o que custa a passar são os minutos. Mas quando os escritores querem parecer inteligentes, eu desconfio sempre. A atitude de sedução sempre me irritou e irrita-me cada vez mais. É isso e, sobretudo, a amargura. Há para aí um cronista num jornal diário que deve ser a pessoa mais infeliz do mundo. Destila tanto fel... Meu Deus, como se pode ser assim?

**[V]** Está a falar de Vasco Pulido Valente?

**[ALA]** É uma dedução sua. Não o conheço, mas o que ele escreve faz-me imensa impressão. E pena. Não me irrita, não me enerva, não me exalta, não me comove. Faz-me pena. Não gosto de pessoas amargas porque são mal agradecidas. A ingratidão é o pior sentimento que pode existir. [*ibidem*].

**[ALA]** Para quem souber ler, exponho-me muito mais nos livros. Em *O Meu Nome É Legião*, por exemplo, aqueles garotos vieram de dentro de mim, são parte de mim. Quando me fala em serenidade, é evidente que estou muito mais sereno, muito mais seguro do valor do meu trabalho.

**[V]** Depois da operação, foi difícil voltar a escrever?

**[ALA]** Muito difícil. Não era capaz, cansava-me. A seguir à operação, nem sequer escrevia. Estava sentado numa cadeira, sem ler, sem fazer nada, a olhar para a parede. Estive quase dois meses assim. Não tinha nada dentro.

**[V]** Tinha um romance começado?

**[ALA]** Sim, tinha começado a escrevê-lo seis ou sete meses antes. E, como nunca tinha feito uma interrupção, só me perguntava: será que sou capaz de retomar o livro? Depois, devagar, comecei a aproximar-me dele, sem lhe tocar, sem lhe tocar mesmo. Tinha ficado a meio de um capítulo, li o último parágrafo e – é curioso – o livro continuou a sair.[7] Acho que agora estou a escrever como nunca escrevi. Falam muito n['O] *Manual dos Inquisidores*, mas julgo que foi a partir de *Ontem Não te Vi em Babilónia* que a escrita começou a ganhar uma densidade, uma espessura, uma força que antes não tinha. Não me importa se me lêem porque escrevo para a eternidade? Claro que me importa, claro que quero que me leiam. Há coisas que já não faço.

**[V]** Como assim?

**[ALA]** Já não minto. Já não componho o perfil. Estou aqui diante de vós, nu e desfigurado. Porque a nudez desfigura sempre. Agora, jogo com as cartas abertas. Agora, jogo póquer com as cartas abertas. Agora jogo póquer com as cartas viradas para cima. Agora já não há nada escondido, está tudo à vista. E ou a mão ganha ou perde.[8]

---

[7] É muito estranho porque eu costumo demorar mais de um ano a fazer a primeira versão e, quando chego ao fim, já mal me lembro do princípio. Releio e tudo aquilo faz sentido, tudo aquilo está certo. É uma espécie de trabalho interior que nada tem a ver comigo. Ou melhor: tem a ver comigo, eu não sei é de que parte de dentro de mim é que aquilo vem. [*ibidem*].

[8] Agora jogo com as cartas viradas para cima. Agora, já não há nada escondido, está tudo à vista. E ou a mão ganha ou perde. Nos livros, também já não há truques. São livros que não devem nada a ninguém. Não se nota ali a voz de ninguém, não há ali influência de qualquer outro autor. Nada. Zero. É a minha voz inteira. E a conquista da minha própria voz foi talvez o mais importante que me

# 572 | SARA BELO LUÍS, 27 DE SETEMBRO, 2007

**[V]** Ao regressar ao livro, sentiu-o como seu?

**[ALA]** Claro que sim. Ninguém escreve assim. Não tenho a menor dúvida de que não há, na língua portuguesa, quem me chegue aos calcanhares. E nada disto tem a ver com vaidade porque, como sabe, sou modesto e humilde. A doença trouxe-me isso. Já não estou a fazer tratamentos e só lá mais para o final do ano é que voltarei a fazer exames. Tudo isto dá-me uma grande serenidade, porque olho para as coisas com mais distância. Estive muito perto da morte e palavra de honra que é muito mais fácil do que se imagina. A ideia pode angustiar-nos e apavorar-nos, mas quando se está mesmo ao pé dela é muito mais fácil do que se pensa. Lembre-se do que diz a última frase de *Os Thibault*, o grande romance de Roger Martin du Gard: *plus simples qu' on y pense*, mais simples do que se pensa. E é, de facto, mais simples do que se pensa, menos assustador do que se pensa.

**[V]** Quando ouve a palavra cancro, é a morte que vê à sua frente?

**[ALA]** Por mais que racionalmente pensemos que o cancro se cura, associamo-lo à morte. Pedi sempre para não me mentirem e, por isso, quando muito francamente me dizem que tenho um cancro, o que vejo à minha frente é a morte. Não é ver a morte à minha frente, é vê-la dentro de mim. Já está cá, é uma parte de nós. E é mais fácil do que se pensa, não requer coragem, apenas dignidade e elegância. Perguntava muitas vezes: tenho-me portado de uma maneira digna?

---

aconteceu. Não há ninguém a atravessar-se no meu caminho. Se não nos medimos com os melhores, não vale a pena medirmo-nos. Atingir as alturas de Tolstoi ou de Horácio é muito difícil, mas é aí que eu quero estar. E, ao mesmo tempo, isto tem-me permitido admirar o trabalho de outras pessoas que não considero grandes escritores...

**[V]** Mas admira-lhes o quê? O esforço?

**[ALA]** Esforço faz lembrar ciclismo, não é? Admiro o esforço e, quando ele é digno, respeito-o. Embora, em Portugal, se publique demasiado. As pessoas não sabem o quanto custa escrever. Escrever é tremendamente difícil. Não precisamos de mais de – vá lá, para ser generoso – 200 ou 300 livros. Continuo a ficar surpreendido com o aluvião de livros, livros completamente supérfluos, que se editam. As pessoas não têm vergonha de ter feito aquilo? Não são escritores, são pessoas que fazem livros. Uma coisa é ser escritor, como Torga (por exemplo) o era. Outra coisa é fazer livros, o que agora toda a gente faz. Fico pasmado quando vejo jornalistas, advogados ou apresentadores de televisão que se apresentam como escritores. Já reparou? [*ibidem*].

**[V]** A quem é que perguntava?

**[ALA]** Ao médico e a uma ou duas pessoas que faziam o favor de se interessar por mim. Não há nada de mais horrível do que a cobardia. Compreendi a frase de Hemingway, quando quiseram saber o que é que ele achava da morte e a resposta dele foi: «Outra puta.» Porque a morte é sempre uma puta e, a uma puta, não se pode dar confiança. Uma amiga, que é minha médica, disse-me: «Tens que aprender a viver com isto.» Não, não tenho. Não tenho que viver com um filho da puta. Eu não vivo com um cabrão, quero destruí-lo, não quero viver com ele.

**[V]** Tem que ter pulso firme?

**[ALA]** Tem que lutar contra aquilo. O cancro habita-me, está dentro de mim. E queria portar-me com a mesma dignidade com que acho que me portei na guerra. Não sei se ele se importa com a minha atitude ou não, mas, em princípio, é um pesadelo que estará terminado. De qualquer maneira, sei que, mais tarde ou mais cedo, a puta virá. Só espero ter tempo para acabar o meu trabalho.

**[V]** Na guerra, já tinha visto a morte de perto.

**[ALA]** Na guerra, era mais fácil porque era uma qualquer coisa de exterior, podia sempre agarrar numa arma. Em África, tínhamos inimigos (digamos assim) e estávamos armados com morteiros, espingardas e metralhadoras. Eu agora tinha a morte dentro de mim. E é horrível estar grávido da morte. Portanto, o tratamento é como fazer um aborto desse monstro que nos quer destruir. Quando ia às sessões de radioterapia, encontrava pessoas de todas as idades. Lembro-me sobretudo de uma rapariga de 20 anos que usava uma cabeleira postiça. Percebia-se logo que a cabeleira era postiça, mas ela usava-a com tanta dignidade que era como se fosse uma coroa. Uma coroa de rainha. E era, de facto, uma rainha que ali estava.

**[V]** A doença torna-nos mais doces ou, pelo contrário, mais amargos?

**[ALA]** No meu caso, fez com que se acabassem os disfarces, as máscaras, as meias-frases e as meias-tintas. Agora digo o que penso e o que sinto. Estou a falar com as cartas viradas para cima. E é a primeira vez que o faço. Não há nada escondido, não há nada na manga, não há truques nem tentativas de a impressionar e de a comover.

**[V]** Sente-se mais livre?

**[ALA]** Foi muito difícil. Enfim, muito difícil é exagero...

**[V]** Exagero porquê?

**[ALA]** Porque, ao lado, vi pessoas que estavam muito piores que eu. Pessoas sem esperança, à espera da morte. As minhas hipóteses eram grandes e, por isso, às vezes, sinto-me culpado. Mas é verdade que me sinto mais livre, sinto-me muito mais livre. Livre para escrever, livre para viver, livre para amar. No outro dia, com os meus irmãos, disse ao João (o neurocirurgião João Lobo Antunes) que ele tinha escrito um texto muito bonito. E um deles comentou que nós não dizemos essas coisas uns aos outros. Eu agora digo, eu agora digo. E isso foi uma conquista porque, de repente, tornou-se evidente que esta é a única maneira de viver. Claro que tem que haver dignidade, e que não podem existir pieguices, mas acabaram-se as contenções. O meu avô morreu e, ainda hoje, sinto remorsos por não lhe ter dito que gostava muito dele.

**[V]** Teve medo de perder a mão?

**[ALA]** Claro que sim. Sempre senti esse medo e agora senti-o ainda mais. Tinha imenso medo que a operação, para além de me tirar o cancro, me tivesse tirado a capacidade de escrever. Não sei por que bulas uma vez que aquilo estava nos intestinos...

**[V]** E, depois, foi ganhando confiança?

**[ALA]** A pouco e pouco, fui aumentando o número de horas de escrita e, hoje, já estou no meu ritmo normal. Não quer dizer que não possa morrer daqui a dois minutos, mas fisicamente nunca me senti como me sinto. Talvez me tenha dado força o facto de a minha condição de mortal ser agora muito mais patente.

**[V]** No momento em que lhe dizem, pensa...

**[ALA]** Não penso em nada, é uma surpresa infinita. Quando disse que queria ser operado, responderam-me que era preciso ver se havia metástases. Fiz exames e, como não havia, fui operado no dia seguinte. Entrei no hospital a pensar que tinha hemorróidas e já não sai de lá. Foi tudo muito rápido.

**[V]** Como se o mundo lhe caísse em cima dos ombros?

**[ALA]** O mundo nunca cai em cima de ninguém. Naquele momento, só pensei nos livros. O que vai acontecer aos livros? Levei o que andava a escrever para o hospital, mas não tinha forças para trabalhar. Queria fazê-lo, mas não conseguia. E não queria deixar o livro inacabado porque, no meu caso, um livro inacabado é um livro cheio de redundâncias, de inutilidades e toda aquela ganga que se escreve.

Preocupava-me que publicassem um livro mau. Talvez por uma qualquer *coquetterie*, por estar seguro que estou a trabalhar para daqui a 500 anos.

**[V]** Já cá não estaremos.

**[ALA]** Não sei se morremos assim. Não sei se não ficamos cá. Não sei se Camões está morto. Mas isso não tem importância, eu não sou importante, os livros é que são importantes.

**[V]** Isso não é falsa modéstia?

**[ALA]** Não tenho falsa nem verdadeira modéstia. Sou orgulhoso, não sou vaidoso. Para quê estar a jogar consigo? O que é que eu ganho? Acho graça à maneira como, nas entrevistas, as pessoas se tentam compor, se penteiam para arranjar o cabelo, ajeitam a gravata, retocam a maquilhagem. Para quê? Para seduzir? Para tentar que gostem delas? Para fazer boa figura perante os leitores? Tudo isso já me é completamente indiferente. É uma conquista recente, ganha com tudo aquilo por que passei. Estar aqui à sua frente é a única maneira de estar. E é a primeira vez que o faço.

9

**[V]** Também já não diz que vai escrever apenas mais dois livros.

**[ALA]** Não. Dizia isso para negociar com a morte, para não lhe pedir muito. Porque, na altura, ainda a achava uma senhora digna, o que já não acho. E, portanto, se dantes pedia, agora exijo.

**[V]** Antes pedia para ver se a morte era boa consigo...

**[ALA]** Sim, para ver se ela tinha pena de mim. Agora, já não preciso de pena.

---

9 **[V]** Como sentiu a reacção dos leitores à sua *Crónica do Hospital*?
**[ALA]** Não sabia que havia tanta gente que gostava de mim.
**[V]** Sentiu-se menos desamparado?
**[ALA]** Não, senti que não merecia tanto afecto.
**[V]** Apercebeu-se de que o seu testemunho valeu mais do que dezenas de campanhas?
**[ALA]** Não. Agora, apenas sinto mais admiração por aquilo a que chamam pessoas comuns. Não existem pessoas comuns. Se temos a arte de fazer com que a alma do outro se abra, então, todas as pessoas são incomuns. Há uma riqueza extrema dentro de cada um de nós. É como nos livros. Ou sabemos tocar no mistério das coisas e, neste caso, o livro é bom. Ou não sabemos tocar no mistério das coisas e, pelo contrário, o livro é mau. Se Deus quiser, hei-de escrever mais alguns livros. [*ibidem*].

## 52. JOÃO CÉU E SILVA

# *"A morte é uma puta"'*

*Diário de Notícias*, 30 de Setembro, 2007, pp. 44-45

("'Fui cobarde tempo de mais'", pp. 46-47
"'Mourinho atrai mais que Camões'", p. 47)

A porta que dá entrada na garagem onde escrevia naquela tarde fica no fundo de um beco. António Lobo Antunes enterra-se num sofá preto e pede para começar a entrevista com um certo ar de vamos cumprir o combinado. No fim, dirá que nem deu pelo tempo passar e encaminha-se para a "tasca" onde pede ao empregado o habitual. Desta vez, só deu duas entrevistas para ajudar o lançamento do novo livro – *O Meu Nome é Legião*. Está a trabalhar no próximo...

A MORTE

[JCS] De vez em quando ameaça que só escreverá mais dois ou três livros. Perdeu a vontade?

[ALA] Não só não é isso que eu tenho vontade como tão-pouco é uma ameaça. Está muito mais relacionado com o medo de não ser mais capaz de escrever. Aparece a cada livro que acabo e pergunto--me se serei capaz de fazer um próximo. Ninguém que escreva a sério vai poder dizer isso. Também é uma espécie de negociação com a morte, deixa-me escrever mais um, mais dois, mais três... Gostava de ter tempo para escrever outro e arredondar o trabalho, é um círculo que ainda não está completo.

**[JCS]** Quantos livros faltam para fechar esse círculo. Só mais um?

**[ALA]** Gostava que fossem mais porque o círculo vai aumentando sem nos darmos conta. Eu gostava de viver mais duzentos anos mas é improvável que os tenha.

**[JCS]** Sofre muito ao escrever?

**[ALA]** Há instantes de intensa felicidade – às vezes sinto as lágrimas a caírem-me pela cara – e momentos de grande irritação porque num dia consigo fazer meia página e no noutro só três linhas. O material resiste, as palavras não chegam, o livro não sai. Normalmente as primeiras duas, três horas são perdidas, os mecanismos sensórios ainda estão muito vivos. Então, quando começo a estar cansado, as coisas começam a articular-se com mais facilidade. É como quando estamos a dormir e de repente temos a sensação de termos descoberto os segredos da vida e do mundo, mas sabemos que estamos a dormir. Lutamos para acordar e quando chegamos à superfície não temos nada, diluiu-se enquanto fomos subindo. Quando consigo um estado próximo dos sonhos é muito mais fácil trabalhar e só o tenho estando fatigado.

**[JCS]** Já experimentou algumas substâncias para atingir esse estado artificialmente?

**[ALA]** Nunca tomei drogas, nunca apanhei uma bebedeira na vida. Não bebo café, não me dá prazer. Acho que o único vício que tenho é fumar.

**[JCS]** Portanto, é bem comportado?

**[ALA]** Não é uma questão de comportamento, em casa dos meus pais não havia vinho à mesa, só água. Eram muitos filhos...

**[JCS]** É normal os filhos romperem hábitos!

**[ALA]** Não havia vinho à mesa da mesma maneira que a roupa passava de uns para os outros. Os meus pais deram-nos uma educação de grande austeridade, não tinham muito dinheiro.

**[JCS]** Quando faz o julgamento da convivência com a vida acha que ambos se dão bem?

**[ALA]** Nunca me pus esse problema, tenho tentado viver o melhor que posso. Fiz certamente muitos erros e continuarei a fazer – espero que menos – mas nós não fomos feitos para a morte, fomos feitos para a vida e sempre me custou ver o sofrimento alheio. Quando fazia muita medicina, não era só o sofrimento que custava mas a minha impotência para com ele. Acho que as pessoas não foram feitas para a morte mas para a vida e para a alegria.

**[JCS]** Mas não há escapatória para a morte!

**[ALA]** É mais simples do que se pensa. Este ano, tive um problema de saúde e sofri isso na pele, acho que o problema está ultrapassado mas foi um ano duro. E a minha atitude era sobretudo de espanto, e a minha preocupação era ter uma atitude digna e não cobarde. Vi pessoas com uma coragem extraordinária e aprendi com elas lições de vida, coragem e dignidade. As pessoas comportavam-se como príncipes perante a situação e eu pensava estou aqui com pessoas que são melhores do que eu, com uma imensa dignidade no sofrimento. Isso foi uma coisa que me comoveu muito e fez pensar que vale a pena viver entre os homens e com eles. Todo o sofrimento é injusto... Em nome do quê é que uma criança de três anos morre com um cancro ou uma leucemia? É muito injusto, qual a razão disso? Sempre me intrigou a razão deste sofrimento porque o do interior tê-lo-emos sempre. Estamos carregados de dúvidas e certezas e as perguntas que nos fazemos ficam muitas vezes sem resposta. Porque vivo assim, em que falhei e magoamos pessoas sem darmos conta com uma frase que para nós é completamente anódina. Julgo que o segredo é estarmos atentos aos outros mas frequentemente não estamos e, sobretudo, não reparamos que são diferentes de nós. Daí o problema de escrever, como colocar em palavras coisas que por definição são anteriores às palavras? Como tentar cercá-las com palavras? Há zonas em mim que desconheço, portas que nunca abri e que, no entanto, aparecem nos livros e provocam-me uma certa perplexidade ao querer saber de onde é que isto vem, de que profundidades nossas, que todos temos.

O CANCRO

**[JCS]** Por isso resguarda tanto a vida privada?

**[ALA]** Ela não tem importância nenhuma, só a mim me diz respeito. Quando fui operado escrevi essa crónica sobre o cancro porque já havia tanto jornalista e gente à volta do hospital que resolvi ser eu a dizer: Tenho um cancro no intestino. Não me deu prazer nenhum dizê-lo e garanto que não me deu prazer nenhum tê-lo. O pós--operatório foi horrível e duro, felizmente tive a sorte de ter um grande cirurgião e de todos os que lá trabalhavam serem de uma grande delicadeza. Só tenho gratidão.

[JCS] O cancro está controlado?

[ALA] Está controlado, neste momento o que faço são revisões periódicas. Claro que pode haver uma surpresa – pode haver sempre! – mas até agora tem estado tudo bem. É óbvio que na véspera de uma revisão estou tenso e fico assim até saber o resultado mas também sei que se houver um problema o Henrique (o cirurgião) vai lá e resolve-o. Preciso de tempo, preciso desse tempo, preciso ainda de trabalhar.

[JCS] Está a lutar contra a morte apesar dela estar sempre presente nos seus livros...

[ALA] Espero que a vida também! É inútil lutar contra a morte tal como é inútil lutar contra a vida. É inútil porque a morte é uma puta – desculpem o palavrão mas é a única palavra que encontro. Quando o meu pai morreu, o padre que foi rezar a missa disse que detestava aquilo porque nós não fomos feitos para a morte. De facto não fomos... Há pessoas de quem gostávamos e que já não podemos tocar e ver e cuja morte foi tão injusta. Ainda no sábado fui a enterrar um camarada da guerra que morreu num acidente de automóvel. Foi muito comovente ver aqueles homens duros, que fizeram a guerra, a chorar como crianças. Eu chorei também, gostava muito dele e agora quando nos reunirmos ele não vai lá estar. E não faz sentido que o Zé não esteja. Eu tenho que viver pelo meu pai, pelo Cardoso Pires, pelo Melo Antunes, estão dentro de mim até eu acabar.

[JCS] Como contrariar a morte?

[ALA] Ela corre mais depressa do que qualquer um de nós e a única coisa que posso fazer para contrariar é escrever, a única duração que posso ter é a que os livros tiverem. E aborrece-me que seja assim, é injusto que seja assim, embora haja momentos em que todos nós desejamos morrer, de desânimo e solidão. Há momentos em que quase temos inveja dos mortos porque a vida nem sempre é agradável e fácil mas, agora depois de ver as pessoas lutarem no hospital, senti que muitos pensamentos que tinha eram indignos perante tanta grandeza.

[JCS] Isso alterou a sua forma de ser?

[ALA] Eu agora jogo com as cartas para cima, está tudo à vista porque é a única maneira de viver. Demorei anos a perceber porque o conhecimento da vida chega sempre tarde e pensamos que ocultando conseguimos dar boa imagem aos outros. Agora é: eu sou assim! Peguem, larguem, não posso ser amado pelo mundo inteiro embora a sede de amor seja inextinguível.

RELIGIÃO

[JCS] Qual é a sua atitude perante Deus?

[ALA] Existe um velho provérbio húngaro que diz que na cova do lobo não há ateus, por isso julgo que não existe quem não acredite. O nada não existe na física ou na biologia e quando se lêem os grandes físicos entende-se como eram homens profundamente crentes, que chegaram a Deus através da física e da matemática e que falavam de Deus de uma maneira fascinante. A minha relação é a de um espírito naturalmente religioso, cada vez mais, não no sentido desta ou daquela igreja mas porque me parece que a ideia de Deus é óbvia. Cada vez mais o é para mim. É um bocado como diz Einstein, quando afirma que Deus não joga aos dados.

[JCS] Como é essa relação?

[ALA] É claro que me zango com Deus porque permite o sofrimento, mas talvez os seus desígnios tenham tais profundezas que não atinjo. O sofrimento sempre me foi incompreensível porque nascemos para a alegria. A minha atitude em relação à religião é essa, não estou a falar de igrejas, estou a falar em relação a Deus e não acredito quando as pessoas dizem que são agnósticas ou ateias. Não estou a dizer que a pessoa não esteja a ser sincera, mas dentro dela e em qualquer ponto há algo... Uma vez perguntaram ao Hemingway se acreditava em Deus e a resposta foi às vezes, à noite.

[JCS] Então à noite também acredita?

[ALA] Acredito sempre mas a dúvida e pôr constantemente em questão é próprio da fé. Muitas vezes pergunto-me será que existe? É óbvio que sim.

[JCS] Recentemente foram reveladas as dúvidas de madre Teresa sobre a sua própria fé...

[ALA] Todos os teólogos as tiveram, Sto. Ambrósio dizia "não busco compreender para crer, creio para compreender"; Sto. Agostinho esteve cheio de dúvidas toda a vida e o Sto. António... O mesmo se passa em relação aos livros, pergunto-me será que isto está bem feito?

Não é esta palavra ainda, será que é possível fazer aquilo que eu quero fazer ou será demasiado ambicioso?

[JCS] O título do seu último livro vem da Bíblia?

[ALA] Estava a passear no Evangelho e apareceu-me. Foi a primeira vez que fui à Bíblia, não tinha título nenhum, não sabia como havia de o chamar e de repente tropeço naqueles versículos do Evangelho de São Lucas e pensei: é isto.

[JCS] A sua formação em Psiquiatria não lhe dificulta a convivência consigo próprio?

[ALA] Se os psiquiatras compreendem a mente humana? Não, isso é a vida que nos ensina a entender os outros. Algumas das pessoas mais cultas que conheci eram analfabetas e algumas das coisas mais profundas que ouvi foram ditas por pessoas de pouca instrução. Uma mulher disse-me uma vez 'quem não tem dinheiro não tem alma'.

[JCS] Quando está a escrever nunca se sente como se estivesse no divã a tirar coisas de si?

[ALA] Eu nunca deitei ninguém em nenhum divã e se o fiz ao longo da vida foi para me deitar lá também, não era para ficar a ouvi-la falar. A sensação que tenho é que estamos na idade da pedra do conhecimento, do entendimento humano e das emoções. Não sabemos nada, eu pelo menos sei muito pouco. Isto só tem a ver com a humildade, não sou vaidoso, apenas tenho orgulho. Sei mais ou menos qual é o meu lugar enquanto escritor e o resto da minha vida não é importante, falar da minha vida privada não tem importância nenhuma, os livros sim podem ser importantes mas eu até acho que todos deviam ser publicados anonimamente, sem nome de autor. Isso eliminaria imensos problemas.


### Fui cobarde tempo de mais

[JCS] Neste livro *O Meu Nome É Legião* há uma violência constante?

[ALA] Não sou eu que a trago, a violência é inerente à situação do livro.

[JCS] Preocupa-o essa violência quase selvagem num mundo civilizado?

[ALA] Se é selvagem, o mundo não é civilizado.

**[JCS]** Como vê uma realidade com que não é obrigado a conviver?

**[ALA]** Era mais ou menos inevitável que isto acontecesse num país onde o abandono, a desigualdade social e a miséria são tão grandes. Com o estrangulamento da classe média era inevitável.

**[JCS]** Acha que o Governo devia ter outra atitude?

**[ALA]** Não tenho nada que achar porque não sou Governo nem quero ser mas, obviamente, acho que devia haver maior atenção para isto. A partir da altura em que as desigualdades se tornam gritantes é claro que estas crianças são empurradas para a delinquência.

**[JCS]** Houve um tempo em que teve militância política. Os partidos terão resposta para estas questões?

**[ALA]** Não sei responder mas se achasse que era útil ainda continuava a tê-la. Sou demasiado individualista e rebelde para aceitar uma disciplina partidária, além disso as opções políticas são tão afectivas como as opções clubísticas. Há pessoas de direita mais democratas que as de esquerda, há partidos de esquerda mais conservadores, as ideologias foram-se dissolvendo e a maior parte dos partidos são frentes e aqueles que ainda têm ideologia, ela está caduca. O único partido que vejo com corpo ideológico mais ou menos coerente é o Partido Comunista mas é de um tempo que já não existe. As conquistas de Abril, onde estão? Foram importantes mas passado todo este tempo...

**[JCS]** Acha que este Governo é culpado?

**[ALA]** Não sei e não estou preparado para responder mas se houvesse eleições – votei muito poucas vezes na vida – e fosse votar era no partido que está no Governo, porque não vejo alternativas.

**[JCS]** Por ser o partido que está no Governo ou por ser o Partido Socialista?

**[ALA]** Não me parece que este seja o PS do Mário Soares, o que foi fundado em 1973...

**[JCS]** Não lhe parece porquê?

**[ALA]** Pela prática e pela teoria, mas posso estar enganado.

**[JCS]** Conseguiu terminar o livro mas os problemas destes jovens não se resolvem!

**[ALA]** Não me compete a mim, sou só um escritor. Esta pergunta terá que ser feita a outro tipo de pessoas, dos que têm respostas para tudo.

[JCS] Mas se a sua mão seguiu esse caminho foi porque a cabeça também o exigiu?

[ALA] Eu queria falar era da vida toda, nunca imaginei que saísse assim, nunca estive nestes bairros e nunca conheci estes miúdos. O problema é que não pertencem a parte nenhuma, nasceram cá mas não ganharam Portugal e os pais perderam África. Às vezes comovia-me com a dificuldade de viver deles.

[JCS] Há frases no livro que revelam racismo!

[ALA] Pelo menos esses brancos do livro assim o pensam. O racismo é inevitável, vem do medo e do desconhecimento... Às vezes penso que muitas pessoas são como os liberais americanos que dizem dos negros és meu irmão mas nunca serás meu cunhado. Sempre me interroguei porque vi o racismo contra nós portugueses em países como a França. Quando fui receber uma condecoração a Paris, um dos membros do Governo disse-me que pensava que fosse espanhol e ao saber respondeu-me: 'É português. É engraçado a minha mulher a dias também.' Isto é profundamente racista, eu estava ao nível da empregada e ao mesmo tempo ali a receber uma condecoração do Presidente.

[JCS] Há também uma mulher que lamenta não ser branca!

[ALA] Da mesma maneira que os pobres gostariam de ser ricos, que alguns queriam ser saudáveis... No fundo, o que ela estará a dizer é que gostaria de ter determinados privilégios que no entendimento dela os brancos têm. Mal sabe que o racismo existe entre as várias classes sociais e continua a ser marcante no nosso país.

[JCS] Mas a desigualdade e a violência preocuparam-no mais neste livro?

[ALA] Claro que me preocuparam mas sempre houve e até os escritores estabelecem hierarquias ao nível social, para não falar ao nível da literatura. Mas também quantos grandes escritores há hoje em dia a escrever? Três ou quatro no mundo inteiro já não é nada mau, estamos muito longe do século XIX quando havia trinta génios ao mesmo tempo.

[JCS] Não receia que o seu universo fique desajustado da realidade em que vivemos?

[ALA] Nunca pensei nisso. Falamos do universo ficcional? Não sei, vivo neste tempo e a realidade é uma coisa que não existe – é muito subjectiva – mas é neste tempo que eu vivo e este é que me foi dado a ter.

[JCS] Muitas das referências ideológicas do início da sua carreira desapareceram?

[ALA] Em grande parte por nossa culpa não fomos suficientemente sedutores para a juventude e refiro-me à participação cívica. Agora, há a ideologia do imediato, do eu quero ser célebre, famoso e rico, jovem e bonito, vive-se uma época de adolescentocracia, o que para mim é repugnante. Uma das minhas filhas esteve em Itália a estudar e as colegas de 17/18 anos quando acabavam o liceu pediam aos pais uma plástica como presente. Houve uma enorme quantidade de valores que a publicidade trouxe e que são seguidos por muitas pessoas.

[JCS] Nas suas viagens tem medo do terrorismo?

[ALA] Quando estive em Bogotá era sempre levado por trajectos diferentes porque as pessoas são raptadas nas ruas em troca de resgates. Fui cobarde tempo de mais para continuar a sê-lo, já não tenho medo. É uma coisa horrível a cobardia, foi em África que me libertei disso tudo, onde aprendi a existência dos outros. Eu nunca teria sido um escritor se não tivesse tido aquela experiência, que mudou muito a minha vida e fez-me perder a concepção ptolemaica do mundo. Passei a faculdade a jogar xadrez, a escrever e a ler, os movimentos estudantis de revolta contra a ditadura passaram-me ao lado por desinteresse e cobardia minha. Tinha medo da polícia, que carregassem na manifestação. Na guerra eu ofereci-me para várias coisas, justamente para me vencer a mim mesmo, para não me envergonhar. A coragem talvez seja uma das formas supremas da elegância e isso os nossos soldados tinham.

[JCS] Mais alguma vez se sentiu cobarde?

[ALA] Não.

[JCS] O sucesso precoce atormenta-o?

[ALA] Fiquei de boca aberta porque o livro tinha sido sempre recusado. Fui de férias e quando voltei o livro estava por todo o lado e a vender. Foi um espanto, nunca imaginei isto como também o que tem acontecido noutros países. Ainda agora, quando estive doente, vieram milhares de cartas de portugueses. Nunca imaginei que as pessoas fossem tão generosas comigo, dei-me conta que os livros eram importantes para muita gente e acho que não o mereço. Em nome disso tenho a obrigação de dar livros que sejam bons.

**[JCS]** Não tem medo de desiludir?

**[ALA]** Claro que tenho. Não gostaria nada que estas pessoas que se deram ao trabalho de me escrever ficassem desiludidas com o livro. Afinal, este homem não vale nada e eu gostava dele.

**[JCS]** Muito do seu trabalho actual é feito de uma reescrita, um livro procura o outro...

**[ALA]** Sente isso? Eu queria neste livro dar tudo por tudo e foi um livro que me deu prazer e indignação. Porque estes miúdos que eu não conheço estão à procura de carinho mas não sabem como dá-lo. Do meu ponto de vista, tenho melhorado de livro para livro, sei que nunca vou conseguir lá chegar mas estou mais perto daquilo que queria escrever. Acho que marca um progresso em relação ao livro anterior e espero que o que estou a escrever marque um progresso em relação a este. (pp. 46-47).

### Mourinho atrai mais que Camões

**[JCS]** Não vê televisão, quase não lê jornais mas quando se começa a ler o livro faz lembrar uma notícia!

**[ALA]** Na minha cabeça era um relatório de polícia mas não sei como são porque nunca li nenhum.

**[JCS]** Mas aquele início é de quem lê jornais...

**[ALA]** Não tenho muito tempo e depois se o vejo fico perdido a ler o jornal. Houve uma altura em que lia *A Bola* todos os dias... Da televisão, fui-me afastando à medida em que também o fazia do Benfica. Agora já não vejo jogos de futebol, desde que deixou de ser um desporto...

**[JCS]** Este Benfica já não o atrai?

**[ALA]** Claro que me atrai, continuo a gostar do Benfica mas quando eu era miúdo o lar dos jogadores do clube era ao pé de casa dos meus pais e eles desciam a rua com o fato civil e o emblema na lapela... Era impensável que o Coluna ou o Eusébio fossem jogar para o Sporting ou que o Travassos jogasse no Benfica, eles eram daquele clube. Agora é uma indústria, são sociedades anónimas, deixou de ser um desporto. Os treinadores dizem que é preciso paciência, o que é o contrário do desporto e todo o lado lúdico que me interessava deixou de existir, sendo substituído por uma eficácia de marcar golos e de ganhar por interesses económicos. Lembro-me de ter lido uma entrevista do Jesus Correia há muitos anos em que ele dizia que o seu *doping* era o arroz doce que a mãe lhe fazia. Ainda havia aquele prazer como se encontrava no Brasil, de fintar e voltar atrás, como o Garrincha fazia.

[JCS] Não pára o livro para ver um jogo do Benfica?

[ALA] Não, já não. Tenho muita pena.

[JCS] Mas teve conhecimento do murro do Scolari?

[ALA] É-me completamente indiferente. Não acho normal nem anormal, é-me indiferente. Nem sei se deu o murro... Vi na televisão, foi uma patetice e não comento patetices.

[JCS] Uma patetice de quem?

[ALA] Eu não sei o que se passou. Vi o homem estender a mão mas aquilo nem me pareceu um murro, porque se eu der um murro não é assim.

[JCS] E considera normal que José Mourinho tenha mais biografias do que a maior parte dos escritores portugueses?

[ALA] Acho natural. José Mourinho atrai mais que Camões ou Shakespeare, as pessoas vivem cada vez mais no sentido hedonista. Não me repugna nada, nem me faz diferença, porque não é isso que tira o público dos livros. As pessoas continuam a comprar livros, portanto esta situação não me incomoda nada.

[JCS] Um dos prazeres que tinha era dançar. Como é que isso vai de danças?

[ALA] Não tenho tempo agora.

[JCS] E tem par?

[ALA] Isso de arranjar par não deve ser complicado.

[JCS] Continua a ouvir música?

[ALA] Tenho problemas de audição e praticamente já não ouço música porque os sons vêm distorcidos.

[JCS] Disse uma vez que preferia ouvir a Ágata ou Emanuel aos Madredeus?

[ALA] Disse isso? Eu nem sei bem... Não me recordo de o ter dito, deve ter sido uma *boutade*. Se me perguntar o nome de uma música desse conjunto não sei mas também não sei dessas outras pessoas referidas.

[JCS] Mas do jazz continua a gostar?

[ALA] Não tenho ouvido mas claro que gosto muito porque enquanto escritor aprendi muito com os músicos de jazz a escrever. Pensamos que são os escritores que nos ensinam a escrever mas é mentira, pode ser um fotógrafo, pode ser um músico...

[JCS] O jazz marcava-lhe o compasso da escrita?

[ALA] O Charlie Parker fraseava maravilhosamente, aprende-se muito a ouvi-lo.

[JCS] Também deixou de ir ao cinema?

[ALA] Muito pouco agora. Vou muito pouco.

[JCS] E policiais ainda lê?

[ALA] Gosto e durante muito tempo tive preconceitos idiotas face à literatura policial. Depois percebi que todos os livros são livros são livros policiais, que têm coisas técnicas que se podem usar e ser muito úteis – a retenção da informação, a informação lateral – e aprendi muito com a sua estrutura.

[JCS] Algumas mulheres acham-no machista no que escreve?

[ALA] Não sei, se pensam isso parece-me injusto. Não sei que espécie de gente poderá dizer isso, eu gosto tanto das pessoas...

[JCS] Como é o seu dia?

[ALA] Começo às 10.30 e trabalho até às 13.00. Volto a escrever entre as 14.00 e as oito. Das nove até às onze continuo. Sábados e domingos também.

[JCS] Não folga ao fim-de-semana?

[ALA] Dou-me umas horas aos sábados como aos magalas. Enquanto estive internado não escrevi e foi muito difícil recomeçar porque pensava que tinha perdido o livro. Para mim é muito importante fazer isto como um trabalho diário.

[JCS] Como é que escreve?

[ALA] À mão.

[JCS] O computador é insensível para si.

[ALA] Não tenho computador, nem o sei abrir. Gosto de desenhar as letras. Uso os mesmos processos desde o primeiro livro, faço duas versões de cada capítulo, passo para o capítulo seguinte até ao fim, isto demora um ano ou um pouco mais, depois espero quinze dias para começar a rever e quando leio aquilo surpreende-me que tudo se articule. (p. 47).

## 53. JOÃO CÉU E SILVA

# "*Se for preciso deixarei de publicar em Portugal*"

*Diário de Notícias*,
29 de Dezembro, 2007, p. 48

[JCS] O que pensa da venda da Dom Quixote a Pais do Amaral?

[ALA] O meu pensamento neste momento é sair da Dom Quixote, a não ser que me dêem determinadas garantias.

[JCS] Que garantias pretende?

[ALA] Só estou preocupado com os meus livros, não comigo. É lógico que qualquer autor quer estar num grupo de linha editorial coerente, mas isso agora não me preocupa.

[JCS] O que é que está a preocupá-lo então?

[ALA] Em primeiro lugar, o critério editorial. Em segundo lugar, como é que vai ser o futuro, porque eu sou um autor que precisa de muita atenção. Necessito de garantias sinceras e de palavras sem mentira que me dêem segurança de que a publicação dos meus livros será feita de acordo com o meu desejo e com as necessidades que eles têm.

[JCS] Ainda há poucos dias recusou uma proposta de um grande grupo editorial que o queria contratar e assinou um contrato com a Planeta (proprietária da Dom Quixote). Ficou surpreendido com esta venda?

[ALA] Desde que o responsável máximo da Planeta em Portugal me contactou há umas semanas passei a saber o que se estava a passar. Fiquei, no entanto, muito surpreendido com o que veio a acontecer após a assinatura desse novo contrato, que aconteceu há três meses. Mas para qualquer contrato há uma forma de o rescindir e, se não me forem dadas essas garantias, vou-me embora. Se não puder ir embora, farei a coisa mais horrível para mim, que é deixar de publicar em Portugal. O que me custa muito porque neste momento o que mais quero é escrever para os portugueses. Nem que eu faça um contrato com a minha editora brasileira para me distribu[í]rem no nosso país. Até abdicaria dos direitos no Brasil para vender mais barato cá.

[JCS] Ficou incomodado por não o terem esclarecido com mais clareza do propósito da venda?

[ALA] O que me foi dito, olhos nos olhos, foi que decorriam negociações. Mas não acredito que um negócio desta dimensão tenha sido feito apenas nos últimos dois dias, com o Natal pelo meio. Eu sempre lidei mal com a mentira e com a ocultação e gostaria que não me tratassem desta maneira.

[JCS] Gostaria que os compradores da Dom Quixote lhe tivessem dado uma palavra com outra antecedência?

[ALA] Não tenho nada a ver com isso, nem me diz respeito. Eu não sou nenhum ditador, mas não gosto quando as coisas são feitas sem lisura. Quero garantias muito claras de que as pessoas que têm trabalhado comigo o continuem a fazer. Não concebo trabalhar sem eles.

[JCS] Preocupa-o a situação dos outros escritores?

[ALA] É evidente que sim. Há pessoas que respeito muito e fico preocupado por elas. Não sei qual é a política deste grupo editorial.

# ÍNDICE DE MATÉRIAS

*A Morte de Carlos Gardel*
199, 200, 203, 204, 208, 209, 215,
220, 222, 226, 227, 243, 252, 488,
523

*A Ordem Natural das Coisas*
147, 148, 149, 153, 158, 163, 177,
179, 183, 186, 187, 188, 191, 192,
199, 204, 208, 215, 225, 244, 252

**Abelaira, Augusto**
9, 30, 213, 517, 520

**África**
11, 12, 15, 20, 24, 26, 47, 51, 52, 58,
68, 90, 104, 143, 151, 216, 218, 243,
256, 260, 261, 275, 276, 285, 294,
295, 320, 334, 362, 392, 400, 413,
414, 425, 426, 428, 429, 432, 434,
507, 522, 529, 573, 584, 585

**Agualusa, José Eduardo**
417, 521, 527, 535

**Alemanha**
86 (oriental), 94, 113, 127 (Federal),
152, 163, 222, 279, 280, 288, 294,
309, 317, 371, 391, 404, 416, 419,
439, 440, 455, 470, 490, 567

**Alexandre, António Franco**
298, 299, 338

**Amado, Jorge**
54, 73, 94, 95, 121, 131, 134, 155,
172, 270

**Amaral, Freitas do**
74, 89, 106, 114

**Amaral, Pais do**
589

**Amis, Martin**
404

**Amizade**
2, 20, 66, 70, 73, 106, 130, 131, 133,
138, 164, 169, 172, 186, 206, 230,
240, 244, 271, 286, 320, 345, 381,
416, 419, 427, 485, 493, 494, 507,
545

**Amor**
1, 2, 4, 5, 6, 7, 8, 9, 15, 20, 21, 22,
43, 52, 55, 89, 90, 94, 97, 110, 132,
135, 138, 148, 153, 156, 173, 175,
177, 178, 182, 192, 195, 197, 198,
199, 206, 207, 209, 213, 219, 220,
225, 226, 227, 228, 230, 231, 235,
236, 240, 244, 247, 256, 271, 297,
298, 307, 308, 312, 316, 318, 323,
325, 326, 327, 334, 345, 360, 364,
367, 381, 388, 411, 415, 417, 435,
436, 451, 452, 460, 463, 464, 473,

483, 485, 493, 494, 500, 503, 505, 506, 507, 515, 529, 532, 544, 556, 558, 566, 567, 569, 570, 581

**Andrade, Alexandre**
219, 246, 338

**Andrade, Carlos Drummond de**
133, 254, 264, 304

**Andrade, Eugénio de**
124, 131, 154, 168, 169, 225, 246, 316, 322, 326, 327, 338, 339, 354, 357, 466, 486, 520

**Andrade, Furillo de**
284

**Angola**
24, 25, 53, 138, 142, 222, 236, 237, 257, 260, 271, 276, 286, 294, 295, 321, 326, 333, 334, 365, 376, 381, 386, 392, 397, 398, 399, 400, 401, 402, 406, 408, 409, 413, 414, 425, 426, 428, 432, 444, 445, 466, 529, 540

**Antunes, Ernesto Melo**
18, 20, 46, 47, 53, 68, 105, 138, 142, 143, 216, 239, 244, 247, 260, 261, 268, 286, 291, 304, 318, 331, 336, 345, 346, 385, 386, 387, 393, 400, 416, 428, 430, 431, 507, 580

**APU (Aliança Povo Unido)**
68, 105, 141, 216, 240, 261

**Arafat, Yasser**
445

**Arenas, Reynaldo**
387

**Artaud, Antonin**
71, 486

**Arte do romance**
296, 337, 355, 421, 422, 440

*As Naus*
101, 102, 117, 118, 119, 123, 126, 135, 148, 157, 162, 163, 167, 168, 177, 186, 200, 214, 228, 252, 288, 442

**Aschot, Tania**
365

**Assis, Francisco de**
506

**Austen, Jane**
333, 361

*Auto dos Danados*
65, 67, 70, 77, 82, 88, 89, 90, 93, 94, 95, 96, 98, 121, 126, 148, 157, 162, 163, 167, 173, 177, 214, 252, 309, 443

**Autobiografia** (ver Livro autobiográfico)

**Aymé, Marcel**
543

**Bach, Johann Sebastian**
280, 298, 325, 328, 356, 482, 517

**Baez, Joan**
142

**Bakunine, Mikhail**
70

**Balsemão, Pinto**
140

**Balzac, Honoré de**
31, 135, 174, 256, 316, 443

**Bandeira, Manuel**
97, 236

**Baptista, António Alçada**
84

**Barreto, Álvaro**
113

**Barroco**
119, 127, 196, 219 (barroquismo), 222, 307

**Barros, Santos**
50, 52, 87, 98

**Barthes, Roland**
87

**Baudelaire, Charles**
11, 215

**Beckett, Samuel**
75, 487, 548

**Beethoven, Ludwig van**
280, 319, 356, 517

**Beira Alta**
125, 182, 426, 443, 444, 445, 477, 494

**Bellow, Saul**
404, 475, 495

**Belo, Ruy**
501

**Benfica (bairro)**
11, 12, 46, 63, 90, 93, 124, 125, 137, 152, 158, 177, 178, 179, 182, 190, 205, 215, 216, 229, 235, 252, 266, 289, 290, 291, 342, 372, 375, 519, 567

**Benfica (clube de futebol)**
189, 201, 235, 266, 268, 272, 290, 291, 292, 323, 335, 432, 544, 586, 587

**Bergman, Ingrid**
213, 450, 457

**Berlim**
85, 86, 171, 215, 280, 288, 294, 470, 471, 568

**Bernhardt, Sarah**
449, 567

**Blanco, María Luisa**
343, 413

***Boa Tarde Às Coisas Aqui Em Baixo***
397, 398, 399, 400, 402, 403, 406, 411, 413, 425, 426, 435, 445, 464

**Bocage, Manuel M. Barbosa du**
110, 156

**Böll, Heinrich**
448

**Borges, Jorge Luis**
54, 87, 155, 170, 187, 239, 483, 538

## Bourgois, Christian
119, 163, 171, 172, 204, 221, 410, 435, 465, 481, 487, 491, 548

## Bragança, Nuno
19, 23, 24, 30, 204, 303, 319, 521

## Branco, Camilo Castelo
34, 181

## Brandão, Raul
72

## Brandt, Willy
275, 280, 448, 484

## Brasil
45, 55, 58, 60, 67, 73, 77, 85, 86, 94, 121, 171, 172, 279, 291, 366, 458, 466, 587, 590

## Bresson, Cartier
477

## Breyner, Sophia de Mello
124, 246, 339, 568

## Brontë, Emily
333, 493, 531, 557

## Bryden, Ruth
325, 326, 334, 365

## Bukowski, Charles
398

## Cabral, António B. da Costa
557

## Cabrera Infante, Guillermo
61, 301

## Calvino, Italo
171, 421

## Camaradagem
44, 131, 428, 507, 529

## Camões, Luís Vaz de
46, 102, 103, 104, 110, 111, 118, 156, 158, 165, 289, 299, 336, 347, 348, 460, 482, 483, 490, 491, 495, 533, 538, 539, 553, 568, 575, 577, 586, 587

## Campos, Paulo Mendes
411

## Camus, Albert
54, 73, 293

## Canadá
94, 119

## Cancro
187, 192, 269, 310, 329, 435, 444, 447, 465, 466, 481, 491, 562, 563, 565, 569, 572, 573, 574, 579, 580

## Canetti, Elias
171

## Capote, Truman
75, 152, 158, 165

## Carmo, Carlos do
338

## Carneiro, Francisco Sá
139, 140, 326

## Carneiro, Mário de Sá
22, 236

# ÍNDICE DE MATÉRIAS | 595

**Carré, John Le**
59

**Carroll, Lewis**
40, 541

**Carvalho, Maria Judite de**
520

**Carvalho, Mário de**
113, 292, 298

**Carvalho, Rodrigo Guedes de**
219, 246

**Castelo, Henrique Bicha**
569, 580

**Castro, Carlos**
365, 375

**Castro, Ferreira de**
70, 134, 171, 253, 264, 287, 370

**Castro, José Ribeiro e**
394, 535, 544, 545, 546

**Castro, Rosalía de**
370

**Catarse**
40, 112, 149, 159, 231, 426

**Cavafy, Constantine P.**
300

**CDS (Centro Democrático Social)**
19, 114, 257, 544

**Céline, Louis-Ferdinand**
24, 41, 61, 73, 75, 80, 115, 122, 123,

137, 150, 155, 158, 165, 175, 223,
253, 257, 317, 366, 490, 492, 533

**Cendrars, Blaise**
15, 19, 134

**Cesariny, Mário**
72, 339

**Chagall, Marc**
**154, 180**

**Chandler, Raymond**
174, 258

**Cheever, John**
59, 79

**Chuang-tsé**
536

**Churchill, Winston**
434, 484, 501, 570

**Ciclos de produção literária**
148, 159, 177, 178, 199, 203, 204,
205, 209, 214, 215, 222, 243, 256,
275, 336

**Cid, Bartolomeu**
155

**Cláudio, Mário**
131, 225, 246, 267, 291, 302, 417

**Coelho, Eduardo Prado**
74, 78, 267, 302, 523

**Coelho, Jacinto do Prado**
78

## 596 | ÍNDICE DE MATÉRIAS

**Coelho, Paulo**
353

**Coelho, Tereza**
77, 364, 375, 463, 465, 478

**Colchie, Thomas**
365, 405, 440, 450, 481, 483

**Coleridge, Samuel Taylor**
493

**Collins, Jackie**
292

**Collins, Joan**
328

**Collins, Wilkie**
541

**Colonialismo**
386, 392, 415

**Colonos**
104, 243, 258, 260, 275, 295, 543

**Columbano, Bordalo Pinheiro**
297

**Comunismo**
381, 431

*Conhecimento do Inferno*
12, 21, 24, 28, 29, 34, 52, 126, 148, 157, 159, 162, 200, 204, 214, 221, 251-252, 282, 405

**Conrad, Joseph**
312, 370, 404, 457, 478, 479, 510, 532, 548, 550, 568

**Construção do romance**
(fazer a mão) 46, 55, 201, 249, 368, 464, 465, 474, 494, 498, 529; (mão feliz) 245, 262, 488, 565; (perder a mão) 55, 574, 571, 574; (sentir-se mão/(mão autónoma) 309, 327, 398, 400, 409, 421, 453, 454, 458, 459, 461, 463, 467, 474, 487, 488, 489, 505, 539, 551, 552, 584); (ter a história na mão) 182 – ver também Plano(s) (livros)

**Contrapoder**
138, 139, 368, 424 – ver também Poder

**Coragem**
47, 83, 95, 133, 178, 216, 227, 236, 237, 244, 255, 261, 262, 287, 290, 417, 462, 465, 481, 491, 508, 568, 572, 579, 585

**Correia, Natália**
217, 287

**Corroios**
205, 207, 212

**Cortázar, Julio**
54, 155, 333, 336

**Cortesão, Eduardo**
475

**Costa, Celestino da**
156, 284

**Costa, José Fonseca e**
54

## Costa, Maria Velho da
112, 120, 132, 225, 226, 239, 246, 254

## Coutinho, Rosa
143

## Cova da Moura
561

## Crane, Stephen
294

## Crítica (literária)
24, 29, 31, 58, 59, 60, 72, 74, 77, 78, 79, 80, 83, 87, 94119, 120, 121, 130, 131, 133, 135, 140, 153, 164, 166, 167, 186, 187, 189, 208, 217, 225, 245, 251, 253, 263, 267, 270, 273, 279, 288, 289, 295, 297, 299, 301, 302, 306, 311, 313, 331, 354, 356, 365, 366, 385, 400, 403, 404, 418, 439, 456, 457, 463, 467, 480, 499

## Críticos (literários)
5, 17, 23,58, 82, 83, 98, 131, 132, 133, 134, 147, 149167, 189, 245,247, 252, 253, 267, 279, 376, 457, 481, 490, 509, 515, 553

## Crónica(s)
166, 212, 234, 245, 299, 308, 309, 317, 347, 353, 354, 361, 367, 402, 424, 463, 482, 485, 486, 487, 488, 493, 497, 498, 499, 500, 516, 517, 518, 519, 541, 567

## Cruz de Pau
204, 205

## Cruz, Gastão
438

## Cruz, Mafalda Ivo
379, 417

## Cunhal, Álvaro
259, 270, 273, 298

## Cutileiro, João
11

## D'este viver aqui neste papel descripto
399, 492, 501, 503, 517, 529

## Dacosta, Fernando
98

## Dante
300

## Desespero
2, 8, 112, 171, 204, 209, 213, 241, 294, 299, 311, 320, 474

## Delírio
26, 38, 55, 56, 137, 138, 177, 180, 181, 185, 237, 285, 342, 491, 493

## Democracia
68, 105, 138, 260, 386, 427, 440, 440, 441, 442, 456, 484

## Depressão
9, 10, 33, 43, 64, 74, 112, 151, 180, 185, 191, 201, 230, 248, 299, 447

## Desamor
69, 183, 381

## Descartes, René
130

## Descolonização
102, 135, 138, 143

**Deus**
86, 223,233, 240, 242, 270, 305, 318, 325, 336, 347, 349, 350, 351, 352, 353, 420, 446, 447, 448, 454, 485, 494, 495, 528, 546, 547, 570, 575, 581

**Diálogo(s)**
41, 123, 135, 159, 164, 178, 347, 378

**Dickens, Charles**
18, 154, 165, 368, 541

**Diego, Eliseo**
536

**Dinis, Júlio**
175

**Dionísio, Mário**
520

**Direitinho, José Riço**
169, 219, 246

**Dostoievski, Fiodor**
123, 175, 293, 294

**Du Gard, Roger Martin**
572

**Dumas, Alexandre**
13, 47, 308, 487

**Eanes, Ramalho**
140, 545

**Eco, Umberto**
357

**Einstein, Albert**
447, 495, 581

**Eliot, George**
24, 541

**Eliot, T. S.**
370

**Escrita**
3, 7, 21, 27, 28, 29, 31, 32, 38, 39, 41, 43, 44, 46, 55, 56, 58, 61, 64, 70, 80, 81, 94, 104, 121, 123, 124, 125, 127, 130, 131, 132, 135, 137, 147, 148, 149, 159, 161, 162, 164, 165, 162, 172, 189, 194, 199, 211, 216, 219, 227, 231, 232, 233, 234, 235, 237, 243, 245, 246, 247, 248, 256, 257, 259, 261, 262, 271, 282, 286, 295, 296, 300, 303, 305, 306, 310, 358, 363, 367, 373, 375, 377, 379, 383, 387, 392, 413, 420, 422, 423, 441, 453, 457, 458, 459, 461, 465, 473, 485, 486, 488, 489, 490, 491, 493, 494, 495, 505, 511, 513, 521, 530, 539, 570, 571, 574, 588

**Espanca, Florbela**
197

**Espanha**
94, 119, 140, 195, 322, 382, 404, 422, 457, 482, 484, 506, 513, 536

**Estados Unidos da América**
55, 58, 59, 60, 61, 64, 67, 77, 85, 94, 121, 131, 163, 167, 210, 253, 366, 369, 391, 404

**Esterházy, Peter**
547

**Esteves, Juvenal**
284

## ÍNDICE DE MATÉRIAS | 599

**Estocolmo**
518, 522, 528, 537, 543, 547

**Estoril**
229, 336

*Eu Hei-de Amar Uma Pedra*
434, 445, 451, 454, 459, 463, 464,
471, 473, 483

**Eusébio**
94, 95, 221, 586

*Exortação aos Crocodilos*
305, 307, 325, 326, 330, 336, 357,
405, 410, 474, 510, 536

*Explicação dos Pássaros*
54, 55, 61, 62, 72, 74, 82, 89, 90,
108, 119, 121, 126, 148, 157, 162,
163, 167, 173, 177, 208, 214, 220,
221, 249, 252, 282, 310, 567

**Eyre, Marianne**
331

*Fado Alexandrino*
57, 60, 62, 64, 65, 72, 77, 80, 82,
102, 108, 121, 126, 131, 148, 157,
161, 162, 163, 166, 167, 177, 208,
214, 252, 288, 327, 355, 404, 439,
486, 552

**Fantasmas**
1, 5, 6, 25, 26, 32, 64, 76, 138, 159,
298

**Faria, Almeida**
31, 62, 438

**Fascismo**
17, 18, 25, 30, 31, 32, 52

**Fases de produção literária** (ver
Ciclos de produção literária)

**Faulkner, William**
24, 67, 69, 72, 75, 79, 80, 91, 113,
123, 137, 152, 153, 158, 160, 165,
166, 174, 207, 211, 253, 255, 296,
300, 311, 312, 328, 334, 449, 540,
549

**Felicidade**
9, 206, 212, 225, 239, 279, 343,
360,381, 390, 402, 483, 503, 506,
510, 530, 578

**Fellini, Federico**
35, 69, 181, 213, 230, 344

**Ferlosio, Sánchez**
489

**Fernandes, Barahona**
175, 284

**Ferreira, António Mega**
312, 335

**Ferreira, David Mourão**
217, 287, 303

**Ferreira, Vergílio**
30, 31, 59, 62, 82, 88, 152, 255, 258,
264, 299, 520

**Fitzgerald, Scott**
67, 80, 81, 123, 152, 165, 169, 253,
303, 533, 540

## 600 | ÍNDICE DE MATÉRIAS

**Fonseca, Branquinho da**
5

**Fonseca, Manuel da**
99, 120, 124, 127, 132, 501, 520

**França**
24, 35, 55, 62, 67, 86, 94, 119, 140, 152, 154, 155, 163, 166, 171, 221, 222, 239, 249, 254, 279, 301, 322, 418, 419, 422, 435, 490, 506, 584

**Freud, Sigmund**
6, 16 (sentido freudiano), 21, 39 (linguagem freudiana), 42, 151, 303, 391, 479, 507

**Fuentes, Carlos**
542, 493

**Futebol**
39, 80, 95, 137, 142, 155, 252, 255, 259, 261, 266, 267, 268, 291, 292, 323, 333, 335, 364, 459, 460, 562, 586, 592

**Gama, Jaime**
141

**García Lorca, Federico**
111, 483

**García Márquez, Gabriel**
54, 155, 293, 315, 328, 404, 449, 522

**Gardel, Carlos**
19, 20, 203, 220, 230

**Garrett, Almeida**
18, 361, 388

**Garrincha, Mané**
587

**Gato, Margarida Vale de**
246, 338

**Gaulle, Charles de**
312, 434, 484

**Gide, André**
24, 35, 86, 253

**Goethe, Johann W. Von**
280, 311, 323, 508

**Gogol, Nikolai**
123, 152, 153, 154, 158, 165, 532

**Gomes, Luísa Costa**
62

**Gonçalves, Egito**
131, 132, 138, 169, 225, 517

**Gonçalves, Olga**
131

**Gordimer, Nadine**
78

**Gorki, Máximo**
293

**Grass, Günter**
75, 165, 309, 311, 315, 369

**Greene, Graham**
64, 72, 75, 134, 165, 170, 231, 293, 448

**Guerra civil (Angola)**
295, 333, 408, 413, 414

**Guerra colonial (guerra de África)**
3, 20, 24, 25, 26, 29, 31, 32, 33, 38,
43, 46, 52, 64, 68, 85, 90, 94, 98,
101, 105, 108, 122, 125, 126, 134,
142, 143, 174, 186, 190, 216, 218,
237, 243, 244, 257, 260, 271, 275,
276, 277, 279, 282, 285, 294, 295,
312, 320, 321, 330, 333, 334, 335,
336, 345, 346, 364, 381, 386, 392,
393, 394, 398, 399, 400, 409, 413,
414, 415, 416, 425, 426, 427, 428,
430, 431, 432, 434, 439, 462, 466,
476, 485, 491, 492, 498, 501, 503,
505, 507, 524, 529, 554, 559, 562,
573, 580, 585

**Guerra, Miller**
284, 443

**Guevara, Che**
20, 203, 220

**Haëndel, Georg Friedrich**
306

**Hammett, Dashiel**
174, 258

**Hardy, Thomas**
338, 370

**Hatherly, Ana**
488

**Hawthorne, Nathaniel**
333, 541

**Helder, Herberto**
72, 246, 265, 339, 487

**Hemingway, Ernest**
60, 69, 72, 123, 152, 165, 166, 253,
255, 258, 270, 300, 328, 347, 401,
449, 469, 540, 573, 581

**Hernandez, Felisberto**
333

**Hipócrates**
285

**História**
9, 17, 69, 113, 482, (518
historiadores), 540

**Hitchcock, Alfred**
91, 441

**Hokusai**
86, 223, 353

**Homero**
168, 369, 469

**Horácio**
181, 237, 319, 490, 522, 536, 572

**Horta, Basílio**
137, 139, 140

**Hospital Miguel Bombarda**
12, 28, 37, 52, 62, 127, 129, 137,
149, 181, 232, 237, 252, 278, 285,
308, 342, 371, 383, 397, 436, 437,
447, 464, 498, 528

## 602 | ÍNDICE DE MATÉRIAS

**Hospital de Santa Maria**
237, 262, 345, 565

**Hughes, Howard**
346, 454

**Hugo, Victor**
165, 212, 485, 504

**Incomunicabilidade**
297, 494

**Infância**
6, 8, 11, 12, 22, 35, 46, 49, 90, 126, 142, 152, 156, 158, 175, 177, 182, 216, 235, 238, 266, 276, 289, 291, 332, 334, 342, 345, 363, 373, 426, 443, 444, 458, 477, 485, 487, 488, 495, 497, 498, 514, 528

**Inglaterra**
72, 94 (Reino Unido), 163, 189, 221, 541

**Inspiração**
63, 129, 138, 246, 444, 468, 486

**Intriga (romance)**
148, 173, 177, 296, 308, 326, 360, 365, 376, 464

**Inveja(s)**
21, 31, 54, 66, 84, 99, 131, 132, 148, 155, 164, 206, 218, 230, 270, 288, 289, 300, 320, 351, 376, 379, 446, 454, 504, 557, 558, 580

**Ionesco, Eugène**
88

**Iraque**
415, 535, 539, 541, 542

**Israel**
447, 448, 481, 535, 542, 543

**Irving, John**
59

**Itália**
25, 94, 140, 236, 367, 506, 585

**Jacob, Max**
490

**Jorge, João Miguel Fernandes**
75, 87, 98, 131, 170

**Jorge, Lídia**
62, 87, 94, 113, 120, 123, 124, 131, 170, 209, 224, 225

**Jorge, Luiza Neto**
438

**Joyce, James**
58, 72, 174, 207, 211, 255, 296, 333, 357, 410, 468, 509, 515

**July, Sérge**
1

**Jung, Carl**
65, 72

**Kafka, Franz**
24, 54, 156, 175, 239, 255

**Keats, John**
220, 530

## K

**Kensaburo Öe**
315

**Kipling, Rudyard**
22, 46

**Kitsch**
88, 90, 204

**Kundera, Milan**
78, 88, 171, 294, 547, 548

**La Rochelle, Drieu de**
257

**Lapa (bairro)**
229

**Le Carré, John**
59

**Leal, Gomes**
22

**Leibniz, Gottfried**
130

**Leitor(es)**
3, 32, 57, 58, 59, 61, 62, 71, 87, 97,
109, 120, 122, 123, 128, 131, 132,
133, 147, 150, 153, 159, 167, 168,
180, 181, 183, 191, 199, 211, 213,
215, 221, 224, 229, 247, 260, 263,
296, 301, 306, 308, 309, 310, 311,
313, 314, 317, 323, 342, 353, 356,
357, 366, 367, 375, 377, 383, 402,
405, 406, 410, 418, 423, 435, 436,
440, 441, 446, 454, 457, 460, 463,
464, 471, 485, 493, 498, 499, 509,
510, 514, 517, 530, 531, 533, 534,
548, 566, 567, 575

**Lenine, Vladimir Ilitch**
28

**Lermontov, Mikhail**
62

**Letras**
(Curso/Faculdade) 16, 55, 67, 120,
124, 152, 175, 217, 283, 332

**Lezama Lima, José**
8, 155, 222, 536

**Liberdade**
1, 41, 68, (171, 456 liberdade de
imprensa), 175, 240, 269, 419, 420,
421, 449, 456

**Lima, Ângelo de**
39, 53

**Lima, Duarte**
141

**Lisboa**
11, 12, 25, 26, 33, 34, 46, 50, 67, 86,
103, 107, 110, 125, 143, 151, 152,
172, 174, 180, 197, 205, 215, 228,
237, 276, 277, 367, 379, 380, 383,
394, 397, 401, 413, 425, 428, 429,
433, 434, 437, 448, 460, 463, 464,
466, 480, 500, 512, 518, 527, 551,
566

**Literatura**
4, 17, 18, 19, 22, 23, 30, 31, 33, 37,
39, 40, 41, 51, 55, 57, 66, 67, 68, 69,
70, 71, 72, 73, 79, 90, 97, 98, 101,
113, 120, 121, 125, 130, 149, 156,
157, 174, 175, 183, 187, 191, 210,
211, 217, 236, 237, 245, 351, 252,

254, 262, 278, 279, 283, 284, 286,
290, 298, 300, 302, 305, 306, 307,
313, 315, 316, 317, 319, 328, 333,
343, 347, 348, 353, 354, 355, 356,
357, 367, 368, 369, 381, 382, 383,
384, 405, 415, 417, 419, 420, 434,
440, 447, 460, 475, 476, 480, 481,
482, 483, 486, 493, 504, 518, 520,
533, 538, 568, 584, 588

**Livro(/romance) autobiográfico**
8, 43, 90, 103, 108, 119, 135, 153,
158, 159, 179, 211, 228, 358, 377,
511, 528

**Llosa, Vargas Mário**
62, 74, 231, 382, 522

**Lobby(ies)**
58, 170, 238, 319

**Lopes, Fernão**
75, 482

**Lopes, Gérard Castelo**
478

**Lopes, Óscar**
78, 267, 302

**Lopes, Santana**
445, 449, 545

**Loucura**
33, 37, 40, 56, 157, 178, 186, 381,
383, 384

**Lourenço, Eduardo**
78, 225, 302, 397, 410, 413, 446, 453,
466, 488, 515, 521, 450, 561

**Lowry, Malcolm**
203, 206, 336, 354

**Luís, Agustina Bessa**
30, 31, 50, 66, 67, 82, 84, 89, 129,
131, 169, 209, 223, 224, 225, 246,
259, 263, 265, 338, 520, 523

**MacDonald, Errol**
54

**Machado, Dinis**
24, 30, 50, 57, 112, 113, 304, 379

**Mahler, Gustav**
280

**Maiakovski, Vladimir**
421

**Mailer, Norman**
60, 74

**Malanje (Malange)**
142, 295, 326, 333, 399, 408

**Malraux, André**
67, 152, 174, 188, 293, 370, 456

**Manguel, Alberto**
515

**Mann, Thomas**
158, 255, 256

**Maquiavel, Nicolau**
25

**Marcel, Miguel**
351

## ÍNDICE DE MATÉRIAS | 605

**Marques, Carlos**
137, 138

**Martín Gaite, Cármen**
489

**Martins, Oliveira**
557

**Marx, Karl**
28, 75, 80, 113, 391

**Marxismo**
75, 391, 392

**Matisse, Henri**
69, 154, 523

**Matos, Nelson de**
93, 190, 239

**Mattoso, José**
47

**Maugham, Somerset**
175, 404

**McCullers, Carson**
152

**McLuhan, Marshall**
280

**Medicina**
16, 17, 27, 33, 38, 39, 48, 51, 58, 67,
71, 76, 124, 125, 152, 175, 176, 236,
236, 237, 262, 276, 278, 283, 284,
285, 286, 346, 349, 350, 371, 372,
384, 414, 423, 443, 444, 551, 554,
569, 570, 578

**Medo(s)**
2, 10, 16, 33, 40, 43, 49, 74, 83, 98,
101, 120, 133, 142, 144, 165, 166,
172, 192, 196, 199, 200, 201, 206,
207, 211, 213, 214, 216, 218, 219,
230, 237, 237, 261, 269, 270, 271,
309, 329, 331, 336, 343, 344, 346,
352, 358, 376, 383, 398, 401, 425,
428, 431, 432, 442, 443, 457, 470,
480, 488, 491, 492, 501, 503, 504,
522, 529, 543, 551, 554, 558, 559,
560, 574, 577, 584, 585, 586

**Melo, Francisco Manuel de**
313, 445, 527

**Melo, João de**
25, 32, 54, 75, 84, 98, 113, 120, 131,
164, 170, 209, 217, 224, 225

**Melville, Herman**
294

**Memória**
2, 7, 32, 52, 101, 118, 125, 191, 203,
235, 276, 295, 342, 349, 352, 355,
380, 401, 421, 425, 426, 455, 457,
476, 485, 489, 490, 493, 497, 514,
527, 560, 562

**Memória de Elefante**
1, 2, 3, 5, 7, 11, 15, 18, 23, 27, 29,
31, 34, 50, 53, 57, 81, 95, 101, 108,
125, 126, 133, 148, 157, 162, 186,
203, 204, 208, 209, 210, 213, 214,
215, 216, 221, 222, 223, 228, 248,
249, 251, 282, 286, 287, 305, 327,
392, 405, 421, 424, 433, 434, 437,
439, 452, 511, 512, 514, 545, 552,
562

## 606 | ÍNDICE DE MATÉRIAS

**Mendonça, José Tolentino**
351

**Michelangelo**
368

**Minelli, Vincent**
191

**Miranda, Sá de**
364

**Mitterrand, François**
312

**Moçambique**
321

**Modéstia**
119, 126, 220, 265, 370, 575

**Monólogos sobrepostos**
135, 159, 378

**Monteiro, Carlos Cáceres**
497

**Morais, Abel de**
156

**Morte**
2, 10, 16, 17, 25, 26, 28, 33, 44, 47,
59, 64, 65, 76, 90, 125, 143, 148,
159, 161, 174, 177, 178, 181, 182,
187, 191, 192, 199, 220, 228, 230,
235, 262, 270, 278, 297, 298, 310,
311, 316, 318, 326, 331, 332, 334,
346, 351, 360, 371, 389, 394, 399,
404, 406, 407, 416, 417, 423, 427,
431, 441, 447, 452, 453, 461, 466,
473, 475, 481, 483, 485, 487, 490,

491, 492, 493, 497, 500, 501, 511,
512, 517, 524, 531, 532, 533, 542,
549, 554, 563, 565, 566, 572, 573,
574, 575, 577, 578, 579, 580

**Mota, Viana da**
284

**Moura, Vasco Graça**
300, 338

**Mourinho, José**
577, 586, 587

**Mozart, Wolfgang Amadeus**
46, 224, 306, 426, 461, 556

**MPLA (Movimento Popular
De Libertação de Angola)**
321, 392, 429, 432

**Mulher(es)**
4, 6, 7, 9, 10, 65, 89, 96, 98, 111,
141, 142, 150, 153, 159, 161, 173,
181, 186, 187, 188, 192, 195, 197,
205, 206, 212, 213, 218, 220, 225,
229, 230, 232, 236, 237, 239, 247,
255, 268, 269, 271, 278, 281, 282,
283, 296, 308, 309, 316, 327, 329,
330, 331, 336, 343, 347, 349, 366,
390, 392, 393, 398, 403, 408, 414,
423, 425, 430, 435, 441, 442, 445,
447, 455, 461, 463, 464, 465, 469,
474, 493, 495, 515, 516, 531, 533,
537, 553, 557, 562, 582, 584, 588

**Mundo(/meio) da literatura**
45, 50, 57, 65, 66, 131, 251, 434

**Nabokov, Vladimir**
188, 475, 495

## Namora, Fernando
30, 134, 169, 171, 175, 217, 253, 264, 287, 288, 298, 370

## *Não Entres Tão Depressa Nessa Noite Escura*
364, 403, 405, 406, 410, 441, 446, 499, 540

## Narrador(es)
82, 110, 177, 186, 203, 248, 282, 303, 364, 403, 454, 511, 513, 514, 515, 524, 550

## Negreiros, Almada
69

## Nelas
125, 182, 235, 266, 445, 477

## Nemésio, Vitorino
221

## Neocolonialismo
295, 427

## Neruda, Pablo
27, 28, 155, 568

## Neto, João Cabral de Melo
485

## Nobel (Prémio)
94, 134, 157, 167, 170, 171, 177, 208, 210, 233, 238, 239, 248, 253, 254, 259, 263, 264, 265, 302, 314, 315, 322, 326, 369, 370, 381, 420, 434, 448, 449, 481, 522, 546, 547, 568

## Nobre, António
520

## Nogueira, José Couto
379

## Nova Iorque
60, 67, 74, 78, 134, 168, 171, 172, 205, 215, 280, 288, 294, 335, 347, 379, 523, 543

## *O Esplendor de Portugal*
275, 308, 405, 504, 513, 540

## *O Manual dos Inquisidores*
233, 234, 243, 245, 251, 252, 256, 257, 260, 275, 277, 278, 279, 281, 295, 301, 303, 347, 416, 438, 445, 474, 571

## *O Meu Nome É Legião*
511, 521, 522, 537, 549, 561, 565, 566, 569, 571, 577, 582

## *O Regresso das Caravelas*
86, 98, 101, 107, 163

## O'Neill, Alexandre
23, 120, 128, 132, 135, 217, 220, 238, 271, 422

## Ódio
11, 22, 23, 52, 88, 89, 90, 130, 135, 143, 143, 148, 230, 265, 392, 440, 543, 557

## Oliveira, Carlos de
168, 254, 265, 298, 322

## Oliveira, Manoel de
320, 430

## Onetti, Juan Carlos
522

**Ontem Não Te Vi Em Babilónia**
509, 510, 511, 527, 528, 530, 533,
536, 537, 539, 540, 548, 549, 565,
571

**Ortega y Gasset**
156

**Ortigão, Ramalho**
69

**Os Cus de Judas**
11, 15, 20, 21, 25, 26, 50, 51, 53, 54,
55, 59, 62, 121, 122, 125, 126, 134,
157, 162, 165, 166, 172, 203, 210,
214, 221, 251, 263, 282, 286, 288,
327, 405, 425, 433, 439, 442, 466,
479

**Os Encomendadores de Anjos**
209, 220, 222

**Ovídio**
490, 522, 536, 542

**Oz, Amos**
448, 481, 513, 542

**Pacheco, Fernando Assis**
30, 75, 87, 98, 523, 539

**Pacheco, Luiz**
28, 30, 54, 72, 521

**Palme, Olof**
448

**Pamuk, Ohran**
522, 546

**Parker, Charlie**
356, 434, 588

**Paris**
1, 2, 75, 108, 110, 114, 122, 171,
205, 215, 280, 293, 294, 317, 335,
367, 369, 380, 428, 435, 460, 387,
518, 584

**Pasolini, Pier Paolo**
25

**Passos, John dos**
401

**Pato, Octávio**
141

**Paz, Octavio**
510, 536

**PCP (Partido Comunista Português)**
52, 114, 298, 391

**Pepetela**
417

**Pereira, Ana Teresa**
338

**Pereira, Ricardo Araújo**
521, 527, 535

**Personagens**
7, 52, 54, 58, 82, 89, 96, 102, 103,
108, 109, 111, 123, 130, 159, 165,
173, 178, 179, 180, 181, 183, 187,
191, 205, 207, 209, 211, 215, 224,
228, 229, 257, 278, 281, 282, 293,
296, 306, 307, 308, 309, 310, 319,

327, 328, 329, 336, 337, 343, 347,
348, 358, 359, 360, 364, 367, 362,
376, 380, 381, 434, 453, 454, 464,
466, 473, 474, 475, 476, 484, 487,
516, 519, 527, 530, 532, 533, 550,
567

**Pessanha, Camilo**
34, 181

**Pessoa, Fernando**
102, 110, 112, 156, 255, 289, 299,
339, 446, 471, 482, 520, 550

**Picasso, Pablo**
155, 191, 223, 289, 296, 474, 513

**PIDE**
17, 25, 187, 188, 393, 393, 407, 430,
445, 463, 469

**Piñera, Virgilio**
536

**Pintasilgo, Maria de Lourdes**
68, 131, 142, 318

**Pinto, Fernão Mendes**
75, 102

**Pires, José Cardoso**
30, 62, 79, 82, 87, 93, 94, 99, 113,
120, 129, 131, 132, 135, 154, 157,
158, 164, 165, 167, 168, 169, 171,
187, 189, 190, 204, 209, 217, 223,
224, 225, 226, 231, 239, 246, 247,
251, 254, 259, 262, 263, 265, 267,
268, 291, 299, 302, 304, 309, 316,
322, 329, 333, 346, 380, 409, 440,
486, 520, 580

**Plano(s) (livros)**
41, 45, 47, 54, 71, 82, 109, 128, 150,
160, 161, 173, 174, 188, 190, 196,
200, 209, 222, 228, 230, 281, 303,
327, 332, 359, 376, 400, 401, 417,
459, 464, 469, 470, 473, 488, 498,
514, 537, 539, 551, 566 – ver também
Construção do romance

**Poder**
4, 18, 139, 140, 143, 144, 171, 240,
243, 256, 260, 261, 262, 275, 280,
281, 285, 368, 369, 391, 424, 431,
442, 449, 456, 459 – ver também
Contrapoder

**Poemas**
5, 51, 90, 98, 125, 132, 133, 138,
169, 181, 219, 236, 297, 299, 322,
326, 332, 337, 338, 399, 438, 476,
491, 522

**Poesia**
32, 35, 50, 51, 85, 98, 102, 125, 132,
133, 136, 138, 154, 156, 165, 168,
183, 193, 194, 224, 246, 264, 283,
300, 337, 338, 339, 346, 351, 356,
364, 370, 376, 382, 386, 414, 418,
458, 470, 490, 491, 515, 533, 536,
538

**Polifonia**
178, 188, 487; (técnica polifónica)
148, 282, 511; (romances polifónicos)
476, 530, 551) – ver também Vozes

**Pomar, Júlio**
416, 437, 448, 451, 458, 478, 493,
545

## Portugal

17, 22, 23, 24, 41, 44, 54, 58, 59, 63, 64, 67, 71, 72, 76, 77, 78, 80, 83, 86, 98, 104, 105, 107, 109, 113, 114, 118, 123, 130, 131, 133, 134, 135, 143, 145, 153, 163, 166, 167, 175, 180, 183, 189, 190, 198, 218, 221, 222, 229, 232, 233245, 251, 252, 253, 254, 255, 259, 263, 264, 265, 267, 275, 276, 277, 279, 280, 281, 288, 289, 294, 295, 301, 310, 311, 312, 313, 314, 319, 325, 331, 333, 334, 335, 343, 344, 353, 356, 357, 366, 369, 370, 379, 380, 385, 392, 400, 401, 405, 410, 417, 418, 419, 420, 426, 429, 430, 431, 434, 439, 456, 457, 460, 480, 482, 484, 499, 506, 509, 515, 518, 521, 522, 531, 537, 540, 546, 549, 572, 584, 589, 590

## Pound, Ezra

6

## Póvoa de Santo Adrião

11, 86

## PPM (Partido Popular Monárquico)

140

## Praia das Maçãs

125, 236, 391, 477

## Prémios

77, 84, 85, 129, 164, 170, 232, 238, 356, 370, 378, 379, 419, 434, 518, 522, 523, 563

## Prévert, Jacques

11

## Proudhon, Pierre-Joseph

80

## Proust, Marcel

24, 75, 123, 174, 253, 283, 301, 316, 319, 333, 369, 482, 493, 532

## PS (Partido Socialista)

105, 114, 138, 141, 240, 391, 546, 583

## PSD (Partido Social Democrata)

240, 546

## Psiquiatra

6, 29, 33, 34, 37, 38, 40, 42, 71, 74, 85, 86, 117, 123, 124, 129, 181, 185, 186, 210, 211, 214, 219, 237, 252, 275, 278, 319, 342, 349, 384, 427, 456, 582

## Psiquiatria

7, 33, 34, 38, 39, 42, 48, 51, 62, 95, 123, 124, 127, 137, 143, 158, 175, 176, 237, 284, 285, 309, 318, 332, 349, 365, 383, 425, 462, 475, 582

## Pudor

7, 164, 173, 236, 238, 244, 283, 297, 328, 333, 334, 346, 417, 465, 466, 469, 477, 555, 558

## Pushkin, Alexandre S.

452

## Que Farei Quando Tudo Arde?

363, 364, 375, 376, 377, 380, 381, 392, 403, 405, 446, 474, 549

## ÍNDICE DE MATÉRIAS | 611

**Queirós, Eça de**
18, 21, 24, 33, 54, 75, 103, 123, 124, 140, 154, 165, 189, 348, 422, 491

**Quental, Antero de**
22, 85, 97, 181, 237, 240, 270, 319, 491, 520

**Quevedo, Francisco de**
483, 490, 538, 539

**Rabelais, François**
165, 175

**Racismo**
277, 584,

**Radiguet, Raymond**
61

**Redol, Alves**
189, 224, 244, 262, 265, 270, 298, 370

**Régio, José**
370, 436

**Renan, João**
362

**Renard, Jules**
471

**Ressentimento**
22, 130, 131, 399

**Revolução de Abril** (ver Vinte e Cinco de Abril)

**Ribeiro, Aquilino**
171, 254, 264, 287, 370, 520

**Ribeiro, João Ubaldo**
121

**Ribeiro, Tomás**
156, 289, 482

**Rilke, Rainer Maria**
18, 222

**Robbins, Harold**
58

**Rodrigues, Bettencourt**
393

**Rodrigues, Urbano Tavares**
30, 50, 120

**Romance**
Ver Arte do romance, Construção do romance, Intriga, Mulher(es), Narrador(es), Personagens, Plano(s), Polifonia, Vozes

**Rosa, Guimarães**
55

**Roth, Philip**
404, 533

**Rothko, Mark**
543

**Rulfo, Juan**
155, 293

**Rushdie, Salman**
315

**Saa, Mário**
210

**Sábato, Ernesto**
75, 155, 293, 210, 213

**Saint-Beuve, Charles Augustin de**
512

**Salazar, António de Oliveira**
17, 27 (salazares), 261, 275, 278, 544

**Salgari, Emilio**
251, 258, 293

**Sampaio, Daniel**
399, 492, 501, 503, 517, 529

**Sampaio, Jorge**
314, 545

**Santos, Cid dos**
155, 284

**Santos, Reinaldo dos**
155

**Saraiva, Arnaldo**
133

**Saramago, José**
84, 157, 163, 167, 251, 259, 262, 263, 265, 312, 315, 439, 440, 547

**Sartre, Jean-Paul**
1, 28, 67, 152, 174, 188, 293, 370

**Savimbi, Jonas**
399, 406, 407

**Schubert, Franz**
435, 486

**Scolari, Luiz Felipe**
587

**Semedo, Artur**
304

**Sena, Jorge de**
45, 83, 95, 133, 168, 195, 300, 302

**Séneca**
458

**Shakespeare, William**
165, 533, 587

**Silêncio (no romance)**
307, 330, 372, 435, 436, 485, 510

**Silva, Aníbal Cavaco**
139, 145, 535, 545, 546

**Silva, Rodrigues da**
49, 54, 78

**Silva, Vicente Jorge**
212, 353, 486

**Silva, Vieira da**
223

**Simenon, Georges**
97, 122, 165, 174, 293, 300

**Simões, João Gaspar**
58, 112

**Sinatra, Frank**
372, 435, 486

**Soares, Mário**
137, 138, 139, 140, 143, 145, 545, 583

**Socialismo**
1, 139, 240, 386

**Sócrates, José**
90, 535

**Sofrimento**
8, 10, 16, 25, 26, 32, 33, 80, 174, 175, 181, 212, 213, 218, 230, 271, 278, 294, 297, 298, 299, 318, 332, 333, 334, 361, 373, 377, 382, 387, 398, 462, 501, 555, 558, 578, 579, 581

**Solidão**
2, 8, 10, 43, 45, 74, 148, 159, 189, 214, 248, 327, 367, 382, 384, 409, 488, 489, 514, 553, 554, 580

**Souza, Márcio de**
55, 134, 172

**Stein, Gertrude**
487

**Steinbeck, John**
60

**Stendhal**
154, 230, 310, 357, 422, 494, 510, 517, 533

**St° Agostinho**
277, 435, 494, 581

**St° Ambrósio**
581

**Strauss, Botto**
171

**Strauss, Richard**
257, 517

**Suíça**
239, 279, 367, 441, 506

**Suécia**
157, 163, 222, 246, 254, 391, 476, 510, 518, 544, 547

**Svevo, Italo**
75

**Tabucchi, Antonio**
246, 254, 258

**Talento**
27, 95, 113, 118, 120, 121, 124, 125, 128, 132, 136, 138, 150, 169, 210, 219, 245, 246, 254, 259, 300, 325, 337, 338, 362, 363, 365, 369, 371, 379, 417, 420, 437, 455, 468, 471, 479, 490, 507, 521

**Tamaro, Susana**
353

**Tamen, Pedro**
98, 131, 132, 138, 225, 246, 265, 291, 338

## 614 | ÍNDICE DE MATÉRIAS

**Tcheckov (Tchekov)**
27, 123, 152, 154, 293, 370, 510, 520

*Terceiro Livro de Crónicas*
485, 486, 497

**Ternura**
8, 9, 11, 52, 62, 89, 99, 118, 120, 147, 148, 149, 153, 169, 173, 177, 178, 182, 190, 192, 193, 195, 205, 212, 226, 247, 270, 294, 312, 389, 417, 461, 544, 555, 556, 569

**Thackeray, William**
154, 541

**Thomas, Dylan**
326, 410, 411

**Timidez**
70, 94, 117, 126, 219, 234, 330, 382, 383, 505

**Tinoco, José Luís**
337

**Títulos (romances)**
21, 53, 54, 60, 82, 86, 90, 98, 99, 130, 130, 162, 163, 171, 187, 199, 200, 209, 220, 222 243, 252, 275, 316, 364, 398, 410, 419, 451, 461, 475, 510, 511, 516, 522, 533, 536, 537, 538, 561, 582

**Tolstoi, Leon**
123, 152, 154, 158, 165, 293, 294, 296, 313, 328, 365, 370, 405, 434, 448, 449, 450, 469, 478, 479, 490, 510, 520, 532, 541, 568, 572

**Torga, Miguel**
72, 167, 175, 265, 572

*Tratado das Paixões da Alma*
129, 148, 157, 158, 159, 163, 178, 186, 187, 215, 252, 297, 306, 404, 442, 470

**Trotsky, Leon**
257

**Turgueniev, Ivan**
541

**Uccello, Paolo**
487

**UNITA (União Nacional para a Independência Total de Angola)**
392, 393, 407

**Updike, John**
75

**Utopia**
68, 137, 138, 141, 144, 280, 323, 421

**Vaidade**
66, 217, 220, 260, 310, 311, 339, 343, 346, 376, (falsas vaidades 404), 438, 446, 454, 521, 532, 572

**Vailland, Roger**
5, 6

**Valente, Vasco Pulido**
570

**Velázquez, Diego**
478

## ÍNDICE DE MATÉRIAS | 615

**Verde, Cesário**
520

**Verne, Júlio**
251, 258, 291, 293, 300, 369

**Vieira, Pe António**
110, 118

**Vila-Matas, Enrique**
410

**Villon, François**
223

**Vinte e Cinco de Abril**
16, 19, 34, 41, 52, 53, 101, 120, 143,
144, 170, 240, 241, 244, 247, 252,
257, 261, 277, 279, 325, 356, 445

**Virgílio**
490, 522, 536

**Visconti, Luchino**
174, 330, 570

**Vitorino**
129, 135, 193, 194, 195, 196, 197,
338, 451

**Vozes**
82, 158, 178, 187, 227, 278, 282, 316,
336, 398, 401, 454, 463, 465, 487,
497, 530, 537, 539, 566 – ver também
Polifonia

**Wagner, Richard**
221

**Weiss, Peter**
78

**Welles, Orson**
105, 223, 293

**Whitman, Walt**
541

**Wilde, Oscar**
22, 46, 85, 97, 107, 137, 434

**Wolfe, Thomas**
67, 103, 123, 153, 205

**Woolf, Virginia**
174, 330, 570

**Yeats, William Butler**
255

**Yourcenar, Marguerite**
101, 318

**Zola, Émile**
155, 158, 165